JN214486

井上　薫著

奈良朝仏教史の研究

吉川弘文館　刊行

日本史学研究叢書

序言

本書は、国分寺・写経所・東大寺を奈良朝仏教史上の三位一体としてとらえ、それぞれの創立事情や成立過程、機構や機能、および三者の関連、などをめぐる諸問題を論じることを中心として、律令国家における政治と宗教との関係を考察したものである。右の視角と問題把握が日本古代史研究のために一つの重要な鍵となるものと、私はひそかに信じている。

国分寺・写経所・東大寺に関する諸先学のすぐれた業績はきわめて多く、もとより本書がそれらの成果に負うところは多大で、その学恩に感謝しなければならない。しかしなお大小さまざまの問題をめぐって異説が林立している場合や、論じのこされた分野がみられることも少なくなく、それらの学説を整理・批判し、あるいは私見を開陳した。そのさい妄評を加えたところがあるならば、私の不敏をお詫びする。また国分寺・写経所・東大寺に関する文献的史料や考古学的資料は尨大であるが、本書では、それらの批判的処置や整理および駆使が緒についたばかりであり、未熟と不十分さを痛感する。先学諸賢の御叱正を仰ぎ、今後も右のテーマについてさらに追究したいと思う。

かえりみれば、私は昭和十五年春に大学を卒業したのち、大学院で研究をつづけることを許され、その年の六月から二ヵ年のあいだ聖徳太子奉讃会の研究生に採用され、国分寺と東大寺に関する研究にたずさわり、当時の研究が本書成立の出発点になっており、大学在学中をはじめ、今日まで、坂本太郎先生は終始御懇篤な御指導をたまわり、本書をまとめることができたのは、ひとえに先生の御指導のたまものであって、衷心よりお礼申し上げる。学部と大学院在学中になみなみならぬ御親切な御教示を与えてくださった川崎庸之・家永三郎の両氏に厚く感謝したい。

のちに私が関西に勤務するようになったころからも、多くの研究者に接することができ、考古学の方面について何かと御懇切に教えて下さっている末永雅雄先生、また大阪歴史学会の研究例会や古代史部会で日ごろ貴重な示唆を私がうけている学友諸氏にも深謝しなければならない。

本書の成るにあたってお世話をくださったり、あたたかく激励してくださった赤松俊秀・時野谷勝・林和比古・堀池春峰らの諸氏、本書の成稿にさいしお手伝いの手をさしのべられた亀田隆之・北野耕平・米田雄介・吉岡一江らの諸氏に、深謝の意を表する次第である。

本書の出版については吉川弘文館社長吉川圭三氏からひとかたならぬ御厚情を頂戴し、また編集・校正などの面で吉川弘文館編集部の近藤安太郎・広沢伸彦の両氏に多大の御迷惑をかけた。お礼とお詫びを申さねばならない。

本書の公刊には、文部省研究成果刊行費補助金を受けることができた。ここに深謝の意を表明する。

昭和四十一年二月二十五日

井上　薫

再版の序

国分寺・写経所・東大寺の成立と機能は、密接な関係をもって奈良朝仏教の背骨を形成した。この視角から、分析と考察に取り組んだ成果をまとめた本書の初版が刊行されたのは、昭和四十一年であった。

本書（初版）の書評や引用を通じて批判や意見が寄せられ、多くのご教示を受けたことを有り難く思う。

再版の機会にめぐまれたこのさい、初版での誤りや誤植を象嵌訂正の範囲で修正し、多くの人からのご批判とご教示のなかから受けとめたことがらや私見などは、各章末に〔追補〕として記した。

再版について、吉川弘文館の社長吉川圭三氏からご厚情を頂戴し、出版部にご迷惑をかけた。お礼とお詫びを申し上げる。

昭和五十三年八月

〔第四刷にあたって〕重版の機会をあたえられたので、加筆した部分は〔再追補〕という形式で章末・節末に挿入した（平成五年五月）。

目次

後篇

補　論

前篇

第一章　飛鳥仏教の展開

第一節　仏教の伝来と受容

一　仏教受容に関する諸問題

欽明朝に仏教が百済から伝えられたころ、日本の半島支配は困難におちいっていた。これよりさき四七五年百済は高句麗長寿王の侵入をうけ、漢城（京畿道広州）から熊津（公州）に遷都しなければならなかった。これは雄略天皇の時代にあたっており、わが国ではこの前後五世紀末から六世紀初めにかけて皇位継承の争いと皇統の動揺や、それにからむ豪族の対立抗争がつづき、対外政策の不安定と内政の動揺は相互に無関係でない。

安康天皇は眉輪王（允恭天皇の甥）に殺され、眉輪王をたおして皇位についた雄略天皇の死後に、清寧天皇が即位しようとすると、異母弟の星川皇子が皇位をとろうとして乱をおこし、かえって殺された。清寧天皇が崩じると、皇位継承者がなく、履中天皇の孫の弘計・億計二皇子を播磨にみつけて皇位につけた（顕宗・仁賢天皇）。武烈天皇の死により、また皇位を継承する適当者がなく、応神天皇の五世の孫にあたるという男大迹王が越前から大伴金村らによって擁立され、河内の樟葉（大阪府枚方市）で即位した。継体天皇である。天皇が大和の磐余玉穂宮（奈良県磯城郡安倍村池ノ内付近）に都を定めたのはそれから二〇年のちであった。継体天皇が大和に入るまで迂余曲折を経なければならなかったことや、崩後に嫡系の欽明天皇と、庶兄の安閑・宣化両天皇の二朝が対立したことなどは、(1)その間動乱がつづいた状態を物語る。この動乱をモデルとして神武天皇東征伝説が造作されており、それは継体朝が変革の時代であったことを示す、といわれる。(2)

皇統の動揺は豪族の専権をまねき、雄略朝には大臣の平群真鳥と大連の大伴室屋が勢力をもち、継体朝には大連の大伴金村（室屋の孫）・物部麁鹿火と大臣の巨勢男人らが権力をふるった。百済は失地をおぎなうため、任那の四県割譲を朝廷に請い、金村は同意したので、任那は日本をうらみ、金村は百済から賄賂をうけたとの流言がおこなわれた。五二七年筑紫の国造の磐井は新羅と結び、将軍近江毛野がひきいる新羅討伐軍の渡海をさまたげて反乱をおこし、物部麁鹿火に鎮圧されたが、南鮮支配の実権は新羅に移り、欽明朝の初めに物部大連尾輿は金村の半島経営の失政を奏して弾劾し、金村は難波の住吉の宅に引退し、大伴氏の勢力はおとろえた。

大伴氏はもと住吉の宅を根拠地として難波浦まで勢力をのばしていたので、難波浦は大伴の御津とよばれた。安閑天皇の元年（五三四）金村の上奏によって難波の屯倉（狭屋部邑）などが設けられ、郡ごとの钁丁が支給され、大伴氏と関係深い難波吉士氏が税の主掌者となり、金村が経営の実権をにぎっていたが、安閑天皇はこの屯倉を物部氏出身の宅媛に与えており、難波屯倉を実質的に規制する大伴氏と、女系を通じて支配力をのばそうとする物部氏との間に対立があったかも知れないといわれる。(3)しかし、一方、宅媛にたまわった難波の屯倉は子代の屯倉であるから、女系を利用してこの屯倉を入手したにちがいない物部氏は、屯倉の故地の所有者であったとみる説もある。(4)

蘇我氏はこれよりさき雄略朝から擡頭し始めた。古語拾遺によれば、朝廷には神武朝以来の斎蔵（祭祀に必要な物資を納める）と、履中朝に設置された内蔵（三韓からの貢献品や輸入品を納める）とがあったが、雄略朝に国内の貢調が増加したので大蔵を建て、蘇我麻智に三蔵を管理させ、秦氏は出納、東西文氏は記録をつかさどることになったという。古語拾遺に記されるとおりのことがおこなわれたかどうか断言できないが、大和朝廷の制度がしだいにととのい、内蔵と大蔵がそれぞれ皇室の私的財政と国家の公的財政をわけてつかさどることになったのであろう。蘇我稲目（満智の曾孫）は宣化朝に大臣となり、貢献品をのせて大和川をのぼる百済の船を記帳し、吉備の白猪の屯倉経営にもたずさわった。蘇我氏はこうして有力帰化人を統率し、屯倉や三蔵の管理をつかさどり、朝廷の財政と外交の面に関与したので勢力を増大した。また蘇我氏が外国事情にくわしく、開明的であったのは、三韓からの貢納品をとりあつかい、帰化人をしたがえていたことによる。

帰化人をひきいる進歩的な大臣の蘇我稲目と、氏族的体制を維持しようとする保守的な大連の物部尾輿は、国内・対外両政策に関し対立した。欽明天皇の戊午（五三八）百済の聖明王は釈迦仏と経論などを朝廷にたてまつり、その功徳を説き、仏教を伝えた。百済が仏教という文物を伝えたのは、日本から政治的軍事的援助を得ようとして、日本の歓心を求めるためであったことは、応神朝に良馬を貢献し、継体朝に五経博士をたてまつった例などで知られ、仏教が偶然に伝来されたのでない。ところで仏教受容の可否の論議で蘇我稲目は崇仏を主張し、尾輿は中臣連鎌子とともに反対の立場をとり、崇仏と排仏の争いは敏達・用明朝における蘇我大臣馬子と物部大連守屋の抗争までつづいた。日本書紀欽明十三年十月条の仏教伝来の記載をはじめ、用明二年四月条にいたる蘇我氏対物部・中臣氏による崇仏排仏の争いに関する一連の記載は、養老二年唐から金光明最勝王経などを舶載して帰った仏家の道慈によって筆録された。(5)それらの記載における仏教と神道・儒教の対立が誇張されているのは、筆録者が仏家で、仏教の優位を主張する立場で記述したためであるほかに、仏教伝来当初、欽明朝と安閑・宣化朝の二朝が対立し、蘇我・物部両氏が政治や外交の問題をめぐって抗争していたことが根底にあったためでもある。

しかし伝来した仏教の受容をめぐって固有宗教との摩擦がまったくなかったとはいえない。異なる二つの宗教が接触する場合に摩擦が生じるのは不思議なことでなく、神祇信仰が農耕を主とする氏姓制社会につちかわれたものであり、外来の仏教信仰が調和するかどうかという懸念から、仏教を拒否する思想の存したことは容易に知られる。ただし仏教伝来当初の神仏関係を衝突だけで割切って考えるのはあたらないことであって、神と仏に対して双頭的に信仰がささげられた面にも注意しなければならないことは家永三郎氏(6)が説かれたとおりである。伝来当初の仏が蕃神・仏神などと記されているのは、異教の神を意味するほかに、固有信仰を中核として仏教信仰を理解・受容した摂取のしかたをあらわしている。

また仏教受容の形態(7)として国家仏教・宮廷仏教・氏族（豪族）仏教・民間仏教などをどのように段階づけることができるかについて、田村円澄氏(8)は、欽明―崇峻朝は仏教採用について傍観的中立段階であり、用明朝（私的受容）、推古朝（公的接触、仏教統制の発端）、舒明・皇極朝（私的接触、宮廷仏教の成立）、孝徳・天智朝（私的受容から公的受容へ、宮廷仏教の展開）、斉明朝（国家的受容、対外的危機と仏教）、天武朝（国家仏教の成立、律令国家と仏教）を経て、ここに国家仏教が成立し、律令国家と仏教との関係が成立したといわれる。これは克明に段階づけられたもので、すぐれた見通しであるといわねばならない。受容された仏教が民間に浸透する過程を素描するならば、蘇我氏らの有力豪族の仏教と、帰化人らの仏教信仰を媒介として最も民間に浸透しやすかったと考えられる。また半島や大陸に近い九州では、仏教の民間への伝播は早くからみられたであろう。しかし宮廷仏教や国家仏教が、民間仏教との間に最も大きな断層をもつものであったことはいうまでもない。

書紀欽明十三年十月条の仏教伝来記載に関する最近の研究として、田村円澄[9]・北条文彦[10]・益田宗[11]氏らの論考がみられ、田村氏は右の論考を補正する意図からさらに一篇を書かれた[12]。約一〇年の間にこのような力作が発表されたことは注目すべきことであり、分析は一段と深められた。

田村氏は旧稿で、欽明十三年が末法第一年にあたる事実に注意し、日本において奈良時代初期まで宮廷と貴族によって仏法興隆が推進されていた事実にもとづき、逆に末法思想を克服するため、書紀編者がとくに欽明十三年をもって仏教渡来年次に措定した、と論じられた。

益田氏は、書紀編者が仏教渡来年を末法入年の欽明十三年にあてたのは「仏家の古い伝承（戊午年渡来説）」を「却けさせたという或る高度の為政者的目的」からそうしたのであって、それは安閑・宣化朝対欽明朝の内乱をかくすためで、「両天皇を併立するように歴史に書き遺すことは、官府の編纂者として好ましからざる事態であったろう」と述べられた。

つぎに田村氏の新稿の論旨は、道慈が唐仏教を国家仏教と末法意識滲透の二点でうけとめ、「末法第一年に当たる欽明十三年を、とくに仏教伝来の年にかけたのは、もちろん、欽明天皇治世三十二年をとる書紀の年立においては、元興寺伽藍縁起幷流記資財帳に見られるような欽明天皇戊午年が存在しないことにもよるが、なお日本の仏法興隆の事実を背景とすることにより、末法期を迎えた唐の仏教に対する優越感の保持を意図していたように思われる」というにある。

田村・益田両氏が重視することがらを整理すれば、(A)書紀編者は仏教渡来年を末法入年壬申に措定した（田村・益田）、(B)壬申措定は書紀の年立に欽明戊午が存しないためである（田村）、(C)壬申措定は二朝対立をかくすためである（益田）、(D)壬申措定の一層深い事情は末法期唐仏教に対する優越感の保持のためである（田村）、ということになる。ところで、欽明戊午年が書紀にないのは、欽明元年を庚申とする考えにたつからであり、それは二朝対立をかくすための年立といえるので、(B)と(C)とは同じ内容とみなしてよい。したがって両氏の論旨に共通するところは多く(A)・(B)・(C)、説の相違は、田村氏が(D)を強調するの対しに、益田氏が(C)を強調するところにある。(13)

そうすると、問題は、(C)と(D)とはどちらが先行するか、また(C)と(D)の思想をもった編者・筆録者は同じなのか、そうでないのか、ということなどである。微妙な問題であって、簡単にはいえないが、書紀編者一般の大きな方針として、二朝対立をおおいかくすために宣化崩年己未の翌庚申から欽明元年を始めることは、すでにきめられていたのであるまいか。そして道慈が仏教伝来年を欽明十三年にあてたのは、五五二年が末法入年に相当したからであるが、二朝対立をかくそうという意識をもっていたかどうかは別問題であろう。

つぎに田村説について私見を述べよう。(14)日本の素緇の行法規模が大唐道俗の聖教を伝える法則と異なることを道慈が愚志で論じたのは、唐仏教の興隆にくらべ、日本の仏教がおくれていることをなげいたと考えられる。したがって末法期唐仏教に対する優越感をもって仏教伝来条が書かれたとは思えないふしがある。唐仏教に対し、日本仏教について優越感をいだくというようなことは、唐から仏教を輸入する熱意が高かった奈良時代ごろまでの事情から考えられない。もし優越感を保持するならば、たとえば唐の開元寺制を輸入して国分寺制をしくことはしなかったであろうし、大仏造営についても、唐の白司馬坂銅仏や竜門石仏にならったと考えられている点からも、日本仏教がわの優越感は考えられない。

書紀編者が唐にむかって対抗意識をもち、わが国が立派であるとか、立派な国史を編纂しようとか張り合ったことは動かせないが、これは書紀編纂全般の傾向であり、書紀の各部について論じる場合は別問題であり、すなわち全般的な編纂思想をもって仏教伝来条の思想を割切るのはいかがかと思う。

仏教伝来条にあらわれた筆者の思想には、(イ)日本固有宗教や儒教に対する仏教の優越性の主張、(ロ)固有宗教などのがわからの仏教排撃は仏罰を蒙るとの主張などがいちじるしい。(ハ)仏教伝来年代を末法第一年に措定した思想には、日本において仏教が興隆することに対する期待や、日本人に対する仏教興隆のよびかけがみられると考える。[15]

(1) 林屋辰三郎「継体・欽明朝内乱の史的分析」(立命館文学八八)。喜田貞吉氏によって提起(「継体天皇以下三天皇皇位継承に関する疑問」歴史地理五二の一)された二朝対立は林屋氏によって確認され、林屋氏はさらに進んで、二朝対立と内乱は当時の外征問題に関係があると論じられた。林屋氏が説かれたところは、基本的にみとめなければならない。ただ屯倉の設置や、二朝と豪族との組みあわせなどについて関晃氏の批判があり(「林屋辰三郎『継体・欽明朝内乱の史的分析』について」歴史学研究一六二)、林屋氏はこれに答えて「ふたたび『継体・欽明朝の内乱』について」(歴史学研究一六四)を書かれた(林屋氏の両論文はのち『古代国家の解体』に収録)。この期の問題についてはなお藤間生大「いわゆる『継体・欽明期の内乱』の政治的基盤」(歴史学研究二三九)・坂本太郎「継体紀の史料批判」(国学院雑誌六二の九)・伊野部重一郎「『辛亥の変』に関する林屋・関・藤間三氏の所論を読みて」(続日本紀研究七の四)・黛弘道「推古朝の意義」(岩波講座日本歴史、古代2)などが書かれた。

(2) 直木孝次郎「継体朝の動乱と神武伝説」(『日本古代国家の構造』)

(3) 藤間生大「大和国家の機構」(歴史学研究二二四)
(4) 田中卓「郡司制の成立」(社会問題研究二の四)
(5) 拙著『日本古代の政治と宗教』所収「日本書紀仏教伝来記載考」参照。
(6) 家永三郎「飛鳥寧楽時代の神仏関係」(神道研究三の四)
(7) 伝来当初の仏教受容の形態についても林屋氏と関晃氏の間で論議され、注目すべき見解が展開されている(前掲論文)。
(8) 田村円澄「国家仏教の成立過程」(史淵九〇)
(9) 田村円澄「末法思想の形成」(史淵六三)
(10) 北条文彦「日本仏教公伝年代の問題」(書陵部紀要九)
(11) 益田宗「欽明天皇十三年仏教渡来説の成立」(『日本古代史論集』上)
(12) 田村円澄「欽明十三年仏教渡来説と末法思想」(日本歴史一七八)
(13) 欽明十三年が仏滅後一、五〇一年目の末法第一年に当るという考えでは田村・益田両氏は共通するが、論旨は異なり、田村氏は、道慈が唐仏教を国家仏教と末法意識の二点でうけとめ、帰朝してみた日本の仏教で、宮廷と貴族が仏法興隆に積極的役割を果たしていた事実によって末法思想を克服し、末法期の唐仏教に対する優越感を保持する意図から、仏教渡来年代を五五二年にあて、書紀の仏教伝来条を筆録したとする。
(14) 拙稿「日本書紀三題」(日本歴史一九四)で述べたところを若干補正したものである。
(15) 以上の私見に対し、田村氏は「末法思想と道慈」(続日本紀研究一二四)を書かれ、私見を批判された。教示にあずかったことを謝す。しかし筆者はなお首肯しかねるところがあるので「日本書紀仏教伝来記載の思想」(続日本紀研究一二七)を書いた。

二　推古朝の仏教と聖徳太子

用明天皇が在位わずか二年目の四月に崩じると(五八七)、物部・蘇我氏の対立は皇位継承者推薦の問題をめぐり深刻な段階に突入した。物部守屋は穴穂部皇子を天皇にたてようとし、蘇我馬子は泊瀬部皇子(のち崇峻天皇)を支持した。両皇子はともに欽明天皇の子であり、母は蘇我稲目の娘の小姉君であったが、守屋は穴穂部皇子と親しく、皇子のために三輪君逆を殺したこともある。しかし物部氏は時勢にたちおくれ、蘇我氏は新興の気魄にみちており、朝廷における有力豪族の紀・巨勢・平群・春日・大伴・阿部氏らは馬子がわに味方し、皇族のなかでも厩戸皇子（聖徳太子）のように蘇我氏をたすけるものが多かった。

七月、馬子は皇子・群臣にはたらきかけて、守屋を討伐することをはかり、泊瀬部皇子・竹田皇子・厩戸皇子・難波皇子・春日皇子・紀男麻呂・巨勢比良夫・膳賀拕夫・葛城烏那羅らと軍をひきいて進み、一方、大伴囓・阿倍人・平群神手・坂本糠手らは志紀郡（国分・道明寺・藤井寺付近）から渋河（八尾市）の守屋の家を攻めた。守屋は子弟と奴の軍隊をひきい、稲城を築いて防ぎ、衣揩（衣摺）で朴枝の間にのぼり、矢を雨のようにはなった。守屋軍は強盛で、家や野にあふれ、そのため馬子がわの軍は三度退却した。

このとき厩戸皇子は軍の後方にいて、白膠の木（楓）をきりとり、四天王の像をつくり、頂髪にそれをおき、今もし我をして勝たしめるならば四天王のために寺塔を建てようと誓願した。また馬子も、四天王・大神王がわれに勝利を得さしめるならば、諸天と大神王のために寺塔を建て、三宝を流通させようと誓い、兵を督励して守屋を攻め、迹見首赤檮が守屋を射おとし、その子らをも誅滅した。守屋軍はたちまち敗れ、守屋の子で生き残ったものは諸方に逃げかくれ、姓や名をかえて分散した。難波の守屋の宅を守っていた資人の捕鳥部万は守屋がほろびたことを聞き、茅渟県（和泉の地域）の有真香邑に逃亡した。乱平定ののち、迹見首赤檮に田一万頃（二〇町歩）が与えられ、四天王寺が摂津につくられ、馬子は飛鳥の地に法興寺（飛鳥寺）を建立した。仏法興隆の主導権は蘇我氏が法興寺を中心としてにぎったといわれる。(1) やがて八月に泊瀬部皇子が即位し（崇峻天皇）、馬子は従来どおり大臣の地位についた。

右は書紀(2)にみえる物部・蘇我氏の戦の経過であるが、厩戸皇子がこの戦の進行中に四天王像をつくり、寺塔建立を誓願したというあたりの記載はのちに寺の縁起から造作されたものであるが、すべてが造作されたとは思われず、戦闘の場所や経過、守屋財産の施入による寺の建立などは、周囲の事情からみてほぼ実を伝えると考えられる。

ところで四天王寺の創立について書紀は崇峻天皇即位前紀（用明二年、五八七）に「平レ乱之後。於二摂津国一造二四天王寺一。分二大連奴半与一レ宅。為二大寺奴田荘一。」と記し、また推古元年癸丑（五九三）の条に「是歳。始造二四天王寺於難波荒陵一。」とみえる。荒陵は茶臼山（大阪市天王寺区）のことで、古墳があったところからこのようによばれ、いま四天王寺は茶臼山の東北にあたるが、古い時代には茶臼山付近を荒陵といい、四天王寺の地をふくんでいた。

四天王寺の建立はこのように書紀に二回みえ、平安初期の暦録は「是歳（推古元年）四天王寺、始壊移、建二難波荒陵東下一」といい、四天王寺が他の地から移建されたと記す。この暦録によったらしい上宮聖徳太子伝補闕記は、「川勝進斬二大連之頭一。〇中略覆二奏於玉造之東岸上一。在二東生郡一。即以レ営為二四天王寺一。始立二垣基一。〇中略四天王寺、後遷二荒墓村一」と記し、寺は最初、玉造の東岸にあったとする。玉造始建・荒陵移建は聖徳太子伝暦（延喜十七年撰）の用明二年の条に「於二玉造岸上一始基二四天王寺一」と記され、推古元年の条には、この歳、四天王寺をはじめて壊し移し、難波の荒陵の東下に建てたとみえ、四天王寺御手印縁起にも丁未玉造始建・癸丑荒陵移建を記す。

このように玉造始建説は平安初期の暦録までさかのぼるが、創建の動機が守屋軍討伐のさいの平定祈願に発し、実際の建立着手は推古元年であることを述べようとしたものと考えられる。すなわち書紀は、用明二年の守屋滅亡祈願が寺建立の動機となったことを述べるとともに、その結果の推古元年建立着手をあわせ記したもので、このような書紀の筆法はほかにも例があり、暦録以下の書は、書紀に寺の建立が二回みえるのを合理的に解釈しようとして考えついた説とみてよい。しかし実際には建立がおくれて推古朝後半期に始められ、大化前後に完成したといわれる。(3)

聖徳太子の仏教思想を考察する手がかりとして、四天王寺・法隆寺の建立、十七条憲法の篤敬三宝章、[4]天寿国繡帳にのせる「世間虚仮・唯仏是真」の遺語などがあり、[5]それぞれについて先学による研究がつみかさねられている。たとえば、「世間虚仮・唯仏是真」の語は太子の仏教理解の深さを示し、当時の一般の水準から卓絶していたことを示すものとして高く評価されるが、田村円澄氏[6]の新しい説によれば、「世間虚仮」の言葉が宿す暗い響きは、大国の隋をむこうにまわし、「日出ずる処」の面目を堅持する堂々たる態度と必ずしも一致しないもので、それは推古女帝と蘇我氏との間にあって皇太子の地位を占める立場の苦悩を表現しており、仏法興隆の主導権をにぎっている蘇我氏と、それを追う推古天皇がわの太子の苦悩もそこにみられるという。

十七条憲法の篤敬三宝章にうたわれる仏教興隆の期待について考える場合、聖徳太子の政治的地位についてみておかなければならない。推古紀元年四月己卯の条に「立二厩戸豊聡耳皇子一為二皇太子一。仍録二摂政一。以二万機一悉委焉」とあり、用明紀元年正月壬子朔条にも厩戸皇子について「於二豊御食炊屋姫天皇世一位居二東宮一。捴二摂万機一行二天皇事一」とみえ（国史大系による）、家永三郎氏[7]はこれらの記載をするどく批判検討し「太子摂政の史実を告げる文献としては唯日本書紀一を有するのみ」で、法王帝説や太子伝補闕記は「太子摂政のことを一言も云わず」「推古天皇紀の内容を逐一検討するならば各年の記事がおのずから『万機悉委』の記述を裏切ってゆく」のであって、「万機の摂行は決して摂政なる特殊の地位に基いたものではなく、単に皇太子たる地位の属性にとどまり、其実質は法王帝説の云う『輔政』の域を出でなかったもので、畢竟其の協働者たりし大臣の職権と同じ性質のものに止った」と述べられた。その論旨を要約すれば、聖徳太子の政治的地位は皇太子（東宮）であり、推古紀の「仍録二摂政一。以二万機一悉委焉」や用明紀の「捴二摂万機一行二天皇事一」は書紀編者の潤色で、聖徳太子の職権を過当に表現したものにすぎず、その職掌は輔政にとどまったというのであり、家永氏によって聖徳太子の政治的地位と職権が明らかになった。これ以後、聖徳太子を論じ、あるいは古代政治史を考究する場合、つねに家永氏の論旨が引用されてきた。もちろん私は家永説に賛成である。

それならば、家永説をみとめる以上は、厩戸皇子の政治的地位を摂政といったり、皇子の政治活動について、彼が万機摂行したといったりするのはさけるべきであろう。

なお、前引推古元年紀は、朝日新聞社本においては「仍録摂政」とし、返点がなく、家永氏や黛弘道氏(8)の推古元年紀引用は朝日本と同じく、返点をつけない。しかし朝日本には「マツリゴト、リフサネカハラシム」「マツリゴトヲフサネツカサドラシム」という古訓を記している。国史大系本には同様に「マツリコト、リフサネカハラシム」「マツリゴトヲトリフサネカワラシム」という古訓がみえるが、まえに掲げたように本文に返点がある。この箇所は古訓のように読むのがよいと考えられ、したがって本文に返点をつけるべきである。その場合、書紀の語句は完全摂政の意味をもつが、それがあたらないことは家永氏が強調されたとおりである。ところで、朝日本のように返点をつけない場合は、あたかも推古紀に「摂政」の語が記されているようにみえる。家永論文が出される以前、厩戸皇子の政治的地位について摂政とよぶことがながらく習慣的におこなわれてきたのは、朝日本のように推古紀に「摂政」の語があるとみるところからきているのであるまいか。家永論文が発表されたのち、家永説を引用する人でも、一方では厩戸皇子の地位を摂政とよぶ例がみうけられるのも、原因は同じところにあると思う。しかし推古紀のこの箇所は国史大系本のように返点をつけて読むべきであり、そうすると「政を録摂(せ)しめ」となり、「摂政」という名詞は推古紀にないわけで、厩戸皇子の地位を摂政といえないことがいっそう明らかになるのではあるまいか。

このようにいえば、あるいはつぎのような反駁がでるかも知れない。「政を録摂せしめ」と動詞に読んでも、結局、摂政したということになるのであって、摂政という名詞が記されているのと同じであるまいか、と。しかしこれに対しては、推古紀・用明紀の客観的記述は「為二皇太子一」「位居二東宮一」までであり、それ以下の語句は書紀編者の過当な修辞であることが家永論文で証明ずみである、と答えればよいわけである。推古紀の「録二摂政一」という語句のなかに「摂政」の名詞が記されるようにみえ、また摂政の唐名を摂録ということが連想されるところから、厩戸皇子の地位を摂政とよぶことがおこなわれ、習慣となり、なかなか改められなかったのである。

さて十七条憲法を太子の真撰とすることはできないという偽撰説(9)と、真撰を説く論者(10)とがあり、とくに憲法にみえる国司が推古朝に存したかどうか、また「国靡二一君一」という思想が推古朝のものとして適合するかどうか重要な問題となるが、真偽論については家永三郎氏(11)の見解に従っておきたい。すなわち、推古朝は律令制への傾向が発展しつつある時代で、憲法にみられるような政治思想があらわれることの不可能な時代でなく、したがって憲法は、律令制が現実に施行の緒についた大化以後の文章とみるよりも、律令制への擡頭が始まった推古朝の産物といちおうみておこう。また家永氏がいわれるように、憲法に宣言されていることがらは、観念的な理想の表現である。かつ聖徳太子の政治的地位東宮に与えられた職権は、まえに家永氏の説によって考えたように、馬子とならんで推古天皇を輔政することにあり、このような太子の職権や憲法の性質を反映して、憲法における篤敬三宝のよびかけにはそれだけの弱さがあった。また井上光貞氏(12)が説くように、憲法は官僚に対する訓戒や、服務規定遵守の強調とみられるから、篤敬三宝のよびかけは官僚に向けられたという面が大きい。しかし冠位十二階の制度(13)が儒教思想をもって政治社会における紛乱を是正しようとしたように、篤敬三宝章は以和為貴章とともに諸勢力の調和をねらいとしたところに政治的意義がみとめられる。太子の仏教理解力は深いが、仏教が豪族の一部や帰化人の間に信奉されていたのが当時の段階であり、篤敬三宝のよびかけが主として官僚に向けられた点からみても、仏教が民間に浸透するには、時機はなお未熟であった。

つぎに推古朝の仏教と奈良朝国分寺の仏教との間における思想的関連についてふれたい。国分僧寺創建から国分僧尼寺建立へ願望が発展し、四天王による護国と災害除去が国分寺建立で願望されたことはいうまでもなく、推古朝の四天王寺建立はその寺名からみて四天王による護国が願望されたのであれば、両者は同じ仏教思想を基盤とする。

四天王寺の建立思想で注意されるのは、守屋討伐の祈願と戦勝報恩だけがみられるのでないことである。というのは、四天王寺の建立がおくれ、推古朝後半期に始められたのであれば、推古初年以後の政治・外交情勢が建立思想にふくまれてくると思われるからである。とくに推古十年と十一年新羅征討で聖徳太子の同母弟来目皇子と異母弟当麻皇子が将軍に任命された。外征将軍に皇族が任命されたのはこれが最初であり、任那回復と百済救援に対する太子の熱意や、外征軍派遣主導権を馬子から皇室に回収しようとはかった意図などが直木孝次郎氏(14)によって注意されている。四天王寺の建立過程で、こうした対新羅関係よりくる護国祈願がふくまれたとみてよかろう。

日本霊異記によれば、斉明・天智朝の百済救援のさい、備後国三谷郡大領の先祖が派遣されるとき「若令二還来一。為二諸神祇一造二立伽藍一。多起二諸寺一」という発願をおこない、外征が終り「遂无二災難一。即請二禅師一(百済放済禅師)相共還来」三谷寺を建てたと伝え(上の七)、同じ戦に伊予国越智郡大領の先祖の越智直は唐兵に捕われたが、越智直ら日本人捕虜八人は同じ州に住み、観音菩薩像を信敬し、舟に安置したその像を念じながら筑紫に逃れ、越智直が朝廷に召されて、従軍のときのことを問われたさい、郡を建て、寺をつくり、仏に仕えることを請い、許されたので、さきの観音像を寺に安置したという（上の一七）。

これらは百済救援の戦よりのちに書かれた説話であって、二つの話の内容には若干の相違があり、ともに直接戦勝を祈ったのでなく、身体の加護を念じたという筋になっているけれど、しかしそれらが外国との戦役のさいに念じられたのであって、その造寺造仏の思想は四天王寺建立のさいの戦勝報恩と通じるものがある。あとの記述であげるが、天平十二年九月藤原広嗣の乱が勃発すると、五畿七道に勅が出され「比来縁二筑紫境有一不軌之臣一。命レ軍討伐。願依二聖祐一欲レ安二百姓一。故今国別造二観世音菩薩像壱軀高七尺一。幷写二観世音経一十巻一」と述べているのは賊敵滅亡を祈る造仏の著例であるが、こうした思想(15)の流れは、推古朝の四天王寺建立や、霊異記にみえる備後国三谷郡・伊予国越智郡大領の寺の場合にたどることができる(16)。仏教の受容や普及のさいの形態として、国家仏教・宮廷仏教・氏族仏教・民間仏教などのよびかたがみられるが、外国調伏祈念は国家仏教が最も尖鋭化する場合の形態といえよう。

（1） 田村円澄「飛鳥仏教の歴史的評価」（歴史学研究二三一）・「国家仏教の成立過程」（史淵九〇）

（2） 四天王寺創立の経過を説く崇峻即位前紀が伝説的な分子に富むことについては、久米邦武氏の『聖徳太子実録』、津田左右吉氏の『日本上代史研究』、福山敏男氏の「四天王寺の建立年代に関する研究」（東洋美術二一）などで文献批判がおこなわれた。

（3） 玉造始建と荒陵移建の問題については、四天王寺御手印縁起が四天王寺の根本縁起とされたために、これに記す玉造始建説に従う人が多かった。長谷川輝雄氏の「四天王寺建築論」（建築雑誌四七七）・福山敏男氏らの前掲論文がそれであり、福山氏は建立年代を孝徳朝におきながら、移建説は正しいかも知れないと述べ、最近では今井啓一氏が玉造始建説を出された（「四天王寺草創考」樟蔭文学二五）。しかし藪田嘉一郎氏は長谷川氏らの玉造始建説を批判し、それが書紀記載の妄解から生じたもので、同じ用明二年に馬子が建立を誓願した法興寺について妄解がなく、四天王寺にのみ誤りが生じたのは、平安初期、玉造付近の堂ケ芝に四天王寺と関係をもつ古寺があったからであり、この廃寺址では白鳳（大化以後、平城遷都以前）時代から平安時代様式にわたる古瓦が出土し、そのなかに四天王寺古瓦と共通のものがみられ、両寺の親縁関係から玉造始建・荒陵移建が唱えられたといわれる。

なお藪田氏は四天王寺創建年代を推古三十一年ごろとし（書紀同年七月条参照。平安中期書写の東洋文庫本は推古三十年とし、これをみとめるならば推古三十年創建）、四天王信仰にもとづいて崇峻即位前紀にみえるような建立縁起が造作されたのは天武朝末年から養老四年までの間とされる（「四天王寺の創立に関する研究」大谷史学一）。このほか川岸宏教氏による今井説批判があり、書紀の推古元年始建を妥当とされた（「今井啓一『四天王寺草創考』を読む」日本上古史研究五の五）。
（4）　家永三郎「篤敬三宝章の一考察」（『上代仏教思想史研究』）
（5）　三経義疏を聖徳太子撰とする花山信勝氏の『法華義疏の研究』（東洋文庫論叢）・『勝鬘経義疏の上宮王撰に関する研究』に対し、小倉豊文氏（「三経義疏上宮王撰に関する疑義」史学研究五二）・福井康順氏（「聖徳太子の維摩経義疏についての疑」東洋思想史研究、昭和三五年）から疑義が出されている。
（6）　田村円澄「聖徳太子の苦悩」（読史会『国史論集』）。また田村氏は聖徳太子に関する考察を著書『聖徳太子』（中央公論社新書）にまとめられた。なお女帝の問題についでは井上光貞「古代の女帝」（日本歴史学会編『歴史と人物』参照。
（7）　家永三郎「飛鳥朝に於ける摂政政治の本質」（社会経済史学八の六）。なお聖徳太子の政治的地位などについては田村円澄「聖徳太子の『摂政』の意義」（日本史研究七〇）に新しい見解が出されている。
（8）　黛弘道「推古朝の意義」（岩波講座日本歴史、古代2）
（9）　津田左右吉『日本上代史研究』
（10）　坂本太郎『大化改新の研究』、滝川政次郎「十七条憲法と大化改新」（史学雑誌四五の八）
（11）　家永三郎「聖徳太子の摂政」（図説日本文化史大系2、飛鳥時代）。なお直木孝次郎「政治史上の推古朝」（『日本古代国家の構造』）・黛弘道「推古朝の意義」（前掲）参照。
（12）　井上光貞「大化改新論」（新日本史講座）
（13）　坂本太郎「冠位十二階考」（東京大学教養学部人文科学科紀要一七）・滝川政次郎「冠位十二階補遺」（『大化改新の研究』）・黛弘道「冠位十二階の制定とその意義」（聖徳太子研究創刊号）
（14）　直木孝次郎「政治史上の推古朝」（前掲）
（15）　鎮護国家の役割は日本仏教の精華のようにいわれたけれども、これについて家永三郎氏は、個人が正道を修めて成仏することを教えの根本とする仏教の教義とはまったく縁のない、権力への迎合以外の何ものでもなかったことを知らねばならない、といわれる（『日本文化史』岩波新書)。
(16) 中世の動乱のさい、寺院は朝廷・幕府・武将の求めに応じ、大般若経などを転読し、あるいは真言の秘法を修し、戦勝を祈願したことは、巻数などの文書や、報謝のための寺領寄進状などが残っているのによって知られるが、こうした祈願は中世のことだけでなく、すでに古代にもそれに通じるものがある。

第二節　天武朝国分寺創建説の吟味

一　天武十四年三月詔の「諸国毎家作仏舎」

国分寺の創建年代に関する学説は、天武朝説と聖武朝説とに大きく分けることができ、前者は書紀の天武十四年三月壬申条に依拠するものであり、後者が依拠する主要な史料は続紀の天平九年三月丁丑三日条・同十三年三月乙巳二十四日条、類聚三代格および政事要略所収の天平十三年二月十四日の勅などである。

〔A〕　書紀（天武十四年三月壬申条）

詔。諸国毎レ家作二仏舎一。乃置二仏像一。及経一。以礼拝供養。

この詔に対する最古の解釈は元亨釈書[1]にみられ、虎関師錬はその資治表に詔を意訳して「(天武)十有四年。春三月。許三天下民宅構二仏宇一。」と記し、谷川士清も日本書紀通証[2]に「按世俗家々事レ仏者。即此也。」といい、本居宣長もまた玉かつま[3]で「天武天皇の御代、十四年三月二十七日のみことのりに、諸国毎レ家作二仏舎一、乃置二仏像及経一、以礼拝供養、とあり、書紀に見えたり、民の家々まで、持仏堂という物をかまへて仏をまつる事は、これよりやはじまりけん、」と述べ、このように師錬・士清・宣長らはAの「諸国毎家」を「民宅」「世俗家々」「民の家々」と解したのであった。

ところで豊受大神宮の御巫内人の石部清直(4)は師錬らの解釈に反対説を述べた。

日本書紀云。天武天皇即位五年十一月甲申。遣使於四方国説金光明経仁王経。同十四年三月壬申詔、諸国毎家作仏舎乃置仏像及経以礼拝供養〈諸国毎家トハ諸国司ノ政務ヲ判スル官家ヲ謂フナリ。官家ハ所謂国府ニシテ、其国府ニ作ル仏舎則国分寺ナリ。然ルヲ元亨釈書ニ此詔旨ヲ引テ、許天下民宅構仏宇ト註セルハ麁妄ノ説ナリ。紀中諸民ノ私宅ヲ謂フトキハ百姓ノ舎屋ト称スル例ナリ。何ソ公然ト諸国ノ毎家ト詔ハム。其上民屋ニ別テ仏舎ヲ作テ供養礼拝スル遑アラムヤ。熟察スヘシ。然ルヲ先哲等漫ニ是レニ雷同シテ、谷川士清ハ通証ニ世俗家々事仏者即此也ト謂ヒ、本居宣長モ玉勝間ニ此ノ詔ヲ引テ、民の家々まて持仏堂といふ物をかまへて仏をまつるはこれよりや始まりけんト謂ヘルハ共ニ惑ヘルナリ。信従スヘカラス〉トアルハ、諸国ノ府家ニ仏寺ヲ創立シテ礼仏説経セシメラレシ始ニテ。後ニ所謂ル国分寺ノ権輿ナリ。（〈　〉の部分は原分註）

すなわち清直は(1)「諸国毎家」を「諸国司ノ政務ヲ判スル官家」「国府」「府家」と解し、(2)Aによって「諸国ニ作ル仏舎」が国分寺であり、詔は「諸国ノ府家ニ仏寺ヲ創立シテ礼仏説経セシメラレシ始」で、それは「国分寺ノ権輿」であるというのであり、国分寺天武朝創建説と名づけることができよう。国前重春はその著豊前志(5)に清直の説を引用し「確説ナリケリ」といい、賛意を表した。

しかし辻善之助氏は豊前志に引く清直説について(1)「この説一理あるに似たりと雖も、天武帝十四年、諸国官家に仏舎をおかれたるを以て、国分寺なりといふにいたりては、稍妥当を欠くを免れず」と批判し、(2)国分寺を以て「単に国毎に置かれたる寺なりと解するは、その意味あまりに広汎に過ぎたり。若し斯くの如き意味を以てすれば、国分寺は何ぞ各国僧尼の二寺に限らん」、(3)「天武天皇の時、各国に設けられたる仏舎の如きは、蓋し国府庁内に作られたる一堂に過ぎざるべく、未だ以て国分寺と称すべからず」、(4)「要するに国分寺は、国によりては既に前代より設けられしもあるべく、その実際ははやく存せしならんも、『国分寺』の名に於て普く天下に画一的に設けられしは、天平十三年の詔に始まるものとせざるべからず」と述べられた。(6)

Aに「諸国毎家、作仏舎」と令したのは、寺といえるだけの形をそなえるのでなく、国府の建物の一部を利用して一堂にあてるとか、あるいは国衙のなかに一堂を作るという意味と考えられる。それを設けたことがのちの国分寺建立の機縁をなした、と清直が解して「後ニ所謂ル国分寺ノ権輿ナリ」と述べたのであるならば、別に大きな問題はないけれども、前引冒頭の箇所で「其国府ニ作ル仏舎則国分寺ナリ」と記すところから判断すると、形体が整備した国分寺そのままのものを考えていないであろうが、きわめて素朴ながら少くとも一応の寺の形体をそなえたものを考慮しているらしい表現である。しかしAに仏舎を作ることは令されているけれど寺を作るとは述べていないこと、(7)天平九年の国分寺創建詔以前に国分寺の実体に相当するものが寺の形をもって存在した形跡が見あたらないこと、などに照せば、清直の解釈は過当といわねばならず、清直説に対する辻氏の批判の(1)・(3)は妥当としなければならない。

ただ清直は、国分寺を以て単に国毎におかれた寺というように述べていないから、辻氏の(2)は清直説に対する密着した批判といえない。つぎに辻氏は(4)で、国分寺の名において諸国に画一的に設けたのは天平十三年詔による、といい、さらに、その実際はそれ以前から存した、とされる。すなわち、続紀天平十三年正月丁酉条に国分寺の名がみえ、十二年六月甲戌条に国毎に法華経十部を写し、七重塔を建てしむとあり、九年三月丁丑詔で国毎に釈迦仏像一軀・挾侍菩薩像二軀を造り、大般若経を写すことを令し、神亀五年十二月己丑条に金光明(最勝王)経六四〇巻を諸国に頒下した、と記すのをあげ、「国分寺の事実は即この時より始れり」といわれる。(8) しかし神亀五年条には国分寺の名はもとよりみえず、最勝王経を国衙に頒下し、そこで読誦させたと私は考えるから、辻氏のように国分寺の存在を神亀五年までさかのぼらせることに従うわけにはゆかず、天平九年詔によって創建が令されたと考えるべきであると思う。なお辻氏が(4)で、国分寺は国によってすでに前代より設けられたものもあった、といい、それ以上に詳しいことを述べておられないけれど、その記述は国分寺創建の際の旧寺転用の問題に関連するので、この問題についてはのちに記すことにしたい(第二章一節の二参照)。

清直の説は辻氏から批判をうけた(2)の天武朝国分寺創建説を除けば(1)の諸国毎家＝国府説は妥当で、(1)の解釈を出すに至った考証を述べているところは、師錬・士清・宣長らがただ結論だけを述べたにすぎないのとくらべて説得力をもち、すなわちAは国府の建物に付属した一堂を作ることを令したものと解すべきであると思う。(9) 豊前志所引の清直説が辻氏によって紹介されると、清直の(2)の国分寺天武朝創建説の影響をうける人もあったが、(10) (2)をとらず、(1)の諸国毎家＝国府説だけをとり、(1)がのちの国分寺創建の第一段階となったと考える人もみられた。たとえば境野黄洋氏は、(11) 清直の(1)を卓見とし、Aによる毎国仏舎設置が「国分寺の濫觴でなければならず、仏舎が漸次国分寺としての伽藍に進んで行く第一歩となったものであることは誤りがあるまい」といわれ、橋川正氏は、(12) Aが「諸国の各官家に仏舎を作って仏像経典を置いて礼拝供養せしめ」たもので、国分寺の権輿は元亨釈書の資治表にいうごとく天平九年三月丁酉詔にある、と述べられた。

清直の(2)国分寺天武朝創建説はなお角田文衛氏によって卓見とされ、角田氏は国分寺の名称についても新見解を出された。すなわち、天武十四年に設立が下命された諸国府の仏舎すなわち国府寺は名称の示すとおり、国分寺の濫觴に外ならず、このとき創設された仏舎は国府寺《コクブテラ》とよばれ、それが国分寺に転訛した、といい、国府寺の名称を示す文献として観応二年十二月の真壁文書に「羽州国府寺」とみえるのをあげるとともに、国府寺から国分寺への音韻的変化を証明するために多くの紙数を費された[13]。しかし家永三郎氏[14]は、当時の確実な史料に国府寺と記す文献が皆無であり、国分寺がもとで、これが転訛して国府寺となった例はあるけれど、その逆の場合がなく、六〇〇年を経た後人の用字法を以て奈良朝当時の用字法を云々することはできない、と述べ、角田説に対しするどい批判を加えられた。家永氏の批判が正しい。

ここで国分寺の名称の意味を考えておきたいと思う。国分寺という名称の「分」の意味について角田氏[15]は左のごとくいわれる。分の字は水分神社とあるごとく配るの意味にも使用され、また万葉集八一三番の詞書に「一尺三寸六分[二]」とあるように寸尺の単位でもあった。さらに万葉集八六四番などに見えるごとく分は「別つ」意味にも用いられた。したがって養老六年七月十日附太政官謹奏に「望請。京城及諸国ニ分遣判官一人。監当其事。厳加捉搦」(類聚三代格)とある「国分」は国別に、あるいは国毎にの意と解せられる。なおこれによって「国分」なる言葉がすでに養老の頃存するを確かめ得たのである、と。

角田氏が引用された養老六年の太政官謹奏は、僧尼で戒律を練らず、奸乱をなす者があったから、京城および諸国に判官一人を遣わし、非違を監視させ、きびしくからめとるべきことを述べたものであるが、国史大系本では「望請。

京城及諸国〻分遣ニ判官一人一。監ニ当其事一。厳加ニ捉搦一」となっている。大系本の編者は、城の字が底本（東寺観智院所蔵本）になく、前田侯爵家所蔵本・植松蔵板印本によっておぎなったと記すが、「諸国」の下の「〻分」の語について何らの頭註もつけていないところから推せば、諸本には「〻分」（国分の意）と記されているらしい。国ごとにという意味をあらわすのに「諸国〻分」と書くのは、私の寡聞のいたすところであるが、その例は少ないように思われる。国ごとに、という意味を記す場合は「毎レ国」とか「国別」などと書かれており、たとえば、続紀の天平九年三月三日詔に「毎レ国令下造ニ釈迦仏像一軀。挾侍菩薩二軀一。兼写中大般若経一部上」、神亀五年十二月二十八日条に「金光明経六十四帙六百卌巻頒ニ於諸国一。〻別十巻」、天平十二年九月十五日の勅に「故今国別造ニ観世音菩薩像壱軀高七尺一。幷写ニ観世音経一十巻一」とみえる。これらの例とくらべると、養老六年の太政官謹奏に国ごとにという意味を「諸国〻分」と記すのは例が少ない上に、その読みかたも「諸国の国に分かれて」とか「諸国の国に分けて」などと読まねばならないわけであり、落ちつきのよくない表現と思われる。

そこで、果たして諸本には「諸国」の語の下に「〻」の一字が記されているかを検討する必要があるように思われ、また、諸本に「〻」の字が記されていても、それが後世の攙入であるまいかと疑をかけてみるのも無謀でないような気もする。というのは、仮に「〻」の字がない場合は、「分」の字をその下の「遣」の字に結びつけて「京城及諸国分ニ遣判官一人一」（京城及び諸国に判官一人を分かち遣わす）と読めば意味が通るからである。もしそうならば養老六年の太政官謹奏には「国分」という熟語がなくなり、国ごとに、あるいは、国別に、という意味で「国分」という語が使われた例となし得なくなってくる。しかし、ここまでいうのはもとより養老六年太政官謹奏の「諸国」の下に「〻」の字がないと仮定した場合であって、今は大系本に従って「諸国」の下に「〻」の字が存在するものとして考えてゆかねばならないわけであるが、まえにも記したように、国ごとに、あるいは、国別に、という意味をあらわすのに「国分」と書く例は甚だ少ない。

そこで国分寺の「国分」の意味はほかの用例から求める方が適当であるといわねばならない。理由の第一は「分」の字が何々のための（もの）という意味に用いられる例が非常に多く、「国分」の語が国のための（もの）という意味に解されるからである。(16)

たとえば、大織冠伝に「割二取家財一入二元興寺一。儲二置五宗学問之分一」とみえ、神亀四年の写経料紙帳に、大般若分麻紙（一381 382）、大般若経分紙・理趣般若分受穀紙（一382）、「観世音経阿弥陀経合十巻分穀紙百張、八月四日、此経分之表紙、用大般若分麻紙五張」（一383）と記され、(17)この料紙帳と関係あるらしい装潢受紙注文にも大般若分・理趣般若分・雑経分とみえ（二十四4）、天平十九年の法隆寺と大安寺の伽藍縁起幷流記資財帳には豊富な例がある。

〔法隆寺伽藍縁起幷流記資財帳〕

通分・丈六分・法分・金剛分・仏分・聖僧分・塔分・灌仏分・通三宝分・四天王分・一切通分・寺掃分・花知識分・温室分・薬師仏分・観世音菩薩分・維摩像分・弥勒仏分・木叉分・阿弥陀仏分・法蔵分・別燈分・常燈分

〔大安寺伽藍縁起幷流記資財帳〕

悲田分物・通分物・温室分物・木叉分物・塔分物・功徳分物・衣田分物

大安寺資財帳にみえる用例で、法隆寺資財帳の用例と重複するものは省略したが、なお大安寺資財帳には仏物・菩薩物・僧物・通物・法物・四天王物・聖僧物・八部物・義物・見前僧物・常住僧物・功徳天物という記載法もみえ、何々分・何々分物・何々物という語がいずれも何々のための（もの）という意味であることはいうまでもない。例はほかにもあり、天平宝字四年七月二十三日の淳仁天皇東大寺封戸施入勅に営造修理塔寺精舎分壱仟戸・供養三宝并常住僧分弐仟戸・官家修行諸仏事分弐仟戸と記され（四426）、日本霊異記に大安寺の修多羅衆分銭とみえる（中の二四）。

理由の第二は、国分の語が寺と結びついて国分寺という寺名に用いられるのであるから、単に国ごとに、あるいは単に国別にという地理的な意味で用いられたと解するよりは、その意味も含みつつ、右にみた寺院の間でしきりに用いられていた何々のためのという意味で国を守護するための寺を国分寺とよんだと解する方が適当と考えられるのである。なお身分の分の用例（資格などの意）から国立の寺とも考えられるが、仏教界の用語から解しておきたい。

国分寺は実際に国（大和・河内・参河…などの国）ごとに設けられた寺であり、たとえば天平十八年十月十七日の写金字経所解（二551）や、同二十年十月二十五日の写経所解（三128）の「国分最勝王経」はそれぞれの国のために写される経であり、天平神護二年十月二十一日の越前国司解の「国分金光明寺」（五556 558）は越前国を守るために建てられた寺という意味に解されようけれど、しかし、国分寺建立の動機や願望を検討すれば、単に一国ごとの安泰を念ずるために建てられたと限定できるものでなく、その詳細は追って述べよう（第二章第一節、天平九年国分寺創建詔発布の動機）。

論をAの詔の解釈にかえすと、詔の「毎家」を民家と解する師錬・士清・宣長らの説の系統に属しながら、特色をもつ説を出されたのは秋山謙蔵氏(18)である。秋山氏はつぎのような見解を展開された。

(1)　天武十四年三月、諸国の家毎に仏舎を作り、仏像経典をおき、礼拝供養することを令した詔が出されたのは、これ以前の仏教の性質よりみて諸国の有力な豪族―国造―らに対して詔が下され、彼らによる寺院建立がなされたとみなくてはならない。

(2)　たとえば出雲風土記に記される寺院のほとんどすべては天武天皇のころその地の豪族によって建てられたもので、それによって彼らは国家官僚たる大領・少領などに転化しており、山国郷の教昊寺を建てた教昊は散位大初位下上腹首押猪[19]の祖父と記され、河内郷の寺を建てた旧大領日置部臣布禰は今の大領佐底麻呂[20]の祖父で、屋裏郷に三層の塔をもつ寺の建立者の前少領額田部臣押嶋は今少領伊去美の従父兄であり、これらの寺は天平五年より四〇乃至五〇年前の天武朝ころに建てられた。こうして天平初期以前すでに国家の統制下におかれた寺院が全国的に存在し、国家の命を奉じ、国家権力拡大の指導原理たる金光明最勝王経を読誦し、天下の平安を祈っていた。

(3)　それらに対する新しい統制と組織を与えたものが天平十三年の詔勅であり、金光明四天王護国之寺なる名称が従来より諸国に存在した僧寺に与えられ、そこに荘厳な七重塔を創建し、それとともに法華滅罪之寺なる名称のもとに尼寺を制定したのである。

Aの「毎家作仏舎」について(i)民家に仏舎設置を令したと解する説と、(ii)国衙に仏舎建造を命じたとする説とがあったが、秋山氏の説は右の引用で知られるように(iii)豪族らに寺院を建てさせたとするわけである。豪族が寺を設けるさい、自家を寺に改造する場合と、寺を新造する場合などが考えられるが、建立者が官か、民間か、という点からいえば、秋山説は(i)に近い。

この秋山説について家永三郎氏[21]は批判を加え「この説は国分寺が国家の発願による勅願寺であること、論者(秋山氏)の所謂国家の統制下にある寺院とは全く異質的のものであることを看過してゐる点に於て殆ど致命的な誤謬の上に立脚した見解であることを知らねばならぬ」と述べられた。もっともな批判であるが、さらに、秋山説について検討

＜第1表＞　出雲風土記の寺院

	寺院名	記載	僧	郡郷	郡家よりの方向距離	創建者	
1	教昊寺	五層塔	有	意宇郡山国郷	東二五里一二〇歩	僧教昊	散位大初位下上腹首押猪の祖父
2	新造院	厳堂	無	〃山代郷	西北四里二〇〇歩	日置君目烈	出雲郡神戸郷日置君猪麻呂の祖
3	新造院	厳堂	一	〃〃	西北二里	出雲臣弟山	飯石郡少領
4	新造院	三層塔	―	〃山国郷	東南三一里一二〇歩	日置部根緒	―
5	新造院	厳堂	―	楯縫郡沼田郷	西六里一六〇歩	出雲臣大田	大領
6	新造院	厳堂	―	出雲郡河内郷	南一三里一〇〇歩	日置部臣布禰	旧大領
7	新造院	厳堂	―	神門郡朝山郷	東二里六〇歩	神門臣等	大領
8	新造院	厳堂	―	〃古志郷	東南一里	刑部臣等	主帳
9	新造院	厳堂	五	大原郡斐伊郷	南一里	勝部君虫麻呂	大領
10	新造院	層塔	一	〃屋裏郷	北一一里一二〇歩	額田部臣押嶋	前少領。今少領伊去美の従父兄
11	新造院	厳堂	尼二	〃斐伊郷	東北一里	樋仰支知麻呂	斐伊郡の人

すると、まず出雲風土記に記される寺は教昊寺と新造院と合せて左の一一寺であるが（＜第1表＞）、何故に一一寺のなかで(1)・(6)・(10)だけをあげられたのであろうか。推察するにそれは創建年代の古いものを選ばれたのであったと考えられる。というのは、創建者が風土記に(1)上腹首押猪の祖父の僧教昊、(6)旧大領の日置部臣布禰、(10)今少領伊去美の従父兄の額田部臣押嶋と記されるからである。しかしそれならば(2)出雲郡神戸郷日置君猪麻呂の祖の日置君目烈が建てた新造院も古いと考えられるから、あげるべきであろう。つぎに風土記には(1)だけが教昊寺というような寺名で記されるのに対して、そのほかはすべて新造院と記されることから見れば、新造院は秋山氏のように天平五年より四〇乃至五〇年前の天武朝ころに建てられたと必ずしもいえず、天平五年に近いころ建てられたともいえよう。すなわち(6)新造院は、日置部布禰が天平五年以前に旧大領であったとき建てたのではなく、もと大領であった布禰が天平五年に近いころに建てたとも解し得ないことはない。同様に(10)新造院は前少領であった

額田部押嶋が天平五年に近いころに建てたとも解し得るからである。

しかし(6)・(10)の新造院の建立が天平五年に近いころであって、それより四〇乃至五〇年前にさかのぼらないとしても、秋山説が天平初期以前にすでに寺が存在したとすることに根本的な影響を与えるものでないから、右の程度にとどめるが、秋山説では十三年勅発布以前にたとえば出雲にかなりの寺院が存在していたことだけわかるけれども、十三年勅によって(1)・(6)・(10)のどれが出雲国分寺に選ばれたかということが何ら指摘されていない。

出雲の旧寺が国分寺に転用されたことが後藤蔵四郎氏[22]によっていわれたのは(3)の新造院である。坂本太郎氏[23]は郷の役所の位置が一郷の中心地にあった例として意宇郡山代郷の場合をあげ、つぎのようにいわれる。山代郷が意宇郡の西北に当ってのびた郷であり、郡家からの西北の線に沿うて最も近くに(3)新造院、つぎに郷の中心点、さらに(2)新造院が位置し、郡家から(3)新造院まで二里、(3)新造院から郷の中心まで一里一二〇歩、郷の中心から(2)新造院まで一里八〇歩である。郷の四隅の境界が明らかでないから、郷全体を問題としていうわけにはゆかないが、知られた限りでは郷の中心地が二つの寺のちょうど中間にある。後藤蔵四郎氏によれば(3)新造院はのちに国分寺になった寺で、(2)新造院は四王寺である。これらの寺は恐らく郷の中心地との位置関係を考慮して設けられたものに違いなく、郷の政治的中心の観念とその設備は早くから存在していたとみてよいのではあるまいか、と。

これによれば、坂本氏は後藤氏の出雲国分寺の旧寺転用説を認めておられるようで、野津左馬之助氏[24]も「出雲国分寺の代用寺則ち国分寺に取立てられたものは山代郷の新造院である」といわれる。ただし、たとい転用がおこなわれたとしても、野津氏のように「其の経過を史的に探訪すれば、天下一般に国分二寺を設くる詔令の下りしは実に天平十三年二月十四日なれども、其の事実に於いてはたとひ名称はなきにもせよ、国分寺は已に存在したのである。故に出雲に於いても天平五年二月以前に於いて早くも存在してゐたと見る可きであらう」といわれるのは秋山説と同様に修正を要する。

というのは、家永三郎氏[25]によってつぎのことが説かれているからである。

(1) 天平九年三月丁丑の釈迦三尊造顕詔が国分寺創建の令であった。

(2) 天平九年以前において国分寺に相当すべき寺院の諸国に存在したことを示す史料は皆無である。

(3) 出雲国分寺が風土記所見の山代郷新造院を転用したものであろうとも、同院が天平五年すでに国分寺としての役割をつとめていたという形跡はない。

家永氏の説は国分寺創建の年代や前後の経過に関する明快な論断であり、私はそれに従うべきであると思う。

（1）元亨釈書、国史大系三一二頁。

（2）飯田武郷は日本書紀通釈で「諸国毎家作仏舎」を註釈するのに士清の「世俗家々」説を引用している（畝傍書房発行本五の三七六六頁）。

（3）玉かつま、六、持仏堂の項（増補本居宣長全集八の一六四頁）。

（4）「太神宮寺排斥考」（大神宮叢書、神宮神事考証、後篇一三五—六頁）

（5）豊前志、五の巻、中津郡国分寺の条。

（6）辻善之助「国分寺考」（『日本仏教史之研究』六—七頁）

（7）書紀推古二年二月丙寅朔条に「詔二皇太子及大臣一。令レ興二隆三宝一。是時。諸臣連等各為二君親之恩一。競造二仏舎一」とみえ、臣連らは寺とよばれるだけの形をそなえた仏舎を造る富力をもっていたであろう。また推古紀の仏舎のつぎに「即是謂レ寺焉」とみえるところからA天武十四年詔の仏舎もすなわち寺を意味するという意見が出されるかも知れない。しかし国史大系本には推古二年二月紀について何ら頭註が記されない点からみて、諸本に異同がないらしいが、最後の「即是謂寺焉」という五字は、説明語であって、なくともよい感じがするので、後人の註釈がいつしか書紀の原文と化したものであるまいか。後人の附加と断ずるには、もっと詳細に論証する必要があるが、私には右のように感ぜられる。というのは、十七条憲法第二条の「三宝者仏法僧也」が原文の語でなく、後人の攙入であることが家永三郎氏によって論証されており(「篤敬三宝章の一考察」同氏『上代仏教思想史研究』所収)、このよう攙入の例も存することが参照されるのである。一歩ゆずって推古紀の五字が原文としても、A天武十四年詔の仏舎を推古紀と同じ意味で解してよいかは別問題であり、本文で後述するように、A詔の仏舎は独立した寺でなく、国衙に附設された仏殿と考えるのが適当であると思う。

(8) 辻善之助、前掲書三―四頁。

(9) Aの諸国毎家について師錬(民宅)・士清(世俗家々)・宣長(民の家々)が結論だけを記したのは、十分な根拠がなかったからであるまいか。中世の仏家と近世の国学者の間で結論が一致しているけれど、その結論を出した事情は、師錬は仏家であるから仏教の普及を古くさかのぼらせて考えたためであり、士清や宣長は国学者であるから神道擁護・仏教忌避の感情をもち、したがって近世における仏教の普及をこころよく思わず(徳川幕府がキリシタン禁制のため寺院と檀家を結びつける政策をとったので、以前にくらべて近世に仏教は一段と庶民階級に滲透した)、仏壇がある程度に庶民の家に普及していた現状と、Aの詔に「諸国毎家、作仏舎」という語句とを簡単に結びつけたためかと推測される。もしこの推測があたっているならば、結論が同じでも、それが出された動機や立場が異なるといえよう。

(10) たとえば矢吹慶輝「大雲経寺と国分寺」(宗教研究新四の二)、橋川正『概説日本仏教史』。ただし、橋川氏はのちの『綜合日本仏教史』では清直の(2)国分寺天武朝創建説をとらず、(1)の諸国毎家=国府説だけをとり、国分寺創建は天平九年三月詔によるとされた(註12参照)。

(11) 境野黄洋『日本仏教史講話』二三七頁。

(12) 橋川正『綜合日本仏教史』一二六頁。

(13) 角田文衛「国分寺の設置」(同氏編『国分寺の研究』上巻、一九頁、および三〇―三五頁)

(14) 家永三郎「国分寺の創建について」(建築史、一の四、昭和一四年。のち『上代仏教思想史研究』所収。昭和一七年)

(15) 角田文衛「国分寺の設置」(前掲書、三一頁)

(16) 国分寺の「分」が「ための」という意味であることについて水野柳太郎氏の御教示を得た。

(17) 漢数字は大日本古文書の冊号、算用数字はページを示す。以下同じ。

(18) 秋山謙蔵「奈良朝に於ける国分寺創設の問題」(史学雑誌、四三の四)

(19) 秋山氏の論考では、散位大初位下腹ノ首押猪と記されるが、竹内理三『奈良朝時代に於ける寺院経済の研究』(四六頁)・武田祐吉編『風土記』(岩波文庫)・田中卓「校訂出雲国風土記」(平泉澄監修『出雲国風土記の研究』所収)

に散位大初位下上腹首押猪とあるのに従う。なお教昊寺の所在は秋山氏論考と武田編『風土記』に舎人郷とするが、田中卓「校訂出雲国風土記」に出国郷とするのに従う。

(20) 秋山氏は置部臣布禰（佐宜鹿の祖父）と記され、武田氏の『風土記』も同様であり、竹内理三氏は置君自熊（出雲神戸置君猪麻呂之祖）とされるが（『奈良朝時代に於ける寺院経済の研究』四六頁）、田中卓氏の校訂に日置部臣布禰（佐底麻呂の祖父）とあるのに従う。

(21) 家永三郎『上代仏教思想史研究』（前掲）二一六頁。

(22) 後藤蔵四郎『出雲国風土記考証』

(23) 坂本太郎「出雲国風土記の価値」（平泉澄監修『出雲国風土記の研究』二八七頁）

(24) 野津左馬之助「出雲国分寺」（角田文衛編『国分寺の研究』下巻、一〇六九頁）

(25) 家永三郎、前掲書、二一七—二二〇頁。

二　天武十四年三月詔と持統五年二月詔との関係

さきにあげた家永氏[1]の論考で説かれた重要な論点は、A詔について、これを国衙における仏舎設置令とする解釈を退け、国民の私宅に仏舎をつくることを命じたものとする解釈をきわめて論理的に強調されたところにあり、主要な論拠は国分寺創建天平九年説の理由(1)・(2)・(3)、本書三〇頁）のつぎにあげた左の二点にあるといえよう。

(4) A詔の内容はこれと対応するB持統五年二月壬寅朔の詔をもって解釈すべきである。

(5) A詔は天武天皇の徹底せる「仏教普及の理想の表現」であり、国民の家ごとに仏舎を設けしめようとする「熱烈な三宝興隆の御精神」をそこにみるべきであって、御巫清直や橋川正氏のごとく天下の民屋毎に仏舎を作ることの可能性の有無をもって解釈すべきでない。

〔B〕　書紀（持統五年二月壬寅朔条）

天皇詔二公卿等一曰。卿等於二天皇世一。作二仏殿。経蔵一。行二月六斎一。天皇時々遣二大舎人一問訊。朕世亦如レ之。故当三勤心奉二仏法一也。

論争の展開では、史料に対する解釈の更新や新史料の提示が問題の解決に寄与することはいうまでもない。Aの内容解釈でそれまでBを引用する人がなかったことを思えば、家永氏がはじめてBを引用されたことは非常に重要な意味をもつ。(2)

しかし、そののち石村亮司氏(3)は家永氏の説に対し異論を出され、「諸国毎家」は「国民百姓の私宅と解する材料となし得ない」もので「明らかに諸国の官衙すなわち国庁・郡家と解するのが妥当」であるとし、その理由として国衙・郡家における「仏舎」の存在を推測できる史料をあげるとともに、「当時仏教が一般百姓の家々にたとえ草堂の如き小規模のものであっても、仏宇を構え、仏像経典を置いて礼拝供養する程普及していなかった」ということを述べられた。私(4)も家永氏の「諸国毎家」＝「国民の私宅」説にしたがえないことを述べ、家の語の上に百姓などの話がなく、一般庶民に仏舎・仏像・経を整える余裕があったとは考えられず、また天武朝ころの仏教が実際に庶民にまで普及したと思われないことを理由とした。

これに対し家永氏は再論(5)を出され、

(6) 客観条件の上から百姓の家に仏舎を設ける可能性のなかったことについては見解を異にするものでなく、それを自明の前提として議論しているのであって、Aの詔は律令政治通有の「観念的理想の表現にとどまった」もので「天下の民屋毎に仏舎を作ることの可能性の有無を以て解釈すべき事柄ではない」

(7) 「毎家」について「百姓の家とか庶民の家とかを指すと云ったおぼえはない」「国民の私宅と云った場合の『国民』とは諸王諸臣をはじめ一般人民までをふくむ包括的称呼として、宣命の呼びかたなどに用いられた『親王諸王諸臣百官人等天下公民』という類の観念を現代語（旧稿を最初執筆した当時の）に云い改めたまでのことであって、むしろ右の用例が実際に参列していない『天下公民』までをも観念の上で包含させているのと同じように、『毎家』の家も、観念的には『天下公民』の屋舎をも漠然と包含させつつ、実際には主として宮廷の上流貴族の住宅を念頭に置いて書かれた文字と解するのが妥当である、と考えた次第なのである。そのように解したときにはじめて持統五年二月壬寅紀の『天皇詔二公卿等一曰、卿等於二天皇世一作二仏殿経蔵一云々』の事実と完全に対応することになるのではあるまいか」

と述べられた。

Aの「毎家」について、石村氏は書紀・正倉院文書・続紀・風土記・金石文・万葉集などに、地方あるいは地方色の濃い官、または官に准ずる公共的施設や機能をよぶのに「家」の字を用いて「府家」「郡家」「駅家」「三家」（官家・屯家）などと記すのをあげて国衙と解されたが、その挙証の具体的な点では家永氏の論述(4)—(7)と肩をならべることができよう。家永氏の(4)—(7)以外の論拠についていえば、宝字元年四月辛巳勅に「宜下令二天下一。家蔵二孝経一本一。精勤誦習。倍加中教授上」という家は明らかに国民の私宅をさして令されたものであり、宮内省図書寮（宮内庁書陵部）所蔵谷森氏旧蔵本続紀にも「天下ヲシテ家ゴトニ」とよんでいる。ただ宝字元年勅の例をもってすぐに天武十四年詔にあてはめ、解釈してよいであろうか。孝経所蔵誦習勅は藤原仲麻呂の漢風文化に対する傾倒のあらわれで、天武十四年詔と発令者やその政策がちがい、令された内容も天武詔は仏舎・仏像・経の造写で、宝字勅は孝経であれば、発令者が頭脳の中で考えた家が前後同一であったであろうか。なおつぎの点が私に疑問としてのこる。

(イ)家永説の強みはBをもってAの内容を解されたところに存するから、この点を検討しよう。家永氏の説はBに対応するものが天武紀に存在するはずであるという考えを前提としており、そこから進んでBに対応するものがA以外になく、AとBとは結びつくとされるわけであり、家永氏が両者の対応を如何に強く主張されているかは、ほかの箇所でも「持統天皇が特に重ねて詔を下してこの事実（天武朝に公卿らが仏殿・経蔵を造り毎月六斎をおこなったという事実）を想起せられてゐることは之が天武天皇の重要なる御新政の一であったことを示すに十分であるが、前記諸国毎家仏舎設置の記事を除き之に対応する記事を天武天皇紀の何処からも見出し得ないことに注意しなければならぬ」（前稿）、「持統五年紀の記事を天武十四年紀の記事と結びつけるためには、私の解釈のように『毎家』の『家』を『個人の私宅』と解するほかないのであって、もしこの家を国衙とか郡家とかの地方官衙と解したときには、持統五年紀の記事とは結びつきようがないのである」（再論）とくりかえしいわれることによっても知られよう。

しかし、持統紀に天武朝の事件が記されている場合、その事件に対応するものが天武紀に記載されている場合もあるが、それが天武紀に記されていない場合もあると考えられる。つぎにAの冒頭は「諸国毎家」であり、Bの詔のよびかけは「公卿等」であって冒頭が相違する。(6)「公卿等」について家永氏自身が「それは中央政府の高官と解するのが自然であって、国司・郡司を『公卿等』というはずはなく、ことに『天皇時々遣二大舎人一問訊』とあるのは、明かに『公卿等』が皇居の近傍に住んでいた人々であることを示している」（再論）といわれる。ところが一方、Aの「諸国」は都を含むが、都よりも地方に重点をおいた語である。この点からみるとBをAに対応させるには無理があると思われる。

(ロ)Aの「作仏舎。乃置仏像」はBの「作仏殿」に、Aの「置……経」はBの「作経蔵」にほぼ一致するけれど、毎月六斎をおこなうことはAにみえない。これについて家永氏は「凡月六斎日、公私皆断二殺生一」という文は「養老令に規定せられる処であり、或は既に天武朝時代の法令に規定されてゐた処であったかもしれず」と推定されるにとどまり、「これだけを切り離して考へても毫も差文へないであらう」（前稿）といわれるけれども、AとBの二詔が同一内容のものか、それとも不同のものかを論ずるさいには微小な差異でもあれば同一内容ときめかねると思う。

（八）石村氏と私が、天武朝ころの庶民に仏舎・仏像・経典をととのえる余裕があったとは考えられない、と述べたことに対して、家永氏は、百姓の家に仏舎を設ける可能性のないことは自明の前提としているから石村・井上の批判は的外れで反証として何の役にも立たない、といわれる（再論）。これによれば、天武朝ころ百姓の家に仏舎設置の可能性がなかったと家永氏も考えておられるわけであるが、それならば百姓の家に仏舎設置の可能性がなくともAは仏舎設置を令したであろうか。家永氏が「律令政治の全般についてその規定の尠からぬ部分が実行不可能に属する観念的理想の表現にとゞまった」といわれる面はたしかにないではなかったけれど、そうかといって詔が現実を度外視して発せられるとばかり考えられない。Aの詔などは現実に可能性のないことを承知の上で令されたとは考えられない部類に属すると思う。家永氏は宣命に「親王諸王諸臣百官人等天下公民」という言葉が実際に参列していない公民までを観念上で包含させている例をあげられたけれど、宣命に用いられるよびかけの言葉がAの「毎家」とBの「公卿等」とを結びつける媒介としてよいであろうか。前述(1)・(2)のところであげたAとBとの差違点があり、それをも媒介するだけの力が宣命にみとめられようか。なお、家永氏は「毎家」の家を以て百姓の家とか、庶民の家とかをさすといったおぼえはない、といわれるけれど、旧稿で「国民の家毎に」「国民の各家庭」と述べられたので、この表現では百姓とか庶民とかの家をふくむと私は解したわけである。

（ニ）もとより天武の信仰や思想の詳細を示す天武の著作などは残存しないから、天武朝の詔や行事から仏教に関する政策を考えるよりほかに十分な方法はない。天武は、川原寺で一切経を書写させ、造高市大寺司を任命し、高市大寺・川原寺・飛鳥寺などに封戸と墾田を入れ、飛鳥寺・浄土寺・川原寺などに行幸し、飛鳥寺を官治の例に入れ、薬師寺建立の工をおこす、など仏教で国家を荘厳することを政治過程に織りこんだが、飛鳥浄御原令の編纂をおこない、天皇中心のきびしい国家体制が天武・持統朝に築かれたことは近来の諸研究によって明らかにされてきたところである。

僧尼や寺院に対しても厳重な統制がしかれたと考えられる。天武八年十月の勅で「凡諸僧尼者。常住二寺内一。以護二三宝一」ということを本務であると強調し、老病の僧尼に対し「進止不便。浄地亦穢。是以自レ今以後。各就二親族及篤信者一。而立二一二舎屋于間処一。老者養レ身。病者服レ薬」と命じたのは、とくに僧尼に対するきびしい統制とはいえないけれど、勅の最初の部分は、のち養老元年四月壬辰、行基の寺院外伝道を禁圧した詔に「凡僧尼。寂二居寺家一。受レ教伝レ道」、同二年十月庚午、僧綱に対する太政官告に「凡諸僧徒。勿レ使二浮遊一」、僧尼令第五条に「凡僧尼非レ在二寺院一。別立二道場一。聚レ衆〇中略皆還俗」などと令し、寺内寂居主義を強調したのと一脈通ずるものがあり、ことに養老元年には右にあげたように寺院外における僧尼の活動を禁じているのをみれば、それより三〇年余以前の天武朝に庶民の家へ仏教を普及させようという政策がとられたとは考えられない。

(ホ) A詔発布事情について、私は詔発布のすぐ前年の天災地変と不吉現象の連続に注意したい。

(a) 天武十三年十月壬辰

逮二于人定一大地震。挙レ国男女叫唱。不レ知二東西一。則山崩河涌。諸国郡官舎及百姓倉屋。寺塔。神社。破壊之類不レ可二勝数一。由レ是人民及六畜多死傷之。時伊予温湯泉没而不レ出。土左国田苑五十余万頃。没為レ海。古老曰。

若レ是地動未二曾有一也。是夕。有二鳴声一。如レ鼓聞二于東方一。有レ人曰。伊豆嶋西北二面。自然増二益三百余丈一。更為二一嶋一。則如二鼓音一者。神造二是嶋一響也。

(b)　同十一月庚戌

土左国司言。大潮高騰。海水飄蕩。由レ是運レ調船多放失焉。

(c)　同月戊辰

昏時。七星倶流二東北一則隕之。

(d)　同月庚午

日没時。星隕二東方一。大如レ瓮。逮二于戌一。天文悉乱。以星隕如レ雨。

(e)　同月

是月。有レ星孛二于中央一。与二昴星一雙而行之。及二月尽一失焉。

(f)　是年

倭葛城下郡言。有二四足雞一。亦丹波国氷上郡言。有二十二角犢一。

しかも右の(b)・(c)・(d)・(e)は連続記事であり、(e)の是年条には伊賀など四国に調役免除の記載もふくまれるが、(e)全体は(d)にすぐ連続する。A詔が出されたのは銷災致福と国家安穏を祈るためであったと考えられるわけで、その仏舎・仏像・経の設置場所は国衙である方がふさわしい。(7)(補註1)またこのように解すると、Aの諸国がBで公卿とかかわったという説明もいらない。

それではA詔と別個のものと考えるB詔の内容を如何に解するかということが問題になる。Bによれば、天武がA詔とは別に、公卿らに仏殿と経蔵をつくり月六斎をおこなうことを令し、大舎人を遣わして公卿らの実行を問訊させたのであり、仏殿などをつくらせた事情は明らかでないが、六斎日は、(8)四天王が天下を按行して人の善悪を伺察する日であり、また悪鬼が人を伺う日であるから、人々は行為をつつしみ、心を清め持戒すべきであるという信仰による。四天王信仰に関係するところから推せば、六斎日は金光明経などの教説にもとづくと考えられ、金光明経はいわゆる護国の経典であるから、天武が公卿らに仏殿などをつくらせ、六斎をおこなわせたのは、国家の安穏などを祈るためであるまいか。また上層貴族が仏舎をつくった例として、推古二年二月紀の記載があり、聖徳太子と蘇我馬子に詔して三宝を興隆せしめ、このとき臣連らは君親の恩のために競って仏舎をつくった。(9)この場合は仏舎を造ることを令した点で天武朝の場合と共通するところがある。臣連らが君親の恩のためにつくったという事情も詳細は明らかでないが、君親の安泰や長寿を祈るためであろうか。このように推測して誤りがないならば、天武が公卿らに仏殿をつくらせたのは、国家安穏のほかに天皇の安泰や長寿を祈らせるためであったかも知れない。

地方における経典の講説読誦と、地方に対する経典の頒布を金光明経の場合についてみると、天武五年十一月甲申、使を四方の国に遣わし、仁王経とともに説かしめたのが最初で、それはこの年六月条に「是夏大旱」「五穀不登」、七月条に「有レ星。出二于東一。長七八尺。至二九月一竟レ天」と記されることと関係があろう。

持統朝では六年閏五月丁酉に大水あり、京師と四畿内に詔して講説せしめ、同八年五月癸巳にこの経百部を諸国に送り置き、必らず正月上玄に読み、(10)布施には当国の官物を以てあてさせている。さきの天武十四年A詔で書写が令された経典が何であったか、またそれが何時ととのえられたか明らかでないが、光明皇后の写経所ほどの組織がなかった天武朝に、同一の経を諸国に分かつためには相当の年月を要したであろうし、A詔が出されたのも天武の末年であったから、書写完了も持統朝にもち越されたことは十分想像できよう。天武朝に企画され、持統朝に実施されたものとして、飛鳥浄御原令の例があり、新都の造営も天武が企てたことであり、持統は藤原京造営をなしとげた。年分度者の制の実施が明確に知られるのは延暦年間についてであるけれど、毎年一度、御斎会を機会に一〇人を得度させる制は持統十年十二月己巳朔条に「勅旨。講二読金光明経一。毎年十二月晦日。度二浄行者一十人二」と記されるこのときに定められたものであることが堀一郎氏(11)によって指摘されている。このような例を参照し、持統八年五月癸巳条に、金光明経百部を諸国に送り置く、と記すことに注意すれば、天武十四年のA詔で令された写経は持統八年に完成し、諸国に分かたれたと考えられよう。

大宝二年十二月乙巳、持統太上天皇不予のため四畿内に講ぜしめ、神亀二年七月戊戌、七道諸国に詔し、天変地異のため金光明経もしくは最勝王経(12)を読ましめ、同五年十二月己丑、それまで諸国におかれた金光明経は、あるいは四巻（北涼の曇無讖訳）、あるいは八巻（隋の宝貴訳）であったが、このとき新訳の金光明最勝王経（唐の義浄訳）六四帙六四〇巻を書写し、諸国に一〇巻ずつ分かち遣わした。これはこの年九月皇太子が薨じたため(13)、銷災致福と国家平安を祈ったのである。天平四年度の越前国郡稲帳（一465）をはじめ、正税帳では同六年度尾張帳（一608）、八年度薩摩帳（二12）、九年度但馬帳（二57）・和泉帳（二77）、十年度淡路帳（二104）・駿河帳（二117）、十一年度伊豆帳（二192）に例年正月十四日金光明経と最勝王経が講読されていることが見えるが（正税帳の記載については後述）、その経典は持統八年と神亀五年に頒布された旧訳と新訳にあたるものと考えられ、持統朝に始められたことがその後もながく実行されているのに注目されるが、このような恒例の法会をおこない得たのも天武十四年のA詔で造立を令した国衙に仏舎が存したからだと考えるのが自然な解釈であろう。

家永氏は、天武朝以降の諸国における金光明経・最勝王経などの読誦・講説の仏事から聖武朝以前に毎国官寺が存在したというのはあたらず、それら仏事催行は国分寺設立の気運が成熟してゆく過程にとどまり、国分寺の実体的起源は聖武朝をさかのぼらないこと、仏事の催行は必らずしも国府に付属する寺院の設立を必要としないことを説かれ、旧説の多くがふくむ論旨の不明瞭さを戒められた功績は高く評価しなければならない。ただ聖武朝以前の諸国における仏事催行が仏殿を必要としなかったといわれるのは、Aの毎家を国民の私宅と解される家永氏として当然の解釈であろうが、それでは天武朝に諸国の民宅で仏舎・仏像・経典をととのえることを令しながら、国衙にそれを令しなかったことになり、本末が逆になる。また天武十四年民宅仏舎造立の令が出され、一躍して天平九年国分寺創建詔が発せられたとするよりも、天武十四年国衙に仏舎を附属設置する詔が出され、持統五年金光明経を諸国に分かち、それ以後、国衙で毎年正月読誦され、ついで神亀五年最勝王経を国衙で読誦させるために諸国に送ったが、さらに天平九年、銷災致福の願望が高まり、国分寺創建詔が発せられたとする方が、国分寺創建に至る気運の発展過程をなだらかに考えることになると思う（天平九年国分寺創建詔発布の動機については第二章第一節で述べる）。

しかし、書紀・続紀・正税帳などにみえる金光明経・最勝王経の講説読誦は、仏教が国家の下に従属し、奉仕せしめられている状態を示すものであって、民間への仏教普及を意味しない。大宝僧尼令は小乗的な戒律、農民の租庸調を確保する規定、儒教的干渉主義の条文などからできており、所定の寺院以外における僧尼の宗教活動を否認し、僧尼は民衆への伝道を抑圧され、寺家に寂居し国家の安穏を祈る官僧にとどめられている。僧尼令にみられるこのような国家的統制を参照すれば、それよりはるか以前の天武十四年に民宅に仏舎を作ることを令した詔が出されたとは考えられない。まえに、正税帳の例年正月十四日の法会が、Aの天武十四年詔で造立を令した国衙の一堂でおこなわれた、と述べたのも、右に記した観点に立つからであり、また天平九年以前に国衙に設置されていた仏舎が寺院でなかったから、この天平九年に新たに国分寺創建詔が出されたのであって、このように考えてくるとAの天武十四年詔によって国分寺創建が令されたとする説も首肯できないと思う。

（1）　家永三郎『上代仏教思想史研究』二〇九―二一二頁。

（2）　和歌森太郎氏は、天武十四年三月壬申詔に関して「これがそのまゝ実行されたか否かは問題であり、天皇自身の高遠なる理想に止まったかもしれぬけれど、少くとも公卿の家におけるこれが実行については、後の持統天皇も督励されてゐることである」と述べ、家永説を支持され、つづいて「とにかく天武天皇が仏教国教化の意図を宣べられた際の脳裡に、全国の家々が先づ強く浮んだ事実を認めなくてはならない」といわれる(『国史における協同体の研究』上巻三〇一―三〇二頁、昭和二二年)。しかし本文で後述するように天武の思想をそこまで推測してよいかどうかは疑問であり、和歌森氏の著が出された以後の学界で、天武・持統朝がきびしい律令体制の確立期であったとする見解が多くの人によって提出されてきているのに照せば、天武が仏教の教説を全国の家々にまでもちこむことを意図したとは考えにくいと思う。

（3）　石村亮司「天武紀の『毎家作仏舎』について」(日本歴史五八、昭和二八年)参照。なお、石村氏(のち喜英と改名)が家永氏の「諸国の個人の私宅に於ける仏宇」説を排し、辻氏らによる「官衙に於ける仏寺宇」という解釈を支持したことに関し、つぎの評価と批判がみられた。すなわち「家を国庁のみならず郡家をも含むと解釈強調された点は、辻博士らの前説と些か異なるが、出雲風土記所載の『教堂』『厳堂』等、及びその他の郡司の建立にかかると推定される寺宇については、より一層の解明が望まれる」と(史学雑誌六三の五「一九五三年の歴史学界―回顧と展望―」)。さらに石村氏はのちの論考「国分寺創建の年時について」(日本歴史八二、昭和三〇年)においても「毎家」を庶民の私宅と解することができないことを述べられた。

（4）　拙稿「(奈良時代)仏教」(『図説日本文化史大系』三、昭和三〇年)

（5）　家永三郎「再び国分寺の創建について――石村・井上両氏の批判に答える――」(続日本紀研究四の五、昭和三二年。

この再論に対し、前掲論文を前稿とよぶことにする）。私が拙稿（註4）で、天平九年三月丁丑詔は造像と写経を命じただけで、造寺の語がなく、この仏像は国衙などにおかれたと思われるけれど、それらを安置する寺は造られるまでに至らなかったと考えるべきで、十三年二月十四日勅を国分寺創建勅とするのが最も妥当である、と述べたことに対し、家永氏から、九年の造像写経の詔が金堂の造立を暗に含蓄する国分寺創建詔と考えるべきであることについて御教示を得た。なお続紀養老二年十月庚午条の太政官告にみえる「五宗」は潤色のにおいが濃い、と拙稿で述べたが、家永氏はそれを潤色とするのはあたらないことを説かれた。私は家永氏の御示教に服するものであり、教えられたことに深謝する。しかし天武十四年三月壬申詔の「毎家」に関する家永氏の御示教には疑問が残るのである。

（6） 家永氏は、石村氏が、持統五年紀と天武十四年紀との対応を指摘した私説（家永説、井上註）に同意されながら、「毎家」の「家」を地方の官衙と主張されたのは、自家撞着のそしりを免れないのではあるまいか、と批評された。なるほど石村氏は家永氏の二詔対応指摘について「当然是認されねばならない」といい、対応する語をあげられたけれども、しかし、持統五年詔に「遣大舎人」と記すところからみれば「卿等」が正しく地方の有司をふくむこともちろんであり、したがってそれは広く現職の有位者あるいは官人と解さなくてはなるまい、然らばむしろこれは全く逆の場合の資料となるのではないか、と述べられており、二詔の対応関係を是認しても持統五年詔に関し家永氏と異なる解釈を施すことは可能であり、石村説が自家撞着していることにならない。石村氏は二詔の用語の部分的対応を是認されただけだからである。しかし家永説に対する批判を徹底させるためには、二詔の相違点を強調することが石村説に必要であり、私はほかに書紀における天武十四年三月詔の前後の記載に災害が多いのに注意したい。

（7） 「諸国毎家作仏舎」に関するその後にみられる新しい説として坂本太郎氏の解釈があり、「実際問題として、諸国の人民の私宅に仏舎を作るほどの余力があったとは思われない。かといって、国府の庁舎という解釈もあまりに限定しすぎる嫌がある。ここの家は、何か特定の階層の人々、または施設についていっているのであり、全人民の家ごとにという意味ではあるまいと私は考える。いずれにしても、これも仏教信仰を国々に推しひろめようとする天皇の意志に出たものであることは、まちがいない」と述べ（『日本全史』古代1）、民宅説にも、国衙説に対しても批判的であるが、一面からいえば、家永氏がのちに公卿らの家といわれた解釈に近いといえよう。私は書紀における「諸国毎家作仏舎」詔の前後の記載に災害が多く記されるのを重視し、国衙説をとる。

(8) 六斎日については、日本書紀通証は提謂経にみえるといい、養老雑令の六斎日に関し、義解は八日、十四日、十五日、二十三日、二十九日、三十日と記す。

(9) 第一項註(7)参照。

(10) 上玄については、月の三日とする日本書紀通証などの説があるが、日本書紀通釈は書言故事に「毎月初八日為上玄」というのを引き「按に上弦(玄)は、八日とあるを正シとすへし。御斎会の正月八日に起れるを以(て)しるへし」と述べる。私はこの通釈に従う。天平八年度薩摩国正税帳などに例年正月十四日の金光明経・最勝王経読誦の斎会をおこなったことを記すのは、この持統八年五月に令された行事にあたると考えられる。正月の八日と十四日では日がちがうが、最初から何らかの事情で十四日に読誦されたか、八日から七日間読誦することを簡略化して最後の十四日だけ読誦されたか、詳細は明らかでないが(十四日は八日から七日目にあたるとか、または六斎日の二回目にあたることに意味があるのであろう)、国衙の例年正月十四日の斎会は持統八年五月の令に源流をもつと考えられる。なお、のちの神亀五年十二月、六四〇巻の最勝王経を諸国に分かったのは六四カ国(島)に一〇巻ずつであったと考えられるが、持統八年の金光明経が一〇〇部であるのは、送られた国の数が多すぎるように思われる。多くの国に分かったことを「一百部」と記したというようなことは実録的な持統紀にあり得ないと考えられる。何らかの事情があって一〇〇部に達したのであろうが、明らかでなく、後考にまつ。

(11) 堀一郎『日本上代仏教文化史』一〇〇頁。堀氏の指摘は佐久間竜氏(「官僧について」続日本紀研究三の三)・井上光貞(「南都六宗の成立」日本歴史一五六)によって注目されており、なお井上光貞氏は年分度者の制に関し詳論を予定されている。

(12) 最勝王経の読誦が令されたのは神亀二年紀が初見である。この経は養老二年十二月帰国した道慈によって舶載され(拙著『日本古代の政治と宗教』IIIの一「日本書紀仏教伝来記載考」参照)、それ以後七年しか経ていないから、神亀二年七月当時、この経典をもっている国はそう多くなかったであろう。読誦を令した詔にも「令㆔僧尼読㆓金光明経㆒、若無㆓此経㆒者、便転㆓最勝王経㆒、令㆓国家平安㆒也」と述べ、最勝王経は従で、金光明経が主である。したがって最勝王経の正式の頒下は神亀五年十二月と考えられる。

(13) 神亀五年九月薨じた皇太子をとむらうため建てられた山房が金鐘寺で、のち大和の国分寺、さらに東大寺となったことについては後述する(第三章第三節金鐘寺・金光明寺・東大寺の関係、参照)。

〔補註〕

(1)「諸国毎家作仏舎」に関する最近の説として二葉憲香氏の解釈がみられ、各自の家が所属すべき私寺の建立を令したものといわれる(「天武朝仏教の一側面」竜谷史壇五四)。

〔追補一〕 天武十四年詔によって「諸国毎家作仏舎」と令されたのは、国衙のなかに仏殿を造れという内容であったと解した(本章第二節)。これについて水野柳太郎氏は推古二年紀の仏舎が「即是謂寺焉」と記されるから、天武十四年詔の仏舎も寺と解し得ることを述べ、一方では天武十四年詔によって国衙に仏舎が建てられたときの具体例として持統即位前紀の「飛騨国伽藍」や玄昉が流された筑紫観世音寺などを挙げられた(「書評・井上薫著『奈良朝仏教史の研究』」ヒストリア四七)。このような史料の挙示は興味深いが、なお考えてゆきたい。

第二章　国分寺の創建

第一節　天平九年国分寺創建詔発布の動機

一　天平九年前後の対新羅関係

天平九年三月丁丑（三日）の国分寺創建詔は、続紀に簡約化され、釈迦三尊と大般若経の造写を令した文章だけが録され、天平十三年二月国分二寺建立勅(1)が発布事情までくわしく録されるのと異なるため、九年創建詔発布の動機は、従来もっぱら続紀の七年以来の疫瘡流行と飢饉連続とに求められてきた。

それは否定すべきではないけれでも、もしそのためだけであるならば、飢疫による災害はすでに七年から始まっており、国分寺創建を令するならばもっと九年よりもまえに令されていてもよさそうであるのに、どうして九年になって詔が出されたかという疑問が生ずるし、また何故に九年三月の時点に詔が発布されたのか、その必然性は、三月創建詔の前後の続紀記載では飢疫関係の記事は八年十一月甲午（十九日、四畿内二監田租免）までつづくが(2)、九年に入ると四月辛酉（十七日、藤原房前薨）・癸亥（十九日、大宰府管内賑給）まで飛び、三月創建詔の前後には新羅と蝦夷とに対する関係の記載があるけれど、飢疫の記事はないのである。

また疫瘡が都に侵入し、大官が薨じたので国分寺創建詔発布に踏みきったのかというに、七年九月に一品新田部親王、十一月に知太政官事一品舎人親王が薨じており、創建詔はその翌々年三月にやっと発布されたことになるし、また藤原氏の死は参議民部卿正三位房前が九年四月、参議兵部卿従三位麻呂と右大臣従二位武智麻呂が七月、参議式部卿兼大宰帥正三位宇合が八月で、創建詔はそれよりまえに出されている。皇族や藤原氏兄弟ら大官の死だけが創建詔発布の動機でなく、また、さきにあげた飢疫関係記載が八年十一月から九年四月まで飛んでいても、一般人民の飢疫の深刻な事態は八年末に終ったのでなく、九年に入っても持続したことはいうまでもないけれど、飢疫で創建詔発布の事情を説明するにも著るしい事件とのタイミングが合わない。そこで私は続紀の創建詔発布前後における対新羅関係記載にあらわれた緊迫した事態に注意し、創建詔発布の動機として飢疫のほかに、新羅の撃攘と調伏を祈るためでもあったことを附加したいと思う。(3)(補註1)

これよりさき天平四年正月来朝した新羅使金長孫らは五月に入朝し、来朝年期を三年に一度とすることを提議して許された。金長孫らを本国に送ったらしい遣新羅使の角家主らが帰国した八月辛巳より六日後の丁亥（十七日）に多治比広成を大使とする遣唐使が任命されると同時に、藤原房前が東海東山二道節度使、多治比県守が山陰道節度使、藤原宇合が西海道節度使に任ぜられた。角家主らは、新羅が強勢で、意気すこぶるあがっている国情を見て帰り、新羅来寇の恐れがあることを説いたらしく、国防上の必要から節度使が任命され、新羅を牽制するために遣唐使が派遣されたことは坂本太郎氏(4)・村尾次郎氏(5)によって説かれたところである。

六年四月壬子（二十一日）になると「節度使事既訖」として国司主典以上に節度使の任務を掌握させ、同月甲寅（二十三日）には諸道から徴発されていた健児・儲士・選士に免租・雑徭半減の慰労処置がとられており、この節度使廃止は、新羅との関係の好転のためであるよりも、四年から五年にかけての亢旱と飢饉、六年四月の大地震などのためであったらしいことは、対新羅関係の険悪がその後もつづくのによって知られ、これも村尾氏(6)が指摘されたとおりである。

続紀によれば、六年十二月癸巳、大宰府から新羅使金相貞来泊の報があり、翌七年二月癸卯、金相貞らは入京したが、新羅が本号を改めて王城国と称していたので同月癸丑、新羅使を追返した。八年に遣新羅使発遣のことがあり、四月丙寅、使節の阿倍継麻呂は拝朝し、まもなく出発したが、翌九年正月辛丑（二十七日）帰京したのは大判官壬生宇太麻呂・少判官大蔵麻呂らであって、大使の阿倍継麻呂は津嶋に卒し、副使大伴三中は病にかかり入京できなかった。継麻呂の死や三中の罹病は疫瘡のためであったに相違ない。入京した壬生宇太麻呂や大蔵麻呂の新羅の国情報告が遅れて翌二月己未（十五日）にやっとおこなわれたのも、疫瘡が流行するなかを入京した関係であったと思われる。

さて二月十五日の新羅国情の報告は続紀に、

遣新羅使奏下新羅国失二常礼一不上受二使旨一。於レ是召二五位已上幷六位已下官人惣卅五人于内裏一。令レ陳二意見一。

と記され、これにすぐつづくのがつぎの記載であって、この間ほかの記載はないのである。

(1)二月丙寅（二十二日）　諸司奏二意見表一。或言。遣レ使問二其由一。或発レ兵加二征伐一。

(2)三月丁丑（三日）　詔曰。毎レ国令下造二釈迦仏像一軀一。挾侍菩薩二軀一。兼写中大般若経一部上。

(3)三月壬寅（二十八日）　遣新羅使副使正六位上大伴宿禰三中等卌人拝レ朝。

(4)四月乙巳朔　遣二使於伊勢神宮。大神社。筑紫住吉八幡二社。及香椎宮一。奉レ幣以告二新羅无礼之状一。

(5)四月壬子（八日）　律師道慈言。道慈奉二天勅一。住二此大安寺一。修造以来。於二此伽藍一。恐レ有二災事一。私請二浄行僧等一。毎年令レ転二大般若経一部六百巻一。因レ此雖レ有二雷声一。無レ所二災害一。請自今以後。撮二取諸国進調庸各三段物一。以充二布施一。請二僧百五十人一。令レ転二此経一。伏願。護寺鎮国。平二安聖朝一。以二此功徳一。永為二恒例一。勅許之。

(6)四月戊午（十四日）　遣陸奥持節大使従三位藤原朝臣麻呂等言……（蝦夷討伐の情況報告）

(7)四月辛酉（十七日）　参議民部卿正三位藤原朝臣房前薨…

(8)四月癸亥（十九日）　大宰管内諸国。疫瘡時行。百姓多死。詔奉二幣於部内諸社一。以祈禱焉。又賑二恤貧疫之家一。幷給二湯薬一療之。

(9)五月甲戌朔　日有レ蝕之。請二僧六百人于宮中一。令レ読二大般若経一焉。

(10)五月壬辰（十九日）　詔曰。四月以来。疫旱並行。田苗燋萎。由レ是祈二禱山川一。奠二祭神祇一。未レ得二効験一。至レ今猶苦……大二赦天下一………

(11)六月甲辰朔　廃朝。以二百官官人患レ疫也。

ここまでが連続記事で、(2)国分寺創建詔は(1)新羅詰問・征伐と(3)遣新羅使副使拝朝、(4)伊勢神宮などに新羅無礼の状報告の記載に挟まれているではないか。(1)の征伐を加えるべきであるというはげしい意見さえ出されているのをみれば、新羅に対する憎悪が如何に熾烈化していたかが知られる。(3)の大伴三中は入京が遅れたため、判官壬生宇太麻呂らがさきに帰朝報告をおこなったが、大使阿倍継麻呂が対馬で死んだから、三中は遣新羅使最高責任者としてかさねて新羅の国情を告げたにちがいなく、彼の拝朝より三日後に伊勢神宮などへ新羅無礼を報告する使が出されたところをみれば、三中の報告も新羅の態度をはげしく非難する言葉で満ちていたであろう。伊勢や大神は古来朝廷が厚く崇敬した神であり、住吉は海神であって航海や港の守護神、八幡については学説がいろいろ分かれるが護国神として仰がれた面が強く、香椎宮は新羅征討伝説で名高い神功皇后を祭るところと考えられていた。(7) 要するに(4)も対新羅関係のただごとでなかった証となる。(5)道慈の大安寺大般若経会官制化の請願は鎮国と聖朝平安を祈るためで、国内に飢疫が荒れくるい、対外的には対新羅関係が緊迫化したときであったことに注意すれば、彼のいう鎮国と聖朝安泰も意味があるわけで、またまえに考察したように、彼は国分寺建立の建策者であった。(8) (6)遣陸奥持節大使藤原麻呂の上奏は蝦夷討伐の詳細な報告で、将兵の困苦をめんめんと説き、後年をまって城郭をつくることを請うており、飢疫と新羅関係緊迫のほか、北方では蝦夷討伐が進行中で、政府当局が頭を痛めたのは飢疫だけでなかったことが知られ、(7)―(11)は飢疫関係の事件であって、災害が深刻をきわめた様子が知られよう。

国内が飢疫と大官の死、蝦夷地経営の困苦でガタガタにゆられているときであればこそ、新羅来寇の予感は当局者にとって恐るべき危機と意識された。国分寺創建の動機として、飢疫のほかに私が対新羅関係の緊迫を強調するのにはなお理由がある。それについてさらに述べよう。

天平十年にもまた新羅使が来た。金想純である。

(12) 正月　是月。大宰府奏㆓新羅使級飡金想純等一百四十七人来朝㆒。

(13) 四月乙卯（十七日）詔。為㆑令㆓国家隆平㆒宜㆑令㆘京畿内七道諸国㆓三日内転㆗読最勝王経㆖。

(14)五月辛卯（二十四日）　使二右大臣正三位橘宿禰諸兄。神祇伯従四位下中臣朝臣名代。右少弁従五位下紀朝臣宇美。陰陽頭外従五位下高麦太一賚二神宝一奉二于伊勢大神宮一。

(15)六月辛酉（二十四日）　遣二使大宰一賜二饗於新羅使金想純等一。便即放還。

さきの(4)天平九年四月伊勢神宮などへの遣使は新羅無礼の状を報告したと記されるが、(14)十年五月諸兄ら伊勢派遣の事情は明記されていない。七年以来猛威をたくましくした飢疫の影響は深刻で十年まで尾を引いているから、(14)の遣使は疫病終息祈願が目的であったと考えられており、それは否定できないけれど、私はそれだけでなく、新羅調伏の祈念を強調したいと思う。(14)では(4)とちがって遣使四人の名が明記され、藤原氏兄弟の死後の政権を担当した諸兄がみずから使節となり、彼の右大臣正三位は伊勢遣使の例のなかで官位が最高であることが直木孝次郎氏[9]によって指摘されている。そのほか神祇伯も派遣され、神宝が奉られていることなどに注意すれば、重大な使命を帯びた遣使であったと察せられよう。

ところで(15)新羅使は入京を許されぬまま大宰府から放還されており、それは飢疫の影響がまだのこっていて新羅使を待遇する暇や設備がなかったためとも考えられようが[10]、それよりは、(12)正月来朝新羅使の言辞もこれまでの朝貢外交をやめて、対等国交を強硬に要求する強気のものであったため、日本を刺戟したにちがいない。したがって新羅使来朝中に諸兄らを伊勢神宮に遣わしたのは、(4)九年四月遣使の場合と同様に、新羅無礼の状を告げるたぐいのものか、あるいは、新羅の調伏を祈るとか、新羅来寇の危険がないように神に祈願するためであったと考えられるのである。(15)に新羅使が大宰府で宴をたまわっているから、十年度の来朝の際は彼我の関係が緊迫したのではないという批判が出るかも知れないが、入京を許されなかったこと自体が彼我関係の緊迫を雄弁に物語っているし、続紀の放還という語が国際関係の険悪な場合に用いられることが多いのは〈第2表〉新羅使来朝の記載をたどれば知られるのであって、(15)の賜宴は表面的な儀礼に過ぎないと思う。

〈第2表〉によれば、天平六年より後、奈良時代末期を経て平安初期までに来朝した新羅使はほとんどの場合に入

〈第2表〉　新羅使年表

来朝	帰国	使	記事	註
文武 1・10	文武 2・2	金弼徳	入京貢調	
〃 4・11	大宝 1・1	金所毛	告母王喪	(1)
大宝 3・1	〃 3・5	金福護	難波館饗	(2)
慶雲 2・10	慶雲 3・1	金儒吉	入京貢調	
和銅 2・3	和銅 2・6	金信福	入京貢物	
〃 7・11	霊亀 1・3	金元静	入京	
養老 3・5	養老 3・⑦	金長言	入京献調	
〃 5・12	〃 5・12	金乾安	大宰放還	(3)
〃 7・8	〃 7・8	金貞宿	入京貢献	
神亀 3・5	神亀 3・7	金造近	入京貢調	
天平 4・1	天平 4・6	金長孫	入京献物	
〃 6・12	〃 7・1	金相貞	入京放還	
〃 10・1	〃 10・6	金想純	大宰放還	
〃 14・2	〃 14・2	金欽英	〃	
〃 15・3	〃 15・4	金序貞	筑前放却	
勝宝 4・③	——	金泰廉	入京貢調	
宝字 4・9	——	金貞巻	放還	(4)
〃 7・2	——	金体信	放還	
〃 8・7	——	金才伯	大宰放還	
景雲 3・11	——	金初正	対馬着	
宝亀 5・3	宝亀 5・3	金三玄	大宰放還	
〃 10・7	〃 11・2	金蘭孫	入京貢献	
延暦22・7	——	——	——	
承和 7・12	承和 7・12	(5)	鎮西追却	(6)
延喜 2・2	——	輝口門	放還	(7)
延長 7・1	延長 7・1	張彦澄	放還	

〔註〕(1)(2)の入京は記されないが，続紀からみて，彼我関係は親善的。(3)放還は元明太上天皇崩御のため。国力伸張の新羅は天平4年から対等外交を求め(唐・渤海をふくむ国際関係から論ずべきであるが，省略)，彼我関係は悪化。勝宝4年入京貢調は王子を派遣してきたからで，宝字3年新羅討伐が計画され，(4)金貞巻放還のさい4カ条を要求。しかし新羅の全盛も奈良時代末までで，公式使節は宝亀10年が最後。のち新羅は衰微・内乱がみられ，(5)は張宝高の臣で名は不詳，(6)(7)の追却・放還は国使でないため。

京を許されずに放還されており、新羅に対する恐怖心は想像以上に根深いものがあり、神経質なくらいに彼を警戒しており、来寇の恐れが感ぜられる場合は西海道や山陰道にきびしい厳戒体制がしかれ、四天王寺（四王院）を建て調伏の修法がおこなわれた。類聚三代格所収の宝亀五年三月の太政官符は大宰府に四天王寺をつくることを令している。

太政官符

応レ奉レ造二四天王寺埝像四軀一事 各高六尺

右被二内大臣従二位藤原朝臣〔良継〕宣一偁。奉レ勅。如レ聞新羅兇醜不レ顧二恩義一。早懐二毒心一常為二咒咀一。仏神難レ誣慮或報応。宜下令二太宰府直二新羅国一高顕浄地奉レ造二件像一〇四天王像 攘中却其災上。仍請二浄行僧四口一。各当二像前一。一事以上依二最勝王経四天王護国品一。日読二経王一。夜誦二神咒一。但春秋二時別二一七日一。弥益精進依レ法修行。仍監已上一人専二当其事一。〇中略 布施絁一疋。綿三屯。布二端。供養布施並用二庫物及正税一。自レ今以後永為二恒例一。

宝亀五年三月三日

続紀によれば、この翌四日癸卯新羅使金三玄の来朝が礼に欠くという理由から勅して彼を放還させており、そうすると右の四天王寺設置令は対新羅関係の緊迫下で、新羅撃攘を祈願するため出されたことが知られる。金三玄放還の事情は続紀の三月四日条に、

是日。新羅国使礼府卿沙飡金三玄已下二百卅五人到二泊大宰府一。遣二河内守従五位上紀朝臣広純。大外記外従五位下内蔵忌寸全成等一。問二其来朝之由一。三玄言曰。奉二本国王教一。請下修二旧好一毎相聘問上。并将二国信物及在唐大使藤原河清書一来朝。問曰。夫請下修二旧好一毎相聘問上者。乃似二亢礼之隣一。非二是供職之国一。且改二貢調一称為二国信一。変レ古改レ常。其義如何。対曰。本国上宰金順貞之時。舟檝相尋。常修二職貢一。今其孫邕。継レ位執レ政。追二尋家声一。

係二心供奉一。是以請下修二旧好一毎相聘問上。又三玄本非二貢調之使一。本国便因二使次一。聊進二土毛一。故不レ称二御調一。敢陳二使旨一。自外不レ知。於レ是勅下問二新羅入朝由一使等上曰。新羅元来称レ臣貢レ調。古今所レ知。而不レ率二旧章一。妄作二新意一。調称二信物一。朝為二修好一。以レ昔准レ今。殊無二礼数一。宜下給二渡海料一。早速放還上。

と記され、彼我の関係が険悪化した様子が激しい字句にみえるが、続紀のこの条の書きかたはおかしいのであって、金三玄らが大宰府に到泊したこと、紀広純らが大宰府に遣わされて来泊理由を問うたこと、勅して金三玄らを放還させたことなどすべてが三月四日の事件のようにみえる。しかし正しくは放還の勅が出されたのが三月四日で、続紀編者は新羅使来国から放還までの経過をまとめてこの日の条に合わせ掲げたと考えなければならぬ。金三玄らが調といわずに信物といい、朝といわずに修好と称したので彼我の関係が緊迫したため、三月三日大宰府に四天王寺を設けて調伏の修法を令したのであるから、金三玄らの来泊は三月三日以前であったことが知られ、したがって続紀三月四日条の冒頭の「是日」はずっとあとの「於是勅」にかかるのであって、それでは両語句があまり離れすぎるから、「是日」は「先レ是」と書くべきところであった。新羅使金三玄らを放還させた翌四月十一日の続紀の勅に、

天下諸国疾疫者衆。雖レ加二医療一。猶未二平復一。朕君二臨宇宙一。子二育黎元一。興言念レ此。寤寐為レ労。其摩訶般若波羅蜜者。諸仏之母也。天子念レ之。則兵革災害不レ入二国中一。庶人念レ之。則疾疫癘鬼不レ入二家内一。思下欲憑二此慈悲一。救中彼短折上。宜下告二天下諸国一。不レ論二男女老少一。起坐行歩。咸令下念二誦摩訶般若波羅蜜上。其文武百官向レ朝赴レ曹。道次之上。及公務之余。常必念誦……

と令され、この前後に亢旱・飢饉・疾病がつづいているが、[11] それだけのためならば「兵革災害不レ入二国中一」とまでいう必要はなく、国内が飢疫に悩めば外敵に乗ぜられることも恐れられ、兵革のことが勅に述べられたのであり、か

つ、このすぐまえの三月四日新羅使金三玄を放還したあと、新羅に対する警戒を深めたので、四月十一日の勅発布となったと考えられる。

この宝亀五年三月の太政官符で設置が令された筑前の四天王寺は四王院ともよばれ、大野城鼓峯にあって大野山寺と称し、[12]文徳実録仁寿三年五月壬寅条には、災疫をはらうため大宰府に詔し観音寺・弥勒寺・四王院・香椎廟・管内国分寺に大般若経を読ましめ、三代実録貞観八年二月十四日条には、阿蘇大神が怒気を呈するのは疫癘と隣境の兵が動く兆候であるとの神祇官の奏により、この四王院に勅して兵疾消伏のため金剛般若経三千巻・般若心経三万巻を転読させていることがみえる。

新羅調伏の修法をおこなうための四王院は貞観九年五月二十六日伯耆・出雲・石見・隠岐・長門にも設置が令された。三代実録のこの日の条に、

造二八幅四天王像五鋪一各一鋪下二伯耆。出雲。石見。隠岐。長門等国一。下二知国司一曰。彼国地在二西極一。堺近二新羅一。警備之謀。当レ異二他国一。宜下帰二命尊像一。勤誠修レ法。調二伏賊心一。消中却灾変上。仍須レ点下択地勢高敞瞼二瞰賊境一之道場上。若素无二道場一。新択二善地一。建二立仁祠一。安二置尊像一。請二国分寺及部内練行精進僧四口一。各当下像前依二最勝王経四天王護国品一。昼転二経巻一。夜誦二神咒一。春秋二時別一七日。清浄堅固。依レ法薫修上。

と記され、同じく三代実録貞観十五年十一月七日の詔は前掲九年の四王院設置のことを述べ、長門四王院の沙弥教勝と教林に度者二人を与えており、延喜主税式諸寺料物の条[13]に伯耆・出雲・長門四王寺（院）の修法料・供養料の規定がみえる。長門の四王寺の遺跡は豊浦郡豊東前村に、伯耆は東伯郡社村四方寺山に、出雲は八東郡山代村に残っており、いずれも高地で海を望み、外敵監視に適した場所にあるが、石見と隠岐の遺跡は見あたらず、延喜主税式に修法

料の規定もないのは早く廃滅したか、あるいは実際に設置されなかったのかも知れない。(14)

新羅の調伏を祈るための四天王寺（四王院）は筑前・長門・出雲・伯耆などのように半島に直接近い国にとくにおかれたが、一般の国分寺でも兵寇の災の除去が祈られ、たとえば三代実録貞観十七年十二月十三日の勅に、

令下二五畿七道諸国一。奉二幣境内名神一及国分二寺諸定額寺。屈二僧七口一。限以二三日一。昼転二金剛般若経一。夜念中薬師観音号上。明年当二三合一。予攘二除水旱疾疫兵喪火災一。

とみえ、これよりさき貞観十一年五月新羅の暴民が博多に来攻し、翌十二年二月勅して新羅凶賊が覬覦をいだくといい、因幡・伯耆・出雲・石見・隠岐などの縁海に警固を命じ、十七年五月十日には下総国の俘囚の叛乱、同年七月五日には下野の俘囚の騒乱が報告されており、前掲貞観十七年十二月十三日の勅にいう兵喪攘除は新羅だけでなく蝦夷問題も含むものであろう。蝦夷地域の吏民の恐怖を安らげ、俘夷の横暴をしずめるために国分寺で造像が発願された例は、貞観十五年十二月七日条に、

先レ是。陸奥国言。俘夷満レ境。動事二叛戻一。吏員恐懼。如レ見二虎狼一。安二吏民之怖意一。望請准二武蔵国例一。奉レ造二五大菩薩像一。安二置国分寺一。粛二蛮夷之野心一。安二吏民之怖意一。至レ是許レ之。

とみえる。

新羅からの侵寇がいかに恐れられたかを物語る例は少なくないが、とくに代表的なものをあげると三代実録元慶二年六月二十三日の勅に、

令下二因幡。伯耆。出雲。隠岐。長門等国一。調二習人兵一。修二繕器械一。戒二慎斥候一。固二護要害一。災消異伏。理帰中仏神上。亦須下境内群神班レ幣。於二四天王像前一修中調伏上。以二蓍亀告一レ可レ有二辺警一也。

と記され、同年十二月二十四日条には、

遣下二兵部少輔従五位下兼行伊勢権介平朝臣季長一。向二大宰府一。奉中幣櫃日。八幡及姫神。住吉。宗形等大神上。其櫃日。八幡。姫神。別奉二綾羅御衣各一襲。金銀装宝劔各一一。以二彼府奏一レ有下託宣云新羅凶賊欲レ窺二我隙一幷肥後国有二大鳥集一。河水変レ赤等之恠上也。

と記され、自然界の異変がすぐに新羅からの侵入の兆と解されるほどに新羅に対し神経をとがらしていた。同様のことは元慶四年二月二十八日条に、

先レ是。隠岐国言。兵庫振動。経二三日一後。庫中鼓自鳴。陰陽寮占曰。遠方兵賊。起レ自二北方一。是日。太政官符下二因幡。伯耆。出雲。隠岐等国一。慎令三厳警防二護非常一。

また同四年六月十七日条に、

但馬国言。管二方郡百姓等。遙望二海中一。有レ物形似二小鳥一。長可二十丈一。前後之端有レ物透出。高可二五六尺一。疑是船之舳艫也。中央有二随レ風揺動之物一。疑是帆席也。小間東行不レ見。又西北方有二泛レ海物一。其数三也。経歴三日。曾不二揺動一。疑是他国船也。又北方有二一大船一。沉在二海底一。長一丈五尺許。由レ是下二知但馬。因幡。伯耆。出雲。隠岐等国一。特慎二候望一。以備二不虞一。

とみえ、新羅に対する恐怖には疑心暗鬼を生ずという類のものさえあったことが知られる。

ところで、続日本後紀の承和九年八月十五日条の大宰大弐藤原衛の起請に、

新羅朝貢。其来尚矣。而起レ自二聖武皇帝之代一。迄二于聖朝一。不レ用二旧例一。常懐二姧心一。苞茅不レ貢。寄二事商賈一。窺二国消息一。方今民窮食乏。若有二不虞一。何用防レ夭。望請。新羅国人。一切禁断。不レ入二境内一。

と述べ、この起請に対する報では、新羅商人でもその船載物資で民間の交易にまかせたのち、新羅人をすぐ放却すべしと令しているが、注意されるのは藤原衛の起請で、新羅が姧心をいだき、調を貢さないのは聖武朝に始まると述べていることである。それに該当する事件は、まえに見た天平四年節度使を任じ、新羅来寇を警戒しなければならなかったことをはじめとし、彼我の険悪な関係がつづき、新羅使を放還する場合が多くなったこと、十五年四月検校新羅客使の多治比土作らを筑前に遣わしたところ、新羅使金序貞は調を土毛と称し、目録を添えずに物品の数をじかに書中に記して常礼を失っているというので、太政官が新羅使を放還させたことなどである。

天平九年国分寺創建詔発布の動機を説くために、論述は平安時代の対新羅関係までおよぼさねばならなかったが、宝亀五年四天王寺建立のごときは、新羅調伏祈願ならばすでに国分寺が存在していたから、別寺を建てる必要もなさそうであるのに、新たに建てることを令している。それほどに新羅に対する悪感情が強かったからである。これを参照すれば、天平九年には、飢疫や、新羅と蝦夷とに対する問題がかさなり、内外の危機に当面したので、国分寺創建が発令されたのであり、とくに新羅撃攘の願望が大きな動機であったと考える。延喜玄蕃寮式諸蕃の条に、新羅客入朝のさい、神酒を賜い、その醸酒料稲はこれを特定の十二社に送ってかもさせる規定も、対新羅関係の特殊性と関連がある。(15)

（1） 今後、続紀天平九年三月丁丑の国分寺創建詔を簡単に創建詔とよび、類聚三代格・政事要略所収天平十三年二月十四日国分二寺建立勅を単に建立勅と略称する場合がある。

（2） 天平七年以後、八年末までの飢疫関係のおもな記載は、八月乙未・丙午、九月壬午、十一月乙丑、閏十一月己丑・戊戌、是歳条、八年（七月辛卯詔の太上元明天皇の寝膳不安も疫瘡のためかどうかは明らかでない）十月戊辰、十一月甲午条。正税帳では八年度摂津帳（二―10）・薩摩帳（二―16）。

（3）管見のおよぶ範囲では、国分寺創建の動機を説いた論著で、疫病と飢饉をあげるほかに、新羅の調伏祈念に論及したものは見あたらないように思う。

（4）坂本太郎「正倉院文書出雲国計会帳に見えたる節度使と四度使」（寧楽一五、続正倉院史論）

（5）村尾次郎「出雲国風土記の勘造と節度使」（平泉澄監修『出雲国風土記の研究』所収、昭和二八年、のち村尾『律令財政史の研究』に収録、昭和三六年）

（6）註（5）

（7）横田健一『道鏡』一八八―一九四頁。

（8）拙著『日本古代の政治と宗教』所収「日本書紀仏教伝来記載考」「道慈」

（9）直木孝次郎氏は、古事記・書紀・続紀などにみえる伊勢神宮と伊勢大神宮の呼称、文武朝の斎宮設置、神宮遣使の官位などから神宮の地位上昇や発展を詳論し（「奈良時代の伊勢神宮」続日本紀研究二の二・六・一一・一二。これに加筆増補し、藤谷俊雄氏との共著『伊勢神宮』に収録）、前掲(4)天平九年四月乙巳朔条の「伊勢神宮、大神社、筑紫の住吉・八幡二社、及香椎宮」という記載などは、伊勢神宮を他社と明らかに区別した書きかたで、八世紀に伊勢神宮の特殊化が進んでいることを語る、と述べ（『伊勢神宮』二五頁）、この九年の使節の名は欠けているが、(14)十年五月辛卯の使節橘諸兄の右大臣正三位は遣使の最高の官位であることに注意して、諸兄の遣使も疫病に関連したものと見るのが妥当であろう、といわれる（「奈良時代の伊勢神宮」下の上、続日本紀研究二の一一。『伊勢神宮』四九頁）。

（10）新羅使を待遇する暇や設備がないとの理由で放還した例として続紀天平十四年二月庚辰（五日）の詔があり「以新京（恭仁）草創宮室未成、便令右大臣紀朝臣飯麻呂等饗金欽英等於大宰、自彼放還」と述べる。恭仁に遷都してわずか一年二ヵ月しか経ていないから、文字どおり宮室未成であったろうが、詔は「便に」といっており、新羅に対する疑惑や恐怖はなかなか去らないので、方便をつかって放還したと考えられなくはない。

（11）続紀、宝亀五年二月壬申（諸国）・壬午（京師）・巳亥（尾張）、三月癸卯（讃岐、この条に新羅使放還記事）・丙午（大和）・戊申（参河）・辛酉（能登）、四月巳卯（この条に摩訶般若波羅密念誦の勅）・巳丑（美濃）・甲午（近江）、五月壬寅（河内）、六月辛巳（志摩）・乙酉（伊予）・丁亥（飛騨）、七月辛丑（若狭・土佐）・戊午（尾張）。この年、亢旱と飢疫の災害をうけた国が多く、賑給がおこなわれねばならなかったが、賑給のほかに、九月壬寅、天下諸国をして溝池を修造せしむ、辛酉、使を五畿内に遣わして陂池を修造せしむ、並びに三位巳上を差して検校と為し、国ごとに一人、と記されるなど、灌漑施設の修造にも努力が払われたことが注目される。

(12) 類聚国史巻百七十八、仏道五、修法、延暦二十年正月癸丑（其四天王像及堂舎法物等並遷便近寺）大同二年十二月甲寅朔（遷像以来、疫病尤甚、伏請奉遷本処者、許之）同四年九月乙卯（行四天王法）、日本後紀弘仁二年二月二十五日（造釈加仏像）条参照。

(13) 延喜主税式、諸寺料物条、国史大系六五八―九頁。

(14) 河出書房新社『日本歴史大辞典』「四王寺」の項参照。

(15) 拙稿「穴師神社の一考察」（橿原考古学研究所編『近畿古文化論攷』）

〔補註〕

(1) 国分僧寺創建詔発布の動機について、これまで疫病と飢饉の終息祈願があげられてきた。その例をくわしく示すわけにいかないが、最近の論著でもなお同じ傾向がみうけられる。たとえば平岡定海氏は、東大寺と国分寺との関係を論じ、金光明経や最勝王経などの護国経典の信仰の発展を中国仏教からの影響とからみあわせ、きわめてゆきとどいた記述を展開され、教えられるところが多いが、天平九年の国分寺創建発願については「神亀五年（七二八）十二月二十八日の金光明経の諸国配分に始まり、天平九年（七三七）八月における赤疱瘡の流行、藤原武智麻呂、房前、宇合等の病死、つづいて九年春の疫瘡の再発等の要因は、国分寺成立への直接的影響を与え」といい（『東大寺の歴史』七頁）、疫瘡の流行終息祈願を重視し、新羅調伏の祈願に触れていない。なお疫瘡は天平七年八月大宰府管内に発生し、飢饉をともない、それがしだいに都に侵入し、藤原氏大官の死は、房前が天平九年四月、武智麻呂が七月、宇合が八月である。

二　国衙における最勝王経読誦

天平の正税帳や郡稲帳には、例年正月十四日国衙で金光明経・最勝王経の読誦斎会がおこなわれていたことを記しており、こうした護国の希求が高まって天平九年に国分寺創建詔が出されるに至ったといえるであろう。この意味で正税帳などにあらわれた国衙の斎会を国分寺創建の動機に関連させ検討したい。また国分寺創建について、新建か旧寺転用か、という問題などがあり、それにも若干触れることにする。

国衙の斎会に関する記載を残しているのは、郡稲帳では、四年度のA越前帳（一465）だけであるが、正税帳では、六年度のB尾張帳（一608）、八年度のC薩摩帳（二12・13）、九年度のD但馬帳（二57）・E和泉帳（二77）、十年度のF淡路帳（二104・105）・G駿河帳（二117）、十一年度のH伊豆帳（二192・193）がある（それぞれの帳の斎会記載の項目に番号をつけ、以下、(1)・(2)・(3)……と呼ぶ）

斎会の記載が完全で、総供養料の内訳がそろっているのはH伊豆帳だけである。ただ、(2)仏聖僧及読僧十四口合一十六軀供養料稲七束五把二分から(11)酢一升一合五夕二撮価稲二束三把までの合計は四九束〇二であるから、(1)毎年正月十四日読金光明経又金光明最勝王経十巻合一十四巻供養料稲四十九束は四十九束把二分の誤りである。

伊豆帳の(1)が総供養料で、(2)以下が内訳にあたることから推せば、D但馬帳・F淡路帳・G駿河帳の記載は完存しないけれど、各帳の(1)は総計で、(2)以下は内訳にあたることがたしかめられる。なおA越前帳・B尾張帳・C薩摩帳・E和泉帳は、総供養料だけ記すのにくらべると、但馬・淡路・駿河・伊豆帳の記載はくわしい。斎会記載のa仏聖僧・b読僧・c口別飯料・d飯料小計・e飯料以外の口別雑餅など・f口別雑餅等小計・g飯料とそれ以外の雑餅などの軀別供養料・h総供養料などの項目のうち、h以外は国によって記さない場合があるが、周囲の計算から推考できる場合はそれをおぎない、〈第3表〉に示した。

金光明経は持統八年五月、最勝王経は神亀五年十二月諸国に分かたれたものに相当するが（第一章第二節の一、参照）、金光明経は北涼の曇無讖訳四巻本と隋の闍那崛多（もとインド人）訳八巻本を用いたことが知られる。

a仏聖僧[1]は斎会に勧請される本尊仏とそれに附属する聖僧像であり、和泉を除けばほかの国で仏と聖僧とが計二軀であるのは、仏と聖僧が対をなして一軀ずつが普通であること、読僧の数と経典の巻数とが薩摩以外の国で一致する

<第3表>　正月十四日斎会供養料

年度 天平	帳	金光明経	最勝王経	a 仏聖僧	b 読僧	a+b	c 口別飯料	d 飯料小計	e 口別雑餅等料	f 雑餅等料小計	g 軀別供養料	h 総供養料	
		巻	巻	軀	口		束	束	束	束	束	束	
6	尾張	?	10	(2)	—	—	—	—	—	—	—	30.86	—
8	薩摩	8	10	2	11	13	—	—	—	—	1.580	20.54	g×13
9	但馬	8	10	2	18	20	0.40	8.00	(2.245)	(44.90)	(2.645)	52.90	d+f
9	和泉	8	10	4	18	22	0.40	(8.80)	1.880	(41.36)	(2.280)	50.16	d+f
10	淡路	4	10	(2)	(14)	(16)	0.40	(6.40)	—	(28.58)	—	34.98	d+f
10	駿河	8	10	(2)	18	20	0.40	8.00	(3.535)	(70.70)	(3.935)	78.70	d+f
11	伊豆	4	10	(2)	14	16	0.47	7.52	—	(41.50)	—	49.02,	d+f

のは一人一巻ずつ読んだこと、和泉の仏と聖僧あわせて四軀は特異で、それは仏二軀・聖僧二軀であり、一つの寺で仏一軀・聖僧一軀を安置し、僧八人が金光明経八巻を読み、他の一寺では仏一軀・聖僧一軀を安置し、僧一〇人が最勝王経一〇巻を読んだことは、水野柳太郎氏[2]によって説かれている。

h総供養は毎年支出される平常費で、雑用中に占める率が判明するのは尾張（雑用五六九六七束七六以上）の〇・〇五%、和泉（雑用五三五二束三六五）の〇・九%、駿河（雑用二六六一七束以上）の〇・二%で、率は高くない。

しかし国衙では例年正月十四日以外に、臨時の斎会が加わる。伊豆帳は正月十四日斎会総供養料四九束（四九束〇二の誤り、前述）のほかに、

依太政官天平十一年三月二十四日符、講説最勝王経調度、価稲一千四百九十五束

と記し、その内訳として布施物買価稲一四四〇束（生絁・糸・布の各価稲もみえる）と供養料稲五五束（仏聖僧、講師、聴衆僧一二口、沙弥三口、合一八軀供養料をはじめ、大豆餅から酢までの各価稲がみえる）を掲げる（二 193 194）。この臨時費は恒例供養料の約三〇倍にあたる。天平十一年三月二十四日の太政官符は類聚三代格や続紀にみえないが、最勝王経の講説や読誦が臨時に令されることはこの前後にしばしばあったと推測されよう。天平六年度の尾張帳でも例年の読金光明経幷最勝王経供養

料稲三〇束八六のほかに、臨時の講説最勝王経斎会三宝幷衆僧供養料三五三束と布施料稲五二二〇束を記す（一608）。早川庄八氏(3)によれば、尾張の臨時斎会の計五五七三束は推定全雑用の一〇・七四％におよぶ。

　薩摩帳は例年斎会供養料以外に、

　当国僧合一十一軀　一十軀三百八十四日／一軀一百一十三日　惣単三千九百五十三人供養料稲一千五百八十一束弐把　僧別四把

と記すが（二13）、一〇軀が三八四日、一軀が一一三日というところからみれば、僧は国衙から平常の資養をうけていたことが知られ、この種の平常費がみえない越前・尾張・但馬・和泉・淡路・駿河・伊豆では国内居住の僧を例年正月十四日に招いて斎会をおこなっていたらしいが、薩摩のように僧資養の平常費を出す国はほかにもあったかも知れず、その場合、国衙の仏事費は多額にのぼる（例年斎会をはじめとする仏事の費用の記載が完全なE和泉・F淡路の帳では、僧の平常資養費は支出されていないけれど、B尾張・D但馬・G駿河・H伊豆の帳では切断による欠失があるので、僧の平常資養費が支出されていたかも知れない）。

　さて天平九年国分寺創建詔発布より以前に国衙では例年正月十四日の斎会のほか、臨時に最勝王経などの講説読誦がしばしばおこなわれ、こうした護国祈念が高まって国分寺創建が命されたが、E和泉帳には、

　依例正月十四日弐寺読金光明経八巻、最勝王経十巻、合一十八巻、日仏聖僧四軀、幷読僧十八口、合二十二軀、

　惣供養料稲五十束一把六分　仏聖僧、幷読僧十口、合廿二軀、と別／飯料四把、雑餅幷油等料一束八把八分

と記され、天平九年三月国分寺創建詔が出されるより前の同年正月十四日の斎会が「弐寺」でおこなわれたことが知られ、この二寺は如何に解すべきであろうか。

　秋山謙蔵氏(4)は、B和泉帳の二寺について、これは十年度G駿河帳に、

二寺稲春夏出挙国司 目一口 従二口 七郡別二度各二日食為単八十四口 目廿八口 従五十六口

二寺稲収納国司 史生一口 従一口 七郡別二口食為単二十八口 史生十四口 従十四口

とみえる（二115）のと同様に、天平九年以前すでに諸国に二寺が存在していたことを示すもので、国分僧寺と尼寺のことではないか、といわれた。国分寺の創建に関する秋山氏の論は、天平の初期すでに国家の命を奉じ、国家権力拡大の指導原理たる最勝王経を読誦し、もって天下平安を祈る寺院が全国的に厳然と存在し、それに対し新しい統制と組織を与えたのが、いわゆる天平十三年の国分寺建立詔勅であり、従来より諸国に存した僧寺に金光明四天王護国之寺なる名称が与えられ、それとともに法華滅罪之寺の名称のもとに尼寺を制定した、というにある。

秋山説に対し、家永三郎氏(5)が、国分寺は国家の発願による勅願寺であり、秋山氏のいう国家の統制下にある寺院とは全く異質的である、と批判されたことはまえに紹介したが（第一章第二節の一）、家永氏の論考で説かれた重要な点は、(1)国分寺の天平以前よりの存在を示すものと解される可能性ある個別的実例として出雲のほか、肥前・豊後の国分寺と、大倭国分寺としての金鐘寺とがあるが、肥前・豊後風土記所載の僧寺や尼寺も、出雲と同様に国分寺として記されるわけでないから、しばらく問題の外においてよい。金鐘寺は神亀五年薨じた皇太子の冥福を祈るため建てられた山房であったが、天平九年以前に国分寺の機能をになっていなかった。(2)特別な本願に開基せる勅願寺（たとえば筑紫観世音寺）を除き、地方における官寺の存在を示す史料は天平十年の駿河帳にみえる二寺の記載をもって初見とする。(3)もとより事実において建立する側における経済的・技術的・政治的制約のため、寺の新造がおこなわれず、既存私寺または定額寺などの転用がおこなわれたことは少くなかったであろう。しかしそれはどこまでも建立をおこなう地方官当事者側の一方的事情であって、建立を命じた側の朝廷の意図に出たものでなかった、ことなどであり、国分寺は新建か旧寺転用かという問題について、それ以前の研究が説くところに矛盾や不分明さがあった点を鋭くつき、問題を整理された。

ただし駿河帳の二寺は駿河地方の官寺でなく、大安寺と薬師寺をさすことが水野柳太郎氏(6)によって明らかにされている。水野氏の論拠は、大安寺資財帳・薬師寺旧流記資財帳の出挙稲の分布が弘仁主税式・延喜主税式にみえる大安寺・薬師寺料の分布にほとんど一致すること、大安・薬師二寺の出挙稲が同一国に併存するのは駿河と常陸の二国だけに限られること、宝字四年?正月二十七日の秦太草啓紙背公文断簡（二十五263）によれば、大安寺と薬師寺の出挙稲が僧寺・尼寺稲とともに国司の手によって運営されているけれど、国分寺稲の設置は天平十六年七月二十三日詔で令されたから、天平十年度駿河帳の二寺は駿河の国分二寺であり得ないこと、などにあり、水野氏の考証に従うべきである。(7)ただ、水野氏は、国分二寺の設置が、萩野由之氏(8)の説に従って、天平十年（七三八）に始まるとしても、その年の正税帳に国分寺の出挙稲が記載されるのは早過ぎはしないであろうか、といわれるが、私は萩野氏の国分寺整備の勅天平十年秋冬頃発布説が成立しないと考えるから（詳細は第二章第二節の一・三で述べる）萩野説に対する水野氏の考慮は必要がないと思う。

つぎに、国分寺の創建では、家永氏がいわれるように、発願者が新造を旨としたこと、旧寺の転用がおこなわれても天平九年以前に旧寺は国分寺の機能をになっていなかったことは動かない。ただ旧寺の転用の場合、最も代表的な国分寺の例である大和は、国内に皇太子の菩提寺たる金鐘寺(9)があったのでそれを転用したとも考えられるから、このような特殊な例を除くと、一般の国分寺で旧寺が転用された可能性をもつといえるのは出雲・肥前・豊後の場合とな

る。出雲はすでにみたから（第一章第二節の一）そのほかの国についてみると、肥前の場合は風土記の冒頭に、

郡壱拾壱所 郷七十、里一百八十七、 駅壱拾捌所小路 烽弐拾所下国 城壱所 寺弐所僧寺

と記されるけれど、この記載だけでは、国分寺として記されているわけでなく、それは家永氏がいわれるとおりである。それのみならず、風土記冒頭の「寺弐所僧寺」は神崎郡の「寺壱所僧寺」と佐嘉郡の「寺壱所」とをまとめて書いたものであり、かつ二所とも僧寺であるから天平九年以前に僧尼二寺の役をつとめていたことを何ら物語らない。また肥前の国分僧寺・尼寺址は佐賀県佐賀郡春日村大字尼寺字真島と同大字尼寺字尼寺とに求められており、鏡山猛氏(10)らの考古学的調査の結果では両寺址と風土記記載の「寺弐所」とを結びつける手がかりがあったようには何ら記されておらず、また明治に入り神崎郡は神崎郡、佐嘉郡は佐賀郡とされたのであるから、両寺の距離はひらきすぎ、風土記の神崎郡の僧寺は今の国分僧寺・尼寺址と無関係であったと考えてよく、肥前の場合は旧寺が国分二寺に転用された例とすることができない。

豊後の場合は風土記の冒頭に、

郡捌所 郷四十、里一百十 駅玖所小路 烽伍所下国 寺弐所僧寺尼寺

と記され、この寺弐所は国府が所在する大分郡の条に、

郷玖所里二十五 駅壱所 烽壱所 寺弐所僧寺尼寺

とみえるのにあたるが、これについてはすでに井上通泰氏(11)が、天平以前に一国に国分寺でない僧寺・尼寺が存した例として続紀大宝元年八月条の観世音寺・筑紫尼寺をあげ、天平十三年以前に国府附近に僧寺と尼寺が存在しても不思議でなく、豊後風土記の「寺弐所」の総称を国分寺といった明証もない、と述べられたように、天平頃から豊後に某

僧寺と某尼寺が存したことがいえるだけであり、それがのち国分二寺に転用されたかどうかは何もいえない。一方、豊後の国分僧寺・尼寺址は大分県大分郡賀来村大字国分字屋敷と同大字国分（俗称鐘撞址）に求められており、鏡山猛氏[12]の考古学的調査によれば、尼寺址では礎石・丸瓦破片が発見されたにとどまり、僧寺址は塔の礎石が七重塔一区に一致することや、礎石間の等距離や単位尺などから天平の創建であると記されるが、その遺跡・遺物から今の僧尼寺址が風土記の二寺と結びつける手がかりは何ら与えられない。

旧寺を転用した国分寺の例として今まであげられてきたもののうち、大和の金鐘寺を除き、風土記に記される出雲の新造院[13]、肥前の寺弐所僧寺、豊後の寺弐所（僧寺尼寺）の場合をみてきたが、肥前と豊後の場合は例とならない。転用の例として可能性をもつのは出雲の新造院の場合だけである。その出雲の場合も、法華寺とよばれる国分尼寺址（八束郡竹矢村上竹矢字寺屋敷）は出雲国分寺出土瓦と同様のものを出土するけれども、風土記所載のどの寺院とも結びつくものでない[14]。

旧寺転用の問題に関連するものとしてE和泉帳の弐寺について考えなければならない。前掲和泉帳には毎年正月十四日の金光明経・最勝王経の読誦が弐寺でおこなわれたと記されるが、A越前帳・B尾張帳・C薩摩帳・D但馬帳・F淡路帳・G駿河帳・H伊豆帳では何らの場所も記されていないのとくらべて注目される。

和泉の国分寺に関する国史の記載は続日本後紀承和六年五月三日条に、

和泉国言。以㆘在㆓和泉郡㆒安楽寺㆖為㆓国分寺㆒。置㆓講師一員。僧十口㆒。但不㆑置㆓読師㆒。依㆑請許㆑之。

とみえるのを初見とする。安楽寺を和泉国分寺としたことは延喜玄蕃寮式[15]にも、

凡和泉国安楽寺。伊豆国山興寺。加賀国勝興寺。能登国大興寺。並各為㆓国分寺㆒。置㆓僧十口㆒。壱岐嶋直氏寺為㆓

嶋分寺㆒。置㆓僧五口㆒。

と記される。この和泉国分寺址と伝えられるところは大阪府和泉市南池田国分にあり、和泉の国府所在地（泉大津市府中字御館森）東南一里三二町で、槇尾川の段丘上にある。寺址の考古学的調査をおこなわれた石井信一氏(16)の論考によれば、寺域は約四六〇坪で、今は福徳寺とよばれ、十一面観世音を本尊とする堂宇と、その傍に古い石仏を安置する小建築物が残っており、金堂・塔・中門・大門の旧礎が散乱する。寺には、後世の作である木板の国分寺印が所蔵されるが、寺域から発掘された古瓦は当時のものであること疑いをいれず、古瓦は国分寺遺址の証拠となる、と。また諸国の例で国分寺は国府と近接して建てられるのにくらべると、和泉で両者の距離が大きいのは承和六年に既存の安楽寺を国分寺に代用したからであることも石井氏が説かれた。

天平九年度和泉帳の弐寺と、承和六年紀の安楽寺を国分寺としたことに関し石井氏はいわれる。(1)和泉監も他国と同様に国府に仏舎を設け、正月には最勝会を修した。(2)すでに国分二寺というべき公立の二つの寺院と、二二人の僧侶とが和泉国にいたことを示し、国分寺の由来するところ遠きを示している。和泉監は天平十二年八月に河内国に合併されたが、天平宝字元年五月には旧によって分立されたのである。しかし古い公立二寺は粗末な仏舎であったであろうから、国分寺たるに堪えず、また和泉は下国であって財政的にも新たに金光明寺を設置する資力なく、ためについに本建築の建立をみるに至らず、安楽寺を以て国分寺となすこととなったと考えられる。(3)なお和泉の国分寺が天平十三年の発令から九八年を経た承和六年に至って設置されたのは、当時の和泉国は一国をなさないで、河内国の一部であったからである、と。

石井氏の論について気づいた点を述べると、まず和泉帳の弐寺を国分二寺というべき公立寺院とされるのは妥当でないことは、秋山氏の論と同様である。つぎに弐寺を(1)では国府の仏舎、(2)では国分二寺というべきものといわれるのは矛盾した説明である。しかも(2)ではまた古い公立二寺は粗末な仏舎と述べられているから、弐寺の規模や、監の政庁との関係をどのように考えておられるのか明らかでない。天平九年三月国分寺創建詔以前に諸国で正月十四日の法会がおこなわれた場所としては、第一、国（監）衙附属の一部の建物（仏像を安置しているが、独立した寺というほどのものでない）か、第二、国（監）衙から離れて独立に存在する寺か、そのいずれかしか考えられず、右のほかに、国（監）衙内に寺院的な建物があったことを想定するのは困難であると思われるからである。

まえに引用した秋山氏[17]の論は駿河帳の二寺について誤りをふくむほか、天平九年正月の段階で和泉に国分僧尼寺が存在したというのも誤りであるが、和泉帳の弐寺を監衙から離れた独立の寺と考えておられるわけである。角田文衛氏[18]は、和泉帳の正月十四日の法会は国（監）庁でなく、二ヵ所の寺院で修した、といわれ、水野柳太郎氏[19]は、一般情勢の問題は別として、和泉帳の弐寺は、国または監でなされる金光明経・最勝王経の転読が、これらの寺で挙行されていることから考えて、監と何らかの関係にあったと考えられる、と述べられた。水野氏も、弐寺を監衙から独立した寺と考えておられると思われる。

承和六年に安楽寺を以て国分寺にあてたが、これは僧寺であって、和泉の国分尼寺は文献にみえない。石井信一氏[20]は、和泉の国分寺址は和泉市南池田国分の一ヵ所（福徳寺）にだけしか求められない、といわれ、一般に和泉では尼寺が設けられずに終ったと考えられている。僧寺も天平九年創建詔発布ののち何時か設けられ、のちそれが焼亡し、承和六年安楽寺を国分寺としたというよりも、承和六年以前国分寺は建てられず、安楽寺を代用してはじめて国分寺を設けたと考えられる。和泉監は霊亀二年四月河内国をさいてはじめて設けられ、天平九年三月国分寺創建詔が出されたとき独立の監であったが、まもなく十二年八月河内に合併されたから、十三年の国分二寺整備の勅が出されたけれど建立がおこなわれなかったのは当然で、天平宝字元年五月独立したが、やっと承和六年になって国分僧寺だけが安楽寺を代用して設けられたのであったと考えられ、石井氏が、和泉国は下国であって財政的にも新たに金光明寺を設置する資力がなかったといわれるとおりであったろう。

このようにみてくると、和泉帳の弐寺も政庁から離れた独立の寺と考えられよう。というのは、和泉の場合、政庁にも仏舎が設けられず、部内の二寺を借りて正月十四日の法会をおこなっていたのである。そうすると、正月十四日の法会の場所を記さない尾張・薩摩・但馬・淡路・駿河・伊豆の場合はどうであろうか。さきに、政庁のなかに寺院の規模をもつ建物の存在を想定するのは困難であると述べたが、それならば法会の場所を記さない尾張以下の諸国では国衙内の仏舎でおこなわれたと考えるべきであろう。政庁で仏事がおこなわれた例として、平安時代のことであるが、続日本後紀承和六年九月二十一日条に、

勅。如レ聞。所下以神護景雲二年以還、令中二諸国国分寺一。毎年起二正月八日一。至二于十四日一。奉レ読二最勝王経一。并修上二吉祥悔過一者。為下消二除不祥一。保中安国家上也。而今講読師等。不二必其人一。僧尼懈怠。周旋乖レ法。国司検校。亦不レ存レ心。徒有二修福之名一。都無二殊勝之利一。此則緇素異レ処。不二相監察一之所レ致也。宜下停レ行二国分寺一。而於二庁事一修上之。

とみえる。庁事は国衙の政庁である。朝日新聞社本の佐伯有義氏の註釈に「官府治レ事之処、即ち国衙を云、此語隋書鄭訳伝に見ゆ」とある。尾張帳以下の諸国の正税帳で法会の場所を記さないのは、国衙であることが自明であったからで、和泉帳だけが弐寺と記したのは特殊であったからと思われる。

和泉帳の正月十四日の法会がおこなわれた弐寺が国衙と何らかの関係があったことだけは考えられるが、弐寺が地方の官寺であったか、豪族の建てた寺であったかということや、どこに位置したかということなどを知る手がかりはない。ただ出雲の国分寺に転用された新造院の場合が参考になる。この新造院は風土記によれば飯石郡の少領、出雲臣弟山によって建てられた。弟山は風土記飯石郡段末尾に少領外従八位下出雲臣と記され、風土記の勘造にあずかり、出雲国計会帳の天平五年九月条に飯石郡少領外従八位上とみえ（一593）、彼がいつ飯石郡少領になったか明らかでないが、野津左馬之助氏が「恐らくは天平五年以前永い年月を経過したとも思われない」といわれるとおりであったろう。続紀によれば、天平十八年三月七日外従七位下から外従六位下にのぼり、出雲国造とされ、勝宝二年二月四日大安殿で天皇に神斎賀事を奏し、外従五位下に叙され、翌三年二月二十二日にも神賀事を奏し、位を進められ物を賜わっており、出雲の有力豪族であった。飯石郡少領の彼が建てた新造院が意宇郡にみられるのは、国造家の出雲臣が出雲にひろく勢力をもっていたと考えれば不思議でない。風土記に記される出雲臣の郡司は左のように多い。

○意宇郡　国造帯意宇郡大領外正六位上勲十二等出雲臣広嶋
　　少領従七位上勲十□等出雲臣
　　擬主政无位出雲臣
　　郡司主帳无位出雲臣
○嶋根郡　郡司主帳无位出雲臣
○楯縫郡　大領外従七位下勲十□出雲臣
○飯石郡　少領従八位下出雲臣（弟山）

〇仁多郡　少領従八位下出雲臣

ともあれ、出雲で旧寺が国分僧寺に転用されるとき、有力郡司が建てた寺が選ばれた。

和泉では天平九年三月の国分寺創建詔によって旧寺が転用された明証はないが、同年正月十四日に恒例の法会が監と何らかの関係にあった弐寺でおこなわれたのは、あるいは郡司のような豪族によって建てられた寺でなされたのではあるまいか。

和泉の国（監）府址（和泉市府中字御館森）はもと和泉郡に含まれる。和泉帳の〔四〕〔五〕和泉郡の断簡に少領外従七位下珍県主倭麻呂[21]の名が六回みえ、彼はのち和泉郡大領となったが、妻子と官位を捨て、行基に従って修道し、禅師信厳とよばれた。正月十四日の斎会は、国衙で修すのが普通であるのに、和泉だけがとくに二寺でおこなったのは倭麻呂のような郡司がいたことと関係するのではあるまいか。そうして彼はその二寺の建立に何らかの関係をもったのかも知れない。

以上は、推測の積みかさねであるが、私論は、和泉帳の二寺が監衙のなかに存したのでなく、独立した寺であり、郡司クラスの豪族によって建てられたものであること、和泉での国分寺設定が遅れ承和六年までもち越されたのは、天平九年以前から監と関係深い豪族が建てた二寺で正月十四日の斎会をおこなってきたのが引きつづいて利用されたからであろうこと、国分寺創建を令した発願者の意図は家永氏がいわれたように新造を旨としたであろうが、和泉帳の二寺は国分寺そのものに転用されたのでなく、斎会をおこなう場所にあてられただけであるけれど、国分寺創建令に接した側の地方のうけとめかたが新建であったか、旧寺転用であったかという問題を考えるとき、和泉帳の二寺は注意されなければならないこと、を述べれば目的は達せられる。もとより和泉帳二寺の位置は不明で、和泉の国分寺址（大阪府和泉市南池田国分の安楽寺址、現福徳寺）との関係を推す手がかりはない。

天平九年三月丁丑（三日）の詔で国ごとに釈迦像一軀・挾侍菩薩像二軀・大般若経一部の造写が令された。H十一年度伊豆帳に、

依太政官去天平九年三月十六日符、書写大般若経調度、価稲六千九百七十九束把五分、

浄衣料布三十三段価稲三百三十束

紙継料大豆七升八合価稲一束五把五分

筆一百五十八管価稲一百五十八束

墨四十九廷価稲一百六十三束三把

写大般若経四百二十七巻用紙七千八百八十張

と記す（二195）。三月三日の詔が三月十六日の太政官符によって諸国に伝えられたことが知られるが、伊豆帳に大般若経書写だけが実行されているのは、十一年までに造像を終えていたためか、十一年にも造像に着手しなかったのか、あるいは写経だけが諸国に令され、造像は中央でおこない、地方に分かち送ったのであろうか。天平九年八月甲子、正五位下巨勢朝臣奈氐麿を造仏像司長官に任じたのは、九年三月の国分寺創建詔の釈迦三尊造顕と関係するが、造仏像司は中央で必要な仏像だけをつくったとも、あるいは、地方のための仏像までつくったとも、いずれにも考えられよう。これについては、諸国で造像と写経をおこなうのがたてまえであったと考えられる。

それは後述にゆずり、伊豆帳の写経費用六、九七九束把五は、諸国の帳の仏事関係支出のうち最大の額で、当時の

仏教行事がどれほど国費を濫費したか推測に難くなく、造塔・造仏の経費はこれ以上で、それらを綜合すれば造寺費は無視できぬ額にのぼったにちがいないことが早川庄八氏[22]によって指摘されている。伊豆の六、九七九束把五は大般若経四二七巻を写す費用であるから、完全に六〇〇巻を写すには、約九、六〇〇束を必要とする。

のち天平十六年七月甲申（二十三日）の詔により、国別に正税四万束を割取し、各二万束を僧尼寺に入れ、毎年出挙した利をもって造寺用にあてしめるが、仮りに天平九年度和泉帳[23]に照すと、出挙本稲が三万束であるから、造寺のための出挙本稲はこれより一万束多く、稲穀の天平八年からの繰越動用一〇、一四三斛七五三二八（束に換算すれば一〇一、四三七束五三二八）があるけれど、稲穀を用いないとすると、頴稲の天平八年からの繰越六、九五〇束四八では、平常の出挙本稲予定三万束と造寺用の出挙本稲四万束との合計七万束を出挙することができず、ほかに頴稲の天平九年雑用（賑給以外）の五、三五二束三六五も支出できなくなる。和泉の国分寺設定には承和六年安楽寺をもってあてたが、旧寺をあてることさえこのように遅れたのも、監の財政の事情で、和泉帳の二寺が斎会に利用されたからであろう。

一国の出挙本稲が知られるのは、二年度紀伊帳の一六、一八〇束（一418）、四年度隠岐帳の二、一一二束（一452）、六年度尾張帳の二二五、七〇四束（一613）と、九年度の和泉帳の三〇、〇〇〇束であるが（二75）、尾張の場合は平常出挙本稲が造寺のための出挙本稲四万束の約五倍あるけれど、紀伊や隠岐では平常の出挙本稲は造寺の出挙本稲よりもはるかに少ない。国の等級をみると紀伊と尾張は上国、隠岐と和泉は下国である。もとより国の等級がその財力や出挙本稲額に比例するわけでないけれども、延喜民部式によれば大国一三、上国三五、中国一一、下国九となっており、天平十六年詔による造寺のための出挙本稲四万束の割取が容易でない国もかなり存したはずである。このような事情は、国分寺が新建か、旧寺転用か、という問題や、国分寺成立の遅速を考える場合、考慮に入れる必要があろう。

（1）聖僧は、比丘形の像を僧堂や食堂の中央に安置し、大衆（僧）の上座とするもので、賓頭盧尊者または僧形の文殊菩薩を安置し、あるいは憍陳如・大迦葉・須菩提・布袋などの像が安置される（藪田嘉一郎「聖僧と非時薬」叢考第一集、参照）。また斎会で僧に供養するとき、聖僧の賓頭盧などのため別に一座を設け、まず最初に聖僧に食を供養し、ついで大衆（僧）に供養がおこなわれる。このように本尊仏と聖僧にも食を供養する関係で、その軀数が読僧の口数とともに飯料口数のなかに数えられているのである。角田文衛氏は、和泉監の二十二口、伊豆国十六口、薩摩国十三口を国師が統率したといわれる（「国分寺の設置」同氏編『国分寺の研究』上、四六頁）。これは正税帳の聖僧を僧侶と考えられたのであるが、誤りである。

（2）水野柳太郎「大安寺の食封と出挙稲――運営の状態――」（一）（続日本紀研究二の七）

（3）早川庄八「公廨稲制度の成立」（史学雑誌六九の三）

（4）秋山謙蔵「奈良朝に於ける国分寺創設の問題」（史学雑誌四三の四）

（5）家永三郎「国分寺の創建について」（『上代仏教思想史研究』）

（6）水野柳太郎、前掲論文（註2）

（7）天平十年度駿河帳の二寺について、竹内理三氏は、天平十六年七月詔によって、全国画一的に正税四万束をさき、国分二寺の出挙稲として造寺用に定めた以前、すでに若干の国で出挙した例とし、二寺を国分僧尼寺と考えられた（『奈良朝時代に於ける寺院経済の研究』一八九―九〇頁）。その後、竹内氏は、駿河帳の二寺を国分僧尼寺として「二寺の名は天平一〇年（AD七三八）の駿河国正税帳に見え〔但しこの二寺は国分二寺ではなく、同国に出挙稲の設置せられた大安・薬師の二寺であるとの説もある〕天平一三年（AD七四一）に至って劃一的制度として全国に実施せられたものである」と述べておられるが（「延喜式に於ける寺院」同氏『律令制と貴族政権』第Ⅱ部、五二〇頁）天平十年の段階で国分僧尼寺は存在せず（理由は本書第二章第二節で詳述する）、駿河帳の二寺はこれを大安・薬師の二寺とする水野柳太郎氏の考証（註2）に従わなければならない。

（8）萩野由之「国分寺建立発願の詔勅について」（史学雑誌三三の六）

（9）金鐘寺が神亀五年薨じた皇太子の菩提寺であったことについては第三章第三節三の(9)家永三郎氏の説参照。

（10）鏡山猛・檜垣元吉「肥前国分寺」（角田文衛編『国分寺の研究』下、一四一七—一四三二頁）

（11）井上通泰『豊後風土記新考』七—九頁。国府が所在する大分郡条の弐寺が、天平十三年勅により建てられた国分二寺ならば、井上氏の豊後風土記養老四年以前成立説に支障を与えることになる関係で、井上氏はこの弐寺に論及された。弐寺に関する井上氏の説は妥当であるが、豊後風土記の成立年代は現在の学界では天平四年以後、十一年頃以前と考えられている。

（12）鏡山猛「豊後国分寺」（角田文衛編前掲書、下、一四五九—一四八〇頁）

（13）出雲風土記にみえる新造院についてはすでに述べた（本書二六—三〇頁）。

（14）野津左馬之助「出雲国分寺」（角田文衛編前掲書、下、一〇五八—一〇八三頁）

（15）延喜玄蕃寮式、国史大系、五三五頁。

（16）石井信一「和泉国分寺」（角田文衛編前掲書、上、四五九—四六四頁）

（17）秋山謙蔵、前掲論文（註4）

（18）角田文衛「国分寺の設置」（同氏編前掲書、上、四四頁）

（19）水野柳太郎、前掲論文（註2）

（20）石井信一、前掲論文（註16）

（21）和泉帳断簡の所属や珍県主倭麻呂については補論第一「和泉監正税帳断簡の整理」・補論第二「和泉監正税帳の復原をめぐって」参照。

（22）早川庄八、前掲論文（註3）

（23）和泉帳の稲穀・穎稲の繰越・収支・残高の各額については補論第二「和泉監正税帳の復原をめぐって」（前掲）参照。

第二節　国分僧尼寺建立勅発布と藤原広嗣の乱

一　萩野氏の天平十年勅発布説の吟味

天平九年三月に国分寺創建詔が発せられたのは、疫瘡と飢饉で国内が荒廃した上に、時あたかも新羅が強圧的で、彼に対する警戒と恐怖の念が高まり、蝦夷征討も続行中で、いわば内外の危機がかさなったときにさいし、鎮護国家を祈るためであったが、さらに藤原氏の大官四人が疫瘡でたおれ、橘諸兄が九月己亥（二十八日）大納言、翌十年正月壬午左大臣に任ぜられて政権を担当し、内外の緊迫した情勢に対処する施策をつぎつぎに打たねばならなかった。

これよりさき私出挙の禁止、筑紫防人の停止(1)（九年九月癸巳）が令されていたのにつづいて、京内傜銭の停止（十月壬寅）、額外散位贖労銭の停止（同丁未）、大倭国を大養徳国に改称（十二月丙寅）、翌十年には国司借貸の停止（三月九日）、健児の停止（五月庚午）、諸国国郡図の造進（八月辛卯）、さらに十一年に入っても主政主帳の減員（五月甲寅）、兵士の停止（同二十五日）(2)、封戸租の封主全給（同辛酉）、駅起稲と兵家稲の正税混合（六月戊寅）などの措置がとられ、これはまことに政治・社会・経済などの面に一時期を画するものであり、この前後の時期について川崎庸之(3)・竹内理三(4)・北山茂夫(5)・岸俊男氏(6)らの深い分析がある。岸氏は、郷里制廃止が天平十一年末から十二年初めにかけて行なわれたことをまえに明快に指摘されたが(7)、さらに進んで郷里制廃止前後の政治や社会の情勢などからその廃止に至る過程を考究するため、前掲の施策を個々に検討し、それらの施策は、中央と地方の政治経済の整備・簡素化、疫病・亢旱・飢饉による兵制など令制の解体を意味するもので、対新羅関係の険悪化と蝦夷鎮撫の問題化のなかでおこなわれた、と述べ、ついで郷里制が廃された事情に及び、郡司の冗員整理が実施されると、当時すでに存在意義を失っていた地方行政単位の里（郷が自然村落であったのに対し、里は人為的設定の行政単位とするのが岸説）も廃されるに至った、と述べられた(8)。天平九年ごろからの律令体制の顕著な変貌は、川崎・竹内・北山・岸氏らの研究によって意義づけが一段と深められたといわねばならない。天平九年三月の国分寺創建詔発布は前掲の施策と一連のもので、政治上のゆき詰りが聖武天皇や諸兄らの政権担当者をして宗教にすがらしめたものといえよう。

さらに十二年八月、大宰少弐の藤原広嗣が乱をおこして為政者に深刻な衝撃を与えたため、聖武天皇は平城京をすてて恭仁に遷都した。翌十三年二月に至り国分寺建立勅が出された事情は、九年頃からの内外両面の危機はもとよりであるが、とくに広嗣の乱と深い関係をもつ。

しかるに、国分寺建立勅発布の年月について天平十三年二月にあらずとする説があり、萩野由之氏(9)の天平十年秋冬説、角田文衛氏(10)の天平十二年八月説、さらにそのほかの説がそれであるが、これらを批判検討することによって国分寺建立勅発布に至る動機と過程に関し私見を述べることにする。問題となる関係史料を左に掲げよう(11)。

〔C〕続紀（天平九年三月丁丑三日条）

詔曰。毎レ国令下造ニ釈迦仏像一軀。挾侍菩薩二軀一。兼写中大般若経一部上。

〔I〕同（天平十二年六月庚午十五日条）

勅曰。朕君ニ臨八荒一。奄ニ有万姓一。履レ薄駆レ朽。情深ニ覆育一。求レ衣忘レ寝。思切ニ納隍一………宜レ大ニ赦天下一………

〔D〕同（天平十二年六月甲戌十九日条）

令㆘天下諸国毎㆑国写㆓法華経十部㆒。并建㆗七重塔㆖焉。

〔Ⅱ〕同（天平十二年八月甲戌二十日条）

和泉監并㆓河内国㆒焉。

〔Ⅲ〕同（天平十二年八月癸未二十九日条）

大宰少弐従五位下藤原朝臣広嗣上㆑表。指㆓時政之得失㆒。陳㆓天地之災異㆒。因以㆑除㆓僧正玄昉法師。右衛士督従五位上下道朝臣真備㆒為㆑言。

〔Ⅳ〕同（天平十二年九月丁亥三日条）

広嗣遂起㆑兵反。勅以㆓従四位上大野朝臣東人㆒為㆓大将軍㆒………

〔Ⅴ〕同（天平十二年九月乙未十一日条）

遣㆓治部卿従四位上三原王等㆒奉㆓幣帛于伊勢大神宮㆒。

〔E〕同（天平十二年九月己亥十五日条）

勅㆓四畿内七道諸国㆒曰。比来縁㆔筑紫境有㆓不軌之臣㆒。命㆑軍討伐。願依㆓聖祐㆒欲㆑安㆓百姓㆒。故今国別造㆓観世音菩薩像壱軀高七尺㆒。并写㆓観世音経一十巻㆒。

〔Ⅵ〕同（天平十二年十月壬午二十九日条）

行㆓幸伊勢国㆒。

〔Ⅶ〕同（天平十二年十一月甲辰二十一日条）

詔二陪従文武官一。并騎兵及子弟等一。賜二爵人一級一……授二従二位橘宿禰諸兄正二位一……

〔Ⅷ〕同（天平十二年十二月丁卯十五日条）

皇帝在レ前幸二恭仁宮一。

〔F〕同（天平十三年正月丁酉十五日条）

故太政大臣藤原朝臣家返二上食封五千戸一。二千戸依レ旧返二賜其家一。三千戸施二入諸国々分寺一。以充下造二丈六仏像一之料上。

〔G〕類聚三代格（巻三、国分寺事）

勅。朕以二薄徳一忝承二重任一。未レ弘二政化一寤寐多慚。古之明主皆能二光業一。国泰人楽災除福至。何修何務能致二此道一。㋐頃者年穀不レ豊疫癘頻至。慙懼交集唯労罪レ己。是以広為二蒼生一遍求二景福一。㋑故前年馳レ駅増二飾天下神宮一。ⓒ去歳普令下天下造二釈迦牟尼仏尊金像高一丈六尺者各一鋪一。并写中大般若経各一部上。㋒自二今春一已来至二于秋稼一。風雨順レ序五穀豊穣。此乃徴レ誠啓レ願霊睨如レ答。載惶載懼無二以安寧一。案レ経云。若有下国土講宣読誦恭敬供養流二通此経王一者上。我等四王常来擁護。一切災障皆使二消殄一。憂愁疾疫亦令二除差一。所願遂レ心恒生二歓喜一者。ⓓ宜レ令下天下諸国各敬二造七重塔一区一。㋓并写中金光明最勝王経㋔妙法蓮華経各十部上。㋕朕又別擬写二金字金光明最勝王経一。毎レ塔各令レ置二一部一。所レ冀聖法之盛与二天地一而永流。擁護之恩被二幽明一而恒満。其造レ塔之寺兼為二国華一。必択二好処一実可二長久一。近レ人則不レ欲二薫臭所一レ及。遠レ人則不レ欲二労レ衆帰集一。国司等各宜下務存二厳飾一兼尽中潔清上。近感二諸天一庶幾臨護。布二告遐迩一令レ知二朕意一。又有二諸願等一。条例如レ左。

一[1]毎レ国僧寺尼寺。各水田一十町。

一(2)毎レ国造二僧寺一必令レ有二廿僧一。其寺名為二金光明四天王護国之寺一。尼寺一十尼。其寺名為二法華滅罪之寺一。両寺相共宜レ受二教戒一。若有レ闕者即須二補満一。其僧尼毎月八日必応レ転二読最勝王経一。毎レ至二月半一誦二戒羯磨一。

一(3)諸国置二上件寺一者。毎月六斎日公私不レ得二漁猟殺生一。国司等恒加二検校一。

一(4)願天神地祇共相和順。恒将二福慶一永護二国家一。

一(5)願開闢已降先帝尊霊。長幸二珠林一同遊二宝刹一。

一(6)願太上天皇(元正)。大夫人(皇太)(宮子)藤原氏。及皇后藤原氏。皇太子已下親王。及正二位右大臣橘宿禰諸兄等。同資二此福一倶向二彼岸一。

一(7)願藤原氏先後太政大臣(考)(不比等)。及皇后先妣従一位橘氏大夫人(太)(三千代)之霊識。恒奉二先帝一而陪二遊浄土一。長顧二後代一而常衛二聖朝一。乃至自レ古已来至二於今日一。身為二大臣一竭レ忠奉レ国者。及見在子孫。倶因二此福一各継二前範一。堅守二君臣之礼一長紹二父祖之名一。広洽二郡(群)生一通二該庶品一。同解二憂悩一共出二塵籠一。

一(8)願若悪君邪臣犯二破此願一者。彼人及二子孫一必遇二災禍一。世世長生下無二仏法一処上。

天平十三年二月十四日

このGと同文で同年月日のものが政事要略にもみえるが、三代格と要略に相当する続紀の文は、月日が三月二十四日で、内容は詔と条例(1)・(2)・(3)までとから成り、(4)〜(8)の願文を欠き（以下、願文(4)・(5)・(6)・(7)・(8)とよぶ）、(1)にみえぬ「封五十戸」が「水田十町」の上に記されるなどの差異があるが、全体としてもとあった史料を簡略化したものらしいので、三代格と要略の文の方が続紀よりも原形をたもつと思われる。三代格・要略と続紀の史料の出所と相互の関係についてはさらに考えねばならぬ問題があるが、今は右に記した従来の見解に従って論をすすめよう。

前掲史料C・D・E・F・Gは天平九年の国分寺創建から十三年の国分寺建立に至る間に出された詔勅や政令であり、Ⅰ・Ⅱ・Ⅲ・Ⅳ・Ⅴ・Ⅵ・Ⅶ・Ⅷはそれらに関連をもつ政治関係の記載としてとくに今後の考察で言及しなければならぬものである。さて国分寺建立の事情に関する学説をかえりみると、まず萩野由之氏の論説からとりあげるべきであろう。

〔萩野由之氏の説〕（「国分寺建立発願の詔勅について」[12]）

萩野説の眼目は、G勅（続紀には詔とあるが、以下の記述では勅で代表させる）発布は、条例・願文の発布と別時であり、勅は天平十年の秋か冬、条例と願文は十三年二月に発せられた、とするにある。論拠はつぎのとおりである。

第一、Gの㋒に「秋稼」とあり、この語は二月や三月にいわれるべきことでなく、勅発布は天平十三年以前、九年以後某年の秋稼を閲した秋冬の交りであったことを物語る。

第二、Fの続紀天平十三年正月丁酉条に国分寺の名がみえることも、G勅発布が十三年二月や三月でない証左となる。

第三、G勅がもし天平十二年に出されたのならば、広嗣の乱に言及すべきはずであるのに、単に飢疫のことを述べているだけであるから、内乱を経験しないときのもので、十二年でないことは明らかである。

第四、そうするとG勅発布は天平十年か十一年かであるが、勅の㋑の神宮造飾は、続紀天平九年十一月癸酉条に「遣㆓使于畿内及七道㆒。令㆑造㆓諸神社㆒」と記すのに相当し、勅のⓒはCの続紀天平九年三月丁丑詔をさし、ともに同じ天平九年の事実を前年・去歳というのによれば、勅発布を十年とするのが適当である。またGの㋐に「年穀不豊、疫癘頻至」と記されるが、八年と九年に飢饉がつづき、九年にはその上に疫瘡が猛威をふるい、藤原氏の大官らをはじめ公卿らが多く死んだことをさすから、これも勅発布十年という考えをささえる。

第五、Gの条例と願文が天平十三年二月十四日に発せられたことには疑う余地はない。しかもG勅発布が十年の秋冬であるのは、十三年二月に条例願文を発布するとき、さきの十年に出された勅を冠して発願の理由を明らかにしようとし、一紙に連記したために、勅の末尾に記されていた十年秋冬の年月日を失ったのである。

萩野説はまことに明快で、とくに二月発布の勅に「秋稼」の語を記す矛盾を看破した着眼はするどく、ここにその説の鮮かさがあり、学界に大きな感銘を与え、卓見とされ、その影響が如何に大きかったかは、国分寺建立に関する問題が論議されるとき、たいていの人は萩野説を引用していることによって知られる。(13)

しかし、その後、この説に対しても若干の批判が出されている。萩野説の論拠の第一について、角田文衛氏(14)は続紀天平十一年七月甲辰の詔に「方今孟秋。苗子盛秀」とあるのをあげ、秋は初秋・仲秋でもあり得る、と述べ、虎尾俊哉氏(15)は続紀天平十一年八月丁酉条に「是夏。小雨。秋稼不㆑稔」と記すのをあげられたが、それらによって秋稼の語は七月や八月にもいわれることが知られても、二月の勅に秋稼の語がみえるのは依然として大きな矛盾であることに変りがなく、角田・虎尾二氏の指摘は萩野説を動揺させるまでに至らない。

萩野説の論拠第二に対し、家永三郎氏(16)は、C天平九年三月の詔をもって国分寺創立詔と解するときはF続紀天平十三年正月条に国分寺の文字がみえることに何の不思議もなくなるのである、と述べられた。家永氏の批判は正しいといわねばならず、したがって萩野説の論拠第二には効力がなくなる。

萩野氏は論拠第三で、G勅が広嗣の乱に言及していないと述べ、一方、願文(7)に「藤原氏………自レ古已来至二于今日一。身為二大臣一。竭レ忠奉レ国」ことを願望しているのは願文が広嗣の乱以後に書かれたものとしてふさわしい、といわれる。そうすると、広嗣の乱に関係することが願文に述べてあるならば、本文にあたる勅で述べる必要がなかったとも考え得るから、論拠の第三は勅発布非十二年の強力な証拠となし得ない。さらに、条例と願文は十三年二月に発布され、勅はそれと別時に出されたと分離して考えることが果たして妥当かどうか疑問であり（詳細は後述）、勅と条例・願文とは分離できないことがいえるならば、願文に広嗣の乱に関することが述べられているので、勅で述べられなかったのは異とするに足りないと思う。

萩野説の論拠第四について、角田氏は、前年と去歳は必ずしも直前の年を意味しないから、G勅発布を十年ときめ得ない、と述べられた。この角田氏の批判も正しく、萩野氏の論拠第四も強固不動のものといえない。

最後に、萩野氏は論拠第五で、勅と条例願文を分離し、勅だけがさきに天平十年秋冬に発せられた、といわれるわけであるが、そう考えて果たして支障が生じないであろうか。

G勅には天平十三年二月以前にすでに令された事柄をふくんでおり、㋑の神宮増飾は九年十一月癸酉（続紀）に、ⓒの釈迦像と大般若経の造写はCの続紀九年三月丁丑に、ⓓの七重塔造立と㋔の妙法蓮華経の造写はDの続紀十二年六月甲戌にみえ、これらを十三年二月に再び反覆するとともに、㋓の最勝王経と㋕の金字最勝王経の書写安置を新たに加え、国分寺建立の目的を勅で述べ、条例と願文をそえて発布したという運びになっている。

このような運びは、九年の国分寺創建が十二年の広嗣の乱勃発によってさらに国分二寺建立に発展したと考えられるから何ら不自然でないのに、萩野説のようにG勅発令を十年とするときはⓓの七重塔造立と㋔の法華経書写がさきに令されていたことになり、Dの十二年六月七重塔と法華経の造写と衝突する。これは萩野説の弱点となるものであり、伊野部重一郎氏[17]は萩野説のこの点を批判し「同じ詔の重複があっても、順序が逆ならばまだしも、先ず総括的な詔が発布され、後でその一部が繰返されるという事はあり得ない」と述べられ、家永氏[18]も伊野部氏の見解に賛意を表された。

つぎに別箇の角度から萩野説の論拠第五に対し疑問と反証をあげてみよう。その一。まず「秋稼」の語に拘泥しないで、勅・条例・願文をみれば、三者を分離して別時発布とする萩野説よりも、三者一体のものとする方が自然であると思う。勅の最後のところは「布告遐邇令知朕意」という語で結ばれ、すぐつづけて「又有諸願等。条例如左」と述べ、ただちに条例と願文を掲げていることは、文章がなだらかに運んでいる様子を示している。[19]勅と条例願文を緊密に結ぶ「又有……如左」の句は、発布年月の異なるものを結びつけるためにあとで挿入されたと考えられぬことはないが、とくにそう考える理由はなく、この句も最初から前後の勅と条例以下を結びつけるため記されていたと考えるのがすなおである。

その二。萩野氏は、天平十年秋冬に勅が出され、十三年二月に条例と願文が発せられたとされるが、それをいうためには三者を別時に発布しなければならなかった必然的事情をあげなければならないが、論述のなかでとくにその事情を説明したところはない。

その三。勅だけが天平十年秋冬に発布されたとする萩野説は、G末尾の十三年二月十四日という日付と勅のなかの「秋稼」との関係の矛盾を説明するために導き出されたという以外に理由はない。すなわち勅の天平十年秋冬発布を証する文献的証拠は存しないのみならず、かえってこの勅に言及するのちの太政官符・詔・国史記載は左のごとく勅や条例の発布を十三年二月十四日とするのである。

（P）天平十四年五月二十八日の太政官符（延暦二年四月二十八日太政官符所引）

奉二去天平十三年二月十四日　勅処分一。毎国造二僧寺一必令レ有二廿僧一者………

（Q）続紀天平十九年十一月己卯条の詔

朕以二去天平十三年二月十四日一。至心発願。欲レ使二国家永固。聖法恒修一。遍詔二天下諸国一。々別令レ造二金光明寺。法華寺一。其金光明寺各造二七重塔一区一。并写二金字金光明経一部一。安二置塔裏一………

（R）続紀延暦二年四月甲戌条

先レ是。去天平十三年二月。勅処分。毎レ国造二僧寺一必令レ有二廿僧一者………

（S）弘仁十二年十二月二十六日の太政官符

右案二去天平十三年二月十四日格一偁。毎国造二僧寺一必令レ有二廿僧一………

すなわちP・R・SはGの条例⑵、QはGの条例⑵と勅のⓓ・㋕に相当し、勅と条例がともに天平十三年二月十四日のものとして引用されているのは、勅と条例以下とを分離して考えてはならないことを物語るものであり、勅だけが十年の秋冬に発布されたと主張する萩野説に根本的致命傷を与えるといわねばならない。とくに（P）天平十四年五月の太政官符は十三年二月のすぐ翌年に出されたものであるから、条例⑵と不可分のG勅が十三年二月十四日に発布されたことを不動のものとするし、（Q）天平十九年十一月の詔で聖武天皇がまえに出したGの勅と条例を十三年二月十四日と述べていることも萩野氏の十年発布説を否定するものといってよい。

ただ願文は、P・Q・R・Sに引用されていないけれど、願文の記載法も条例と同じく「一………」という一つ書きの形式をとっていること、発願の事情は勅にも記されているが、願文を添えてこそ願望を一層明らかに述べ得たことなどを考えると、願文も勅や条例と一体同時と考えるのは不自然でない。

このように萩野説を批判検討してくると、論拠の第二・三・四・五はいずれも崩れ、残るのは第一だけとなる。第五でG勅天平十年秋冬発布を主張されたのも、十三年二月の勅に「秋稼」の語をふくむ矛盾を解決するためであったから、第五は第一から発生してきているといえる。ただ、萩野氏が、秋稼の語は二月や三月にいわれるべき語でないとされたことは不動の鉄案で、文献批判の方法を大きく進歩させた点に貴重な意義があり、五つの論拠のうち秋稼を重視した主張だけが千金の重みをもつ。それならば萩野説に心服するのかと決断を問われるわけであるが、Gの勅発布年代は作成年代と別個と考えられ、勅発布が十年秋冬、条例以下の発布が十三年二月十四日とする萩野説に従うことはできないのである。詳細な理由はあとで述べることにし、基本的に萩野説を認めながら細部で論旨を異にする喜田貞吉氏・角田文衛氏・伊野部重一郎氏らの説についてその論拠をさきに次項でみることにしよう。

（1）天平九年頃から打たれた施策の内容と意義はどれをとっても問題が多いが、問題を整理する意味で、たとえば防人の場合をとりあげると、続紀の天平二年九月二十八日条に(1)「停二諸国防人一」と記され、九年九月二十二日条に(2)「是日。停二筑紫防人一帰二于本郷一。差二筑紫人一令レ戍二壱伎対馬一」とあり、(1)の諸国をどう解するかについて岸俊男・直木孝次郎・田中卓氏らの間で論争がみられた。

岸氏は、諸国から徴集していたことを止めて専ら東国兵士のみを以て防人を構成することにした、と述べられた。理由は、天平十年度の駿河・周防・筑後の正税帳にみえる防人関係記事を参照検討すると、少なくとも天平九年に交替した防人は東国兵士だけから構成されていたからである（「防人―東国と西国―」万葉集大成一一）。

田中氏は、岸氏とは別の解釈が可能であるといい、諸国は「文字通りの諸国であって、この時、一旦、たしかに全面的な防人制の廃止が決意せられたもの」であり、諸国を「東国を除くその他の諸国と限定して解するのには、よほどの傍証が必要であらう」と述べられた。理由は、つぎのように考えるのが自然であるから、といわれる。「天平二年の停止といふのは、防人を筑紫に差遣するのを停めたのであって、之は直ちに現地の防人を解任して帰郷せしめたといふのではないのであらう。つまり新しく防人を任命することを罷めたのではあるまいか。従って、任地（筑紫）にゐる防人達は、任期が果てるのを待って帰郷すべき予定であったのであらうが、天平四年前後より急迫してきた新羅との国際情勢などから、解任がのびのびとなり、やうやく天平九年に至って帰郷の令が出されたのではなからうか。あるいは、続紀天平神護二年四月壬辰条の例によって考へられるやうに、東国防人は先に解任せられてゐるにも拘らず、なぜか『東国防人多留二筑紫一』といふ実状であることから推して、天平二年の場合も、停止された後も防人は筑紫に残留するものが多かったのかもしれない」と（「防人考」続日本紀研究三の一〇）。

直木氏は、(1)の諸国はなおいろいろの解釈が可能で、東国の諸国（出身）防人、東国を含めた諸国（出身）防人、諸国に配備された防人、筑紫以外の諸国に配備された防人、とも考えられ、これらのうち最後の解釈が妥当である、と主張された。理由は、天平九年の「筑紫防人」は筑紫から徴集された防人のことではなく、何人にも明らかなように、筑紫に配備された防人の意なのであるが、そうすれば天平二年の「諸国防人」は東国以外の諸国から徴集された防人ではなく、諸国に配備された防人でなければならぬ。然りとすれば、天平九年には筑紫の防人が存したのであるから、天平二年の「停二諸国防人一」とは筑紫以外の諸国（たとえば長門・石見・出雲・薩摩等）におかれた防人が停止されたこととなろう。壱岐と対馬をふくめた筑紫以外の国に防人のおかれた実例がないのが、この解釈の弱点であるが、通説にしても、東国以外の国から防人を徴した実例があるわけではない、といわれる（「東国の政治的地位と防人」国文学解釈と鑑賞二四五）。なお、直木氏は田中説を批判するとともに自説を補強し、防人は設置当初から東国より徴される原則であったことを述べられた（「防人と東国」続日本紀研究四の二）。

岸氏は、郷里制廃止前後の政情を考察した論考で防人の出身地の問題に触れ、田中・直木両氏の説を考慮に入れ、つぎのように述べられた。旧稿（前掲「防人考」）においては諸国防人にややこだわりすぎたようで、軍防令の防人規定からはこれを全国的なものと解する必要はなく、したがってこの諸国を「東国諸国」あるいは「東国を中心とした諸国の意に解しても差支えなかろう。壬申の乱後、東国が軍事力としても早い頃の親衛軍的性格を超え、国家的な規模において弱体化した西国に代る地位を得て来たと考えられることを説いた私の論旨からすれば、むしろその解釈の許された方が私説に有利である。とかく解すればその後の解釈については田中説に従うのも一つの考え方であるかも知れないが、なお後考を俟ちたい」と（「郷里制廃止の前後」上、日本歴史一〇六）。

(1)の諸国は防人の出身地をさすのか、守備地をさすのか、というに、(2)の筑紫防人の筑紫が守備地を意味することは動かないところからみて諸国も守備地と考えるのがよいと思う。諸国の地域も直木氏があげられた四つの解釈以外に筑紫を含む諸国と解せないことはない。壱岐・対馬をふくむ筑紫以外に防人がおかれた実例はないけれども、奈良時代末期から平安時代にかけて新羅に対する厳戒を伯耆・出雲・石見・隠岐に令していることが参照される（第二章第一節の一）。天平二年に筑紫を含む右の諸国を守った防人を停止したのに、九年に筑紫の防人を廃することが見えるのは、天平二年以後に筑紫だけに防人を配置することがあったからである。このように考えるのも一つの解釈であろう。田中説について気づいたことを記すと、二年停止から四年の対新羅関係緊迫まで二年の開きがあるから、四年まで果たして解任がのびていたか、またその四年を通り越して九年までのびたというのもいかがであろうか。

（2）　類聚三代格所収延暦二十一年十二月太政官符所引の天平十一年五月二十五日兵部省符。なお続紀天平十一年六月癸未条参照。

（3）　川崎庸之「大仏開眼の問題をめぐって」（上原専禄編『世界の歴史』六）

（4）　竹内理三「参議制の成立」（史淵四九）・「八世紀に於ける大伴的と藤原的」（史淵五二、ともに同氏『律令制と貴族政権』第Ⅰ部に収録）

（5）　北山茂夫「行基論」（東方一二）・「大仏開眼記」（ブディスト・マガジン二九・三〇・三一、ともに同氏『万葉の世紀』に収録）、「天平末葉における橘奈良麻呂の変」（立命館法学二）・「藤原恵美の押勝の乱」（立命館大学人文科学研究所紀要一）・『万葉の時代』（岩波新書）

（6）　岸俊男「郷里制廃止の前後」（日本歴史一〇六・一〇七）・「光明立后の史的意義」（ヒストリア二〇）

（7）　岸俊男「古代村落と郷里制」（藤直幹編『古代社会と宗教』所収）

（8）　岸俊男「郷里制廃止の前後」（前掲）。天平九年の私出挙の禁止をはじめ、十一年の不善郡司の解任に至るまでの主要な施策十二項目について岸氏は綿密にその意義を掘り下げ、藤原仲麻呂が擡頭してくる天平十七年平城還都ごろまでの政治情勢の動向をあとづけられた。諸兄政権時代の政治・社会・経済の分析には岸氏の諸論考から学ぶべきことが多い。

（9） 萩野由之「国分寺建立発願の詔勅について」（史学雑誌三三の六）

（10） 角田文衛「国分寺の設置」（同氏編『国分寺の研究』上、所収）

（11） 国分寺建創年代について問題となったA天武十四年三月詔・B持統五年二月詔のあとをうけ、続紀天平九年三月詔以下をC・D・E…Gと符号をつけた。なおGの棒線部分を㋐㋑㋒㋓㋔㋕とよぶほかにⓒⓓという符号をつけたのは、C・Dに対応するものがⓒⓓであることをあらわすためである。そのため丸印のアルファベット符号のⓐⓑを飛ばして用いない。

（12） 萩野由之、前掲論文（註9）

（13） 萩野説を引用してそれに依拠する著書論文のすべてをあげることはできないが、代表的なものを示すと、たとえば黒板勝美氏の『国史の研究』は萩野説の論点を要約し「御発願の詔は続日本紀及び類聚三代格にあるが、国分寺といふ名称は既に天平十年から続日本紀に見えて居るから、天平十三年の詔では恐らく国分寺国分尼寺が併置せられたのであらう」と述べる（各説上、一八二―三頁）。太田静六氏執筆「国分寺」も萩野説を引用し、従うべきである、と記し（冨山房『国史辞典』四の五五頁）、弥永貞三氏執筆「国分寺建立の詔」も詔は天平十年秋のものであることが学者の研究によって明らかにされている、と記述する（平凡社『世界歴史事典』二二の一〇四頁）。

萩野説が金科玉条とされている様子はつぎの例でも知られる。すなわち平泉澄氏は「国分寺の創設を、続日本紀では、天平十三年三月二十四日の詔によるとしてゐるのであるが、それが誤であって、実は天平十年とすべきである事は、曾て萩野由之先生の明快に説かれたところである」と高く評価する（「出雲国風土記概説」同氏監修『出雲国風土記の研究』所収）。なお石母田正・松島栄一共著『日本史概説』には「七三八年（天平一〇）、国分寺創設の詔が出され、全国、国ごとに僧寺と尼寺を建て、金光明経・法華経を筆写・読誦させることを命じた。国王と国土を守護し、一切の災障や怨敵から免れ、五穀またゆたかにみのるなど、この時代の支配者がもっとも欲した利益を保証する金光明経・仁王経の講説・読誦および普及が、聖武天皇にとって緊急な事業と考えられた」と記すが（岩波全書、九〇頁）、天平十年の段階で僧寺と尼寺を建てることが命されたと考えられないし、金光明経と金光明最勝王経の区別がほしいところである。

萩野氏の天平十年説を妥当とし、それに依拠するものとして、ほかに井上光貞・関晃「律令国家の展開」（『古代社会』一〇〇頁）、石田茂作『東大寺と国分寺』一三頁などがある。

続紀に錯簡などが多いという観念が基底にあり、そこへ萩野説の論法が鮮かであったために、萩野説に心服する人が多かったと思われる。たしかに続紀には錯簡や重複が相当みられる（拙稿「続日本紀の脱漏・誤謬・錯乱」続日本紀研究一の二、山田英雄「続紀の重複記事」、水野柳太郎「続紀記事脱漏の一例」ともに同誌一の五。なお水野氏の「続日本紀編纂の材料について―東大寺の食封をめぐる―」ヒストリア二八）。しかし続紀の錯簡などときめる場合にはそういえるだけ十分な考証が必要であるし、国分寺建立詔の場合は、発布の月や内容に若干の差違があるけれど、ほぼ同文の勅が類聚三代格や政事要略に収められているから、続紀に錯簡が多いという既成観念を以て国分寺建立詔勅に臨むことをまず反省しなければなるまい。また、一見したところ鮮かな萩野説も子細に検討すると、論拠不確な点があり、反証を提出することができる点も少なくないのであって、問題の「秋稼」の語をめぐる解釈は更新されねばならない。詳細は本文で述べる。なお黒板氏による萩野説引用は厳密でない。すなわち萩野氏は国分寺建立詔勅発布を天平十年秋冬といわれたけれど、詔勅にみえる寺名は金光明四天王護国之寺と法華滅罪之寺であって、国分寺の名称はみえない。国分寺の名称の初見は続紀では、十三年正月十五日条で、正倉院文書では十四年十一月十七日の優婆塞貢進解である（二318）。こうした誤読引用が生ずることも萩野説自身に矛盾があることと無関係でない。

(14)　角田文衛、前掲論文（註10）

(15)　虎尾俊哉「国分寺関係史料の検討」（続日本紀研究一の三）

(16)　家永三郎「国分寺の創建について」（同氏『上代仏教思想史研究』所収）

(17)　伊野部重一郎「国分寺創建の詔について」（続日本紀研究四の一）

(18)　家永三郎「再び国分寺の創建について――石村・井上両氏の批判に答える――」（続日本紀研究四の五）

(19)　和田軍一「国分寺の詔の発出の時期」（歴史教育五の五）

二　天平十二年勅発布説等の批判

〔喜田貞吉氏の説〕（「国分寺の創設と東大寺の草創[1]」）

喜田説の要点を整理すれば左のごとくである。

第一、G勅は前後数次に令されたことを一つの文中に織りこんだもので、㋑の神宮造飾は天平九年十一月、ⓒの釈迦像と大般若経の造写はCの同年三月、ⓓの七重塔造立と㋔の妙法蓮華経書写はDの十二年六月、詔の「毎国僧寺。施封五十戸」はFの十三年正月、条例(3)の「毎月六斎日公私不得漁猟殺生」は九年八月二日(続紀)にすでに命ぜられたことである。㋓の最勝王経書写はDの続紀十二年六月条にみえないが、すでに続紀神亀五年十二月二十八日条に金光明経六四帙六四〇巻を諸国に一〇巻ずつ頒布したと記され、このとき所要の数を備えていた筈であるから新写の必要はなく、これを重ねて令した詔勅の文はむしろ衍というべきである。詔の僧寺の封五十戸は三代格にみえぬところで、本来、造丈六仏像料であるから、仏像完成までの費用を支弁すればよいわけで永久的のものでなく、この点において封五十戸を掲げない三代格の方が正しく、続紀や銅版銘文はあとで意を以ておぎなったものであろう。

第二、萩野氏が指摘されたようにGの勅(続紀では詔)は天平十年秋冬の交りに発せられた。ただし十四年二月十四日に発布された部分がある(要点第三)。

第三、G勅の㋕金字最勝王経の書写安置は天平十三年二月十四日に令されたのでなく、十四年二月十四日の勅で令されたもので、それは織部司などに命じて織らしめた正倉院御物最勝王経帙の銘に「依天平十四年歳在壬午春二月十四日勅、天下諸国毎国安置金字金光明最勝王経」と明記されるのによって知られ、十年の国分寺建立の詔勅と、十四年二月の金字最勝王経の書写安置の勅とは切り離して考えるべきであり、三代格のG勅は十四年二月十四日の金字最勝王経書写安置を一年誤って十三年二月十四日としたのである。帙銘は、同一の機を以て織り出され、干支まで書き加えてあるから日附に誤りがある筈はなく、各国分寺の塔に必らず同じものが納められていた。

第四、続紀は詔の発布を天平十三年三月二十四日とするが、これは三代格の諸願条例発布の日であろう。

第五、願文(4)〜(8)は祈願の文であり、すぐ前に掲げる条例(1)〜(3)と趣を異にし、(7)の「先後太政大臣」は鎌足と不比等のことであるが、鎌足は太政大臣にあたらず、また橘三千代に大夫人が贈られたのは天平宝字四年八月七日に正一位を贈られたのと同時であったのに、天平十三年二月勅の願文に「皇后先妣従一位橘氏大夫人」と記すのは疑問であり、願文は後代に偽作して附加したものであろう。

喜田氏が右の第一でいわれる神亀五年十二月頒布の金光明経は、続紀に国別一〇巻と記されるから義浄が新訳した金光明最勝王経で、頒布はこの年九月皇太子が薨じたことと関係があり、その死を痛惜し、国家平安を祈らせたのであるが、皇后宮職の写経事業は神亀四年までさかのぼることができ[2]、続紀の五年十二月二十八日条に「至レ是写備頒下」と記されるから実際に諸国に送られたと考えてよい。しかしそれだからといって喜田氏のように、天平十三年二月のG勅に最勝王経の書写安置を令したと記すのを衍とするのはいかがであろうか。勅には「宜レ令下天下諸国各敬造二七重塔一区一。并写中金光明最勝王経。妙法蓮華経各一部上」といい、新たに最勝王経の書写を令するごとき筆法である。もっとも勅のなかの七重塔と妙法蓮華経の造写はDの十二年六月に令されているから、最勝王経も新写の令でないとも考えられようが、神亀五年の最勝王経書写頒布は十三年二月よりも一三年以前のことであるから、新しく書写を令しなかったとはいいきれない。また塔は最勝王経を安置するためのもので関係が深く、妙法蓮華経は最勝王経と並ぶ関係にあるため、勅で最勝王経新写を令する文を述べるとき塔と妙法蓮華経のことも合わせて記されたとも考えられなくはない。

封五十戸施入が永久的なものでないから三代格に記されなかった、といい得るかどうか疑問が残るが、施入を記す続紀の詔よりも、記さない三代格の方が原文に近いことは角田氏も述べられており、従うべきであると思う。そのほかに、続紀がよった史料の出所が三代格と異なっていたことも考えられよう。

喜田説は第二で、萩野説の天平十年G勅発布をそのまま認めているわけであるが、萩野説が成立しがたい理由はすでに述べた（「秋稼」の語に関する萩野氏の処理法に対する批判が残っているが、それは第二章第二節の三で述べる）。

喜田説は第三で、G勅の金字最勝王経書写安置を十四年二月十四日とするが、まえに萩野説の論拠第五に対する批判で述べたように、勅・条例・願文は一体で、分割できないものであり、P天平十四年五月二十八日太政官符、Q続紀同十九年十一月己卯条詔、R続紀延暦二年四月甲戌条、S弘仁十二年十二月二十六日の太政官符はともにGの国分寺建立勅を天平十三年二月十四日とすることになり、右のうちQ続紀天平十九年十一月詔は金字金光明（最勝王）経の書写安置が十三年二月十四日に令されたことを記すから、喜田説のようにG勅のなかから金字最勝王経書写安置だけをとり出して十四年二月十四日とすることはできないと考える。喜田氏が最勝王経帙銘を重視されたのは、実物の存在が貴重な史料的価値をもつから当然であるが、しかし帙銘だけをもって前掲太政官符・詔・続紀記事など四個の史料を否定する威力があるとは考えにくい。帙銘の十四年と、G勅の十三年との史料的衝突は、(1)帙銘の十四年は何らかの誤りと考えるか、(2)帙銘の十四年二月十四日は別の事件に関する日付と考えるか、今のところこれ以外に解釈はつかないと思う。

(1)の場合として、角田文衛氏(3)が帙銘に関しつぎのように述べられたことが参照される。すなわち、最勝王経を書写校正して頒与するには相当の年月が必要であるから、この帙は詔勅渙発後に若干の時を経て恐らく天平勝宝以降に織られたであろう。故に、文案・図案の製作者か織工が天平十三年を誤って十四年としたとか、あるいは「依天平十三年歳在壬午春二月十四日勅」となすべきところを「依天平十四年歳在壬午春二月十四日勅」と織り出したのかも知れない。諸般の事情から推して天平十三年二月十四日は太政官符を下した日と認定されるにも拘らず（角田氏はG勅は十二年八月甲戌、条例と願文は十三年二月十四日に太政官符の形で出されたといわれる。この角田説に対する批判は後述）、翌年同月同日に勅が下されたとするのは、それが天平十三年をかなりへだった年代に製作された証左に外ならず、これのみを以て他の多くの史料を否定することは危険であって、法隆寺金堂釈迦像のごとく銘文は常に正史の誤りをただすとは限らないのである、と。この角田氏の説について伊野部重一郎氏は、肯綮に値する、といい賛意を表され、和田軍一氏は、角田説とは別個に、帙銘によってほかの多くの史料を否定するのは不合理である、と述べられた。私は、十三年二月にGの勅・条例・願文が同時に出されたと考えるので（前述）、角田説のうち十三年二月太政官符発布には従いがたいが、その点を除けば帙銘に関し角田氏がいわれた事情は大いにあり得ることと思う。

(2)の場合として、十三年二月十四日にGの勅・条例・願文が出され、金字最勝王経書写が令されたが、それよりちょうど一年目にあたる翌十四年同月同日に金字最勝王経の安置が重ねて令されたか、あるいはその安置に関する何らかの処置が令されたのではあるまいか。金字最勝王経の書写安置はGの勅で特別に発願されたほどであるから、その安置などに関する処置が再令される場合、ちょうど一年目の日を選ぶというようなことはあり得ると思われる。

喜田説の要点第四で、詔の十三年三月二十四日を三代格の諸願条例発布の日とするのは、深い根拠を示さず、恣意的であり、前掲P天平十四年五月太政官符、Q続紀十九年十一月詔、R続紀延暦二年四月条、S弘仁十二年十二月太政官符がG勅を天平十三年二月十四日発布とするのを無視することはできない。なお喜田説によれば十三年二月十四日に令されたことはすべてなくなってしまうという結果になっており、それでは史料の無視も甚しいといわねばならない。

喜田説の要点第五は願文(7)の用語に関する疑問を述べられたもので、(7)の「先後太政大臣」について国史大系本は鎌足と不比等にあて、喜田説も同じであるが、川崎庸之氏(6)は不比等と武智麻呂に、伊野部氏は不比等・武智麻呂・房前にあてられた。しかし鎌足は太政大臣にあたらず、それを贈られたこともなく、武智麻呂と房前は宝字四年八月甲子(七日)に贈られたから、天平十三年二月の願文で太政大臣にあてはまるのは養老四年十月壬寅(二十三日)に贈られた不比等だけとなる。しかもG勅に「先後」とあるから喜田氏のように不比等以外に鎌足をあてざるを得ず、ところが鎌足は太政大臣とよばれるべきでないために、問題が生じ、喜田氏は、到底許容すべからざる大破綻といわれたのである。

しかし、この点について参照されるのは和田軍一氏の考察で、和田氏は「先後」が「先考」の誤りとし「先後(考)太政(不比等)大臣」と校訂すべきであると説かれた。願文の用語について喜田説で疑問が提出されているのであるから、文献の校訂を以て答えることは最後にとるべき処置であるけれど、あとで述べるように、Gの勅・条例・願文は天平十三年二月十四日の発布と考えてまちがいないと信ずるし、「先考」が「先後」と誤り易い事情は、考と後の一字の相違で、発音も類似するところから説明できるから、(7)の「先後」は三代格伝写の過程でおきた誤写と考え、和田氏の校訂に従うべきであると思う。また不比等が天平十二年三月十五日の藤原夫人阿難四事経奥書に「奉為亡考贈左大臣府君」(二253)、同年五月一日光明皇后一切経奥書に「尊考贈正一位太政大臣府君」と記され(二255)、考の字の使用例がみられるのを参照すれば、不比等がもと願文に(7)先考と記されていたと考えるのは無理であるまい。なお「先後」が「先考」の誤りとするならば、喜田氏のように不比等以外に鎌足をあてる必要もなくなることは、「先考」と校訂することの正当性を示すわけである。川崎氏は不比等と武智麻呂にあてられたが、宝字四年八月に太政大臣を贈られた武智麻呂と房前のうち、武智麻呂だけを不比等と並べるのもおかしいことであり、これも先後を先考の誤写とすれば問題は氷解し、伊野部氏は不比等・武智麻呂・房前にあてられたけれど、同様に先考を不比等とするだけでよいのである。

つぎに願文(7)に橘三千代が「皇后先妣従一位橘氏大夫人」と記されることに関する喜田氏の疑問について述べよう。(7)には三千代の位階は正しく従一位と記され（天平五年十二月二十八日、贈位）、正一位とまで偽っていないところをみれば（正一位は宝字四年八月七日贈位）、願文の筆法をすぐに後代の造作ときめてしまうのはゆきすぎであり、偽作というためには史料の出所・筆者や、偽作した理由もあげなければならないのに、そうした説明はなく、簡単に偽作として片づけるのには従えない。そこで思うに、前掲天平十二年五月一日光明皇后一切経奥書に三千代は「尊妣贈従一位橘氏太夫人」と記されており（二255）、公式令の規定と異なる「大夫人」を贈られたのが宝字四年八月であって、天平十二年五月以前に「太夫人」とよばれたことが知られる。それならば「先後」が「先考」の誤写であったのと同様に「大夫人」は「太夫人」の誤写と考えてよく、したがって喜田氏のように願文を宝字四年以後の偽作とする必要はない。

願文の誤写校訂に関するもう一つのことをここでまとめ記しておく。願文(6)の「大夫人藤原氏」は国史大系編者や川崎氏によって宮子にあてられており、和田氏は「（皇字脱カ）大夫人藤原氏」と校訂された。しかし宮子は神亀元年二月丙申（六日）に「大夫人」の称号をうけ、翌三月辛巳（二十二日）改めて「皇太夫人」と称することになり、後者は公式令に規定される称号である。したがって願文(6)には「皇太夫人藤原氏」と記されるべきはずで「（皇太）大夫人藤原氏」と校訂するのがよいと思う。

以上、喜田説を検討してきたが、第三・四・五は妥当性を欠き、残るのは第一での三代格と続紀が依拠した史料の出所の問題と、第二での萩野説是認とであるが、第一についてはいちおうの私見を記した。第二については本節次項のところで述べる萩野説に対する批判を参照されたい。

〔角田文衛氏の説〕(「国分寺の設置」(7))

角田説の特色は国分寺建立の詔勅発布を天平十二年八月甲戌(二十日)とするにあり、論拠はつぎの通りである。

第一、G勅の㋑前年と©去歳は数年前とも解し得るし、㋒秋稼は初秋・中秋とも考えられるから、詔勅の発布を天平十年秋冬(萩野説)と考えなければならぬという理由はない。十年から十二年までの秋に渙発されたから、この三年間を吟味する必要に迫られるのである。

第二、もしDの続紀天平十二年六月甲戌(十九日)の法華経書写と七重塔造立の発令以前に国分寺建立の詔勅が発布されたとすれば、再び諸国に七重塔を造立せしめたことになるが、国分寺の遺跡に明らかなように僧寺の塔は一区であるから、詔勅が六月甲戌に下されたとみなければ塔設立の詔勅が重複する。

第三、しかし秋稼の語がみえるから初秋・中秋であるべき詔勅の渙発は六月といえない。ところで続紀の記載は六月甲戌(十九日)から八月甲戌(二十日)までの間の記事を欠く。しかも諸本に「秋」の字がないから「八月」の二字も元来なく、かつ相接する六月と八月の記事はともに甲戌である点から考えると、Dの塔建立の記事とⅡの和泉監廃合の記事はもと二つの事項として八月甲戌条に記されていたが、古い時代に分割して上半(法華経書写・塔建立)は六月に、下半(和泉監廃合)は八月に包含されることになったのではなかろうか。

第四、すなわち十二年八月二十日に詔勅は下されたが、続紀編者は翌十三年三月にもほぼ同様の記載があるので不思議に思い、多くのことを削除した上に、塔と法華経の造写のことのみを略記し、十二年八月甲戌条にかけたのである。十二年八月甲戌に金光明寺・法華寺設立の詔勅を発し、ついで細則を太政官符で発布しようとする矢先に広嗣の乱がおきたため、恭仁へ遷都がおこなわれ、落ちついてから細則が出された。

第五、十三年二月十四日に条例と願文が発布されたが、続紀には錯簡・誤写・脱漏などがすこぶる多いから、三月二十四日は誤りであり、続紀の天平十九年十一月七日条、延暦二年四月二十八日と弘仁十二年十二月二十六日の太政官符、および延暦僧録（第二、聖武皇帝菩薩伝）が条例・願文の発布を十三年二月十四日とするのに従わねばならない。

以上が角田説のおもな論拠であるが、その第一についてては大局的に問題がないようにみえるが、十年から十二年までの間に詔勅が渙発されたといわれる点に疑問がある。

しかし第二以下は承服しがたい。十三年二月のG勅は、それ以前のCの九年三月釈迦像と大般若経の造写、同九年十一月の神宮造飾、Dの十二年六月塔と法華経の造写などの令を再び繰りかえし述べるとともに、新たに最勝王経の書写安置や、とくに金字最勝王経の書写安置を令するという形をとっており、再び繰りかえし述べたものは塔と法華経の造写だけでないから、角田説のように塔造立のことだけを問題として十三年二月のG勅をDの十二年六月にかさねるのは妥当でない。というのは角田氏の論法からGをDにかさねても、なおCの九年釈迦像と大般若経造写は角田氏が十二年六月に移された勅と内容が重複するからである。まえに萩野説の論拠第五に対する批判で述べたように、G勅は十三年二月から移動させることはできないのであって、角田氏が論拠第五で挙げられた続紀の天平十九年十一月七日の詔、延暦二年四月二十八日と弘仁十二年十二月二十六日の太政官符（そのほかに続紀延暦二年四月二十八日条）がGの勅・条例・願文の発布を十三年二月十四日とすることは、角田氏のG勅十二年八月甲戌発布説に対し大きな障害を与える。国分僧寺の遺跡では塔が一区であるということをもち出した論法は新機軸であるけれど、もともとG勅は十三年以前に令されたことも繰りかえしているのであって、前後の令の内容が重複することを角田氏のように問題とするのはあたらない。

論拠の第三は、奇抜な論法で文献を処理しており、なるほど十二年八月条の「秋」の字は国史大系編者が「秋、今例補」と記すように続紀の諸本にないらしいが、角田氏が「八月」の二字まで元来なかったといわれるのは強引であり、それは六月甲戌と八月甲戌の記事を同じく八月甲戌のものといわんがための論であるにすぎず、深い理由もあげられていない。さらに角田氏の論は発展し、もと十二年八月甲戌条に記されていた法華経書写と塔建立のことが分割されて六月甲戌条に引き上げられた、といわれるが、それも何ら理由を示さないでの推測であり、G勅に「秋稼」の語があるのに古い時代に六月甲戌条に引き上げることがあり得たのであろうか、という疑問なども生ずるわけで、推測をつみかさねた文献処理法にはついてゆけない。

論拠の第四でおかしいのは、詔勅の十二年八月甲戌発布を証するのちの文献は全く存しないことで、しかもまえにあげたようにのちの詔・太政官符・国史記事などは詔勅発布が十三年二月十四日であることを繰りかえしていうのである。つぎに角田氏が、続紀編者は十三年三月にもほぼ同様の記載があるのを不思議に思った、といわれるところをみると、同じ詔勅が十二年八月甲戌と十三年三月二十四日にかけられていたことになり、奇妙であるまいか。それではたとえば釈迦像と大般若経の造写は九年三月丁丑条・十二年八月甲戌条・十三年三月乙巳条に三回記されていたことになり、あまりにも複雑な状態を想定しなければならない。またDの続紀十二年六月甲戌条はG勅の略記といわれるが、Dの書き出しには勅や詔の語さえなく、内容は塔と法華経の造写の令のみの簡単なもので、あまりにも無雑作な抜き書きであるまいか。なお、抜き書きならば何故に無雑作に抜き書きしなければならなかったかを説明する必要がある。また続紀編者が十三年三月（二月が正しいが）の記載から塔建立と法華経書写のことだけを抜き出して十二年八月二十日条にかけたという論法では、十二年八月二十日に詔勅が発布されたことにならなくなる。

角田氏の論拠の第五では、条例と願文だけが十三年二月十四日に出されたといわれるわけであるが、条例と願文のみならず勅も同じく十三年二月十四日に出されたことは角田氏があげられた続紀・太政官符・延暦僧録にみえるところであって、このことは萩野説の論拠第五に対する批判においても述べたが、角田説は無条件に萩野説に依拠している。

結局、角田説の論拠のなかで第二・三・四・五は妥当でなく、第一にも疑問が残るのである。(8) 疑問とは、二月の勅に「秋稼」の語が含まれる矛盾を角田説のように解くことが果たして絶対不動の解釈かどうかということであり、この疑問は萩野説（喜田説も萩野説に依拠する）にも共通するが、角田説を修正・補強した伊野部説をさきに検討しよう。

〔伊野部重一郎氏の説〕（「国分寺創建の詔について」(9)「国分寺創建の詔についての補遺」(10)）

伊野部氏は、角田説がいう詔勅の天平十二年八月甲戌発布をみとめなければならぬとし、詔勅・条例・願文の細部にわたって綿密な考証を遂げられた。要旨はつぎのように整理できよう。

第一、続紀編者が十二年八月甲戌の記事を同年六月甲戌に入れた事情としては、その直前の六月庚午に大赦が令されているから、同じ仏教的行事として造塔と写経を六月甲戌に移したと考えられる。

第二、願文(4)〜(8)は「願」という冒頭の語から始まり、(4)を除くと(5)〜(8)には個人的追福・求菩提・彼岸浄土の思想がみられ、国家仏教が最盛時代に入ろうとするときのものとしてふさわしくないものがある。これと、(7)の「至二于今日一。身為二大臣一」という文が天平十三年のものとしてそぐわないことを参照すると、願文(4)〜(8)は喜田説のように相当のち、すなわち奈良時代末期より平安初期にかけてのものであると思われる。これに対し条例(1)〜(3)は天平十三年ころまでのものである。理由は、十四年十月三日付の金光明寺写経所牒が存在すること、十四年五月の官符に十三年二月の勅(伊野部氏がいうこの勅は条例(2)をさす)を引用していること、などがみられるからである。すなわち萩野氏と角田氏とがいう二月の格(実は勅であって、条例以外のものも含んでいた)には最初の条例(1)〜(3)が記され、延暦十六年の続紀編纂のとき、それと十二年八月甲戌の詔とを合わせて十三年三月二十四日の詔とし、その後に願文五ヵ条が書き加えられたものを弘仁格編纂のとき採用したのであろう。

第三、喜田氏は、条例(1)を十三年正月十五日のものとしておきながら、十三年三月二十四日の詔は条例の部分にあたる、といわれることなどの点に矛盾が多い。

第四、G勅の㋕の「朕又別擬写金字金光明最勝王経。毎塔各令置一部」という文は前後の文とそぐわないから、これを切り離して「其造塔之寺……令知朕意」のつぎにおき、それと条例(1)〜(3)とを合わせたものが十三年二月十四日の勅の内容をなす。

第五、天平十九年十一月七日の詔に、十三年二月十四日詔として金光明寺・法華寺を造り、七重塔を建てしめた、とあるのによると、まえにGのⓓ㋓㋔が十二年八月二十日の詔に含まれると述べたのと矛盾し、また条例(2)が勅であるのとも矛盾するようであるが、十九年十一月の詔がまず金光明寺・法華寺建立のことを書き出し、ついで七重塔造立のことを記しているのは、重点を前者においたからで、日付も前者のものをもって代表させたのであろう。

右の伊野部氏の論は角田説を承認した上で、G勅の文の細部にわたり緻密な考証を展開し、角田説の成立を強化しようとしている。例によって逐次に検討を加えよう。

伊野説の要点第一で、続紀編者が十二年八月甲戌の記事を同年六月甲戌に入れた、といわれるが、その正当な根拠が全くみられないことは角田説の要点第三に対する批判のところで述べたから繰りかえさない。なお、伊野部氏は造塔・写経を大赦と結びつけられたけれど、大赦が常に仏教的行事と関係をもつとは限らない。

第二で、天平十三年ころ国家仏教が最盛期に入ろうとするときの願文に個人的追福・求菩提・彼岸浄土の思想がみえるのはそぐわない、というのは、奈良朝仏教が個人の福寿祈求と無関係であったかのようにうけとれるけれど、それは事実を無視するものである。たとえば奈良時代に筆写された経典の跋語をみれば、当時、国家の安泰だけが祈られたのでないことが容易に知られよう。(11) 願文(5)〜(8)が天平十三年当時のものとしてそぐわないというためには、もっと的確な証拠をあげるのでなければ何らきめ手にならない。なお、天平十三年ころ国家仏教が最盛期に入ろうとしていた、という理由は何であるのか。もし国分寺建立などを指標とし、国家仏教の最盛期と述べているのならば、伊野部氏自身が天平十三年の国分寺建立勅発布を頭に描いていることになるから、勅発布を十二年八月と主張するのは矛盾してくるではないか。

それはしばらくおくとして、国分寺は鎮護国家を祈るため建てられたが、願文で天皇・皇后および皇室一門や、藤原氏・橘氏の福音も祈られたのは、皇室の一門や、有力貴族であるからこそ公私を混合できたのである。もし農民某の追福などが願望されているのならば、その場合こそおかしいわけである。まえにあげた神亀五年十二月の最勝王経頒布は、国家を平安ならしめるためであったが、この年九月に皇太子が薨じたことと関係があり、したがって国衙における最勝王経読誦が皇太子の冥福を祈る意味もふくんでいたと考えられるから、この例などを参照すれば天皇をはじめとする皇室一門や、藤原氏・橘氏の菩提などが国分寺で願望されても異様でない。勅と条例は天平十三年二月十四日のものとして分離できないこと、願文もそれらと不可分であることは荻野説の論拠第五に対する批判（反証その三）のところで述べたとおりである。また伊野部氏は、弘仁格編纂のとき願文五ヵ条が書き加えられた、といわれる。文献を鵜呑みに信用することは軽率であり、常にきびしく吟味しなければならず、疑問をいだいて臨む態度は尊重すべきであるが、しかし文献の内容や年代が疑問であるというためにはそれだけの根拠を示さねばならない。願文五ヵ条の年代や内容を疑う伊野部氏の理由は不確であり、また天平十三年より弘仁格編纂までの何時の時代に何人が如何なる理由から願文を作ったのかということが少しでも説明できなければ、ただ単刀直入に天平十三年以後に書き加えられたというだけでは何ら説得力がなく、それでは単に最初から疑ってかかっているに過ぎないものとなる。

第三で、伊野部氏が、喜田説に矛盾が多いといわれたことの一部には、喜田説を誤読した点がある。というのは、喜田氏は、東大寺要録が条例(1)に「毎国僧寺施〻封五十戸、水田一十町、尼寺水田一十町〻」とあると記す封五十戸施入は、続紀十三年正月十五日条に食封三千戸施入に相当する、と述べられたのであって、条例(1)が十三年正月十五日に独立して発布された、と述べられたわけでない。ただし喜田氏は「続紀の天平十三年三月二十四日といふは如何にと考ふるに、是は或いは三代格所収の勅なるものに謂ふ所の、諸願条例なるものの発布の日であったのではなからうかと思はれる」と述べられたが（喜田氏がいわれる諸願条例は条例と願文を意味している）、私は勅・条例・願文が一体で、十三年二月十四日に出されたと考えるので、この観点から右の喜田説に賛成できない。

第四で、伊野部氏が「朕又別擬写金字金光明最勝王経。毎塔各令置一部」は前後の文とそぐわない、といわれるが、続紀十九年十一月己卯条の詔に十三年二月十四日に金字最勝王経を塔に安置せしめることを令したと記しているから、そぐわないといって処理できるはずはなく、右の文を「令知朕意」のつぎにおいて考える伊野部説は恣意的であろう。

第五で、伊野部氏は、十九年十一月詔に、十三年二月十四日詔として金光明寺・法華寺・七重塔造立を令した、と記すことと、Gのⓓ・㋓・㋔が十二年八月二十四日詔に含まれると述べたのと矛盾することを認めておられるわけであるから、それ以上の弁解は無用であり、またその弁解は何ら説得力をもたない。Gのⓓ・㋓・㋔が十二年八月二十日の詔に含まれるという考えは、角田説の論拠第二・第三に対する批判のところで述べたように、根拠薄弱な推測であって肯定しがたい。Gの勅・条例・願文が天平十三年二月十四日に一体のものとして発布されたと考えれば、伊野部氏のような苦しい弁解は必要がなくなるのである。

伊野部説は、角田氏の国分寺建立勅天平十二年八月甲戌発布説を強化しようとし、勅・条例・願文を綿密に分析考証されたことに第一の特色があり、また願文には天平十三年二月以後につけ加えられた箇所があると主張する喜田説を発展させ、願文(4)〜(8)が奈良朝末期より平安初期にかけてのものとするところに第二の特色があったが、その依拠した角田説が疑義をふくみ、角田説や喜田説を発展させるためにあげられた根拠が不確であって、私は従うことができない。(12)

(1) 喜田貞吉「国分寺の創設と東大寺の草創」(角田文衛編『国分寺の研究』上、所収)
(2) 神亀四年写経料紙帳(一 381—383)。なお本書第三章第一節の一参照。
(3) 角田文衛「国分寺の設置」(同氏編『国分寺の研究』上、所収)

（4）伊野部重一郎「国分寺創建の詔について」（続日本紀研究四の一）

（5）和田軍一「国分寺の詔の発出の時期」（歴史教育五の五）

（6）川崎庸之「大仏開眼の問題をめぐって」（上原専禄編『世界の歴史』六）

（7）角田文衛「国分寺の設置」（前掲書所収、註3）

（8）角田文衛氏がその後に執筆された「国分寺」において「七四〇（天平一二）年には、各国に七重塔一基を建て、法華経十部を写すべき詔が下され、広嗣の乱がおさまった翌年二月には、国分二寺に関する細目が官符によって指示されたが、その際、僧寺は正式には金光明四天王護国之寺、尼寺は法華滅罪之寺とよぶべきことが制定された」といわれ（『日本歴史大辞典』八の六二頁）金字最勝王経書写などを令したG天平十三年二月勅が十二年八月に発布されたことの強調がみられないが、十三年二月に細目（条例と願文）が官符の形式で出されたと述べておられるところをみれば、前稿（「国分寺の設置」）と同じ見解を持続されていると考えてまちがいあるまい。

（9）伊野部重一郎「国分寺創建の詔について」（註4）

（10）同「国分寺創建の詔についての補遺」（続日本紀研究四の一二）

（11）竹内理三編『寧楽遺文』（下、六一〇—四〇頁）の経典跋語の部を見れば、国家の安泰だけでなく、天皇の長寿、個人の追福・求菩提・往生浄土などの思想の存在したことが知られ、例をあげるまでもない。

（12）国分二寺建立勅発布年代に関する主要な学説を紹介批判したが、なお触れなければならぬものに友田吉之助氏の論考がある。友田氏は、奈良時代に二つの紀年法がおこなわれ、新紀年法（続紀の年時計算）と旧紀年法との間に計算上で二年の差違があった、と説き、この観点から国分寺建立詔勅発布の天平十三年は旧紀年法によれば十一年に当る、国分寺建立詔勅発布を十年秋冬とする萩野説に従うけれども、条例などの十三年二月十四日をそのまま承認する萩野説に従うことはできず、詔と条例との間に三年の期間がおかれたのでなく、天平十年秋冬の交りに詔が発せられ、翌十一年に条例が発布された、といわれる（「続日本紀の年代学的研究」島根大学論集人文科学一〇）。

　友田氏の新見解はB6判三三頁にわたる長文の論考であるため、その要点だけに即して私見を述べる。粟田真人は大宝二年六月入唐したが、旧唐書に長安三年（大宝三年）、新唐書に長安元年と記され、帝王編年記は文武天皇の段で慶雲元年が長安二年に当ると記し、奝然の王年代紀を引く宋史巻四百九十一の日本伝は大宝三年が長安元年に当るとし、続紀宝亀六年十月二日条吉備真備薨伝は彼の帰朝天平七年を五年と記すことなどは、現行紀年法と二年の差をもつ紀年法がおこなわれていた証であると友田氏はいわれるが、旧唐書・新唐書・宋史などの当該記載の記述のしかたはととのったものでなく、何らかの誤りと解して十分説明がつくわけであり、帝王編年記や王年代紀も成立年代がはるかにさがる史料であるからこれも何らかの誤りと解すれば問題はなくなり、国史大系編者が帝王編年記の長安二年を四年、続紀真備伝の天平五年を七年と校訂しているのに従うべきである。

　続紀真備の薨伝の場合、霊亀二年入唐とするのは厳密には遣唐使任命年代とすべきであるのを除けば（一本に霊亀三年とするが、三年ならば入唐年代として誤りはない）、伝にみえる他の年代に問題はなく、友田氏のように伝のなかの天平五年だけ別の紀年法によったと考えるのは妥当でない。また真備帰朝の天平七年は旧紀年法、五年は現行紀年法で、年代を二年引き下げたため旧紀年法による七年が現行紀年法で五年とよばれ、国分寺建立詔勅の場合は、現行紀年法による天平十三年が旧紀年法で十一年であったと述べられたが、天平七年を五年に「引き下げた」という表現はおかしいことで、「引き上げた」の誤植かとも考えられるが、それ以外に、旧紀年法が真備帰朝年代の場合は現行紀年法より二年新しく、国分寺建立詔勅の場合は現行紀年法よりも二年古く年代を計算していることになるのも腑に落ちない。

興福寺略年代記（続群書類従二九輯下）天平十一年条に「始建毎州国分尼寺」に記すのは何か拠るところがあった、といわれるけれど、これもとくにそう解する必要はない。略年代記の成立は明らかでないが、いわゆる神代から天正四年（一五七六）までのことを書きつづけたものであり、天平十一年に国分尼寺だけが建てられたというのもおかしいわけで、尼寺は二寺の誤りとしても、天平十一年に国分二寺建立に関する重要な施策は何もおこなわれていない。

　現行紀年法と異なる紀年法がおこなわれていた証として友田氏が挙げられた文献は、正倉院文書・類聚三代格・続紀などに比肩する威力をもつものでなく、あげられた記載は何らかの誤りと解して説明のつくものが大部分である。かつ国分寺建立詔勅の条例が天平十一年に発布されたと考定するためには、国分寺の創建（天平九年）から整備（十三年）に至る過程そのものの考察から論ずべきであるのに、外的徴証だけから結論を出しておられるのは不十分といわざるを得ない。たとえば十二年の広嗣の乱が国分二寺整備の詔勅発布に重大な関係をもつと私は考えるが、十年秋冬の交りに詔勅が出され、十一年に条例が出されたというのでは、広嗣の乱は国分二寺整備の詔勅発布と無関係となってしまうわけで、友田氏の二つの紀年法や、その紀年法から天平十一年条例発布を説く考えかたには従いかねる。

三　僧尼寺建立勅の諸問題私見

前項で代表的学説に対する批判をいちおう終ったが、さきに保留した「秋稼」の語の処理や、国分二寺建立勅発布と広嗣の乱との関係、建立勅の内容などについて私見を述べよう。

第一、天平十三年二月十四日の勅に秋稼の語を記すことは明らかな矛盾であるけれども、だからといって勅が十二年の末以前、しかも十年以後の某年秋稼を閲したころ発布されたと考え、萩野説のように十年秋冬、角田説・伊野部説のように十二年八月甲戌としても、この証拠となる文献はなく、国分寺建立勅に言及するのちの太政官符・詔・続紀記事などは厳然と十三年二月十四日と記すのであるから、二月勅と秋稼との矛盾は別の解釈で処理することが必要である。処理の方法は三つ考えられる。

その一は、勅の㋒を「今春より已来、秋稼に至るまで風雨序に順ひ、五穀豊かに穣（みの）り、此れ乃ち誠を徴（あらは）し、願を啓（ひら）くこと霊貺（みたまもの）答ふる如くならむことを」というように将来に対する願望を述べた文と解釈することである。これは旧稿[1]で試みたところで、理由として㋒の内容を過去の秋稼を閲したと考えると㋐に「頃者年穀不豊。疫癘頻至」と天災があったことを記すのと矛盾すること、またもし「風雨順序。五穀豊穣」が過去のことであったならば、国分二寺を建て、国安民福を祈る必要が減ずること、などをあげたのである。

しかし㋒を右のように読解することはつぎのごとき弱点をもつ。「今春より已来、秋稼に至るまで」という語は、春から秋までの過去をかえりみて述べた語である可能性が濃く、反対に春から将来の秋を望んで述べた語である可能性が少ないとすべきであろう。また㋒の内容は過去のことを述べたものと解す方がよく、というのは、七年から疱瘡が流行し、八年・九年にも猛威をふるい、㋐それにともなって飢饉がつづき、ⓒそのため九年三月に造仏写経を令し、㋑同年十一月に神宮造飾を命じた、その結果、㋒小康を得て今年（十二年）の春より秋まで風雨は順序よくめぐり、五穀が豊穣であった、これはまごころが神仏に通じ、豊穣のめぐみをたまわったが、さらに最勝王経の所説に従い、この経の読誦恭敬の功徳で四天王に擁護され、災障疾疫が除去されるように願望する、との意味に解されるからである。

その二は、勅・条例・願文は、十二年九月広嗣の乱勃発後、十二年末までの間に作成され「秋稼」の語が記されたが、乱の鎮圧（十一月一日、広嗣斬）後も動揺がおさまらず、恭仁遷都もおこなわれた（十二月十五日）多事の期間であったためその発布が遅れ、翌十三年正月十五日、故藤原不比等の封戸施入がきっかけの一つを作り、二月十四日に勅・条例・願文が発布され、そのとき勅に修正を加えずに出したので「秋稼」の語がそのまま残り、二月の勅として矛盾を蔵することになった、と考えるのである。願文⑹に橘諸兄が正二位と記され、彼は十二年十一月二十一日正二位に叙せられたから、勅・条例・願文の作成期間の上限はこれ以後で、[2]下限は十二年の末でなければならない。十一月二十一日は伊勢から恭仁への行幸中で（続紀の二十一日条のすぐまえの記事には丁酉十四日「進至㆓鈴鹿郡赤坂頓宮㆒」とあり、丙午二十三日までここにとどまり、叙位も赤坂頓宮でおこなわれた）、恭仁宮到着が十二月十五日である。十一月二十一日から十二月十五日までの行幸中でも勅などが作られる可能性はないとはいえないが、恭仁宮に落ちついた十二月十五日から同月壬午（三十日。十三年正月は癸未期であるから十二年十二月は大）までの方が可能性は大きい。

その三は、勅・条例・願文の作成を別時と考えるのである。勅には「秋稼」の語を含むから、十二年の末以前、E

の九月十五日観世音菩薩と観世音経の造写の勅以後に勅が作られたとしなければならないが、願文の作成は、諸兄が正二位に叙せられた十一月二十一日以後でさえあれば、作成期間の下限を十三年二月十四日まで下げて考えられる。条例の作成期間は願文と同じと思われ、理由は「又有諸願等。条例如左」の句で前後の文を一応分割するならば、条例は願文の方に結びつくとすべきだからである。藤原氏一族から「逆人」(十二年九月癸丑詔)の広嗣を出したことを天下にわびるため、光明皇后の意志が動き、十三年正月十五日の封戸施入は皇后のとりはからいであること、願文(8)の「邪臣」は右の「逆人」を意味することが川崎庸之氏によって指摘されており、(3)この指摘は貴重で、続紀の光明皇后崩伝に「創ニ建東大寺及天下国分寺一者。本太后之所レ勧所也」という記載をうらづけることになるが、これを参照すれば、条例と願文(皇后と関係深い宮子は(6)に、不比等・三千代のことは(7)に記される)の作成は十三年正月十五日前後と考えられなくはない。この解釈は前者(その二)にくらべると、勅・条例・願文の発布は同時で十三年二月十四日と考える点は同じであるが、作成の過程について勅と条例・願文を別時とする点が、前者より少し複雑である。

右の三つの解釈のうち、その一には二つの弱点があり、その三は作成の複雑な過程を想定しなければならぬというきらいがあるので、その二が最もすっきりしており、私はこの解釈をとる。

第二に、天平九年三月に令された国分寺(僧寺)の創建から十三年二月国分二寺建立の発願へ願望が発展した理由としては、十二年九月におきた広嗣の乱による衝撃を考えねばならないのに、国分寺建立勅発布を萩野説のように十年秋冬、角田説・伊野部説のように十二年八月甲戌とするのでは、広嗣の乱を考慮に入れないことになるが、それでは国分僧寺創建が国分二寺建立に発展した事情を十分説明することができない。広嗣の乱を無視して国分寺建立勅発布年代を説く論に私は従えないのである。単に疫瘡と飢饉の終息を祈るために九年に国分僧寺創建、十三年に国分二寺建立が発願されたのでなく、天平九年、疫瘡と飢饉の災害消滅のほかに、新羅の調伏を祈るため国分僧寺創建を発願したが、十二年広嗣の乱がおきたので、四天王による国家擁護、邪臣の伏滅、君臣の秩序維持を祈念するため国分二寺建立が発願された、と考える方が妥当である。

第三、広嗣の乱が如何に大きな衝撃を与えたかは、恭仁遷都が最も雄弁に物語るが、乱勃発直後のEの九月十五日、勅して国別に観世音菩薩と観世音経の造写が令されたほか、十一月丙戌三日少納言従五位下大井王・中臣忌部らによる奉幣がみられ、いずれも広嗣の乱の鎮圧を祈らせるためであり、後者の場合は、聖武天皇が伊勢国壱志郡河口頓宮（関宮）滞在中のことで、筑紫の大将軍大野東人から広嗣捕獲の報告がとどいたのもこの日である。広嗣捕獲は十月二十三日で、東人の報告は十月二十九日の日附であるから、筑紫からの報告は五日で伊勢に達している（十月は大）。所要日数の五日は短かすぎるので、戦勝報告の到着は、十一月三日以後であったのを、続紀編者が伊勢神宮への使節派遣と同日に記したまでである、ということも考えられなくはないけれど、それならば十一月三日の条に戦勝報告の遣使であることが記される筈であり、単に幣帛を大神宮に奉らしむとだけ記されているのは、実際に戦勝祈願の遣使があった同じ日に戦勝報告があとで入ったと考えるべきであろう。広嗣の乱勃発日と、その報告到着日との関係も、八月癸未二十九日は広嗣が上表をたてまつり乱をおこした日で（八月は大）、九年丁亥三日の大野東人大将軍任命は乱勃発の報告が朝廷に入った日と考えられ、報告到着まで五日を要している。

十一月三日の神宮遣使について注意したいのは、この日の遣使大井王の位階は従五位下で、十年五月橘諸兄の正三位や十二年九月三原王の従四位上に及ばないが、戦勝祈願の奉幣使派遣と戦勝報告の到着とが同日であったことが伊勢神宮に対する信仰を一層高めたと考えられること、九年に疫瘡・飢饉の流行と、対新羅関係の険悪化のため、国分僧寺の創建が令され、伊勢神宮に新羅無礼の状を報告する使節が出され、十二年に広嗣の乱がおきたため、国別に観世音像と観世音経の造写が令されるとともに、伊勢神宮に戦勝祈願の奉幣使が二回出されていること、などであり、国分僧寺創建から国分二寺建立へ願望が高まった事情として広嗣の乱を無視できないと思う。(4)(補註1)

第四、Fの続紀天平十三年正月藤原氏の封戸施入記事に関する問題を整理しておく。慶雲四年四月壬午紀によれば、不比等は功封五〇〇〇戸を賜わったが、拝辞し、結局二〇〇〇戸だけうけた。続紀に、

詔曰……汝藤原朝臣……食封五千戸賜久止勅命聞宣。辞而不レ受。減二三千戸一。賜二二千戸一。「一千戸」伝二子孫一。

と記し、右の一千戸について国史大系編者は「拠天平神護元年四月紀、及後紀弘仁六年六月右大臣藤原園人上表、当衍」と註記するが、右の慶雲四年紀とFの天平十三年正月紀の「故太政大臣藤原朝臣家返二上食封五千戸一。二千戸依レ旧返二賜其家一。三千戸施二入諸国々分寺一」と記すこととの関係をどう解するかについて虎尾俊哉氏(5)は二つの解釈を出された。

(1)半額一千戸伝世は禄令の規定に合うが、天平神護元年豊成の上表、弘仁六年園人の上表は二千戸伝世といい、Fにも「依レ旧」二千戸をかえし賜いとみえるから、大系本註記がいうように一千戸は衍かも知れない。いずれにしても天平十三年以前に五千戸に増加された時期があり、かつそれ以前に二千戸が伝世されていたこととなり、続紀はこれを逸したことになり、豊成や園人の上表にも言及されておらず、さらに天平十三年封戸施入も豊成らの上表にみえない。もしこれらのことを奇と観ずれば、Fの記事が架空のものと推定する立場も成り立つ。この場合、慶雲四年紀の一千戸を衍とするだけで、他の史料はスムーズに解釈できよう。一つの仮説として留保しておく価値はあろう。

(2)前者に近い立場としてFは過去の事実を述べたものと解し、慶雲四年下賜のとき減額された三千戸を、今改めて国分寺に施入する意と解することも考えてみる必要があるが、その際は読みかたに無理を生じ、かつ「依旧」の二字の解釈に窮する。

(3)豊成による封二千戸返還が前年九月の仲麻呂の乱に対し責をふさぐためおこなわれたのを参照すれば、天平十二年の広嗣の乱は藤原氏封戸返還の理由となり得るもので、Fの封戸施入は時期も適当で、架空でない。この場合、豊成らの上表がこれ（施入—井上註）に言及しないことは繁をさけて省筆したものと解さねばならぬ。これも一つの立場である。

虎尾氏は文献を慎重に読解考証し、右の三つの解釈を出されたが、どの解釈をとるかについて明言されない。が、文面から察すれば(1)に価値をみとめておられると判断できよう。私見をいえば、虎尾氏の(1)では慶雲四年五千戸が下賜され、そのうち二千戸が伝世され、それ以後、天平十三年までの間に五千戸に増加されたことになるが、豊成らの上表が、天平十三年以前に五千戸に増加したことや、十三年の施入に言及しないことをもって、すぐ施入を架空ということはできない。増加と施入は別個に切り離して考えなければならないからである。まず増加について考えると、上表が言及しないのは増加がなかったことの消極的証拠にとどまるが、しかし増加を物語る史料がF以外になく、そのFの「依レ旧」という語にも別個の解釈が可能であることを思い合わせると、増加はなかったと考えるべきであろう。というのは、「依旧」の二字を国史大系本と朝日新聞社本は「旧に依って」と読んでいるが、ほかに「旧のままに」と読む例もあるから、[6] 慶雲四年五千戸下賜、三千戸辞退があって、二千戸伝世がおこなわれ、このまま天平十三年に至り、まえの辞退三千戸を施入することにした、と解釈できるし、この解釈に別段大きな難はない。Fの文章が丁寧でなく、天平十三年正月以前に五千戸に増加されたかのように読者を誤解させたことが問題を複雑にしたわけである。慶雲四年紀の「一千戸」が禄令の伝世の規定に合うという虎尾氏の指摘は貴重であるが、豊成らの上表が一千戸に言及しないこと、F「依レ旧」という語が右のように解釈できるから、慶雲四年から天平十三年まで伝世されたのは二千戸であったこと、これらの点から私は一千戸を衍とする大系本に従う。もう一つの問題である施入が架空でないことは、虎尾氏が(3)で述べられたところであり、妥当な見解といわねばならず、したがって私は(1)の解釈に従えない。なお(3)についていえば、豊成や園人に直接関係が深いのは、慶雲四年不比等に与えられ、彼の死後、藤原氏に伝世された二千戸であって、慶雲四年辞退した三千戸は藤原氏と無関係になってしまったから、上表に言及する必要がなかったのであり、(3)の解釈をとる場合、三千戸施入が上表に省略されたと考えなくともよいのである。以上の理由から私は虎尾氏と異なり(2)の解釈をとる。(2)をとる場合、Fの読みかたに無理を生ずることもなく、また「依レ旧」という語の解釈に窮することもないわけは(1)の検討のところで述べたとおりである。

つぎにFの天平十三年封戸施入の記載に対応するものは三代格や政事要略のG勅にみえないが、続紀の同年三月二十四日詔には毎国僧寺に「封五十戸」施入と記される。施入された三千戸を五〇戸ずつ分けると六〇国となる。天平十三年当時の国の数は明らかでないが、大宝令制定以後の国の設置は、越後（大宝二年）出羽（和銅五年）丹波・美作・大隅（同六年）和泉監（霊亀二年。同じころ芳野監も分立）能登・安房・石城・石背（養老二年）がみられ、その後、合併されたものもあり、神亀五年にはすでに石城・石背(7)が陸奥に合わされており、天平三年三月諏訪は信濃に、十二年八月和泉監は河内に、十三年十二月安房は上総に、能登は越中に、十五年二月佐渡は越後に合併している（同じころ芳野監は大倭に併合）。その間、神亀五年十二月最勝王経頒布の対象となったのは六四国（このなかに島が含まれるかも知れない）であった。この国数から天平十三年二月以前に廃された石城・石背・諏訪・和泉を引き去ると六〇国（島）となり、続紀三月二十四日詔の毎国僧寺五十戸施入には意味があるといえよう。

ただし毎国僧寺に施入する五十戸からの収入（租・庸・調・中男作物・仕丁）を稲に換算すれば約六千束に当り、天平十一年度伊豆国正税帳によれば大般若経書写に六九七九束〇五を要し、これは諸国正税帳の仏事費用のうち最大の支出であったのを参照すれば、五十戸施入は一国の国分寺を建立するための費用として微少でしかないが、Fの天平十三年正月の封戸（総計三千戸）施入は藤原氏としては広嗣の乱を天下にわびるしるしとなれば目的を果たし得たわけである。またこの封戸施入が二月の国分寺建立勅発布の一つのきっかけとなったのではあるまいか。

第五、Gの天平十三年二月十四日勅について残された問題を整理しよう。

(イ)　このG勅で初めて述べられた主要事項は、(い)最勝王経書写、(ろ)金字最勝王経の書写安置、(は)僧寺・尼寺の寺領、僧尼の定数、両寺の名称を定めること、(に)僧尼は毎月八日に最勝王経を転読すること、(ほ)両寺建立によって願望するのは(i)天神地祇の国家擁護、(ii)開闢以来の先帝の霊が宝刹に至ること、(iii)元正太上天皇・藤原宮子・光明皇后・皇太子以下親王・橘諸兄の向彼岸、(iv)藤原不比等・三千代の霊が聖朝を擁護し、古今の大臣および現在の子孫が君臣の礼をまもり、群生とともに解脱すること、(v)悪君邪臣で右の祈願を破る者があらば、その子孫は災禍にあい世々仏法なきところに生れるであろうこと、などである。

(ロ)　僧寺はC九年三月詔で創建が令されたが、その詔で命ぜられた釈迦三尊造顕と大般若経書写のうち、後者が実行されている例は、前述のように十一年度伊豆国正税帳に見える（二195）。九年度の長門・豊後・但馬、十年度の駿河・周防・筑後の正税帳は完存せず、仏事費記載部分が欠失しているので何ともいえないが、九年度の和泉と十年度の淡路の帳は例年正月十四日斎会の費用を記しながら、C九年三月詔が実行されていない。これは国衙の財政事情や国司の人物などの如何によって差違があるからであろう。しかしまた神亀五年の最勝王経が中央で書写して諸国に頒下された例もあるから、天平九年詔は諸国で大般若経を写すことをたてまえとしたけれど、なかには写経技術の関係のため、中央で書写された大般若経をうけることになっていた国があったかも知れない。九年詔の釈迦三尊造顕に関係ある記載は正税帳にあらわれない。が、諸国でつくったのか、旧寺の像を転用したのか、中央から頒下されたのか、推す手がかりはない。ただ九年八月任命された造仏像司は詔の釈迦三尊造顕と何らかの関係があろうことはまえに記した（第二章第一節の二）。

Dの十二年六月の令で法華経十部書写と七重塔造立を命じたのも僧寺の増飾と考えられる。尼寺の起源がEの十二年九月勅による観世音菩薩像と観世音経の造写にあると考えるからである。九年の大般若経書写が飢疫終息・新羅調伏・蝦夷鎮圧などの祈願をこめたものと考えられる。十二年六月庚午（十五日）大赦がおこなわれており、事件の詳細は明らかでないけれど、このときの勅が、他の妻を姧する、及び中衛の舎人・左右の兵衛、左右の衛士、衛門府の衛士・門部・主帥・使部等は赦す限りに在らず、と述べるのは他の大赦に見られぬ特異なものであること、また、流人のなかで穂積老ら五人は入京をゆるされ、大原釆女と勝部鳥女は本郷にかえされたが、小野王・日奉弟日女・石上乙麻呂・牟礼大野・中臣宅守・飽波古良比らが除外されているのはきびしいこと、などが川崎庸之氏(8)によって注意されている。その直後の甲戌（十九日）の写経造塔は少くともこの事件や大赦と関係があって滅罪の意味をもつと思われる。

十三年二月のG勅で書写が発願された金字最勝王経は僧寺の七重塔に安置するもので、G勅で新たに宣言された事項のうち最も重い意味をもつ（この写経については第三章第三節の二参照）。これ以外に読誦用の最勝王経書写が令され、僧寺を金光明四天王護国之寺と名づけるなど、最勝王経信仰が高まったのは広嗣の乱がおきたためであり、この経には四天王などによる護国が強調されているからである。この点から見てもG勅発布を広嗣の乱以前の十年秋冬や十二年八月におく説は妥当でないことが知られよう。

(ハ)　尼寺の起源はまえに触れたようにE十二年九月己亥勅で観世音菩薩と観世音経の造写が令されたことにある。G勅がE勅の内容を繰りかえしていないのは、尼寺のことを重んじなかったというわけでもなかろう。尼僧の定員は僧寺の僧より少いが、寺名の法華滅罪之寺の経典からとられ、寺領も僧寺と同じく一〇町とされており、僧寺のほかに尼寺が並べおかれたのは光明皇后の願意による（第四章第一節の一参照）。G勅の法華経書写は、(i)Dの法華経書写の繰りかえしといわれているが、二者の関係については、(ii)Dの法華経は僧寺におかれたからG勅で新たに尼寺にあてる法華経の書写が令された（観世音経は法華経のなかの一品で、十三年二月には新たに完本の法華経を備えることを令した）。(iii)Dの法華経は最初、僧寺におく筈であったが、十二年九月創建が令された尼寺に移し用いることになった。尼寺の名称を法華滅罪之寺と名づけるくらいであれば、恐らく法華経を安置したであろうから、旧説のほかに(ii)・(iii)の場合も考えられよう。したがってG勅の読誦用の最勝王経と神亀五年頒下の最勝王経との関係についても、(i)G勅の最勝王経書写は神亀五年書写の繰りかえしである（僧寺にあてられる）、(ii)神亀五年（皇太子薨ず）の最勝王経頒下から年代が経過したGの最勝王経は、前年に広嗣の乱がおきたため、十三年には新たに書写が発願され、僧寺にあてるものであった、(iii)Gの条例で僧尼は毎月八日最勝王経を読むことが定められているから、尼寺にも備えられたにちがいなく、したがってG勅の最勝王経は尼寺にあてるためのもの、という解釈が可能である。尼僧も最勝王経を読誦することに定められている点からみれば、(i)と(ii)では尼寺用の最勝王経はどうなるのか、という疑問も生ずるので、(iii)の解釈も成り立つわけである。

(二) 願文(4)〜(8)の内容はまえに要約したが、(6)・(8)が個人的色彩の濃い点について角田文衛氏[9]は、国家的な金光明寺・法華寺設立の精神と矛盾するとし、条例(1)〜(3)と願文(4)〜(8)が恭仁宮で発布されたことを考え合わせて、条例(1)〜(3)までは太政官から諸国に符したものであり、別に大養徳国へ(1)〜(3)に添下して(4)〜(8)を下したが、東大寺の僧侶が大養徳の分に手を加え、それが東大寺から官へ供給され、かつ格の編纂者の不見識のために前記の矛盾が生じたのである、といわれる。

しかし、大養徳国とそれ以外の諸国とに下された内容に繁簡があったというように複雑なことを考えるのはかえって不自然である。統治者としての天皇であればこそ、その発願する国家的事業に個人的願望が含まれるのは異とするに足らないからである（条例(1)〜(3)と願文(4)〜(8)だけが十三年二月太政官符の形式で出されたとする角田説の成立し得ないことは前述）。むしろそれよりも、願文(6)・(7)で天皇の近親をあげながら、願文に天皇自身に関する語がないことを問題とすべきであろう。和田軍一氏[10]はこの点に注意し、それはかえって諸願が聖武天皇の願文であることを示し、願文全体を通じて天皇の個人的色彩が強く、同時に光明皇后の個人的願望が窺われる、と述べられた。和田氏の解釈も筋が通っている。あるいは天皇が発願者たることは大前提となっているから天皇自身に関する語が見られないと解釈しても説明はつく。まえに紹介した伊野部重一郎氏[11]の説も、国家的意味をもつ国分寺建立の願文に個人的色彩が濃いことを問題にされたけれど、それは以上述べたことによって解消すると考える。

最後に三代格・政事要略所収の勅が十三年二月十四日であるのに、ほぼ同文の詔が続紀には三月二十四日（乙巳）にかけられているか、という問題についてまったくの試論を記してみる。続紀に見られる錯簡・脱漏・重複・誤謬などが生じた事情として、曹案三〇巻（成立年時不明）などを材料として始められた編纂が長年月を要し、三段階の編纂過程を経る間に編者も交替したことなどがあげられ、天平十三年三月二十四日条が三代格や政事要略と日が異なるのも、続紀編者の何らかの不手際からきたと考えられている。

G勅の月日を二月十四日とする記載を続紀自身が含んでおり、一方、三月二十四日をいう傍証もないところからみて、三代格や政事要略の二月十四日を正しいとすべきであるが、続紀の錯簡事情としては編者の不手際というより以外に何ともいえない。最近、水野柳太郎氏(12)は、天平勝宝元年十一月己酉・甲寅、十二月戊寅・丁亥の四ヵ条などの錯簡が、宇佐八幡の上京に関する文献によって続紀の記事を増補したときの不手際から生じたもので、これら東大寺などから出された資料には寺社側の経済上の利害関係と結びつく潤色が存することなどを指摘された。続紀の錯簡事情の究明や、寺社関係の資料の取りあつかいの面で水野氏の考察は貴重な示唆を与える。国分寺建立勅の場合、東大寺側から資料を得たのが続紀か、それとも類聚三代格・政事要略か、ということには、きめ手となるものがないので、資料の出所の問題は触れず、編纂上の不手際だけを考えてみるとつぎのように考えられる。

その一。二月朔は壬子であるから十四日は乙丑にあたる。三代格・政事要略にいう十四日の干支と、続紀の三月二十四日乙巳とは十二支が異なるが、十干の方はともに乙で共通している。続紀編者は二月十四日の干支の乙丑を乙巳と誤まり、その上に二月にかけるべきところを三月にかけたため三月二十四日になったのであるまいか。

その二。続紀の十三年閏三月甲戌（二十四日）条に「奉二八幡神宮秘錦冠一頭。金字最勝王経。法華経各一部。度者

十人。封戸馬五疋。又令レ造二三重塔一区一。賽二宿禱一也」と記される。広嗣の乱のとき大将軍に任ぜられた大野東人に詔して宇佐八幡神に祈らせたことが十二年十月壬戌（九日）条にみえ、翌年閏三月甲戌の秘錦冠などの奉納は、官軍が八幡神の加護をうけたことを謝すためにおこなわれたのである。十三年三月十一日付の一切経納櫃帳に、

　紫檀軸十八枚奉請八幡神宮最勝王経十巻法華経八巻借着 大楼炭経　発智論者 天平十三年閏三月廿四日　（自署）「小野国堅」

とみえ（七494）、この日付は続紀の甲戌（二十四日）と合致するから、一切経納櫃帳の最勝王経と法華経は続紀のそれに相当する。帳に金字の経であることを記さないが、帳と続紀の年月日が一致するところから見て、帳は金字のことを省略したと考えられ、続紀の「金字」を疑う必要はなかろう。八幡神宮に金字の最勝王経や法華経などがたてまつられ、三重塔も造立することになったのは、一つの顕著な事件であった。

　ところで三代格と政事要略所収の勅は二月十四日、続紀の詔は三月二十四日、八幡神に対する最勝王経などの奉納は閏三月二十四日であり、日に重点をおいて考えると、三月二十四日は二月十四日と閏三月二十四日との間にはさまれており、仮にいえば三月二十四日は他の二者の中間的な日付である。続紀編者は、続紀自身の十九年十一月己卯詔に国分寺建立発願を十三年二月十四日とすることや、延暦二年四月甲戌条に発願を十三年二月とする記載を知りながら、十三年閏三月二十四日の八幡神宮に対する金字最勝王経などの奉納が著名な事件であったのに引かれ、同じく金字最勝王経、法華経、塔のことがみえる国分寺建立勅も閏三月二十四日にかけようとして迷った結果、二月十四日と閏三月二十四日との中間的な三月二十四日にかけておいたのであるまいか。しかし、続紀のもとの資料の日付は干支で記されていたことに注意すると、二月十四日をそれと閏三月二十四日との中間的な三月二十四日にかけたと考える

よりも、二月乙丑の月と、日の干支をともに誤って三月乙巳としてしまったと考える方が無難であるが、試論として記しておく。(13)

なお、広嗣の乱の際に宇佐八幡宮に戦勝が祈られ、乱後に金字最勝王経などがたてまつられ、八幡宮が中央政府との関係を深めたことは、のち大仏造営のとき八幡神が上京し、積極的に中央と結びつこうとしたことの機縁となったものとして注意される。

（1）拙稿「仏教」（小学館『図説日本文化史大系』三、奈良時代、所収）

（2）和田軍一氏は(イ)勅・条例・願文がなだらかにつながること、(ロ)願文の諸兄の官位から見てその上限は十二年十一月二十一日以後であることに注意されたけれど、それだけにとどまり、萩野・角田説などの勅と条例・願文別時発布説に対する批判を展開されることもなかった。しかし、右の(イ)・(ロ)のほか願文(7)の「先後太政大臣」は先考太政大臣（不比等）の誤りと指摘されたことなどは、注目される見解である（「国分寺の詔の発出の時期」歴史教育五の五）。

（3）川崎庸之「大仏開眼の問題をめぐって」（上原専禄編『世界の歴史』六）。なお故不比等の封戸施入について、川崎氏は、光明皇后のほかに、藤原豊成がまたその間をあっせんしたことも考えられてよい、と述べられた。

（4）国分寺建立勅発布を天平十年秋冬とする萩野説に従う論説が如何に多いかはまえに代表的な例をあげたが（第二章第二節の一、註13）、十三年二月十四日か三月二十四日発布とする説もある。たとえば境野黄洋氏は、国分寺建立の発願が十三年二月十四日で、建立詔勅の公布が同三月二十四日とされる（『日本仏教史講話』二四四頁）。川崎庸之氏は建立の願文は続紀十三年三月二十四日条にみえず、類聚三代格の二月十四日勅によって知られる、と述べられる（「大仏開眼の問題をめぐって」前掲、註3）。しかしこれらは類聚三代格の二月や続紀の三月にそのまま従われたわけで、萩野説を批判検討した結果によるものでない。なお福山敏男氏は、十四年二月十五日国分寺に関する詔勅が発せられた、といわれるが（「奈良朝に於ける写経所に関する研究」史学雑誌四三の一二）、その論拠にあげられた正倉院御物最勝王経帙に記されるのは二月十五日でなく二月十四日である。ちょっとした思いちがいであろうが、帙の十四年二月十四日が天平十四年五月二十八日の太政官符、続紀十九年十一月己卯詔、延暦二年四月二十八日の太政官符（続紀のこの日の条にも官符と同じ内容が記される）、弘仁十二年十二月二十六日の太政官符などに建立勅を天平十三年二月十四日とするのを破るだけの力はない（本書八六―八七頁参照）。

（5）虎尾俊哉「国分寺関係史料の検討」（続日本紀研究一の三）

（6）たとえば、日本書紀欽明天皇十三年十月条「人の意に随ふ宝を懐（いだ）きて用ひるべき所に逐（したが）ひて、尽く情（こころ）の依（まま）なるが如し」という例（国史大系本、下の七七頁）などがある。

（7）この石城・石背両国の建置と陸奥への併合時期をめぐり喜田貞吉氏と高橋万次郎氏との間に論争がおこなわれた（喜田「石城石背両国建置沿革考」歴史地理二〇の五・六、高橋「喜田博士の『石城・石背両国建置沿革考』を読む」史学雑誌二四の一、など）。喜田氏は、両国廃止の年代を「養老二年か、然らずば養老三年後、養老五年前、若くは神亀元年前にありきと断ぜんとするなり」といい、建置年代について、大化改新後、大宝前、とされたが、この喜田説を否定する見解が支配的である。

（8）川崎庸之「大仏開眼の問題をめぐって」（前掲、註3）

（9）角田文衛「国分寺の設置」（同氏編『国分寺の研究』上、所収）

（10）和田軍一「国分寺の詔の発出の時期」（前掲、註2）

（11）伊野部重一郎「国分寺創建の詔について」（続日本紀研究四の一）

（12）水野柳太郎「続日本紀編纂の材料について――東大寺の食封をめぐる――」（ヒストリア二八）

（13）国分寺建立の発願を十三年二月十四日で、建立詔勅の公布を同三月二十四日とする境野黄洋氏のごとき説（註4）もあるけれど、深い理由を示されていない。今のところ私は類聚三代格・政事要略の二月十四日を正しいと考え、続紀の三月二十四日を処理しておく。

〔補註〕

（1）国分二寺建立勅の発布動機について、広嗣の乱の影響を正面からとりあげ、これを重視したものは、川崎庸之「大仏開眼の問題をめぐって」（上原専禄編『世界の歴史』六）である。このほかには見あたらないようであり、たいていの論著は疫病と飢饉の終息祈願と考えられてきた。そのいちいちの例をあげることをひかえるが、最近の新しい論著においても同じ傾向がみられ、たとえば、平岡定海氏は国分二寺建立勅発布の理由について「自然現象による災害と合わせて疫病の流行という二つの災害を仏法によって除去することが、当面の目的であった」と記される（『東大寺の歴史』一―二頁）。

〔追補二〕　天平期の正税帳（二年度の紀伊、四年度の隠岐、六年度の尾張、九年度の和泉）にみえる出挙本稲の量を比較したが（七五頁一二—一七行目）、薗田香融氏は、天平六年の官稲混合の前後では正税帳の記載法が違うので、出挙本稲の比較の意味が減ずる、と批判された（「書評・井上薫著『奈良朝仏教史の研究』」仏教史学一三の二）。薗田氏のご教示に従う。

〔追補三〕　天平九年三月三日詔で国分寺創建が令され（このときは国毎に一僧寺を建てよと令したと解する。鎮護国家を祈った事情としては飢疫と対新羅関係の険悪による来攻の恐れをあげた）、天平十三年二月十四日勅で国毎に僧寺と尼寺を建てよと令された（藤原広嗣の乱によって鎮護国家の願望が高まり、天平九年の一僧寺が僧寺と尼寺に増加した）というのが私の基本的な考えである（本章第一節・第二節）。これについて山田英雄氏は、私見で天平九年詔が重視されすぎているとの考えから、「天平九年以後天平十三年建立勅以前において国分寺建立の史料が全くない点は一つの弱点と考えられる……」と批評され（「書評・井上薫著『奈良朝仏教史の研究』」史学雑誌七六の四）、水野柳太郎氏も「天平九年に国分寺創建詔が発布されたことを、直接に示す史料はないし、国分寺の基本法令として引用されるのは、全て天平十三年の勅である」といわれる（前掲、ヒストリア四七）。もっともな意見であるが、しかし勅や太政官符でないけれど続紀天平十三年正月十五日条に藤原氏から返された封戸三千戸を「施入諸国国分寺」と記されることは、天平九年詔を国分寺創建令と解する一つの論拠となり、また山田・水野氏のように天平九年詔を軽視すると、飢疫と新羅来攻の憂いによる動揺を無視したことになりはしないかと思う。さらに後考に待つ。

〔再追補①〕　勝浦令子氏は洛陽の安国寺法華道場が光明皇后による国分尼寺の創始に影響を与えたという新しい見解を出した（「法華滅罪之寺と洛陽安国寺法華道場」（東京女子大学『史論』四六、平成五）。

第三章　写経事業の創始

第一節　皇后宮職の写経事業

一　天平初期の写経

仏教伝来以後に造寺や造仏がしだいに多くおこなわれ、諸寺ではしばしば法会がひらかれ、経典が読誦された。たとえば白雉二年十二月晦日に味経宮で二、一〇〇余人の僧尼をして一切経を読ましめ、天武六年（六七七）八月乙巳飛鳥寺に斎を設け、一切経を読ませた。

経典の入手は、最初は半島や大陸からの舶載に仰いだことはいうまでもなく、書紀仏教伝来条に釈迦仏とならんで経論が百済からたてまつられたという記載にあらわれている。のちには日本でも書写されるようになり、国史にみえる官営の写経として注目されるのは、天武二年（六七三）三月川原寺に書生を集め、一切経を写させたという場合である。これは壬申の乱で生命を失なった人たちの冥福を祈るための写経といわれたが、田村円澄氏(1)は、天武母帝の斉明天皇十三回忌にちなむ作善で、川原寺の寺地は斉明天皇の川原宮の所在地であり、また同天皇の殯の地であったといわれる。天武四年十月癸酉、使を四方に遣わし一切経を求めさせたのは、当時、寺や帰化人あるいは豪族らのもとに経典が所蔵されていたことを示している。天武十四年五月のものとして僧宝林の金剛場陀羅尼経は現存する写経の最古のものであるが、奥書によれば川《(河)》内国志貴評の知識によって発願書写され、宝林はその書写を督したか、検校したために署名しているのであろうが、ともかくこれは民間で書写された例で、志貴評の付近には早くから帰化人が住みつき、仏教が彼らを通じて根をおろしたことは、野中寺や西琳寺の存在するのによって知られる。

右の諸例にみられる一切経については、石田茂作氏が(2)、この時代にすでに一切経がおおかたととのっていたことが想像されるけれども、一切経の内容は常に変化するから、当時の一切経の内容部数を具体的に知ることはできない、といわれるとおりである。

ふつう、一切経といえば、たとえば開元釈教録（開元十八年撰述。天平二年にあたる）記載の五〇四八巻のような尨大な経典量を思いあわせる。それならば、法会ではその目的にしたがって一定の種類の経典が読まれるのがふつうであるから、白雉二年や天武六年の場合のように、一切経を読んだという記述には、何かわりきれないものがある。白鳳・奈良時代の道昭・玄昉や鑑真による経典舶載より以前に、中国や半島からいわゆる一切経が日本に舶載されたとか、整備した写経所の組織が存在したとかいう例はみえない。したがって味経宮や飛鳥寺での一切経の読誦は、読まれた巻数が多量であったということであり、書紀における用語の一切経は多量の経典という意味と思われる。天武四年使を四方に遣わして一切経を求めさせたという場合も、地方に散在的に所蔵される経典を求めさせたという意味に解されることも、右の解釈の傍証となろう。

持統天皇八年（六九四）五月癸酉、金光明経一〇〇部が諸国に送られた。これは中央政府で写経する体制ができていたことを物語る。ついで和銅五年十一月十五日の長屋王発願の大般若経があるが、巻三四八の奥書には「用紙十六張北宮」と記されるだけで（二十四2）、写経従事者の組織は明らかでない。養老六年（七二二）十一月丙戌元正天皇は元明天皇追福のため華厳経八〇巻・大集経六〇巻・涅槃経四〇巻・大菩薩蔵経二〇巻・観世音経二〇〇巻などかなり大部の書写をおこなわせたのは、写経機関の発展を示すけれど、なおその組織は知り得ない。このとき灌頂幡八首、道場幡一千首、著牙漆几三六、銅鋺器一六八、柳箱八二をつくらせ、十二月七日より京と畿内の諸寺に僧尼二、六三八人を請じて斎供を設けた。僧尼の数からみて多数の経典が必要とされたことが知られる。

ついで神亀五年（七二八）九月廿三日、長屋王によって発願された大般若経六〇〇巻の書写があり、巻二六七の奥書によれば官人や僧侶が動員され、その写経は、奥書によれば、

書生散位寮散位少初位下張上福
初校生式部省位子无位山口忌寸人成
再校生式部省位子无位三宅臣嶋主
装潢図書寮番上人无位奏常忌寸秋庭
検校使作宝宮判官従六位上勲十二等次田赤染造石金
検校使陰陽寮大属正八位上勲十二等楢曰佐諸君
検校薬師寺僧基弁
検校藤原寺僧道慈
用長麻紙伍張

という組織によったもので(二十四6)、光明皇后による写経所経営のさい、写経の主だった作業に従事した経師・校生・装潢にあたるものがここにみられる。散位寮所属の官人で写経所に出向かせられる例が多いが、長屋王願経の場合に張上福がそうである。図書寮が写経事業と関係深いのは、職員令に図書寮の頭の職掌として「経籍、図書、修撰国史、内典、仏像、宮内礼仏、校写、装潢、功程、給紙筆墨事」と規定され、四等官の下に写書手二〇人(掌校写書史)・装潢手四人(掌装潢経籍)・造紙手四人(掌造雑紙)・造筆手一〇人(掌造管)・造墨手四人(掌造墨)・使部二〇人・直丁二人・紙戸が属す定めであるのによって知られるが、長屋王願経の場合にも図書寮番上人の奏常忌寸秋庭が装潢をつとめている。

官営の写経所で、整備した組織をもち、のち国分寺に安置する経典などを書写し、またその組織が造東大寺司の成立と密接な関係をもったのは、いうまでもなく光明皇后によって創始・経営された写経所である。この写経所に関する史料の最古のものは神亀四年の写経料紙帳であり(一381—383)、写経機関の存在が神亀四年までさかのぼれるから、長屋王の大般若経書写はこの機関が担当したと考えられ、その組織には書生・校生・装潢らがいたことが知られる。検校使はふつう写経所でみられないもので、長屋王の属僚として、写経の厳密を期すため、督励を任務としたらしく、検校の僧侶にあたるものも写経所でふつうはみられず、長屋王願経の場合の検校僧は、校正の確実を期すためもあって参加したのであろう。

神亀四年の写経料紙帳の首尾は欠けているが、記載されることがらは、大般若経や法華経などを書写する料紙が四年三月二十三日から五年九月二十六日にわたり下充されたこと、料紙受領者は老人・壬生子首であること(二人は署名している）、料紙の一部は高屋赤万呂の手より受けたこと、などである。この老人について、福山敏男氏[3]は、天平の初めごろ皇后宮職の官人であった内蔵忌寸老人に比定し、赤万呂についても同じく皇后宮職の舎人であった、といわれる。

皇后宮職の写経所が神亀四年から始まるのか、もうすこしさかのぼるのかは明らかでないが、光明皇后が写経事業を始めたのはどのような事情があったからであろうか。神亀五年九月に皇太子（基王）が薨じ、その死は大きな衝撃を与えたが、この皇太子の病気平癒を祈り、観世音菩薩像一七七軀を造り、経（おそらく観世音経）一七七巻を写し、その功徳によって平復を得んという勅が出され、大赦がおこなわれたのは神亀五年八月二十一日であり、また皇太子の生誕は神亀四年閏九月二十九日で、写経事業はそれよりまえから始めているから、生れた皇太子の病気平癒の祈願が写経事業の動機となったと考えられない。そうするとその動機はほかに求めなければならず、しかも詳細なことは明らかでないが、ここで参照されるのは、国分寺の創建に光明皇后が深い関与をもったのは則天武后の行業にならったということ（第五章第一節参照）、また盧舎那大仏の造顕における皇后の関与にも武后の影響がみられることである（第七章第一節の一参照）。ところで武后は経典を翻訳させてみずから筆削しており、そのような行業は皇后に影響したにちがいなく、皇后が組織的な写経事業をおこした動機の一つは、武后にならい、かつ、その向こうを張るという意欲をもったところにあったと考えられるのではあるまいか。

さて皇后宮職の組織により創始経営された写経所の発展については石田茂作氏[4]の労作があり、一切経船載の過程とその巻数・種類、写経からみた奈良朝宗派の教学と組織、写経事業の発展と写経所の分化、写経所勤務者の種類・作業・給与・生活などを正倉院文書などの史料によって詳論されたもので、奈良朝仏教史研究者によって貴重な先駆的業績と仰がれている。

ただ石田氏の論述のうち写経所の発展系列と分化に関する説に対し福山敏男氏(5)が批判を出され、正倉院文書に関する福山氏のするどい読解によって研究は精密となったが、また松平年一氏(6)は福山説の一部に批判を加えられ、写経所の系列と分化について異説が存するほか、なお写経所の経営などについて論ずべき問題が多い(7)。

まず初期写経事業に関する皇后宮職解（移）にあらわれた運営組織から検討したい。前述神亀四年写経料紙帳につぐ写経関係文書には、天平二年七月四日の写書雑用帳（一393—395）や同三年八月の写経目録（七5—32）などがあるが（いずれも首尾欠）、写経従事者の上日に関する報告書としては天平三年八月十日の皇后宮職移が最も古いものであって、以下、同十一年八月十四日のものまであり、記載内容は、天平二年から同十一年までの間、太政官・左弁官・中務省・図書寮・式部省・散位寮・民部省・兵部省・左京職などから遣わされて写経に従事した官人の上日と夕および書写経典・写経量を、皇后宮職から右官人所属の本司に報告したものである。これらを大日本古文書における収録順にしたがって表示すれば〈第4表〉のとおりである。

右のうちで年月日欠の問題などを検討することを手がかりとして、天平初期の写経事業について考察を加えよう。

(a)　天平三年八月十日皇后宮職移（一442—443）　この移に安子児公が晋書第九帙を写したという記載が、天平二年七月四日写書雑用帳に「第九帙十巻、写一巻 安子充未九巻、三年正月廿四日 小長谷人万呂」（一393）と記されるのに相当することは、安子の氏名と第九帙という記載が(a)と雑用帳に共通し、また雑用帳の分註の三年正月廿四日が(a)の上日計算期間の二年八月一日から三年七月三十日までのなかにふくまれるのによって知られる。

<第4表>　皇后宮職解（移）の上日報告

	天平 年 月 日	官	職	位階	人名	上日	夕	写紙	期間	頁
a	3・8・10	図書寮	——	大初上	船花張善	119	40	430	2・8・1 3・7・30	一 442 443
		〃	——	少初上	安子児公	161	50	744		
		〃	——	少初下	辛　金福	137	45	601		
		〃	——	〃	秦　雙竹	132	37	579		
b	——	〃	——	大初上	船花張善	198	91	508	——	一 443 444
		〃	——	少初上	安子児公	118	97	354		
		〃	——	少初下	辛　金福	227	96	656		
		〃	——	〃	秦　雙竹	182	51	342		
c	——	中務省	史生	少初下	〃	35	—	170	?・8・15 ?・9・20	一 444
d	3・8・10	——	——	少初上	新家大魚	187	20	939	2・8・1 3・7・30	一 445
e	4・8・—	——	——	〃	〃	171	—	602	3・8・1 4・7・27	一 449
f	5・7・20	——	——	无位	長江金弓	110	—	606	5・2・20 5・7・20	一 474
g	5・7・30	——	——	——	檜前馬長	31	—	176	5・5・1 5・6・4	一 474 475
h	5・8・11	図書寮	——	大初上	船花張善	243	150	591	4・8・1 5・7・30	一 476 477
		〃	——	少初上	安子子君	210	105	730		
		〃	——	少初下	秦　雙竹	102	32	160		
		〃	——	〃	辛　金福	191	110	589		
		〃	——	无位	安曇広浜	121	93	565		
		〃	——	〃	酒　豊足	124	85	576		
i	5・8・15	左弁官	史生	〃	三宅作志	123	105	488	5・2・19 5・7・30	一 477
j	5・8・16	監物	——	少初下	別君糠麿	103	69	410	5・2・22 5・6・6	一 478
k	——	左京職	史生	大初下	私告東人	88	61	429	?・2・20 ?・5・30	一 478 479
l	5・8・28	民部省	史生	少初上	史戸赤麿	132	75	487	5・2・20 5・6・10	一 479
m	5・9・8	?	史生	少初下	丸白麻呂	37	—	182	5・2・20 5・③・11	一 480

n	6・8・5	監　物	史生	大初下	別君糠麿	95	—	321	{5・8・1 5・11・27	一 585
o	6・8・10	図書寮 〃 〃 〃	—— —— —— ——	大初上 少初上 无　位 〃	船花張善 安子子君 安曇広浜 酒　豊足	— — 153 104	— — — 60	— — 621 617	{5・8・1 6・7・10	一 585 586
p	7・7・29	〃	——	少初上	安子子君	54	—	230	{6・8・5 6・9・20	一 628
q	7・8・9	兵部省	史生	大初上	将軍陽生	41	—	190	{6・8・10 6・9・21	一 629
r	7・8・11	太政官	史生	少初下	丸白麻呂	35	—	190	——	一 629 630
s	11・8・14	式部省	——	少初上	斫槻臣 縄麻呂	45	—	202	{11・3・24 11・5・10	二 181
t	——	—— —— ——	—— —— ——	—— —— ——	船花張善 安子子公 辛　金福	197 118 227	91 95 111	538 363 656	——	二 四 11 12
u	——	図書寮	——	少初上	安子児君	44	—	190	{?・8・10 ?・9・25	二 四 12
v	——	散位寮	——	无　位	大鳥千足	45	—	300	{?・3・24 ?・5・10	二 四 13
w	——	〃	——	従七下	辛　由首	7	6	—	——	二 四 13

〔註〕写紙の単位は張，期間は上日計算期間で，たとえば（a）船花張善の場合は天平2年8月1日から翌3年7月30日までの上日が119日，夕が40日であることを示し，以下これにならう。頁は大日本古文書の巻と頁のことである。(o) の安子子君は大日本古文書に君子子君とあり，これは安子子君の誤りで，(a)・(b) 安子児公，(t) 安子子公，(u) 安子児君と同人である。

右の雑用帳の首尾は欠けており、残存部に記される年月日は天平二年七月四日と三年正月二十四日の二つであって、この帳は天平二年七月以前から記し始められ、翌三年正月二十四日以後にも書きつがれたのであり、安子は天平二年八月一日から翌三年七月三十日までの上日計算期間中の正月二十四日に晋書を書写すべくあてがわれ、雑用帳分註によれば、うち一巻だけを写し、残る九巻の書写を果たさず、その九巻の書写は小長谷人万呂にむけられたことが知られ、また雑用帳の「第五帙」から「第十三帙」までは晋書をさすこともわかる。

(b) 年月日欠皇后宮職移(一443 444) 大日本古文書編者は、(a)と「文書ノ性質」「全ク……同ジキニ依リテ」(b)を天平三年八月十日に類聚するといい、(a)のつぎに(b)を掲げている。なるほど(a)と(b)の人名はともに船花張善ら計四人で一致するけれど、しかし(a)は天平二年八月一日から翌三年七月三十日までの上日を記しており、同じ上日期間を記す文書としては、(a)の案文ならばありえようが、(b)の四人の上日、夕、写紙量、書写した内典と外典の名称などが(a)と相違するから、(b)は(a)と異なる年度の皇后宮職移といわねばならない。

船花張善・安子児公・辛金福・秦雙竹の上日、夕、写紙、書写した内典・外典は、天平二年八月一日から翌三年七月三十日までの分が(a)に、四年八月一日から翌五年七月三十日までの分が(h)に、五年八月一日から翌六年七月十日までの分が(o)に記され、四人のうち安子だけについては六年八月五日から同年九月二十日までの分が(p)に記されるから、(b)の上日計算期間は、(1)天平二年七月三十日以前の某一年間、(2)天平三年八月一日から翌四年七月三十日までの一年間、(3)天平六年九月二十日以後の某一年間のうち、いずれかである。(b)の上日計算期間が一年であることは、四人のうち上日数の最高が辛金福の二二七日であるところから知られ、張善・金福・雙竹の上日・夕について(b)が(a)よりも多いのは、写経所が年を追って、繁忙になったことの反映であり、ちょうど天平三年八月一日から翌四年七月三十日までを上日計算期間とする皇后宮職移がほかにないから、(b)はこの上日計算期間の皇后宮職移にあたると考えられ、ほかの例から推測すれば、その日付は天平四年八月十日ごろであろう。張善ら四人の官職・位階を検討すると、(b)を天平四年八月十日ごろの皇后宮職移とすることに支障は生じない。

(c)　年月日欠皇后宮職移（一444）　大日本古文書編者はこれについて「年月欠ケタリ、秦雙竹ノ名見エタルニ依リテ、コヽニ収ム」といい、(a)（天平三年八月十日）・(b)（年月日欠）のつぎに(c)を掲げる。皇后宮職は中務省の被管であるから、移とあるのはおかしく、解となければならない。しかし雙竹は天平二年八月一日→三年七月三十日（a）、三年八月一日→四年七月三十日（b）、四年八月一日→五年七月三十日（h）の間、図書寮の官人であり、少初位下であったことが知られるから、おそらく中務省は図書寮の誤りであろう。[8] この場合、(c)は(a)・(b)・(h)に記される期間以外の天平二年七月三十日以前か、あるいは五年八月十五日以後における某年八月十五日から同年九月二十日までの上日と写紙を報告したものである。

(t)　年月日欠皇后宮職移案（二十四11 12）　大日本古文書編者はこれについて、(a)天平三年八月十日の「皇后宮職移ニ拠リテ、天平三年八月ノモノト認ム」というが、張善・子君・金福らの上日、夕、写紙、書写した内典外典は(a)と相違するから、(t)は(a)と無関係であり、三年八月の移案とするのはおかしい。むしろ(t)と関係があるは(b)であり、張善らの上日、夕、写紙、書写した内典外典は、(b)と(t)との間で若干相違するが、その相違は微小で、一致する点が多いから、おそらく(t)は(b)の案で、天平四年八月十日ごろの皇后宮職移案であるまいか。

(u)　年月日欠皇后宮職移案（二十四12）

皇后宮職移図書寮

少初位上安子児君上日肆拾肆

写紙壱伯玖拾張法華経八巻一百七十張
理趣経一巻廿張

右、去年八月十日、(至脱カ)九月(天平三年)廿五日

大日本古文書編者はこれを(a)天平三年八月十日の皇后宮職移によって天平三年九月二十五日に収録するといい、右に示したように「九月」に傍註「(天平三年)」を加えている。しかし右の傍註についてはつぎの不審が生じる。(1)天平二年八月十日から翌三年九月二十五日までの期間の上日を報告したものになるが、このように一年間のほかになお一ヵ月と十五日の端数をもつ期間の上日を計算する例はほかにない。(2)一年以上にわたる計算期間内の上日がわずか四四日というのは、いわば過少である。(3)計算期間について(u)の天平二年八月十日→翌三年九月二十五日までは(a)の天平二年八月十日→翌三年七月三十日までと重複する。(4)安子児君が天平二年八月一日から翌三年七月三十日までに書写したものは、(a)によると涅槃経、晋書の第三・第九帙、瑜伽論抄であるのに、ほぼ同期間の二年八月十日から翌三年九月二十五日までに書写したものは、(u)によれば法華経と理趣経であって、一致しない。このような不審からすれば、(u)の「九月廿五日」を天平三年、「去年」を天平二年とすることは無理であろう。

仮りに編者が「去年八月十日」を「九月廿五日」と同じく天平三年と考えたとすると、(1)上日計算期間について(u)の天平三年八月十日→同年九月二十五日までが(b)の推定天平三年八月一日→翌四年七月三十日までと重複し、(2)安子児君が書写したものとして(u)に記される法華経・理趣経は(b)にあらわれなければならないはずであるのに、(b)に記されるのは正法華経・最勝王経・華厳経・涅槃経であって、理趣経がみえない。したがって(u)を天

平三年九月二十五日のところに類聚し、「去年八月十日」を同じ天平三年のこととするのも妥当でない。安子児君の上日は、天平二年八月一日↓翌三年七月三十日（a）、三年八月一日↓翌四年七月三十日（b）、四年八月一日↓翌五年七月三十日（h）、五年八月一日↓翌六年七月十日（o）、六年八月五日↓同年九月二十五日（p）までの期間についてそれぞれ報告されているから、(u)は右以外の某年八月十日から同年九月二十五日までの間における上日を報告した皇后宮職移案と考えられる。

皇后宮職が写経に勤務した官人の上日を他の官司に報告した解や移で、年月日の記される最後のものは、〈第4表〉の(s)天平十一年八月十四日の移（式部省あて）であり、皇后宮職は天平十一年八月ごろまで写経事業を直接に管轄していたことがわかる。これは、請経や返経についても皇后宮職から文書が出されているのによって知られ、この種の文書は管見のおよぶところ天平九年の皇后宮職牒（二28・29）・同十年十一月九日皇后宮職牒（七192）・同十年十一月二十四日皇后宮職牒（二101）以後になく、右の三つの牒はいずれも大安寺三綱所あてに請経や返経を通知したものである。天平十一年ころまでの写経従事者には〈第4表〉（a↓w）の諸官司の官人のほか、皇后宮職などの舎人がいたことは、(x)天平十年閏七月二十九日「写経司舎人等上日帳」（七183・184）・(y)同十一年正月二十九日「写経司解」（「申舎人上日事」二155・156）・(z)天平九年四月四日「小野備宅啓」（「小野朝臣古麻呂宮舎人」二28）によって知られる。

ここで〈第4表〉(a)から(w)までの皇后宮職解や移と(x)から(z)までの帳・解・啓によって知られる皇后宮職の経営による天平初期の写経に関し、注意されることを整理しておこう。

第一、皇后宮職が写経事業を直接に経営した天平十一年ころまでは、他の官司（図書寮・中務省・左弁官・左京職・民部省・兵部省・太政官・式部省・散位寮）の官人を動員して写経に従事させた。もちろん皇后宮職の官人や舎人も写経に従事し（その例はのちの記述を参照すれば知られる）、とくに皇后宮職の舎人は四〇〇人に達したと考えられるから、写経事業に人員を補給する源泉となっている。皇后宮職の舎人（以下、職舎人とよぶ）と同様に大舎人（一、六〇〇人）中宮職舎人（四〇〇人。宮舎人とよぶ）をはじめ、これらのほかにも春宮坊舎人（六〇〇人。坊舎人とよぶ）のなかから写経事業に従事させられるものが多かった。これらの舎人をA類舎人とよび、またA類舎人と諸官司官人をX類従事者とよぶことにする。[9]

のちの写経機関にはA類舎人とは別に、その機関に専属する舎人（B類とよぶ）がおかれ、A類舎人が諸官司官人らとともに経師・校生・装潢となったのに対し、B類舎人は校生・装潢らの作業の手伝、他の官司などへの使者、食料の管理や炊事の監督にあたり、A類の地位はB類よりも上級であった。

なお写経事業が繁忙になると、経師・校生・装潢となるものを民間から貢進させた。このグループをY類従事者とよぶことにする。

写経事業の初期に属する天平十一年ころにはまだY類はあらわれない。

第二、経師らの上日が一カ月ごとに記録されていたことは、(x)天平十年閏七月二十九日の写経司舎人等上日帳に「閏七月上日」が記され、(y)天平十一年正月二十九日の写経司解にも舎人の正月一カ月間の上日が記されるのによって知られる。写経従事期間が半年以上、あるいは一年以上にわたる場合、その官人の属する本司に上日を報告する文書では、八月から起算して翌年七月までの上日を計算しているもの(f)・(i)と、二月から起算して同年七月までの上日を計算しているもの(a)・(d)・(e)・(h)・(o)とがあり、これに属さないものでも八月や二月から起算しているものが多い(c)・(n)・(p)・(q)・(u)は八月起算、(j)・(k)・(l)・(m)は二月起算)。これは、八月より翌年正月までの上日と、二月より七月までの上日がそれぞれ一二〇日以上ならば、二月上旬に春夏の季祿、八月上旬に秋冬の季祿が給されるという祿令の規定と関係があり、写経所における上日数が本司で季祿支給の資料とされたからである。上日の起算が八月や二月でないもの(g)・(s)・(v)と、終りの期限が正月や七月でないもの(c)・(g)・(j)・(k)・(l)・(m)・(n)・(p)・(q)・(s)・(u)・(v)は、その官人が季祿計算期間の単位である八月→翌年正月、二月→同年七月の途中で写経に関与したか、あるいは途中で写経から退いたためである。

第三、上日報告文書の記載様式には、甲型(a)・(b)・(d)・(e)・(h)・(o)・(p)・(t)・(u)と乙型(c)・(f)・(g)・(i)・(j)・(k)・(l)・(m)・(n)・(q)・(r)・(s)・(v)・(w)・(y)があり、甲型は上日、夕、書写した内典と外典、写紙量を記すが、乙型は上日と夕だけを記す。(x)は写経司自身に必要な記録として書きとめたものらしく、乙型の形式をとる。季祿支給に必要な資料は上日数であり、夜番は兵衛の場合には季祿支給の条件となるが、経師らの夕は(イ)午後(ロ)夜(ハ)午後と夜のうち、(イ)をさすといわれるけれど、いずれにしても季祿支給と無関係である。写経事業が繁忙になると、文書の作製も簡略化され、書写した内典・外典や、写紙量など、季祿支給に無関係のものは上日報告文書に記載されなくなる。

第四、天平初期の写経所では、外典も写されており、漢書(b)・(h)・晋書(a)・(d)・文選(b)・(h)がみえ、天平二年写書雑用帳にも漢書・白虎通・論語・三礼儀宗・新儀・晋書などが記され(一 393 394)、写経所が外典の普及にも寄与したことが注意される。

(1) 田村円澄「国家仏教の成立」(史淵九〇)

(2) 石田茂作『写経より見たる奈良朝仏教の研究』一―二頁(石田氏は天武八年八月紀に一切経のことがみえるといわれるが、書紀にみあたらない)。

（3）福山敏男「奈良朝に於ける写経所に関する研究」（史学雑誌四三—一二）

（4）石田茂作『写経より見たる奈良朝仏教の研究』

（5）福山敏男、前掲論文（註1）

（6）松平年一「福山氏の『奈良朝に於ける写経所に関する研究』に就いて」（史学雑誌四四—四）。福山氏が神亀四年料紙帳三月廿三日条と五月十六日条の老人（一381—382）を皇后宮職の内蔵忌寸老人に比定されたことについて松平年一氏は批判し、つぎのように述べられた。老人は多量の経紙と端継紙を受けており、通例このように多量な経紙などを受けるのは装潢に限られる。してみると、この老人は内蔵忌寸でなく、別人の装潢であろう。当時、地位の低かるべき赤万呂から紙を受けたところなどは、正しく老人がより下級の人たるを証するもので、ただこの頃の写経関係文書が現存しないため、この老人の氏を知ることができないのは遺憾である、と。内蔵忌寸老人は天平三年八月十日の皇后宮職移に正八位下大属勲十二等内蔵伊美吉として署名し（一443）、赤万呂は天平十年閏七月二十九日写経司舎人等上日帳に高屋とみえ、彼は恐らく皇后宮職の舎人と考えられ（七183）、十一年正月二十九日の写経司解から史生大初位下としてみえてくる（二156）。神亀四年料紙帳の老人の氏名は、厳密には松平氏がいわれるように一応不明としなければなるまい。しかし内蔵老人はやがて天平二年七月写経所に麻被を進納させ（一394）、同九月論語・三礼儀宗を書写させており（一393）、彼の名は天平三年の皇后宮職移にしばしばみえる（一445、449、474、475、477—480、553）。赤万呂は天平二年七月四日の写書雑用帳（一394）以後しばしば写経司解などに用度品の授受に関し署名しており（七168—170、二156、158など）、福山氏の比定は当っていると思う。のちに写経機関の組織が整備されたとき、用紙を受けるのはたいてい装潢であり、その装潢が受ける用紙は少量であるのにくらべて、神亀四年料紙帳で老人が受けた用紙は四〇〇張以上におよぶから必ずしも彼を装潢とかぎる必限はなく、用紙をさらに分配するなどの役を帯びていたかも知れないからである。

（7）たとえば写経司・東院写一切経所・福寿寺写一切経所などに関する系列についてはまえに私見を述べた（拙著『日本古代の政治と宗教』所収「奈良朝写経所の一考察」）。

（8）山田英雄氏は、この移の中務省は図書寮の誤りであろう、といわれる（「奈良時代における上日と禄」新潟大学人文科学研究二二）。

（9）写経従事者に、A類舎人とB類舎人の種類があり、その地位や業務分担について区別しなければならないことはまえに述べた（前掲拙著所収「トネリ制度の一考察」）。

二　写経所の所在

天平三年八月の写経目録（首尾欠）には九年十一月まで写された経典類が記されるが（七5―32）、これらは皇后宮職の写経機関で写されたに相違なく、(1) 目録によれば光明皇后のために書写されたものが多く、「右件経、宮」「右経、宮院進御所」「宮経四部……右件経、大宮写貢」（七21）、「宮院御進」（七23）、「宮御所写進納」「宮一切経」（七24）と記され、また天平六年正月先妣三千代の周忌に厩坂寺（興福寺）で講説するための大般若経などの経論疏も写されており、三千代が薨じた天平五年正月から写された経の名とその帙・巻・紙数・紙質が列記され「以前経部巻数、専所御願写訖、厩坂寺僧四百口講説斎会」とみえる（七6―8）。福山敏男氏は(2)天平六年五月一日附の造仏所作物帳を復原し、この作物帳が三千代の死の天平五年正月十一日から一周忌すなわち興福寺西金堂仏像の供養日たる翌六年正月十一日頃までの造営事業を記したもので、造営は皇后宮職のもとでおこなわれ、大夫従四位下兼催造監勲五等小野朝臣牛養と大属正八位下勲十二等内蔵忌寸老人が督し、作物帳の写経巻数と紙質は前掲写経目録と一致するのみならず、昌泰の興福寺縁起に「設供講経、屈請衆僧四百人等」という記載も写経目録の「僧四百口講説斎会」と符合すること、神亀四年写経料紙帳にみえる老人（一381）は作物帳の内蔵忌寸老人にあたることなどを指摘された。

右の写経目録によれば、天平五年正月から薬師経七巻・阿弥陀経一〇巻・随願往生経一〇巻、また阿弥陀経二三〇巻が写し始められ、二月卅日に内堂に進納された（七6）。目録にはほかになお内進と註記される経名がみえ（七5、6、8、19、22、24、26）、これは内堂進納の意味と解され、法華経八巻について天平九年正月十一日「内堂斎会転読」とみえる（七25）。なお「大進」という註記もみえ（七8、21、23）、それは「内進大進」とも連記されるので（七8）、大進は大宮に進納したという意味かも知れないが、ほかに「大進宣」（七25）「大進丈部赤万呂」（七25）とも記されるから大進は皇后宮職の三等官で、宣や進納にたずさわった官人を意味すると思われる。ところで右の内堂は内道場と関係があるのではあるまいか。横田健一氏(3)によれば、内道場の実体はすでに六朝明代にあり、北周の宣帝が天元大成元年沙門七人を政武殿の西に安置して行道させ、隋の煬帝のとき内道場の名ができ、唐の則天武后時代にととのい、粛宗のとき日夜内道場で勤修がおこなわれ、わが国では天平七年に帰朝した玄昉が九年八月に僧正に任ぜられ、内道場に安置されたと続紀にみえるのが初見であるから、内道場はそのころできたのであろう、と。この内道場と内堂とは名称が類似し、写経目録によれば内堂で斎会がおこなわれたのであるから、目録で天平五年には存在した内堂は内道場の起源となったと推定されてくる。

つぎに天平八年九月の写経目録と写経請本帳によれば、この二十九日から玄昉舶載の経典を原本とし、開元目録による一切経一部五〇四八巻の書写が始められ、それは少なくとも十四年十月二十日までかかったが（七53―90）、神亀四年の写経料紙帳から名がみえる高屋赤麻呂が僧正所からの請本ごとに署名しており、この一切経書写も皇后宮職のもとの写経機関でおこなわれたことはまちがいない。

皇后宮職の下の写経機関の組織は明らかでないが、天平十一年八月ごろまで皇后宮職が上日報告書を出しており（二181）、その間、皇后宮職が写経事業を直接に管理経営したが、天平十年三月三十日から写経司の名称がみえ始め（七167）、これ以後の写経司解（啓）で用度を請い、舎人の上日や月中行事を報告したあて先は皇后宮職であるに相違なく、また天平十年二月七日および同月三十日の「経師所解」が存在し（七125、165）、なお断簡のため明確なことはいえないけれど、天平九年十二月十五日から十年二月二十日までの間のものと推定される「経師所解」もみられ（二十四67）、天平九年と十年ごろの組織は、皇后宮職—写経司—経師所ということであったと考えられる。

初期の写経事業がおこなわれた場所について、福山氏[4]は角寺[5]とされる。すなわち、つぎの史料にもとづく。

(a) 天平九年二月二十日の写経用紙注文に、

先所写大宝積経一百廿巻 用紙二千二百卅二張　破紙五十枚

自天平九年二月廿日至十年二月廿一日写経一千四百五十八巻用紙二万八千五百五十二張　中島写□（七91）

(b) 九年二月二十三日の写経日用紙目録に、九年二月二十二日から十年五月二十八日までの書写巻数と紙数の総計として、

都合一千八百巻先角寺写二百十二巻合二千十二巻（七98）

(c) 十年九月より十一年六月の間の注文に、

合写一切経弐仟弐伯弐拾陸之中（巻脱カ）二百十二巻写角寺経（七170）

(d) 十年八月六日経師等造物幷給物案に、

隅院写大宝積経一百廿巻紙二千二百卅二

雑経二百十巻二千枚（七186）

福山氏は、まず(b)は(c)・(d)によって「都合一千八百二巻先角寺写二百十巻合二千十二巻」と訂正さるべきであり、(a)・(d)の大宝積経一百廿巻は天平三年の写経目録に「大宝積経十二帙一百廿巻黄紙及褾、用二千二百卅二、右経、宮一切経内写」というのに相当するから（七24）、大宝積経は八年四月から同八月までに写されたことが知られる、と注意し、ついで、(d)の雑経二百十巻は天平三年八月の写経目録に八年九月から写されたと記す一切経の一部をさすものであ

<第5表>　写経所の場所（玄昉将来経典の書写に関連して）

期　間（天平）	書写巻数	累　計	写　経　所　名	大　日　古
9. 2. 22 まで	210	210	（角　寺）	7—98. 170. 186
9. 2. 22—9. 12. 4	1452	1662	（中島？）	7—92～6
10. 2. 20—10. 5. 28	350	2012	（中島？）	7—97～8
10 年末まで	114	2126	写経司	7—170
11. 2. 13 まで	92	2218	〃	2—157～8
12. 4. 14 まで	1313	3531	〃	7—485～7
13. 3. 13 まで	34	3565	東院写一切経所	7—195～7
13. ③. 3—14. 5. 30	630	4195	福寿寺写一切経所	8—66
14. 6. 1—14. 11. 30	370	4565	金光明寺写一切経所	8—155～9

福山敏男「奈良朝に於ける写経所に関する研究」（史学雑誌 43—12）

り、かつ(a)に「先所写大宝積経一百廿巻」、(b)に「先角寺写二百十二巻」とみえるところから、つぎのように述べられた。天平八年の後半ごろには角寺(海竜王寺)に皇后宮職の写経所が存在したかのごとくであり、(a)に「中島写□」とあることから―これは一字欠けているため明確にはいえないが―天平九年二月ごろそれは中島院(のちの法華寺内)に移動したかにみえる、と。そうして福山氏は、玄昉将来一切経の書写の進行を<第5表>のように図示された。

福山説に関して気づいたことを述べると、(b)の天平九年二月二十三日写経日用紙目録に「先角寺二百十二巻」と記されていても、角寺での写経が九年二月以前に限られるときめることはできない。九年二月以後も角寺で写経がおこなわれたことは、天平十年九月二十七日の写経司雑受書案に、

写経司請
白紙九百八十張　一千六百卌張
最勝王経五部用紙八百張
千手経五十巻別巻十六枚
破分卌張　　端継料八十枚
天平十年九月廿七日高屋赤麻呂

大進宣　受大蔵佐官

請隅院

とみえ（七170）、写経司の高屋赤麻呂が用紙を皇后宮職に請い、職の大進某の宣で支出され、大蔵佐官が受けとっており、これは、隅院に用紙があてられ、写経がおこなわれていたことを示し、[6]隅院は写経司の下の分離写経所であったことが知られる。

また九年八月二十二日までに角寺で写されたものは大宝積経一二〇巻と雑経二一〇巻であり、それは少なくとも三年八月から写されていた写経の一部分にすぎないから、九年二月以前に角寺だけに写経機関がおかれていたのでなく、皇后宮職の管轄下の写経機関の所在は明らかでないが、皇后宮職の写経機関のうちの一つが角寺におかれていたと解される。

つぎに(a)・(b)によれば九年二月廿日ないし二十二日以後、十年五月二十八日まで中島（院）でも一八〇二巻の書写がおこなわれたことは福山氏がいわれるとおりであるけれども、十年五月二十八日以後にも中島院で写経がおこなわれたことは、十一年八月十四日大島祖足手実に「去年〇天平十年八月島院写紙」（七313）、同十一年八月十四日達沙牛養手実に「八月十四日〇天平十一年島院乗紙十九張」（七316）と記されるのによって知られる。[7]

したがって天平九年二月以前に角寺で写経がおこなわれ、それ以後十一年八月ごろまでは中島院で写経がなされたことはまちがいないけれど、九年二月まで角寺だけに写経機関がおかれ、それが中島院に移され、十年五月廿八日までここに写経関機が存したというように簡単に割切ることはできないと思う。

（1）　神亀五年九月廿三日の長屋王御願書写大般若経奥書には、書生散位寮散位少初位下張上福・初校生式部省位子

无位山口忌寸人成・再校生式部省位子无位三宅臣嶋主・装潢図書寮番上人无位秦常忌寸秋庭らの名がみえるが、この願経が皇后宮職の写経所の組織によって書写されたらしいことは、秋庭がのちまで写経所に勤めたことによって知られる。

(2) 福山敏男「奈良時代に於ける興福寺西金堂の造営」(『日本建築史の研究』所収)

(3) 横田健一『道鏡』七五―七頁。

(4) 福山敏男「奈良朝に於ける写経所に関する研究」(史学雑誌四三の一二)

(5) 角寺(海竜王寺)は、福山氏によれば、天平七年ないし八年の間に光明皇后により玄昉のため建てられ、皇后宮(のちの法華寺)の東北隅(左京一条二坊十四坪)の方一町を占めていた、と考定されている(『奈良朝寺院の研究』五一―六〇頁)。

(6) 大蔵佐官は大進某から用紙を受けとったと記されるから皇后宮職の四等官(属)であると考えられ、大蔵赤万呂か、あるいは大蔵忌寸家主であろう。赤万呂は写経目録に天平九年九月、同十月写経進納使として大属と記され(七22 24 26 27)、十一年三月六日の写経司啓に大属として署名している(二160)。竹内理三氏等編『日本古代人名辞典』は、中宮職官人か、とし、また大蔵佐官と同一人であろうか、といい、ただ佐官(十年九月、七170)と大属(十一年三月、二160)と前後するので別人かも知れぬ、という疑問を残しているが(二の三二九頁)、佐官は大属のことであるから前後しない。なお皇后宮職と写経所との関係が深いことから推せば赤万呂は恐らく皇后宮職の官人であろう。家主は六年八月皇后宮職少属従八位上(一585 586)、七年七月も同じであり(一628)、七年八月九日の皇后宮職移に少属従八位下大蔵忌寸と記されるのも同人のことで(一629)、従八位下は従八位上の誤りであろう。十年十一月には皇后宮職大属従七位上とみえるから(二101、七192)、十年九月廿七日写経司用紙請求文書の大蔵佐官にあたるかも知れない。なお家主は十一年四月大般若経奉請状に大属(七254)、同八月皇后宮職移にも大属従七位上と署名し(二181)、宝字元年五月正六位上より外従五位下に叙せられた(続紀)。

(7) 松平年一氏は中島院(島院)写経所について、天平九年二月から同十年八月頃までここで写経の事実があった(七313―316)、といわれるが(「福山氏の『奈良朝に於ける写経所に関する研究』に就いて」史学雑誌四四の四)、松平氏があげられた経師手実帳の記載だけでは、十年八月(十一年八月十四日の手実に去年とある、七313)から十一年八月十四日まで(七316)と解する方がよい。

第二節　写経司

一　写経司と東院写一切経所

写経司について石田茂作氏(1)はつぎのようにいわれる。

(1) 天平六年聖武天皇勅旨写経奥書に「写経司治部卿従四位上門部王」とあるのによれば（二十四45）、写経司の存在は天平六年まで確実にたどれる。

(2) 写経司は天平十二年までつづいた。

福山敏男氏(2)の説はつぎのとおりである。

(1) 天平十年三月三十日附の写経司啓（七167）以降、しばしば写経司の名称が用いられ、この名は十二年で終わっている。

(2) 十一年四月十五日写経司啓にみえる砕槻繩万呂の上日と写紙（二163）が同年八月十四日の皇后宮職移によって式部省あてに報告されており、（二181）、写経司が皇后宮職の下にあったことを示す。

(3) 十年三月三十日の写経司啓以前における写経機関の名は不明で、六年聖武天皇勅旨写経奥書の写経司は別の存在である。

(4) また八年九月二十九日の写経請本帳に「十三年四月十九日従写経司請僧正所本経」とみえる写経司（七88）は、

帳の内容からみて十三年四月十九日写一切経司移（皇后宮職あて）の写一切経司に相当し（七513）、これは皇后宮職の写経司と区別さるべきものである。

天平六年の写経司と十年以降の写経司との関係について石田説は連続すると考え、福山説は別個とするが、松平年一氏(3)は石田説と同じ考えに立ち、福山説の(3)を批判してつぎのようにいわれる。写経司の代表者（知事）と思われる門部王は十一年四月臣籍に降下し、十七年四月大蔵卿従四位上をもって卒したが、彼が降下請願の年、司を退き、市原王がそのあとをうけたと解する方が自然であり、それは写経司知事市原王は写経司解に初見するのが十一年正月であるのによって知られ（二155）、十年三月以前に写経司という銘をもつ文書が六年勅旨経以外にみえないのは散逸したと考えれば不思議でない、と。

しかし私は福山氏の別個説の方がよいと思う。勅旨経の写経司は聖武天皇の写経をとりおこなった官司であり、門部王は皇后宮職の写経関係文書に名があらわれず、職の初期写経文書に署名しているのは市原王（天平十五年五月無位から従五位下）・高屋赤万呂（十一年正月二十九日写経司解から大初位下、二156）・小野国堅（十二年四月写経司解から大初位上、七262）らである。

福山氏が(4)であげられた十三年の写一切経司移には判官正七位上巨勢朝臣人主・主典従七位下土師宿禰犬養が署名し、この写一切経司の組織は相当なものであったらしく、また皇后宮職に対するこの文書が解でなく移であるところからみれば、それは天皇の勅旨経を写すための組織であると考えられる。かつ写一切経司は八年九月の写経請本帳に写経司と記され、しかも皇后宮職の下の写経司と別個のものであり、そうすると六年勅旨経の写経司、八年九月写経請本帳の写経司、十三年四月の写一切経司は一連の系列に属し、十年三月三十日の写経司啓に初見する皇后宮職下の写経司とは別系列とする福山説に従うべきであることがわかる。

なお松平説について気づいたことを記すと、門部王と称する人物は二人あり、写経司治部卿の門部王は、天平十一年臣籍に降下した門部王と別人であることが沢瀉久孝氏[4]によって考定されており、竹内理三氏[5]等編の『日本古代人名辞典』にも二人の門部王に関する続紀・万葉集・正倉院文書などの記事を慎重に分類し、その内容は相互にまぎらわしい点があるけれど、明らかに二人は別人である、としている。別人説に従うべきであると思う。

つぎに、市原王は十一年正月に写経司知事であった、と松平氏がいわれるけれど、そうではなく、この正月二十八日（二155）から七月七日まで舎人としてみえ（二166 167 169 180 185 186、七84 172 177 179 228 293 295）、七月廿六日から「知『市原』王」と署名しており（七180）、このあと十五年九月納櫃本経検定并出入帳に署名しているが、舎人と記さない（二十四179）。竹内氏等編『日本古代人名辞典』は市原王が十一年から東大寺写経司舎人であったとするけれど[6]、市原王は皇族というその地位から推してまえに分類したA類舎人と考えられ、したがって写経司専属の舎人でなく、A類舎人のうちの恐らく職舎人であるまいか。皇后宮職の写経をおこなった写経司の解（啓）に前掲のようにしばしば署名しているからそう考えられるのである。以上述べたことを整理すれば、松平氏の福山説批判はあたらないものであり、福山説(1)—(4)は修正を受けるべきものでなく、石田説の(1)は妥当でない、ということになる。

写経司に関連して問題になるのは東院写一切経所である。これについては天平十一年六月三日の東院写一切経所受物帳が存するだけであり（七263—270）、石田氏[7]は、これに関しあまり多く知るわけにゆかぬが、東院専属の経所と想像でき、しかし東院がいかなるものかは知るよしもない、と述べられた。

福山氏[8]は、写経司と東院写一切経所とが同一であり、東院は奈良の東山の地にあったのでこのようによばれた、とされたが、この同一説に対し松平氏[9]は福山氏の論証を不十分とされ、私もまえに福山説に対する反証をあげ、東院写一切経所は写経司の統轄下にあったということを述べた[10]。さらに山田英雄氏[11]は、天平十一年六月三日から十三年閏三月十六日にわたる記載をもつ東院写一切経所受物帳と、この帳の内容に関連する写経所文書を丹念に対比検討し、写経事業の経営機構、当時の物価・運賃、律令国家の予算と事業執行との関係などを明らかにされ、その論考のなかで写経司と東院写一切経所を別個とする私の説に賛意を示し、東院の位置を平城京の北端附近と推定された。

続紀によれば、勝宝六年正月癸卯・神護景雲元年正月己巳・同四月癸巳・三年正月丙戌条に「御東院」、神護景雲元年二月甲午条に「幸東院」とみえ、内裏か、あるいはその近くに東院と称する一郭があったことが知られるが、続紀に初見する勝宝六年と、受物帳の天平十一年との間にひらきがあり、続紀と受物帳の東院を同一ときめ得る手がかりはない。受物帳の東院の沿革については石田氏がいわれるように不詳とするほかなく、位置については山田氏の推定を以て満足しなければならない。

なお福山氏は天平十一年七月の写経司解にみえる「経堂南北庇二間各長七丈竈屋一間長四丈広二丈厠一間長四丈広一丈」（七228）を写経司時代の建物といわれ、それは大局的には誤りでないけれども、写経司と東院写一切経所と同一でないから、東院写一切経所の建物として記される前掲のものは写経司固有の建物でないといわねばならない。

（1）石田茂作『写経より見たる奈良朝仏教の研究』一九一―二頁。
（2）福山敏男「奈良朝に於ける写経所に関する研究」（史学雑誌四三の一二）
（3）松平年一「福山氏の『奈良朝に於ける写経所に関する研究』に就いて」（史学雑誌四四の四）
（4）沢瀉久孝「門部王について」（『万葉の作品と時代』）
（5）竹内理三氏等編『日本古代人名辞典』二の五一九頁。
（6）竹内理三氏等編、同右、一の二〇七頁。天平十一年の東大寺写経司といわれる意味はわかるけれど、その頃すでに東大寺が存したかのごとき感を与える。

（7）石田茂作、前掲書一九七―八頁。

（8）福山敏男、前掲論文。

（9）松平年一、前掲論文。

（10）拙著『日本古代の政治と宗教』所収「奈良朝写経所の一考察」

（11）山田英雄「東院写一切経所について」（続日本紀研究八の二・三）

二　写経司と福寿寺写一切経所

写経司に関連するもう一つの問題は、福寿寺写一切経所と写経司との関係についてである。石田茂作氏[1]は、福寿寺写一切経所が金光明寺写経所・東大寺写経所のように寺付きのもので、一切経・法華経・最勝王経・千手経・大般若経などを写したところから寺はかなりの大寺であったに相違ないが、どこにあったか知るよしもない、といわれる。ところが福山敏男氏[2]は、前掲天平十一年受物帳の東院写一切経所は福寿寺写一切経所をさす、とされ、したがって写経司・東院写一切経所・福寿寺写一切経所の三者が同一である、といわれる。この福山説に対し、松平年一氏[3]はつぎのように批判を出された。

(1) 写経司が福寿寺経師らの食料を申請した解案（年月日欠）が存在し「写経司解、申福寿寺経師等食料事」とある（二十四147）。

(2) 福寿寺写経所は大般若経を写したため天平十一年八月二十五日の写経司解はこれを写般若所ともよび、この写経所のために炭の値を請い（二184 185）、同八月二十日の写経司解によればその金泥般若経六百巻を写すため筆の値を請うている（二182 183）。

(3) 福寿寺写経所が東院写一切経所の仮称（別称としてもよい）とすれば、いかで東院写一切経所が、その受物帳に、事新しく「右写福寿寺般若経々師等生菜直料」（七266）などと、自己の改称を書くいわれがあろうか。別所である所以である。

右の松平氏の批判は妥当としなければならない。なお松平氏は、東院写一切経所の写経事業が福寿寺写経所に引きつがれた、とし、つぎのことを附加された。

(4) 福寿寺写経所は、翌天平十二年この大般若経六百巻の書写を終り、ついで東院写一切経所の引継事業と思われる一切経書写を始め、ここに福寿寺写一切経所となってあらわれた。天平十三年十月十九日附で同写一切経所名が初見する解に、用度を皇后宮職に請い、ついで高丘連枚万呂（のちの紫微中台少疏）が命を奉じ同所にこれをあてたことがみえる（二307）。

なお福寿寺で写された般若経について、福山氏は、(i)天平十一年四月二十六日の写経司啓に、まさに紫紙をもって写すべき経のなかに大般若経六百巻と記されるものにあたり、(ii)十二年四月廿九日装潢校生手実帳によればその四月から校正が始まっているのは、このころまでに書写が終わったこと（七473―485）を示す、とされた。

ここで福寿寺写一切経所に関する史料をみなおして福山説に対し一、二の私見を附加しよう。大般若経の書写は十一年四月ごろから用意され、翌十二年四月頃に終わったが、その書写にあたった機関は十一年八月に写般若所とよばれているのであるから（二185）、福寿寺にはこのころに写経機関が存在したのであり、福山氏が十三年十月十九日福寿寺写一切経所の名称があらわれ、写経司（東院写経所）のあとをついで写経を始めたかのようにいわれるのは穏当でない。

また福山氏がいわれるようにもし写経司と福寿寺写経所とが同一ならば、十一年八月二十五日の写経司解に「以前、写般若所（福寿寺）応用炭直銭等、所請如前、以解」とれいれいしく書くはずはない。十一年八月写般若所が存した以後、福寿寺写一切経所解（案）が存する十三年十月十九日（二307）・十四年六月三日（八60—63）・同七月十日（八107—110）頃まで福寿寺で写経がおこなわれたが、この期間は東院写一切経所の活動期間（十一年六月三日—十三年閏三月十六日）と重複することも東院写一切経所と福寿寺写経所とを同一とする福山説に支障となる。

なお福寿寺の位置について石田氏は不詳とされ、福山氏は東院と同じもので奈良の東山にあったといわれるが、東院と福寿寺と同一であり得ないから、福寿寺の位置は不詳としなければならない。十三年十月十九日の福寿寺写一切経所解に筆墨の銭一千文が「従奈良宮所請」と記され（二307）、当時は恭仁遷都中であるから、福寿寺は恭仁でなくとも平城京以外の地にあったとも考えられようが、福寿寺はすでに天平十一年七月十二日の皇后宮職移からみえ始めるので恭仁遷都後に恭仁に建てられた寺とは考えられない。解にとくに奈良宮と記されたのは、遷都中であるけれど、恭仁宮から筆墨の銭を受けたのでないという意味で記されたのであり、福寿寺の位置は不詳とするほかない。ただあえて推測するならば平城京から遠く離れた福寿寺で写経をおこなったとは思われないから、福寿寺はやはり平城京内にあったのであろう。田村吉永氏(4)は、藤原京で薬師寺（右京八条三坊）が、長安京の西明寺に相応する位置に建てられ、平城京の大安寺（左京六条四坊）が長安青竜寺に相応する地に設けられた、といわれる。ところで長安志巻第十によれば長安京に福寿寺が存したことが知られ、天平の福寿寺とは単なる偶然の名称の一致かも知れないが、その名称を長安京のものからとったものかと考えられ、これは福寿寺が平城京内に存した一徴証となるのではあるまいか。

東院写一切経所と福寿寺写一切経所は、写経司に統轄された分離的写経機関であったが、写経司固有の写経機関がどこにおかれていたかは明らかでない。しかし恭仁・紫香楽に遷都がおこなわれても写経機関は平城の地を動かなかった。[5] ただ写経関係文書を編年的に配列すると、十二年七月二十八日の写経司啓（二256 257）から同十二月二日の写経司解（二272）までの間の文書は見あたらないようであり、右の期間はちょうど藤原広嗣の乱勃発（八月二十九日上表をたてまつる、九月三日兵を起して反す、と続紀に記される）当初の動揺期にあたり、写経事業も一時停頓したのであろう。前掲十二年十二月二日写経司解についでみえるのは十三年三月九日大般若経奉請文（二十四129）・同三月十一日一切経納櫃帳（七493―495）であり、以下段々と文書はみえるが、写経司の名称は十二年十二月二日の解で終わる。十三年三月以後の写経文書には一切経納櫃帳・経巻勘注解・装潢等送紙帳・経師校生らの解や手実帳など種々のものが存するが、新しい写経機関の名称がみえるのは天平十四年十月三日の金光明寺写経所解である（二313）。十三年三月からこの十四年十月までの文書にみえる写経機関は、十三年十月十九日・十四年六月三日・同七月十日の福寿寺写一切経所であるが（二307、八60、108）、福寿寺写一切経所は写経司の分離的写経所であった。

石田氏は、[6] 天平十三年以後に写経司のあとをついだのが写経所であるとし、写経所一覧表（附録）に十三年六月二十五日・十四年正月・同十二月・十五年四月の千手経書写をあげ、「奈良朝における写経所の変遷図解」にもその意味を図示されたが、福山氏[7]はこれを批判して、右の千手経書写は恐らく十五年十月八日写経所解（二341―343）の内容を溯称させたもので、十五年七月二十九日以前において「写経所」と明記した例―北大家写経所（二170）と受物注文（天平九年十月十八日に始まる、七122）の写経所とを除く―を見出すことができない、と述べられた。福山氏がいわれるように官の「写経所」は十五年七月二十九日の写経所解案に初見する（八228）。なお石田氏は、[8] 十一年四月三十日の写経所啓（七255）は写経司啓の写し誤りかの疑いがあるといい、何ら疑いの理由をあげられなかったが、それは十二年まで写経司、十三年以後写経所というように割り切るのに都合の悪い史料であったからとしか思えない。十一年四月三十日の写経所啓(9)はその署名者からみて同五月十八日の北大家写経所啓（二170）・十二年七月八日の写経所啓（七486—491）とともに同じ北大家の写経所のものであることが福山氏(10)によって推定されており、これが正しい。

なお石田氏(11)がのちの写経所全部の宗家にあたるといわれた写経所はつぎの金光明寺写経所にあたるもので、これを十三年にさかのぼらせることはできない。

（1）石田茂作『写経より見たる奈良朝仏教の研究』一九六—七頁。

（2）福山敏男「奈良朝に於ける写経所に関する研究」（史学雑誌四三の一二）

（3）松平年一「福山氏の『奈良朝に於ける写経所に関する研究』に就いて」（史学雑誌四四の四）

（4）田村吉永「高市大寺と大官大寺と大安寺の寺名について」（続日本紀研究六の九）

（5）この間の写経所の動静については拙著『日本古代の政治と宗教』所収「奈良朝写経所の一考察」参照。

（6）石田茂作、前掲書一九〇—一九二頁。

（7）福山敏男、前掲論文。

（8）石田茂作、前掲書一九二頁。

（9）天平十一年四月三十日の写経所啓に自署する五百井小宗は正倉院文書のここに一回しかみえないが（七255）、竹内氏等編『日本古代人名辞典』に彼が東院写一切経所に出仕したとされるのは（一の一二四頁）北大家写経所の誤りである。辞典の説は、福山氏が十一年から十四年まで東院（福寿寺）写一切経所で写経がおこなわれたといわれる説に影響をうけたのであろうと思われる。なお(a)天平十一年四月十八日の大般若経奉請状（七254・255）・(b)同四月三十日の写経所啓（七255）・(c)同五月十八日の北大家写経所啓（二170）は大般若経について四十帙の第八・九・十の三巻が欠と記すのによって連関し合うものであり、したがって(b)の写経所は北大家のものであることが知られ、(c)に署名する資人石村布勢麻呂の名がみえる(d)十二年七月八日の写経所啓（七486—491）も北大家のものであることが知られるのである。

（10）福山敏男、前掲論文。

（11）石田茂作、前掲書一九二頁。

第三節　金光明寺写経所

一　金光明寺写経所の成立

金光明寺写一切経所の名は天平十四年十月三日の牒に初見し（二313）、ついで同十二月八日の解（八150）・同十二月十七日の解（八155）にみえ、金光明寺写経所の名は十八年七月二日解案（九250）・同十二月二十九日の解（九321）・年月日欠の解（九322）にみえる。石田茂作氏[1]は金光明寺写一切経所について左のように述べられた。

(1)　この名称は天平十四年と十八年の文書に都合四ヵ所ばかり散見するにすぎない。

(2)　大和の金光明寺は続紀天平十五年正月条の大養徳国金光明寺に相当し、その遺跡は奈良県橿原市八木町寺町の国分寺にあたる。

(3)　のち偶然に金鐘寺の地に大仏が造られるに至り金光明寺の全部は東大寺に継承された。

(4)　この写経所は東大寺以前の大和金光明寺専属の写経所であるまいか。金光明寺写経所に関する文書は十八年までのものがあり、東大寺写経所のものは十九年から残っている点からも右のことがよく説明できる。

右の石田氏の説を検討すると、大和の金光明寺は東大寺要録巻第七所引雑格中巻[2]に、

太政官符　治部大蔵宮内等省

偁金光明寺本名金鐘寺

右奉　皇后去四月二日令旨偁、上件之寺預八箇寺例、令為安居、自今以後永為恒例、
　　天平十四年七月十四日

とみえ、皇后の令旨でおこなわれた金鐘寺安居（四月十五日―七月十四日）が終わったのちもそれが恒例とされたこと、この七月十四日以前に金鐘寺は金光明寺に指定されていたこと、などが知られ、石田説の(2)十五年正月当時の金光明寺は金鐘寺（日本霊異記に、諾楽京の東山にあり、金鷲寺と号し、今、東大寺となると記される。金鍾寺とも書かれる。詳細は第三章第三節の三参照）でなければならず、八木町の遺跡[3]は十四年七月ごろ以前の大和国分寺のものと考えなければならない。なお石田氏は(3)で金鐘寺の地に大仏が造られるようになったのは偶然であったといわれるが、そうは考えられず、大仏造営の大事業がおこなわれたのは、この寺にそれだけの歴史的事情があったからである（第三章第三節の三で述べる）。また福山敏男氏[4]によれば金光明寺写経所は寺付きの写経所でなく、写官一切経所・写後一切経所・写疏所などを総括する名称であると考定されており、したがって石田氏が金光明寺写一切経所と金光明寺写経所との関係に注意を払われなかった点も修正を要しよう。

ただし石田氏が東院と福寿寺の位置や沿革を不詳とされたのに対し、福山氏は東院・福寿寺・金光明寺を同一とし、さらに別稿[5]で金鐘寺も同一とされたが、金鐘寺は金光明寺に指定されたから問題はないけれど、福寿寺が金光明寺と同一といえるかどうかは疑問である。左に検討しよう。

福山氏が、福寿寺写一切経所は天平十四年七月十日から十月三日までの間に金光明寺写一切経所と改称された、といわれる理由はつぎのとおりである。(a)十四年六月三日附および(b)七月十日附の福寿寺写一切経所解は同年二月五日から五月三十日までの一切経と千手経の書写を報告し（八60―63、108―110）、(c)同年十二月八日附および(d)十七日附金光

明寺写一切経所解は同年六月一日から十一月三十日までの千手経と一切経の書写を報告し布施を請うているが（八150―153、155―159）、この(a)は同年二―四月の手実帳（八1―22）と五月の手実帳（八55―60）によって、(b)は二―五月のそれ（八22―45）によって、(c)は六―七月（八67―73）十―十一月のそれ（八140―148）によって、(d)は六―十一月のそれ（八74―107）によって作製された文書である。これらの手実帳から経師の一切経と千手経の書写や、料紙受領を検すると、福寿寺と金光明寺の写経所解の内容で境界をなす五月と六月との間において、両写経所経師人名の大部分に何らの変化がみられないのみならず、校生の手実にも五月六月間に何らの区画もみえず（八106、148）、両写経所の官人も共通しており（〈第2表〉）、十四年五月以降の経師等充紙帳の記載も六月からでなく五月から始まり（八321―337）、金光明寺写経所の名があらわれると福寿寺写経所の名は全然消滅する、と。

しかし、福山氏の記述や、表にはつぎのように不審な点がある。(1)(a)・(b)が一切経と千手経の書写を報告したものといわれるが、(a)には法華経・最勝王経の書写も報告され（八60）、(2)(c)・(d)が一切経と千手経の書写を報告したものといわれるが、(d)には疏の書写も報告されている。(3)福寿寺と金光明寺の両写経所の同一を証するために二月から十一月までの間における経師志紀久比麻呂ら一四人の一切経と千手経の書写、および料紙受領を表示されたが、(a)・(b)・(c)・(d)の写経に関係した経師・装潢・校生は三九人あり、両写経所の同一をいうためには三九人全部について表示すべきであるのに、装潢以下を略し、また八月以後にのみあらわれる経師八人、およびその前後ともにあらわれるけれど境界をなす五月六月にみえない経師七人を略す、といわれ、全体の半分に足らない人数について表を作り、経師の大部分に何らの変化もない、といわれるのは十分な論といえない。(a)か(b)かにたずさわった経師・装潢・校生で、(c)と(d)に無関係なのは(7)呉原生人と(16)戸令貴の二人だけであるが、逆に(c)か(d)にたずさわった者で(a)と(b)に全然無関係なのは古神徳ら計一二人を数える。このような実情は両写経所の同一を証することを困難にするのではあるまいか。

つぎに別の面から福山説に対する疑問をあげよう。福山氏は、福寿寺写経所が天平十四年七月十日から十月三日までの間に金光明寺写経所と改称されたといわれるが、十四年七月十四日の太政官符によればすでにこれに近い頃に金鐘寺が金光明寺に指定されており、金光明寺の前身は金鐘寺なのである。それであるのに福山説のように福寿寺→金光明寺とすれば（福寿寺・金鐘寺）→金光明寺となり、しかも金鐘寺→金光明寺改称時期の七月十四日は福山説の福寿寺→金光明寺改称時期の七月十日—十月三日の間に含まれ、きわめて複雑なことになる。福山説が成立するためには福寿寺＝金鐘寺、または福寿寺＝金光明寺となることを証する別の根拠を示さねばならない。

このようにみてくれば、たとい福寿寺写経所でおこなわれていた写経の作業のなかには金光明寺写経所で引きつがれたものがあっても、それをもって両寺の同一を証するには説得力が乏しく、それ以外にたとえば位置の同一など寺そのものの同一を論証しなければならない。しかも福山氏自身が引用された天平十一年七月十二日の皇后宮職移案の同一紙面に福寿寺と金鐘山房（金鐘寺）とがみえるから（二352）、福寿寺は金鐘寺と同一であり得ない。[6] たしかにいえるのは、金鐘寺が天平十四年七月ころまでに金光明寺に指定され、そこにおかれた写一切経所は十四年十月三日の牒までさかのぼることができ、十八年七月二日の解案に初見する写経所が写官一切経所・写疏所・写後経所・写金字経所などを総称したものであったことである。福山氏は、写疏所が金光明寺写経所にふくまれる証として、

(a)　天平十五年十二月二十九日（金光明寺）写経所解（二348・349）
(b)　同十五年十月十七日写疏所解（二343—347）

(a) 同十八年七月二日金光明寺写経所解案（九250―254）
(b) 同十八年六月二十九日写疏所解（二515―518）

の例をあげ、(b)の内容が(a)に含まれることを指摘された。写（官）一切経所が写経所に含まれることも同様に、

(a) 同十五年十月八日（金光明寺）写経所解（二341―343）
(b) 同十四年十二月八日金光明寺写一切経所（八150―153）

(a) 同十五年七月二十九日（金光明寺）写経所解（八228―230）
(b) 同日写官一切経所解（八222―227）

の例があり、(b)の内容が(a)にふくまれるのによって知られよう。

（1）石田茂作『写経より見たる奈良朝仏教の研究』一九五―一九六頁。

（2）続々群書類従、一一の一三一頁。

（3）大和の国分寺の位置については問題が多い。喜田貞吉「東大寺と大和国分寺附金鐘寺の疑問」（芸文六の一一、七の一・三・六）・佐藤小吉「大和国分寺」（角田文衛編『国分寺の研究』上、四四三―四五一頁）参照。橿原市八木町寺町に国分寺（浄土宗鎮西派知恩院末寺）があり、その東約一五町の地に鴨公大字法華寺が存し、小字の下法華寺・中法華寺・上法華寺の名が残る。しかし大字法華寺には遺跡・遺物が見あたらない。ところで、右の寺町の国分寺の南隣（八木町大字八木字宮町）にも国分寺の遺跡と称する延命院八木寺（新義真言宗豊山派長谷寺の末寺）があり、国分寺の遺跡は二つ存するが、後者は文献に国分寺としてみえることはないけれど、八木里の地名を冠する点より古刹にちがいなく、国分寺の一子院であるまいか、と佐藤氏は述べる（天平十七年五月に不比等の宅を法華寺とした以前の大和の国分尼寺については堀池春峰氏の説がある。第三章第三節の三参照）。

（4）福山敏男「奈良朝に於ける写経所に関する研究」（史学雑誌四三の一二）

（5）福山敏男「東大寺の創立に関する問題」（古代文化研究五。のち改訂し村上昭房編『東大寺法華堂の研究』に収録）

（6）福山氏の写経司・東院写一切経所・福寿寺写一切経所

同一説に対する批判に関しては、松平年一「福山氏の『奈良朝に於ける写経所に関する研究』に就いて」(史学雑誌四四の四)および拙著『日本古代の政治と宗教』所収「奈良朝写経所の一考察」参照。

福山氏が東院写一切経所より福寿寺写一切経所を経て金光明寺写一切経所に連続する写経所の組織は同一であるとし、したがって福寿寺と金光明寺を同一とされた説について、堀池春峰氏はこれを批判し、福寿寺写一切経所・金光明寺写一切経所はそれぞれの寺の経を写す写経所であり、両寺同一の立証とならず(P)、天平十四年七月十四日の太政官符に金鐘寺を金光明寺というとみえるけれど、福寿寺の名は記されず、しかも天平十一年七月十二日皇后宮職移案の同一紙面に福寿寺と金鐘山房がみえるのは同一の寺でない証左である(Q)、といい、金鐘山房→金鐘寺→東大寺と発展したことを説かれた(「金鐘寺私考」南都仏教二)。Qの指摘は正しい。ただPで両写経所をそれぞれ寺付きのものといわれるのはあたらず、福寿寺写一切経所は写経司の分離的写経所であり、金光明寺写一切経所は、写経司時代の写経所を継承し総括した金光明寺写経所の一部を構成するものであったと考えられる。

二　金光明寺写経所の構成

金光明寺写経所の構成について左に整理する。

(イ)写官一切経所(写官経所)　これについて、石田茂作氏[1]は天平十五年の文書が三通あるのみで(八222、285、313)、これによって考えをまとめるには史料が少なすぎる、といわれるにとどまったが、福山敏男氏[2]は、十五年四月一日から天皇の御願による一切経すなわち「大官一切経」の書写が始められたために(八171)写官一切経所とよばれ、これ以前から常写経としてつづけられつつあった一切経は「宮一切経」とよばれたことを指摘された。さらに注意されるのは、写経関係紙背文書を調査された岸俊男氏[3]が、籍帳類の紙背利用が始まるのは天平十五年からであって、金光明寺写官一切経所において四月一日から新たに大官一切経の書写が始められたのと符合する、と指摘されたことである。

(ロ)写疏所　これに関し石田氏[4]は天平十六年五月四日の写疏所解に初見し（二351）、ここでは主として註疏を写したけれど、写経所の作業も手伝い、弥勒経（二351）・法華経（二561）・薬師経（九246）を写すこともあった、と述べられたが、その初見について福山氏[5]は十五年七月二十九日の写官一切経所解に写疏所の記載がみられ（八223）、同十月十七日の写疏所解も存在し（二343―347）、この写疏所解の案文は同月十五日附であり（二四233―238）、石田氏の写経所一覧表（付録）で十月十七日の写疏所解を写経所関係文書のなかに入れるのは誤りであることを指摘された。福山説が妥当であるこというまでもない。

なお大日本古文書には(a)天平八年七月一日の写疏所解が収められており、同年五月十九日の宣により薬師経二一巻を写した布施一貫七〇七文を請求したもので、志斐麻呂と阿刀宅足の署名があり、末尾に別筆で「間仰給」と記す（二1―4）。しかしこれは大日本古文書編者により(b)十八年七月一日の誤りとされ、十八年のところに再録された（九246―249）。十八年七月一日附写疏所関係文書としてほかに(c)写疏所解案（断簡、二十四376 377）と(d)写疏所解案（断簡、二521 522）とが存するが、(c)と(d)の断簡はすぐ連続すべきものであって両者を合わせるとほぼ完全な写疏所解案となり、これを(b)と比較すれば(b)の末尾に「間仰給」と記す三字が(d)にないのを除けば、そのほかの記載は一致し、(c)プラス(d)が(b)の案文であることが知られる。(b)の天平十八年を天平八年と誤まった(a)がどうして大日本古文書に収録されたか。大日本古文書の正倉院文書解題[6]によれば、穂井田忠友が整理したとき一本を写し家に蔵してから、それを転写したものに水戸本・須坂本のごときものがあり、維新ののち整理に当たった小杉榲邨は影写・転写の二本を作って所持し、宮内省でも副本を作った、という。ところで右の(a)は小杉本である。(a)と(b)にだけ「間仰給」という三字が記されるから(a)は(b)を写したもので、(b)に「経師十五文」とあるのは明らかに「経師十五人」の誤りであり、(a)は(b)の十八年を八年と写し誤まったために天平八年七月一日の写疏所解が独立文書のようになったが、写疏所の分化は天平十五年からなのである。したがって小杉本のとりあつかいには注意を払わねばならないが、同様の例は須坂本にもみられる。[7]

(ハ)写後経所　天平十八年正月から別の一切経すなわち後一切経の書写が始められたために写後経所があらわれ（九1—8）、写後経所は写後一切経所・後経所・写後書所・後書所ともよばれ、これは天平二十年まで文書にみえ、石田氏[8]はここが金光明最勝王経以外の経部を写したことに注意され、福山氏[9]は、さきの大官一切経（先一切経）を写したため区別して先経所とよばれ、天平二十年初め頃まで五カ年を要し（八171—183、九263—265、十120 121）、後一切経は後経所で二十年五月までに三四二九巻を写すのに二カ年を要し（十446 447、九8—12）、先後の一切経は経堂を異にして写された（二699—706、690—698）、といわれる。

(ニ)写金字経所　これについて石田茂作氏[10]は、(1)正倉院文書に天平十八年十月十七日金字最勝王経を写した記録がみえ（写金字経所解、二547）、(2)さかのぼって続紀天平十三年三月乙巳詔に「朕又別擬写二金字金光明最勝王経一。毎レ塔各令レ置二一部一」とあり、また正倉院御物に天平十四年の銘をもつ最勝王経帙が存するから、正倉院文書に金字経所の名が十八年にただ一回しか出ていないにせよ、十三年ごろより設立されていたと考えて大過ない、と述べられた。

福山氏[11]は、金光明寺写経所が臨時的に金字最勝王経を写したため写金字経所とよばれたけれど（九294—299）、石田氏のように金字経所を金光明寺写経所と別個のごとくいうのは妥当でない、と説かれ、福山説に従うべきである。なお、石田氏は天平十三年三月乙巳詔によってすでにこの頃から写金字経所が設立されていたといわれるが、心ずしもそう考える必要はなく、十五年正月九日の写一切経所解が残紙を報告したなかで八枚（張）は金字最勝王経褾紙打端料であると記すように（八163164）、十五年ごろには写一切経所が金字最勝王経の書写をおこない、とくに写金字経所とよばれるものはなかったと考えられ、[12]正倉院文書に関する限り、写金字経所の名称は十八年十月に初見するといわねばならない。

これよりさき十三年二月十四日の国分寺建立勅で宣言された事項のうち、重い意味をもつのは国分寺で読誦用の最勝王経のほか、塔に安置する金字最勝王経を書写することであり、読誦用のものが各国で写されたのか、中央の写経所で書写したものを頒布したのか、知る手がかりはないが、金字の最勝王経が中央でつくられたことは、(a)天平十八年十月十七日写金字経所解（二547―551）・(b)同日写金字経所解案（九294―299）・(c)同二十年十月二十五日写経所解（三127128）によって知られる。(a)と(b)によれば、用紙三〇二九張・校紙五七六〇張・瑩紙二八八〇張・装潢紙二八八〇張・題経七一〇巻の要領であり、金字最勝王経七一部を書写完成した経師一八人・校生兼瑩生一二人・装潢二人・題師三人について「合奉写金字最勝王経一百七十九巻」「国分最勝王経料布施」として銭四二貫八五二文が請求されている。(c)には用紫紙一六五張・写紙一六〇張・校紙三二〇張・瑩紙一六〇張・装潢一六五張・題経一〇巻の要領で金字最勝王経一部を仕上げた経師兼題師一人・校生兼瑩生二人・装潢一人について「以前、国分最勝王経七十一部之内、因誤更写加一部料、賜応布施、顕注所請如前、以解」と記され、(c)は(a)・(b)と関連をもつことが知られる。(a)・(b)の題経七一〇巻は(c)の七一部に合うからである。が、(a)・(b)の一七九巻は七一部七一〇巻のうちの一部で、(c)によれば一部に一六〇張使われるから、(a)・(b)の瑩紙・装潢紙各二、八八〇張は一八部一八〇巻分となり、それであるのに一七九巻分の布施が請求されたのは一巻に誤写があったからである。また七一部七一〇巻のうち一八部一八〇巻を除く五三部五三〇巻は十八年十月以前に完成し、その分の布施も同じく十八年十月以前に請求され、題師の布施一巻六文の割で四貫二六〇文すなわち七一〇巻分であるのは、題師の分だけは七一〇貫分がまとめて十八年十月に請求されていると考えざるを得ない。

奈良時代の国の数は神亀五年六四国であったが（第二章第二節の三、参照）、七一部を写したのは何らか予定があって国の数よりも上廻っているのであろう。ともあれ、(c)の天平二十年十月に金字最勝王経書写が終わったことが知られるけれど、その書写開始期は明らかでない。二寺の建立や金字最勝王経の安置を発願した十三年二月は、恭仁に遷都したばかりであり、国分僧寺はすでに九年三月に創建詔が出されているけれど、造営がすぐに進捗したわけでもないから、金字最勝王経の書写し始められたのは十三年二月よりかなり後のことで、あるいは紫香楽から平城へ遷都した十七年五月以後のことであろうか。十三年二月に書写が発願された金字最勝王経は、五年後の十八年十月に七一部を写し、一部に誤写があったためそれを改めて書写し、全部を終えたのが二十年十月であったことが知られる（(a)・(b)によれば一八〇巻を書写し、一七九巻分の布施を請求したのは、一巻に誤写が存したからであるが、(c)によれば右の一巻だけを改めて写すのでなく、一部一〇巻を新たに書写したのである）。

（1）石田茂作『写経より見たる奈良朝仏教の研究』二〇〇頁。

（2）福山敏男「奈良朝に於ける写経所に関する研究」（史学雑誌四三の一二）。福山氏が、天平十五年四月一日から金光明寺写経所で始まった「大官一切経」の書写（八171）は天皇御願によるとされたことについて、松平年一氏は批判し、それはどなたかの令旨による御願写一切経の意味であり、天皇のための書写ならば「大官御願」（たとえば二487）と記さるべきだ、といわれる（「福山氏の『奈良朝に於ける写経所に関する研究』に就いて」史学雑誌四四の四）。しかし、大官一切経と大官御願一切経という語の間に大きな相違があるとは考えられないこと、この天平十五年の写経量からみれば天皇御願の写経としてふさわしいこと、写経と方面は少しちがうが大宮大寺という場合の意味は、国家の建立にかかり、天皇が発願者たる大寺であること、これらの点を考えあわせると、福山説に無理があるとは思われない。

(3) 岸俊男「籍帳備考二題」（読史会創立五〇年記念『国史論集』所収）

(4) 石田茂作、前掲書、一九三—一九四頁。

(5) 福山敏男、前掲論文。

(6) 大日本古文書一の六五三—六五四頁。

(7) たとえば天平十二年四月十八日内蔵寮解（二254）。この須坂本の内蔵寮解の天平十二年が十七年の誤りであることは、ほぼ同文の十七年四月十八日内蔵寮解（二411 412）が存することによって知られる（拙著『日本古代の政治と宗教』所収「紫香楽宮」参照）。

(8) 石田茂作、前掲書、一九四頁。

(9) 福山敏男、前掲論文。

(10) 石田茂作、前掲書、一九八頁。

(11) 福山敏男、前掲論文。

(12) なおほかに金字経書写の例をあげると、(イ)天平十三年三月十一日の一切経納櫃帳に同閏三月二十四日「紫檀軸十八枚奉請八幡神宮最勝王経十巻法華経八巻借着大楼炭経発智論者　天平十三年閏三月廿四日」（七494）と記す最勝王経と法華経は、金字経であったことが同じ続紀の同じ閏三月甲戌二十四日条によって知られる（この金字経の八幡神宮奉納については本書第二章第二節の三に述べた）。(ロ)勝宝三年三月十一日？　写書所解に金字華厳経一部八〇巻を写す用度を請い（十一498 499）、(ハ)同六月一日の写書所解によれば、前の五月に金字華厳経五一巻を写すのに装潢一二人・経師一五二人・校生四八人がたずさわったと記す（十一518 519）。(イ)では写経所の名が見えないが、(ロ)と(ハ)の例は、金字経書写が写金字経所でおこなわれると限らないことを示す。

三　金鐘寺・金光明寺・東大寺の関係

金光明寺や東大寺の前身をなす金鐘寺の位置と沿革についてはこれまで多くの論議がみられた。天平十七年五月戊辰（十一日）紫香楽から平城へ還都し、やがて八月二十三日[1]から平城京の東で大仏造営が再開されたときの場所は(A)延暦僧録(2)に金鍾寺、(B)日本霊異記(3)に金鷲寺と記され、(C)金鍾寺は天平十一年七月十二日皇后宮職移案(4)の金鐘山房（二352）にあたり、(D)十四年七月十四日の太政官符(5)で金光明寺に指定された金鐘寺と同寺で、(E)十八年の具注暦三月十五日条の書きこみに「天下仁王経大講会、但金鍾寺者、浄御原天皇御時、九丈灌頂、十二丈撞（幢）立而大会」と記され（二573）、(F)続紀には十六年十二月丙申条に「度二一百人一。此夜於二金鍾寺及朱雀路一。燃二燈一万坏一」(G)十八年十月甲寅条に「天皇。太上天皇。皇后行二幸金鍾寺一。燃二燈供三養盧舎那仏一」とみえる（鍾と鐘の音は通じるので以後は鐘の字を用いる）

(1)喜田貞吉氏説（「東大寺と大和の国分寺、附金鐘寺」(6)）①金鐘寺の位置は近江の紫香楽の地で、②天武十四年十月庚辰紀の優婆塞益田直金鍾が創始し、のち良弁がここに住み、聖武天皇をさそい、大仏造営はここすなわち甲賀寺で着手された。理由は、(F)続紀天平十六年条の金鐘寺は紫香楽行幸期間の記載にみえるからである。③寺はのち奈良に移り、東大寺となったが、旧地にもなお寺が残り、大菩提寺と称し、金粛寺ともいった。益田直金鍾をこの地で金粛菩薩とよんだことから金粛寺の名がつけられ、山号を金勝山と称し、のち興福寺の願安によって隣地に再興され、続日本後紀天長十年九月辛酉条に近江栗太郡金勝山菩提寺を定額寺となすと記される。以上のように喜田氏は説かれた。

しかし、①紫香楽行幸期間中の続紀記事にみえるからといって金鐘寺が紫香楽にあったとは限らない。②天武紀の益田直金鍾の居地は不明で、金鐘山房が初見する天平十一年皇后宮職移案から年代が離れすぎるから、金鐘寺と結びつく人であるかどうか明らかでない。大仏鋳造がおこなわれた金鐘寺の位置は、東大寺要録や扶桑略記に添上郡と記され(7)、日本霊異記に諸楽京の東山で、今の東大寺の地と書かれる(8)。一方、③の金勝山は大菩提寺の山号で、寺名は続日本後紀以前にみえず、もと甲賀郡紫香楽にあったとの証拠がない。喜田説の根拠は薄弱である。

(2)小野玄妙氏説（「東大寺草創考」[9]）①天平十七年以前の大和金光明寺は、最初、恭仁京に、のち紫香楽にあったが、完成せず、平城還都ののち平城京で東大寺として完成された。②大仏は古金鐘寺で造立されたが、古金鐘寺はそれ以前に金光明寺としてとりあつかわれなかった。小野説の要点は以上である。

右の①が誤りであるのは、恭仁や紫香楽が大和に編入されたのでないことをいえば十分である。②古金鐘寺が金光明寺とされなかったというのも誤りであることは(D)天平十四年七月の太政官符を引用すれば容易に知られよう。

(3)安藤更生氏説（『三月堂』[10]）①金鐘寺開基の金鍾は良弁と別人である。②喜田氏は、金鍾行者が金粛菩薩で、金鐘寺は近江にあった、というが、疑問である。③金鐘寺は天平十八年具注暦にみえるが、時代は天武朝にさかのぼるにせよ、その位置はわからない。④執金剛神像はもと平城の地にまつられていたが、法華堂建立以後に何らかの事情でこの堂に入れられた。⑤法華堂は天平十八年三月ごろまでにできていた（桜会縁起）。天平五年に法華堂ができたという東大寺要録に対し傍証となる史料はないが、天平五年の年代は無意味でなく、あるいは羂索像成立の時点を示すものであろう。これが安藤説の要点である。

安藤説の①・②は妥当である。③具注暦の仁王経会は持統七年十月己卯紀にみえるのに相当する。金鐘寺の位置は後文で考定してゆきたい。④・⑤の執金剛神・法華堂・羂索像の成立年代などについてはのちに紹介する福山敏男氏[11]の説が最も妥当と考える。

(4)境野黄洋氏説（『日本仏教史講話』[12]）①良弁は金鐘寺を創設し、法華堂に執金剛神・羂索観音を安置し、のちこの寺地で大仏がつくられ、東大寺となった。②しかし金鐘寺の名はのちまで伝えられ、大仏造立以前は古金鐘寺とよんだ。③古金鐘寺の時代にここに金光明寺が存した証はない。④大和金光明寺は恭仁にあった。⑤金光明寺のあとに東大寺ができたのでなく、金鐘寺が金光明寺となったときがすなわち東大寺となったときである。境野氏は以上のごとくいわれる。

境野説の①金鐘寺が東大寺に発展したことに異論はない。良弁は金鐘寺の創建に密接な関係をもったけれど、金鐘寺は彼の意志で開かれたのでなく、法華堂を金鐘寺の起源になし得ないことは桜会縁起や東大寺要録に関する福山敏男氏の批判によって知られる(後述)。[13] ②には異議はないけれど、古金鐘寺の名は延暦僧録にみえるだけで、古金鐘寺と金鐘寺のよびかたに強い区別はなかったと思われる。③のようにいえないことは(D)天平十四年七月の太政官符などによって知られ、④には、まえに述べた小野説批判を引用すればこと足りよう。⑤の説明は難渋であり、右の天平十四年官符によって金鐘寺が金光明寺となったことなどに注意すれば難渋な説明は不要である。

(5)肥後和男氏説(『紫香楽宮阯の研究』[14]) ①続紀天平十八年十月条にみられるように東大寺が金鐘寺とよばれたのは、造営着手後まもないときで寺名が定まらなかったため、金鐘寺の寺域内に造営されたという偶然の事情による。金鐘寺が自然に発展して東大寺となったとその関係を強調するのは承服しがたく、両者は理念を異にする存在であり、地域という外的世界において結合したのである。②続紀天平十六年十二月条の金鐘寺と朱雀路の燃燈は紫香楽でおこなわれたものであり(紫香楽宮に朱雀門が存したから、朱雀路はそれにつづく街路)、甲賀寺が東大寺の前身であったところから、続紀編者は東大寺の異称たる金鐘寺を甲賀寺に及ぼしたのである。編者が甲賀寺時代の根本史料を用いず、のちに整理された記録などを用いたとすれば、右のごとき筆法をとることは往々あり得たであろう。延暦十六年二月の編者の上表に文武元年から宝字元年までの旧案に疎漏が多いといっているのは、甲賀寺を金鐘寺と追称することがあったことを間接ながら示すものである。以上が肥後説の要点である。

肥後氏が①に述べられたごとくには偶然に大仏造営が金鐘寺でおこなわれたのでなく、金鐘寺と東大寺の関係が単なる地域的なものにすぎなかったのでもなく、金鐘寺が宮廷と密接な関係をもったからこそ金光明寺に指定され、大仏もそこで造営されるようになったのである（(9)家永三郎氏の説参照）。②続紀十六年条の金鐘寺を紫香楽の寺とするのは、平城還都以前のこととして記されるのにとらわれすぎたためであり、還都以前の記載に平城の金鐘寺の燃燈が記されても不思議でない。十六年十一月壬申条の甲賀寺と同十二月丙申条の金鐘寺とは全く近接したところに記載されており、後者だけ東大寺の異称の金鐘寺を以て追称したとは考えられず、むしろ別寺であるから甲賀寺と金鐘寺と書きわけられているとする方が合理的である。[15]

(6)福山敏男氏説（「東大寺創立に関する問題」[16]）①金鐘寺は奈良の地にあった。②起源は持統七年までさかのぼり、そのころ九丈の灌頂と一二丈の幢をたてて大会をおこなったほどで、無名の小寺でなかった。③天平十一年七月十二日の皇后宮職移案に金鐘山房と記され（二352）、④十四年七月十四日の太政官符によればこのころ金光明寺に指定された。一方、福寿寺写経所は十四年七月十日から十月三日までの間に金光明寺写一切経所と改称されており、したがって金鐘寺・金鐘山房・福寿寺は同寺である。⑤十五年正月十四日から三月三日まで大養徳（大和）国金光明寺で最勝王経が転読され、翌十六年三月十四日大和金光明寺の大般若経が紫香楽宮に運ばれた。これは金光明寺が福寿寺といわれた時代の天平十一年八月ころから十二月にかけて福寿寺写経所で写された紫紙金泥経であった。⑥続紀十六年と十八年条の金鐘寺は金光明寺にほかならず、続紀編者は旧名を用いて記したのであり、都が恭仁や紫香楽に転々としたにもかかわらず、金光明寺は奈良の東山の地を動かなかった、と。

福山説の①・③・⑥について異論はないが、④・⑤の福寿寺と金光明寺同一説に賛し得ないことはまえに述べたと

ころであり[17]、②金鐘寺の起原に関しては家永三郎氏・堀池春峰氏の説との間に若干相異がある（後述、(9)・(12)）
(7)喜田貞吉氏説（「国分寺の創設と東大寺の草創」[18]）　喜田氏は前論考(1)の要旨を掲げ、訂正の要を認めぬ、といい、(6)福山説に対し①大養徳金光明寺が当初から恭仁京に存在したことには疑問がなく、よしやそれが福寿寺の延長であったとしても、あるいは同一物であったとしても、それは金光明寺の名称が一定せぬ以前のことと解すべく、それによって大和の金光明寺が恭仁に造営されたことを否定すべきでなかろう。②天平十八年具注暦の書き入れは金鐘寺が天武朝に存在したことを示し、開基は同じ天武朝の人物としてみえる金鐘優婆塞に縁がありげに思われ、天平五年良弁開創の羂索院が東大寺の起源でないことは疑いない。③東大寺側には、金鐘優婆塞に縁故ある金鐘寺に起因することをあらわすのを忌む事情があり、しいて金鐘を良弁に附会し、良弁縁故の羂索院を古金鐘寺などと称し、また本来別物たる大和の国分金光明寺を東大寺と一致させるような術策をとったのである、と説かれた。

しかし①山背の恭仁京が大和に編入された事実がなく、宮号の大養徳恭仁大宮の大養徳は全国的の呼称であって、大和（大養徳）国は一国をさし、①は妥当でない。②良弁の羂索院を東大寺の起源とする桜会縁起の記載は史料的威力に乏しいが、そうかといって金鐘優婆塞が開基であるとするに足る証拠もなく、具注暦書きこみの仁王会も持統七年のことにあたる。③は一つの考えかたであろうが、そのようにきめこんでよいかどうか問題があろう。

(8)角田文衛氏説（「国分寺の設置」「山背国分寺」[19]）　①金鐘寺は金鐘優婆塞によって創始され、良弁（金鷲菩薩）によって発展せしめられた。②金鐘寺はもと奈良にあり（古金鐘寺）、紫香楽にも存在した（甲賀寺でないかも知れぬ）。甲賀寺大仏と良弁との関係から推せば、紫香楽の金鐘寺は良弁によって平城のそれから分置した寺刹であるまいか（「国分寺の設置」）。③恭仁京にあった国分寺は大養徳国金光明寺でない。④(a)天平十五年正月紀の大養徳国金光明寺は「別に」

と記されるから大和国分寺で、(b)同日紀の金光明寺と(c)十六年三月紀金光明寺は山背国分寺である（「山背国分寺」）。

角田説の③は妥当である。①良弁が金鐘寺の発展に深く関与したことはまちがいないが、金鐘優婆塞が金鐘寺の開基かどうかは明らかでない。②金鐘寺が奈良と紫香楽にあったとは考えられず、天平十六年紀の金鐘寺も奈良のそれであることは(1)喜田説批判のところで述べた。④の(a)大養徳国金光明寺は角田氏がいわれるとおり大和のそれである。が、このときの最勝王経転読で「乗二菩薩之乗一並坐二如来之座一」ということを願い「像法中興実在二今日一」と強調しているのはとくに深い意味をもつことを示しており、したがって転読は古い由緒をもつ大和金光明寺（金鐘寺）でおこなわれた可能性が濃い。角田説のように(a)と(b)と別寺と考えるよりも、同寺とする方が自然であり、(b)は(a)の略記とみればよい。(c)金光明寺が大和であることは福山敏男氏[20]によって指摘されており、従うべきある。

(9)家永三郎氏説（「国分寺の創建について」[21]）　①日録としての具注暦の書き入れの本質上、唐突に持統朝のできごとが記されたと考えられず、金鐘寺の起源が持統七年までさかのぼるかどうか疑問であり、九丈の灌頂や一二丈の幢をたてて大会をおこなったほどの金鐘寺が天平八年に「山房」、同十一年に「金鐘山房」というようにささやかな一山堂の名でよばれたのは不審である。②神亀五年十月に皇太子が薨じ、冥福を祈るため山房がつくられたことは続紀十一月乙未条に「以二従四位下智努王一為二造山房司長官一」と記され、同庚申条に「択二智行僧九人一。令レ住二山房一焉」とみえる山房こそ天平三年写経目録天平八年八月十三日条の山房（七25）、すなわちのちの金鐘寺であろう。神亀五年紀の山房をのちの金鐘寺に比定することに対する明瞭な反証のない限り、金鐘寺が古くから存在したという解釈も、あるいは早くより大倭国分寺の機能をになってきたという想定にも多大の不安を感ぜざるを得ない、と述べられた。

家永氏が②皇太子の冥福を祈った山房が金鐘寺であったといわれたのは新しい指摘である。金鐘寺で大仏が造営され、東大寺に発展した事情について、家永説以前には単に偶然によると説く人が多く、(22) あるいは金鐘優婆塞を創始者としたが、(23) 出自が明らかでない金鐘優婆塞の創始だけではどうして金光明寺に指定され、東大寺にまで発展したか、説明が困難であった。

ただ①の書きこみについて、まえに板橋倫行氏も「浄御原天皇の御時の九丈灌頂・十二丈幢を立てて」と読まれたが、福山敏男氏(24)は、それは無理なよみかたであろうし、また、そうよみ得ても「浄御原天皇の御時の灌頂や幢はそのとき以来金鐘寺に保存されていたとみる方が穏当であろうから、結局金鐘寺は古くからあったことになろう」、と批判された。なお藪田嘉一郎氏(25)も、神亀五年皇太子の死により創立されたならば、それより二〇年を経ない天平十八年に、この寺が天武朝（福山説により持統七年とする方がよい。井上註）にすでに存在したがごとき伝承は如何にして生じたか。造山房司長官任命より二五日後に智行僧九人を山房に住ませているのは、ある程度の建物があったからであり、山房は必ずしもささやかな山堂のみを意味せず、長官任命は創建のためでなく整備と解した方がよい、と述べられた。

思うに灌頂や幢が持統朝以来この金鐘寺に伝えられていたことがまちがいないならば福山・藪田説は妥当といえるが、宮廷あるいは他寺に保管されていた灌頂や幢ならば家永説のように寺の起源は持統朝までさかのぼらないということになる。

(10) 清原貞雄氏説（『奈良時代史』(26)）　①甲賀寺と金鐘寺は二つともに紫香楽にあった。②最初、大仏は甲賀寺でつくられ、ついで紫香楽の金鐘寺に安置し、平城還都とともに金鐘寺も奈良に移し東大寺と改称した、といわれる。

しかし①金鐘寺が今の東大寺の寺にあったこと、同名の寺が紫香楽にも存在したと考えられないこと、はすでに述べた（(1)喜田説と(5)肥後説に対する批判参照）。②甲賀寺の大仏が紫香楽の金鐘寺に運ばれた、というのは何ら確証がない。

(11)藪田嘉一郎氏説（「三月堂創立に関する諸問題に就て」[27]）　藪田説の一部は(9)家永説批判のところで紹介したが、金鐘寺と東大寺の関係について藪田氏はつぎのごとく結論されている。①金鐘寺創立年代は不明であるが、浄御原朝に仁王会を修したという伝承が天平十八年に存したほどに起源は古く、益田直金鐘が創立に関係あるらしい。②金鐘寺は古くから平城にあったが、のち甲賀寺も同じ名でよばれることがあった。しかしそれは正称でなく、別称であったようである。③大養徳金光明寺は恭仁に創建された。しかし寺務の多くは平城の金鐘寺で見たらしく、ために金鐘寺は金光明寺とも仮りに称された。のち東大寺が金鐘寺の地に営まれ、金光明寺となったのはこの縁による。④羂索堂創立は天平初年で、本尊は堂建立前数年につくられたが、天平元年をさかのぼることはない。⑤金鐘寺は東大寺成立後に消滅した。羂索堂を金鐘寺というのは、羂索院の衆徒が自院の権威を主張するためあとでいい出したもので、またそのため金就菩薩の伝説をつくり、さらに良弁を金就菩薩と同一人と仮構した、と。

藪田説の①は妥当であるが、②甲賀寺が金鐘寺ともよばれたと考えられないことはすでに記した（(1)喜田(5)肥後(10)清原説批判参照）。③大養徳金光明寺が平城にあったことも前述のとおりであり（(2)小野(4)境野(7)喜田説批判参照。とくに恭仁が大和に編入された事実はなく、大養徳恭仁大宮の大養徳は日本全国の意で、大和一国をさすのでない）。平城の金鐘寺において恭仁の金光明寺の寺務を見たというごときはおかしい。④羂索像と羂索院の成立年代については福山敏男氏[28]の見解が最も妥当である（後述）。⑤には異論がない。

(12)堀池春峰氏説（「金鐘寺私考」[29]）　堀池氏は福山氏の福寿寺・金鐘寺同一説を批判し、神亀五年紀山房を金鐘寺とする家永説を支持した。①天平十四年七月十四日太政官符に金鐘寺を金光明寺とよぶことがみえるけれど、福寿寺の名は記されず、十一年七月十二日皇后宮職移案の同一紙面に福寿寺と金鐘山房が並記されるから、福寿寺と金鐘山房は同一でない。②天平十八年具注暦三月十五日条書きこみは板橋倫行氏のように読む方がよい。③国分寺は新造を旨としたが、金鐘寺が大和国分寺にあてられたのは皇后宮職との密接な関係による。④金鐘寺は天平十九年以前に多少の仏像や堂舎をそなえていた。十二年十月良弁が審祥を請じ華厳経講説をひらいているから（東大寺華厳別供縁起）、盧舎那仏が安置されていたことはもちろんである。十五年ごろ良弁は金光明寺の上座で（一切経納櫃帳）、五五歳に達し、のち東大寺初代別当に補任された点などから推せば、神亀五年山房に住した智行僧九人のなかの一人に加えられていたと考えられる。

⑤天平十九年正月二十七日大灌頂経一二巻を申請した文書に初見する千手堂は、千手観音を本尊としたはずで、勝宝八歳東大寺図に法華堂の東南にえがかれ、堂址より奈良朝の軒丸瓦・布目瓦・敷瓦などを出す。⑥十七年七、八月ころの種々収納銭注文に「合十三貫一百十文良弁大徳銀仏料」と記されるのは、良弁と銀仏と関係が深いことを物語り、良弁の教学が華厳経と関係をもつことからみれば銀仏は盧舎那仏で、十二年以来の華厳経講説の継続敷延のため十八年十月ごろ造顕され、千手堂に安置された。十八年十一月金光明寺造物所解案の造仏は銀盧舎那仏と関係がある。⑦東大寺要録は、金鐘寺の起源を法華堂におくが、法華堂正倉院文書における法華堂の初見は勝宝元年九月で、天平十九年以前に建てられ、金鐘寺の金堂であった。十八年十月の燃燈供養は法華堂でおこなわれたのでなく、また大仏の雄型塑像の完成供養でなく、千手堂銀盧舎那仏の供養であった。⑧大仏完成以後は千手堂の遠由が忘れられ、一方、金光明寺最後の伽藍としてつくられた羂索堂が平安時代に重視されたのは天台・東密の盛行による。

堀池説の①・③・④・⑤・⑧は妥当で、とくに④良弁を山房智行僧のうちの一人と推定し、その華厳教学摂取が大仏造営再開に金鐘寺がえらばれる縁由となったことに注意され、福山説(31)をうけて大仏殿造立以前において金鐘寺から東大寺へ発展する過程をあとづけられたものといえよう。ただ⑥種々収納銭注文の銀仏を盧舎那仏ときめ得るかどうかは問題であり、十八年の造物所解の造仏がはとくに銀盧舎那仏だけに関係をもつわけでもなかろう。⑦大仏殿造立以前の金鐘寺の金堂としては千手堂しか今のところ考えられないけれど、銀盧舎那仏が千手堂に安置されたか、また十八年十月の燃燈供養が銀盧舎那仏のためにおこなわれたものか、確証があるのだろうか。十七年十一月十日経師等調度充帳に「(十二月)五日南様仏所」とみえるところから(八580)、十八年十月燃燈供養は普通この様仏(雄型塑像)の完成のためと解されており、この通説の方が大仏造営過程の前後の関係からみて無難のように考える。

以上、金鐘寺→金光明寺→東大寺と発展してゆく過程について先学諸賢の学説を整理検討し考えてきたが、金鐘寺の発展過程のあとづけに寄与する点が多いのは福山・家永・堀池氏の研究であると思う。

これらのとるべき点を大綱とし二、三の私見を附加すると、まず神亀五年皇太子が葬られた那富山と金鐘山房の位置(32)の関係を考えるならば、大和志に「那富山墓在二添上郡佐保山西陵之西一」と記され、那富山は今の奈良坂町に属し、東大寺の西方にあたる。続紀によれば天平二十年四月元正太上天皇の火葬が佐保山陵でおこなわれ、勝宝二年十月奈保山陵に改葬された。諸陵式は元明・元正陵を奈保山東陵・西陵と記し、陵は東大寺の西北約二粁の地で、奈保山と那富山が同一であることは疑いなく、そうすると那富山はとうてい現東大寺の寺地に入らない。しかし皇太子を葬ったその地に冥福を祈るための山房を設けたとは考えられず、埋葬地と山房と別であろうから、那富山が現東大寺(もと金鐘寺から発展した)から離れていても、山房が皇太子と関係をもつことを否定できない。

皇太子の死が天皇や皇后に大きな衝撃を与えたことは、その直後の神亀五年十二月諸国に最勝王経六四〇巻を頒下したのが皇太子の死と関係があり、天皇や皇后が大きな衝撃をうけたほどが知られるが、とくにこの年、聖武の夫人県犬養広刀自が安積親王を産んでおり、皇太子の成長を期待した皇后や藤原氏にとって深刻な痛手であったろう。(33)

このようにみてくると、天平十一年七月皇后宮職移案の金鐘山房は皇后宮職と関係が深く、神亀五年紀の山房と結びつくものである。天平三年写経目録の八年八月の条に「山寺《房》」と記されるのは、金鐘寺と山房が同一である証となし得よう。金鐘寺が持統朝ころから存したか（福山・藪田説）、神亀五年に創建されたか（家永・堀池説）、議論がわかれるが、造山房司長官任命の後まもなく智行僧九人が住した点から、神亀五年以前から存在した金鐘寺をさらに整備したと解する方がよいと思われる。

写経目録天平八年八月条によれば、元正太上天皇の病気平癒を祈るため写された新翻薬師経四巻と本願薬師経三巻がこの月二十日に金鐘山房（寺）に請ぜられており、金鐘寺が宮廷と深い関係をもっていた様子が知られる。十四年七月ごろまでに金鐘寺は金光明寺に指定され、十五年正月十四日から七七日の間、この大和金光明寺で最勝王経が転読され、十六年三月当時この寺に紫紙金泥の大般若経がおかれており（三月十四日この経は紫香楽宮に運ばれた）、同十二月丙申（八日）燃燈供養がおこなわれた（釈迦成道の日にあたるためであろうか）。このように恭仁遷都以後にも大和金光明寺でしばしば仏事がおこなわれたのは、この寺が一般国分寺と異なり、宮廷と深い関係をもち、施設も比較的ととのい、写経所も附設されていたことなどのためであったと考えられる。

なお、金鐘寺は良弁の法華堂を中心として東大寺に発展したと説くことが古くから流布するが、それに対し福山敏男氏(34)は綴密に批判を加えられた。霊異記では東大寺が朝廷の力で創立されたことになっていないのに、東大寺要録・

七大寺巡礼私記・太子伝古今目録抄の説話が霊異記の話をもとにし、良弁の法華堂を中心に朝廷の力で大伽藍がたてられたというように記述を発展させている。桜会縁起が羂索像や法華堂の建造を天平十八年以前とするのは、後世におこなわれた法華会の縁起を古くさかのぼらせたにすぎない。東大寺要録が金鐘寺の金堂を羂索堂とし、天平五年建立とするのは、独自の史料的価値が少い桜会縁起にもとづいて羂索堂の建立を古く書いたもので、金鐘寺の創建は天平五年でないから誤りである。羂索堂が正倉院文書にあらわれるのは勝宝元年九月であり（十628、十一227）、天平二十年八月四日良弁の宣で不空羂索神呪心経一巻が寺家に奉請されているのを参照すると（十326 327、二十四175）、羂紫像造立は天平二十年ないし勝宝元年前半ごろである、と。

以上が福山説の要点であるが、文献を鋭利緻密に批判し、説得力に富む。良弁の法華堂を中心に金鐘寺が発展し東大寺となったとする説はもはや清算されたといってよい。

（1）大仏殿碑文、東大寺要録（本願章第一、続々群書類従、一一の八頁）、扶桑略記（鈔本、天平十七年条）、僧綱補任抄出（天平十七年条）

（2）延暦僧録、第二勝宝感神聖武皇帝菩薩伝（国史大系、日本高僧伝要文抄、八五頁）

（3）日本霊異記、中の二一。

（4）この皇后宮職移案（左衛士府あて）について、福山敏男氏は、大日本古文書に天平十六年のものとしているのは十一年の誤写であること、加筆の五字「林金鐘山房」が脱落していること、その内容が同じ十一年七月十二日付皇后宮職移案（右衛士府あて、二174）と関連すること、などを指摘された（「東大寺創立に関する問題」古代文化研究五）。

（5）東大寺要録、巻第七（続々群書類従、一一の一三一頁）

（6）喜田貞吉「東大寺と大和の国分寺、附金鐘寺」（芸文六の一一、七の一・三・六）

（7）東大寺要録・扶桑略記（前掲、註1）

（8）日本霊異記（前掲、註3）

（9）小野玄妙「東大寺草創考」（宗教界、大正五年二月・三月。のち同氏『仏教之美術及歴史』所収）

（10）安藤更生『三月堂』（昭和二年一一月発行）

(11) 福山敏男「東大寺法華堂の建立に関する問題」(旧題名「東大寺法華堂に関する問題」として東洋美術二三に掲載。のち増訂し村上昭房編『東大寺法華堂の研究』に収録。昭和二三年)
(12) 境野黄洋『日本仏教史講話』二七七―二八五頁。
(13) 福山敏男「東大寺法華堂の建立に関する問題」(前掲、註11)
(14) 肥後和男『紫香楽宮阯の研究』(滋賀県史蹟調査報告四)
(15) 天平十六年十二月丙申紀の「朱雀路」が紫香楽京のものでないことは堀池春峰氏によって明らかにされた(「東大寺の占地と大和国法華寺に就いての一試論」続日本紀研究四の二・三)。堀池説については後述。
(16) 福山敏男「東大寺創立に関する問題」(前掲、註4)
(17) 拙著『日本古代の政治と宗教』所収「奈良朝写経所の一考察」
(18) 喜田貞吉「国分寺の創設と東大寺の草創」(角田文衛編『国分寺の研究』上、所収)
(19) 角田文衛「国分寺の設置」「山背国分寺」(同氏編『国分寺の研究』上、五二―五六頁、四八一―四八二頁)
(20) 福山敏男「東大寺創立に関する問題」(前掲、註4)
(21) 家永三郎「国分寺の創建について」(同氏『上代仏教思想史研究』所収)
(22) たとえば石田茂作『写経より見たる奈良朝仏教の研究』一九六頁、肥後和男『紫香楽宮阯の研究』五六頁。
(23) 喜田貞吉「東大寺と大和の国分寺、附金鐘寺」(前掲、註6)、同「国分寺の創設と東大寺の草創」(前掲、註18)
(24) 福山敏男「東大寺法華堂の建立に関する問題」(前掲、註11)
(25) 藪田嘉一郎「三月堂創立に関する諸問題に就て」(村上昭房編『東大寺法華堂の研究』所収)
(26) 清原貞雄『奈良時代史』後篇。
(27) 藪田嘉一郎「三月堂創立に関する諸問題に就て」(前掲、註25)
(28) 福山敏男「東大寺法華堂の建立に関する問題」(前掲、註11)
(29) 堀池春峰「金鐘寺私考」(南都仏教二)
(30) この種々収納銭注文について、福山敏男氏は、製作年代を天平十七、八年ごろのものとし「十三貫一百十文良弁大徳奉納銀仏料」と見える銀仏は天平十九年以前に創立された東大寺千手堂に安置されていた銀像をさすのかも知れない、と推定しておられる(『奈良朝の東大寺』七四―七五頁、昭和二四年)。千手堂に関し、これよりさき福山氏は、(イ)天平十九年正月十五日大灌頂経奉請注文に初見し(同正月二十七日大灌頂経を千手堂に奉請したことがみえる、九328)、(ロ)本尊は千手観音であったが、堂内に有名な等身の銀盧舎那仏(台座は金銅の蓮花座)があったので平安朝に銀堂とよばれた。延暦僧録の聖武皇帝伝にも、東大寺造営のことを記した後に「又造等身銀像一軀」と特筆されているのはこれであろう。(ハ)位置は勝宝八歳東大寺図に、大仏殿の東の山、羂索堂の東南に記され、(ニ)扶桑略記治安三年十月条に「寺内東去五六町、山上有レ堂、謂ニ之銀堂一」とあり、東大寺別当次第は、嘉禎三年に移された東大寺八幡宮の地（今の手向山八幡）を千手院岡と記す、(ホ)堂は治承の兵火に焼け、その後、再建を見ない、と述べられた（「東大寺の規模」角田文衛編『国分寺の研究』上、三五五頁、昭和一三年）。(ロ)の延暦僧録の聖武皇帝伝には銀像をつくったことがみえず、この点は何らかの誤りであり、銀盧舎那仏が聖武のものといえない。堀池春峰氏は、本文で紹介するように、注文の製作年代について福山説に従われたが、銀仏の造顕に良弁が深い関係をもち、それは十二年以来の華厳経講説の継続敷莚によって造顕された、といわれる（「金鐘寺私考」南都仏教二）。なお直木孝次郎氏は注文にみえる七つの年月日を整理検討し、福山・堀池氏とは別の観点から、十七年七、八月ごろ、大仏造営再開にそなえて銭の収納に当たった金光明寺造仏官が収納銭報告のため製作した文書、と推定された（「天平十七年における宇佐八幡と東大寺との関係」続日本紀研究二の一〇）。

(31) 福山敏男「東大寺の規模」（前掲、註30）

(32) 金鐘寺の位置と沿革についてはまえに私見を発表し、皇太子を葬った那富山が東大寺の寺地に入らないことから、冥福を祈った金鐘山房は東大寺の前身となしがたいことを述べたが（拙稿「金鐘寺の位置と沿革」日本歴史九一）、葬地に山房をつくったと考える必要はなく、那富山が東大寺の寺地から離れていても皇太子と山房との関係を否定することはできない。本書本文の記述を以て訂正する。

(33) 聖武天皇の皇太子の死と安積親王の生誕が同じ年のことであり、この対照的な二つの事件と光明立后と密接な関係があることについては岸俊男氏のするどい指摘がある（「光明立后の史的意義」ヒストリア二〇）。またのち天平十六年閏正月の安積親王の死は藤原仲麻呂一派が主謀者となって暗殺したことが横田健一氏の考証によってたしかめられている（『道鏡』一六―一八頁。横田氏にはなお「安積親王の死とその前後」南都仏教六、がある）。また平岡定海氏は、雑集の内容が六朝以来の仏教関係の詩文を収録しているほか、それが書写された天平三年九月八日は皇太子の三周忌の忌日内にあたることなどから、その書写は皇太子に対する聖武天皇の追修作善の意味をもつことを指摘された（「聖武天皇宸翰雑集について」南都仏教二）。

(34) 福山敏男「東大寺法華堂の建立に関する問題」（前掲、註11）

〔追補四〕　神亀四年写経料紙帳は光明皇后の皇后宮職に所属する写経所に関係をもつと記したが（一二八頁八行目―一二九頁五行目）、水野柳太郎氏から、神亀四年の文書の写経所は、立后以前であるので皇后宮職に所属しない、との注意を受けた（前掲、ヒストリア四七）。水野氏の注意に従う。

〔再追補②〕　金光明寺写経所の機構の変遷について渡辺晃宏氏は詳細な考察を述べている（「金光明寺写経所の研究」『史学雑誌』九六の八、昭和六二）。

第四章　東大寺の創立

第一節　紫香楽における大仏造顕

一　大仏造顕発願詔の発布

天平十五年七月癸亥、聖武天皇は恭仁宮から紫香楽宮(1)に行幸し、ここで十月辛巳（十六日）盧舎那仏造顕の発願詔が出された。

盧舎那仏造顕の動機の一つが、天平十二年河内の智識寺（大阪府柏原市太平寺と安堂にまたがる地にあった）に行幸し、そこで見た盧舎那仏が気に入り、それをつくりたいと望んだことにある、と続紀天平勝宝元年十二月丁亥の宣命に記される。

天皇が御命に坐せ、申し賜ふと申さく、去にし辰年、河内国大県郡の智識寺に坐す盧舎那仏を礼み奉りて、則ち朕も造り奉らむと思へども得為さざりし間に、豊前国宇佐郡に坐す、広幡の八幡の大神勅りたまはく、神我天神地祇を率ゐいざなひて必ず成し奉らむ。事立つにあらず。銅の湯を水と成し、我が身を草木土に交へて、障る事無くなさむと勅り賜ひながら成りぬれば、歓しみ貴みなも念ほし食す。然て猶止む事得ずして、恐《かしこ》けれども御冠献る事を、恐み恐みも申し賜はくと申す。

これは宇佐八幡神が入京し、禰宜の大神杜女らが東大寺を拝したとき、橘諸兄をして八幡神に告げさせた宣命であって、八幡神の助成で銅を豊富に得て造仏の一部が成ったことを謝したのである。

宣命のテキストは国史大系本に従ったもので、朝日新聞社本・岩波文庫本も大系本のとおりに掲げている。しかし冒頭の「申し賜ふと申さく」の句はこの位置ではおかしいのであって、本居宣長は、豊前国云々ということは初めにあるべきで、この位置ではおだやかでなく、すなわち大神に向かっていう語としてよそげにきこえるから、もろもろの祝詞などにみえる例によっていえば「天皇が御命に坐せ、豊前国宇佐郡に坐す、広幡の八幡の大神に申し賜ふと申さく、去にし辰年、河内国大県郡の智識寺に坐す盧舎那仏を礼み奉りて、則ち朕も造り奉らむと思へども得為さざりし間に、大神の勅りたまはく、神我……」とあるべきだとし（『歴朝詔詞解』）、宣長の説は筋がとおっており、金子武雄氏は宣長の説に従うを可とされる（『続日本紀宣命講』[2]）。なお「大神」と「勅りたまはく」との間には、諸本で「爾申賜閇（止）」の句が入っており、宣長は意味不通だからとの理由で衍とし、大系本・文庫本・金子武雄氏前掲書は宣長説をとるのに対し、朝日本は[3]、諸本いずれも同じだから、かるがるしく改めがたい、とし「大神に申し賜へと勅りたまはく」と読み、その意味は「八幡大神に祈請し給へと宣給ひ、其神勅に神我云々と仰せられ、かくて其勅の如く成給へりとの意なるべきか」と述べる。

できるだけ原文のままで前後の文と矛盾のないよう解釈することがもちろん文献処理法として望ましいことであるけれど、「爾申賜閇止」の五字をそのまま入れて解釈すると、朝日本のように複雑な内容を盛って解釈しなければ意味が通らず、かえって宣長説のごとく衍とする方が意味明瞭である。水野柳太郎氏[4]によれば、この宣命は東大寺が提出した材料からとられ、続紀編者によって十二月の二度目の丁亥条にかけるという不手際がなされていることが指摘されており、もともと材料がよくなかったか、あるいは続紀編者の不手際から宣命の字句に前後錯乱が生じたと考えられるので、右の宣長の二つの考定は妥当としなければなるまい。

ところで聖武は勝宝元年七月孝謙に譲位しているので、川崎庸之氏[5]は、その十二月の宣命は孝謙のものであり、したがって天平十二年に知識寺の盧舎那仏を見てその造顕を望んだのは阿倍皇太子(のちの孝謙)であって、聖武でない、といわれる。また続紀の光明皇后伝[6]に、国分寺と東大寺の創建は、もと光明が聖武にすすめた事業であると記すところから、川崎氏は、国分寺や大仏の造営に聖武は最初受け身であった、と述べられた。

しかし宣命は天皇だけによって出されるとは限らない。元正太上天皇の宣命として天平十五年五月辛丑のものがあり、光明皇太后には宝字元年七月戊申・同己酉の宣命、孝謙太上天皇には宝字四年正月丙寅、同六年六月庚戌、同八年九月甲寅、同十月壬申の宣命の例がある。また勝宝元年十二月の宣命にいう辰年(天平十二年)には、二月甲子(七日)難波行幸、同丙子(十九日)車駕帰京と記され、知識寺行幸はこの途次におこなわれたと考えられ、阿倍皇太子(二三歳)が盧舎那仏造営を発願するほどの境地に達していた明証もない(聖武は四〇歳)。

光明皇后が国分寺と東大寺の造営に深く関与し、両事業と密接な関係をもつ写経事業を営んだことはすでに述べたが[7]、聖武もたとえば天平十五年正月癸丑大和金光明寺における最勝王経転読の詔で「像法中興実在二今日一」と述べ、造寺造仏の意欲を示しており、これに限らず、天平期の造寺造仏事業の多くが聖武の詔によって令されているわけであるから、聖武が受け身であったと簡単にいいきれず、勝宝元年の宣命はやはり聖武のもので、十二年に盧舎那仏造営を思い立ったのは聖武であったと考えてよい。

紫香楽での大仏造営発願の動機となった河内の知識寺の盧舎那仏は、その寺名から推して民間の知識（仏に結縁するために田畑・穀物・銭貨・労働力をさし出す行為や、その寄進した物資、さらに寄進して信仰を同じくする人の団体）が自発的に資財や労働力をさし出して造営したと考えられ、この寺の造営のありかたが、大仏造営の方針に示唆を与えたことが注意される。(8) 知識寺への行幸・寄進などはその後もおこなわれたが、(9) 宝字五年正月ごろ勘録された造法華寺金堂所解に「二貫四百文自河内知識寺運生銅車十二両賃両別二百文」と記され（十六286）、知識寺は車十二輛分の銅を法華寺阿弥陀浄土院の造営に供給するくらいの知識物をもっていたことが注意される。

福山敏男氏(10)によれば、右の生銅の重量が延喜木工寮式にしたがうと人担大六〇斤、車載であるからその一〇倍の大六〇〇斤として七二〇〇斤に達する。阿弥陀浄土院造営に使われた銅について、ほかに熟銅二斤一〇両を買った記載があり（これは追筆で消されている）、それ以外に寄進もあったであろう。また調布三〇端が銅を買う価として長門に遣わされたが、未だ来らず、と記され、調布一端の値を三〇〇文、熟銅大一斤の値を五〇文とすれば調布三〇端は熟銅一八〇斤にあたる。銅製品一三、七四三物の内訳は銅鋳物三、一九四物（六、二〇一斤一〇両にあたり、そのうち六一五斤は鋳損、したがって「作上重」は五、五八六斤一〇両）と銅打物一〇五四九物であり、銅打物の重量が知られないため、たしかなことはいえないが、知識寺から供給した銅の量は相当な割合を占める。右の記載以外に、阿弥陀浄土院造営当時の知識寺について、顔料（恐らくは金薄と膠）若干を「河内の盧舎那仏を修理し奉る料」にあて、熟麻一〇斤を「河内殿に送り奉る」と記される。以上は阿弥陀浄土院造営に関する福山氏の研究のなかから知識寺について知られることをまとめてみたものである。一方、知識寺の盧舎那仏について注意をひくのは、天平十五年大仏造営の先蹤となったこと、およびそのことが記されるのは八幡神が大仏造営のための銅産出をさかんにし助成したのを謝す宣命であったことで、阿弥陀浄土院への銅供給と考えあわせると、天平十二年に知識寺の盧舎那仏が聖武の注目するところとなったのは、少くともその知識物の豊富な銅にあらわれた富力と、盧舎那仏をつくりあげた民間の技術が聖武の心をとらえたからであるまいか。

大仏造営の場所に紫香楽がえらばれた事情は謎の問題である。聖武が大仏造営の希望をいだいたのは天平十二年二月知識寺行幸以後のことで、紫香楽宮の造営は十四年八月癸未の造離宮司任命以後であるが、十五年十月辛巳、盧舎那仏造顕詔発布より以前の何時ごろ紫香楽が大仏造営の地にきめられたか明らかでない。ただこの地で大仏造営が発願された事情としてはつぎのことがあげられる。

(イ)藤原宮造営のとき以来、良材が伐り出された田上山[11]の麓であるため建材を得るに便であった。のち天平宝字六年閏十二月二十九日の造石山院所解案によれば甲賀山作所・田上鑑懸山作所がみられ（十六189、192）、造東大寺司の木工で石山寺造営に活躍した甲賀深万呂はこの地の出身者とみてよい（十五218初見、以後頻出）。

(ロ)信楽焼[12]が何時からおこなわれたか明らかでないが、瓦を焼く良土を出したとか、この地の土が鋳造に適していたためであろうか。

(ハ)天武壬申紀にこの地は鹿深山と記され、敏達十三年紀に鹿深臣（名欠）が百済から弥勒の石像一軀を将来し、蘇我馬子は司馬達等らを遣わし修行者を求めさせ、播磨にいた還俗者高麗恵便を得て師とし、仏殿を宅の東方に建て、石像を安置し、三尼を請じ大会設斎した、と記される。鹿深臣がこの地の出身者かどうか、甲可郷が河内讃良郡にもあり、にわかにいえないが、近江の甲賀と何らかの関係があったろう。〈第6表〉の(4)甲賀臣真束は天平二十年大仏に銭一千貫を寄進し、外従六位下より外従五位下に叙せられており（続紀、東大寺要録）、彼が近江の甲賀の人であることは、勝宝三年七月二十七日近江国甲可郡蔵部郷墾田野地売買券に擬大領外正七位上甲可臣乙麿と少領無位甲可臣男が自署しているのを参照して知られる（三514）。このような豪族が造仏を誘致したのであろうか。

㈡大仏造顕詔が出された日より四日後の続紀乙酉の日の条に行基が弟子らをひきい勧進を始めたと記されるから、造顕詔発布のとき行基は紫香楽にいたにちがいなく、彼がこの地と何らかの関係をもっていたのでここで造顕することをすすめたのであろうか。

右にあげた㈺は強い理由にかぞえられない。㈧の甲賀臣真束は大仏が造顕されることになった土地の人であった関係から寄進をしたとも考えられるから、造仏を誘致したとまではいえない。㈡行基がこの地とどのように深い関係をもっていたかは何ともいえない。㈵紫香楽で良材を手に入れやすく、木工もいたことが一番ましな事情であるが、堂舎建立よりも仏像製作の方が造顕事業の眼目であり、技術も高度なことを必要とするから、木材や木工を得るに便であったという理由では弱い。結局、紫香楽が大仏造顕の地にえらばれた事情としてせいぜい考えられるのは今のところ以上の範囲から出ない。

紫香楽遷都の年時や事情はどうか。天平十六年二月庚申、難波を皇都と定めたが、この前後の政情の推移は微妙で、続紀十七年元旦の記載で紫香楽は新京となっているが、何時から都となったのかさだかでない。平城・恭仁・難波などのこれまでの政都移動範囲の外側であり、特殊な事情で遷都がおこなわれたことを物語り、離宮造営が最も先行するが、ここで大仏造顕がおこなわれたことから遷都されたと考えるのはゆきすぎでなかろう。大仏造顕と遷都が密接な関係をもつところから、大仏造顕や遷都に深い関与をもつ政治家や仏家が誰であったかが問題になってくる。

それについてはまえに述べたことがあるので[13]、ここではその後に出された塩沢君夫氏[14]の説を紹介し、私見を記す。塩沢氏はつぎのごとくいわれる。天平十五年五月に懇田永世私財法が出され、すぐあとの七月に仲麻呂は諸兄を恭仁京にのこし、天皇を紫香楽に連れてゆき大仏造顕詔を出したのが十月十五日で、その十九日に行基が待ちかまえていたように弟子らをひきいて衆庶を勧誘にまわったのは、まえから仲麻呂より行基に対し連絡があったのであろう。これだけのことをすませると、聖武は十一月に恭仁に帰っている。これをもってすぐ仲麻呂が大仏造営の指導権を握っていたときめるわけではないが、そのあと十二月の末まで仲麻呂派と諸兄派との間に非常に緊迫した空気がみなぎった。翌十六年の初めに都をどこに定めるかという問題をめぐり朝廷内で対立があり、いちおう恭仁にきまっていながら、諸兄は強引に聖武を難波に連れてゆき、駅鈴・内外印・武器などを恭仁からとりよせて事実上の難波遷都をおこなう。こうした緊迫情勢において一戦を予想する両派は互いに備えをした。そうすると十五年十二月ごろに仲麻呂は相当強い勢力をもっていたことになる。大仏造営を始めたのは諸兄であったろうが、恭仁京の造営に努めており、これ以上に大仏を造ることができなかった。仲麻呂は天皇・皇太子・皇后らが早く大仏を造りたいという気特を察し、大仏を造るように事を運んでしまう。そのため諸兄派との間に対立があらわになった。しかし、十七年の紫香楽の連火は諸兄派の放火と解されているが、それだけに解してしまうのはいけないことで、恭仁宮・紫香楽宮・大仏造営による農民負担の過重に対し、農民の本質的な批判が連火となってあらわれ、大仏造営を失敗させ、平城へ還都させた、と。塩沢氏は以上のように説かれた。

天平十六年二月庚申の難波遷都前後の諸兄対仲麻呂の間における緊迫した情勢を指摘されたことや、紫香楽における連火の背景に農民の不満をみなければならないと注意されたことなど、たしかにすぐれた見解である。が、天平九年から政権を担当した諸兄が聖武の大仏造顕の希望を知らなかったとはいいきれず、紫香楽行幸に随行したことが全くなかったわけでない（第四回目行幸のとき大仏造顕詔が出され、仲麻呂随行。ただし第一・二回は諸兄随行）。十五年正月癸丑、金光明寺（金鐘寺）に最勝王経を転読させるときの詔で「像法中興、実在二今日一」と述べた語には大仏造顕の計画が含まれていたと推定され、転読が終ったとき金光明寺に遣わされたのが諸兄で、彼の知らぬ間に突然造顕詔が出されたと考えにくいと思う。

天平二十一年二月陸奥から黄金がたてまつられたときの叙位任官に諸兄とその一派があずかったのに、仲麻呂がみえないこと（〈第6表〉⒂の仲麻呂は、大仏へ米などを寄進しているが、大仏造顕発願の初期に仲麻呂の積極的な協力はみられない）、宝字元年七月庚寅、橘奈良麻呂が勅使から「造レ寺元起レ自二汝父○諸兄時一」ときめつけられだまってしまったことは、発願初期の大仏造営推進者は諸兄であるのを当時の人が認めていたことを物語る。私見は右のとおりであるが、なお塩沢氏は、これと別個に仲麻呂であろうと諸兄であろうと結局は中央貴族であって、対立があるといっても本質的な対立でない、といわれる意味はわかるけれど、諸兄か仲麻呂かという議論も、両者の政治的基盤や、両者を支持する勢力が奈辺にあるかという問題に連関するので考えてみなければなるまいと思うのである。

（1）　紫香楽宮の造営開始の年代、紫香楽遷都前後の政情、紫香楽宮と甲賀寺との関係などについては、拙著『日本古代の政治と宗教』所収「紫香楽宮」にすでに述べた。なお紫香楽における大仏造顕の発願から東大寺大仏造営に至る過程の諸問題に関し拙著『行基』に述べた。

（2）　金子武雄『続日本紀宣命講』一八〇頁。ただ少しのちがいであるが、宣長が「八幡の大神に」のつぎを「申賜止申久」（マヲシタマフトマヲサク）としたのに対し、金子氏は「申賜閇止申久」（マヲシタマトヘマヲサク）とすべきだといわれる。

（3）　佐伯有義校訂、朝日新聞社本続日本紀、上の三七六頁。

（4）　水野柳太郎「続日本紀編纂の材料について――東大寺の食封をめぐる――」（ヒストリア二八）。勝宝元年十二月戊寅（十八日、八幡神入京）・同丁亥（廿七日、杜女ら東大寺を拝し、天皇ら寺に行幸、八幡神に叙位の宣命）条の記載は東大寺が提出した材料によったもので、続紀編者はこれらの材料を原稿の十二月の末尾にかけ、さきに原稿に記されていた十二月丁亥（二十七日、高市連大国らに位をさづける記事）条との関係を調整しないままにしておいたため、十二月に丁亥条が二回存することになった。東大寺が提出した材料によっている続紀記事は右のほか、天平二十一年二月丁巳（二十二日、陸奥国貢金）・勝宝元年十一月己酉（十九日、八幡神上京の託宣）・同甲寅（二十四日、迎神使任命）などがあり、この年閏四月甲午朔条宣命（三宝の奴）と十一月辛卯朔条（大神杜女と大神田麻呂に朝臣姓をさずく）も東大寺側提出の材料によって書かれた可能性がある。以上は水野氏によって指摘されたところで、この論考は、続紀の文献批判と訂正を果たしたのみならず、右の種類の続紀記事が東大寺側の経済上の利害関係と結びついた資料から材料がとられていることについて注意を喚起されたもので、多くの注目すべき論点を含む。

（5）　川崎庸之「大仏開眼の問題をめぐって」（上原専祿編『世界の歴史』六）。

（6）　続紀、天平宝字四年六月乙丑（七日）条。

（7）　本書第三章第一節、および拙著『日本古代の政治と宗教』所収「長屋王の変と光明立后」参照。

（8）　堀池春峰氏は、東大寺造営が当初において勧進の形式をとったのは、河内知識寺建立の先蹤にならったものであることに注意された（ヒストリア一五、昭和三〇年六月大阪歴史学会、古代の部「東大寺をめぐる政治情勢」討論における発言）。

（9）　孝謙（称徳）天皇は、勝宝元年十月庚午・同八歳正月戊申・同四月戊戌、知識寺に行幸し、天平神護元年閏十月己丑朔、封五〇戸を寄進、神護景雲三年十月癸亥、この寺の今良二人に爵三級をさずけた。貞観五年七月丁巳、修理料の新銭二〇貫と鉄二〇廷が施入され、同八年閏三月丁卯、河内守従五位下菅野朝臣豊持が修理知識寺仏像別当に任ぜられた。勝宝元年十月行幸のとき外従五位下茨田宿禰弓束女の宅を行宮とし、弓束女に正五位上をさずけている。単にその家が行宮にあてられたことによる叙位かも知れないが、弓束女は知識寺と関係をもっていたのであるまいか。こう考えてよいのならば、弓束女はこの寺の有力な知識（信者）の一人であったろう（知識寺は行基と関係をもつ寺とする説があるが、四十九院のなかに見あたらず、明らかでない。なお寺は大県郡鳥坂郷にあったが、中世に荒廃し、今は廃寺である）

（10）　福山敏男「奈良時代に於ける法華寺の造営」（『日本建築

史の研究』二一五、二四二―二四三、二五〇頁参照）
（11）万葉集巻一の五〇「藤原宮之役民作歌」
（12）冨山房発行『国史辞典』四の五七九頁。
（13）拙著『行基』一一八―一二〇頁。
（14）大阪歴史学会昭和三〇年春季大会「東大寺をめぐる政治情勢」討論における塩沢君夫氏の発言（ヒストリア一五）

二　大仏造顕発願と政治情勢

国分寺の造営を始めて間もなく、新たに大仏造顕事業をおこすに至ったのはどういう事情によるのか。また新事業の願望にどのような相違があり、如何なる見通しがあって造顕にふみ切ったのであろうか。国分寺を創建して祈ろうとしたのは飢疫除去・新羅調伏・蝦夷鎮圧であり、国分二寺建立に願望が発展したのは広嗣の乱のごとき内乱を消滅する四天王の擁護を祈り、群臣に「堅く君臣の礼を守り長く父祖の名を紹がん」ことをうながすためであったが、大仏造顕が発願された事情としては、対新羅関係が険悪というほどでなかったから国際関係とかかわりがなく、第一は古代において政治と宗教とが密接不可分の関係にあった伝統を負うていること、第二は政治の現実をみれば(1)皇族と貴族、(2)貴族内部における橘・大伴・佐伯氏らの旧豪族と藤原氏、(3)貴族と僧侶、(4)支配階級と農民などの間の対立があり、聖武はこれら抗争する諸勢力のエネルギーを吸収し、人心を統一するため新たに大仏造営を企てたと考えられること、第三は唐における上元二年（六七五）高宗の竜門盧舎那仏造営と、久視元年（七〇〇）則天武后の白司馬坂大銅仏造顕が刺激を与え、先蹤とされたこと、などを指摘できる。右の第一については、古代の天皇は単なる支配者でなく、宗教上の最高の存在でもあり、また現つ神であるとともに神に仕える者として最高の存在であったこと、政治は宗教の支持を離れて存在し得ず、国家の規範は神の意志として支配力をもち得たこと[1]、などが説かれているのを参照すれば十分であろう。第三については別に節を改めて考察を加えることにし（第五章第一節）、第二に関し以下叙述しよう。

政界における抗争の(1)は天武朝以来の皇親政治に対する貴族勢力の伸長にみられる。文武天皇は大宝三年正月初めて刑部親王を知太政官事に任じ、慶雲三年二月これ以前五世までを皇親の範囲としたのを改め、五世の王の子までに拡大した。知太政官事には刑部親王（慶雲二年死）のあと、穂積親王（慶雲二年任、霊亀元年死）・舎人親王（養老四年任、天平七年死）・鈴鹿王（天平九年任、同十七年死）が任ぜられただけである。職掌については、その徳が太政大臣に至らない親王が太政大臣に准じた地位において後日の選任をまつためのものとする説と、大宝令の太政大臣の地位が高きに過ぎるため、実際に百官をすべる職が必要とされておかれたとの説があるが、竹内理三氏[2]は、近江令の太政大臣に皇子を任じ、かつ百官をすべる権限をもったのに、大宝令の太政大臣が四海の儀表となるという抽象的なものになったため、百官をすべる官職が必要となっておかれたこと、その職が天武天皇系のせまいミウチ的関係の親王や王によって占められたことなどを明らかにされた。また舎人親王の知太政官事就任は藤原不比等の死（養老四年八月癸未）の翌日であるが、同日に新田部親王が知五衛及授刀舎人事に任ぜられ、川崎庸之氏[3]は、新田部親王の母が藤原鎌足の女五百重媛であり、不比等が生存中から新田部親王に兵権を集中させて舎人親王・長屋王ら皇親勢力をおさえようと考えており、その遠望が不比等の死後に実現されたことを注意されている。知太政官事は、臣僚中から藤原氏のごとき貴族勢力が伸張して天皇のミウチ的勢力をおびやかすに至った情勢に対抗するため設置されたが、鈴鹿王の死後、あとを絶っており、このころには令制の左右大臣に圧せられてその地位は名目化し、その後は任命されなくなった。

皇親政治に対する貴族勢力の伸張を顕著に示すのは神亀六年（天平元年）の長屋王失脚事件で、安宿妃（光明）の立后に最も反対していた長屋王を打倒し、藤原氏は臣僚の女の立后の例を初めて開き、天皇家と深い血縁関係を結んだ。王の失脚と光明の立后については先学諸賢の研究があり、私見もまえに述べたのでそれにゆずる。(4) 最近、青木和夫氏の説によれば、天皇の子を生む係りの夫人から天皇の分身である皇后にしなければならなかったこと、長屋王の太政大臣就任の可能性を恐れたことが注意されている。天平十六年閏正月の安積親王の死もここで注意されるが、親王は橘諸兄や大伴家持にとって希望の中心で、藤原氏を刺激してきた存在であったから、その死は藤原氏の暗殺であるまいかと北山茂夫氏(5)や弥永貞三氏(6)が推測されたが、横田健一氏(7)は、親王の死の翌二月恭仁宮の駅鈴や内印・外印が難波にとりよせられており、この種の処置は急変や謀反のおきたときにおこなわれること、藤原仲麻呂が恭仁宮の留守から除かれていること、などによって仲麻呂が暗殺主謀者であったことをたしかめられた。安積親王の死は、皇親と貴族との抗争であるとともに、橘・大伴氏と藤原氏との争覇を象徴している。

(2)の貴族内部における対立については、律令的立場を守る藤原氏の勢力と、豪族的立場を復活しようとする橘・大伴・佐伯氏らとの抗争が代表的なものである。藤原不比等は、大化改新から天智朝にかけて藤原鎌足が果たした功績を背景とし、刑部親王が主宰する大宝律令撰修に参与し、またみずから中心者となって養老律令を編纂したが、これは大宝律令の根本的修正でなく、修正点はわずか見られるが、総じて末梢的な字句の改正にとどまり、自己の功績を立てようとしてひきおこした事業であったといわれる。(8)

彼は安宿媛を首皇太子の妃とし、皇室との婚姻関係設定により自家の勢力を張ったが、藤原氏を分立して四家を立てたことが注意される。阿部武彦氏(9)によれば、天武朝の律令制初期から霊亀三年（養老元年）十月丁亥藤原房前が参議に任ぜられるまで、旧豪族が同一氏から一人だけを議政官に送り、その者が死んだとき、他の氏に優先して当該氏族から後継者を出して議政官とすることが普通であったので、比較的調和を保ちながら緊張した政治がおこなわれたが、公卿の座に右大臣として不比等がいた上に藤原氏から房前が参議についたことにより、旧豪族間の勢力均衡が破れ、藤原氏の勢力伸張が始まった、という。氏を単位に一人だけが公卿に列するよりも、藤原氏内の個々の家が家単位に複数以上で政治に参加する方が、朝廷における圧力を大きくすることができるし、一氏一人ずつよりも中絶の危険性も少く、藤原氏全体として有利となることを狙った政策であったのである（ただし、不比等が養老四年没するまでに公卿にのぼったのは、霊亀三年の北家房前と、養老五年中納言となった南家武智麻呂の二人であり、式家宇合と京家麻呂は天平三年参議となった）。

不比等政権時代の大宝から養老にかけてかなりの国郡が分立され、霊亀元年国郡里制を国郡郷里制に改め、房戸を設定したのは、地方に対する律令政治の浸透策であり、また律令財政の強化策であった。

不比等が推進した政治はその四子に継承されたが、天平九年四子が疫瘡にたおれたことにより、藤原氏の制覇は挫折した。橘諸兄が代って政権を担当し、藤原氏はわずかに豊成（武智麻呂の子）がその年に参議に進んだだけで、ほかに重要な地位につく者がなく、諸兄を中心とする政局がひらけていったが、疫瘡と飢饉が荒れ狂ったあとだけに、政治的・社会的矛盾が集中的に現れた。著しいものを見ると、天平九年九月には九州の防人制を廃し、十一年六月には諸国の兵士役を停止しなければならなかった。新羅に対する緊張と警戒をゆるめることができなかったときにもかかわらず、こうした兵制の改変を余儀なくされたのである。律令制の下部機構では、まえに大宝から養老にかけての律令制強行期に新置された国郡が廃止併合された。すでに天平三年諏訪を信濃に合併したが、十二年和泉監[10]を河内に、十三年安房を上総に、能登を越中に、十五年佐渡を越後にあわせた（同じころ芳野監を大和に併合）。岸俊男氏[11]は、里や房戸が天平十一年の末から十二年の初めごろ消滅し、郡郷制へ移行したことを指摘された。国郡分立・郡郷里制・房戸設定が時期を同じくして律令制強行期におこなわれたことから見れば、国郡廃合、里制と房戸の消滅は社会的矛盾の激化による律令制弛緩の一面といえよう。

(3)貴族勢力に対して僧侶勢力が擡頭したのは、大宝以後の律令強行によって農民の逃亡や浮浪が激化し、疫瘡と飢饉がつづいた上に新羅や蝦夷問題がおき、銷災致福と国土人民の安穏を仏力に祈った関係で、政治・社会における仏教の地位が高まったからである。貧窮と救済を望んでやまない民衆に伝道と社会福利事業をおこなった行基(12)について「周二遊都鄙一、教二化衆生一、道俗慕レ化、追従者動以レ千数、所行之処、聞二和尚来一、巷无二居人一、争来礼拝、随レ器誘導、咸趣二于善一、又親率二弟子等一於二諸要害処一、造レ橋築レ陂、聞見所レ及、咸来加レ功、不日而成」と伝えられ、伝記の性質上、誇張も含まれようが、彼が社会でかなりの人心を集めていたことは否定できない。彼の社会的活動が政府に反抗する意図からなされたとは考えられないが、農民の信望を集めている彼を心よく思わない律令貴族によって、彼の活動は「歴門仮説、強乞二余物一、詐称二聖道一、妖二惑百姓一、道俗擾乱、四民棄レ業」とみられ、そのため伝道と社会活動が一時禁圧されるほどであった。

玄昉は天平七年三月、下道(吉備)真備とともに唐から帰国し、留学の経験と経典の舶載により朝廷に重んぜられ、九年八月僧正に任ぜられた。舶載した五千余巻の経典は写経所で長期にわたって書写され、原本として重要な役を果たしたから、光明皇后から信望を得たにちがいない。九年十二月中宮藤原宮子の看病に功をあげ、続紀玄昉伝に「安二置内道場一。栄寵日盛。稍乖二沙門之行一。時人悪之」といわれた。藤原武智麻呂ら四兄弟が疫病でたおれ、藤原氏の勢力頓坐に不満な広嗣が十二年八月「指二時政之得失一。陳二天地之災異一」べ、僧正玄昉と右衛士督吉備真備を朝廷から除けと称し、筑紫に挙兵したのは、朝廷における玄昉の地位や声望が尋常でなく、僧侶の勢力が貴族にとってあなどりがたいほどであったことを示している。

天平十七年五月、都を紫香楽から何処に移すべきかということについて、太政官が諸司の官人らを召して意見を問う一方、平城京薬師寺に四大寺（大安・薬師・元興・弘福寺）の僧を集めて意見を徴し、両者ともに平城還都を望んだ、と記されることにも、僧侶の発言権が高まっていた様子を物語る。

道鏡(13)が僧侶でありながら臣下として最高の地位たる太政大臣禅師の官職についたのみならず、法王の地位にのぼり、政権をほしいままにし、天皇に准ずる待遇をうけ、さらに宇佐八幡神の託宣によって、皇族以外の者がなったことのない天皇の地位につこうとした事情は、一面では当代における僧侶の地位がそれほどに高まっていたからで、それも突然一挙に道鏡のごとき僧侶がでたのでなく、玄昉がまえに宮廷と深い関係をもったことなども道鏡出現にとって一つの地ならしであったといえよう。藤原仲麻呂が勝宝元年聖武天皇の退位後に太政官において大納言の地位を占め、紫微中台(14)の令を兼ね、紫微中台は人材を集めて妙選勲賢並列せりといわれ、政治・軍事の実権をここに掌握した。仲麻呂は光明皇太后の権威を中核にいわゆる政府内の政府の体制をととのえ、聖武の死後に皇太子道祖王を退け、孝謙天皇・光明皇太后とはかって大炊王を皇太子に立てた。宝字元年橘奈良麻呂らのクーデター計画を挫折させ、皇太子を即位させて宝字四年に大師＝太政大臣となり、専権を振るった。皇位を望むことはなかったが、皇位を左右し、恐るべき何人もなくなった彼は、皇位覬覦の一歩手前まできていたのではあるまいか。その意味で道鏡の地位躍進と皇位覬覦は仲麻呂によって地ならしがおこなわれたことも忘れてはならない。

天平神護元年三月、道鏡政権下で出された墾田一部再禁(15)、王臣家の武器貯蔵禁止、三関国の百姓および以外の国の有力者を王臣家資人にあてることの禁止は、貴族に対する教界の露骨な攻勢を物語る。〈第6表〉の神護景雲元年に国分寺・東大寺・西大寺に対する米・銭・墾田などの寄進件数が多いのは、墾田一部再禁令による効果であり、地方豪族は寺院と結びついてまた墾田をひろめた。翌神護景雲二年百姓班給地の観世音寺施入、翌三年四天王寺に対する大和など六カ国の乗田・没官田施入[16]は道鏡の施策で、彼を中心とする僧侶勢力の昂揚は皇族や貴族の反目を買ったことは疑いない。このような反目対立は道鏡出現以前になかったとはいいきれず、玄昉出現ごろから徐々に形成されてきたと考えられる。

(4)農民の抵抗は、大宝律令で確立された支配体制の強行と収奪に反撥しておこり、藤原京・平城京の造営や、天平の疫瘡・飢饉は農村の矛盾と動揺を激化させた。続紀に、調庸運脚夫は衣服破弊して菜色猶多し(霊亀二年四月乙丑条)、郷に還るの日、糧食乏少にして達することを得るに由なし(和銅五年十月乙丑条)、多く道路に饉えて溝壑に転び塡ることその類少からず(和銅五年正月乙酉条)、役民は、造都に労して奔亡なお多し(和銅四年九月丙子条)と記され、また養老元年五月丙辰の詔は、率土の百姓、四方に浮浪して課役を忌避し、ついに王臣に仕え、あるいは資人を望み、あるいは得度を求む、と述べており、農民の浮浪や逃亡の発生は王臣側の抱きこみや私度僧の問題と結びついていた。天平の諸国正税帳に記される出挙債死免・出挙未納・賑給は収奪と飢疫にさらされた農民の生活を如実に物語っている。

以上に述べたごとき政治情勢のなかで大仏造営が発願されたことを考えると、それは単に天皇権力の大きさを誇るためとか、天平文化の記念碑とするためといってすませることはできないであろう。三宝の威霊によって乾坤のゆたかなること、万代の福業を修めて動植まで栄えることを大仏に祈らざるを得なかったのは、現実の政治・社会情勢に根ざしていた。大仏の造営で国土人民の安穏を祈ったことは国分寺の場合と差異がない。しかし国分二寺建立発願の願文では、天皇家・藤原氏・橘氏の人々の冥福と彼岸到達が祈念されたが、大仏造顕詔では特定の氏族のために祈ることはなく、また前者の造営にあたることを命ぜられたのは国司であったが、後者では一枝の草・一把の土でも差し出して造営を助けることを願う者の協力を求め、ひろく人民の力を借り、人民を造顕事業に結びつけようとする意図が強い。この造顕に乗じて百姓を侵擾し、収斂することのないように国司や郡司をいましめているのも国分寺の場合に見られないところである。

右に見たように大仏造顕にひろく人民の協力を求めているのは、国分寺の造営が最初は人民の寄進に頼ることをしなかったのとちがうところで、人民の知識によって造営しようとしたことを意味し、知識寺の盧舎那仏が大仏造営のしかたに影響を与えたのもこの点にある。このように考えてくると、これよりさき五月に出された墾田永世私財法が大仏造営に民力を結集する膳立てとなったことが知られよう。すなわち私財法によって墾田を開発した者から田畑のほか米・銭などの知識を貢献することを期待し、貢献者に位階を与え、位階をもらった者はまたそれだけ墾田をひろげることができる(17)。

ただ、私財法が出されたからといって墾田からの収穫がすぐあがるわけでないことは勿論で、大仏に対する寄進で続紀にあらわれる最も早い例は、天平十九年九月己亥、河内の大初位下河俣連人麻呂が銭一、〇〇〇貫、越中国の無位礪波臣志留志が米三、〇〇〇石を貢献し、ともに外従五位下をさづけられたのがそれである。一般に造寺造仏がおこなわれるとき、封戸を施入してその収入を造営費にあて、土地からの収穫を寺の維持費や供養費にあてるのが普通であり、のち東大寺に封戸や墾田が施入されたけれど、発願当初には私財法がそれなりに知識のものを貢献させる効果があったわけで、一枝の草や一把の土の寄進にも頼ることを打ち出したのは、造寺造仏の方法として大きな変化である。

大仏造顕詔が出された翌壬午（十七日）東海・東山・北陸三道二五ヵ国の調庸などは紫香楽に貢することが令され、ついで乙酉（二十日）には「皇帝御二紫香楽宮一。為レ奉レ造二盧舎那仏像一。始開二寺地一。於レ是。行基法師率二弟子等一勧二誘衆庶一」と記されてくる。行基が勧進に起用されたのは、彼がこれまで伝道と社会事業を通じ民間と関係が深いことや、経理の技術や衆人を組織する手腕をもっていたからであり、また彼の勧進は大仏造営事業の知識的性格を最も端的に物語る。

（1）　肥後和男『紫香楽宮阯の研究』（滋賀県史蹟調査報告四の四四頁）

（2）　竹内理三「知太政官事考」（同氏『律令制と貴族政権』第Ｉ部所収）

（3）　川崎庸之「長屋王時代」（同氏『記紀万葉の世界』所収）

（4）　川崎庸之前掲論文、直木孝次郎「長屋王の変について」（続日本紀研究三の六）、岸俊男「光明立后の史的意義」（ヒストリア二〇）、林陸朗『光明皇后』、拙著『日本古代の政治と宗教』所収「長屋王の変と光明立后」・「道慈」

（5）　北山茂夫「天平末葉における橘奈良麻呂の変」（立命館法学二）

（6）　弥永貞三「万葉時代の貴族」（万葉集大成五）

（7）　横田健一『道鏡』（一六―一七頁）・「安積親王の死とその前後」（南都仏教六）

（8）　坂本太郎「養老律令の施行に就いて」（史学雑誌四七の八）

（9）　阿部武彦「古代族長継承の問題について」（北大史学二）。なお参議制については竹内理三「『参議』制の成立」（『律令制と貴族政権』第Ｉ部所収）参照。

（10）　天平九年度和泉監正税帳の欠失記載復原と記載内容に関する考察について補論第一「和泉監正税帳断簡の整理」・補論第二「和泉監正税帳の復原をめぐって」参照。

（11）　岸俊男「古代村落と郷里制」（藤直幹編『古代社会と宗教』所収）

（12）　拙著『行基』（人物叢書）参照。

（13）　道鏡については横田健一『道鏡』参照。

(14) 紫微中台については滝川政次郎「紫微中台考」(法制史研究四)がある。
(15) 竹内理三「八世紀に於ける大伴的と藤原的」(同氏『律令制と貴族政権』第I部所収)参照。
(16) 四天王寺に対する乗田・没官田施入の続紀記載が神護景雲元年十一月壬寅でなく、同三年六月条にかけられるべきものであり、紀中の戊申は同二年をさすことは徳永春夫氏によって指摘され(「奈良時代に於ける班田制の実施に就いて」史学雑誌五六の四・五)、さらに宮本救氏によってたしかめられた(「班田制施行年次について」続日本紀研究三の八)。
(17) 塩沢君夫「八世紀における土豪と農民」(歴史学研究一七四、のち『古代専制国家の構造』に収録)参照。

第二節　金光明寺造物所

一　造物所の構成

天平十七年五月戊辰(十一日)紫香楽から平城へ還都がおこなわれ、やがて八月二十三日から金鐘寺で盧舎那仏造立が再開され、その工にあたったのはそれ以前から存在した金光明寺造仏所であり、造寺司の機関がととのえられたのは少しのちのことである。

造仏所の先例は、天平五年正月橘三千代が薨じ、その一周忌までに完成を期して興福寺西金堂の造営と造仏がおこなわれたことを記す天平六年五日一日の造仏所作物帳[1]にみえ、この帳には大夫従四位下兼催造監勲五等小野朝臣牛養と大属正八位下勲十二等内蔵忌寸老人の署名がなされ、牛養は天平元年九月皇后宮大夫に任じ、翌二年九月葛城王とともに催造司監を兼ね、老人は写経所関係文書として最も古い神亀四年の写経料紙帳（一381）以来しばしば文書に名がみえ、天平三年八月十日の皇后宮職移に正八位下大属勲十二等内蔵伊美吉と記され（一443）、皇后宮職の写経所の事務にたずさわった。興福寺の増飾にあたった造仏所は仏師・木工・画工・装潢・銅工・鈴工・鉄工・紙工・轤轆工などを擁し、造寺と造仏のほか写経のこともつかさどった。

金光明寺の場合は、天平十六年十一月九日猪名部真人を優婆塞として貢進した解に「右件之人、預造奉仏所、欲駆使」と記されるのでそのころ造仏所が存したことが知られ（二360）、また同年十二月四日の日付が記入される「金光明寺造物所解」は、まえに内裏に送った新旧両華厳経各一部について、良弁の宣により講説に必要であるといい、請うており（二387 388）、十八年十一月十二日の写一切経所牒は造物所に対し紙三百十九張を送る旨を記している（九208）。大日本古文書編者が金光明寺造物所告朔解案と名づける(A)十八年十一月一日付文書の署名は、

天平十八年十一月一日史生大初位上田辺史（真人）

玄蕃頭従五位下（市原）王

造仏長官外従五位下国（君麿）　大養徳国少掾従七位上佐伯宿禰（今毛人）

となっており、十一月一日から二十九日までの塩・芥子・海藻・生菜の用物と残額を報告したもので、仏師・銅工・舎人・優婆夷・金薄工・木工・校生を擁し、それぞれの員数は知り得ないが仏師以下金薄工以上が四九六人ないし五五三人と記される（九300 301）。文書の頭部が欠けているが、差出者はおそらく金光明寺造物所であろう。この造物所がのち造東大寺司に発展することは、その署名がつぎの(B)二十年九月七日の造東大寺司解とほぼ一致するのによって知られる(2)（十377）。

天平廿年九月七日主典従八位下山口忌寸《伊美吉》（佐美麻呂）
玄蕃頭従五位下（市原）王
造寺次官兼大倭少掾従七位上佐伯宿禰（今毛人）　判官正八位上田辺史（真人）

ところで(C)十九年正月八日の金光明寺造物所解案[3]に、

金光明寺造物所解　申請鉄事
鉄弐拾廷
右、為造羂索井光柄花蕚等物、所謂如件、以解、
天平十九年正月八日史生大初位上田辺史（真人）
造仏長官外従五位下国（君麿）

と記される（九326・327）。(D)十九年正月十九日の甲可寺造仏所牒は「金光明寺造仏官」に対して、甲賀寺[4]でつくられた仏像を平城の金光明寺に運ぶための人夫と梱包用資材を報告しており（二576・577）、(E)同年二月二十四日の寺家牒は造仏司政所に金剛寿命経一巻を請うている（九342）。(A)・(C)・(D)・(E)の月日が近接しており、(D)の内容からみてそのあてさきの金光明寺造仏官は恐らく(C)金光明寺造物所の造仏長官であろうし、造仏所は天平十六年から存したこと（前述優婆塞貢進解）、(C)造物所の署名者に造仏長官がいること、などをみると、造仏所は造物所と同一のようである。

つぎに造東大寺司の成立は(B)天平二十年九月七日解案の「造東大寺司」以前どこまでさかのぼるか。十九年二月十一日の法華寺政所牒のあてさきは金光明寺造仏司と記されるが、同十二月十五日の「東大寺写経所解」に東大寺の名が初見し（九632）、(F)翌二十年七月十日の「造東大寺務所」の牒があり（十312）、(G)同七月二十九日の金光明寺造物所経

師召文案に「玄蕃頭・造寺次官・判官」と「金光明寺造物所」とが別に記されるから（十318 319）、造東大寺司の成立は(F)・(G)の二十年七月から(B)の九月までの間で、(B)二十年九月七日の造東大寺司解案には次官・判官・主典の署名がそろってくる。岸俊男氏(5)は(B)の市原王について、写経司の長官から発展的に玄蕃頭の地位につき、東大寺造営の最高官となったが、天平勝宝三年ころまで玄蕃頭のままで造東大寺司の長官的地位を兼ね、正式には長官と称されず、知事と記されるから（三320）、造東大寺司は勝宝三年ころまで長官を欠いていた、と注意された。また(A)・(B)の玄蕃頭市原王と田辺史真人は、岸氏がいわれるように最初は皇后宮職の舎人であり、金光明寺造物所とそれが発展した造東大寺司は皇后宮職ととくに深い関係をもち、造東大寺司の成立とともに皇后宮職と関係深い写経所は造寺司の下の一機構に組み入れられたが、また写経所の組織が発展して造東大寺司となったといってよいものである。

市原王は正式の長官でなかったから、次官の佐伯今毛人が金光明寺造物所と初期の造東大寺司を実質的に専当したが、それは彼が当時大養徳（大和）国少掾の地位にいたことと関係があり、平城京における大仏造営のための物的・人的資源の結集や、資材・役民の徴発が主要任務であった。これも岸氏が指摘されたところであるが、岸氏は後文で、造東大寺官人には、軍事的才能の持主が多いという水野柳太郎氏の指摘をあげておられるのであるから、初期造東大寺司次官となった今毛人の場合にも、軍事に関係深い家柄に注意してよいであろう。

金光明寺造物所に仏師・銅工・金薄工・木工・校生・優婆夷らが所属し、仏師以下、金薄工以上で四九六人ないし五五三人いたことが天平十八年十一月造物所告朔解案によって知られるが、記載が完存しないため、それぞれの員数は明らかでなく、また右以外にいたであろうほかの造営従事者もつまびらかでない。

ただまえに紫香楽での大仏造営発願にともなう施策としておこなわれた(A)続紀天平十六年二月丙午条の「天下馬飼

雑戸人等」の放賤従良が京畿等諸国の鉄工・銅工・金作・甲作・弓削・矢作・桙削・鞍作・鞆張などの雑戸をふくむことは(B)続紀天平勝宝四年二月己巳条によって知られ、(A)の放賤は、大仏造営と資材運搬などに雑戸をはげますための平民編入の優遇策と考えられ、ただし(B)によれば(A)の優遇策は「雖レ蒙二改姓一、不レ免二本業一」というものであった。天平十八年十一月造物所告朔解案に記される銅工のなかには、十六年の(A)により放賤された銅工もふくまれていたであろう。また(B)にみえる銅工以外の鉄工・金作・甲作・弓削・矢作・桙削・鞍作・鞆張・馬飼なども大仏造営に駆使されたと考えられる。

令集解所引別記によれば、左馬寮に飼造戸（二三六）馬甘戸[6]（三〇二）、右馬寮に馬甘造戸（二三〇）馬甘戸（二六〇）、造兵司には鍛戸（二一七）甲作（六二）靫作（五八）弓削（三二）矢作（二二）鞆張（二四）羽結（二〇）桙刊（三〇）の雑戸と、爪工（一八）楯縫（三六）幄作（一六）の品部、鍛冶司に鍛戸（三三八）の雑戸が属している[7]。続紀と別記の雑戸の名が少しちがうが、馬飼戸は馬甘戸、桙削は桙刊に相当する。天平十六年に放賤された雑戸は「等」とあるので右以外にも存するのか明らかでなく、別記の戸数だけ放賤されたのかも不明であるが、仮に別記の戸数だけとすると、少くとも馬飼戸（五六二）甲作（六二）弓削（三二）矢作（二二）桙削（三〇）鞆張（二四）計七三二戸が改姓を許されたことになる。

天平十六年四月甲寅、造兵司と鍛冶司が廃されたのは同年二月の雑戸放賤と関係をもつ。それは放賤された雑戸の多くが造兵司に所属したことから知られる。天平十七年四月二十一日の兵部省移に造兵司の名は記されず（二416―418）、天平宝字六年五月四日の石山院解は返上雑工七人について「鍛冶司人者答云、正身不有、今召随来奉充」「造兵司人者、不司侍、仍牒返上如件」と記し、このころなお二司は廃されていたことが知られ（十五200）、これ以後に二司関係の記載が続紀にあらわれるのは、続紀神護景雲元年五月癸酉条に、気太王を鍛冶正、延暦六年五月戊申栄井道形を造兵正としたという記載であり、この後は二司の長官補任の記載が散見してくるので、神護景雲元年に近いころ鍛冶司、延暦六年に近いころ造兵司が復活設置されたと考えられる。

前掲(A)続紀天平十六年二月条は、雑戸が平民編入の優遇策をうけたけれど、本業は免れず、大仏造営や資材運搬に駆使されたことを意味し、(B)続紀勝宝四年二月条は、平民に編入されていたもとの雑戸が優遇策をとり消され、従前どおり本業に従うように定められたことを意味する、と私が解した[8]ことについて、中川収氏[9]は、(イ)大仏造像の工程では、労働力提供者すべてが技術者である必要がなく、指導者の指示どおり忠実に行動する労働者ならばじゅうぶんであるから、解放した全員を強制労働に用いる必要はなかったのではなかろうか、(ロ)大仏完成を目前にして、政府がもとの卑姓にもどす行動に出たことは、大仏建立に関係した者が功績を賞されている実状[10]からして矛盾となる。また同じ(A)のさい解放された官奴婢ももとの卑姓にされたのなら納得できるが、官奴婢のみが賞され、それよりも実働があったと思われる雑戸が卑姓に復された結果になる、という理由などから疑問を出し、結論として、(Ⅰ)天平十六年二月十三日の雑戸解放は、聖武天皇を願主とする盧舎那大仏建立へ知識を期待しての優遇策であり、(Ⅱ)天平勝宝四年二月廿一日の復活は、願主聖武帝不予に始まる建立促進策による技術者需要に答えてのもので、彼らは全て、組織が強化され造東大寺司の所属雑工になったのである（原文）といわれる。

中川氏の結論(Ⅱ)に「彼らは全て」とあること、(イ)で「解放した全員を強制労働に用いる必要はなかった」と記されることなどからみて、結論(Ⅰ)にも(イ)と同様に、解放した全員を強制労働に用いる必要はなかった、と中川氏は考えるとみてよい。

中川説に対する疑問をあげると、(甲)天平十六年のさい、雑戸のなかに強制労働に駆使されないものもいたと考える理由があるのだろうか。続紀の(A)・(B)にみえる雑戸は政府から一様にあつかわれたとみるのがすなおな解釈であり、[11]中川氏がいう部分的とりあつかいは(A)・(B)に直接みえない。(乙)天平十六年雑戸は本業を免除されたのか、免れなかったのか、ということについては、(A)に「但既免之後、汝等手伎如不レ伝二習子孫一、子孫弥降二前姓一欲レ従二卑品一」とみえ、(B)に「依二天平十六年二月十三日詔旨一、雖レ蒙二改姓一。不レ免二本業一……毎レ色差発。依レ旧役使」と記されるから、本業を免除されなかったのである。ところがこの点に関する中川氏の記述はあいまいで、①大仏造営は知識によることを期待されていたので、雑戸は解放された、②しかし大仏建立が現実には国家事業である以上、衆人の知識のみに依存したわけでなく、まして彼らが特殊な技術者であるところからしても、労力提供をうながされたであろう、③けれども政府の原則としてはあくまで知識を期待していたのであって、解放された雑戸が全員労役参加を強要されたものではなかろう、といい、解放された↓労力提供をうながされた↓全員でない、というはこびになっている。このように中川氏が考えるのは、知識と自進[12]という語にこだわったためであると思う。大仏造営発願詔にみえる知識は、仏に結縁するため田畑・穀物・銭貨・労働力をさし出す行為や、その寄進物、さらに寄進行為などをとおして信仰を同じくする人の団体をさすことというまでもないが、大仏造営を知識に期待したとの理由から、①雑戸を造営から解放したと解するのはおかしい。②労力提供をうながされたという考えは、自進の例から出されたと思われるが、(B)の「不レ免二本業一」という語から解する方がよい。③知識に期待したから、雑戸全員を労役に参加させるよう強要することはなかったというのも、知識と雑戸の範疇は全く別とする考えから出されているが、知識と雑戸の二つの語をそのようにとらえるのはおかしい。

(丙)中川氏の論旨にしたがえば、天平十六年雑戸全員が労役に参加させられたのでなかったが、勝宝四年に彼らすべてが、組織の強化された造東大寺司の所属雑工となったと考えるわけであるが、それでは何故に最初の天平十六年に雑戸のなかで労役に服さないものをこしらえたのであろうかという疑問がいだかれる。すなわち天平十六年のときの方が雑戸全員を労役に服させるにふさわしいのであるまいか。それはともかく、天平十六年のときと、勝宝四年のときと、ともに「不レ免二本業一」で一貫していることは、(A)・(B)がいうところである。

(丁)天平十六年雑戸解放について、仏教主義を理想政治とするための変動期における新政策の一端といわれるのも、政府当局者の意図を美化した解釈である。勝宝三年の聖武不予の回復祈願の意味で仏教主義がとられてよいともいえる。僧尼令に奴婢を寺院に寄進するのを禁ずる条文があるのに、東大寺に奴婢を寄進することがおこなわれ、何ら不審とされなかったことをもってすれば、天平十六年に雑戸の身分だけを平民に編入し、表面的に解放しながら、実質的に依然として本業を継続させる政策をとるぐらいのことは何ら異とされなかったのであり、勝宝四年に身分をもとにもどしてまえの優遇策を取消すことも当局者には同様に何でもなかったのであると思う。

大仏造営過程における(A)天平十六年と(B)勝宝四年の雑戸に対する取扱について、大仏造顕詔の知識や、正倉院文書の自進を結びつけて解する必要はなく、(A)天平十六年には雑戸を平民に編入する優遇策をとりながら、本業を免除しなかった、(B)勝宝四年には優遇策を取消し、本業従事は今までどおりに定めた、と私は考える。

金光明寺造物所の機構をまとめると、玄蕃頭・造仏長官・史生の下に仏師・銅工・金薄工・木工・校生・舎人・優婆夷がおり（造物所告朔解案）、役民が駆使され（佐伯今毛人伝）、そのほか鉄工・金作・甲作・弓削・矢作・桙削・鞍作・鞆張・馬飼などの雑戸も動員された（続紀天平十六年二月丙午、勝宝四年二月己巳条）。ほかに官人や里人で写経所に勤務した者も臨時に造営に従事したことは天平二十年八月と勝宝元年八月の経師等上日帳によって知られ、それは左のとおりである。人名の下の数字は鋳造に従った日数または回数をあらわす。たとえば勝宝元年の上日帳に丈部子虫は「供奉礼仏、上日二百廿、写千七十六、大仏一、礼仏三」と記され、供奉礼仏は写経所内に安置された仏に供養礼拝すること、写千七十六は写経した用紙の張数、大仏一は鋳造従事日数、礼仏三は大仏に供養礼拝をつとめた日数と解される。

天平二十年八月↓勝宝元年七月（十337―340）

大初位下伊福部宿禰男依（二）従八位上背奈王広山（二）少初位上志斐連万呂（三）少初位上阿刀連酒主（三）

勝宝元年八月↓同二年七月（三284―292）

従八位下治田連石万呂（二）大初位上能登臣忍人（二）大初位上紀志県主久比麻呂（一）少初位下丈部子虫（一）少初位下難万君（一）少初位下河内民首乇万呂（一）少初位下錦部行大名（二）少初位下楊広足（一）無位中臣村山連首万呂（二）少初位下阿刀連足嶋（二）無位倭史人足（一）無位史戸木屋万呂（一）

なお天平十八年七月十一日の近江国司解案に、国守藤原仲麻呂の宣により奴四人・婢一人を買い進上する旨を記し、奴持麻呂は車匠であるため買価が他よりも高く一、四〇〇束である（九254・255）。大仏造営過程で奴婢が買い上げられた例はのちに多く、珍しいことでないが、紫香楽で大仏造営が発願された翌十六年に馬飼らを放賤して本業を継続させる処置がとられたのは大仏造営の物資運搬のためであったことから推せば、金光明寺（金鐘寺）で大仏造営が再開された翌十八年に車匠の奴などが買上げられているのは、やはり大仏造営に駆使するためであったと考えられる。

（1）天平六年五月一日の造仏所作物帳の復原と造営工事の内容については福山敏男「奈良時代に於ける興福寺西金堂の造営」（同氏『日本建築史の研究』所収）参照。

（2）岸俊男「東大寺造営をめぐる政治的情勢―藤原仲麻呂と造東大寺司を中心に―」（ヒストリア一五）参照。

（3）不空羂索菩薩の光背の料物を請う天平十九年正月八日の金光明寺造物所解案の内容が東大寺法華堂の羂索像に関するものでなく、十八年正月二十七日に薨じた牟漏女王のために造立された羂索像にかかわるものであることについては福山敏男「東大寺法華堂の建立に関する問題」（村上昭房編『東大寺法華堂の研究』所収）参照。

（4）甲賀寺と紫香楽宮との関係をめぐる問題については拙著『日本古代の政治と宗教』所収「紫香楽宮」参照。

（5）岸俊男「東大寺造営をめぐる政治的情勢」（前掲、註2）参照。

（6）馬飼は養老職員令左馬寮条本文では飼丁と記される。

（7）品部と雑戸との関係について、川上多助・津田左右吉・滝川政次郎・井上光貞氏らによって品部優位説がとなえられていたが、高橋富雄氏は品部雑戸一体説を展開し、品部雑戸を包含した雑色戸としての「雑戸」を考え、その内容たる品部雑戸は基礎条件の満足のさせかたによって区別されるといい、品部優位論を否定された（「品部雑戸の基礎構造―『雑戸』制の問題提起―」史学雑誌六六の一〇）。高橋説に対し新井喜久夫氏は疑問を出し、批判を加えられた（「雑戸籍をめぐって」続日本紀研究五の八）。

（8）天平十六年雑戸放賤と勝宝四年使役復活については、まえに述べた（拙著『行基』、および『日本古代の政治と宗教』所収「長屋王の変と光明立后」）。

（9）中川収「雑戸復活に関する一考察」（続日本紀研究六の七）

（10）中川氏があげられた褒賞の実例は雑戸に関するものでない（中川氏論文の註21）。

（11）中川氏の雑戸労役の部分的解釈に異論があるからといって、私は雑戸の一戸ものこらずとか、一人のこらずということを主張するのでない。

（12）たとえば中川氏は「改姓による精神的な優遇を受けた彼ら雑戸にしてみれば、強要されるよりも自進する者がより多く存在したのではなかろうか。初期の工事は全て基礎及び大仏、及び大仏殿等の大工事であり、手技による精緻な工作は多く必要としなかったであろう。雑戸を強制労働する必要もなく、亦仮りに精緻な技術を必要とする工事があった場合においては、自進した者で充分おぎなう事が出来たのではないか、と考えたい。要するに彼らは公民としての比較的自由な生活をしていたのであり、かかる状態にあった故、野間氏が述べられる他の職につく者が出たものと思う」と述べるが、自進した雑戸がより多く存したというのは雑戸自進の例があってのことでない。天平十六年の処置によって雑戸が公民としての比較的自由な生活をしていたというのも、甘い見方であるまいか。

二　造物所の経営

金光明寺（金鐘寺）での大仏造立再開以後、造東大寺司成立以前の間の主な運びは、(1)十七年八月二十三日大仏土座の築造始め（大仏殿碑文・東大寺要録）、(2)十八年十月六日盧舎那仏に燃燈供養（続紀）、(3)十九年九月二日大仏造営に対する豪族寄進があらわれ始める（同上）、(4)十九年九月二十九日大仏鋳造始め（碑文・要録）などである。順次にみてゆくことにしよう。

(1)十七年八月大仏土座の築造始めは碑文に「天皇以二御袖一入レ土持運加二於御座一。然後召二集氏々人等一運レ土築二堅御座一」と記され、家永三郎氏[1]は、まず銅座が鋳られ、仏体がその上につくられたのでなく、最初、大仏は土座の上でつくられたことを説き、七大寺巡礼私記に銅座作製が天平勝宝四年二月に始まり、同八歳七月完成したと記すのをその証拠とされた。

(2)十八年十月、金鐘寺に行幸があり、盧舎那仏に燃燈供養がおこなわれたが、金鐘寺については、これよりもまえに、しかも平城還都前の十六年十二月丙申紀に金鐘寺と朱雀路に燃燈したことが記される。この金鐘寺も勿論平城のそれであって、決して紫香楽に金鐘寺が存したのではない。堀池春峰氏[2]は、天平宝字四年三月九日の造南寺所解に初見する東大南朱雀路の用例をあげ、朱雀路の名称が条坊制にのみ用いられたのでなく、今の東大寺南大門から登大路交叉点に至る参道がそれであり、天平十六年十二月紀の朱雀路が金鐘寺の南正面の参道をさすことを指摘された。これによっても十六年紀金鐘寺紫香楽説は清算されたといえる。

ところで、十八年十月の金鐘寺行幸と燃燈供養は、大仏の雄型塑像完成のためと解されてきた。大仏鋳造の方法は、記録が断片的であるため詳細がわからない。建久六年（一一九五）奈良大仏を修理した鋳物師が、その経験をもって鎌倉大仏を鋳造したことからみて、現在では鎌倉大仏の調査にもとづいて奈良大仏鋳造の方法が推定されている。それは明治時代に技術者上野景明氏が推定し、これを参考として技術者荒木宏氏(3)や彫刻研究家小林剛氏(4)らが説いている。木材で骨組をこしらえ、表面に粒子の微細な粘土などをぬり、土製の原型をつくった。原型製作に一五カ月（十七年八月↓十八年十月）を要したが、聖武天皇が土製の実物大（高さ約一六メートル）の大仏を礼拝したことになる。翌十九年九月末に実際の鋳造が始められたから、このときまで原型は保たれた。

最近、鋳造技術研究者の桶谷繁雄氏(5)は、奈良大仏の原型は土製でなく、木製であったと説き、その理由は、日本の気象条件を考慮に入れると、土製で一六メートルもある原型を二五カ月近くも完全な状態で保つことが不可能であるからといわれる。すなわち、砂や粘土で原型をつくったとするところに旧説の最大の難点があると批判する。土製の原型では長期にわたって雨にたえることはできないし、それを保護するための仮小屋でさえ高さ二〇メートルであることが必要で、仮小屋をつくったとしても台風にもちこたえたか疑問である。技術者国中連公麻呂の祖父は百済人で、日本に帰化し、三代目公麻呂は日本の気象条件を知っていたはずであるから、原型製作に要する期間を考慮して仮小屋をこしらえたとしても、粘土で原型をつくるような乱暴はしなかったであろう。すこし強い雨が降れば、粘土は流れる。粘土の原型をつくったとは考えられない。木製の原型ならば雨風で流されることはない。仮小屋も必要としない。まず木材で骨組をつくる。その上に姫小松・杉・朴などの材木を竹や木の釘で固定する。この表面を彫刻する。そのさい小さい塑像のモデルを手本とした。こうして白木の美しい原型ができる。天平十八年十月聖武天皇が燈明をささげて供養した大仏の原型は、真白な、木の香りも高い美しい像ではなかったか、と桶谷氏はいう。

桶谷氏以前すでにいわれてきたように、今の大仏は、胴体下部から台座のあたりだけが奈良時代造顕の面影をのこすにすぎず、元禄の補修で多くの手が加えられ、とくに頭部は元禄三年の製作である。このような状況から奈良時代の鋳造方法を推定するのは困難であり、しかも仏体内部の裏がわからの観察が必要であるけれど、その調査は許されていない。とくに重要なのは、桶谷氏が「鎌倉の大仏と奈良のそれとの間には五〇〇年というへだたりがあります。一一九五年（建久六年）奈良大仏は修理されましたが、鎌倉時代の鋳物師は、この修理に関係をして、それにより種々の経験を得て、鎌倉大仏を鋳造したことは確かでありましょうが、鎌倉大仏の造り方から五〇〇年をさかのぼらせて、これと同じような造り方を奈良において行なったと推定するのには大きな無理があると考えます。したがって、鎌倉大仏の造り方とはある関連を考えながらも切り離して、奈良大仏の造り方を考える方がより合理的であろうと思われるのであります」と述べ、このような考えかたがその説の出発点になっていることである。

原型完成から鋳造開始まで一年を要したが、その間に型をとったのである。桶谷氏によれば、つぎの方法をとったとされる。まず表型をとるには、原型の表面を小さく区切り、各部分の表面に粘土をおしあてて表型とし、全部の表型をつくる。つぎに原型の表面を約二〇ミリメートル削りとり、もう一度まえと同様な型をとり、表型の母型とし、この母型を乾燥させ、ふたたびこの型をとれば裏型ができる。同一区分の表型と裏型を「型もち」で介してぴったり組みあわせ、周辺を耐火粘土で閉じ、小さな穴をのこし、型全体を焼く。型がまだ熱いうちに、とけた青銅を流しこ

<第6表>　東大寺・国分寺・西大寺に対する寄進

		年月日	国	人	知識物	寺	寄進前の地位	叙位
1	天平	19・9・2	河内	河俣連人麻呂	*銭 1000 貫	東大寺	大初下	外従 5 下
2		〃	越中	礪波臣志留志	*米 3000 石	〃	無位	〃
3		20・2・22	——	物部連族子嶋	*銭 1000 貫, 車 11 両, 牛 6 頭	〃	外大初下	〃
4		〃	——	甲可臣真束	*銭 1000 貫	〃	外従 6 下	〃
5		〃	——	大友国麻呂	知識物	〃	外少初上	〃
6		〃	——	漆部直伊波	*布 20000 端	〃	従 7 上	〃
7		21・4・1	——	他田舎人部常世	知識物	〃	外従 8 下	〃
8		〃	——	小田臣根成	*銭 1000 貫, 車 1 両, 鍬 200	〃	外従 8 上	〃
9	感宝	1・5・15	上野	石上部君諸弟	知識物	上野国分寺	碓氷郡人 外従 7 上	〃
10		〃	尾張	生江臣安久多	〃	尾張 〃	山田郡人 外従 7 下	〃
11		〃	伊予	凡直鎌足	〃	伊予 〃	宇和郡人 外大初下	〃
12		1・⑤・20	飛騨	国造高市麿	〃	飛騨 〃	大野郡大領 外正 7 下	〃
13		〃	上野	上毛野朝臣足人	〃	上野 〃	勢多郡少領 外従 7 下	〃
14	勝宝	5・9・1	——	板持連真釣	*銭 1000 貫	東大寺	無位	〃
15		8・10・23	京	藤原仲麻呂	米 1000 石 雑菜 1000 罐	〃	大納言紫微令従 2	——
16	神護	2・9・13	伊予	大直足山	稲 77800 束, 墾田 10 町, 鍬 2440	伊予国分寺	——	外従 5 下
17	景雲	1・3・20	越中	利波臣志留志	墾田 100 町	東大寺	外従 5 下	従 5 下
18		1・5・20	左京	荒木臣道麻呂	｛墾田 100 町, 庄 3	｝西大寺	従 8 上	外従 5 下
19		〃	〃	荒木臣忍国	区, 稲 12500 束		無位	〃
20		〃	近江	大友村主人主	稲 10000 束, 墾田 10 町	〃	外正 7 上	〃
21		〃	尾張	刑部岡足	米 1000 石	尾張国分寺	海部郡主政 外正 8 下	〃
22		1・6・22	紀伊	日置毗登弟弓	稲 10000 束	紀伊 〃	那賀郡大領 外正 6 上	〃
23		〃	土佐	凡直伊賀麻呂	稲 20000 束, 牛 60	西大寺	安芸郡少領 外従 6 下	外従 5 上
24		3・——	武蔵	大伴部直赤男	商布 1500 段, 墾田 40 町, 林 60 町, 稲 74000 束	〃	入間郡人	外従 5 下
25	宝亀	1・4・1	美濃	国造雄万	稲 20000 束	美濃国分寺	方県郡少領 外従 6 下	〃
26		——	——	陽侯真身	*銭 100 貫, 牛 1 頭	東大寺	——	——
27		——	——	田辺広浜	*銭 1000 貫	〃	——	——
28		——	——	夜国麿	*稲 10 万束, 屋 10 間, 栗林 2 町, 家地 3 町, 倉 53	〃	——	——

み、冷却凝固させる。こうすれば小さな区分の鋳物ができ、この鋳物の大きさを適当に選べば、運搬に苦労しない。これを積木細工のように組みあわせると、大仏はつくれるはずであった。桶谷氏が、原型から鋳造までの過程における型どりについて、積木細工のような組みあわせであると考えるのは、大仏の表面観察と文献によるもので、もっともな考えかたであり、詳細は(4)鋳造開始のところでみることにしよう。

(3)続紀の十九年九月からあらわれる豪族の寄進が、十五年大仏造顕発願詔で知識としての寄進をよびかけた反応であることはいうまでもない。続紀と東大寺要録（＊印）に記される大仏への寄進のほか国分寺・西大寺に対する寄進を＜第6表＞に整理した。竹内理三氏[6]・塩沢君夫氏[7]が作成された表を参照したが、続紀・要録からの検出や、人名・寄進年・寄進先などの整理で私見を加えた。寄進先が東大寺・国分寺・西大寺と明記されるものに限ったが、(7)他田舎人部常世・(8)小田臣根成は陸奥産金を大仏に報じた日に叙位されているので東大寺に知識物を献じたと考えられる。要録の少田根成は続紀の小田臣根成と同人物であろう。(18)荒木臣道麻呂・(19)荒木臣忍国の寄進は続紀に「先是」と記されるが、便宜的に続紀の日にかけておく。(24)大伴部直赤男は宝亀八年六月乙酉紀によった。

東大寺に対する寄進のみをとりあげると、要録に記される人名と寄進はすべて続紀にみえるが、(7)他田舎人部常世・(15)藤原仲麻呂・(17)利波臣志留志は続紀にだけみえる。ただし要録は個人の寄進一〇例以外に材木知識五一、五九〇人、役夫一、六六五、〇七一人、金知識人三七二、〇七五人、役夫五一四、九〇二人と記し、その人数は厳密なものでなかろうが、右は材木や金属（黄金だけではないと思われる）の寄進者と、その資材の運搬や加工に従った役夫の数を録したものと考えられる。要録は(2)礪波臣志留志の寄進を米五、〇〇〇石とするが、続紀の三、〇〇〇石に従っておく。なお要録は個人の寄進一〇例を掲げたのち「自余少財不録之」と記しており、銭を基準にとると一、〇〇〇貫以上を著例としている。

続紀にはなお軍粮貢献や造船瀬所に対する稲寄進がみえ、また寄進先・用途を記さぬ献物も多く、それらを〈第7表〉に示した。二つの表に掲げた例は寄進として本質的に同じであり、また〈第7表〉で寄進先や用途を記さないもののなかに東大寺などに対する寄進も含まれるから、〈第6表〉だけをぬき出して論議するのは無駄である。二つの表から注意されることをあげよう。

(イ)寺院に対する寄進は称徳天皇の死と道鏡の没落を境として消滅し、それ以後は軍粮貢献などが多くなる。これは律令国家の政策や関心の重点が造寺造仏から蝦夷征討による版図拡大に転換したことを示す。このように宝亀元年に大きな変化があることを見通しておき、以下の記述では二つの表において宝亀元年以前をとくにとりあげよう。〈第7表〉では感宝元年を境として大きな断絶があり、養老・神亀のものは陸奥鎮所に対する私穀の貢献であることに特色をもつ。〈第6表〉では天平十九年から感宝元年まで一三人が集中し(第一期)、藤原仲麻呂没落後の天平神護・神護景雲年間に九人が集中しており、〈第7表〉でも同じく右の二期に集中している。第一期は大仏造営に熱意が払われた当初のためで、第二期は道鏡政権の時代のためである。

(ロ)藤原仲麻呂も東大寺に寄進しているが(〈第6表〉(15))、寄進額は他と比較して多いわけでなく、彼が紫微令となって政治・軍事の権を掌握し、専権をふるい、宝字八年没落するまでの間の寄進が〈第6表〉でわずか二人にすぎないことは、彼の東大寺に対する関与のありかたを示すといってよい。勝宝八歳から宝字元年にかけて彼が輩下を造東大寺司の官人構成に入れていったことが岸俊男氏によっ指摘されているが、それは造東大寺司あるいは東大寺を支配し

＜第7表＞　続紀にみえる献物叙位

	年月日	国	人	献物	貢献前の地位	叙位
1	養老 7・2・13	常陸	宇治部直荒山	私穀3000斛を陸奥鎮所へ献	那珂郡大領 外正7上	外従5下
2	神亀 1・2・22	——	大伴直南淵麻呂	私穀を陸奥鎮所へ献	従7下	外従5下
3	〃	——	錦部安麻呂	〃	従8下	〃
4	〃	——	烏安麻呂	〃	無位	〃
5	〃	——	角山君内麻呂	〃	外従7上	〃
6	〃	——	大伴直国持	〃	外従8下	〃
7	〃	——	壬生直国依	〃	外正8上	〃
8	〃	——	日下部使主荒熊	〃	外正8下	〃
9	〃	——	香取連五百嶋	〃	外従7上	〃
10	〃	——	大生部直三穂麻呂	〃	外正8下	〃
11	〃	——	君子部立花	〃	外従8上	〃
12	〃	——	史部虫麻呂	〃	外正8上	〃
13	〃	——	大伴直宮足	〃	外従8上	〃
14	感宝 1・5・5	——	陽侯史令珍	銭1000貫	従7上	〃
15	〃	——	陽侯史令珪	〃	正8下	〃
16	〃	——	陽侯史令璆	〃	従8上	〃
17	〃	——	陽侯史人麻呂	〃	従8下	〃
18	神護 1・8・25	讃岐	日置毗登乙虫	銭100万	外大初下	〃
19	1・10・19	紀伊	民忌寸磯麻呂	銭100万，稲10000束	散位正8上	従5下
20	1・10・21	〃	榎本連千嶋	稲20000束	前名草郡少領無位	——
21	2・2・4	——	橘戸高志麻呂	銭100万	外従8下	外従5下
22	2・9・19	摂津	日下部宿禰浄方	銭100万，榲榑1000枚	武庫郡大領 従6上	〃
23	2・12・21	因幡	春日戸村主人足	銭100万，稲10000束	国博士 少初上	従6下
24	景雲 1・2・20	伊予	越智直飛鳥麻呂	絁230疋，銭1200貫	越智郡大領 外正7下	外従5下
25	1・3・26	常陸	新治直子公	銭2000貫，商布1000段	新治郡大領 外従6上	外正5下
26	1・4・14	伊勢	敢磯部忍国	銭100万，絹500疋，稲10000束	多気郡人 外正7下	〃
27	1・4・29	長門	額田部直塞守	銭100万，稲10000束	豊浦団毅 外正7上	外従5上
28	1・6・3	伊予	越智直国益	物	白丁	外従5下
29	1・7・26	——	船木直馬養	物	従8下	〃
30	1・8・23	——	秦忌寸真成	銭2000貫，牛10頭	散位 正7上	〃
31	1・9・1	——	吉備朝臣真備	墾田3町1段，陸田5町2段，雑穀20000束	右大臣 従2	——
32	1・10・17	伊予	凡直継人	銭100万，紵布100端，竹笠100蓋，稲20000束	宇摩郡人	外従6下
33	1・12・26	——	丈部造広庭	貢献	外従7上	外従5下
34	2・3・19	——	壬生直根麻呂	〃	外正6上	〃

35	〃	——	丹比連大倉	〃	外正6上	〃
36	2・3・20	——	秦忌寸弟麻呂	〃	正8上	〃
37	〃	——	上忌寸生羽	〃	外従7上	〃
38	〃	——	越智直蜷淵	〃	外正8上	〃
39	2・⑥・8	美濃	国造雄万	〃	外正7下	〃
40	〃	——	物部孫足	〃	外正8下	〃
41	〃	——	六人部四千代	〃	従8下	〃
42	2・9・28	——	栗前連広耳	〃	正8上	〃
43	2・12・25	美作	財田直常人	〃	外正8上	〃
44	3・8・6	——	茨田連稲床	〃	従8下	〃
45	宝亀 1・3・20	周防	凡直葦原	銭100万,塩3000顆	外正8上	外従5上
46	1・4・20	——	道公張弓	貢献	正8上	従5下
47	4・1・15	出羽	吉弥侯部大町	軍粮をたすく	正6上	外従5下
48	11・8・14	越前	大荒木臣忍山	軍粮を運ぶ	従6上	〃
49	天応 1・1・15	下総	丈部直牛養	軍粮貢献	印幡郡大領 外正6上	〃
50	〃	常陸	宇治部全成	〃	那珂郡大領 外正7下	〃
51	1・1・20	播磨	佐伯直諸成	稲を造船瀬所に進む	大初下	〃
52	1・10・16	5国	尾張・相模・越後・甲斐・常陸 12人	軍粮を陸奥に運ぶ	——	加授位階
53	延暦 1・5・3	下総	海上真人三狩	軍粮貢献	従5下	従5上
54	〃	下野	若麻続部牛養	〃	安蘇郡主帳 外正6下	外従5下
55	〃	陸奥	安倍信夫臣東麻呂	〃	外大初下	〃
56	3・3・4	——	丸子連石虫	〃	外正6上	〃
57	3・10・21	越後	三宅連笠雄麻呂	救貧・道橋修造に稲支出	蒲原郡人	従8上
58	3・12・18	山背	秦忌寸足長	宮城築造	葛野郡人 外正8下	従5上
59	〃	山背	栗隈連広耳	役夫飼養	外従5下	従5下
60	〃	但馬	川人部広井	私物を進め公用をたすく	気多団毅 外従6上	外従5下
61	4・4・15	——	日下部連国益	稲を船瀬に進む	大初下	〃
62	4・7・29	——	三野臣広主	貢献	正8下	〃
63	4・12・10	近江	勝首益麻呂	役夫36000余人に私粮供給	従7下	〃
64	6・12・1	——	朝倉公家長	軍粮を陸奥に進む	外正7下	〃
65	7・1・25	——	武蔵宿禰弟総	貢献	外従6下	〃
66	〃	——	多米連福雄	〃	外正8上	〃
67	8・12・8	播磨	韓鍛首広富	稲60000束を水児船瀬に献	美嚢郡大領 正6下	〃
68	10・9・6	陸奥	阿倍安積臣継守	軍粮を進む	安積郡大領 外正8上	〃
69	10・11・6	播磨	出雲臣人麻呂	稲を水児の船瀬に献	大初下	〃

ようとしたためである。東大寺造営に熱意をもっていたということにはならない。

(ハ)〈第6表〉を寺別にみると、東大寺一四人、西大寺五人、国分寺九人となっており、大仏造営当初は東大寺に寄進が集中し、道鏡政権時代に入ると西大寺に集中してをり、国分寺に対する寄進は両期にまたがって分散している。まえに述べたように国分寺創建の当初には民力に期待しなかったが、大仏造顕が民間から知識の寄進をうけ入れる方針をとったので、国分寺造営の方法も変化したのである。

(ニ)寄進・貢献者の官位は、〈第6表〉(15)藤原仲麻呂と〈第7表〉(31)吉備真備の従二位が高いけれど、それは特例として除くと、官位の最高は〈第6表〉では(18)荒木道麻呂の従八位上、〈第7表〉では(47)吉弥侯部大町の正六位上（宝亀元年以後のなかには(53)海上三狩の従五位下がある）であるが、大部分は大領・少領以下の豪族を中心とする忌寸・臣・連などの下級官人または上層農民である。

(ホ)これまで畿内豪族が中心となって律令的官職を占めてきたが、地方豪族も官職を得ることを望み、官職を獲得する豪族があらわれてきた。その代表的な例は〈第6表〉の(12)飛驒国造高市麿（景雲二年二月癸巳、造西大寺大判官）、(2)(17)越中礪波臣志留志（景雲元年三月己巳、越中員外介。宝亀十年二月甲午、伊賀守）、(14)板持真釣（景雲二年二月癸巳、伊予介）、〈第7表〉の(21)橘戸高志麻呂（越麻呂、景雲二年二月癸巳、造西大寺大判官。宝亀八年正月戊寅、備後介）、(26)伊勢の敢磯部忍国（景雲二年二月癸巳、志摩守）である。飛驒国造高市麻呂は続紀に飛驒国分寺知識物を献じたと記されるだけであるが、野村忠夫氏(8)は高市麻呂の造西大寺大判官任用について、飛驒国大野郡の墾田寄進が密接な関係をもつほか、旧国造の系譜をひく族長的郡司の構成によって飛驒工（匠丁）を統制し、西大寺造営に労働力を提供したことが基因であると指摘された。

(ヘ)〈第6表〉と〈第7表〉の寄進貢献の内容は、稲穀（三〇人）銭（一三人）墾田などの土地（七人）布（五人）牛その他（一一人）物（内容不明、一二）となっているが、寄進貢献者の富力は墾田開発・私出挙・手工業などによって得られたものであろう。そのうち銭を寄進貢献した者をとりあげると、居地のわからない場合がかなりあるが（〈第7表〉(14)陽侯史令珍(15)令珪(16)令璆(17)人麻呂のうち前三者は養老律令の編者陽侯史真身の子であるから、中央的下級官人であろう）、〈第6表〉(1)河内の河俣連人麻呂、〈第7表〉(18)讃岐の日置毗登乙虫、(19)紀伊の民忌寸磯麻呂、(22)摂津の日下部宿禰浄方、(23)因幡の春日戸村主人足、(24)伊予の越智直飛鳥麻呂、(25)常陸の新治直子公、(26)伊勢の敢磯部忍国、(27)長門の額田部直塞守、(32)伊予の凡直継人、(45)周防の凡直葦原が銭を寄進貢献してをり、この時代に貨幣がかなり遠隔地で蓄積されたのはどのような方法によったのであろうか。当時の貨幣は民間の商業における通貨であるよりも、むしろ政府の支払手段である面が強いから、これら銭の寄進貢献者は国衙あるいは中央政府と交易などの点で関係をもっていたのであろう。

ここでその一例として〈第6表〉の(1)河内の河俣連人麻呂について考えてみる。居地が都の近くであるから貨幣を入手しやすいと簡単にはすませない。河内国若江郡に河俣郷があり、また大県郡の人に河俣公御影[9]がみえ、新撰姓氏録に河内国皇別の河俣公（日下部連同祖。彦坐命之後也）をのせるところから推して人麻呂は若江郡か大県郡の人であろう。霊異記に行基が難波江を掘り船津をつくり、説法したとき、若江郡河俣里の女人が聴聞した話をのせており（中の三〇）、難波江の地点は明らかでないが、少なくとも約一〇粁離れた難波まで出かける余裕をもつところから推せば、この女性は豪族の家の者であろうか。ともあれ行基が河俣に信者をもっていたこと、河内は彼の活動範囲であることを思いあわせると、人麻呂は若江郡河俣郷の人で、その寄進は行基の勧進と関係をもつのではあるまいか。川俣の地名は水脈の分派の意からきており、式内社川俣神社は大巳貴命・少彦名命・保食神など食物神を祭るが、ここはもと大和川の流域で、今は楠根川の沿岸にあり、東には玉串川、西には長瀬川がすぐ近く流れ、応神天皇十三年九月紀に大鷦鷯尊が髪長媛を賜わったとき天皇にむかい、

委遇比菟区《キクヒツク》〔堰材著〕　伽破摩多曳能《カハマタヘノ》〔川派江〕　比辞餓羅能《ヒシガラノ》〔菱殻〕　佐辞雞区辞羅珥《サシケクシラニ》〔刺不知〕　阿餓許居呂辞《アガコヽロシ》〔我心〕　伊夜于古珥辞氏《イヤウコニシテ》〔弥凝而〕

とよんだなかに伽破摩多曳とみえ、菱がうたわれているように江をなしたところで、河沼漁業がおこなわれた地である。それは東南すぐ一粁のところに御厨の地名がのこっているのによっても知られる。

職員令大膳職の規定で大夫がつかさどる物のなかに肴があることはいうまでもなく、令集解大膳職条の雑供戸に関する別記に江人八七戸が鵜飼三七戸・網引一五〇戸とともに品部として所属し、また江人をひきいた江首が姓氏録河内皇別に「江首。江人附。彦八井耳命七世孫来目津彦大雨宿禰命之後也」と記され、別記の江人のうちには大和川流域の河俣や御厨などにいた者があろう。江人について直木孝次郎氏[10]は、その有力者が大膳職の伴部である膳部に選ばれることもあったのでなかろうか、またこの推定が許されるならば、大化前代には伴造的江人が部民的江人をひきい大膳職の前身をなす官司に勤務していたのではあるまいか、といわれる。まえに記した食物神を祭る川俣神社がこの地の豪族河俣氏と関係があると思われ、川俣連人麻呂は漁業的部民を管轄した伴造系統の出身で、漁業を通じて宮廷と関係をもっていたのであろう。彼の銭一〇〇〇貫の寄進が、続紀にみえる最初の寄進例であるように反応が早いのは宮廷と関係が深いことにもよると考えられ、その富力蓄積も漁業を通じてなされたものと推定される。律令時代の貨幣の機能は民間の商業行為における通貨であるよりは、政府の支払手段たる機能に重点があり、政府は支払った貨幣が再びすみやかに自己の手にもどることを望む。人麻呂の貨幣蓄積は、漁獲品の民間への販売によるところもあろう

が、政府の買上げ（交易）によるところが大きいのであるまいか。貨幣が上述のごとき機能をもつところからみて、銭寄進は政府の歓心を射るよき手段であった。

(4)天平十九年九月二十九日から始められた大仏鋳造について東大寺要録には、西海の銅（豊前国産の銅）を用い、三年を要し八度の鋳造を経て勝宝元年十月二十四日に成ったといい、鋳造とともに大仏殿をつくり始めたと記す。鋳造に関する具体的なことは明らかでなく、ただ造仏長官の国中連君（公）麻呂が鋳造の技術に通じたらしいことが続紀の伝記にみえ、彼は天智朝に帰化した百済人の国骨富の孫にあたり「天平年中。聖武皇帝発二弘願一。造二盧舎那銅像一。其長五丈。当時鋳工無二敢加一レ手者一。公麻呂頗有二巧思一。竟成二其功一。以レ労遂授二四位一。官至二造東大寺次官兼但馬員外介一」と記されている。

君麻呂が造東大寺次官に任ぜられたのは宝字五年十月壬子、従四位下に叙せられたのは景雲元年二月甲申であるが、前掲天平十八年十一月金光明寺造物所告朔解案に造仏長官外従五位下として署名しているのをはじめ、十九年正月にも同じで不空羂索観音造立のため鉄二〇延を請い、同十九年十一月十四日の勅旨写一切経所牒に造仏長官兼遠江員外介外従五位下と署している（九514）。同二十年二月己未従五位下にあげられ、翌二十一年四月丁未朔東大寺行幸の日に従五位上に叙せられた。

彼が実際に鋳造の技術をもっていたのか、あるいは鋳造事業を督しただけであるのか、続紀の伝記から決定的なことはいえないところから説が分かれるが、(11) 鋳造の技術でなく軍事的手腕で役民を駆使した金光明寺造仏次官佐伯今毛人の場合は「聖武皇帝。発レ願始建二東大寺一。徴二発百姓一。方事二営作一。今毛人為領二催撿一。頗以二方便一勧二使役民一。聖武皇帝。録二其幹勇一。殊任二使之一」と記されており、君麻呂の場合は伝記の書きかたが今毛人とちがっている。彼が従五位上に叙せられたとき大鋳師高市連大国も同じであり、君麻呂が帰化人出身者であることも注意され、外従五位下の位階で初期からとくに彼を造仏長官に任じられていることも注目をひき、彼が実際に技術をもっていたという説はすてがたい。

前掲天平十九年十一月勅旨写一切経所牒に造仏長官の君麻呂が次官佐伯今毛人とともに署名していることは、造仏所が写経所を統轄した関係によるものであり、金光明寺造仏所（司）が発展し造東大寺司となったときも写経所が造東大寺司下の一つの機構であったのと同じである。天平十九年造仏長官の君麻呂が、のち宝字五年造東大寺司次官としてみえるのは、金光明寺造仏所（司）の機構が発展したからであることはいうまでもない。写経所と金光明寺造仏所および造東大寺司との関係が深いことはまえに述べた。

さて、大仏鋳造にさいし、水平に八段にわけて積層的鋳造法をおこなったとする旧説は疑わしいと桶谷繁雄氏[12]はいわれる。理由は、旧態を保持する胴部以下において、鎌倉大仏にみられるような積層的鋳造の痕跡を奈良大仏にみとめがたいからである。鎌倉大仏の場合は、全体を水平に八層に分割し、まず最下層（第1層）を鋳造し、ついで第2層におよぶというふうに、鋳型積み上げの方法によったことは、仏体の外面に現われている数箇の水平線の存在からも知られる。奈良大仏の場合は、奈良時代鋳造の状態をのこすと考えられる胴より下部に、そのような痕跡を幾分かみられないではないが、この方法で全身が鋳造されたと考えるのは無理である。むしろいろいろな大きさに、別々に鋳造された部分が、積木細工式に組みあわされ、その間を適当な金属鑞で接着したのであるまいかという印象をうける。斉衡二年（八五五）大仏の頭部が落ちた事実からみて、鎌倉大仏の胴部と頭部の鋳造時における取りつけ法は奈良大仏になされていなかったと思わせる。鎌倉大仏では「鋳からくり」方法を用い、さきに鋳造したものの一部に、つぎに鋳造する部分とじゅうぶんにかみ合って一体化する場所をあらかじめ考えておく方法がそれであり、鎌倉大仏のように積層的鋳造をなしたものにおいて、第1層と第2層とがよく接着して動かないのはそのためであるが、この方法が奈良大仏に使用されたか否かは疑わしく、それを確認する方法はない、と桶谷氏はいう。

奈良大仏が三カ年八度にわたり鋳造されたと記されることについて、桶谷氏は疑問を出し、八という数字は仏教の立場からたいせつな数字のようであるが、それは疑わしく、もっと鋳造回数が多かったのに、八という数字がたいせつなために、無理に八回にしたのかも知れない、と述べる。積木細工式の鋳造方法がとられたと考える桶谷氏の推定からすれば、八回鋳造に疑問がいだかれてくる。

しかも土製の原型では鋳造にきわめて危険をともなうことを考慮した上で、右の積層的鋳造や、八回鋳造を疑わしいとされる。すなわち、鋳型は水分を極度にきらう。現在、軽金属鋳物・銑鉄鋳物に水分をある程度ふくんだ砂を用いて型をつくることがあるけれど、その場合、水分はよくコントロールされ、ある一定のパーセントをこえることはない。しかし溶解技術が未発達で、溶解温度もじゅうぶんに上げることのできない八世紀には、水分をふくむ鋳型に青銅を注ぐことは考えられない。それは一、〇〇〇度近くとけた合金と、コントロールされない水分が接すれば、危険な事態が発生させる可能性があるからで、土製の原型をそのまま裏型に使うことは技術的に不可能である。土製の原型の場合は、表型の水分のコントロールが困難であり、よい鋳物をつくれない。青銅鋳物では、鋳型がじゅうぶんに乾燥していて、鋳造時に鋳型の温度の相当高いことが必要条件であり、このような条件のもとに妙心寺銅鐘（六九八年）や東大寺大鐘（七五一年）もつくられた。奈良大仏の場合、工事が急がれたため、原型が木でつくられても、鋳型製作が終われば、ただちにとりこわされ、その場所に青銅の大仏が安置された。奈良大仏の鋳造方法に関する旧説に技術面から疑問を提出し、仏体胴部の現況観察と文献駆使によって、原型木像説と積木細工式鋳造説を出された桶谷氏の論は説得力に富むといえよう。

（1）家永三郎「東大寺大仏の仏身をめぐる諸問題」（同氏『上代仏教思想史研究』所収）

（2）堀池春峰「東大寺の占地と大和法華寺に就いての一試論」（続日本紀研究四の二・三）。なお堀池氏は天平十四年七月十三日の納櫃本経検定并出入帳の十六年六月条に初見する法花寺が山階寺東松林二七町のなかの一寺で、十七年五月還都後に藤原不比等の邸宅を宮寺（法華寺）とした以前に大和国分尼寺の役をつとめ、国分僧寺と近接していたことなどを説かれた。堀池氏の論考が出る以前には、たとえば佐藤小吉氏は、橿原市鴨公大字法華寺の地には地名が残っているにもかかわらず国分尼寺の遺跡が見あたらない、といわれ（「大和国分寺」角田文衛編『国分寺の研究』上、所収）、天平十七年平城還都以前の大和国分尼寺の位置は不明であった。

（3）荒木宏『技術者の見た奈良と鎌倉の大仏』（有隣出版KK、昭和三四年）

（4）小林剛『東大寺の彫刻』（近畿日本鉄道KK、昭和三八）・『日本の彫刻』（至文堂、昭和三八年）

（5）桶谷繁雄「奈良の大仏はいかにして造られたか」（「金属」昭和四〇年六月十五日号）

（6）竹内理三『奈良朝時代に於ける寺院経済の研究』八四―八六頁。

（7）塩沢君夫「八世紀における土豪と農民」（同氏『古代専制国家の構造』所収）

（8）野村忠夫「飛騨国造氏と西大寺―初期律令制官人構成の一視点―」（岐阜史学一五）。地方豪族の献物叙位について野村氏の論考を参照したところが多い。

（9）三代実録、貞観三年九月二十四日条。

（10）直木孝次郎『日本古代国家の構造』二〇一―二〇二頁。

（11）たとえば小林剛氏は国中連君麻呂の経歴・事蹟を正倉院文書・東大寺要録などによって考察し、彼が活動した金光明寺造仏所・造東大寺司の官僚機構に論及し、大きな古代的組織体制のなかで如何にして作家的手腕を発揮したかを論じられた（「国中連公麻呂」奈良国立文化財研究所学報三『文化史論叢』所収）。これに対し浅香年木氏は君麻呂自身が鋳造技術をもっていたと考えることに否定的である（「国中連公麻呂に関する一考察」続日本紀研究四の一）。

(12)　桶谷繁雄「奈良の大仏はいかにして造られたか」（前　掲、註5）

第三節　大仏造営と宇佐八幡神との関係

一　八幡神の神格をめぐる学説

大仏造顕と宇佐八幡神の助成託宣の事情、ひいては八幡神の神格に関する問題などについて整理しておきたい。大仏と八幡神との関係は、勝宝元年十二月の八幡神入京のときから始まるとされていたが、正倉院文書の種々収納銭注文が福山敏男[1]・堀池春峰[2]・直木孝次郎氏[3]らによって注意され、直木氏は、天平十七年九月十六日以前、おそらくこの年七月か八月前後に作製された文書で、大仏造営再開にそなえて知識銭を収納した金光明寺造仏官がどこかへ収納銭を報告するために作ったとし、「三百七十文八幡太神奉納米運功残即米之内五俵売、即書功用耳『所残』（朱書）」（二十四316）という記載は、八幡宮が大仏に奉納した米を運ぶのに、そのうちの五俵を売り運送費にあて残額三七〇文を収納したことを述べたものと解し、八幡神と大仏との関係が天平十七年ころまでさかのぼることを指摘された。八幡宮の神職団は、すでにこの当時から中央の政府や東大寺と関係をもつことに意を用いていたことが知られる。

天平二十年八月乙卯[4]には、八幡神の祝部の大神宅女と大神杜女がともに従八位上から外従五位下に叙され、翌勝宝元年十一月辛卯朔には禰宜の大神杜女と主神司の大神田麻呂は朝臣姓を賜わり、それらのくわしい事情は明らかでないが、杜女らが中央と関係を深めている動きが知られよう。同じ十一月己酉（十九日）八幡神は京に向かうという託宣を出し、翌十二月戊寅（十八日）迎神使に迎えられて入京し、宮南の梨原宮に神宮が営まれ、同丁亥（二十七日）杜女らが東大寺を拝し、孝謙天皇・聖武太上天皇・光明皇太后も寺に行幸し、八幡大神に一品、比咩神に二品を奉り、諸兄は八幡神の大仏造営助成を謝す宣命をよみ、杜女に従四位下、田麻呂に外従五位下がさずけられた。[5]

大仏造営にさいし、八幡神が何故に助成を託宣し、中央にまで入京したか、ということに関し、この神の起源や性格が論議されてきた。

(1)小野玄妙氏説[6]　(イ)八幡神は応神天皇であるように巷間でいわれるが、事実はそうでない。(ロ)八幡神は南海の方面からきた密教の一部である不動明王信仰から生じた神と考えられ、八幡関係の諸縁起に、大神が海から上ったと記されるのは、外来宗教思想であることを伝えるものであろう。(ハ)八幡応現と伝えられる仁聞菩薩は不動法を修し、不動の像を刻しており、大分の国東郡では八幡宮の奥院に必ず原形の不動の古像があり、石清水・平白山でも八幡神を祭るところに必ず不動・毘沙門二尊の信仰がともなっている。(ニ)八幡神は軍神であり、不動法を修して兵賊を平げることは儀軌中に説かれる。(ホ)奈良時代政治の重大事件にはいつも八幡の神託を仰いでおり（例、道鏡事件）、この神が国政を左右する力をもっていたことは事実で、東大寺の大仏造顕についても、鋳造することはまったく神託によったのである、と述べられた。(イ)・(ロ)・(ホ)に問題はない。(ハ)の仁聞菩薩の存在は疑問であると横田健一氏は批判された。[7]ともかく小野説は八幡神を軍神とするといえよう。しかし、小野説は家永三郎氏によってかえりみられ、またのちの横田説は小野説と論法はちがうけれども、小野氏は横田説とほぼ似た考えをすでに出した点が注目される。

(2)宮地直一氏説[8]　聖武天皇が大仏造営で神祇信仰との衝突を恐れたが、八幡神は「絶えず外来の新思潮に接触しつつありし九州北岸の地方に、習合の事実に於ても恐らく他に数歩を進め」ていたため、神仏融和の点で解決の方法をもつ八幡神の託宣と上京がおこなわれた、とする。宮地説は八幡信仰を神仏混淆の信仰とする点で小野説と共通する面をもち、橋川正氏[9]によって支持された。しかし、大仏造営で神祇信仰との衝突[10]が非常に恐られたことを示す事実があるであろうか。

(3)肥後和男氏説[11]　(イ)西陲の地に外国文化が早くから入りこみ、宇佐八幡のごときは最も早く仏教と因縁づけられるものがあったので、この神の声明と上京がおこなわれたという考え（小野・宮地説などをさすと思われる―井上註）は有力であるようにみえるが、のちの現象をまえに反映させて解釈する方法が果たして正しいかどうか疑問を免れない。(ロ)柳田国男氏の説[12]（鍛冶神とする）や土田杏村氏の説[13]（鉱山神とする）が最も合理的である。扶桑略記欽明三十二年条に、八幡大神が宇佐郡廐峯菱潟（形）池の辺に鍛冶翁としてあらわれたとみえ、託宣集にもこれをのせ、東大寺要録所引弘仁十二年官符に、大仏造営のとき八幡神が託宣し、黄金がこの土に出ようとしているから、使節を唐に遣わすなかれといったと記される。のちの時代に豊前は最大の銅産地であった。銅産地の企救郡は宇佐から離れているが、古事記のウサツヒコ・ウサツヒメの話からみて、宇佐神はそれら鉱産地にも支配的勢力をもっていたことが知られ、これらは柳田・土田説に文献的根拠をあらしめる、といわれる。

柳田説から示唆をうけた土田杏村氏は、聖武が懸念したのは神仏関係という思想問題でなく、材料の金属の問題であって、この神が鉱山神として朝野に知られていたから、天皇は銅産出のさかんなことを求め、神もこれに応じ、天皇の大願をたすけようとして上京した、と述べた。

肥後説は、柳田・土田説を補強するため、文献を増補引用するのみならず、神話学・民俗学・民間伝承学などの知識を導入した点に特色をもっている。すなわち、論考の冒頭で「神とは社会であるといひ、社会の象徴を神に見るといふ立場をとるならば、神への信仰も之を奉ずる集団の性格の変化に従つて、その内容を易へて行くといふことは容易に想察し得るところである」と述べ、この論法から宇佐宮託宣集に「辛国の城に始めて八流の幡に天降りて、吾は日本の神と成れり」という語を吟味し、この神を奉ずる集団が本来朝鮮からやってきたという意味ではなく、古代の九州人にとってカラノクニが一つの理想的世界であったことを示すものであるまいか、と述べ、そのほか八幡神が弓矢の神や武神と信じられ、源氏から崇敬をうけた事情の考察などでも、冒頭陳述の論法をとられた。肥後氏は、八幡神の性格を鉱山神とし、のちその性格は武神などに変化したことを説くとみてよかろう。肥後氏が引用された宇佐宮託宣集の語については、家永三郎氏のような別の解釈ができるし、弘仁十二年官符に、八幡神が黄金のことについて大仏造営を助成すると託宣したとみえていても、勝宝元年の宣命では「銅の湯を水と成し」と記されており、助成託宣は銅産出のことに関するものであった。同年二月陸奥からの黄金貢進と混同してはならない。

柳田・土田・肥後説の系列に属するものとして平野邦雄氏(14)の説がある。豊前の条里と国府との関係を論じ、古代政治勢力の所在を分析した論考のなかで宇佐八幡神の性格に論及し、真正面から八幡神を論じたものではないが、銅産神とみておられる。

(4)家永三郎氏説(15)　(イ)宇佐宮託宣集に、欽明三十二年「辛国城仁始天天降八流之幡天我者成二日本神一礼利」とあり、ハチマンの読みかたを信ずる限り、神の名が八流の幡に由来することはまちがいない。(ロ)肥前風土記基肄郡姫社郷条にも、荒ぶる神に祈るのに幡をささげ、また幡を風に放って神の居処をさがしあて、社をたてて祭ったのが姫社である、と伝え、北九州にこの種の神社起源説話が流布していた。幡を使用し祭祀をおこなうのは神社固有の風習でない。(ハ)八流の幡を八方にたてて修法をおこなうのは不動安鎮法にあり、不動尊安鎮家国等法には、国の仁王が不動明王の威徳秘法をおこなうことにより外国をくじき、国土の災難を除くことを説き、八流の幡を用いる儀法を記す。この法は平安朝以降に日本でさかんにおこなわれた。(ニ)密教儀法は仏教伝来後まもなく断片的ながら日本に伝わっている（敏達六年、百済、咒禁師を献ず。推古三十一年、新羅、大灌頂幡一具・小幡十二条を献ず。舒明十二年、大安寺に繡大灌頂幡一具を賜う）。(ホ)正史における八幡の神名の初見は続紀天平九年条をさかのぼらないが、三宝絵詞の弘仁十四年官符所引神主大神浄丸申文をはじめ、長保五年八月十九日宇佐宮司解・石清水文書・託宣集・八幡愚童訓などは、いずれもこの神が欽明朝にあらわれたといっており、これは八幡神の起源が大陸から伝わった信仰であることを物語る、と。

八幡の語源を八流の幡に求めてその説明の附会でないことを証するに努め、八流の幡をたてる修法は不動安鎮法にあり、八幡神宮の起源は大陸から伝えられた信仰で、最初から仏教との深い関連のもとに発生した、とする家永説は、着実な分析から導き出されており、説得力に富む。

(5)横田健一氏説[16]　(イ)小野説の根拠となった宇佐宮託宣集や石清水文書の宇佐八幡宮弥勒寺建立縁起・六郷満山略縁起その他は後代の伝説で信をおくに足らず、仁聞菩薩の存在も疑問で、大分の石仏も平安中期以降のものであり、八幡の託宣は密教をもち出さなくとも、シャマニズム的神道には託宣がさかんである。八幡は肥後説のように宇佐地方の信仰がもとになって成立したとすべきである。(ロ)柳田・土田説にいう鍛冶神・鉱山神の面もあったろうが、それよりも護国の神と仰がれた面が強い。扶桑略記と政事要略の養老四年条に、大隅・日向の乱のとき八幡に祈って平定したことがみえるのはあり得ないことでないが、たしかな記録に八幡神が初見するのは、天平九年四月乙巳朔に奉幣して新羅の無礼を告げたことであり、十二年十月広嗣の乱討伐の大将軍大野東人に詔して八幡神に祈らせたことなど、勝宝元年の八幡神上京までの史上に見えるのは、いずれも戦いにさいし、官軍の守護を祈った例ばかりである。八幡宮の建立年代は天智朝の対外関係の危機が最も可能性に富み、この神がのち平安初期に護国霊験威力神通大自在王菩薩とよばれたのも、護国の神であったからで、軍事にさいして祈られるところから、武士、とくに源氏の崇敬をうけたのであろう。(ハ)八幡神は神仏習合の傾向も早くから顕著で、その事例は多くあり、このことも奈良朝仏教の最大の行事たる大仏造営のさい、八幡神に援助を求めさせた理由の一つかも知れない。(ニ)宇佐八幡の神職団は時勢の移りかわりに敏感で、新情勢にたくみに便乗し、露骨な政治的策謀をしばしばおこない、しかも政治に対する八幡神の関与が常に託宣によってなされていることに注意しなければならない、といわれる。

横田説の(イ)小野説批判は妥当である(ただ小野氏の論考で、横田氏がみておられないらしいものがある)。(ロ)柳田・土田説批判も妥当であるが、柳田・土田説を増補強化した肥後説に批判を加えていない。横田説の特色は(ロ)と(ニ)にあり、八幡神信仰が正史にどのような形であらわれるかを重視し、八幡宮神職団の行動に注意すべきことを説かれたのは重要であり、横田氏以外の説ではこれらがまったく不問に附されていた。

(6)中野幡能氏説[17] (イ)五世紀のころの屯倉と考えられる諫山郷と野仲郷の焼畑で旧三毛佐知氏の支配地である宇佐国の一角に、秦(辛嶋)宇佐(佐知)両氏の協力のもとに三角池(大貞の薦社の神池)ができた。これによって焼畑(ヤハタ)には大宇佐田=大貞が生まれ、三角池はヤハタの神として秦斎され、佐知氏は池守として司祭者になり、世襲した。豊前の上・下毛両郡の氏はいつかその祭祀集団になった。(ロ)三角池の功業により、秦部の辛嶋氏は宇佐国に入ったが、六世紀末、宇佐氏は辛嶋氏を通じて仏教を受容し、豊国法師を生み出した。(ハ)改新後、大神氏は独立性の強い宇佐を吸収するために三角池の佐知池守と結び、山国川・宇佐川岸に寺院を建立し、ヤハタ神に応神天皇という神格を与えた(天智朝の大神比義は大三輪信仰をもつシャーマンであり、三角池=八幡神に応神の神格を与えた)。(ニ)そののち、大神氏は田部氏などを杖人として海路旧八幡村の乙咩社に上陸し、辛嶋氏と結んで宇佐氏に接近するため、酒井泉・郡瀬社と辛嶋氏の氏神を移動し、ついに宇佐川をこえて鷹居社を八幡宮として建立したが、宇佐氏とのあいだは静穏でなかった。しかし漸次おさまり、天智朝ころ小山田に八幡宮を建立した（承和縁起）。(ホ)養老四年の隼人征伐には宇佐法蓮も参加しているので、宇佐氏の協力体制ができ、その結果、大神氏の八幡神と宇佐氏の比咩神の合体の機縁が醸成され、北九州に祭祀集団を有する強力な社会体制ができ、律令制の本旨が実現されるようになった。そこで宇佐氏の祖神（彦姫神）のうち宇佐津彦神はかげをひそめ、比咩神が八幡神を入婿として神婚が完成したのが小椋山の移座ということであり、官社八幡宮の成立となったのであろうと思考される、と述べられた。

中野説は、八幡の幡は畑と同義であり、八幡の語源は焼畑（ヤハタ）であるとし、三角池は焼畑を水田と化して大宇佐田を産み出し、百姓はこの池を神として祭り、ヤハタに生まれた神であったから「ヤハタの神」と称したであろう、とする。したがって、八幡神は人格神でなく、「池そのものの神、即ち自然神としての祭祀が行われていたに違いない。それは鷹八幡縁起によっても明かである」と述べる。宇佐八幡神が大仏造営助成の託宣をした事情については、辛嶋氏の仏教に新羅仏教と神道との融合がみられることを考えておられるらしい。中野氏は、承和縁起を批判したうえであつかい、宇佐氏系図を分析し、古表・古要八幡宮の舞楽を問題とし、三角池とヤハタの神に関する辛嶋・宇佐・大神三氏の伝承にもじゅうぶんな批判を加えたうえで、できるだけ史料を生かしながら、宇佐地域の実地調査をふまえておられるのが特色であり、その論述は詳密で、史料を増加し、論法を一新した。

ただ、焼畑（ヤハタ）が八幡に転じたときめつけ、それが説の前提となっているわけであるけれど、その前提が成立しうることについて説明がほしいと思う。三角池を中心とする諫山郷に関し「その名も示す通り、山野の多い所で、耕地としても畑である。恐らく『焼畑』（ヤハタ）による耕地であったに相違ない。このような土地に『池』の土木工事の行われた事は水田の造成であり、新しい村造りであった。今その地方を大貞と称しているが、この大貞の地名は『大宇佐田』であったろうといわれる。然る時は今迄の焼畑（ヤハタ）に生れた三角池は大宇佐田を生み出した水源であり、古代社会における『カミ』であった。然るが故に百姓はこの池を神として祭ったであろうし、ヤハタに生れた神であったから『ヤハタの神』と称したであろうと考える」と述べるが、これをもって焼畑→八幡を証するのにじゅうぶんであろうか。また右の説明に相当する地理的条件は、諫山郷の三角池付近にかぎられるであろうか。下毛郡に矢幡の姓が多いことの指摘はよいとしても、築城郡に綾幡郷がみえ、三角池の所在地区は中世以降に大畑と称していることもヤハタと関係があるといわれるが、これも古代にさかのぼって焼畑が八幡に転化したことの傍証としてどれだけ役立つであろうか。中野説の論述の詳細なのは、高く評価しなければならないし、今後における八幡神研究は中野説から多くのものを生かしてゆかねばならないが、この最も新しい中野説の批判と受容には、なおしばらく日をかけるべきであろう。

（1） 福山敏男『奈良朝の東大寺』七四―七五頁。注文の成立を天平十七、八年ころとされる。

（2） 堀池春峰「金鐘寺私考」（南都仏教二）。注文の成立年代については福山説に従われた。

（3） 直木孝次郎「天平十七年における宇佐八幡と東大寺との関係」（続日本紀研究二の一〇）・「天平十七年『種々収納銭注文』について」（同上、三の四）

（4） 以下、続紀における宇佐八幡宮関係記載の錯簡事情については水野柳太郎「続日本紀編纂の材料について」（ヒストリア二八）参照。

（5） 梨原宮の位置は明らかでない。朝日新聞社本の続日本紀の頭註は、続紀に宮南とあるのをあげて奈良市内侍原説をしりぞけている。平城宮の南の地とすると東大寺とかなり離れ、東大寺乗りこみを目的とした八幡神の鎮座地としてそぐわないようであるが、梨原宮は一時の仮宮であったと考えればよい。勝宝八歳六月九日の東大寺図に八幡宮はみえない。東大寺要録は八幡宮勧請の事情について、大仏造営助成により鎮守として迎えたという意味のことを記すが、東大寺別当次第によれば、八幡宮が三月堂の南の手向山に移されたのは嘉禎三年（一二三七）である。

(6)　小野玄妙「奈良時代の仏教文化と芸術」第四節「宇佐八幡との関係に就いて」（寧楽一〇）。なお、小野氏は「宇佐の八幡と大分の石仏」（宗教研究新二の六）・「大分佐賀県下の石仏」（同氏『大乗仏教芸術史の研究』所収）を書かれており、よく引用されるが、ここでは、家永・横田両氏が引用されていない寧楽所収の小野論文を引用しておく。

(7)　家永三郎氏は、小野説について、方法に不十分な点があるけれど、動かすことのできない論点がふくまれるとし、別に八幡神の名称と八幡神宮発生伝説の分析から小野説とほぼ同様の結論に達する、といい、論述を展開された（「飛鳥寧楽時代の神仏関係」神道研究三の四）。

(8)　宮地直一「東大寺八幡宮の鎮座について」（寧楽八、のち同氏著『八幡宮の研究』に収録）

(9)　橋川正『綜合日本仏教史』五二〇―五二一頁。橋川氏が、柳田・土田説について、勝宝元年十二月の宣命だけで、八幡の神格を論ずるのは一面観に過ぎぬ、といい、大仏と八幡神との関係についてはさらにその後の事実を

見なければならぬ、と述べられたのは妥当である。ただし、小野・宮地説を支持するのに、この神の託宣によって道鏡が皇位を望んだことをあげ「支那の文化の影響をうけること最も多いこの地方に、支那の易世革命の思想が輸入され、殊に安禄山の事変の如きが早く平城京に迄伝へられたこと（天平九年三月遣使於伊勢神宮大神社筑紫住吉八幡二社及香椎宮、奉幣以告新羅無礼之状）から考へると、外来の新思想が濃厚に九州北部に行はれてゐたことは認めてよからう」と述べられたのは誤解である。伊勢神宮などへの遣使は天平九年四月であり、安禄山の乱（七五五―七六三、勝宝七―宝字七）は神宮などへの遣使や、八幡入京よりものちのことで、天平九年ごろの新羅の無礼は安禄山の易世革命と無関係である（道鏡の皇位野望事件に安禄山の乱の影響がみられるかどうかは、別の問題とすべきである）。

(10)　仏教伝来当初の神仏関係について、家永三郎氏が、仏教の伝来により、伝統的宗教がうけた影響の最大なものは、神仏の衝突や習合・混淆でなく、神祇信仰を強化して隆盛ならしめた点にある、と注意されたことが参照される（「飛鳥寧楽時代の神仏関係」神道研究三の四）。奈良時代の神仏関係についてはなおつぎのような側面が注意されよう。国分寺創建の年のことであるが、疫瘡と飢饉に関し、天平九年五月壬辰詔は「奠二祭神祇一。未レ得二効

験二」、同年七月乙未詔は「祈二祭神祇一。猶末レ得レ可」といい、災害にさいし、その除去をまず固有信仰の神々に祈るが、それがかなえられない場合には、新しい宗教にすがることによって効験を期待しており、この前後に仏の加護に対する期待が高まり、三月丁丑に国分寺創建詔が出されている。論を大仏造営と八幡神の助成託宣にむけると、神祇信仰との衝突を恐れることをこえて、仏教信仰が高まっていたのが実情である。また神祇信仰との衝突を恐れたからという宮地説よりも、横田説のように宇佐八現宮神職団が、中央政府と結びついて八幡宮の地位をあげようとし、八幡神の神威を宣伝しようとした、と説明する方が筋がとおる。

(11) 肥後和男「八幡神について」(『日本神話研究』三一八—三二一頁)。肥後氏は、本文で紹介したように、神話学や民俗学の知識にもとづく論法をとられたが、続紀にみえる新羅調伏祈願(天平九年四月乙巳朔)・広嗣討伐軍の勝利祈請(同十二年十月壬戌)・聖武天皇不予回復の祈禱(同十七年九月甲戌)・疹疾除去の祈願(天平勝宝八歳四月壬子)や、八幡宮神職団の暗躍などに触れられなかったのは不十分である。八幡神が単に鉱業神であるならば、戦勝や疫病除去・病気回復などの祈願にそぐわない。

(12) 柳田国男「炭焼五郎が事」(『海南小記』)

(13) 土田杏村「東大寺大仏と宇佐八幡との関係に就ての一仮説」(現代仏教五四)

(14) 平野邦雄氏は、つぎのように記述される。扶桑略記に宇佐八幡の起源説話として、欽明三十二年大神比義が三年籠居し、鍛冶翁の託宣を聞いて八幡を勧請したとあり、平安朝以後、和気氏の宇佐派遣ごとに香春(採銅所村)で鋳造された銅鏡を、宇佐神体として、官幣と共に納めた事実や、また、天平より勝宝にかけて、東大寺大仏鋳造に際し、専ら「西海之銅(豊前)」を用いたのは、大神氏の東大寺進出と明らかな関聯があると思われる点、また、元慶二年企救郡銅(採銅所村)を採取するため、八幡神に奏請した事実などは、銅産神たる香春と宇佐八幡の両神格の結合が、恐らく香春より宇佐への勢力の進出を背景として行われたのではないかと推測させる、と(「豊前の条里と国府—古代政治勢力の所在をめぐって—」九州工業大学研究報告、人文・社会科学六)。

(15) 家永三郎「飛鳥寧楽時代の神仏関係」(神道研究三の四)。舒明十二年、大安寺に繡大灌頂幡一具を賜う例をあげられたが、書紀にみえない。これは天平十九年大安寺資財帳の組大灌頂一具(舒明十二年庚子施入)のことであろう。なお資財帳には繡大灌頂一具(持統七年施入)秘錦大灌頂一具(養老六年施入)がみえる。

(16) 横田健一『道鏡』一八七—一九八頁。八幡神が護国の神として信仰されたということは小野玄妙氏もあげられた（「奈良時代の仏教文化と芸術」寧楽一〇）。

(17) 中野幡能「八幡宮創祀の位置について」（大分県立芸術短大紀要二）。中野氏は別稿「原始神道と仏教の融合」（宗教研究一七五）においてもほぼ同様の論旨を述べ「宇佐（比咩）神を奉ずる宇佐氏は中臣氏との融合により、北辰（卜占）信仰を受容し、宇佐氏が宇佐・下毛・上毛を統一した後、豊前下毛郡野仲郷大幡の『焼畑』の地に秦氏・宇佐氏の共同によって三角池が築かれ、『焼畑の神』が生れたが、秦氏の血縁関係にある大和系の大神氏が旧屯倉である下毛郡大家郷や諫山郷を基盤にして、政府の中央集権的風潮を後楯に『焼畑の神』にシャマニズムにより新羅系辛嶋氏を用い、人格神の神格を附与し、発現せしめたのが、八幡神＝応神天皇であり、更に比咩神と応神天皇を母子であるとして、結合せしめたのが宇佐宮の成立と考える」と述べ、辛嶋氏に神道と新羅仏教の融合がみられ、八幡宮の創祀地は大幡（中津市、宇佐の摂社鷹八幡宮が鎮座）であるとする。

二　大仏造営と八幡神との関係

八幡神の性格に関する学説を整理すれば、(A)護国神（軍神）＝小野・家永・横田氏、(B)鉱山神（銅産神）＝柳田・土田・肥後・平野氏の二つにわけられよう。(B)説の論拠とする扶桑略記や託宣集の鍛冶翁云々は、史料の年代と性質からみて、吟味が必要である。

弘仁十二年官符の黄金云々は、肥後説のところで指摘したように、八幡の銅産助成と切りはなさなければならない。そうすると、(B)説の有力な論拠としてのこるものは、(a)勝宝元年宣命に「銅の湯を水と成し」とみえること、(b)東大寺要録巻第二に「夷二東山之下一、積二西海之銅一」と記し、天平十九年九月より勝宝元年十月まで三カ年間に八回にわたり大仏を鋳造したとみえること、(c)三代実録元慶二年三月五日条に「詔令下三大宰府一採中豊前国規矩郡銅上。充二彼郡俰夫百人一。為二採銅客作児一。先潔清斎戒。申二奏八幡大菩薩宮一」とみえ、平安時代のことであるが、豊前は銅産地であったこと、などである。

ところで、管見のかぎりでは、豊前国企救郡が奈良時代に銅産地であったことがいわゆる正史の類にみあたらない。三代実録の詔に八幡神の名が採銅とむすびついて記されるが、これは採銅夫の身の安全を祈るため斎戒して八幡神に採銅を申させたと解することもでき、したがって詔は必ずしも八幡神が銅産神であることを示すものでない。(b)東大寺要録に記す八回鋳造の八という数は仏教で重んじられる数であるにすぎないとみるむきもあり[1]、そのすぐまえに記される「西海之銅」も吟味が必要となる。大仏造営以後に企救郡が採銅地となり、豊前の産銅がおこなわれるようになった以後の知識で「西海之銅」と書かれたかも知れない。しかし(a)宣命にも銅のことがみえるから、(b)「西海之銅」を生かし、大仏造営のさい、実際に豊前の銅が用いられたとしても、すぐに八幡神を銅産神とするわけにいかない。宇佐八幡神の鎮座する豊前の国が銅を産したというだけのことにとどまるからであり、その場合は、八幡神が豊前の国に銅の産することを託宣で告げたというようなことが考えられる。けれども、託宣で「銅の湯を水と成し」といっただけで、実際に銅産出のうらづけがなければ、聖武天皇が宣命で八幡神に助成を謝すこともあるまいから、やはり(b)を(a)といっしょに生かしておこう。ただ右に述べたように、豊前産出の銅は大仏造営に用いられたにとどまる。

鉱山神と限定するのは、(a)宣命の銅や、八幡神の東大寺乗りこみだけにとらわれるかたむきがある。すくなくとも国史にあらわれる奈良時代の八幡神関係の記載を集め、それから帰納することが必要と考える。続紀でひろうと、天平九年四月乙巳朔（新羅無礼の状を告ぐ）、十二年十月壬戌（広嗣討伐の大将軍大野東人をして祈らしむ）、十三年閏三月甲戌（秘錦冠・金字最勝王経・法華経などをたてまつり戦勝を謝す）、十七年九月甲戌（聖武天皇不予のため幣帛をたてまつる）、天平勝宝元年十二月丁亥（大仏造営の銅についての助成を謝す宣命）、八歳四月壬子（疹疾流行のため幣帛をたてまつる）、天平神護二年四月丙申（神願により比咩神に封六〇〇戸をたてまつる。すぐまえの四月壬辰、大宰府の防賊戍辺と陸奥の柵修理・防備に東国防人を配しており、封戸施入は護国祈願のためであろうか）、神護景雲三年九月己丑（道鏡天位の神託を否定した和気清麻呂らを退ける宣命）などのほか、八幡宮神職団に対する賜姓・叙位・賞罰に関する記載がある。宇佐八幡神の性格をたしかめるため、その後の国史にあらわれた八幡神信仰をみておこう。

(a)即位・皇位と関連する使節派遣　(1)天長十年四月壬戌、仁明天皇の即位を告げるため伊予権守和気朝臣真綱を遣わし、幣帛をたてまつった、(2)承和八年五月己丑、勘解由長官和気仲世をして奉幣させ「宝位無動、国家太平」を祈らせた（以上、続日本後紀）。(2)は、同日の勅で水旱疫病のため定額寺の堂舎仏像経論の修理厳飾を令しているから、鎖災祈願のため遣わされたと考えられるが、承和七年五月の淳和上皇の死について、同九年七月嵯峨上皇が崩じた直後に伴健岑・橘逸勢の謀叛がおきていることを参照すると、宝位無動と国家太平を祈らせたのは政界の不穏と関係をもつのではあるまいか。(3)嘉祥三年八月戊辰、高原王をして宝劔・明鏡・名香・綵帛などをたてまつらせた（文徳実録）。このすぐまえに松尾社へ即位を告げる遣使が出されているから、宇佐への遣使も同じ目的と考えられる。(4)元慶八年四月乙卯、宇多天皇の践祚を告げるため山城守和気彝範を遣わし、幣帛・綾綿・唐物をたてまつらせた（三代実録）。

(b)護国の祈願と遣使　(5)貞観二年宇佐八幡神を石清水に勧請したことについて同十八年八月丁巳石清水八幡護国寺の牒は、故伝燈大法師位行教が「奉二為国家一、祈二請大菩薩一奉レ移二此間一」と述べている（石清水八幡護国寺は貞観二年宇佐八幡勧請以前より存し、最初、石清水寺といい、貞観五年行教が官符を請い護国寺と改め、旧寺は八幡宮・護国寺と一体となったといわれる）。(6)貞観三年五月戊子、祈雨のため和気彝範を遣わし、宣命・幣帛をたてまつり、五穀豊熟・天下豊年と「天皇朝庭乎宝位無動久、常磐堅磐尓護賜比矜賜」うことを祈らせた。(7)貞観十二年二月丁酉、主殿権助大中臣国雄を遣わし、新羅からの兵寇などの消滅を祈らせた。同十一年新羅賊船が筑前那珂郡の荒津に来襲し、豊前の貢調船の絹綿を奪い去ったこと、肥後・陸奥の地震のことをあげ、夷俘の叛乱、水旱風雨、疫癘飢饉などの払却も祈らせ、宣命で八幡大菩薩を「我朝乃顕祖止御座天、食国乃天下護賜」う神とよび「国内平安尓鎮護利救助賜比。皇御孫命乃御体乎常磐堅磐尓与天地日月共尓夜守昼守尓護幸倍矜奉給倍」と述べている（以上、三代実録）。

(c)遣唐使の安全を祈る　(8)承和五年三月甲申、大宰府に勅し精進持経心行無変の者九人を得度させ、そのうちの二人は宇佐八幡の神宮寺で遣唐使往還の平穏を祈るように命ぜられている。遣唐使が頻年却廻し、渡海できなかったためである（続日本後紀）。

右のうち(b)の護国を広い意味に解せば(c)の遣唐使の安全祈願も包含されるといってよいが、(a)の即位と皇位に関連する使節派遣は四件で最も多く、平安時代の八幡神信仰の特色をなし、(a)の(1)・(2)・(4)の三回まで和気氏出身者が使節とされたのは、道鏡事件のときの使が和気清麻呂であり、八幡神が皇位を左右するほどの神威をもつと考えられたためであると思われる。こうした信仰も八幡神が護国神であるところから生じたもので、(b)の(6)でも宝位無動が祈られ、和気彝範が使節であるように、(a)と(b)の信仰は相互に密接な関係をもつ。

八幡神の起原や性格について古来論議があったが、奈良時代の八幡神は鉱業神や鍛冶神であることがいえる手がかりは、前述のように(B)の(a)勝宝元年宣命（「銅の湯を水と成し」）と(b)東大寺要録（「西海之銅」）くらいであり、これで奈良時代の八幡神信仰を割切るわけにいかない。

したがって、奈良時代の八幡神の性格については、小野説の(ニ)・(ホ)、家永説の(ハ)、横田説の(ロ)を重視し、それらの最大公約数をとり、護国神とし、幅をもたせて解するのが穏当であろう。奈良時代以前、とくに発生当時にどのような神格をもっていたかは、なお今後の研究課題としなければならないが、小野・家永説にみられるように、八幡神の起源は大陸から伝えられた密教の不動安鎮法などにあり、仏教と深い関連のもとに成立した護国神という考えが有力であろう。

宇佐八幡神の大仏造営助成の託宣と入京に関し気づいたことを述べると、八幡神が大仏造立を助けようと託宣して上京した、という人が多いが、勝宝元年十二月丁亥（二十七日）の宣命に「障ることなくなさむとのり賜ひながら、成りぬれば、うれしみ、たふとみなもおもほしめす」と述べているから、この上京のさいは造営の助成を謝したのである。すると順序として、まえに助成を託宣したことがあったことになるが、十三年閏三月金字最勝王経などを奉納した以後の八幡神関係記載は、十七年七、八月八幡宮から大仏に米を献じたこと（種々収納銭注文）、勝宝元年十一月辛卯朔、大神杜女と大神田麻呂に大神朝臣の姓をさずけたこと、同己酉（十九日）上京の託宣があったこと（続紀）であって、造営助成を託宣したのは何時か明らかでない。もっとも託宣のことであるから、造営助成のことはまえに託宣しておいたと虚構し、上京をいい出したかも知れない。ただ突然上京を託宣したのでなく、上京する動きはまえから始まっていたにちがいない。

ここで思いあわされるのは、この年二月丁巳（二十二日）陸奥の国守百済王敬福から黄金がたてまつられたことで[2]、この献納が大きな歓喜をもって迎えられたことは、四月一日聖武が東大寺に行幸し、諸兄をして大仏に黄金出現を告げさせた宣命により察せられ、大伴家持は翌五月十二日越中の国衙で「陸奥国より金を出せる詔書を賀《ことほ》ぐ」長歌一首と短歌一首をよみあげていた（万葉集四〇九四―九七）。四月一日と十四日、閏五月十一日に叙位がおこなわれ、陸奥で黄金を得るのに協力した者にももちろんおよんだが、機を見るのに敏感な宇佐八幡宮神職団は陸奥の黄金献上のむこうを張るため、八幡神が銅の産出をさかんにして助成することを託宣したといい出したのではあるまいか。水野柳太郎氏(3)は八幡神の託宣について、大仏造営に黄金の不足が問題になっていたことは周知のとおりで、この時にあたり宇佐八幡の協力が黄金産出をもたらしたとすると、八幡に守護された大仏の完成をひかえて、八幡が上京することにも必然性があり、また、その神威の加護にこたえて東大寺を維持すべく、食封や奴婢が施入されたというように説得力をもつことになる、と述べられた。すぐれた見解である。ただ宣命には「銅の湯を水と成し」と述べてあるから、八幡神が託宣したのは銅の産出をさかんにするということであって、産金のことを託宣したのではない。

陸奥の産金と献納について続紀の感宝元年四月乙卯(二十三日)条に「陸奥守従三位百済王敬福貢黄金九百両」と記されるので、まえの二月丁巳(二十二日)条に「陸奥国始貢黄金」と記されるのは黄金出現の報告があっただけとも考えられるが、四月甲午朔宣命で陸奥から黄金がたてまつられたと述べているし、献上は必ずしも一回に限る必要はないから、二月にも若干黄金が到着したかも知れない。もっとも辻善之助氏(4)は、陸奥産金の事実があっただろうか、と疑問をさしはさみ、百済出身の敬福が大陸からひそかに金を輸入し、これを陸奥産出と称してたてまつったのではあるまいか、と述べ、当時おこなわれた詐偽の例をあげられた。境野黄洋氏(5)は、辻説を批判し、ゆきすぎといわれたが、境野氏による続紀記載などの引用読解は、記載をまともにうけとりすぎるむきがないではない。しかし、天平二十一年の陸奥国小田郡の産金について考古学の方面から実地調査がおこなわれ、内藤政恒氏(6)は、宮城県遠田郡涌谷町黄金迫の黄金山神社の地がその産金地であると考証し、伊東信雄氏(7)も同じく同地を調査し、内藤説を支持されており、辻氏のように陸奥の産金をほかの詐偽と同様にあつかうことはできないと思われる(補註1)。

（1）　桶谷繁雄「奈良の大仏はいかにして造られたか」（金属、昭和四〇年六月一五日号）

（2）　続紀のこの条は「天平廿一年二月丁巳。陸奥国始貢二黄金一。於レ是。奉レ幣以告二畿内七道諸社一」と記され、これはこの年の冒頭記事でないから「天平廿一年二月」の七字について国史大系編者は「当衍」と註記し、佐伯有義氏は「此七字紀略になく傍書の攙入なること明なれど、金本以下諸本に存するを以て姑く之に従ふ」と記すが、水野柳太郎氏は「天平廿一年二月丁巳……七道諸社」の記事が東大寺から提出された史料によったもので、続紀編者はこの史料を二月丙辰（二十一日）のつぎに挿入し、「天平廿一年二月」の七字を削りとることを忘れたために残ったと考察された（「続日本紀編纂の材料について」ヒストリア二八）。

（3）　水野柳太郎、前掲論文（註2）

（4）　辻善之助『日本仏教史之研究』六〇—六八頁。

（5）　境野黄洋『日本仏教史講話』二九六—三〇〇頁。

（6）　内藤政恒「天平産金地私考」（南都仏教二）。宮城県黄金迫の式内社黄金山神社付近から奈良時代の古瓦で「天平」の箆書きあるものが発見され、天平—天平神護年間に建てられた建造物があったことが知られることなどから推定された。

（7）　伊東信雄「陸奥国小田郡の黄金」（古代文化五）。黄金山神社本殿の附近に建物の基壇（凝灰岩）が発見され、基壇上に礎石の根固めの石群を四基のこすのみで、建物の大きさやプランを復原し得ないが、プランが長方形なら七〇尺に三五尺以内であり、円堂なら径は三三尺以内であろう、付近からでた鐙瓦は重弁蓮花文（六弁）で、創建当初の陸奥国分寺や多賀城の瓦（ただし八弁）と同じく、宇瓦は周囲に扁行瓦草文をもち、遺跡の下の小川では今も砂金が採取されており、これは国家の手によって建物がつくられたことを意味し、その建立が天平ころであったとするならば、天平二十一年小田郡産金と関係があるとみなければならず、遺跡の下の小川では今も砂金が採取されている。以上が伊東氏調査の要点である。

〔補註〕

（1）　八幡神の神格、ならびに宇佐八幡宮の発展に関連する論著はかなり多い。それらのうち、大仏造営と宇佐八幡神との関係を考えるに最も密接に関連する代表的論著をえらび、問題を整理したが（昭和三十六年）、本書の稿に手を入れるにあたり、八幡神に関し多くの論考を出されている中野幡能氏の学説を加えてとりあつかうにとどめた。最近、二宮正彦氏は八幡神に関する学説の批判と整理をおこない、八幡信仰の起源を巨石崇拝に求めるのがその説の特色で、すなわち(1)八幡大神の原初形態は、宇佐郡馬城峯の巨石崇拝にはじまる。(2)この祭祀権は宇佐国造後裔氏族の管掌するところとなり、その神は宇佐国造の祖神として崇拝される。(3)その後、奈良朝初期ごろまでの八幡神の実態は不明であり、「八幡」という神名はこの時期に付与されたらしく、仏教的要素も加味されてゆく。(4)養老年間に、八幡大神の祭祀権は大神氏が宇佐氏より奪い、祭神は誉田皇子（応神天皇）となり、八幡大神の発展は大神氏によって準備されつつあるらしい。(5)対新羅関係の緊張により、八幡大神は鎮護国家神として中央に進出する機会をえて、神仏習合が積極化されてゆく。(6)大仏造立と密接な関係をもつことにより、さらに飛躍的発展が企図され、八幡大神の后神として比咩神が配祀される。(7)大仏造立への補助がみとめられ、朝野の尊崇があつまり、発展の企図が達成される、と述べられた（「八幡大神の創祀について」続日本紀研究九の四・五・六合併号）。私がふれえなかった論考について二宮氏は批判・整理しておられ、二宮氏の説のなかで教えられるところも少なくない。それらを吸収し、また二宮氏の説について意見を述べることは後日に期し、今は私なりにまとめて考えたところを述べることにした。

〔再追補③〕　聖武天皇の大仏造顕発願は、河内国大県郡智識寺の盧舎那仏や唐の洛陽竜門の盧舎那仏から影響を受けたものであるが、ほかに『大唐西域記』『大慈恩寺三蔵法師伝』などに記されるバーミヤーンの国王の信仰と大仏も大きな影響を与えたとの考えを拙稿「国家珍宝帳と大唐西域記の関係」（田村圓澄先生古稀記念会編『東アジアと日本』考古美術編、昭和六二、吉川弘文館）、「東大寺大仏の造営」（角田文衞編『新修国分寺の研究』一　東大寺と法華寺、昭和六三、吉川弘文館）、「国家珍宝帳願文と大慈恩寺三蔵法師伝」（『日本歴史』五〇〇、平成二）で述べた。

後篇

第五章　国分寺の成立

第一節　国分寺制と隋・唐仏教との関係

一　日中官寺制に関する学説の整理

天平九年の国分寺創建詔発布から十三年の国分二寺建立勅に願望が高まった動機は、疫瘡と飢饉、対新羅関係の険悪、藤原広嗣の乱の勃発などであったが、そのさい国分寺建立のモデルとなった中国の官寺設置として、(1)隋の文帝、(2)唐の高宗、(3)則天武后、(4)中宗、(5)玄宗のときのものがあげられる[1]。

(1)隋の文帝の州県各立二寺と舎利塔建置　文帝は隋の興起を記念する仏寺として、大興国寺という同一名称の官寺を四五州に設け、これは彼が潜竜時代にめぐった寺であり（弁正論）[2]、詳細は明らかでないが、のち仁寿年間（六〇一―六〇四）の舎利塔建立の指定所となったのも若干存したところからみて、地方の大寺であったらしい。

開皇三年（五八三）文帝は仏寺復興の詔を出し（弁正論）[3]同年ついで勅して「其京城及諸州官立寺之所。毎年正月五月九月。恒起㆓八日㆒至㆓十五日㆒。当寺行道。其行道之日。遠近民庶。凡是有生之類。悉不㆑得㆑殺」といい、諸州官寺で正月など三長月に定期の法要を営むことと禁殺のことを定めた（歴代三宝記[4]）。

このころ、ほかに州県僧尼官寺が設置されたらしいことは、つぎの記録や碑文で知られる。すなわち、魏七帝旧寺修寺記（開皇五年）によれば、七帝寺に安置されていた北魏時代の弥勒金像が北周武帝の破仏に会ったが、文帝は仏教復興方針をとり、七帝寺も再興の緒につき、ときに「大県別聴レ立二僧尼両寺一」という勅をうけたので、安憙県令裴世元らは復興せる七帝寺を県寺となしたいことを申請したという（この寺はやがて正解寺の号を賜わり、唐の玄宗時代に開元寺と改称され、地方の大寺となった）。また大隋南宮令宋君象碑（開皇十一年）にも、文帝が州県に詔して僧尼寺を建てさせたこと、南宮県令の宋景が詔を奉じ、県の丞尉以下らと協力して尼寺を建てたことがみえる。州県各立二寺勅の発布年代は明らかでないが、文帝即位後まもなく、開皇三年諸州官立寺三長月禁殺詔とともに、州県僧尼寺設置がおこなわれたらしく、これらは文帝が南朝陳を併合する以前の仏教復興である。

開皇九年天下を統一したのち、治世の末年までの仏教興隆は、営建功徳制（開皇十一年）、北周武帝の廃仏毀釈に対する懺悔文（開皇十三年）などによって知られ（歴代三宝記[5]）、一切経整備・経典翻訳・造寺造像・度僧は莫大にのぼり、（弁正論[6]）、また一切経を官写させて京師・諸州大都市の寺においた（隋書経籍志）。

さらに仁寿元年（六〇一）六月十三日（文帝の誕生日）に儒教学徒戒飭詔と諸州舎利塔建立詔とを発布した。後者の詔には、

門下仰惟。正覚大慈大悲。救二護群生一。津二梁庶品一。

朕帰二依三宝一。重二興聖教一。思下与二四海之内一切人民一。倶発二菩提一。共修二福業一。使三当今現在爰及二来世一。永作二善因一。同登中妙果上。宜請下沙門三十人。諳二解法相一。兼堪二宣導一者上。各将下侍者二人。并散官各一人。薫陸香一百二十斤。

馬五匹上。分レ道送二舎利一。往二前件諸州一起レ塔。其未レ注レ寺者。就下有二山水一寺所上。起レ塔依二前山一。旧無レ寺者。於二
当州内清静寺処一。建二立其塔一。所司造レ様送二往当州一。

と述べ、僧の多い州は三六〇人、次は二四〇人、次は一二〇人、もし僧の少ない州は現在僧をつくして、朕・皇后・太子・諸王より、官民一切の生霊のために、七日間の法要を営み、諸州の僧尼をして舎利のために斎を設けさせ、十月十五日午時を期して舎利を石函に納める儀式をおこない、総管刺史以下、県尉以上のうち軍機にあずかるもの以外は七日間は政務をやめ、誠敬をつくして朕の意にそえ、と令し、このとき舎利塔設置を令されたのは三〇処である（広弘明集）(7)。

第二回の仁寿二年四月八日（仏生誕日）には、全国五一処に舎利入函と建塔がおこなわれ、第三回の仁寿四年四月八日には三〇処で同様のことがおこなわれた(8)。

(2)唐の高宗の州寺観設置　麟徳三年（六六六）正月、高宗は泰山に行幸して昊天上帝をまつり、封禅の礼をおこない、乾封と改元し、袞州に紫雲・仙鶴・万歳の三観と、封巒・非煙・重輪の三寺をおき、また諸州に一観一寺をおき、各二七人を度すことを詔した（旧唐書本紀巻五）(9)。一観一寺の名称は明らかでないが、法苑珠林(10)にも「天下諸州。各営二一寺一。咸度二二十七僧一」と記される。泰山親祀・改元大礼のさいに設置された寺観は、国家の安泰を祈り、皇帝の威徳を人民に示すためのものと推測される。太宗のあとをついだ高宗は仏教に関心をよせたけれど、唐朝のこれまでの伝統をうけて道先仏後の方針をとり、仏教に対していちおうの保護策をとったにすぎないといわれる(11)。

(3)則天武后の大雲寺設置　武后はもと太宗の才人であったが、太宗の死により尼となり、感業寺に入った。のち高宗に召出され、宮中に入り（永徽四年、六五三。三〇歳）、皇后となった（永徽六年）。人気をとるにたくみで、権謀に富

み、しだいに権力をもち、黜陟生殺を意のままにおこなったから、高宗は垂拱するのみとなった。弘道元年（六八三）十二月高宗が崩じ、武后は所生の中宗を立てたが、翌年二月これを廃し、中宗の弟睿宗を立て、年号を嗣聖と改め、睿宗を別殿におらしめて実権をにぎり、さかんに殺戮をおこない、唐室をつくした。

武后の仏教信仰には二つの面があり、その信任した僧には高僧派（正統派）と俗僧派（偽僧派）とがあるといわれる。華厳宗の賢首法蔵は武后に信任されたうちの一人で、聖暦二年（六九九）華厳経を新訳して講じ、長安四年（七〇四）華厳宗の十玄六相の義を説き、金獅子を例として講じ、これはのち金獅子章となった。賢首らは高僧派を代表するが、俗僧派として僧懐義らがあり、武后の革命に協力した。

載初元年（六九〇）七月、武后は天下に新大雲経をわかち、九月国号を周と改め、天授と改元し、聖神皇帝と称し、睿宗を降して皇嗣とした。武周革命とよばれる。なお武氏の七廟を建て、睿宗に武姓を与え、周の文王を追尊して始祖とした（武后六七歳）。十月両京と諸州に大雲経寺とよぶ官寺をおき、新大雲経を説かせた。旧唐書（本紀巻六）に「（載初元年七月）有㆓沙門十人㆒。偽㆓撰大雲経㆒表上㆑之。盛言㆓神皇（則天武后）受命之事㆒。制頒㆓於天下㆒。令㆓諸州㆒各置㆓大雲寺㆒。惣度㆓僧千人㆒」とみえる。新大雲経は資治通鑑（巻二〇四）に四巻とあるけれど、諸経録に記載を欠き、経の内容を知りえない。が、僧懐義らは曇無讖訳の大方等大雲（無想）経六巻を資料としたらしく、しかも武后の革命を経意に附会した讖文であり、したがって重訳かつ偽撰である。新大雲経撰進のとき、註疏がつくられて諸州に頒布されたことが資治通鑑に「天授元年十月壬申。勅㆓両京諸州㆒。各置㆓大雲寺一区㆒。蔵㆓大雲経㆒。使㆘僧升㆓高座㆒講解㆖。其撰疏僧雲宣等九人。皆賜㆓爵県公㆒。仍賜㆓紫袈裟銀亀袋㆒」と記され、撰疏の成立は天授元年か二年であり、撰疏者の雲宣は懐義らの一味らしい。燉煌出土の武后登極讖疏[12]は武周の秘史をとく鍵で、写本・巻子本であり、唐朝正楷の筆体で書かれ、則天文字も記されている。

懐義はもと薛懐義と称し、武后の寵愛をうけて僧となり、法朗・法明・宣政らと武周革命の端をひらいた。すなわちその讖文には神皇（武后）受命のことを記し、武后を弥勒仏の下生とか、閻浮提主とかいい、唐にかわって帝位につくべしと記し、革命が仏説にもとづくものとする。また経文の浄光天女に武后を擬し、経に女性が国王たるべきことを説くのは武后の即位を予言するものとし、さらに武周朝を舎利感得の正法の治世といい、武后の即位は天下太平を招致するゆえんであるとする。これらの趣旨を僧徒をして宣伝させた。

こうして新大雲経は武周革命の弁疏と人心収攬とに用いられ、武后はこの経をひろめ、[13] 天授二年四月道先仏後[14]を改め、釈教を道法の上に、僧尼を道士女冠のまえにおく制を下して「以二釈教一開二革命之階一。升二於道教之上一」といった。この釈教について資治通鑑（巻二〇四）は註して「謂二大雲経一也」と記している。[15]

(4)中宗の竜興寺設置　神竜元年（七〇五）正月、武后の病があつくなったとき、宰相張柬之らが挙兵し、武后の嬖人を斬り、その一党を追い、武后に則天大聖皇帝の称をたてまつり、中宗を帝位に復させた。中宗は、二月国号を唐にかえし、諸州に一観一寺の設置を令し「中宗神竜元年二月制。天下諸州各置二寺観一所一。咸以二大唐中興一為レ名」と記される（冊府元亀巻五十一）。大唐中興の名には、武后の革命を訂正し、唐祚中興を祝福し、その長久を祈らせる意図が知られる（この年十一月武后は八二歳で崩じた[16]）。

神竜三年右補闕の張景源が上疏し、周にかわり、唐が興起したとはいえ、一統にひとしく、かつ中興は唐の中絶を意味するから、これを用いず、竜興と改めたいと請うたので、中興寺観は竜興寺観と改称され（唐会要巻四八）、竜興寺では国忌日追善法要と天子生誕日祝寿などがおこなわれた。

(5)玄宗の開元寺設置　玄宗は先天元年（七一二）八月即位し、翌年、年号を開元と改め（七一三）、弊政を改革し、仏道二教団を粛清した。道教には仏教以上の保護を加え、老子玄元皇帝を大聖祖玄元皇帝といい、さらに聖祖大道元皇帝とよび、開元十年正月両京・諸州に老子廟をおき、二十年士庶の家に老子道徳経を蔵せしめ、二十三年みずから老子を註し、公卿士庶と道釈二門に頒布した（冊府元亀巻五十三）。

しかし玄宗は仏教を禁圧したのでなく、開元二十六年（七三八）諸州に開元観寺を設置させ、唐会要（巻五十）に「六月一日。勅。毎レ州各以二郭下一定二形勝観寺一。改以二開元一為レ額」と記され、仏祖統記[17]には「二十六年。勅。天下諸郡立二竜興開元二寺一」とみえる。なお唐会要は、武后の大雲寺を開元寺としたと記すが、必ずしもそうでなく、大雲寺が玄宗時代に竜興寺や開元寺と併存し[18]、また開元寺のなかには竜興寺を改称したものもあったが、多くは別の寺をあて、同じ州に開元寺と竜興寺が存する場合もあった[19]。

開元二十六年以後、開元寺は代表的官寺となったが、竜興寺も併存し、翌二十七年、従来各州竜興寺でおこなわれてきた国家的儀礼を二分し、千秋節（天子生誕節）と三元の祝寿は開元寺観でおこなうことになり、仏祖統記[20]には「二十七年。勅。天下僧道。遇二国忌一就二竜興寺一行道散斎。千秋節祝寿就二開元寺一」とみえる。なおこの年二月の制によって天下の観寺で斎日ごとに経典を転読し、懲悪勧善をもって文教を明らかにすべきことが令された（冊府元亀巻五十三）。

開元二十九年七月、天子の真容を開元観に安置し、天宝三載（七四四）四月の勅は、両京と諸州の開元寺観に玄宗等身の金銅天尊と仏像各一軀を鋳造して送ることを令しており（旧唐書本紀巻九）、これは開元観寺が政策の手段とされたことを示している。

隋・唐の官寺制のうち、最も大きな影響を国分寺制に与えたのはどれか、またその中国官寺制移植にもっとも重要な役割を果したのは誰か、という問題に関する学説を検討しよう。

(イ)辻善之助氏説[21]　(5)開元寺設置は天平十年にあたり、国分寺の事実は天平十年以前に存するから、開元寺制が採用されて国分寺となったと考えられない（a）。開元寺は大雲寺の改称であって、大雲寺設置は持統四年にあたり、国分寺はけだし大雲寺にならったもので、国分寺建立の計画に行基はあずかったであろうが、国分寺が唐制にならったことからみれば、玄昉は設立者の第一にかぞえなければならない（b）といわれる。

aのうち開元寺制の年代からみて、その影響はもっとも薄弱であるので異論はないが[22]、天平十年以前国分寺存在は神亀五年（最勝王経の諸国頒布）をさすらしいから、この点は首肯できない。bのうち、大雲寺と玄昉を重視するのは賛成であるが、行基が設立に参画したことを示す手がかりはなく、彼の民間伝道は別個のものである[23]。

(ロ)矢吹慶輝氏説[24]　矢吹氏の大雲経と武周革命の論は詳細をきわめ、白眉のものであるが、「本邦の国分寺は或は此の大雲経寺と玄宗朝の開元寺との模倣なりしが如し」と述べるにとどまった。

開元寺の模倣は年代からみて薄弱であることは辻説批判のところで述べたとおりであるが、大雲寺を重視しなければならぬというのはまさにそのとおりである。しかし、大雲寺を考察してもっとも精彩をはなつ矢吹氏が、国分寺との関係を深くたどろうとしなかったのは不思議なくらいである。それには、国分寺信仰を純粋とし、武周革命に利用された大雲寺信仰とは比較にならないとして、両者の関係をたどるのをさけ、境野黄洋氏や塚本善隆氏の論考においても同じ傾向がみられる。

(ハ)境野黄洋氏説[25]　大雲寺と玄昉を重視する辻説をあげ、ついで武后が大雲経を偽撰させて大雲寺を設け、天下簒奪を合法化する手段としたとの矢吹説をあげたのち、つぎのようにいわれる。大雲寺建立の動機と性質とは、まったく国分寺建立と比較さるべきものではない（a）。ことに玄昉が、かかる大雲寺の事実を知り、則天失敗の過去を近く聞いてきた身でありながら、かくのごとき寺の模倣を天皇にすすめたてまつったとは考えられない（b）。国分寺は金光明経にもとづく護国信仰が、聖徳太子以来、発達したもので、日本特殊のものである（c）。いかに唐文化の影響をうけつつあった日本でも、一々がみな彼にその模範を求めるにも及ばないかと思う（d）、と。

aはいちおうもっともであるけれど、両官寺制の形態の類似点は多くの人によって指摘されており、なお奈良朝における政治と仏教との深い関係の所産である国分寺の政治性を否定するわけにいかないと思う。つぎに両官寺制が類似しておれば、玄昉が入唐留学僧で唐制移植者として有力視しなければならず、とくに帰国後に写経や看病などによって宮廷で寵愛され、権勢をもったことなどを考えるだけでも、bのように簡単にいえない。cはもっともであるが、国分寺制を美化して考えているかたむきがみられる。dは独善的史観から生じたもので、結局、境野説は日本文化に対する唐文化の影響を無視する論におちいった。

(ニ)橋川正氏説[26]　(1)文帝仁寿元年各州建塔、(3)武后の大雲寺設置、(4)中宗の竜興寺設置、(5)玄宗の開元寺建立のそれぞれが国分寺成立に影響を与えたことを説く（(2)高宗の州寺観はあげられていない）。前掲中国官寺制（(1)〜(5)）のうち、(1)から(4)までがそれぞれに影響を与えたと私は考えるので、橋川説の(5)を除けば異論がない。(3)大雲寺について、橋川氏は「大雲経の如き偽経とこれら二経（最勝王経と法華経）とはもとより同日に談ずることは出来ぬが、一致の点を認めると共に、その相異る所にわが国分寺の特質を知ることが出来る」といわれるのは、境野説よりも進歩した考えであり、国分寺の特質について説明はないが、国分寺建立の動機・思想・制度が唐制との間にもつ差異を特質といっているならば異論はない。ただ前述のように政治との密接な関係を考慮し、国分寺のもつ政治性を付加したい。なお中国官寺制の(1)・(3)・(4)・(5)のうちで、どれがもっとも大きな影響をおよぼしたかについて橋川氏はとくに述べていない。

(ホ)塚本善隆氏説(27)　一般に、国分寺は(3)大雲寺・(4)竜興寺・(5)開元寺にならったものと論ぜられているのに対し、塚本氏はそれ以前に中国で国分寺類似の制として、(1)文帝の州県僧尼寺・仁寿舎利塔、(2)高宗の州寺観などがあったこと(a)、国分寺制は聖徳太子によって立案されたものでなく、直後に実現したのでないが、太子が仏教中心の政策をしき、篤敬三宝を信条とし、全国に普遍せる官寺、中央に統率された全国仏教を考えていたであろうから、太子の方針は継承されて国分寺建立となったと解し得るとすれば、(1)文帝の仏教治国政策・州県僧尼寺・仁寿舎利塔にさかのぼって国分寺の源流を考えてもよいこと(b)などを強調され、ここに塚本説の特色がある。

国分寺や東大寺は一挙に成立したものでなく、またその建立年代に最も近いときの中国官寺制だけから影響をうけたものでもなく、聖徳太子による隋仏教摂取ごろからのつみかさねであることは、まさにそのとおりで、aに異論はない。ただbの論は巨視的にみた上に立ってのものであり、細部では検討を要しよう。たとえば太子の政治的地位と権能や、十七条憲法が法制としてもつ限界からみて、憲法における篤敬三宝の宣言に、全国に普遍せる官寺や、中央に統率された全国仏教が考えられていたとは容易にいえない。

なお塚本説は、中国官寺制の(1)〜(5)までと国分寺との比較検討で詳細をきわめ、白眉の論であるが、国分寺にもっとも影響を与えた中国官寺制はどれか、ということについてその説をみると、(1)文帝の仁寿舎利塔、(2)高宗の州寺観、

(4)中宗の竜興寺を重視され、なかでも(4)をおもくみられているらしく「唐中興以来、開元初世にかけての第一の官寺竜興寺が模倣されたとする説は、年代上、最も落ちつき易い。長安留学から帰って日本仏教の諸制度方面にまで指導者となったと思われる有力者に道慈があり、次いで玄昉がある」といわれる。(5)開元寺については、代表的官寺として機構を具備していったのは、国分寺の成立と同時代のことである、というにとどまり、開元寺を強調されない点には前述のとおり賛成である。しかし(3)大雲寺に関して「経名を寺号とせる点はよく似たれども、彼が邪偽の僧徒が中心となり、偽作経文を宣伝して革命の弁疏をなせるものなる点において、我が国分寺の宗教的・国家的堂々たる聖業なりしに対して雲泥の異を見る」といわれるのについては、境野説に対して述べた同じ批判を加えなければならない。(28)

(ヘ)角田文衛氏説(29)　角田氏は(3)大雲寺と(5)開元寺をあげ、(3)について、武后の大雲寺のほか、竜門奉先寺の盧舎那仏造像などは、長安二年唐を訪れた粟田朝臣真人らの一行がつぶさに目撃して帰朝したことであろう、もとよりわが国には偽朝たるを糊塗する何らの必要もないが、当代における彼我の社会に想到するならば、各州に大雲寺を設置したことは少なからずわが国に刺激を与えたであろう（a）と述べ、つぎのように開元寺の影響を重視され、これが角田説の特色である。すなわち、開元二十六年（天平十年）以降、唐より帰った人は平群広成だけであるが、天平十一年には渤海の来貢もあり、日本に影響の大きい唐の制度が伝わり、金光明寺・法華寺の設置を誘致したことは容易に考えられるが、(3)天授元年の大雲寺設置が半世紀後に刺戟を与えたとは思われず、一方、国分僧寺・尼寺は竜興・開元二寺併存に対応する（b）、と述べられた。

aには異論をはさむ要はない。国分二寺建立勅発願を天平十二年八月とする角田氏が、bで十一年十月帰国の平群広成と同行の渤海使を重視されるのは当然であり、竜興・開元二寺併存を国分二寺に対応させて考えるのは興味ぶかい。ただ二寺は数の上で対応するけれど、中国がわのは僧寺と尼寺でないことはもちろんである。しかし続紀によれば、広成は開元二十六年（天平十年）三月登州より帰航の船に乗り、五月渤海につき、そのとき渤海王が日本へ使節を派遣しようとしていた矢さきであったので、即時に広成と渤海使が出発した。ところが開元寺設置令はこの年六月であるから、広成らによって開元寺制が伝えられたとするのは困難である。まして登州での乗船は三月であるので、長安出発はそれ以前となる。ただし開元寺の計画が広成出発以前に知られていたならば、彼によって伝えられる可能性はある。また竜興・開元寺は僧寺と尼寺でないが、形式的には二寺が併存しているから、国分僧寺と尼寺の建立は竜興・開元寺制から示唆をうけたかも知れない。しかしなんといっても、広成の長安出発は開元寺設置令以前である。計画中の開元寺制が広成によって伝えられ、国分寺のモデルとされたと考えるよりも、開元寺以前、すなわち広成入唐以前に存在した(1)・(2)・(3)・(4)の中国官寺制の影響を重視するのが穏当である。かつ中国制移植者には官人よりも留学僧を重視しなければならない[30]。

(ト)林陸朗氏説[31]　光明皇后は武后の制度にならったことが多い点からみて、国分寺は大雲寺にならったものであろう。隋の文帝の各州僧寺尼寺詔の具体的な制度や成果は不明で、時代もはなれており、たとえこれが先例となったとしても、国分尼寺を僧寺と併置することを案出したのは光明皇后であったのではなかろうかと想像する、といわれる。

さて国分寺制の成立にもっとも大きな刺激となった中国官寺制度は(1)〜(4)のうちどれかという問題を整理しよう。

(1)文帝の開皇三年諸州官立寺三長月法要・禁殺詔は、国分寺創建以前の諸国国衙などで金光明経・最勝王経が定期的に読誦されたこと、天平十三年国分寺建立勅で毎月六斎日に殺生を禁じたこと、の二点で相通じる。仁寿舎利塔建置は、国分僧寺で建塔を重視したことの点でその影響を注意しなければならない。

(2)高宗の州寺観は、塚本氏が注意されたように、諸州に画一的に官寺をおいた最初であること、諸州ごとの設置は玄宗時代までくりかえし発令されたこと、の二点で注意される。しかし、寺観の名称が明らかでないこと、高宗が仏教に対し、いちおうの保護策をとったにすぎないこと、などを考慮しなければならない。

(3)武后の大雲寺は、金光明四天王護国之寺・法華滅罪之寺の名が安置経典の題名からとったこと、光明皇后は東大寺と国分寺創建の主導者と続紀に記され、女帝的存在であり、崇仏の面で武后の先蹤を追い、その向こうをはる意識が濃厚であったこと、の二点で大雲寺と国分寺との関係は深い。

(4)中宗の竜興寺設置（七〇五）は、国分寺創建（七三七）にもっとも年代的に近いだけにその影響は強く、道慈の入唐は竜興寺の設置より三年まえ、玄昉のそれは設置より一二年のちであり、彼らは実際にその存在に接し、移植に大きな役割を果したにちがいないこと、竜興寺でおこなわれた天子生誕の祝寿は国分僧寺での護国祈願に、国忌追善が国分尼寺での滅罪に通じること、の二点で彼我の間に深い関係がある。

中国官寺制と国分寺との関係の比較では、形態類似点の多少だけからその影響をはかるのでなく、たとえば(1)仁寿舎利塔のように建塔の思想的意義の深さから影響を評価しなければならぬ場合があり、(4)竜興寺のように行事の類似のほか、年代の近接を重視しなければならぬ場合もあり、移植建策者や国分寺建立主導者の地位や行業も考えるべきである。それを考慮した上で順序をつけるならば、私として(3)大雲寺をもっとも重視し、ついで(4)竜興寺を注意したく、あとは(1)仁寿舎利塔・(2)高宗の州寺観の順である。

中国官寺制を移植し、国分寺創建を建策した有力者として、行基（辻氏）・道慈（木宮氏[32]・塚本氏）・玄昉（辻氏・塚本氏・林氏）・粟田真人（角田氏）・平群広成（角田氏）があげられており、右のうち行基・粟田真人・平群広成が有力者と考えられないことはすでに述べたが、角田氏はほかになお僧綱をあげられる。すなわち、行基は天平の詔勅のころ、隠然たる勢力を民衆の間に扶殖していたにせよ、一介の在野の僧であるから、問題とならない（ａ）、辻氏が指摘された玄昉の参与は注目に値するけれど、天平初年から古金鐘寺に皇后宮職の写経所が設けられて、法華寺設立までつづいたことからみて、古金鐘寺の良弁と皇后官職との関係は見のがしえない。甲賀寺や東大寺の建立が良弁に関係するのを思えば、国分寺発願に参与したのが玄昉か良弁か、はたまた両人かは、にわかに断定するのが困難である（ｂ）、しかし、帝王権はすこぶる強大であって、金光明寺・法華寺の濫觴は天武朝までさかのぼるし、また直接の刺激は天平十年の開元寺設置であるから、ただちに玄昉や行基、もしくは良弁に結びつけるのは早計であろう（ｃ）、聖武天皇の鴻業の具体的実施にあたり、意見を開陳した僧綱の役割をおもくみなければならない（ｄ）、といわれる。角田説のａには同感である。ｂ・ｃで玄昉を重視されないのにはしたがいがたく、経典舶載が写経所に占めた功績や、僧正の地位、宮廷の寵愛などからみて中国官寺制移植に重要な役割をつとめたと考えられるからである。良弁は金鐘寺・東大寺成立と深い関係をもつから、国分寺建立にも何らかの形で関与したかも知れないが、入唐留学していないので、中国官寺制の移植者としておもくみるわけにいかない。ｄで僧綱に注意されるのには賛成であるけれど、その具体的人物をあげられなかった。天平九年の僧綱は僧正玄昉・大僧都良敏（天平九年八月任）、少僧都神叡[33]・律師道慈（天平元年十月任）である。角田氏はこれら僧綱のうち、玄昉以外の者を重視されるわけでなかろうから、玄昉のとりあつかいがｂとｄで矛盾し、もし玄昉以外を重視するならば僧綱のなかで僧正の玄昉よりも、僧都・律師の役割をおもくみるのには説明が必要となる。

中国官寺制の移植と建策者よりも、単なる建策者を重視するのが伊野部重一郎氏(34)であり、藤原武智麻呂が深い信仰をもち、東宮傅として首皇太子（聖武天皇）の教育にあたったところから、天平九年の釈迦造像・大般若経書写を武智麻呂のとりはからいとし、光明皇后や仲麻呂がその遺志を継承したという。伊野部説について気づいたところをあげると、その一、武智麻呂が法華経を深く信仰し、首皇子（聖武天皇）を補導した関係をみれば、天平六年一切経書写願文に「経史之中、釈教最上」という天皇の信仰に武智麻呂の思想の影響がなかったといえないけれど、聖武の思想や信仰は武智麻呂以外にも多くの僧侶などから影響をうけたと考えられる。その二、武智麻呂は九年八月に没しているから、九年三月の造像写経に彼の献策があったと考えられるが、十二年六月の写経・造塔、九月の造像・写経は彼の没後であるから、願望が発展した十三年二年の国分二寺建立に彼の遺志がどれだけ継承されているか、簡単にはいえない。その三、仲麻呂は天平十三年にまだ民部卿にとどまり、公卿の列に入っていない。のち紫微中台の令にのぼったときにおける光明皇太后との関係の深さから、天平十三年国分二寺建立勅当時を逆推するのはいかがであろう。たとえば紫微中台の令として実権をにぎった仲麻呂は東大寺造営を推進するよりは支配しようとしたことが参照される。その四、武智麻呂の死後に玄昉が内道場に入ったのは橘諸兄のはからいによるもので、諸兄は皇后の信任をえていなかったとし、皇后は玄昉にさほど帰依していなかったというけれど、玄昉と宮廷仏教との関係の深さは無視できない。その五、道慈が律師にとどまった点からみて、国分寺建立建策者の第一人者とするには一考を要することは、伊野部説のとおりであるが、彼が属した三論宗が不振であったからといって、国分寺建立と彼との関係を稀薄とするのはおかしい。

国分寺建立の建策者を考える場合には、事業の内容と人物の行業とを結びつける具体的事実をあげることが必要である。また国分寺や東大寺の造営は政治力がなければ実現できないから、大官の関与を注意しなければならないけれど、武智麻呂について伊野部氏があげられた諸件では国分寺への関与を物語る迫力に欠けるうらみがある。

　中国諸州官寺制を移植し、国分寺建立を建策したものとしては、まず留学僧を重視しなければならず、玄昉と道慈が注意される。両者とも唐仏教の規模を移植する意欲がつよく（たとえば、玄昉は五千余巻の経典を船載したほか、玄宗から許された紫の袈裟着用を聖武からもみとめられた。道慈は、日本の素緇が仏法を行ずる規模について、大唐の道俗が聖教法則を伝えるのと異なるとなげいている旨が著書の愚志に記された）、大雲寺や竜興寺などを見聞して帰国し、宮廷で重んじられた点が共通する。そのうえ、玄昉の場合は、天平十三年の千手千眼経奥書に「僧正玄昉発願、敬写二千手千願経一千巻一、藉二此勝因一、伏願　皇帝陛下、太上天皇、皇后殿下、与二日月一斉二其明一、共二乾坤一合二其徳一、聖寿恒永、景福無レ彊、皇太子殿下及諸親王等文武百官、天下兆民、咸資二化誘一、各尽二忠孝一、又願淪二廻於地獄熱煩苦、餓鬼飢餓苦、畜生逼迫苦等一、衆生早得二出離一、同受二安寧一、遂令下聖法之盛、与二天地一而永流、擁護之恩、被二幽明一而恒満上、上臻二有頂一、傍及二無辺一、倶発二菩提心一、頓悟無二生理二」と述べており（二十四144 145）、同年二月の国分二寺建立勅に最勝王経を引用し「我等四王常来擁護」といい、ついで勅に「所レ冀聖法之盛与二天地一而永流。擁護之恩被二幽明一而恒満」という箇所は玄昉の願文といちじるしく類似し(35)、国分寺建立勅発布における彼の関与が推定される。

　道慈の場合は、最勝王経の船載と講義、この経の教説にもとづく銷災致福の術としての仏教の役割を強調したことなど、具体的事実をたどることができる。なお道慈は在唐中に首皇太子（聖武天皇）にたてまつる詩をつくり「三宝持二聖徳一。百霊扶二仙寿一。寿共二日月一長。徳与二天地一久」と述べ、年寿長久と安泰を念じている(36)。ところで塚本善隆氏(37)は、(4)竜興寺での天子生誕の祝寿は、国分寺での護国祈願に通じる、といわれる。いうまでもなく国分寺建立勅に天子生誕祝寿は令されていないで、のち宝亀六年九月壬寅の勅で光仁天皇の生誕日（十月十三日）を天長節と定めると令したときも「宜レ令二諸寺僧尼。毎年是日転経行道一。海内諸国。並宜レ断レ屠。内外百官。賜二酺宴一一日。仍名二此日一為二天長節一。庶使下廻二斯功徳一。虔奉二先慈一。以二此慶情一。普被中天下上」といい、国分寺を行事の場とするというのでなく、もちろんこれ以前に国分寺でおこなってきたものを独立させるというのでもない。したがって国分寺にとって一つの先蹤となった竜興寺で天子生誕の祝寿がおこなわれ、道慈はその行事や思想から影響をうけたといえるにとどまるが、それはそれとして、玄昉と道慈は大雲寺や竜興寺などの唐制を移植し、国分寺建立に深い関与をもったと考えられる。

（1）隋・唐の官寺制については、矢吹慶輝「大雲経と武周革命」（『三階教之研究』）、境野黄洋「東大寺及び国分寺」（『日本仏教史講話』上巻）、塚本善隆「国分寺と隋唐の仏教政策並びに官寺」（角田文衛編『国分寺の研究』下巻所収、のち塚本『日支仏教交渉史研究』に収録）、道端良秀『唐代仏教史の研究』による。

（2）弁正論巻三、大正新修大蔵経五二の五〇九頁（以下、大正大蔵経と略称）

（3）弁正論巻三、同右五〇八頁。

（4）歴代三宝記巻十二、大正大蔵経四九の一〇八頁。

（5）歴代三宝記巻十二、同右同頁。

（6）弁正論巻三、大正大蔵経五二の五〇九頁。

（7）広弘明集巻十七、大正大蔵経五二の二一三頁。

（8）広弘明集巻十七、同右二一七頁。塚本善隆『日支仏教交渉史研究』一四頁。

（9）旧唐書のほか、冊府元亀巻五十一、唐会要巻四十八。

（10）法苑珠林、大正大蔵経五三の一〇二七頁。

（11）高宗よりもさきに、唐の高祖は武徳九年（六二六）に諸州各寺観一所に制限する詔を出したが（旧唐書本紀巻一、全唐文巻三）、これは沙汰仏道詔とよばれるように、積極的設置でなく、制限整理の意味のものである。

（12）矢吹慶輝氏は、燉煌文書中に発見した武后登極讖疏をかかげ、（『三階教之研究』所収「大雲経と武周革命」第一章「燉煌出土武后登極讖疏」）、武后が唐室をうばい、革命をしくにあたり、仏教の讖文を用いた経過を詳論された。すなわち、武后は政略を用い、大雲経の一部を偽作させたが（第二章「大雲経と神皇受命」）、天下に簒奪の釈明をなすため、とくに図讖符瑞を多く用いた（第三章「武周革命と図讖符瑞」)。仏先道後の位次を復活したのをはじめ、さかんに仏教を保護し、高僧の輩出と訳経の盛大をみたが、武周仏教をささえた僧には正統派（高僧派）と俗僧派（偽僧派）とがあり、中国固有の儒道は唐室簒奪の辞柄を供しないので、曲解附会のためには外来思想のなかで最も上下に浸潤していた仏教を利用するのが便利であった（第四章「武周仏教の側面観」)。大雲経には異訳異本があるが、懐義・法朗・宣政らによる新大雲経重訳は、曇無讖訳の六巻本を資料としたらしい（第五章「大雲経の伝来」)。讖文の典拠と意義を考えると、武后が政教兼併の神皇としてとった政策の由来が知られる（第六章「証明因縁讖疏」)。大雲経の讖文と疏は女主擅権の弁明につとめている（第七章「大雲経と讖文並に疏」)。

(13) 武后はこれよりさき、垂拱四年（六八八）にも宝図と広武銘とにより人心を収攬しているから、新大雲経だけが革命に関する唯一の辞柄でなかったが、右のものは新大雲経の果たした役割におよばない。

(14) いうまでもなく、唐室は李姓であったところから、とくに道教を尊んだ。

(15) 矢吹慶輝『三階教の研究』六九五頁。

(16) 武后の享年について八一歳・八三歳説があるけれど、資治通鑑巻一九五の考異では、呉兢の則天実録によって八二歳とする（鈴木俊「則天武后」アジア歴史事典五の三八〇頁)。武后が革命を断行したときからその死まで一五年であるが、皇后として実権を掌握したときからならば四〇年の久しい間となり、その特異な政治は内外につよい印象を与えたにちがいなく、光明皇后が大きな影響をうけたのも不思議でない（第二項、光明皇后と則天武后のところで述べる)。

(17) 仏祖統記巻四十、大正大蔵経四九の三七五頁。

(18) 唐大和上東征伝。

(19) 入唐求法巡礼行記。

(20) 仏祖統記巻四十、大正大蔵経四九の三七五頁。これは仏家による記載のため、寺院での行事だけを記すが、これまで竜興観寺でおこなわれた行事のうち、千秋節と三元行道設斎を新設の開元観寺でおこなわせたことは唐会要（巻五十）の開元二十七年五月二十八日勅で知られる。

(21) 辻善之助「国分寺考」(『日本仏教史之研究』)

(22) 開元寺制の影響を重視するわけにいかないことは、角田説批判（後述）のところで述べる。

(23) 拙著『行基』九五―九九頁。

(24) 矢吹慶輝「大雲経と武周革命」(『三階教の研究』七〇〇頁)

(25) 境野黄洋『日本仏教史講話』上の二四二―二四三頁。

(26) 橋川正『綜合日本仏教史』一三四―一三五頁。開元寺設置を開元二十一年とされるが、二十六年がよい。

(27) 塚本善隆「国分寺と隋唐の仏教政策並びに官寺」(前掲、註1)

(28) 境野氏の著書は昭和六年四月、塚本氏の論考は昭和十三年八月に出され、満州事変前後における国家思想横溢のときであり、時代思想の影響からまぬかれることができなかったため、偏狭な史観にとらわれ、日本の歴史を美化して考えたと思われるが、それでは、日本仏教史のみならず、ひろく政治・社会・経済・外交・文化史の研究において、せっかく唐制との比較考察が明らかにしてきた知見をほうむってしまうことになる。

なお、中国官寺仏教の純粋性について塚本氏は(1)文帝の場合を重視し、つぎのようにいわれる。隋・唐の州官寺はすでに仏教化せる地方民を綏撫し、中央の維新政治を示し、恩威を示さんとしておこなわれ、在来の寺院の改称が多い。篤敬三宝の要素がないというのでないが、隋の文帝の事業を除いては、むしろ仏教の政策的利用が主であり、敬虔な宗教的事業というよりは、一種の政治的事業であると解される。彼我の両事業の根底精神においても、建設と改称の難易においてもいちじるしい差異がみとめられる、と。しかし、中国の場合は塚本説のとおりであっても、日本古代の場合は、国家や支配者による仏教興隆であり、国家本位の仏教であるところに政治性が皆無といえない。

(29) 角田文衛「国分寺の設置」(同氏編『国分寺の研究』上)

(30) 天平十三年国分二寺建立勅発布以前で、最新の帰国・来朝者は天平七年の玄昉・吉備真備、天平八年の唐僧道璿・インド僧菩提・林邑僧仏哲らであり、彼らと、彼ら以前の帰国・来朝者で、(1)〜(4)までの隋・唐官寺制を伝えた僧侶や官人、とくに僧侶が移植・建策者として重視されねばならない。

もっとも国分寺建立は天平十三年よりも完成がおくれたから、天平十三年以後の帰国僧らが開元寺制を伝え、それが造営進行中の国分寺に影響を与えたかも知れないけれど、天平十一年のつぎに帰国・来朝したのは勝宝六年入京の大伴古麻呂・吉備真備・唐僧鑑真らの一行であり、当時の諸国国分寺には造営途上のものもあったであろうが、彼らおよび彼ら以後の帰国・来朝者で国分寺建策者と考えられる手がかりはなく、やはり天平十三年以前の帰国・来朝の僧らを注意しなければならない。

(31) 林陸朗『光明皇后』一四八頁。

(32) 木宮泰彦『日支交通史』上、二七八—二八〇頁。

(33) 神叡の没年は続紀などで知りえない。元亨釈書巻十六の神叡と同一人物と考えられ、これに天平九年化とするのに従っておく(元亨釈書の伝記に、神叡が食封五十戸をうけたのを霊亀三年とするが、続紀にいう養老三年が正しい)。

(34) 伊野部重一郎「国分寺創建の詔について」(続日本紀研

究四の一）

(35) 国分寺建立勅のこの箇所が玄昉発願の千手千眼経奥書に類似することは、速水侑氏が指摘されている（「奈良朝の観音信仰について」続日本紀研究一〇の八・九合併）。

(36) 家永三郎氏は、唐代の仏教界で宝祚長久の祈願がいちじることを指摘し、寺碑・造像銘・著作などの例をあげ、その影響が飛鳥奈良時代の仏教にもみられることについて豊富な例を示された（「神代紀の文章に及したる仏教の影響に関する考証」同氏『日本思想史の諸問題』所収）。家永氏の論考は、いわゆる天孫降臨の詔勅の「天壌無窮」の思想が、天地を長久とする中国思想に淵源するものであったにせよ、それが神代紀にとりいれられた事情については、この文章の成立した時代における中国仏教の背景を考慮しなければならぬことを説かれたもので、一見したところ仏教思想とは無縁に思われる神代紀にもその影響がみられることを指摘されたのは重要であって、国分寺・写経所・東大寺や、奈良時代の僧侶・貴族の教学・信仰などを問題にする場合に、中国仏教の影響は案外に微細なところまでおよんでいることが注意される。

(37) 塚本善隆「国分寺と隋唐の仏教政策並びに官寺」（前掲、註1）

二　光明皇后と則天武后

国分寺の先蹤として中国官寺制のうち、大雲寺を重視するには、国分寺創建を主導した光明皇后（七〇一―七六〇）が大雲寺設立者の則天武后（六二四―七〇五）の影響をうけ、武后の行実にならった点や、武后の崇仏事業の向こうを張ったことなどについて述べなければならぬ。

光明皇后の信仰・社会事業や写経所経営[1]については、早くからこれを論ずる人があったけれど[2]、政治における光明の関与の深さに注意し、皇后が政治史の上で果たした役割を意義づけ、奈良朝の政治と仏教との関係を論じることは戦後にもちこされ、川崎庸之氏[3]をはじめ、滝川政次郎氏[4]・岸俊男氏[5]・藪田嘉一郎氏[6]・林陸朗氏[7]らによって本格的な成

果が出された。(8)

これらのなかで、光明と武后の行実をとくに対比・考察したのは滝川氏と藪田氏である。滝川氏は、紫微中台が武后の中台や、玄宗時代の紫微省、渤海国の中台省（渤海のは唐制の模倣）と関係があることを指摘し、進んで紫微中台の職掌・職員・規模・活動、紫微内相、坤宮官（天平宝字二年八月、紫微中台を改称）、坤宮官の停廃（宝字五年秋ごろ）(9)を論じ、光明が政治の上で権勢をふるった事象や施策をあげ、(10)ついで藤原仲麻呂の実権掌握（宝字元年五月紫微内相、二年八月大保）と施策に論及された。

滝川氏が紫微中台設置以後を問題とされたのにくらべると、藪田氏は光明皇后の全生涯の行実や、性格、兄弟との関係、玄昉に対する処遇にいたるまで、武后と対比し、類似点(1)〜(11)をあげられた。(11)注目されるものを引用すると、その(4)名が同じであること。武后の諱は曌といい、いわゆる則天文字で、照の義であり、諱が光明とは同義であって、光明子の名は、玄昉がたてまつったのであろう。その(7)垂簾の政をしいた。武后の中台、玄宗の紫微省にならったのが紫微中台であるが、紫微省廃止（開元五年、七一七）より三二年ものちに紫微中台をおいたのは、弥勒下生と関係があり、紫微宮を弥勒の兜率天の内院に擬したのであろう。皇后は弥勒とされ、内院は中台とひとしい。その(10)大規模の造営をおこなった。武后は天堂、大雲寺、白司馬坂などの大像を造り、皇后は興福寺・東大寺・法華寺阿弥陀浄土院を造った。これらの点を思えば、国分寺は大雲寺の翻案であって、玄昉のアドバイスに出たのであろう。

ついで藪田氏は光明と武后との相異点にも注意をはらい、(1)武后は唐命を革めて国号を周と称したのに対し、光明は簒奪をくわだてず、武后のようにみずから天皇となることは考えなかった。これは、身分を認識していたことを示すとともに、日本では皇胤でなければ天皇の位につけない事情があったことを明示する。(2)自己の行く手のさまたげとなる肉親をふくむ数百人を殺した武后の残忍に対し、光明はむしろ仁慈であり、母や四人の兄弟を排除しようとしたしたのは無意識裡のことであり[12]、意識的には仁正皇后の号にふさわしい人であった、といわれる。

光明と武后の行実の対比は、滝川氏や藪田氏らによって詳細に論じられていて、これ以上に加えるものはないようであるが、滝川氏が詳論された紫微中台の場合のように、光明生存中の施策のうち、仲麻呂が権勢をもった以後のものについては、その施策をおこなったのは光明か仲麻呂かという問題がでてくるわけで、たとえば林陸朗氏[13]は、紫微中台の専制的機構を組織化した主体がむしろ仲麻呂でなかったであろうかとする。仲麻呂は伝記に「稟性聡敏。略渉二書記一」とあり、典籍に通じ、中国のできごとを知っていたこと、また「枢機之政、独出二掌握一」と記されるのは、左大臣橘諸兄と右大臣藤原豊成に対抗するため新しい権力機構を組みたてる必要があったからであること、のち諸兄が没し、豊成が左遷されたあとに仲麻呂が右大臣となって太政官に転出すると、紫微中台は彼に不必要な存在と化し、宝字二年八月坤宮官と改称されて規模が縮小しており、紫微中台は仲麻呂の権力拡大のために存在し、権力達成のあかつきには紫微中台は解消すること、などをあげ、もっとも紫微中台設置は光明の承認のもとに、仲麻呂の主体性においてなされ、恐らく仲麻呂は権力強化の底意をもって光明にすすめ、武后の故事などにヒントを得て、紫微中台の権力機構をつくり、長官となり、思いを達した、といわれる。林氏の見解は尊重しなくてはならないものがあり、唐と日本での施策の類似するものをすべて光明による武后模倣といえまいが、紫微中台を坤宮官と改称した宝字二年八月ごろまでは光明が主体であったと考えたい。林氏は、皇后の聡明さや外向的性格に疑いをもつのでないが、どれだけ政局に対処する政治力があったかどうかは疑わざるを得ない、といい、政治史的にみると、仲麻呂の政権掌握が聖武在位中の大仏造顕の過程にさかのぼる、といわれる。仲麻呂の政権掌握の傾向は林氏がいわれるころからみられたが、光明の政治力がかなりのちまでいちじるしかった面も否定できない。孝謙天皇の即位が光明の指図によるものであったのをはじめ（宝字六年六月庚戌宣命）、光明は聖武崩後のことを託され（宝字元年七月戊申宣命）、宝字元年三月の皇太子道祖王廃止にともなう四月仲麻呂邸における大炊王立太子は光明の指示にもとづくもので（宝字三年六月庚戌宣命）、宝字元年七月橘奈良麻呂は「皇太后の朝を傾け、鈴印契をとる」ことをくわだてたほどである（七月戊午宣命）。

なお、仲麻呂が唐制を模した政策をしきりにおこない、光明の治世を唐の武后のそれに擬そうとしたことが注意されており[14]、この観点は、日中制度の類似を光明による武后模倣としてかたづけてしまうことに対し、重要ないましめとなる。たしかに光明と武后の施策類似のなかには仲麻呂の采配によるものがあるが、やはり光明によっておこなわれたものもみられ、仲麻呂の唐制模倣は光明のそれを継承した面もあり、ひろい意味では仲麻呂の唐制模倣を光明の施策にいれてよかろう。

藪田氏が示された相異点の(1)簒奪のないことに異論はない。ただ聖武在位中に光明がリードした面があり（たとえば続紀の伝記に「創二建東大寺及天下国分寺一者、本太后之所レ勧也」）、聖武譲位後にも光明が実権を握っていた様子が濃厚である（紫微中台の権限や、兵馬の権の掌握など）。相異点の(2)残忍性と殺傷において武后の比でないことも藪田説のとおりであるけれども、暗殺事件などにまったく無関係であったとはいえないようで、最近、安積親王の死について光明と藤原袁比良（仲麻呂の妻）が謀略者として重視されている[15]。武后の殺戮行為は顕著であったから、恐らく光明にも知られていたであろう。光明はそれを他山の石として自分の行為のいましめとする場合や、武后の行為を知っているところから、これぐらいのことをおこなってもよいと考えて行動する場合とがあったと推測され、安積親王の暗殺のごときは後者の例に入ると思われる。

光明と武后との行実の類似を求め、光明が武后にならったとか、影響をうけたとか考える場合に、じゅうぶんな理由から判断し、慎重でなければならないことに留意しつつ、二、三の推測を付加してみよう。

まず両者ともにライバルを排除して皇后となった点をみておく。聖武天皇には、光明皇后のほかに、夫人として県犬養広刀自（聖武の皇太子時代に入内）、武智麻呂の娘、橘佐為の娘の広岡朝臣古那司智、房前の娘があった。広刀自以外の三人の夫人は天平九年二月ころ入内したから、光明立后前のライバルは広刀自だけである。これを排除した明証はないけれども、皇子を生んだのは光明と広刀自の二人だけであり、広刀自の存在と、その所生の安積親王の立太子の可能性に対抗する策として、光明立后・阿倍内親王立太子・安積親王謀殺などが一貫性をもっておこなわれたところから逆推すれば、広刀自は光明立后前からのライバルとみてよかろう。

武后の場合は、高宗に召され宮中に入ったとき（永徽四年、六五三）、皇后の王氏に子がなく、蕭妃が寵をもっぱらにしていたので、皇后は武氏を昭儀（女官）にひきあげ（永徽五年）、蕭妃に対抗させた。武氏は皇后と蕭妃との争いをたくみに利用して高宗の意を迎え、一女を産み、それをみずから扼殺し、皇后の所為として廃立の因をつくり、蕭妃をも失脚させた。いっぽう長孫無忌を中心とする外戚勢力の反対をおしきり、反長孫無忌派の官僚や、門閥的背景のない新官僚を懐柔し、彼らの支持を背景として、永徽六年十月皇后に冊立された。翌年（顕慶元年）には彼女の産んだ皇子代王を皇太子とすることに成功した。やがて長孫無忌を殺し、その一派を左遷し、みうちの一族を用いて勢力をかためるとともに、一族の者でも自己に都合のわるい者はこれを除くことを躊躇しなかった。(16)

右にみた光明と武后の立后について、ライバル排除や自家勢力拡大などが共通するけれども、もともと後宮の女性が天子の寵愛をめぐって争うのはどの国でも珍しいことでなく、光明が何時ごろから武后の行実を知るようになったか明らかでないから、右の共通点をすぐに武后の模倣といえない。しかし光明の立后後には、その地位からみて、遣唐留学生や留学僧のもたらす報告に接し、舶載された典籍や記録を読む機会が多くなり、中国の歴史や宮廷の事情を知る便宜が増したのであろうから、武后の影響をうけ、模倣する点もでてきたと思われる。ただ立后前の共通点も、偶然とはいえ、のちに光明が武后を模倣することの下地となったということに意味があろう。そこで光明の立后ごろ以後における武后との共通点をとりあげることにしよう。

(1)人心収攬の策をとった。武后は権謀に富み、垂拱四年に宝図と広武銘とにより、載初元年には大雲経によって人心を収攬した。藤原氏が人心収攬にたくみであった事例は多いが、光明に関係したことをあげると、施薬院設置（天平二年四月）がある。天平元年八月壬午、光明立后の宣命が出され、すぐ翌年に慈善事業の施薬院が設置されたのは、光明立后に障害となる長屋王をたおしたことについて、世間の非難から藤原氏をカバーする意図をふくんでいたことは否定できない。施薬院の経営に関し続紀に「令下二諸国一以二職封并大臣家封戸庸物一充レ価。買二取草薬一。毎年進上之」と記される。職封は皇后宮職すなわち光明に附属された封戸と解され、禄令の規定に「中宮湯沐二千戸」とあるのが適用されたであろう。大臣家封戸は父不比等に与えられていた二千戸にあたる[17]。これらの全封戸の庸物が草薬買取にあてられたのか、そのうちの一部があてられたのか明らかでないが、ともかく施薬院の経済的背景にはしっかりしたものがあてられたわけで、施薬院経営に対する意気ごみが知られる。

ところで、皇后宮職の施薬院経営に皇后宮職の封戸の庸物を用いるのは当然としても、個人の不比等の封戸の庸物を用いるのは公私混淆であり、長屋王をたおしたうしろめたさがあったからこそ私費を用いたのであり、逆に、うしろめたさがなかったならばそうする必要もなかったし、また藤原氏の恩威を天下にほどこさなくともよかったであろう。恩威をほどこす意図は藤原武智麻呂ら一族のしわざであり、光明は単に皇后の座にすわっただけで、あずかり知らぬところであった、という見方もできるかも知れないが、天平二年三〇歳という年齢からみても、光明が一族の意図を知らなかったとはいえない。しかも光明が不比等の栄典的資産などを処分する権限をもつとか、あるいは資産を相続していたと考えられるふしがある。そう考える手がかりの第一は、神亀四年閏九月光明が皇子を産み、翌十月太政大臣家(不比等)の資人にまで禄が与えられたのは、故不比等の資人が光明の皇子生誕のとき諸事に勤労したためであった。第二は、天平二年設置の施薬院経営に不比等の封戸庸物があてられたことである(既述)。第三は、天平十七年五月戊辰紀に「旧皇后宮為二宮寺一」とあり、旧皇后宮は不比等の邸で、それが法華寺とされたことである。これらの諸件は、光明一人の意志でなされたのでなく、武智麻呂ら兄弟のとりはからいかも知れないし(武智麻呂ら四兄弟は天平九年死んだから、兄弟らがとりはからったのは第一と第二の場合となる)、光明が不比等の資人・封戸・邸宅のすべてを継承したとはいいきれないが、右の三例にみられるように、不比等の栄典や資産の一部を継承していた可能性が濃い。

(2)内道場の僧を信任した。光明が仏教信仰にあつかったのは、鎌足・不比等・三千代から影響をうけたものであるが、入内以後は道慈・玄昉のように中国仏教を見聞し、仏像・経典を船載して帰った僧侶に接見し、信仰や知識を深めたであろう。とくに玄昉を重んじたことは、武后が懐義を信任したことに対比できよう。玄昉は入唐し、玄宗から尊ばれ、三品に准じ、紫の袈裟をつけることを許されたが、懐義らは武后から紫の袈裟や銀亀袋をたまわったのと通じる。玄昉は天平七年経論五千余巻と仏像をもちかえり、翌八年封戸一〇戸・田一〇町・扶翼童子八人をたまわったが、紫の袈裟もさずけられたのは、玄宗からうけた待遇を日本でも維持しようとして願ったものであろう。玄昉は舶載経典を写経所に提供したので、とくに光明から重んぜられ、内道場に安置され、宮廷で権勢をもつようになった。懐義も法明らとともに内道場に出入した。光明―紫の袈裟―内道場―玄昉という一連の組み合せは、武后―紫の袈裟―内道場―懐義という組み合せに対応する。また玄昉が二重、三重に懐義に対比できるところから、推測をたくましくすれば、玄昉は懐義を意識し、自己を彼に擬そうとしたかも知れない。

光明と玄昉とはなおほかの点でも関係が深い。天平九年十二月に玄昉が中宮藤原宮子の看病に功をあげたのは皇后宮においてであった。この慶賀で中宮亮吉備真備は従五位下から従五位上に叙せられ、のち十三年阿倍皇太子の東宮学士をつとめ、礼記や漢書を教え、十五年五月皇太子が五節舞を舞ったとき博士真備は官位二階を進められ、翌六月春宮大夫となり（東宮学士はもとのまま）、宝字八年造東大寺司長官、天平神護二年右大臣にのぼった。彼の進出は唐文化舶載と学才によるほか、同時に入唐・帰国した玄昉とともに宮廷と深い関係をもったことにもよるわけであり、天平十二年藤原広嗣が大宰府で乱をおこしたとき、真備と玄昉を朝廷から除くことを要求したほどである。(18)

論を光明―写経所―玄昉にかえすと、実叉難陀による新訳華厳経翻訳完成のさい（六九六）、武后はみずからその序を製した（天冊金輪聖神皇帝製）。中国では経典をインドから求めてきて、翻訳することができるが、日本でそうするには多大の困難がある。武后に張り合う光明にとって可能なのは、写経事業をさかんにすることであったといえる。玄昉が武后の仏教政策や造寺造仏写経について光明にくわしく伝えたと推測されているが、それは右にあげた光明との深い関係や、写経における貢献からみて推測するにかたくない。

(3)「積善余慶」をモットーとした。正倉院御物の杜家立成の巻末と背縫に「積善藤家」の四字をきざんだ朱印がおされ、献物帳（国家珍宝帳）に「頭陁寺碑文幷杜家立成一巻」とあり、「楽毅論一巻」とともに「右二巻、皇太后御書」[19]と記される。印文の「積善藤家」は易経の坤卦の巻に「積善之家、必有余慶」とある句からとったものである。林氏はつぎのようにいわれる。天智天皇が鎌足を臨終の床に見舞い「天道輔レ仁何乃虚説。積レ善余慶猶是無レ徴。若有レ所レ須。便可二以聞一」といったことが、のちに藤原氏がみずから「積善の家」と称したよりどころとなったもので、代々の善行のつみかさねで子孫が長く祝福をうける藤原氏という意味や、光明の栄誉は代々の功績によるものであるという意味をもち、さらに光明の善行がさらに、子孫の繁栄におよぶことを暗示させるものである、[20]と。すこし付加すれば、積善に努めなければならぬといういましめとはげまし、および余慶を維持したいという願望がふくまれていると考えられる。

ところが「積善余慶」という句が武后の新華厳経序に「朕曩劫植レ因。叨承二仏記一。金仙降レ旨。大雲之偈先彰。玉扆披祥。宝雨之文後及。加以積善余慶。俯集微躬。遂得二地平天成。河清海晏。殊禎絶瑞一。既日至而月書。貝葉霊文亦時臻而歳洽。踰レ海越レ漠献賝之礼備焉」とみえ、「大雲之偈先彰」は大雲経の偈文、「宝雨之文後及」は宝雨経の懸記をさし、この二経は、武后が曩劫の宿因によって仏の授記をうけたと称したもので、武周革命を宗教的に意義づけるのに重要な役割を果した。[21]杜家立成の印文「積善藤家」は、光明が身ぢかなものから学んだと思われ、林氏の指摘のように書紀・易経から学んだと考えるのがよいが、光明が武后にならったことが多い点からみて、その新華厳経序にも「積善余慶」という語が記されることは注意されるのである。続紀によれば新華厳経はすでに養老六年十一月に書写され、聖武と光明の大仏造営発願は武后の華厳経信仰から影響をうけた事業であり、武后が儒臣に命じて編纂させた政治訓の維城典訓が律令格式とともに官吏必読の書とされており（宝字三年六月丙辰勅）、とくに武后の撰にかかる書物が輸入されているほどであるならば、武后の新華厳経序が光明に知られていた可能性がないとはいえないであろう。

(4)尊号使用とその思想が共通する。宝字二年八月、孝謙天皇に宝字称徳孝謙皇帝、光明皇太后に天平応真仁正皇太后、聖武太上天皇に勝宝感神聖武皇帝の尊号がたてまつられたのは、武后が聖神皇帝と称したのをはじめとして（六九〇）、つづいて加号をかさね、金輪聖神皇帝（六九三）・越古金輪聖神皇帝（六九四）・慈氏越古金輪聖神皇帝（六九五）・天冊金輪聖神皇帝（同年）・則天大聖皇帝（七〇五）といったのに対応することはいうまでもない。が、一言つけ加えると、武后の称号にみえる金輪は、皇帝を金輪王とみる思想によるものであり（転輪王に四類があり、金輪王はその最高と考えられた）、武后は法輪を転じて世界を統治する金輪王をもって自任した。光明らの尊号に金輪の語はみえないけれど、転輪聖王の思想を説く経典として最勝王経などがあり、国分寺信仰にみられるように、奈良朝に最勝王経信仰が高まったのは、この経には四天王による護国が説かれているほかに、転輪聖王の思想がみられるわけである。なお、尊号は、武后の場合、加号されたのにくらべ、日本がわで一回であったのは、彼此相異するが、孝謙・光明・聖武の三人にたてまつられ、複数であり、武后の数回の加号に通じるともいえよう。また宝字二年八月尊号をたてまつったとき、囚徒放免、官物欠負未納免除などがおこなわれ、この前後、光明の実権掌握期間に改元と大赦がともなったのも、武后の尊号加号に改元と大赦が随伴したのに対応する。

以上の光明と武后の対比には、かなり推測に走りすぎた点もあろうが、記述の目的は単に国分寺制の先例を武后の大雲寺などに求めることを強調するにあるのでない。のちの孝謙＝称徳朝の疑獄政治や、道鏡による政権掌握と皇位野望事件などの淵源は、光明の立后をはじめ、その玄昉に対する信任、阿倍内親王の立太子と即位などに発するものであり、政治史上における光明の存在、およびそれがのちの時代におよぼした影響を重視しないわけにいかないという見とおしに立つからである。

（1）光明皇后の写経所経営に関する代表的研究として、石田茂作『写経より見たる奈良朝仏教の研究』（昭和五年、前掲）がある。

（2）矢吹慶輝氏は、武后の大雲寺が革命の正統性主張に果たした役割を詳論し、武后の行実にも克明な考察をおこなったが（『三階教の研究』所収「大雲経と武周革命」昭和二年）、光明皇后に対する影響に関しては、国分寺が大雲寺と開元寺の模倣であろうと指摘するにとどまった。

（3）川崎庸之「大仏開眼の問題をめぐって」（上原専祿編『世界の歴史』六、昭和二九年）

（4）滝川政次郎「紫微中台考」（法制史研究四、昭和二九年）

（5）岸俊男「光明立后の史的意義」（ヒストリア二〇、昭和三二年）

（6）藪田嘉一郎「光明皇后の性格」（史迹と美術、三一一・三一四・三一五・三二〇、昭和三六年）

（7）林陸朗『光明皇后』（人物叢書、昭和三六年）

（8）ほかに岩橋小弥太「仁正皇太后と藤原仲麿」（歴史教育二の五、昭和二九年）などがあり、筆者は「光明皇后と皇后宮職」（ヒストリア二〇、昭和三二年）を書いた。

（9）文書に坤宮官のみえるのは宝字五年が最後であるが、皇太后の周忌の宝字五年六月七日までは坤宮官が確実に存在し、この年秋ごろ廃絶したと推断する、と滝川氏がいわれるのについて、岸俊男氏は、皇后宮職と併存した中宮職が紫微中台と同じころ中宮省となるが（勝宝元年十月十一日初出、三321）、宝字四年六月十七日以前に中宮職にもどっているから（十四399）、中台の廃止もそれ以前であること確実であろう、といわれる（「光明立后の史的意義」前掲、註5）。

（10）紫微中台の職掌は、皇太后に近侍してその大政を輔佐し、皇太后にたてまつられる表啓をとりつぎ、皇太后が令旨の形式で発する令を諸司に頒下することをつかさどるにあり、職員の数や、その官位の高さからいっても中台は太政官に匹敵する大官庁である。勝宝八歳の東大寺献物帳には、紫微中台令藤原仲麻呂以下少弼までと、中務卿・侍従藤原永手らの署名がみられるように、太政官が重要政務からシャットアウトされていることが知られ、中台は造東大寺司の監督権や、写経事業の指導権を握っていた。これらは、紫微中台に関する滝川氏の分析のうち重要なものであるが、ほかに滝川氏は、光明の政権掌握や施策として、武后の四字年号使用にならったこと、上台の語を輸入して天皇の官司を上台といったこと、兵馬の権を掌握したこと（橘奈良麻呂は「皇太后の朝を傾け、鈴印契をとる」ことを企てた。宝字元年七月十二日宣命）などをあげられた。

(11) 藪田嘉一郎「光明皇后の性格」（前掲、註6）。光明と武后の類似点としてつぎのものをあげる。(1)病弱軟弱の天子の皇后。(2)新興権臣の女。(3)美容があり、文史に通じ、才覚があった。(5)僧を寵愛した。武后は懐義を嬖し、ただし、のち驕恣をにくみ、流した。皇后は玄昉を寵し、のち流した。(6)武后は弥勒の下生と唱えられ、尊号を加え聖母神皇と称し、革命ののち慈氏越古金輪聖神皇帝と称した。皇后はのち天平応真仁正皇太后といい、施薬・悲田院などを建て、慈悲伝説をもつ。(8)四字年号を使用。(9)尊号を加えた。(11)人をよく知った。武后は「納諫知人」といわれ、魏元忠・婁師徳・狄仁傑・姚崇・張柬之らは名臣である。皇后は名臣を得ることができなかったが、能力に応じてよく用いた。諸兄や仲麻呂がそれであり、仲麻呂は算学の才能を買われた。皇后の伝記に「勲賢を妙選して台司に並列せり」というのは人材登用のことである。

(12) 藪田氏は光明子が母三千代にかわって父不比等の愛を得ようとし、また異腹の武智麻呂ら四兄弟は不比等の息子として不比等の愛をめぐるライバルである、という見

方をとる。

(13) 林陸朗『光明皇后』（一七六―一七八頁）。続紀の仲麻呂伝は、国史大系本・朝日新聞社本ともに「率性聡敏」とし、大系本は頭註に「率、原ィ本作稟」という（原本は宮内省図書寮所蔵谷森健男氏旧蔵本）。率性と稟性の意味は同じ。

(14) 笹山晴生「聖武天皇と光明皇后」（井上光貞編『大和奈良朝』）

(15) 薗田香融「藤原仲麻呂」（『大和奈良朝』前掲）

(16) 鈴木俊「則天武后」（『東洋歴史大辞典』五の三八六―三八七頁、『アジア歴史事典』五の三七九―三八〇頁）

(17) 皇后の湯沐料二千戸と不比等の封戸二千戸の計四千戸全部が出す庸（布二丈六尺）を施薬院の経営に使用したとするならば、四千戸は、五〇戸一郷として八〇郷となり、中郡（八郷）として一〇郡にあたり、小さい国ならば二〜三国に相当する、と林氏は計算する（『光明皇后』八九頁）。

(18) 天平九年十二月丙寅、大倭国が大養徳国と改名された。のち諸兄の献策による恭仁遷都の場合、彼の奏聞によって大養徳恭仁宮とよぶことになった事情から推せば、大倭→大養徳の改号にも諸兄か、あるいは新帰朝の玄昉・真備の意見が大きく加わっていて、改号の存続期間（天平十九年三月辛卯、大養徳国を旧の大倭国に改復した）

は諸兄政権の勢力の向背と軌を一にしていたのであるまいか、と岸俊男氏はいわれる（「郷里制廃止の前後」上、日本歴史一〇六）。これについて思いあわされるのは、武后が官名を改めたほか、地名も改めていることで、東都洛陽を神都といった。天平九年の大倭→大養徳の改号は武后の場合のような都の改号でないけれども、都の存する国名の改号であることを参照すると、玄昉か真備が唐制にヒントをえて建策したかという推測は可能性を増す。

(19) 献物帳にいう「皇太后御書」や、楽毅論の表紙に「紫微中台御書」とみえる「御書」に関し、自筆と解する説（田中塊堂・毛利久氏ら）と、蔵書を意味すると考える説（石田茂作・藪田嘉一郎・三田清白・飯島春敬氏ら）とがある。なお藪田氏は、天平十六年十月三日の段階で光明が楽毅論をひもといたときの心情について、燕の将軍楽毅が何故に斉の二城（莒と即墨）を攻略しなかったかを論じた本書から、大義名分を重んずべく、性急に無理やりにことを運ぶ害を知り「自己の立場に対する慰めとしてとられ、感銘の意を表わそうとして書巻の奥に天平十六年云々の日付と自署されたのであろう」といわれる（「光明皇后の性格」下、史迹と美術三二〇）。

(20) 林陸朗『光明皇后』一一二頁。

(21) 矢吹慶輝『三階教の研究』六九五—六九六頁。

(22) 武后の尊号のうち、則天大聖皇帝は中宗からたてまつられた。

第二節　国分寺の造営

一　国分寺の造営施策

天平九年国分僧寺創建詔と十三年国分二寺建立勅などがどのように具体化されたかを検討しよう。もとより諸国の財政や、国司・郡司らの動向などの如何が造営の進捗に重要な関係をもち、それらを造営にふりむけるには必要な施策がうたれ、督促がくりかえされねばならなかった。ところで国分寺の成立をあとづけるには、文献史料と考古学的発掘調査の結果[1]に依拠しなければならないが、文献史料は多いわけでなく、発掘調査は増加したが、なお調査未了のものや、寺址の湮滅で調査困難のものもあり、[2]国分寺の成立過程をはっきりつかむのはむつかしいことで、問題がまだまだ多いことはいうまでもない。

〔第一期〕（天平九―二十年）

(1)天平九年三月丁丑詔　釈迦三尊と大般若経の造写を令した。釈迦像が丈六であることは、(2)天平十三年正月丁酉紀・(3)同年二月国分二寺建立勅・(10)勝宝八歳六月乙酉勅などに示され、このさいの造像は諸国でおこなうのがたてまえであったことは(11)同六月壬辰詔で知られる。近江国分寺が延暦四年焼亡し、弘仁十一年近江は定額寺国昌寺を金光明寺となすことを請うのに、釈迦丈六像を新造する旨を申しそえているのは、[3]国がわが、国分寺本尊は釈迦丈六像を本体とするとうけとっていた例といえよう。ただ奈良時代につくられた国分寺釈迦丈六像の例はのこっていない。

神亀五年の最勝王経は中央から諸国に頒下されたが、(イ)天平九年ころの写経所はその創始より年がたち、まえよりいっそう活動していたから、国分寺創建詔の大般若経も中央から頒下するたてまえであったのか、(ロ)諸国がわで書写させたのか、それとも(ハ)可能な国には書写させ、便宜をもたぬ国には中央から送ったのか、という場合などが推定される。しかし国分寺創建詔の大般若経書写が地方で実行された一例として、天平十一年度伊豆国正税帳の記載がある（二195）。伊豆帳によれば、九年三月丁丑三日の詔は、同月十六日の官符でその実施が諸国に令されたと記され、(ロ)のように諸国がわで書写するたてまえであった。そうすると、写経所が活動していても、諸国にそなえる経を常に中央から頒下するとはかぎらなかったことが知られる。中央で書写する方が容易であるけれど、諸国に実施させることに意味があるとされたのであろう。また(ハ)のような不揃いな方針はとられなかったと考えられ、中央から頒下するか、諸国がわに書写させるか、どちらにしても画一的方法が採用されたと推考される。

ところで国分寺創建詔よりのちの作製にかかる正税帳として、伊豆帳のほかに九年度の長門・豊後・但馬・駿河・和泉帳、十年度の淡路・左京・駿河・周防・筑後・播磨帳がある。このうち仏事関係として正月十四日の斎会供養料などを記すのは九年度の但馬・和泉、十年度の淡路・駿河帳である。和泉は天平九年に監であり、国でなく、十二年河内に合され、国分寺創建が遅れ、はるかのち承和六年五月癸未紀に安楽寺をもって国分寺としたと記される。和泉以外の但馬・淡路・駿河帳では正月十四日の斎会供養料を記しながら、九年三月令された大般若経書写の実施について記していない。もっとも諸国の正税帳で完存するものはないから、実行されても、その記載の部分が欠けているにすぎないかも知れないけれど、同種類の事項はだいたいまとめて記されており、但馬と淡路の場合は正月斎会供養料の記載の前後の部分は、帳が欠損しているわけでなく、但馬と淡路では、大般若経書写がまだ実行されなかったために記されないとみてよいらしい。

中央政府の政令に対する地方諸国の遵守の如何は、国の政治・経済事情や、国司・郡司らの向背などによって不揃いである。(4)伊豆国が大般若経書写をまもなく実行したのについて思いあわされることがある。写経所勤務者は中央政府の下級官人と、民間からの被貢進者によって構成されるのが基本であったが、宝字五年五月九日の奉写一切経所解案によれば、伊豆国史生の少初位上長江臣田越麻呂が中央の写経所に装潢として勤務しており(十五56)、地方国衙の下級勤務者が写経所につとめたのは珍しい例で、(5)当時は、光明皇太后の願経書写で写経所が繁忙をきわめ、地方で特殊な技術をもつものまで召集された。天平十一年は宝字六年よりも二六年さかのぼるけれど、あるいはこのときにも写経関係の技術をもつものがいたとか、その関係で国司(6)が写経実施に理解をもったとかいう事情があって、大般若経書写が早く実行されたのかも知れない(7)。

(2)天平十三年正月丁酉紀　まえに慶雲四年藤原不比等が封戸五千戸をさずけられ、辞したとき、二千戸を賜うことになり、残りを収公したその三千戸がこの天平十三年正月諸国国分寺の丈六仏像をつくる料に施入され（前述）、この施入は光明皇后のとりはからいといわれる(8)。ところで慶雲四年三千戸を収納した以上は、それは国家の所属に帰し、不比等や藤原氏と無縁のものとなったはずであるのに、三四年のちの天平十三年に三千戸を施入するさい、これがもと不比等辞退五千戸のなかの三千戸であるとわざわざ記されるのは、実際において藤原氏が施入を世間に宣伝したことがあったからであろう。

いうまでもなく、仏像造顕は国分寺にかぎらず造寺の第一歩であり(9)、のち(11)勝宝八歳に国分寺造営を督促する場合も、丈六仏像・仏殿・塔の順に造営が令されており、いっぽう、寺院への寄進では、封戸や正税は造営費にあてられ、水田などは供養費や維持費にあてられる(10)。その意味で、天平十三年正月造像料として封戸が施入されたことは、恭仁遷都後まもなく、政府や社会の動揺がしずまらないとき、二月に国分二寺建立勅発布にふみきるきっかけとなったと考えられる。

(3)天平十三年二月十四日国分二寺建立勅　この勅発布は国分寺造営の眼目をなすもので、内容のおもな点についてはすでに述べた。この勅でもっとも重要な意味がおかれたのは、金字最勝王経を塔に安置することであるが、写経所でその書写が終わったのは天平二十年十月であり（三127 128）、これが諸国に頒下され、塔に安置された具体的なようすはわからない（後述）。国分寺の造営を督促するのに、本尊・金堂・塔の順で令され（前述）、大和の金光明寺（東大寺）

の場合もこの順序で進められたが、東大寺では西塔が勝宝五年、東塔が宝字八年ころにできあがった。地方の国分寺の場合と東大寺のそれとでは規模がちがうので参考にならないかも知れないが、一面からいえば、東大寺ですら塔の成立がこのようであれば、国分寺の場合も推して知られよう。[11][12]

(4)天平十六年七月甲申詔[13]　国別に正税四万束をさきとり、国分僧尼寺に施入し、各二万束を毎年出挙した利を造寺料にあてさせた。正税出挙の利は令制で五割とされ、正税帳にも同率でみえ、十六年の国分寺稲も同様であろうから、利稲一万束ずつが僧寺と尼寺に施入されたことになる。右の施入について天平十六年七月二十三日詔は、例外として志摩国の分は尾張国、壱岐島の分は肥前国の正税を出挙し、多禰島は施入のかぎりにあらずとし、国の財力が考慮されているが、のち延喜主税式[14]では国分寺料が雑稲から支出されるとともに、例外の国の設定以外に、国分寺料の額に差を設け、近江・常陸は六万束、武蔵・下総・上野は五万束、ほかは四万束以下で、肥前が最少で三、三九四束という規定となっている。それはともかく、墾田などの施入は、その収入が寺院経営費や僧尼供養費にあてられるのに対し、正税施入は右の天平十六年詔にも記されるように造寺用にあてられ、国分寺造営を進めるためのひとつの積極策として施入がなされた。ただ後述の(23)宝亀四年官符にみるように、造寺料稲の出挙が収益をあげうるかどうかは、国司の恣意や農民の負担能力のいかんにかかっている。

なお諸国で正税から造国分寺料を割取するのは、毎年一定ずつの予算を支出し、造寺にあてる形をとるから、たとえば(11)勝宝八歳六月壬辰詔のように、いちどに丈六仏像・仏殿・塔の造営を督促しても、その年の予算のわく内で可能なだけしか造営をすすめることができないわけである。したがって造営督促の詔勅を発しても、諸国で特別予算が支出されないならば効果はない。また国司が造寺料稲をほかの用途に消費したり、着服したりする傾向があったから、政府はそれらの傾向を封じ、造営にふりむけさせるためしばしば督励や禁令を出さねばならなかった。

(5)天平十六年十月十七日勅[15]　国分寺の造営を督促するため、勅は、国師が親臨検校し、早くつくりあげ、用粮造物の子細を勘録して僧綱所へ申告すること、なお一切の諸寺に関しても同様であることを令した。天平十三年国分二寺建立勅では、国分寺造営の責任を国司に負わしめたが、国司のなかには意を造営に用いないものもあったことは、このちしばしば国司を督励し、怠緩を責めているので知られ、この面での造営不振をひきしめるため、仏家の国師を関与させた。ここで国分寺造営の指導権は国司と国師に分有された。のち道鏡政権のとき（第三期）国師の権限を増し、国司から造営指導権をうばう法令が出されるようになる。

(6)天平十八年九月戊寅紀　恭仁宮の大極殿を山背国分寺に施入した。この大極殿は恭仁遷都のさい平城宮から移されたもので、十七年五月紫香楽から平城に還都したのち、恭仁宮の処分として施入された。おそらく山背国分寺の造営はこれからはじめられたと考えられる。しかし施入したのは敷地で、大極殿の地はいまのこる金堂址にあたるといわれる。というのは、十七年平城還都のさい、平城宮に大極殿などがなく、中宮院を御在所としたほどで、政治・儀式の場として必要な大極殿建築を恭仁宮から壊運したと推定されること、金堂の土壇は建物にくらべ異常なひらきをもち大きすぎること、金堂と塔の礎石が相似し、金堂と塔址出土古瓦が平城のそれと相異すること、などがあげられるからである。[16]

山背国分寺は造営期の上限が推定できる例で、このように旧施設を利用する場合は、造営がそれなりに早く進められやすいのはもちろんで、[17]この種類の例に近江の場合があり、勝宝三年十二月十八日の東大寺奴婢見来帳に甲賀宮国分寺とみえるのがそれで（三535）、紫香楽宮の宮殿を平城還都後に近江国分寺としたと考えられる。[18]

山背国分二寺は、宝亀四年四月癸丑紀に便田各二〇町の施入が記され、便田は近辺の田などの意であろうか、施入の事情も明らかでない。

山背国分寺の塔の心礎[19]は出枘式で、さらに柱座の造り出しをもつ入念のものである。出枘式はこのほか河内・遠江・上総・近江・美濃・丹波・但馬・播磨・紀伊・淡路・豊後など畿内とそれにつながる地域に多く、枘穴式心礎が甲斐・武蔵・飛騨・上野・陸奥・若狭・能登・佐渡・安芸・筑前・豊前・肥後・薩摩など中央より離れた地域に分布するのは、文化浸潤の状態をあらわすとして注意され[20]、出枘式心礎で、かつ柱座の造り出しをもつのは、山背・河内[21]・遠江[22]・但馬にみられる。

(7)天平十九年十一月己卯詔　詔は十三年の国分寺建立勅をくりかえし述べ、造営遅滞を督促している。要点は、(イ)国司らの怠緩と、処寺の不便により、なおいまだ寺の基をひらかないところがある。天地の災異はそのためである。(ロ)従四位下石川年足、従五位下阿倍朝臣小嶋・布施宅主らを各道に発遣し、寺地を検定し、作状を視察させる。(ハ)国司は検定使や国師とともに勝地をえらび、営繕を加えよ。(ニ)郡司の勇幹で諸事をなすにたえるものをして造営を主当させ、三年以内に塔・金堂・僧房をつくり終えよ。(ホ)今年以前に施入された寺地以外に、僧寺に九〇町、尼寺に四〇町を開墾して施入せよ、というにある。

(イ)の寺の基としては、(ロ)の寺地がもっとも重要であるこというまでもない。(ロ)の石川年足は十九年三月春宮大夫、阿倍小嶋は十八年九月兵部少輔、布施宅主は十九年三月右京亮に任ぜられ、この三人がとくに検定使にえらばれた事情は明らかでない。ただ年足は続紀や正倉院文書に頻出する。勝宝元年八月紫微大弼をかね、十一月宇佐八幡神入京のさい迎神使となり、宝字二年八月仲麻呂らによる官号改易に参加し、これ以前に写経や造像をおこなっている（寧下612・615・616）。年足がえらばれたのは、光明皇后に接近していた関係かと推測される程度であるが、ともかく多方面に活動した。彼は天平二〇年十月写経所から無辺仏土功徳経を借りており（二十四168）、国分寺造営検定使はそのころまでには帰京したらしい。五畿七道の検定はわずか一年のあいだになされ、おもだったものが年足・小嶋・宅主の三人であり、任務にくらべて人員も少なく、その効果を知る手がかりはない。

(ハ)この十九年にも国司が国師とともに造営につとめるように令されたのは、国司の心を造営にむけさせ、いっぽう国師の協力に期待した当局者の意図が察せられる。さらに(ニ)郡司の有能者に主当させよといい、修造につとめ、勅にかなう子孫をながく郡司に任ずるというのは郡司への期待が大きいことを示す。じっさい在地の有力者である郡司の力をかりなければ造営は困難であった。十五年の墾田永世私財法は大仏造営のみならず、国分寺造営にも地方豪族の協力を期待するためのものであったろう。(23) 豪族の協力として十九年九月河内の河俣連人麻呂や越中の礪波臣志留志が大仏にそれぞれ銭一千貫・米三千石を寄進し、これを寄進第一号とし、つづいて郡司らの地方豪族による大仏・国分寺に対する寄進がみられる（〈第6表〉）。十九年十二月己卯勅で元正太上天皇不予による大赦がおこなわれ、諸国百姓で造塔を願い出るものにはその願いをききいれると令しているのも、国分寺造営への協力を期待したものであろう。

(ホ)寺田施入は天平十三年勅で僧寺・尼寺各一〇町と規定されたから、十九年このときのとあわせると、僧寺一〇〇町、尼寺五〇町となる。寺田増加施入は(イ)の災異頻発（続紀参照）のほか、聖武天皇が天平十七年行幸さきの難波宮で病み、元旦の廃朝がつづくほどで、その治病祈願のためでもあろう。

国分寺造営には、資財と農民の労役を要し、その徴発にも郡司らの協力によらねばならず、郡司に主当させよと令したのもそれらを期待したわけである（その具体例の一つとなるものに武蔵国分寺造営における造瓦進献体制があるが、それは第二期のところでみることにする）。

以上の第一期では、造営のための施策として、封戸・正税・寺田・寺地などを施入し、国司と国師を督励するほか、催検使を派遣し、郡司に造営を主当させるように命じている。

〔第二期〕（天平感宝元年―天平宝字七年）

(8)感宝元年五月戊寅紀　上野の石上部君諸弟、尾張の生江臣安久多、伊予の凡直鎌足らはそれぞれの国分寺に知識物を寄進し、つづいて閏五月癸丑紀に飛驒国造高市麻呂（大領）、上野の上毛野朝臣足人（少領）らによる知識物国分寺寄進が記され、いずれも外従五位下をさずけられた（＜第6表＞）。別々の日の寄進がまとめて記されたらしいが、ともかく国分寺への寄進の初見である。知識物の内容が記されないのは、もとの資料にそうであったためか、額が小さいためか、明らかでないが、右の諸国の国分寺造営促進に一役を果たすものであった。

上野国分僧寺址[24]には、心礎のほか、奈良時代軒丸瓦・軒平瓦・文字瓦など豊富な遺物がみられ、軒丸瓦は五葉単弁で、文様を線書き風に表現し、特色をなす。九条家本延喜式裏文書は万寿四年の国司交替帳の一部で、上野国分寺の構成の一端を告げる記載として知られる。

飛驒国分僧寺址[25]には、心礎が原位置にのこり、寺域から八葉単弁蓮華文軒丸瓦・唐草文軒平瓦が発見され、前者は上野国分寺例と葉数を異にするが、文様は類似し、奈良時代の蓮華文として意匠の散漫味は田舎風といわれる。ただ飛驒が木工技術者の国であり[26]、国分寺に寄進した飛驒国造高市麻呂[27]が叙位を契機として、中央政府に結びつき、神護景雲二年に造西大寺大判官となり、このような人物のでたことも山深い地ながら飛驒の国分寺造営が単に地方的なものでなかったことを物語る。

(9)勝宝元年七月乙巳制　このとき諸大寺の墾田額を定め、大倭国の金光明寺（東大寺）は四、〇〇〇町、大倭国の法華寺と諸国金光明寺は一、〇〇〇町、諸国法華寺は四〇〇町とした。天平十九年の僧寺一〇〇町、尼寺五〇町にくらべて、それぞれ一〇倍と八倍になる。当時、東大寺の造営がすすみ、黄金出現を賀す東大寺行幸が四月におこなわれ、七月の国分寺などの墾田額増加はその祝賀の一環をなすもので、寺田額を抑制する意味はない。(28)しかしその広大な墾田額は理想的な面積であり、実際の施入は国司の意志次第で左右されるし、開墾に年月を要する。

また墾田は原則として輸租田であり、免符をえた場合には不輸租田となる。墾田経営には寺の奴婢・仕丁を使役する場合と、班田農民の賃租に出す場合とがあり、賃租の方法のとられる場合が多く、かりに諸国金光明寺の一、〇〇〇町に上田があてられるならば、地子は一〇万束となる。けれどもこれも国司の意志次第で、上田があてられるとはかぎらない。

(10)勝宝八歳六月乙酉勅　使を七道諸国に遣わし、つくるところの国分寺丈六仏像を催検させている。これは五月乙卯に発願者聖武太上天皇が崩じ、その遺願を継承し、冥福を祈るための催検であるこというまでもなく、天平九年造像詔より一九年のちに督促がなされており、詔の発布と、それが実行されるまでとの年数を示す一例となる。(29)なおこのとき派遣された使は同月壬辰詔に使工とあり、催検使は技術者をしたがえていた。

(11)勝宝八歳六月壬辰詔　この壬辰（十日）の詔は七日まえの乙酉（三日）の勅による使工派遣について述べている。すなわち(イ)造像は来年聖武天皇一周忌までにつくり終わらしめよ、(ロ)仏殿も兼ねてつくりそなえしめよ、(ハ)もし仏像ならびに仏殿をすでにつくり終わることがあるならば、塔をつくり、忌日にまにあわせよ、(ニ)百姓を辛苦させないでことを運び、朕の意にかなう国司ならびに使工には褒賞を加えよう、といっている。造営督促に関し、日を接して勅が出されたことが注意される。(イ)は、造像を国ごとにおこなうのがたてまえで、中央でつくった仏像を頒下したのでないことを示すといってよかろう。天平九年八月任命の造仏像司は、中央の国分寺の丈六仏像をつくることにたずさわったが、諸国の造像については指導することがあったかも知れない。(イ)(ロ)(ハ)によれば造営の運びかたは仏像・仏殿(金堂)・塔の順をたてまえとした。(ハ)によれば、国によっては仏像と金堂をつくり終わったところがあったかも知れない書きぶりで、次項(12)の記載もそのように推測させる。(ニ)は国分寺造営が農民に辛苦といわれるほどの負担を課していたことを示すもので、造営には国司が農民の雑徭をおもに差発したであろう。

(12)勝宝八歳十二月己亥紀　越後・丹波・丹後・但馬・因幡・伯耆・出雲・石見・美作・備前・備中・備後・安芸・周防・長門・紀伊・阿波・讃岐・伊予・土佐・筑後・肥前・肥後・豊前・豊後・日向など二六国に国別に灌頂幡一具・道場幡四九首・緋綱二条[30]をわかちくだし、聖武天皇の周忌斎会（勝宝九歳五月二日）の荘厳にあてさせ、使用後は金光明寺に収めて寺物となし、必要時に用いさせることにした。

二六国に(イ)畿内・東海道・東山道の国がみえない。(ロ)道別でみえないのは、北陸道では若狭・越前・越中・佐渡（加賀は弘仁十四年新設、能登は宝字元年分立）、山陰道では隠岐、山陽道では播磨、南海道では淡路、西海道では筑前・大隅・薩摩・壱岐・対馬である。(a)まず(イ)から、畿内・東海道・東山道で国分寺造営がまったく進捗していなかった、というわけにいかない。それは、国名のあらわれる地域と、そうでない地域とがはっきりわかれすぎているところから考えられる。地域がかたよっているのは、(b)幡などの頒下に特殊な方針でもあったためか（いいすぎかも知れないが、新羅がわに近い北陸・山陰・山陽・南海・西海道の国分寺の鎮護国家の任務を重視したのか）、(c)頒下するための幡の数量にかぎりがあったためか、これらが想像されるくらいである。

国名のあげられた二六国について、続紀の文は、(イ)幡などを国衙に頒下し、周忌法要を国衙でおこない、国分寺の造作が終わったときをまって寺物とする、(ロ)幡などを国分寺に頒下し、周忌法要を寺で営み、使用後は中央に返却するにおよばない、という二つの意味に解される。角田文衛氏[31]は、金光明寺が二六国で完成していたと速断するのは妥当でなく、やがて完成されるべき金光明寺の寺物とせよという意に解し、それは宝字三年にいたってもなお諸国に国分二寺の図を頒下していることから傍証される、といわれる。すなわち(イ)の意味に解されるわけである。続紀では、国名のすぐつぎに「国別に」と記され、「金光明寺」と記されない点からも(イ)の意味がつよい。ただ、幡などを「用い了るときは」と記され、金光明寺をつくり了るときはそこに収めおけというようには記されない点から(ロ)の意味かとも考えられ、そのさい前述(11)の(ハ)が参照される。宝字三年国分二寺図頒下は、未完了の国が多かったことを物語るが、ただ宝字三年まですべての国が造営に着手しなかったわけでなく、特例とはいえ、旧寺や旧施設を転用した大和の金光明寺（東大寺）・法華寺、山背国分寺の例もあり、武蔵国分寺の場合は宝字二年ごろいちおうつくられていたのであるまいかといわれ[32]、したがって宝字三年国分二寺図頒下はそれまでに造営に着手されなかった国あてのものといえよう。

勝宝八歳紀の二六国分寺については、この記載だけでは造営進捗の程度などがわからないが、同じ地域（道）で記されない国にくらべて、造営がより多く進んでいたとみてさしつかえなかろう。しかし具体的な年代などをすぐにいえるような文献史料や考古学的資料[33]があるわけでない。ここでは国分寺のうち、続紀や正倉院文書などに記されるものをまとめ、どの年代に、どのような内容であらわれてくるか、などをとおして、造営の様相などをできるだけ考察していく手がかりとしよう（番号は本文記述の項目、符は太政官符、帳は正税帳・奴婢見来帳、牒は国府牒・国師牒、解は国司解、霊は日本霊異記、文は奉写御執経所請経文。山背→山城の改称は延暦十三年であるが、便宜上、山城と記すことにした）。

〈畿内〉

○山城　(6)天平十八年紀・宝亀四年紀、

〈東海道〉

○伊勢　(24)宝亀六年紀、

○尾張　(8)感宝元年紀、(18)神護景雲元年紀、(20)同三年紀、(24)宝亀六年紀、

○伊豆　(1)天平十一年帳、

〈東山道〉

○近江　(6)勝宝三年帳、(26)宝亀十一年牒、

○美濃　(21)宝亀元年紀、(24)宝亀六年紀、

○飛驒　(8)感宝元年紀

○上野　(8)感宝元年紀、

〈北陸道〉

○越前　(16)天平神護二年解、

○越後　(12)勝宝八歳紀、(19)神護景雲二年紀、

○佐渡　(19)宝字八年文・神護景雲二年紀、

〈山陰道〉

○丹波　(12)勝宝八歳紀、

○丹後　(12)勝宝八歳紀、(23)宝亀四年符、

○但馬　(12)勝宝八歳紀、(25)宝亀八年紀、

○因幡　(12)勝宝八歳紀、

○伯耆　(12)勝宝八歳紀、

○出雲　(12)勝宝八歳紀、(22)宝亀三年牒、

○石見　(12)勝宝八歳紀、

〈山陽道〉

○美作　(12)勝宝八歳紀、

○備前　(12)勝宝八歳紀、

○備中　(12)勝宝八歳紀、

○備後　(12)勝宝八歳紀、

○安芸　(12)勝宝八歳紀、

○周防　⑿勝宝八歳紀、
○長門　⑿勝宝八歳紀、

〈南海道〉

○紀伊　⑿勝宝八歳紀、⒅神護景雲元年紀、
○淡路　㉔宝亀六年（霊）
○阿波　⑿勝宝八歳紀、
○讃岐　⑿勝宝八歳紀、
○伊予　⑻感宝元年紀、⑿勝宝八歳紀、⒄天平神護二年紀、
○土佐　⑻勝宝八歳紀、

〈西海道〉

○筑後　⑿勝宝八歳紀、
○肥前　⑿勝宝八歳紀、
○肥後　⑿勝宝八歳紀、㉔宝亀七、八年（霊）
○豊前　⑿勝宝八歳紀、
○豊後　⑿勝宝八歳紀、
○日向　⑿勝宝八歳紀、

〔備考〕武蔵国分寺について、宮崎糺氏は、宝字二年ころまでにできあがっていたのではあるまいかといい、宝字二年を重視されている（後述）。

(13)宝字三年十一月辛未紀　国分二寺の図を天下諸国に頒下した、と記される。この図について、石田茂作氏[34]・角田文衛氏[35]は伽藍配置図とされ、石田氏は、国分寺遺跡の判明している僧寺六六カ所と尼寺五五カ所の伽藍配置に関し、つぎのようにいわれる。(イ)東大寺式の二基の塔を一基に略したものである。(ロ)天平十三年国分寺建立勅で採用された伽藍配置は、道慈の大安寺伽藍の造営と関係があり、道慈は長安西明寺の結構を規模として大安寺をつくった。(ハ)西明寺伽藍様式は最新式のものであったはずで、国分寺や東大寺をたてる計画にこれを採用するのは、まことにありう

ることである。(ニ)大安寺式は東大寺式と相違するけれど、はなはだ似ている。国分寺で塔を南大門の内におき、一基としたのは、経費と敷地との関係のためである、と。

東大寺式と大安寺式とは石田氏のいわれるように関連性をもつものであるが、卒直にいえば石田説では両式が説明のなかに出てきて複雑で、必らずしもすっきりしていない。天平十三年勅には好処をえらべと述べているが、それ以上のくわしいことを指示したかどうかはわからない。いまのこる国分寺址の伽藍配置には東大寺式が多い(相模国分寺は法隆寺式であるが、石田氏は、国府津近くの千代廃寺こそ国分寺であろうという説に注意されている)。この点からみれば、国分寺伽藍配置では東大寺式が支配的である。東大寺が大和の国分寺であり、地方の国分寺のなかで中心的存在であった関係からも、東大寺式が国分寺に多く採用された事情がわかる。それであるから国分寺の伽藍配置については東大寺式を主とすると説く方がわかりやすい。石田説で大安寺式が入ってくるのは、道慈の西明寺図船載と大安寺造営にひかれすぎたためであるまいか。道慈が国分寺建立建策者として有力な存在であるが(前述)、西明寺図の内容は伽藍配置図であるよりも、建築の構造設計図であった可能性が考えられ[36]、そのように推考してよいならば西明寺図は伽藍配置図と結びつかない。のち石田氏[37]は出雲国分寺の発掘調査で、国分寺設計において地割制がおこなわれていることを指摘重視し、国分二寺図を地割図とする新解釈を出された(後述)。しかし、宝字三年までに造営に着手した国がなかったとはいえないし(山城の場合は天平十八年恭仁宮大極殿の地が施入され、その造営着手は天平十八年よりのち、それに近い年からであろう。なお武蔵国分寺の場合は、宝字二年ごろほぼできあがっていたのであるまいか)、図は室内荘厳図をさすこともあり、国分二寺図の頒下は、寺の成立年代と重要な関係をもつので、図の内容吟味はなお課題としておこう。

宝字三年に関するものとして、東大寺越中国諸郡庄園総券に法華寺がみえるが(四385)、これが越中国分尼寺かどう

か明らかでない。(38)

(14)　宝字五年六月庚申紀　光明皇太后の周忌斎会を法華寺阿弥陀浄土院に設け、諸国をして、各国分尼寺に阿弥陀丈六像・脇侍菩薩像二軀をつくらせた。光明は東大寺・国分寺創建の主導者で、宝字五年とくに国分尼寺造営が督促されたのは、女帝的存在であった光明の遺志を継承し、また冥福を祈る意味のものであることはいうまでもない。

国分寺の成立過程のうち、このころまでは聖武天皇と光明皇后が造営の推進者で、造営の責任を最初は国司に負わせたが、やがて国師を参加させ、さらに郡司をして主当させ、造営に協力する郡司に優遇策を講じた。郡司らの地方豪族は知識物を寄進し（尾張・飛驒・上野・伊予）、位階をさずけられ、郡司らの協力は、武蔵国分寺の場合、造瓦進献を領導するという形でみられた。

その間、勝宝元年八月紫微中台の成立したころ以後は、藤原仲麻呂が光明と結んで権力を掌握し、造寺では東大寺に寄進しているけれども（〈第6表〉）、目立つほどのものでなく、彼の政策にはむしろ寺院勢力抑圧の傾向がみられる。仲麻呂が失脚し、道鏡が称徳天皇と結んで権力をふるうと、国分寺の造営や経営の実権を国司から国師や寺家に回収しようとする傾向がみられた。その傾向からみて、道鏡政権以前を第二期として区切ることができよう。

第二期では、郡司ら地方豪族による知識物寄進にみられるように、その協力があらわれるのが目だつ。墾田の増加施入のほか、使工の派遣、造営の期限つき督促、国分二寺図の頒下など、造営の直接指導が積極化している。いっぽう造営がかなり進捗した国分寺もあるらしい段階にきている。武蔵国分寺の場合はできあがっていたと思われるふしがあり、かつ造営の様相の一端が知られている。寺址と窯址などから出土した文字瓦をあつかって造営を考察した宮崎糺氏の論考を参照しなければならない（「武蔵国分寺考」）。(39)

(イ)武蔵国は、和名抄に二一郡一一八郷[40]が記されるが、文字瓦には極印・型押・篦書などで①郡名（七九点）、②郷名（一八点）、③人名（四五点）が記され、①では二一郡のうち新座郡をのぞく二〇郡がみえ、②では一〇郡にわたる一四郷がみえ、③は寺址のほか泉井・末野の窯址から出土する。(ロ)人名とともに記される郡名は豊島・那珂二郡にかぎられ、人名といっしょに記される郷名は荒墓・日頭二郷で、この二郷は豊島郡に属し、これら人名瓦の大部分は泉井の窯でつくられた。(ハ)瓦は造寺のさい、無限というも過言でないくらい多量に要する必需品であり、墾田や私稲などとは比較にならぬほど廉価であったから、農民の進献物として、もっとも手ごろである。大仏造営に知識の協力が求められたが、国分寺の場合も同様であった。(ニ)文字瓦の大部分が郡名を記するころからみれば、瓦進献の責任は、郡司が負うたかも知れない。郡司は国司の命をうけ、所管各郷にそれを伝え、ある郷では戸ごとに進献を督促したこともあろう。人名瓦が戸主の二字をおびるのはその間の事情を物語り、進献が一個人の手によって任意におこなわれたものでなく、その背後には、戸を単位とする進献を実施させた厳然たる公の組織の存在したことを暗示する。(ホ)人名瓦で郡名を記すのは、豊島・那珂二郡であるけれど、他郡でも個人の進献がおこなわれながら、人名を記さなかったかも知れない。しかし豊島郡の荒墓・日頭二郷の進献がもっとも組織的であったことは疑いない。(ヘ)人名のうち、宇遅部氏の一〇点がもっとも多く[41]、つぎは壬生部氏の三点である。壬生部氏は相模・安房・下総・常陸・上野・下野などにも住んでいたが、武蔵の壬生部氏については、承和十二年三月己巳紀に、前男衾郡大領の壬生吉士福正が国分寺七重塔再建を願い出て、許された。(ト)文字瓦では、和名抄二一郡のうち新座郡がみえない。もとの郡は新羅郡（宝字二年八月癸亥設置）だとすれば、その郡名がみえないのは、宝字二年ころ国分寺が完成していたか、もしくは完成に近づいていたことを示すと考えられる。

宮崎氏の論考の要点は右のとおりであるが、国分寺造営のさいの造瓦進献体制だけでなく、農民の労力動員のありかたをも示唆するものといってよい。また国分寺造営における郡司の役割の大きいことがうきぼりされたが、それは天平十九年十一月詔で、郡司の勇幹者に造営を主当させたことに関係があるとみてよいであろう。武蔵国分寺人名瓦が郡郷名や戸主名を記すのは、租税としての調・庸の絁や布に国・郡・里（郷）・戸主・戸口の名を墨書させた方式に通じる。和泉の大野寺（堺市）土塔出土の人名瓦に、氏名・人名だけが無雑作に記されるのは、行基の信者らが建てた民間寺院であったからで、武蔵国分寺の場合と対比できよう。(42)ところで、各国分寺の成立年代を文献史料や考古学的資料によって単刀直入にきめるわけにいかないが、宮崎氏が、武蔵国分寺の場合、宝字二年設置の新羅郡が文字瓦にみえないことを重視し、そのころ造営が完成していたか、完成に近づいていたか、といわれたのは、説得力があり、武蔵国分寺の成立年代はそのころに求めてもよいと思われる。

武蔵国分寺造営の様相は、石村喜英氏によって深められた（『武蔵国分寺の研究』(43)）。本書の内容のうち、文字瓦（郷名は一四郡にわたり三四郷六八点。人名は一〇九点。国分寺使用の瓦をつくった窯場は一八。ただしうち四つは若干疑点をもつ）によって造営を論じた記述で注目されるのはつぎの点である。(イ)郡名は郡単位に人的・物的寄与や諸種の知識物を奉献した事実を明らかにするためのもので、郡名が一国の全二〇郡にわたるのは、一律進献が諸郡によく徹底し、挙郡が進献に応じたことを物語る。(ロ)文字瓦の種類や量を郡別にみるとき、和名抄各郡の郷数の多少と比例しないのは、郡の大小や郷の多寡と関係があるのでなく、進献成績の良否と記銘の省略とによる（大郡の久良郡の瓦が少ないのは、進献成績の良否と無関係でないが、むしろ記銘の省略とみる方がよい）。したがって国司の統率下にあったとはいえ、郡と瓦工との連繫のもとに自由な操作が採用され、進献体制が統一的・画一的なもとでも、郡単位の特殊事情がうち出されている。(ハ)郷名瓦は、郡司が管内諸郷に庸や知識物奉献をはじめ、瓦の進献についても上意を伝達し、郷単位に進献量の割当をおこなわせたことをあらわす。多磨郡の六例と豊嶋郡の五例が他郷より格別に多いのは、両郡の諸郷が政治・文化面で進み、財政もゆたかで、造寺によく協力したことを物語る。(ニ)人名瓦は、一律進献の郡名・郷名瓦と同一に論ずることはできないもので、一律以外にさらに個人の積極的な意欲から進献をおこなった人々のものとみるほかはなく、その功を顕彰する意趣に出たと解するのが当をえている。人名瓦で豊嶋郡居住の人々のものがもっとも多いのは、富裕者が多く、有能な郡長・瓦長が進献にたずさわったためである。(ホ)瓦長は造瓦において各郡別に設置され、これは造寺司のもとにおける造瓦所に直属し、瓦製作の現場指揮にあたるほか、窯場と郡司とのあいだにあって、郡司とともに進献督励などに活躍した。以上が石村説で注意をひく点であり、郡名・郷名瓦が一律進献を示し、人名瓦が個人の別口寄進を示すものであると整理したのは、三種の瓦の存在する理由と進献組織を解明したものといえよう。データーの意義づけも妥当であり、人名のみえる氏族にまで考察をひろげたところなども、論は単に武蔵国分寺造営だけにとどまらずに、諸氏族の富力と活動や、政府・諸大寺への貢献にも及んでおり、視野がひろい。国分寺造営の様相を明らかにするためには、造瓦進献のほかになお考察しなければならぬ面が多い。石村氏が述べられたように、武蔵国分寺の二〇〇余の礎石は、その一つを運搬するのに数十人の人力を必要とした。宝亀元年二月丙辰紀にみえる西大寺東塔心礎は、方一丈余、厚さ九尺で、飯盛山からひくのに数千人かかっても日に数歩であった。数千人は誇張とはいえ、莫大な労力と工費がひとつひとつの国分寺造営についやされたことはもちろんであり、そうした国分寺や東大寺の造営の様相も、たとえば右の宮崎・石村氏らによる造瓦進献の体制や組織の分析などをつみかさねていくことで明らかにされるといわねばならない。(44)

武蔵国分寺に関し、なお大川清氏が瓦窯場を中心とする造瓦組織を論じられた（『武蔵国分寺古瓦磚文字考』）(45)。(イ)瓦が二二カ所の窯場で焼かれたのは、東国第一の大きな国分寺を短期内に完成するためである。窯場が散在するのは、造寺にさいし新たに築かれたものや、既設の須恵器製造窯を用いたためである。(ロ)一郡から進献する瓦は数カ所の窯で焼かれ、また一窯で数郡の瓦がつくられた。瓦の文様の多様なのはこのためで、製作者も技術優秀者ばかりといえない。(ハ)各郡・各郷から瓦が発注され、瓦の郡名・郷名はその混乱を防ぐ仕訳・識別のためのものである。(ニ)窯の多くは、上野国に通じる鎌倉街道ぞいに点在し、人担行程を一日五里とすれば寺まで最大限三日かかる。(ホ)郡が進献の責任集団で、郷や人はその最小単位であり、造瓦進献の責任者は郡瓦長であった。郡と窯場とのあいだには発注や受注にさいし直属関係が生じ、それは実質的に商取引的なものであるまいか、と大川氏はいわれる。(ハ)郡郷名を仕訳のしるしとする点は、石村氏が記念的・顕彰的なものと解されたのと相違し、この点に関する説の異同をどう整理すべきか、なお(ホ)の商取引的な関係とみるのは新しい見解で、これらは今後さらにほりさげるべき問題であろう。

(1) たとえば角田文衛編『国分寺の研究』上・下（昭和十三年八月）は、国分寺全般に関する問題や、東大寺との関係を考察した論考と、各国分寺ごとの調査・研究の論考とを収め、国分寺の考古学的研究として屈指のものである。国分寺全般に関するものとして、最近では石田茂作『東大寺と国分寺』（昭和三三年）が刊行された。

この間、戦後における考古学の発達はいちじるしく、実測調査はもとよりのこと、発掘調査の展開は画期的である。国分寺関係で河内（藤沢一夫「河内東条廃寺即河内国分寺に就いて」大阪府教育委員会社会教育課、昭三〇）・遠江（『磐田市史』上、昭二九）・伊豆（『三島市史』上、昭三三）・飛騨（重要文化財国分寺本堂修理委員会『飛騨国分寺本堂』昭三〇）・信濃（内藤政恒・大川清・稲垣晋也、坂詰秀一『信濃国分寺跡』昭四〇）・陸奥（伊藤信雄「陸奥国分寺址の発掘」日本考古学協会第二〇回総会研究発表要旨）・出雲（石田茂作「出雲国分寺の発掘」考古学雑誌、昭三一）などがみられ、とくに武蔵は国分寺研究のメッカで、豊富な文字瓦と窯跡の存在が依然として関心を集め、研究は深化された

（大川清『武蔵国分寺古瓦磚文考』昭三三、石村喜英『武蔵国分寺の研究』昭三五、樋本杜人「東京都北多磨郡武蔵国分寺址第一次調査」昭三六）。これらの調査や発掘などによって、国分寺に関する研究が精密となった。更新された知見も少なくなく、それは戦後の発掘や研究だけによるのでなく、たとえば甲斐国分寺の場合、仁科義比古・大場磐雄氏（「甲斐国分寺」角田編『国分寺の研究』上）をはじめ、従来、定説のようになっていた金堂址は、講堂址と判定され、金堂址は講堂阯の前方に求められた（太田静六「甲斐国分寺伽藍の研究」考古学雑誌三三の八、昭和一八年）。これは一例で、考古学の発達は戦前からいちじるしい。

しかし考古学に関する筆者の理解は不十分である。いたらない点や気づかないことが多いであろう。それらは今後の研修によって改めたい。

（2） 国分寺位置一覧表が辻善之助「国分寺考」（『日本仏教史之研究』）・角田文衛「国分寺の設置」（同氏編『国分寺の研究』上）・石田茂作『東大寺と国分寺』に掲げられ、たとえば越後の場合、国分僧寺の遺跡は直江津市五智国分とされるけれど、創建当時の礎石や瓦など何ひとつのこっていないというありさまで（岩城隆利「越後国分寺」角田編『国分寺の研究』下）、越前国分僧寺（武生市）は消滅し、これまで遺跡といわれてきた地は花柳街と化し、調査不可能におちいっていた（斎藤優「越前国分寺」角田編『国分寺の研究』下）。国分僧寺にくらべて尼寺の遺跡の不明が多く、石田氏は一覧表で未詳一八と記し、その究明の必要を強調されている。

（3） 日本紀略、弘仁十一年十月庚申条。

（4） たとえば風土記撰進の場合について、坂本太郎氏は「ある国は早く作り、ある国はおそかった。この不揃ひは何によるか。それは国司郡司に適当な人を得たか否か、材料の蒐集が容易であったか否か、それぞれの国の事情によったものであり、その意味で風土記については、書式と共に撰述時期の広汎な自由が諸国に保留されてゐたと云ってよいであろう」といわれる（『出雲国風土記の価値』平泉澄監修『出雲国風土記の研究』所収）。

（5） 国衙の下級勤務者で写経所につとめた例としては、ほかに河内国史生中臣丸連馬主があるが（十五2）、これは畿内であるから、都に動員されやすい。

（6） 天平十一年当時の伊豆の国司としては、正税帳に目従八位下林連佐比物がみえるだけで（二192）、続紀にこのころの国司はほかにあらわれない。佐比物は続紀によれば、神護景雲元年正月外従五位下（雑物と記される）、同七月上野介、三年二月宿禰をたまわり、宝亀二年主計助。

（7） 伊豆の国分僧寺址（三島市国分町蓮行寺）に塔址と単弁八葉連華文軒丸瓦、尼寺址（三島市二日町法華寺、市原町祐

泉寺）に同種軒丸瓦などがみられたが（大場磐雄「伊豆国分寺」角田編『国分寺の研究』上）、奈良時代のようすを示す続紀記事はなく、すなわち承和三年の尼寺焼亡（元慶八年四月二十一日紀）以外に五国史にみえず、延喜玄蕃寮式に、山興寺をもって国分寺となす、と記される。戦後に三島市史編纂を機会に発掘調査され、金堂・講堂・僧坊・経蔵・鐘楼・廻廊・中門・南大門址が判明した（『三島市史』上、第二章第三節）。文献では天平十一年度正税帳の大般若経書写が天平九年創建詔を実行したものとして注意されよう。

なお天平十一年伊豆の国衙における写経を重視したきらいがあったと反省され、つぎのことも考えあわす必要があろう。たとえば地方における写経として、仁寿三年五月癸巳紀に、詔して相模・上総・下総・常陸・上野・陸奥などの六国に一切経の書写を分担させたことがみえ、これは平安期に中央の写経所がなかったことにもよるが、当時、地方の国衙で写経が分担できるようになっていたことが知られる。さかのぼって奈良時代に地方国衙で写経が困難であったとは簡単にいえない。それは、奈良時代に地方での知識経が多く書写され、また畿内の例であるが、日本霊異記（下の一八）には、宝亀二年河内の丹比郡に民間の経師専業者がいたと記され、民間写経がかなり普及しているのであれば、国衙における写経

を困難とみるわけにいかないからである。

（8）川崎庸之「大仏開眼の問題をめぐって」（上原専禄編『世界の歴史』六）

（9）法隆寺の場合、薬師像光背銘には造像だけが記されるが、造像は造寺の前提で、それにともなって造寺がおこなわれたと解されている。

（10）竹内理三『奈良朝時代に於ける寺院経済の研究』一二七頁。

（11）東大寺は大和の金光明寺として、塔に金字最勝王経を安置したであろう。西塔には聖武天皇の沙弥勝満の名をきざんだ銅板が勝宝五年正月十五日に安置されたが（銅板銘）、金字経は西塔・東塔に安置されたと推定される。勝宝六年十二月東大寺政所は国分最勝王経につける玉軸の数を写経所に注進しており（十三13）、この経は国分とあるから国分寺経であり、東大寺政所が注進しているから、一般国分寺のためのものでなく、東大寺用の予定のものにあたるのであろうか。

（12）山田寺の塔の場合、地ならし整地から露盤構上まで三七年を要した（小野玄妙「法隆寺堂塔造建私考」寧楽六）。

（13）類聚三代格（国史大系三九五頁）および政事要略（国史大系三八六頁）続紀天平十六年七月甲申条。以下、続紀など五国史による場合は史料を註記せず、あるいは「紀」と記し、それ以外の類聚三代格・政事要略・日本紀略な

どの場合には史料と引用箇所を註記する。

(14) 国分寺料稲は、天平十六年詔では正税から割取されたが、延喜式では雑稲から割取する規定となっており、政府の仏寺優遇の冷却化と解されている。

(15) 類聚三代格（国史大系一一一頁）、政事要略（国史大系三七九頁）

(16) 国分寺の遺跡として、山背国分寺址は著名で、細説するまでもない。考古学的調査については角田文衞「山背国分寺」（同氏編『国分寺の研究』上）参照。

(17) 旧寺や旧施設を国分寺に転用した例のうち、代表的なのは、大和金光明寺（東大寺。前身は金鐘寺）および大和法華寺である。大和法華寺は天平十七年五月戊辰紀（平城還都）に旧皇后宮（藤原不比等の邸）を「宮寺」となすと記される。このとき以前の大和法華寺は今の東大寺の南方、興福寺の東松林にあったとされる。福山敏男「平城法華寺・東大寺大仏殿・法隆寺伝法堂について」（『日本美術史』寧楽時代下）、堀池春峰「東大寺の占地と大和国法華寺に就いての一試論」（続日本紀研究四の二・三）参照。

(18) 紫香楽宮（甲賀宮）の実体があるいは寺であったかも知れないという推定は拙稿「紫香楽宮」（『日本古代の政治と宗教』）で述べた。甲賀宮国分寺と、いまの大津市の石山国分と瀬田町にあった国分寺との関係は問題であるが、天平十七年五月平城還都後のある時期に甲賀宮が国分寺とされ（近江国はこれ以前にまだ国分寺を設けていない）、勝宝三年以後に、おそらく保良宮造営（宝字三年）にともない、甲賀から瀬田の地に国分寺が移されたか、あるいは新造されたか、いずれかであろうと考える。延暦四年焼亡したため、弘仁十一年国昌寺（石山国分町の地にあった）が国分寺とされた。瀬田の国分寺址は明らかでなく、これと国昌寺址については柴田実「近江国分寺」（角田編『国分寺の研究』上）参照。滝川政次郎氏は、保良宮造営以後における国分寺が石山国分町にあったとされる（「保良京考」史学雑誌六四の四）。

(19) 山城国分寺の心礎は角田文衞「山背国分寺」第三七図および図版第一五（角田編前掲書、上）参照。

(20) 石田茂作『東大寺と国分寺』一九八―二〇一頁。

(21) 河内国分僧寺址は比定地に三説があり、石井信一氏は踏査実測によって東条廃寺（柏原市国分字塔の本）が可能性に富むと指摘され（「河内国分寺」角田編前掲書、上）、戦後に藤沢一夫氏が発掘調査し、心礎のほか三個の礎石と、凝灰岩の基壇などを明らかにするとともに、西琳寺旧蔵『河内国古市郡西琳寺領田畠目録』（応永元年）にみえる「安宿部塔本秋公田壱町四段三百歩、正税分、同夏麦公国分寺田畠」の塔本に注意解明され、東条廃寺の国分僧寺にあたることが確認された（「河内東条廃寺即国分寺に就いて」大阪府教育委員会社会教育課、昭和三〇年一月、謄写刷）。

(22)　遠江国分寺址（磐田市）は昭和二十六年発掘調査された。国分寺の寺域が二町四方の画一でないこと、金堂・講堂の心心距離が地割の基準をなすことなどが判明し、大きな収穫とされる（『磐田市史』上、石田茂作『東大寺と国分寺』一〇三―一〇五頁）。

(23)　天平十三年の国分二寺建立勅では、民間の知識（寄進）に期待することはみえないが、十五年の墾田永世私財法のあとで発願された大仏造営詔では知識の協力を求め、国分寺造営についても同じ方針がとられるようになった。

(24)　上野国分僧寺址（群馬県群馬町大字東国分）尼寺址（元総社町大字元総社礎）は相川竜雄「上野国分寺」（角田編『国分寺の研究』上）参照。

(25)　飛驒国分僧寺址（高山市七日町塔下国分寺）尼寺址（高山市上岡本辻ヶ森白山社）は大場磐雄「飛驒国分寺」（角田編『国分寺の研究』上）参照。なお内藤政恒氏は飛驒石場の石廃寺址は国分寺より古式で、僧行心配流さきの飛驒国伽藍にあたるとされた（「飛驒石場石廃寺の戯画瓦と飛驒国伽藍について」歴史考古四）。行心については関晃「新羅沙門行心」（続日本紀研究一の九）参照。

(26)　遠藤元男「飛驒工について」（日本歴史一三四）

(27)　野村忠夫「飛驒国造氏と西大寺」（岐阜史学一五）

(28)　竹内理三「八世紀における大伴的と藤原的」（『律令制と貴族政権』Ⅰ部）

(29)　坂本太郎氏は、律令制初期に中央の政令が地方に敏活にゆきわたらず、地方にこれを遵奉する熱意がなかった場合を示す例として、国分寺設置詔より一五年のちの勝宝八歳六月に仏像仏殿の造営を督促していることのほか、和銅六年風土記撰述令より二〇年のちに出雲風土記が撰述奏上されたこと、天平頃まで大隅・薩摩に班田制度がおこなわれなかったことなどをあげ、ただ中央政府の指令に応ずる地方諸国の報告が頻繁詳細に提出された幾多の史料（たとえば出雲国計会帳など）が存することは、一般論として地方規制能力の弱さを結論することの早計たるを示し、政府の政令は敏速に地方に伝わり、地方も遵守する熱意をもったが、規制分野の如何や、国司郡司に適当な人物がいたか否かという国情によって伝播の強弱が分かれた、と述べられた（「出雲国風土記の価値」平泉澄監修『出雲国風土記の研究』所収）。

(30)　勝宝八歳十二月に二六国へ頒下された灌頂幡・道場幡・緋綱のなかには、あるいは同年五月聖武太上天皇葬儀のときの使用品があるかも知れない。五月壬申十九日紀には、佐保山陵に埋葬したときの供具として師子座・香炉・天子座・金輪座・大小宝幢・香幢・花縵・蓋繖の類と記す。国史大系本・朝日新聞社本は上のようになっているが、頭註に記されるように、最初の三つはテキストに異同がある。これは師子座と香天子座の二つとするのが正しいことは、正倉院御物の緑絁綱（「師子座小枋、天平勝宝八歳五月十九日」の朱書）や香天子輿小枋綱によって知られる（和田軍一「正倉院の聖武帝遺品」南都仏教二）。右の供具は続紀に、葬儀のうち行道のさいの使用品と記され、したがって宮中などで使われた道具はほかにもあり、たとえば、御物の羅花曼および緒（「花縵緒、長一丈六尺、天平勝宝八歳五月十九日、納東大寺」の銘）、櫃覆町形帯（「東大寺櫃覆紐」「天平勝宝八歳五月二日」の銘）がそれで、町形の一所には播磨国調絁の墨書がある。滝川政次郎氏はこの町形帯について、材料となった調の絹がまだそうひどい粗悪品でなく、調庸の物が粗悪化するのはこれ以後で、ついに平安時代には蜘蛛の網になってしまう、といわれる（「聖武天皇の大葬に使用せられた櫃覆町形帝について」南都仏教一四）。粗悪かどうかは主観も関係するので簡単にはいえないけれど、ひとつの見方として注目される。

勝宝九歳の周忌法要使用品として花籠（「天平勝宝九歳五月二日」）・金銅鎮鐸（「東大寺枚幡鎮鐸」）・道場幡（「平城宮御宇後太上天皇周忌御斎道場幡、天平勝宝九歳歳次丁酉夏五月二日己酉左番」）などがみられる。勝宝八歳に二六国へ頒下した幡や綱については右の葬儀と周忌法要での使用品が参照される。

(31) 角田文衛「国分寺の設置」（同氏編『国分寺の研究』上）

(32) 宮崎紀「武蔵国分寺」（角田編『国分寺の研究』上）。この内容はきわめて高く評価しなければならないもので、本文で後述する。

(33) 勝宝八歳紀にみえる二六ヵ国の国分寺について参照されるものは、岩城隆利（越後）・八木茂美（丹波）・角田文衛（丹後）・武藤誠（但馬）・木山竹治（因幡）・真島進（伯耆）・野津左馬之助（出雲・石見）・永山卯三郎（美作・備前・備中）・北川鉄三（備後・安芸）・弘津徳（周防）・三友国五郎（長門）・伊藤兄人（紀伊）・田所市太（阿波）・岡田唯吉（讃岐）・鵜久森経峯（伊予）・安岡源一（土佐）・三友国五郎（筑後）・鏡山猛・檜垣元吉（肥前）・坂本経堯（肥後）・森貞次郎（豊前）・鏡山猛（豊後）・久保平一郎（日向）の論考である（角田編『国分寺の研究』下）。

(34) 石田茂作「東大寺と国分寺」九〇―一〇二頁。

(35) 角田文衛「国分寺の設置」（同氏編『国分寺の研究』上）

(36) 上田三平氏は国分二寺図を(a)プランとされる（角田編『国分寺の研究』上）。「図」が(b)建築物の配置図を意味する例として、類聚三代格所収天平十年五月二十八日格の「国図」（国司の館などの配位置を記す。国史大系三〇二頁）、宝字元年七月庚戌紀の「田村宮図」などがある。もちろん地図もこの類にはいり、天平十年八月辛卯紀の「国郡図」、延暦十五年八月己卯紀の「諸国地図」などがみられ、田図も同様であり、天平神護二年越前国足羽郡司解の検勘図（五544）、越前国司解の図田籍帳（五614）・図券（五615）、伊賀国司解の校図（五635）、同三年民部省符の図籍（五641）・前図券（五641）、民部省牒の先図（五653）などがあり、図が(b)伽藍配置図の傍証。なお図を(c)建築構造設計図、(d)石田説の地割図のほか、(e)室内荘厳設計図とも考えるのは、大仏殿成立後の「仏殿図」（十三169）は「金物の図様」かと推測され、西塔完成に近い頃の「塔基様紙」（十二309）は初重内部荘厳の下絵用紙かと推定されており（福山敏男『奈良朝の東大寺』）、参照されるのである。

(37)　石田茂作「出雲国分寺の発掘」（考古学雑誌四一の三）

(38)　宝字三年のことに関するものとして、角田文衛氏は越中国分尼寺の初見を正倉院文書によってこの年とされ（「国分寺の設置」同氏編『国分寺の研究』上）、これは宝字三年十一月東大寺越中国諸郡庄園総券に、射水郡鹿田村地二九町三段一〇〇歩の割註として「東南公田　西石川朝臣豊成地　北法華寺溝」（四385）と記されるのによられたらしいが、位置については同氏の「国府・国分寺位置表」では不明とされる。右の庄園総券の法華寺は国分法華寺か、それとも国分寺以外の同名寺か明らかでない。

越中国分尼寺の位置について、辻善之助氏は「上新川郡東三郷村大字高堂（?）（越登賀三州志、越中旧事記）」とし、疑問符をつけ（『日本仏教史之研究』）、石田茂作氏は未詳と記され（『東大寺と国分寺』）。堀井三友氏は僧寺址について記述されるが、尼寺址にふれていない（「越中国分寺」角田編『国分寺の研究』下）。堀井氏によれば、越中国分僧寺址は射水郡一宮村字国分堂に求められ、昭和十一年上田三平氏ら調査のさい、土壇付近よりえられた八葉単弁蓮華文軒丸瓦で、周縁やや大きく、珠文帯の珠文八顆のものはほかの国分寺にもみられ、軒平瓦の二重枠内唐草文は硬化しているが、三河国分寺にみられるといわれる。なお大伴家持は越中国守として天平十八年七月から勝宝三年八月まで在任し、国師らが天平二十一年上京するさい、家持から饗宴を設けられた（万葉集十八―四〇七〇～四〇七二）。国師ははじめ国衙を居処とし、国分寺成立後は国分寺に入ったと考えられるが、越中国分寺の成立期はもとより明らかでない。

(39)　宮崎糺「武蔵国分寺」（角田編『国分寺の研究』上）

(40)　武蔵の郷数は和名抄の一一八郷のほか、正倉院の綾絁墨書銘にみえる加美郡武川郷がある。

(41)　武蔵国分寺瓦の進献者のうち、宇遅部氏に関する宮崎氏の指摘は興味ぶかい。宇遅部氏は武蔵のほか常陸・下野などにも居住したが、万葉集（二〇―四四一七）の作者に豊島郡上丁椋椅部荒虫之妻宇遅部黒女があり、人名瓦の宇遅部も大部分は豊島郡に属し、作者の夫の氏である椋椅部も戸主椋椅の四字を瓦の断片にとどめるのみで、郡郷は明らかでないが、同じく国分寺瓦に見出される。一首の歌をめぐる二つの氏が、ともに国分寺瓦に、しかもあるいは郡を同じくして見出される。

(42) 森浩一「大野寺の土塔と人名瓦について」(文化史学一三)、拙稿「大野寺土塔の造営」(『行基』)参照。

(43) 石村喜英『武蔵国分寺の研究』(昭和三五年六月)。本書は、第一章国分寺の創建、第二章変遷史考、第三章遺跡の研究、第四章古瓦の研究、第五章遺物の研究、第六章武蔵国分寺研究史考、および図録からなり、詳密な労作であり、遺跡の実測図や古瓦分類表など豊富なデーターも収める。そのうち造営に関する記述で、宮崎氏・大川氏らの説とかみあう記述を私は本文でとりあげた。

(44) 造寺の資材運輸に関する論考として、福山敏男『日本建築史の研究』は興福寺西金堂・大和法華寺・石山寺の造営についてすぐれた分析を展開し、ほかに中村直勝「天平建築用材の運漕」(寧楽八)などもある。

(45) 大川清『武蔵国分寺古瓦塼文字考』(昭和三三年三月)。石村氏の著は大川氏のものよりあとで発行されたが、石村氏の例言によれば、その本文は昭和三十年、図版は三十一年にできあがっていた。大川氏があつかわれた瓦窯は二二、郡・郷名瓦は二六〇点、郷数は一二郡にわたる二六郷、人名瓦は一一二点である。文字瓦を出土するのは武蔵国分寺だけでなく、箆書=大野寺土塔・上野国分寺・下野上神主廃寺・下総国分寺、押印=山城国分寺、押型=下野国分寺・下野薬師寺、毛筆=上総国分寺などがある。また武蔵国分寺では解文瓦のように珍しいものがみられる。それはしばらくおき、宮崎氏がいわれたように、武蔵国分寺以外の遺跡出土の人名瓦は、単に氏だけ、または名だけを書いたものが少なくなく、氏と名とをあわせ記すのは多いといえない。氏と名とに冠するに郷名や戸主名を記したのは武蔵国分寺瓦だけであり、造営の様相を論じるのに重視しなければならない。

なお武蔵国分寺址には、金堂・講堂・塔などの基壇や礎石がよくのこっており、日本考古学協会内の仏教遺跡調査特別委員会は昭和三十年に発掘調査し、概報として榧本杜人「東京都北多摩郡武蔵国分寺址(第1次調査)」が出された(考古学年報9、昭和三一年度)。

二　国分寺の成立

〔第三期〕（天平宝字八年―延暦三年）

(15)宝字八年十一月十一日官符(1)

一[1]諸国々分寺年中所ニ造成一物。費ニ用財物一依レ実勘録。毎年附ニ朝集使一申上。即令ニ奏聞一。

一[2]今聞。国分寺封田等物。或国曾不レ充ニ造寺一。亦無レ供ニ養僧一。而国郡司等非レ理用尽。或国雖レ有レ可レ用猶不レ存レ心。唯収ニ蔵中一空令ニ朽損一。自今已後不レ得ニ更然一。

一[3]国分寺封幷佃稲地子等物。宜下収ニ納寺家一臨レ応ニ充用一国司共知聴ニ国師処分一施行上。

一[4]毎レ年奉レ施ニ三宝一物等必依ニ内教一充用。及封田幷諸財物。若有ニ国郡司乖レ理犯用一者。即解ニ見任官一依レ法科罰永不ニ任用一。

第一条、造寺料稲などが国司によってほかの目的に消費されているのを禁ずる。(2)第二条、造寺に熱意のない国司(3)をいましめ、寺と僧とを国郡司の非法から保護する。第三条、封戸収入や佃稲地子などの管理権を国司から寺家に回収し、その支出に国司の関与をみとめるが、国師の処分をきいてからおこなわせる。第四条、内教（仏教）保護に力をいれ、国郡司の非法を禁圧する、というのである。

国分寺の造営はもと国司に責任を負わせ、寺家（国分寺の僧尼）がみずから造寺にあたるわけでなく、造営が進捗するかどうかは国司の意志しだいであった。国司のほか、仏家の国師をも造営にあたらせることは(5)天平十六年十月勅からみられたが、(15)宝字八年十一月の官符は、国分寺の造営や経営の主導権を国師の手に回収しようとする意図がつよく、天平神護元年三月丙申勅が寺院の開墾のみを許し、それ以外の開墾を禁じており、これらはいずれも道鏡政権による寺院・僧尼に対する保護と、貴族や国司・郡司に対する抑圧であることというまでもない。

(16)天平神護二年八月十八日官符(4)

1 一国分二寺応レ買賤。寺別奴三人。婢三人。其年満二六十一放免従レ良。若有二死闕一者依レ数買塡。若別有二身才功能可レ善者。不レ須レ待レ満二六十一。即須二申レ官従レ良買替一。繁息之後。不レ可二更買一。其価直者使用二寺家封物一。若誤買二悪奴婢一必返二本主一。以二三年一為二留返之期一。

2 一国分二寺田者。国司佃収以レ実入レ寺下符已畢。自今以後宜下付二三綱一耕営上。又聞。彼田或悪徒費二佃功一得レ実甚少。如レ是悪田宜下更改易便以二乗田及没官田随近渓美者一永奉中三宝之用上。

3 一国分尼寺。先度之尼十人。後度之尼十人。合廿人。布施供養同為二一法一。唯先十尼之中一人死闕。即依二先勅一早満二彼数一。仍国司国師共簡定申レ官。待二報符一行。但後十尼者不レ預二此例一。

4 一国分寺先経造畢塔金堂等。或已朽損将レ致二傾落一。如レ是等類宜下以二造寺料稲一且加中修理上之。

第一条、国分二寺の奴婢は寺別に奴三人・婢三人とし、六〇歳に達した場合に放免従良し、特技者は六〇歳を待たないで放免従良することなどを令し、恩威をほどこしている。第二条、国分二寺田の佃収監査を厳重にすることをくりかえし、かつ寺田耕営における国司の関与を排除し、三綱をそれにたずさわらせ、これはこのころ東大寺の経営の中心が造東大寺司より東大寺三綱に移りつつあったことと相応じる。(5)寺田の悪劣なものを乗田・没官田の良田と交換せよというのも露骨な寺院保護策である。第三条、前度・後度の意味は明らかでないが、尼の数は天平十三年勅に一〇人と規定され、道鏡政権のとき定員を一〇人増加し、旧来の一〇人を先度、増加の一〇人を後度とよんだのかも知れない。先度と後度の尼に対する供養に差をなくせよというのであり、尼僧保護は称徳女帝の歓心をえるものであろう。第四条、塔・金堂などの朽損・傾落の類は、造寺料稲をもって修理せよというのは、国司らによる造寺料稲の乱用を封じるものである。

　天平神護二年十月二十一日の越前国司解によれば、丹生郡で国分金光明寺田七町二六四歩が道鏡政権下に強力に設置され、秦綿田分六段・葦原田九段・野田中三段三二〇歩が強圧的に国分金光明寺に買得されているのは（五556―563）、(16)官符にみられる道鏡政権による寺院保護政策の露骨なあらわれである。天平神護二年越前国司解にみえる金光明寺は国分の二字を冠しており、寺田設置の丹生郡は国分寺の所在郡であるから、金光明寺は越前国分寺をさすと考えられる。ただ越前国分寺址[6]と推定される地域は繁華街と化し、考古学的資料はえられず、奈良時代のようすはつかまれていない。なお越前の足羽郡では天平神護二・三年に東大寺が強力に墾田の囲い込みや買得をおこなっていることが道守荘でみられ、これらが中央における道鏡政権の成立につながることはすでにいわれているとおりである[7]。(17)天平神護二年九月戊午勅　諸国の官舎修理の数を朝集使に付して毎年奏聞せよ、国分二寺もこれに准じるが、ことを神異にかりて人の耳目をおどろかすことなかれ、と令している。伊勢・美濃などの官舎の風損をきっかけとし、国司らの修理怠慢をいましめるとともに、国司の私利が「倉庫懸磬、稲穀爛紅、已忘二暫労永逸之心一遂致二省鼠風雨之恤一」という事態を生じているとし、これを責めており、道鏡政権による国司抑圧のようすが知られ、国分二寺の修理をつけ加えているのも道鏡政権らしさがみられる。神異はいわゆる神火[8]をさし、国分二寺についても火災がいわれるようになってきている。

　この天平神護二年の九月丙寅紀に、伊予の大直足山が私稲七七、八〇〇束、鍬二、四四〇口、墾田一〇町を国分寺に施入し、その男の外少初位下氏山に外従五位下がさずけられたとみえる（＜第6表＞⑯）。叙位を子にゆずる例はほかにもあり、家として得策であった。⑯大直足山の寄進は、これ以前①～⑮の寄進が銭・米・車・牛・布・知識物であったのにくらべて墾田が注意され、墾田は以後の⑰越中の利波臣志留志、⑱・⑲左京の荒木臣道麻呂・荒木臣忍国、⑳近江の大友村主人主、㉔武蔵の大伴部直赤男らの寄進にもみえ、これら墾田の寄進は天平神護元年三月勅に迎合するものであった。(9)

伊予国分寺は、まえに感宝元年五月戊寅紀にも宇和郡の凡直鎌足の知識物施入がみえ（〈第6表〉⑪）、また(12)勝宝八歳に幡などが頒下された二六国のなかにあげられていた。僧寺址(10)のうち塔址がのこり、土壇・心礎・礎石（南側の一列四個と、四天の柱石のうち東北隅の一個亡失）がみられ、方三二尺で、一辺の長さは山城・遠江・出雲と同じく、隣りの讃岐の三四尺に近い。塔址付近発見の蓮華文軒丸瓦のうち、珠文と鋸歯文を内外縁にめぐらし、内区に複弁の蓮華文を配したものは(11)、平城宮例(12)に近似し、内縁に珠文だけをめぐらし、内区に繁雑な複弁蓮華文を配したものは(13)、唐招提寺例(14)との類似を思わせ、ともに奈良時代後期(15)に属する。これらにともなう軒平瓦も流暢な唐草文の周縁に珠文を配している(16)。別に蓮華文の周囲に重圏文を配した瓦(17)もあり、これに対応する軒平瓦も重孤文(18)である。

(18)神護景雲元年十一月十二日勅(19)　この勅は、(16)天平神護二年八月の官符の第四条をくりかえして「諸国々分寺塔及金堂或既朽損。由レ是天平神護二年各仰ニ所司一。以ニ造寺料稲一随即令レ修」といい、諸国が修造に緩怠であるのは、尊像をけがし、朝命をあなどるものであるとし、「随レ壊修理」することを怠るなかれ、と令した。つぎに、国分僧尼は米塩以外について優厚されないのは理にあわないとし、醤酢雑菜を優厚供養し、その料には寺田稲を用いよ、といっている。道鏡政権による仏教保護策がみられるが、国分寺の成立という点からみれば、塔や金堂の朽損とそれの修理、国分寺僧尼の供養がいわれるのは、それらをそなえる国が多くなったようすを示している。

この年五月戊辰紀に、尾張国海部郡主政刑部国足は米一千斛を、六月庚子紀に、紀伊国那珂郡大領の日置毗登弟弓は稲一万束を各国分寺に献じたとみえる。紀伊国分寺は[20](12)勝宝八歳幡頒下二六国のうちにあげられていた。

(19)神護景雲二年三月乙巳朔紀　北陸道巡察使の右中弁正五位下豊野真人出雲は、これまで佐渡の造国分寺料稲一万束を越[21]後からさいていたが、人夫の差発が農月にあたり、海路の風波が数ヵ月にわたるため、漂損の場合にまた運脚を徴す状態であるのにかんがみ、右の造国分寺料稲は、佐渡国自身の田租をさいて用度にあてたいと請い許された。

　これよりさき天平神護二年九月丙子、諸道巡察使が任命され（畿内・東海・東山・北陸・山陰・山陽・南海。西海道は大宰府が勘検）、百姓の疾苦を採訪し、前後交替の訴を判断し、頃畝の損得を検校させた。これは道鏡政権が地方政治を掌握し、農民に恩威をほどこすための施策であるが、北陸道使豊野出雲の上奏は、佐渡の造国分寺料稲割取の改正で道鏡政権に迎合したものとみられる。まだ国分寺のない国に早くそれを造営し、道鏡政権の事業とするのに協力しようとしたのであろう。

　ここで注意されるのは、佐渡国分寺に関し、宝字八年の奉写御執経所請経文によれば、道鏡の宣によって最勝王経と法華経を施入することがみえることである（十六468）。請経文には、曼殊室利菩薩咒蔵中一字咒王経・大陀羅尼末法中一字心咒経・最勝王経・法華経について「右、依少僧都宣奉請、但最勝法華二部、為施納佐土国々分寺、宜察此状、彼寺時々奉写経中択取者、今依宣旨、差内竪葛木立入、令奉請如件」「天平宝字八年八月廿二日信部史生大隅公足」とあり、造東大寺司判官弥努連奥麻呂の「判」と自署がみえる。右の二経は佐渡国分寺での読誦用である（最勝王経に金字と記されないから）。佐渡が越後から独立したのは勝宝四年で、独立しても造寺料稲を越後に仰いでいたところからみて、国分寺造営の進行は早くなかった。しかし最勝王経と法華経の国分寺施入、造寺料稲割取に関する改正がみられた宝字八年と神護景雲二年とを結ぶ期間には、佐渡国分寺の造営が積極化したとみてよいらしい[22]。

(20)神護景雲三年九月壬申紀　尾張国の上言に、美濃国との堺を流れる鵜沼川が大水で道を没し、葉栗・中嶋・海部三郡の百姓の田宅が侵損され、国府と国分二寺がその下流にあり、もし年歳を経るならば必らず漂損をいたすであろう、解工使（土木技術者）をして開掘させ、旧道を復興したい、と述べる。鵜沼川は今の木曾川であり、尾張川・広野川ともいい、河道遷転のことは貞観七年十二月二十七日、同八年七月九日・同月二十六日紀などにみえ、貞観八年紀は河道の利害をめぐる尾張と美濃の郡司・百姓らの流血事件(23)を記し、それも水禍の頻発地帯のためであった。ともあれ尾張の国分寺の罹災がうれえられているのは、寺の成立を物語り、この二国の国分寺の被害はなお(24)宝亀六年紀にもみえる。

(21)宝亀元年四月癸巳朔紀　美濃国方県郡少領の国造雄万が私稲二万束を国分寺に献じた。国分寺への寄進が続紀にみえる最後の例である。これ以後、続紀に国分寺への寄進がみえないところから、国分寺の多くが宝亀ごろまでに完成したといわれるけれども、仏教保護策をとる道鏡政権が没落したために国分寺への寄進がみられなくなったわけで、国分寺が完成していたかどうかは別の問題である。これまでみてきたように国分寺の塔や金堂、僧尼のことが詔勅や官符に頻出するところからみて、国分寺をそなえる国が多くなったことは察せられるが、なお未完の国もあったであろう。国分寺造営奨励が宝亀以後にみえないとし、完成していたという人もあるが、それにも同様に語弊がある。政府の事業の花形が造寺から征夷に転じたのであった。なお寄進はこれ以後もつづくことは前掲〈第7表〉のとおりで、寄進の名目は軍粮の貢献となっていくのが特色である。

(22)宝亀三年九月二十三日出雲国国師牒　大国師兼造寺専当満位僧慈瓊・少国師兼造寺専当満位僧賢亮の署名がみえる（六398）。職名の造寺は部内寺院造営に関与する任務を示すというよりは、やはり国分寺の造営にしたがう職務をあらわすと考えられる。なお造の字は、天平十七年十一月乙卯紀に、玄昉を遣わして筑紫の観世音寺を造らせたとか、宝亀元年八月庚戌紀に道鏡を造下野国薬師寺別当に任じたというような例でわかるように、必らずしも新造営を意味しない場合もあるが、国分寺の造営着手のおくれた国の多いことからみて、おそらく出雲の場合も宝亀三年ころは造営進行中と考えられ、造寺専当という名から推しても、職名の造の字には営繕よりは新造営の意味がつよいと思われる。国師に教導や寺院・僧尼のほか国分寺造営促進の任を与えたのは天平十六年からであるが、兼職ながら職名にそれを示すほど国分寺造営の任務をおもく課したのは道鏡政権のときからであろう。

このように考えてよいならば、出雲国分寺は(11)勝宝八歳紀に幡などが頒下された二六国のなかに記されており、天平五年の出雲国風土記にみえる意宇郡山代郷の新造院（〈第1表〉3）はその前身にあたるといわれ（その具体的内容は検討の要があるが）、宝亀三年の出雲国師牒をあわせると、関係の記載がふえてくる。

出雲国分僧寺址[24]は昭和三十年に石田茂作氏[25]らによって発掘調査され、金堂・塔・講堂・僧坊や、南門・鐘楼・経楼・石敷道路などの規模が明らかになった。(イ)伽藍の配置が正確にわかったのは稀有である。(ロ)方二町の寺域内にさらに区画された伽藍地とも称すべきものがわかった。宝字三年の国分二寺図は地割図である。(ハ)方二町は条里制にのっていた。国分寺の中軸線をつかむと奈良朝の条里線がつかめる、(ニ)国庁址は三軒家部落（丁ケ坪）と考定できる、ことなどが発掘調査の成果としてとくに強調されている。国分寺研究で問題となる諸点に関し、重要な知見を提供したものといわねばならない。

今回の発掘は伽藍の配置と規模を明らかにするのを第一義とし、基壇周辺の古瓦の採掘や、基壇上の根固石の調査などは次回の細密調査にのこしておられ、第二次調査の実施と成果に期待される。たとえば当国分寺の前身は風土記にみえる山代郷の新造院（〈第1表〉3）にあたるといわれており（前述）、宝字三年国分二寺図に関し寺域内を地割した図と解される石田氏の新解釈は右の旧寺転用とどのようにかみあうであろうか。もっとも風土記にみえる問題の新造院は僧一人と記される厳堂で、規模の大きなものでないらしいから、旧施設を転用して国分寺をつくる場合はその位置が利用された程度で、なんら困難なことではなかったとも考えられようが、そのような簡単なことですまないかも知れないからである。

風土記・続紀・正倉院文書にみえる出雲国分寺に関する記載と、考古学的調査の成果と組みあわせることによって、国分寺の造営の様相が一段と知られるようになることなどが期待されよう。しかも国分二寺図は諸国の国分寺にかかわることである。石田説は国分二寺図に新解釈を出し、また国分寺造営過程で宝字三年の年代が新たな意味をもつようになった。ただ、地割図も、宝字三年以後に造営に着手した国にはスムーズにうけいれられるが、これ以前に着手していた場合（たとえば山城・近江・武蔵）はどうなったかということなどものこされた問題である。

(23) 宝亀四年太政官符　九条家本延喜式裏文書の太政官符に、丹後国の正税一五万束、国分二寺料稲四万束のうち後者の出挙を二、三年のあいだ停止することを許すとみえる。当時の丹後国守は田中王（宝亀二年閏三月国守に任じ、八年二月右大舎人頭となるまで在任）である。宝亀四年には連年の旱害のため、百姓の貧窮・疫気による死者が多く、論定数のとおり窮民に出挙稲を貸すと、未納をふやすようなもので、こげつきがつづく。ところで前国司らは国分寺造営に意を用いず、数年のあいだ造寺料稲を倉庫に積み、三四六、〇〇〇束に達している。造寺料稲の出挙を停止し、いまある稲を造寺に用い、それがなくなったら出挙したい。こういう国守田中王の請いが太政官からみとめられたのである。

前国守を続紀でみると、藤原朝臣武良（宝字三年十一月任）長野連公足（同五年十月任）河内王（同六年正月任）茨田王（同八年十月任）紀朝臣古佐美（神護景雲元年三月任）らである。造寺料稲について、(イ)その出挙は農民の飢死によって停頓している。(ロ)国司が倉庫に積んだままにした三四万束余は八年分以上に相当する、(ハ)その出挙は停止されたが、正税出挙はそうでなく優先されている、ことが知られる。当時の詔勅官符類はしきりに国司の造寺不熱心を責めるが、農民の飢死という壁にあたると倉庫に積まざるをえなかったことが(イ)と(ロ)とからわかる。造寺用に稲を支出することをつづけているが、(ハ)の正税出挙優先は道鏡政権没落後における政府の方針に応ずるとみてよい。

丹後国分寺は[26](12)勝宝八歳幡頒下二六国のなかに記されていた。

(24)宝亀六年八月癸未紀　伊勢・尾張・美濃国の上言に「異常風雨。漂二没百姓三百余人。馬牛千余一。及壊二国分幷諸寺塔十九一」といい、官私の家屋の破壊が多く、使を遣わして諸国百姓の被害を案検させた。陰暦の七―八月は太陽暦の八月―十月にあたり、いわゆる二百十日をふくむ台風シーズンである。[27]右の三国は接近していて、台風通過のさい同じコースにあたるし、被害寺塔一九の数からいっても、三国とも国分寺に損傷があったとみられる。

尾張国分寺[28]はまえに感宝元年と神護景雲元年紀に寄進、神護景雲三年とこの宝亀六年紀に風水害による罹災が記され、続紀にみえる回数がもっとも多く、罹災記事の性質からみて神護景雲から宝亀にかけて寺がそなわっていたらしい。永延二年に国司藤原元命が国分尼寺修理料稲一万八千束や、講読師・僧尼の布施料稲を横領したと郡司・百姓らから訴えられたことは著聞している。ただ国分寺の地は、のちにも鵜沼川（木曾川・広野川）の氾濫のため、しばしば被害をうけ、金光明寺には火災もあり、元慶八年八月二十六日紀に定額願興寺をもってかえられ、奈良時代の尾張僧尼寺の遺跡はわからないことが多くなっている。

美濃国分寺は宝亀元年紀に寄進が記された（前述）。僧寺址[29]は心礎をとどめ、八葉複弁蓮華文軒丸瓦や唐草文軒平瓦など奈良時代のものがかなり出土した。

伊勢国分寺はこの宝亀六年紀以外に国史にあらわれないが、宝亀の記事はやっと文献上の初見とみられよう。寺址[30]は大正十一年史蹟に指定され、いちじるしいのは土壇（講堂かといわれる）と土居で、奈良後期の八葉単弁蓮華文軒丸瓦・唐草文軒平瓦が出土している。美濃と伊勢の国分寺は尾張と同じく宝亀六年罹災記事からだいたいの成立期が推測される。

なお、淡路国分寺に関する説話がこの宝亀六年のこととして日本霊異記[31]にみえ、すなわち紀伊国安諦郡吉備郷の紀臣馬養と、同国海部郡浜中郷の中臣連祖父麿の二人は、同国日高郡の紀朝臣万侶に雇われ、漁業に従事したが、馬養ら二人は六月の暴風雨に会って流され、釈迦牟尼仏を念じていたところ、淡路の南西町野浦に漂着し、祖父麿は殺生の意を悔い、淡路国分寺に留まって僧となり、馬養も発心し、山に入って修業した、と記される。勝宝八歳に幡などが頒下された二六国の国分寺のなかに淡路はみえなかったが、僧寺址[32]に奈良時代の心礎がのこり、奈良朝らしい六葉蓮華文軒丸瓦も発見されたという。

同じく日本霊異記[33]に宝亀七、八年ころの話のなかで肥後国の託磨郡の国分寺僧のことがみえる。肥後国分寺は(12)勝宝八歳幡など頒下をうけた二六カ国の国分寺のなかにあげられていた。託磨郡の国分寺の地[34]には、もと古瓦の濃密な分布がみられ、心礎がのこり、奈良時代の八葉複弁蓮華文軒丸瓦・唐草文軒平瓦も発見された。霊異記の記事は説話であるが、続紀記事や遺跡・遺物をあわせると、淡路や肥後の国分寺の成立時期が暗示されているようである。

(25)宝亀八年七月癸亥紀　但馬国分寺の塔に震す、と記される[35]。当国分寺は(12)勝宝八歳に幡などが頒下された二六国の国分寺のなかにみえ、幡は金堂などで使用されるが、国分寺の堂舎の具体的名称が続紀にあらわれるのは当国分寺だけである。心礎[36]がのこっており、原位置を保つといわれ、昭和八年コンクリートの柵をつくり、保存された。花崗岩、長径七尺七寸、短径五尺四寸、出枘式（径七寸、高さ一寸四分）であり、かつ柱座の造り出しをもつ入念のもので、この式は山城・河内・遠江にみられ、畿内とそれにつながる地域におこなわれ、但馬は畿内文化を受容するに不便でなかった一証となる。

心礎の東北に礎石一個だけがのこるが、これは移動しているかも知れないし、他の十数個が失なわれ、塔の一辺の長さは求められない[37]。塔址以外の主要堂宇の址もわからなくなっており、塔址から正南方六〇〇尺余に字名を大門と称する地が知られる程度であるが、塔址付近から発見された単弁八葉蓮華文軒丸瓦は、無文広縁、無子葉弁で、弁の先はとがり、弁面はなかふくらみをもち、単純・素朴の観を呈して、奈良時代後期のなかでも早いころのものと考えられ[38]、遠江国分寺軒丸瓦[39]と類似し、ただ但馬のは中房がやや大きく、九蓮子をもつが、遠江のは五蓮子である。但馬の軒平瓦の唐草文はS字の不完全な形で、きわめて簡勁であり、周縁に珠文を配するが、瓦の半分以上がかけ、中心模様がわからない。

(26)宝亀十一年十一月十日近江国府牒　近江国分寺僧の最寂の死欠のかわりとして、三津首広野（最澄）を得度させることに関し、国府から国師所に施行せよと伝えたものである（六604）。このときの近江国分寺は瀬田にあった（国府牒の内容については、第三項国分寺の機構、〈国分僧尼〉のところで記述する）。

(27)延暦二年四月二十八日官符　天平十三年二月勅により、国分寺僧の定員が二〇人と定められたのにしたがい、翌十四年五月二十八日の官符で、精進練行・操履の称すべきものを度すけれど、必らず数年のあいだ志性無変をみとどけたうえで入道させよと令した。しかるに国司らは試練を精密にせず、死欠者あるごとにみだりに得度させているのにかんがみ、延暦二年四月二十八日の官符は、国分寺僧の死欠のかわりには、当土の僧のうち法師たるにたえるものをえらび補し、今後は新度をみとめない、ただ尼僧はもとのままとする、と令している。仏教粛正策がとられたわけで、これまで奈良仏教は政治とむすびつき、あるいは政治を左右していたが、政府の対仏教政策は大きく転換し、仏教は政治から規制をうけることになった。

第三期（奈良時代末期）には、国分寺料稲が倉庫に積まれたままで造営が進んでいない国（丹後）、造営進行中らしい国（佐渡・出雲）があるが、法令に金堂や塔が「造畢」「朽損」しているから修理せよといわれるようになっており、これらの語が国司らの造営怠慢をいましめるための誇大表現と考えられないことは、僧尼の供養、寺の資財や奴婢などに言及していて、人的・物的機構がそなわっているようすから知られる。また国分寺の罹災も国史にあらわれる（伊勢・尾張・美濃・但馬）。その間、道鏡政権は国分寺の造営・維持の指導権を国司から国師・寺家に回収する策をとった。豪族による墾田寄進は国分寺のみならず東大寺や西大寺に対してなされ、これは道鏡政権の仏教偏重に迎合するものであった。称徳女帝の寵愛がささえであった道鏡は、女帝の死とともに没落し、光仁・桓武朝は仏教と政治の分離、仏教粛正をはかった。

（1）類聚三代格、国史大系一〇九頁。
（2）国司が国分寺料稲などを横領した著例として、永延二年尾張国郡司百姓等解文に藤原元命の非政三一ヵ条をあげたなかで、国分尼寺修理料稲一万八千束や、講読師・僧尼の布施料稲横領がみえる。
（3）国司が国分寺の破損を放置したようすの例として、九条家本延喜式裏文書にみえる上野国の新任国司良任と前司家業との問答がある。
（4）類聚三代格、国史大系一〇九―一一一頁。
（5）岸俊男「東大寺造営をめぐる政治的情勢」（ヒストリア

一五）

（6）越前国分僧寺址（福井県武生市曙町）については斎藤優「越前国分寺」（角田編『国分寺の研究』下）参照。尼寺に関しては徴すべきものなしとされる。なお、越前国における東大寺の勢力が越前の国衙財政に影響を与え、ひいては越前国分寺の衰退を早からしめたと指摘されたのは興味ふかい。なお勝宝六年閏十月のものとされる検米使解に「国分寺四百六十七斛一升四合」と記され（四30）、解は越前に関し欠公廨米を報告したもので、越前国分寺がここにみえるが、詳細は知りえない。

（7）弥永貞三『奈良時代の貴族と農民』四聚落と耕地（其の二）—越前国足羽郡道守村—参照。

（8）正倉は村尾次郎『律令財政史の研究』第三章正倉管理に詳述される。正倉神火について塩沢君夫「八世紀における土豪と農民」（『古代専制国家の構造』）新野直吉「八世紀における土豪と農民の抵抗についての二、三の要点」（歴史学研究一八九）参照。神火の主体に関し大内田貞郎氏は新野説を批判し（「正倉神火をめぐる一考察」続日本紀研究七の五）、新野氏はそれに答えられた（「正倉神火事件における監主之司と虚納者について」続日本紀研究七の一二）。

（9）説話であるが、東大寺に治田二〇町・稲四千束・牛七〇・馬三〇疋を施入した讃岐国美貴郡大領小屋県主宮手とその妻に関する話が日本霊異記（下の二六）にみえる。

（10）伊予国分僧寺址（今治市桜井町大字国分国分寺）尼寺址（桜井町大字桜井法華寺）については鵜久森経峯「伊予国分寺」（角田編『国分寺の研究』下）参照。

（11）伊予国分寺出土古瓦拓影2（鵜久森「伊予国分寺」第四〇二図、角田編『国分寺の研究』下の一三四五頁）

（12）軒丸・軒平瓦分類表（奈良国立文化財研究所『平城宮発掘調査報告』Ⅱ、別表3）

（13）伊予国分寺出土古瓦拓影1（鵜久森、前掲註11）

（14）唐招提寺の軒丸・軒平瓦（『世界考古学大系』4巻末附表「軒瓦の変遷」）

（15）奈良時代後期の軒瓦（『世界考古学大系』4、前掲註14）

（16）伊予国分寺出土古瓦拓影6・9（鵜久森、前掲註11）

（17）伊予国分寺出土古瓦拓影3（鵜久森、前掲註11）

（18）伊予国分寺出土古瓦拓影7・8（鵜久森、前掲註11）

（19）類聚三代格、国史大系一一〇頁。

（20）紀伊国分僧寺址（和歌山県那賀郡打田町東国分医王寺）に関し、伊藤兄人「紀伊国分寺」（角田編『国分寺の研究』下）参照。尼寺は未詳。僧寺址のうち塔址がのこり、土壇の一部と心礎（出枘式、径）・礎石（一二個。天柱の礎石は欠）がみられ、塔一辺の長さは三〇・五尺と求められ、甲斐（三一・八尺）や播磨（三一・五尺）より小さく、上総・丹波・筑前（三〇尺）よりわずかに大きい。遺瓦の出土区域は明らかでないが、蓮華文軒丸瓦のうち完形のものは、中房が大きく、球状に隆起し、七蓮子をいれ、周囲に珠文一六をめぐらし、東大寺式にいれてよい。唐草文軒平瓦は上縁に珠と横縁に扁平珠文、下縁に鋸歯文をほどこし、興福寺式とみられ、軒丸瓦との対応は明らかでない。

(21) 越後国分寺は⑿勝宝八歳紀にみえ、⒆神護景雲二年紀も関係史料となるが、詳細なことは知りえない。また直江津市五智国分が僧寺址とされるけれど、礎石や瓦などは何らのこらないといわれ、尼寺も未詳（岩城隆利「越後国分寺」角田編『国分寺の研究』下）。

(22) 佐渡国分僧寺に関しまえに今井浤二氏の論考があるが（「佐渡国分寺」角田編『国分寺の研究』下）、宝字八年奉写御執経所請経文をあげておられない。戦後、国分僧寺の考古学的調査が斎藤忠氏らによっておこなわれた（「国分寺実測調査報告」越佐研究五・六、昭和二八年）。

(23) 亀田隆之「広野河事件」（人文論究一二の二）参照。

(24) 出雲国分僧寺址（松江市竹矢町字寺領）尼寺址（竹矢町字寺屋敷）に関する野津左馬之助氏の論考「出雲国分寺」（角田編『国分寺の研究』下）は、詳細な実地調査で、当国分寺研究について基礎的なものであった。

(25) 石田茂作「出雲国分寺の発掘」（考古学雑誌四一の三）

(26) 丹後国分僧寺址（京都府与謝郡府中村大字国分字丸山）については角田文衛「丹後国分寺」（同氏編『国分寺の研究』下）参照。

(27) 台風の災害と対策（延暦年間）については村尾次郎『律令財政史の研究』第二章第五節参照。

(28) 尾張国分僧寺址（愛知県中島郡稲沢町矢合椎ノ木畠）尼址址（稲沢町法華寺）は木城宏「尾張国分寺」（角田編『国分寺の研究』上）参照。

(29) 美濃国分僧寺址（岐阜県不破郡青墓村青野）は林魁一「美濃国分寺」（角田編「国分寺の研究』上）参照。尼寺址は未詳。

(30) 伊勢国分僧寺址（鈴鹿市国分町堂跡）尼寺址（国分町花ノ木か、検討を要す）は佐藤虎雄「伊勢国分寺」（角田編『国分寺の研究』上）参照。

(31) 日本霊異記、下の二五。

(32) 淡路国分僧寺址（兵庫県三原郡三原町笑原国分寺）尼寺址（三原町笑原稲荷社）は兼子俊一「淡路国分寺」（角田編『国分寺の研究』下）参照。

(33) 日本霊異記、下の一九。

(34) 肥後国分僧寺址（熊本市出水町）は坂本経堯「肥後国分寺」（角田編『国分寺の研究』下）参照。尼寺址は不詳。

(35) 震すの意味は①落雷。大宝二年六月甲子紀にも「震ニ海犬養門一」とみえ、宝亀八年紀とともに春の末と夏のはじめで、落雷と解される。震には②地震の意味がある。天平神護二年十二月紀「震大安寺東塔」は冬であるから

②の意で、奇怪な地ひびきのことか。しかし震が建築物と併記されるから①で、季節はずれの落雷か。

(36)　但馬国分僧寺址（兵庫県城崎郡日高町大字国保）尼寺址（日高町大字水上字尼堂、および大字山本字法花寺）は武藤誠「但馬国分寺」（角田編『国分寺の研究』下）参照。

(37)　但馬国分寺址の心礎と、ほかにのこる一個の礎石との心心間は二四尺五寸で、かりに塔一辺の長さ（柱間）を求めると三四尺五寸となり、この三〇尺をこえる例は珍しくないが、礎石の方が移動した疑いがあり（武藤誠、前掲稿）、石田茂作氏の国分寺塔一覧表にも但馬の場合がはぶかれている（『東大寺と国分寺』七六―七七頁）。

(38)　武藤誠「但馬国分寺」第二八〇図（角田編『国分寺の研究』下、一〇三三頁）武藤氏は奈良時代中期といわれる。最近における分類法では、奈良時代を前期と後期にわけている（『世界考古学大系』4、日本Ⅳ「軒瓦の変遷」表）。

(39)　鵜田忠正「遠江国分寺」第七〇図・図版第二六の2（角田編『国分寺の研究』上）、石田茂作『古瓦図鑑』一三三図に示された諸瓦。

三　国分寺の機構

〈伽藍〉　国分寺の造営に国司が農民を動員したようすの詳細なことは知りえないが、地方では主として雑傜の形で労働力が徴発されたと考えられる。徴発には郡司が大きな役割を果したであろう。筑前観世音寺の場合を参照すると、和銅二年二月戊子の詔には「充二駈使丁五十許人一、乃逐二閑月一差二発人夫一専加二検校一、早令二営作一」という方針をとるように令されている。閑月を用いることは軍防令城隍条にも「凡城隍崩頽者。役二兵士一修理。若兵士少者。聴レ役二随近人夫一。遂二閑月一修理」と規定される。しかし国司の農民動員は規定どおりでなく、苛酷なことが多かったであろう。たとえば佐渡国分寺料稲一万束を越後から運漕するのに、人夫の差発が農月にあたったと[19]神護景雲二年巡察使豊野出雲の上申にみえる。国分寺建立勅は寺地に好処を選べといい、人里に近ければ俗臭が寺におよび、人里に遠いさいは衆を労するだけで人の帰集に不便であると述べるが、遠近にかかわらず、造営は衆を労した。国分寺造営を督促する詔がしばしば出されたことは、それだけ農民におもい負担を課したわけで、(7)天平十九年十一月己卯詔は期限つきで造営完了を命じ「限二三年以前一造二塔金堂僧房一悉皆令レ了」といい、工事を強行させ、勇幹な郡司に主当させ、勅にかなう郡司の子孫はながくその職に任ずと述べ、褒賞制は郡司による農民酷使をひきおこしたであろう。(11)勝宝八歳六月壬辰詔も、来年の聖武周忌までに造像を必らず終えよ、仏殿も兼ねてつくりそなえよ、仏像と仏殿をつくり終えた場合は塔を忌日にまにあわせよと令し「夫仏法者以レ慈為レ先。不レ須三因レ此辛二苦百姓一」[1]と国司らをいましめているが、国分寺造営が農民を辛苦させることをさけるのはできない話で、百姓を辛苦させていた現実を詔が語っている。

いうまでもなく、国分寺造営は詔勅や官符によって命ぜられたから、諸国がわの伽藍のつくりかたや、できあがった場合の人的機構に一律共通性があるとともに、諸国の財力、国司・郡司らの関心、官の施入と民間の寄進、技術者や帰化人および特殊産物、政治的・文化的地方差（たとえば、中央と辺境、あるいは蝦夷地と接する陸奥・出羽、新羅に近い山陰道・西海道などの特殊性）などによって、国ごとや地方ごとで伽藍の規模や人的機構に差違や特殊性がみられたはずである。＜第9表＞はそれらの考察のためにいろいろの条件をまとめようとしたものである。

伽藍造営にみられる共通性でまずいちじるしいのは、配置様式に東大寺式が多いことで、ただし国分寺の場合は東大寺式の塔二基を一基にしたものである。相模国分寺が法隆寺式配置をとり、[2]上総国分寺址がいまの地に擬せられるかぎりは二基の塔婆が営まれたと注意されており、[3]これらは注意されるが、特例は少ない。

共通性として重要なのは、石田茂作氏[4]が国分寺伽藍の構成について、計画的で整然とした地割制がほどこされていることを説かれたことである。出雲国分寺址を発掘し、究明した範囲についてみるに、諸堂の大きさや配置は漫然と計画実施されたのでない。諸堂の大きさでは、(1)金堂基壇の間口＝講堂基壇の対角線、(2)金堂基壇の奥行＝塔基壇の対角線（(3)・(4)は省略、井上）というように、長さのひとしい対応があり、配置では、(1)僧坊基壇と講堂基壇との間隔＝僧坊基壇の奥行、(2)講堂基壇と金堂基壇との間隔＝金堂基壇の奥行（(3)～(6)省略）というような一致が注意される。こうした配置は、まず方形の土地を区画し、これを二等分して南北の中軸線をつくり、この中軸線を四等分し、北より講堂・金堂、一つおいて南門を配し、また東西を八等分し、東より二列目に塔を配することによってのみ可能なのであるまいか。この種の地割は、遠江国分寺の場合に周堺の土塁の存することから顕著に知られたが、下野国分寺や東大寺でも察せられ、ひいては他の諸国分寺でも推察せしめる。これを宝字三年紀の国分二寺図頒下と思いあわせるとき一層その感が深い。ただ同じ地割によりながら、遠江国分寺は一〇〇間（六〇〇尺）四方を地割し、出雲国分寺が五〇〇尺四方を地割しているのは、地方経済の状態に応じ、弾力性をもたせたのである。以上が石田説の要点で、国分寺の造営が建築面において計画性に富むことを指摘されたのは重要な意義をもつ。石田氏[5]はこの観点から地割と建築との関係について遠江・駿河・伊豆・陸奥・出雲の国分寺における伽藍構成を分析され、興味ふかい。

つぎに国分寺の造営や伽藍の差異と特殊性について、廃合を経た国の場合がまず目につく。和泉監は天平十二年河内に、安房・能登は十三年それぞれ上総・越中に、佐渡は十五年越後に、同じころ吉野監は大和に併合された。これらの国はのちにもとどおり独立しても、狭小な国である関係から、国分寺造営がおくれ、あるいは造営されても旧寺を転用するとか、また規模の小さい場合が多いのは自然である。和泉（宝字元年独立）は承和六年に安楽寺を国分寺にあてた[6]。佐渡（勝宝四年独立）は最初のころ造寺料稲一万束を越後に仰いでいたが、その金堂は五間四面（間口六一尺、奥行四五尺）で、規模が判明している例（七間四面がふつう）のうち小さい部類にはいる[7]。金堂の最大は武蔵（間口一二一尺二、奥行五八尺）で、武蔵は大国に属する。(8) 延喜主税式の造寺料稲（〈第9表〉）の最高として常陸・近江の六万束があり、つぎが武蔵・下総・上野の五万束、さらにつぎが肥後の四七、八八七束で、以下段々あり、最低は和泉・伊賀・飛驒・能登・淡路の五千束であり、造寺料稲の規定がみえないものに志摩・安房・出羽・壱岐・対馬がある。金堂・塔・講堂の間口と奥行の規模がつねに造寺料稲の多少に比例するわけでないが、なかには佐渡の金堂にみられるように、造営の遅速・仕方・規模が造寺料稲の多少を反映する場合がないとはいえない。

造営に対する国司の関心の差異を示すものとして、丹後の場合が(23)宝亀四年の太政官符にあらわれた（田中王とそれ以前の国司）。しかしそれはたまたまあらわれたものであり、前国司を誹謗する誇張もふくまれ、またその例はほかにもざらにあったであろう。ただ官符は造営の進捗いかんのもとづくところがどこにあるかを示す一例となる。

官の施入をうけた国分寺として、東大寺は別格であるが、前述したように(6)山城と近江の国分寺があげられよう。民間の寄進で、続紀にあらわれない場合もあろうが、あらわれたかぎりでは尾張（二回）・美濃・飛驒・上野（二回）・紀伊・伊予（二回）に寄進がみられ、民間寄進者には郡司がふくまれ（尾張・美濃・飛驒・上野）、郡司の関心をあらわすデーターでもある。東大寺や西大寺に寄進したために国分寺に寄進がみられないというような場合もあったであろうし、ほかに軍粮などの貢献（〈第7表〉）もあったから、国分寺の場合だけをとり出して考えるのに問題もあるけれど、ともかく国分寺への寄進があった国では、造営や施設にちがうところが生じたであろう。

文化普及度が造営にあらわれたものとして、塔の心礎に出枘式のほか柱座の造り出しがみられる山城・河内・遠江・但馬は、畿内とそれに近い地域に属することなどが石田茂作氏によって指摘されている。(9) そのうち山城や河内は帰化人のとくに多い国でもある。飛驒の国は木工の国であり、(10) その技術の高さは国分寺の造営に何らかの形となってはたらいたと思われる。等級の下国や、造寺料稲（最低の五千束）などから簡単に飛驒の場合を割切るわけにいかない点がでてくるであろう。

奈良時代の国や地方ごとの文化普及度が国分寺などの寺院造営にいかにあらわれているかについては、石田茂作氏[11]がいろいろの面から論じ、すぐれた見解を展開されているので、それにゆずる。諸国の特殊産物も国分寺造営の資材に用いられることもあったと想像される。蝦夷地に近い陸奥や出羽、新羅と一衣帯水をへだてた山陰道・西海道などの国分寺の任務に何らかの特色がみられたであろう。それらの問題を考えるために〈第9表〉にあげたいろいろの条件を綜合することはなお今後の課題とし、つぎの問題にうつり、仏像・経典・僧尼（国師・国分僧尼）の順に気づいたことを記していこう。

天平九年国分寺創建詔で諸国に造像を令した本尊と経典は釈迦三尊像と大般若経であり、天平十三年国分二寺建立勅でおもきをおかれたのが金字最勝王経であり、釈迦像が本尊となるが、奈良時代に国分寺安置のためつくられた釈迦像でのこっているものはない（前述）。後世につくられた像で、いま国分寺につたわる本尊には、釈迦・薬師・阿弥陀・五智如来などがみられるが[12]、釈迦像のなかには、後世作のものであるけれど、国分寺当初の本尊が釈迦である仕来りによったものがあろう。なお薬師像がかなり多くみられるが、それには後世における民間信仰から本尊に安置されるようになった場合もあろうが、薬師信仰は仏教伝来以来からすでにみられたし、また国分寺の造営過程で薬師像の造顕が諸国に命ぜられたこともあった。天平十七年九月甲戌紀に、京師と諸国に令し、高さ六尺三寸の薬師仏像七軀・大般若経百部・薬師経七巻を造写させ、聖武天皇不予の回復を祈らせたことがみられ、後世安置の本尊とはいえ薬師がかなりみられることと関係がある。源豊宗氏(13)はこれについて、新薬師寺（奈良）の造営は右の令によるものであること、国分寺建立を思うにまかせぬ地方の財政として、すでに釈迦像をつくった国は別として、なお未着手のところはこの新しい指令の薬師造像を実行することによってまえの釈迦造顕詔実行にまにあわせたであろうこと、当時、釈迦像と薬師像とは差異をもたなかったから、薬師像に薬壺をもたせることは必然でなく、釈迦を薬師として礼拝することもありえたこと、などを述べられた。源氏の説かれたところは、国分寺本尊の造像のさいかなりみられたことであろう。

国分寺でおもんじられた経典は、大般若経・最勝王経・法華経である。大般若経に関し、天平十六年三月丁丑紀に、金光明寺のそれを紫香楽宮に運び、朱雀門で雑楽が奏され、官人は礼拝し、宮中の大安殿に安置し、僧二〇〇人をして転読させた、と記される。金光明寺は大和のそれをさし(14)、当時は恭仁京が都であったけれど、離宮の紫香楽宮では十五年十月に大仏造営詔が出され、大仏造営がはじめられており、紫香楽は宗教的中心地であるような時期にあたっていたので、護国経典の大般若経を大和金光明寺から運ばせたと考えられ、経の迎えられるときの記載からみて、この大般若経に対するあつかいは異常なものであったといえよう。天平十七年九月に諸国をして大般若経百部を書写させたのは、諸国で実行されたかどうかは別問題として、大般若経は天平九年すでに命じた経であり、また十七年に書写を令した部数は百部とあり、これもこの経に対する信仰のようすを示している。

金字最勝王経は天平二十年十月写経所で書写を終わっているが（前述）、その遺例として備後国分僧寺の塔に安置されていたものにあたるといわれるのが西国寺（尾道市久保町）の紫紙金字最勝王経である。正倉院御物には最勝王経帙がみられ、帙銘の「依天平十四年歳在壬午春二月十四日勅」「天下諸国毎塔安置金字金光明最勝王経」の前者について問題があり、角田文衛氏[15]は、天平十三年よりへだたった年に帙がつくられたので十三年を十四年に誤ったものといわれた（前述）。最近、石田茂作氏[16]は、勅は金字経書写の勅で、帙銘は帙製作の年時を示すとみれば、帙と銘を国分寺造営の詔勅にむすびつけなくともよいとされる。

しかし金字最勝王経書写が天平二十年であることを考えると、帙だけがさきに六年も早くつくられていたことになるがいかがであろうか。経がつくられたのちに、帙ができるのが順当であるまいか。このように考えてよいならば、帙は天平十四年よりのちに（たとえば天平二十年ころ、またはそれ以後）つくられた可能性が濃くなる。角田氏が帙作製を勝宝以降とされたのは、(12)勝宝八歳幡頒下や、(13)宝字三年国分二寺図頒下の記載などを重視されたからであろう。帙製作は天平二十年よりのちであるらしいとすると、結果的に角田説とあうわけで、また天平十三年よりかなりあとで帙がつくられたから、十三年を十四年に誤ったという角田説に有利となる。

金字最勝王経が塔に安置された具体的なようすはわからない。もと塔には舎利が安置され、檫の上部におく場合と、心礎表面の舎利孔にいれる方法とがとられたが、国分寺心礎の遺例には、経典をおさめる孔をそなえるものがない。だからといって檫の上部は、最勝王経一〇巻の分量からみて、安置できるとは思えない[17]。最勝王経安置には右以外の方法（たとえば塔内に壇をしつらえるなど）がとられたであろう。

〈国師〉　国分寺の機構をみるに、まず国師からみていく。国師は初期には国衙を居処としたらしいが、国分寺の造営や統轄の任をおびるようになり、のち国分寺にいたと考えられる。

大宝二年二月丁巳紀に「任二諸国国師一」と記され、このとき設置された。この年十月大宝律令が施行されており、国師設置は中央政府の地方支配確立の一環をなすもので、地方仏教の管轄と指導にあたらせるためであった[18]。

国師任命の手続について、(イ)治部省や僧綱が中央で適任者を任命し、地方に派遣したのか、(ロ)国司が部内の僧から適任者をえらんだのか、二つの場合が考えられるが、(イ)が原則であり、のち例外として(ロ)の方法もとられた。[19] 理由としてつぎのことをあげうる。延暦二年十月庚戌紀・同二十三年正月丁亥紀によれば、治部省と僧綱が国師（延暦十四年八月十三日官符で講師と改称）の任命をあつかっている。延暦二十四年十二月二十五日の官符[20]に、僧綱が講師をえらび「申レ官経レ奏」ること前符（延暦十四年八月十三日）のごとしとある。勝宝四年閏三月八日の官符[21]に「国師赴任之日。受二得官符一」、また延暦三年五月辛未朔の勅に「比年国師遷替。一同二俗官一。送レ故迎レ新。殊多二労擾一」とみえることや、国師が講師と改称されたのちであるが、延暦二十三年正月丁亥の勅に、講師の姧濫などは僧綱による簡択のよくないところにもとづくといましめていること、などが参照される。日本霊異記[22]によれば、大安寺の僧戒明が宝亀七、八年ころ筑紫国府の大国師であったが、これは国師が中央諸大寺の僧からえらばれたことを示す。

天平十年度周防国正税帳に、筑紫国師算泰を下伝使と記し（二134）、同年度駿河国正税帳に、下総・常陸等の国師賢了を記し（二108）、いずれも通過のさい食料を与えられており、宝亀元年五月乙丑紀に、国師が駅馬を用いて朝集するのを許されていることなどは、国師が都と任地のあいだを往復したのみならず、もともと中央で任命・派遣されたものであったからである。

国師（講師）に任ぜられる資格は、延暦三年五月辛未朔の勅に、有智有行で、衆のために推仰されるものとし、同十四年八月十三日官符[23]で、国師を講師に改称したさい、講説にたえることに重点をおき、同二十四年十二月二十五日官符[24]では、浅学年少が戒律未練と違犯のもとであるのにかんがみ、四五歳以上で、心行の定まれるものを補すことにした。

国師の居処は勝宝元年大宰府牒案・宝亀三年出雲国員外掾大宅船人牒・宝亀十一年近江国府牒などに「国師所」「国師務所」と記される（二十四603、六389 604）。国分寺建立の以前は国衙、建立以後は国分寺に国師の居処がおかれたであろう。

国師の員数は、もと毎国一人を原則としたらしい。例外として、前掲駿河帳の賢了は下総と常陸の国師を兼ねており、このように二ヵ国について一人の場合もあった。[25] 九州の国師の場合に、算泰が周防国正税帳に筑紫国師と記され（二134）、筑前とか筑後とか記されないのは、(イ)九州全体を管轄する国師であり、そのため九州各国にはおかれず、したがって筑紫の国師は彼ひとりでなく、複数であったかも知れない、(ロ)大宰府の所在する筑前の特殊性から筑紫の国師とよばれた、という二つの解釈ができよう。しかし和銅二年六月癸丑の勅は、大宰率以下、品官にいたるまで事力を半減することを令し、薩摩国と多褹島との国司・国師には減ずる例にあらず、といっているから、薩摩と多褹の国師が任ぜられたことが示され、また九州ではそれ以外の国・嶋にも国師がいたかも知れない。斉衡二年十一月九日の官符[26]は対馬嶋講師をおくべきことについて「右得二大宰府解一偁。嶋司解偁。検二案内一大宰府去天平勝宝七年十二月二十日符偁。依二民部省去十月十六日符一。停二止大隅。薩摩。対馬。壱岐。多褹等国嶋講師一。自レ尓以降経二百余歳一。徒有二嶋分寺一」と記しているから、勝宝七年に大隅・薩摩・対馬・壱岐・多褹に講師がいたことになる。勝宝七年当時には国師とあるべきであって、講師は延暦十四年改称後の名称であるが、斉衡二年当時の名に書きかえられたと考えられる。右の和銅二年勅と勝宝七年民部省符によれば、九州の国師はほぼ各国と嶋におかれたことが知られ、(イ)の解釈はとれない。宝亀七、八年ころ大安寺僧の戒明が筑紫国府の大国師であったと日本霊異記に記され、霊異記の性質から名称が厳密でないようにもみえるけれど、そういう書きかたでよいことは、周防国正税帳に筑紫国師と記されるのと同じ書きかたであり、それが(ロ)の意味であるところから知られよう。なお筑前の大宰府が天平十二年九月癸丑紀に筑紫府、同十五年十二月辛卯紀に筑紫鎮西府と記され、筑前の観世音寺が同十七年十一月乙卯紀に筑紫観世音寺と記されることが参照される。

国師の員数は宝亀元年より増加され、国ごとに四人か三人となったが、延暦二年十月庚戌紀によれば、治部省は、員数増加はよくないとし、承前の例により大国・上国に各大国師一人・少国師一人をおき、中国・下国に各国師一人をおくことを奏し、許された。すでに天平神護元年四月二十八日の因幡国師の牒状に大国師玄蔵が署名し[27](五527)、宝亀三年九月二十三日出雲国師牒状に大国師慈瓊・少国師賢亮の署名があり(六398)、宝亀七・八年ころ大安寺僧戒明は筑紫国府の大国師に任じられており、大・少国師は延暦二年以前からおかれていた。延暦二年治部省奏言に承前の例というのは、延暦二年からさかのぼり天平神護ころにもいたる意味であることは天平神護の例から知られ、大国師が天平神護ころあったとすれば、少国師もおかれており、毎国一人以上の場合もあったわけである。その員数が宝亀元年よりさらに毎国四人か三人に増加されたのは[28]、道鏡政権によって増員されたのであろう。延暦二年の処置は、国師の大・少をそのままとし、大国・上国の場合は二人ということにしたが、道鏡のときの毎国四人か三人にくらべて員数を減じたのである。

ついで延暦十四年八月十三日の官符により、国師を講師と改称したとき[29]、毎国一人とし、講説にたえ、衆のために推譲されるものを任じた。

国師の職掌は、名称が国司と共通する点をもつところから察せられるように、国司が俗界の統轄者であるのに対し、国師は宗教界の指導を職掌とし、僧尼の統轄にたずさわった。たとえば延暦三年五月辛未朔紀の勅は、国師が教導につとめるように令しているが、同十四年八月十三日の官符で、国師を講師と改称したのは、これまで他事にも関与したのを改め、もっぱら講説にあたらせるためであった。天平十年度駿河国正税帳によれば、国師の明諭は部内を巡行し(二109)、延暦二十四年十二月二十五日の官符は、講師(国師の改称)が講席に倦み、誨導にたえないことをいましめ、「本欲㆓人能弘㆒道教以利㆑民也」と述べている。しかし「部内巡行」や「利民」といっても、国師(講師)の教導や講説の対象がおもに一般僧尼であったことは、延暦十六年八月甲子の勅に[30]、講師たるゆえんは「教㆓導緇徒㆒」にあるとし、造寺をのぞき、寺内の庶務と、僧尼の糺正を講師にまかすと令し、国師の後身講師の任務が延暦二十三年正月丁亥勅に「化導釈侶」と記されることなどで知られる。

僧尼統轄では、宝亀十一年十一月十日の近江国府の牒が、最澄を得度させるように国師所に通告し(六604)、延暦二年正月近江国大国師・大安寺伝燈師位行表が最澄の得度の師主となり、最澄受戒の申請書を僧綱に送り、受戒終了のとき僧綱より牒をうけとり、国司が管理する名薄に記入している[31](平八3188)。なお優婆塞を貢進したのは国師にかぎらず、諸大寺の僧や政府の官人のほか、民間人も貢進したが、尾張国の国師鏡忍が勝宝二年に貢進しているのは、地位と職掌の関係から貢進に便宜が多かったからである。宝亀元年七月乙亥紀に、称徳天皇の病があらたまったとき、勅して京内大小寺と天下諸寺で七日のあいだ大般若経を転読し、疫気と変異の消除を祈らせ、転読にしたがった僧尼の数と巻数を国司と国師に検校させたこともある。

宝亀十一年正月丙戌の詔は、諸国の国師、諸寺の鎮三綱、および復講をうけるものが、請託をこととし、罪福をかえりみないのをいましめ、護国の正法を修し、もって転禍の勝縁をひろめよと令しており、僧尼を護国に奉仕させるのは律令国家の基本方針であった。

国師は寺院の資財などの検校にもたずさわり、たとえば霊亀二年五月庚寅の詔は、(イ)「諸国寺家。多不レ如レ法。或草堂始闢。争ニ求額題一。幢幡僅施。即訴ニ田畝一。或房舎不レ脩。馬牛群聚。門庭荒廃。荊棘弥生」という弊にかんがみ、数寺を併合するため、国司から国師・衆僧・檀越らに「条ニ録部内寺家一。可下合ニ幷財物一附レ使奏聞上」するように告げさせ、詔はまた(ロ)「諸国寺家。堂塔雖レ成。僧尼莫レ住。礼仏無レ聞。檀越子孫。惣ニ摂田畝一。専養ニ妻子一。不レ供ニ衆僧一。因作ニ諍訟一。諠ニ擾国郡一」という状態に対し、檀越らの専制を封ずるため、寺家の財物と田園について国師・衆僧および国司・檀越らに「相対検校。分明案記。充用之日。共判出付」するように命じている。(イ)では、少なくとも国師は国司から指示をうける立場にあったこと、また寺家の財物合併などは国師をしてあつかわせたことが知られるけれど、(ロ)のように財物と田園の検校やその充用監査になると国司が関与しており、檀越の専制を抑止するには国師だけでは無力であったらしいことが知られる。勝宝四年閏三月八日の官符[32]は、国師が赴任のさい官符をうけるのに、その解任のとき国司が状することがないのは理にあわないので、新旧国師交替のさい、国師が諸寺の資財を計会し、損益を知り、国司とともに帳三通をつくり、僧綱・三綱・国司に各一通ずつ申送することに定めた。国師の交替がきびしくあつかわれるようになったが、これは四月の東大寺大仏開眼会をひかえ、仏教優越の時期を反映し、国師の地位と責任がおもきを加えたとみられる[33]。

国師の待遇として、事力を与えられ、従者[34]をつれることができた。和銅二年六月癸丑勅には、大宰率以下品官にいたるまで事力を半減し、例外として薩摩・多禰の両国司、および国師僧らの事力を減じない、とみえる。従者は、下総と常陸国の国師賢了が三口（二108）、駿河国の国師明諭が沙弥一・童子一口（二109）、筑紫の国司算泰が僧二・沙弥二・童子三口をしたがえている（二134）。宝亀元年五月、朝集に駅馬使用を許したのは、道鏡政権による僧侶優遇政策の一環である。

国師の任期は、延暦三年五月辛未朔の勅で、これ以前「比年国師遷替。一同二俗官一」であったのを「其秩満之期。六年為レ限」ときめられた。のち延暦十四年八月十三日の官符により、講師と改称し、講説に専心させたとき、永任としたが、講師のなかには、これに安住し、講席に倦み、ただ老死を期すものが生じ、加えて諸寺の三綱らは講師の管理から離れ、伽藍を検掌する国司に媚びて国庁に趨走したので、延暦二十四年十二月二十五日の官符は、僧綱の求めにより、大智をえらんで講師に、少識を読師に任じ、秩限を六年に改めた。なおこのとき戒律未練者の任用を防ぐため、四五歳以上で、心行不易のものを補すことにし、僧綱が才をえらび、太政官に申して奏聞を経ること延暦十四年八月十三日の官符のとおりとし、衒売や俗挙を封じ、国司とともに部内諸寺を検校し、講師の独断をいましめた。

国師の交替は延暦三年五月に六年一替とされたが、解由を責めることにした時期は延暦十四年以前であることは、十四年八月十三日の官符に「如聞。諸国々師任限二六年一。兼預二他事一煩以二解由一」というところから知られる。しかしそれがいつからはじまったか明らかでない。右の官符は、延暦三年五月辛未朔の勅が、国師の「秩満之期。六年為レ限」と定めたのをうけて国師の「任限二六年一」といっていると考えられるが、延暦三年の勅は国師の交替について任期を定めながら、解由について述べていないから、解由のはじまりは延暦三年以後、同十四年以前であろう。国司の交替と解由を監察する勘解由使は延暦十六年九月に任命され、国司の解由はそれ以前からおこなわれていたが、国師の解由も桓武朝における地方政治振粛の一環として実施されたと考えられる。

〈国分僧尼〉　国分僧尼の資格・任務・定員に関し、天平十三年二寺建立勅に、僧寺二〇人・尼寺一〇人はともに教戒をうけるべきで、毎月八日最勝王経を転読し、月のなかばには戒羯磨を誦し、欠員のさい必らず補満せよ、と令している。これよりさき天平六年十一月二十日の官符は、得度を求める貢挙には、法華経か最勝王経を諳誦し、礼仏作法ができ、浄行三年以上を積んでいなければならないとしたが、これは国分寺僧尼の資格にも適用されたにちがいない。天平十四年五月二十八日の官符(36)は国分僧尼の得度について、精進練行で操履の称すべきものがあっても、必らず数年のあいだその志性無変なることを見とどけたのちに入道させよと国司に令している。国分寺僧の得度の手続が国司や国師の管轄のもとにあったことは、宝亀十一年十一月十日の近江国府牒(国師所あて)によって知られる(六604)。すなわち近江国は国分寺僧最寂死欠のかわりとして、三津首広野(最澄)を得度させるべきものとしてあげ、太政官に申告した。太政官は十月五日に得度の実施を治部省に令し、治部省は十月十日それを近江国府に伝え、国府はさらに十一月十日国師所に対し、施行せよと伝えている。最澄はこのとき一五歳で、読習の経論などとして法華経・最勝王経・薬師経・金剛般若経・方広経開題(具唱礼)・金蔵論我慢章・三宝論・俗典二巻が記される(六604)。

右の国府牒に法華経と最勝王経が記されるのは、一般に優婆塞夷貢進解(37)(天平四―十七年、三七通、三八人、〈第8表〉)に通じてみられるところである。国府牒の薬師経も優婆塞貢進解で最勝王経・法華経についで多く読誦されていた。国府牒の浄行三年は天平六年制に合う。

右の優婆塞貢進解は国分僧尼たるを望む人のものでないが、国分僧尼関係の史料が少ないので参照し、一般的傾向をみておくと(〈第8表〉優婆塞貢進解)、出身地は京の一六人がもっとも多く、河内の五人、大和の四人、美濃の三人、山城・尾張の二人がそれにつぐ。畿内とその周辺のものが特権者の僧尼になる便宜をもっていたことや、文化普及の程度を示すといえよう。年齢分布では、二人以上は一五歳・二八歳・三〇歳・三九歳にあるが、一六歳と一八歳の四

<第8表>　優婆塞貢進解（天平 4～17年）

出身地	人数	%
京	16人	42.1%
山城国	2	5.3
大和国	4	10.5
河内国	5	13.2
尾張国	2	5.3
上総国	1	2.6
美濃国	3	7.9
因幡国	1	2.6
出雲国	1	2.6
備前国	1	2.6
不　明	2	5.3
計	38	100.0

年令	人数	%	年令	人数	%
13才	1人	2.6%	25才	1人	2.6%
15	2	5.3	27	1	2.6
16	4	10.5	28	2	5.3
17	2	5.3	29	1	2.6
18	4	10.5	30	2	5.3
19	3	7.9	36	1	2.6
20	1	2.6	39	2	5.3
21	1	2.6	40	1	2.6
22	1	2.6	46	1	2.6
23	1	2.6	48	1	2.6
24	1	2.6	不明	4	10.8
			計	38	100.0

浄行	人数	年数	人数
4年	1人	9年	1人
5	2	10	2
6	2	12	1
7	1	14	1
8	4	15	1
		計	16

人、一九歳の三人が目だち、一五歳から一九歳までの分布が濃い。養老元年五月丙辰詔は、百姓の流浪・課役忌避・資人化・得度などの傾向を禁圧し、令文に、僧尼は一六歳以下の庸調不輸者を童子となしうるけれど、国郡の許可が必要で、かつ少丁以上を童子となしえない、とあるのをひき、いましめている。天平三年八月癸未詔は、行基に随逐する優婆塞夷らのうち、法のごとくに修行するもので、六一歳以上の男と、五五歳以上の女に入道を許した。僧尼令と天平三年詔で男の一七歳と六一歳が問題になっているのは、中男と正丁の出家を抑制するためであるこというまでもない。優婆塞貢進解の年齢で一七歳前後のものの出家希望者が多いのは、中男に達すると負担が重くなるので、それを逃れようとした傾向を示すとみられる。

天平十七年のものから優婆塞貢進解の記載が簡単になり、読誦経典や浄行年数は記されず、労役にしたがったことや、官人・僧侶と関係をもつことなどによって出家を希望するにいたる。これは東大寺の造営を中心とする造寺造仏の盛行にともなうものであること冗言を要しない。これ以前の〈第8表〉ではともかく浄行が四年以上のものから一五年のものまであった。天平十七年ころまでは出家希望のためにはそれくらいのまじめさがみられたわけである。一七年から記載が簡単になった優婆塞貢進解では、被貢進者のうちには、尾張倉人古弟麻呂（寧中520）、尾張の長谷部千松（寧中525）のように年齢一〇歳のものがあらわれる。

僧尼の増大と質の低下傾向は東大寺造営以後とはかぎらない。国分寺建立勅に示された寺と僧尼の数について、延暦僧録は全国数を僧尼寺六二区・一二四所、度僧一、二四〇人、度尼六二〇人とみており、もっとも造寺がすぐ進捗したのでないから、右の数はたてまえとしてのものであるが、国分寺設置によって僧尼の数の増加されねばならなかったことはもちろんである。竹内理三氏(38)は聖武朝の得度一七回の表をかかげ、得度者一万五千余人と見こんでおられ、うち度者数の最高は天平一七年九月聖武不予による三、八〇〇人、二位は神亀二年九月攘災のための三、〇〇〇人で、三位が天平十三年国分寺の一、二四〇人である。いずれもそのとおりの得度者ができたかどうかは別問題であるが、造寺造仏の盛行と得度者の増大が僧尼の質の低下をまねいたことは改めていうまでもない。天平十九年正月癸卯の制(39)では、諸国の沙弥尼らの受戒は当国ごとにおこなわせ、入京する必要なしとしたのは、受戒希望の沙弥尼らがふえ、都でそれをさばくのがわずらわしいほどになったからである。

国分僧尼の得度に関し、天平十四年五月二十八日の官符は、精進練行で操履の称すべきものがあっても、必らず数年のあいだその志性無変なることを見とどけたうえで入道させよと令した。国分寺僧となるのを望む優婆塞貢進解として天平十四年十一月十七日大和国添上郡郡司優婆塞貢進解がある（二318 319）。被貢進者は鏡作首縄麻呂（一三歳、黒田郷戸主正八位下大市首益山戸口）他田臣族前人（一六歳、同郷戸主鏡作連浄麻呂戸口）、貢進者は大領大養徳連友足・権少領室原造具足で、貢進文に「被国今月十五日午時符云、為国分寺僧尼応定、宜知此意、簡取部内清信廉行、堪為僧尼之人貢挙者、謹依符旨、簡誠《(試)》部内之人、且貢進、謹解」といっており、右の十一月十五日符はほかにみえないものであるが、解は国分僧尼貢挙の一例を示している。天平十四年ころは、読誦経典や浄行年数を貢進解に記すことがなおこなわれていたのにくらべ、右の添上郡司の貢進解はそれを記さない。同じ十四年十二月十三日高橋虫麻呂の貢進解は被貢進者秦調日佐酒人の読誦経典を記さないが、浄行を記している。添上郡司の貢進解における記載が簡単なのは、記載省略かも知れないけれど、あるいは国分僧尼の設置に乗じ、読誦や浄行を積んでいないものまで貢進する傾向の類であるまいか。ただ被貢進者の鏡作首縄麻呂と他田臣族前人が望みどおり国分寺僧となったかどうかはまた別問題である。

素質の低いものを貢進するのは、貢進者が一族のものなどを課役免除の僧たらしめようとするからであるが、国司の恣意や怠慢も原因であった。国分寺僧資格者の厳選を令した天平十四年五月二十八日の官符（前述）は守られず、国司はくわしく試練せずに、国分僧死欠ごとにみだりに得度させたので、延暦二年四月二十八日の官符[40]は、国分僧死欠のさい、当土の僧のうち法師となるにたえるものを選び補し、それにはまず欠状を上申し、報を待って得度を施行し、新度をおこなわない、ただし尼は旧来どおり、と令している。のち弘仁四年二月三日の官符は、僧尼の死亡と還俗の場合、その度縁と戒牒を早く治部省に進め、省は年終に太政官に申し、破棄させることにしたが、諸国は僧尼の死欠を補充することを請うさい、死欠者の度縁を進めないので、承和十年六月四日の官符は、国分僧尼死欠を補すには、死欠者の度縁を進め、しかるのち新しく補すものを定め、違反者を違勅罪に処すことにした。しかし国司だけに得度制のみだれの責任があるわけでなく、僧尼も原因をつくっていた。すなわち度縁戒牒をもったまま他国に遊行し、または紛失と称するので、僧尼死亡後にさがし求めることができないので、佐渡国は解をたてまつり、国司の任符に准じ、度縁戒牒を国庫にながく蔵し、僧尼死欠による補替のさい、太政官に進めたいと請い、承和十一年十一月十五日の官符[41]は佐渡国の請いを許している。

なお、延暦二年四月二十八日の官符（前述）ののち、京諸寺の僧で地方（国分寺）在住心願者を選び補充することにしたところ、これらの僧は当土（地方）本寺（国分寺）を去ることに心をかたむけ、都の師主にしたがうのを喜び、地方国分寺に永住することを願うものは少ないので、弘仁十二年十二月二十六日の官符により、当国百姓の六〇歳以上で心行すでに定まり、始終かわることのないものを得度させることにした。ところがその結果は、国分寺僧が老いぼれてから入道したものであるため、勤労修行するのにいかようもできず、梵唄・散花・用音のことでも会集者に笑われるありさまであるので、天長五年二月二十八日の官符は[42]、筑紫観世音寺講師光豊と大宰府の申し出をみとめ、二五歳以上のもの五人を寺ごとに得度させ、才行を選び、偽乱を糺正し、死欠ある場合に相続のため得度させることになった（以上はおもに国分僧について述べた。尼寺や尼僧に関する史料は少ない[43]。これまでに論及したところにとどめ、つぎに国分寺の機能をみよう）。

〈国分寺の機能〉　国分寺は天平九年創建詔・十三年二寺建立勅にもとづき、律令国家の護持を祈る官寺で、国分寺において読誦される大般若経や最勝王経は護国経典としておもんじられた（前述）。とくに最勝王経は四天王による鎮護国家が説かれているからであるが、この経は則天武后の勅により、義浄が久視元年から西明寺で翻訳をはじめ、道慈入唐の翌長安三年に訳し終わったもので、この勅訳事情も光明皇后につよく影響したとみられよう。天平九年十月丙寅の大極殿における道慈による最勝王経講説は「朝廷之儀一同二元日一」といわれ、神護景雲元年正月に十四日の間、諸大寺の大法師らを請じて最勝王経を講読させたことなどがのちの宮中御斎会成立の基礎となった。神護景雲三年五月丙申・十月乙未朔の宣命にまで最勝王経の利益が述べられるにいたった。御斎会講師をつとめることは僧にとってもっとも大役とされた。いっぽう、地方国分僧寺の塔に金字最勝王経を安置し、毎月の八日に最勝王経を読誦することを国分僧尼に必須の業としたのは、中央での最勝王経講説に対応し、宗教面での中央集権体制樹立と地方掌握の意味をもっていたといえよう。(44)

国分寺での護国法会として、毎月八日の最勝王経読誦（修正会）のほかに行事が増加され、安居会は宝字元年まではおこなわれていた。四月十五日より五月二日まで最勝王経を講じ、修行し、護国のために誓念する法会で、これも延喜式にみえるおもい行事である。(45)

宝字三年六月丙辰、百官と師位僧らの意見封事のうち、参議文室真人智努と少僧都慈訓らが正月に悔過をおこなうことを上奏し、神護景雲元年正月己未の勅により、諸国分金光明寺において吉祥天悔過の法を修し、天下太平・風雨順時・五穀成熟・兆民快楽を祈らせた。宝亀三年十一月丙戌詔は、風雨不調・頻年飢荒の禍を救うため冥助をたのみ、諸国分寺で毎年正月に七日間の吉祥悔過をおこなうことを令し、恒例とされ、延喜玄蕃寮式吉祥条はこうして成立した。(46)

そのほか宝字二年七月戊戌の勅により、朝廷安寧・天下太平ならしめるため、国別に金剛般若経三〇巻を写し、国分僧寺に二〇巻、尼寺に一〇巻をおき、最勝王経と並んで読ませ、宝亀三年八月甲子、風雨不調による飢荒つづきの災を除くため、宮中や京師の大小諸寺および諸国分金光明寺で仁王会を設けさせている。

天皇や皇后らの病気回復祈願、七七斎、周忌斎会も国分寺でおこなわれ、例をあげるまでもないが、とくに本願聖武天皇と光明皇后の崩御のさい、国分寺造営の未完の国には聖武の周忌までに本尊や仏堂をつくり終えよと督励し、光明の七七斎の日にあたり、阿弥陀浄土画像と称讃浄土経の造写・礼拝供養を諸国金光明寺に令した。このような追善は、国分寺の先蹤となった唐の竜興寺での国忌に相当する行事である。

国分寺で祈られたのは、護国、災害・飢饉・疫病などの除去、聖体安穏と追善などのためであり、これらは平安時代にもひきつがれていく。が、国分寺創建の動機は鎮災致福の希求のほか、新羅国を調伏することにもあり、平安時代にも国分僧をして新羅撃攘祈願をおこなわせているのがみえる(前述)。敵国降伏祈願は、仏教が政治に奉仕し、もっとも尖鋭化した姿であるといえよう。

日本霊異記(47)は舎利菩薩に関する話をのせている。肥後国八代郡豊服郷の未成育児は長じ、奇形の身体であった。この女子は優婆夷となり、法華経や八十華厳経を読み、人を教化し、世間から猿聖(さるひじり)とよばれた。託磨郡にある国分寺の僧と豊前国宇佐郡矢羽田(八幡)大神(宮)寺の僧とは、右の優婆夷をきらい、外道とののしったが、その罰で死んだ。平城大安寺の僧戒明は筑紫国府の大国師に任ぜられ、宝亀七、八年ころ肥前国佐賀郡大領佐賀君児公の設ける安居会に招かれ、八十華厳経を講じた。ときに奇形の優婆夷が聴衆にまじっていたので、戒明が叱ると、優婆夷は、大慈の仏は一切の衆生に平等に正教を流布したはず、と抗議した。戒明はかえす言葉をみつけることができなかった、と。これは、編者景戒の一流の主張をもった説話であるが、国分寺僧や国師と民衆仏教との関係をかりに示すものとして考えてみよう。国分寺僧が優婆夷をきらい、ののしったのは、官僧意識のいたすところであろう。国師戒明は民間の聴衆に講説をしているが、これは郡司の私請に応じた出張と思われ、国師が民間伝道にしたがった例とはいえないと思われる。正税帳に国司と国師の部内巡行がみえ、国司の「巡行部内教導百姓」(二78 79 92)と記されるのは主として納税心得に関する教導で、国師のは釈侶教導である。ただ右の霊異記にみられる国師と郡司との交渉は、官の仏教がわずかに民間に浸透する糸口となったであろう。

（1）　橘奈良麻呂が勅使に「造二東大寺一。人民苦辛。氏々人等。亦是為レ憂」と答えたなかでも造寺が農民の辛苦といわれている（宝字元年七月庚戌紀）。

（2）　相模国分寺伽藍（廻廊内の西に塔、東に金堂）の法隆寺式配置は特異とされるが、国府津に近い千代廃寺を国分寺とする説がある（石田茂作『東大寺と国分寺』一〇二頁）。

（3）　太田静六「国分寺塔婆の一考察」（考古学雑誌二九の九・一〇）。太田氏の論考は、山城・武蔵・上総・上野・下野の六国分寺塔の建築学的考察である。全国の十分の一にもおよばないから、一般について云々できないがとことわったうえで実測数値を詳細にかかげ、(イ)一辺の長さはだいたい三一〜三六尺で、ふつう現存の五重塔より大きい（現存五重塔での最大の東寺塔さえ三一尺）。(ロ)七層が原則だが（武蔵国分寺塔焼亡記事）、なかには丹後のように平面が小規模の例外はある。法隆寺・法起寺の初層は高麗尺の一八尺だが、五層と三層であるから、平面の大きさだけで層の数はきまらない。室生寺塔は八尺だが五層である。ゆえに国分寺塔にも小規模な三〇尺くらいの七層もあった。とくに三四尺をこえると、武蔵に徴して七層とみてよい。(ハ)山城は両脇間で七寸、中間で六寸の端数があるが、全長ではちょうど二尺で完数となる。(ニ)一基が原則だが、例外として上総の二基がある。太田氏の論考は、国分寺塔の建築学的実測調査として草わけの意義をもち（昭和一四年）、塔の規模について注意すべき多くの点を指摘している。塔だけでもふつうの五重塔より大きい国分寺の造営には、より多くの労力と資財が投入されたことが考えられるわけである。

（4）　石田茂作「出雲国分寺の発掘」（考古学雑誌四一の三）。ただ伽藍配置図・地割図いずれにせよ、①宝字三年までに造営に着手していなかった国の場合は問題がなく、②またすでに造営に着手し、国分二寺図にしたがわないで工事を進める場合も同じく問題がないけれど、③造営途中で国分二寺図にしたがうことになった場合や、④旧施設を用いて造営しようとする場合に国分二寺図にしたがうには、微妙なことになってくる。出雲国分寺の前身は意宇郡山代郷の新造院（〈第1表〉の3）といわれ、旧施設を利用したと推定されているが、その場合、国分二寺図適用について、野津左馬之助氏は、新造院を転用した金堂はそのままとし、それ以外の塔や坊舎が増築された、と推考している（「出雲国分寺」角田編『国分寺の研究』

下)。野津氏の推考はもちろん一つの考えかたであり、旧施設の新造院の規模がそのまま転用できるほどのものであったかどうか、断言できないであろうが、伽藍配置図や地割図の頒下は③と④の場合に問題になる。

(5) 石田茂作『東大寺と国分寺』第四章5・6国分寺伽藍の分析。

(6) 和泉は承和六年安楽寺を、加賀は承和八年勝興寺を国分寺とし、はじめて設置されたもので、加賀は和泉に准じ、講師一口・国分寺僧一〇口をおき、僧は便に越前の国分寺僧二〇口からさいておくことにした。奈良時代にも国によって規定どおりの僧尼の数でない場合もあったろう。能登は天平十三年越中に合併され、宝字元年分立した。承和十年定額大興寺を国分寺とし、それ以前は国分寺を欠いていた。

(7) 佐渡国分寺に関し、まえに今井浤二「佐渡国分寺」の論考があったが(角田編『国分寺の研究』下)、戦後に斎藤忠氏が調査し、金堂・塔・中門・南大門・廻廊の規模を明らかにされた(『国分寺実測調査報告』越佐研究五・六、昭和二八年)。

(8) 国の等級は、郡や郷の数できめられるのでなく、正税や公廨、国師と国司の員数などが基準となりえた(内藤康夫「奈良時代の国の等級と国司制度」続日本紀研究五の二)。山田英雄は国の等級と国司の官制とが必らずしも一致しないことなどを説き、内藤説の一部を批判された(「国の等級についての内藤氏の論をよんで」続日本紀研究五の四)。

(9) 石田茂作「奈良時代の文化圏に就いて」(『奈良時代文化雑攷』)、『東大寺と国分寺』一九八頁。

(10) 遠藤元男「飛驒工について」(日本歴史一三四)

(11) 石田茂作「奈良時代の文化圏に就いて」「出土品より見た奈良時代の文化」(『奈良時代文化雑攷』)。続紀にあらわれた特産物の増加は、竹内理三氏『奈良朝時代に於ける寺院経済の研究』にまとめられている(一八頁)。なおそれには正倉院文書にあらわれたものを加えることができる。＜第9表＞参照。

(12) 国分寺址や国分寺の後身と称する寺などにまつられる本尊には、薬師像がもっとも多く釈迦像は少ない。

(13) 源豊宗「佐渡国分寺薬師像に就いて」(角田編『国分寺の研究』下)

(14) 堀池春峰「東大寺の占地と大和国法華寺に就いての一試論」(続日本紀研究四の二・三)

(15) 角田文衛「国分寺の設置」(同氏編『国分寺の研究』上)参照。

(16) 石田茂作『東大寺と国分寺』一五頁。

(17) 貞観三年八月十六日紀によれば、諸国をして梵本仏頂尊陀羅尼を写させ、国内諸寺の塔に安置するのに心柱をのみでうがち、そのなかにおさめさせ、当日は国司に清食させ、国分寺では講読師をして諸尊に焼香散花供養するように令している。檫の上部や心礎以外に経を安置する具体例として注意される。

(18) 国師の設置事情について、佐久間竜氏はつぎのように述べられた。大宝令で地方仏教の統制は国司の権限下におかれたけれど、国司は僧尼の名籍管理などの一般的統轄にたずさわったので、具体的な仏教施策や僧界内部の指導監督などを円滑におこなうものとして国師を任ずることが必要であり、その設置は僧綱によって建策された。度牒・戒牒、官僧になる手続など、僧尼統轄上に重要な具体的規定などを欠いていることも、それらを円滑におこなうために国師設置を必要とした（「国師について」続日本紀研究一二三）と。

(19) 国師が講師に改称されたのちのことであるが、承和十一年四月壬戌紀が参照される。そのころ大隅・薩摩・壱岐に講師・読師がなかった。大宰府の請により、これ以後、部内僧で精進練行・智徳有聞者を補すことにした（類聚三代格、承和十一年四月十日官符にもみえる、国史大系一二九頁）。

(20) 類聚三代格、国史大系一二五―一二六頁。

(21) 同右、国史大系一〇九頁。

(22) 日本霊異記、下の一九。

(23) 類聚三代格、延暦二十四年十二月二十五日官符所引、国史大系一二五頁。

(24) 類聚三代格（前掲、註20）

(25) 国師が講師と改称されたのちであるが、講師も二カ国一人の場合があったことも参照される。たとえば和泉・安房・能登の諸寺検校は、それぞれ河内・上総・越中の講師によって兼ねられた（類聚国史、巻百八十、弘仁三年五月乙酉条）。

(26) 類聚三代格、国史大系一三〇頁。

(27) 宝字六年の造石山院所解および解案の法備国師までは国師とだけみえるが（五 345 349、十六 204 227 242）、天平神護元年因幡国師牒に大国師玄蔵がみえるので（五 527）、宝字六年と天平神護元年のあいだに国師の大少の区別が定められたらしい、といわれる（山田英雄「国の等級についての内藤氏の論をよんで」前掲、註8）。

(28) 佐久間竜氏は、宝亀元年の国師増員について、これは延暦元年正月の最澄度縁にみえる中国師がおかれたことに相当する、といわれるが（「国師について」前掲、註1）、増員の事情は道鏡政権による僧侶勢力拡張にあるといえよう。

(29) 延暦十四年国師を講師と改め「専任講説。不預他事」としたが、これと別にすでに講師が(イ)正倉院文書、(ロ)続紀、(ハ)類聚三代格、(ニ)万葉集などにみえる。たとえば正倉院文書では、天平十一年度伊豆国正税帳（二 194）のほか、

勝宝三年東寺大修多羅衆幷律衆布施法定文案（十一569 570、572—586、588 589）、写書布施勘定帳（十二52、54—58）、東大寺倶舎衆牒（十二179）、同年類収倶舎宗写書布施勘定帳（十二148—159）、勝宝四年東大寺牒（十二332）、勝宝五年仁王経散帳（十二427 428）、勝宝七歳外島院一切経散帳（十三128—131）、写経所請経注文（十三151）、宝字六年造石山寺所雑物用帳（十五327 328）、造石山寺雑様手実帳（十五363）、造石山寺所雑材幷檜皮及和炭用帳（十五370）、造石山寺所下銭帳（十五459）、葺工力部広麻呂等解（五215）、宝字八年奉写経所本経論奉請幷借充帳（十六434）、宝亀二年華厳経講師等交名案幷僧護勝状案（十八392）などにみえる。続紀勝宝八歳十二月己酉勅には東大寺などの諸大寺に梵網経を講ぜしめ、講師六十二人と記す。勝宝七歳十二月二十日官符に「停二止大隅。薩摩。対馬。壱岐。多禰等国嶋講師一」と記され（斉衡二年十一月九日官符所引、類聚三代格、国史大系一三〇頁）、万葉集に講師僧恵行とある（一九—四二〇五）。

しかし、(イ)のうち伊豆帳の講師は天平十一年三月二十四日の官符によって臨時的に最勝王経を講義する任にあたった僧をさし、それ以外の正倉院文書にみえる講師はだいたい東大寺関係の僧で華厳経などの特定の経典を講じる任をもつものであり、(ロ)続紀の梵網経講師も臨時のもの、(ニ)万葉集の越中の講師も臨時に何らかの経典講義に関係をもったものであろう。したがって、これらは大宝二年諸国ごとに地方仏教の指導監督の任をもって設置された国師、およびその改称された講師とは職掌・任期などの点で別個のものである。(ハ)勝宝七歳官符の講師は国師とあるべきところを、斉衡二年当時の名に書きかえられたものである（本文で既述）。

（30）類従国史巻第一八六、国史大系三〇〇頁。

（31）国師の補任の手続については、講師（国師の改称）補任に関し、玄蕃寮と僧綱とが十月一日に簡定して治部省に牒送し、さらに太政官に送り、奏聞を経て、明年二月以前に任符を下すという延喜玄蕃寮式の規定が参照される。

また承和四年十一月二十六日、講読師をえらぶのに、必らずしもその人を得ていないのにかんがみ、僧綱に仰せて必らず尽署させ、じゅうぶんに意をつくさせたのも、僧綱が選定に参与した伝統による（斉衡二年八月二十三日官符、国史大系二一七頁）。

貞観十六年四月十五日官符は、外国（畿外）僧が廻心受戒するとき、講読師や国司に請うて牒式を明らかにし、言上したうえで登壇させよと令している（類聚三代格、国史大系八四頁）。講師の前身である国師も授戒実施に関与したであろうことを推測させる。

（32）類聚三代格（前掲、註21）。国師が講師と改称された延暦十四年よりもさらにのちのことであるが、昌泰元年十二月九日の官符に、吉祥悔過を国司に専当させ、僚下の講読師をひきいて至誠をつくせと令しており、講読師ははっきり国司の支配下にある。このような場合にくらべると、勝宝四年のさいは国師（講師の前身）が国司と並ぶ地位にある。

(33) 宝亀三年九月二十三日出雲国国師牒によれば、出雲国員外掾正七位上大宅朝臣船人がこの八月大和国添上郡春日郷の家地五段（檜皮葺板敷屋一間、草葺東屋一間、檜皮葺倉一宇、草葺倉一宇）を東大寺大仏殿通物料に寄進したのを、国師が大安寺入位僧延雲に便付し、東大寺三綱務所に報告している（六397）。宝字二年十二月二十一日、筑前国早良郡額田郷の三家連豊継が奴婢五人を観世音寺に進めたときの解案に「国師使僧在判」とあるのも（十四271 273）、国師やその使僧が寄進などにも関与したことを示す。

(34) 越中の国師の従者として清見がみえる（万葉集十八―四〇七〇）。天平二十一年国師の上京にさいし、国守大伴家持は饗宴を設け、郡司以下子弟諸人が会飲し、家持は歌をつくり、酒を清見にすすめた。ほかに家持の二首がある（四〇七一・四〇七二）。

(35) 天平二十一年二月二十五日市原王状に「国師御馬速去、知寺官、東門令奉入」と記され（二十四563）、意味は明らかでないが、国師が馬を与えられていたことがわかる。

(36) 類聚三代格、国史大系一一二頁。

(37) 竹内理三編『寧楽遺文』中巻（五〇八―五三一頁）に収められた優婆塞貢進解のうち、ともかく読誦経典の記される左の三八人の貢進解をさす。秦公豊足・鴨県主黒人・葛井連広往・石上部忍山・溝辺浄土・小治田朝臣於比売・柿本臣大足・秦大蔵連喜達・小治田朝臣・童子少広・県犬養宿禰大岡・槻本連堅満侶・曾禰造牛養・（物）部人足・大原史長額・船連次麻呂・星川五百村・辛国連猪甘・秦三田次・日置部君稲持・荒田井直族子麻呂・八戸史族大国・漆部連豊島・宗我部人足・*難万君・*辛国連人成（*この二人は人名・年齢・労年に抹消の傍書があるけれど、読誦経典が記されるので、統計にいれた）・秦人乙麻呂・丹波史年足・坂本君沙弥麻呂・寺史妋麿・丹比連大蔵・秦伎美麻呂・六人部馬養・石上部君嶋君・百済連弟麻呂・丹破（波）吏（史）橋女・錦織連吉足、以上である。天平四年から十七年までのものと、年代欠もふくまれる。これらは国分僧尼たるを望む優婆塞であると記されないが、国分僧尼関係の貢進解が少ないので参照に用いる。被貢進者の出身地・年令などの分布をみるのに三七通（三八人）では史料が少ないかも知れないが、まえにもことわったように、読誦経典までそろって記される解をえらんだしだいである。天平十七年から記載が簡単になる貢進解にあらわれた出身地と年齢で一七歳の九人がきわだって目につくのも、〈第8表〉で一七歳前後の密度が濃いことに相応じる。

得度制度に関する戦後の研究としては、佐久間竜「官僧について」上・下（続日本紀研究三の三・四）・堀池春峰「優婆塞貢進と出家人試所」（日本歴史一一四）が注意される。

(38) 聖武朝における度者は、竹内理三氏の表のほかに、天平十三年十二月七七三人（行表の度縁）、十九年正月十四日難波宮中臣六千五百六十三人例得度の記載（寧下522）がある（家永三郎「飛鳥寧楽朝に於ける仏教興隆運動」同氏『上代仏教思想史研究』）。

(39) 天平十年度筑後国正税帳に、得度して還帰する多禰島僧二軀がみえる。天平十九年制以前であるから、入京して受戒した。

(40) 類聚三代格、国史大系一一二頁。

(41) 類聚三代格、国史大系一一四―一一五頁。

(42) 類聚三代格、国史大系一一四頁。

(43) 寺址では、国分尼寺の未詳が多く、諸説がまつわる場合も少なくない。石田茂作氏は尼寺の調査の必要を強調されている。たとえば甲州寺本廃寺について、石田氏は国分尼寺でなく、日下部連を背景とする奈良朝以前の寺であるとされた（「甲州寺本廃寺の発掘」考古学雑誌三六の三）。

(44) 国分寺創建以前のことであるが、天平六年出雲国計会帳には、仏事関係のものとして、太政官下符に応説最勝王経状・応講読最勝王経状、弁官解文に僧尼帳・寺財物帳・斎会帳・放生帳などがみえ（一588 591 598）、詳細な指令と報告が太政官と国衙との間にとりかわされており、宗教面での中央集権体制を示す例といえよう。

(45) 天平十四年七月十四日の太政官符には、四月三日の皇后令旨により大和金光明寺（金鐘寺）では、八箇寺の例にならって安居をおこなわせ、恒例とせよ、とみえる（東大寺要録巻七）。この官符によれば、国分寺のうち、大和では安居がこのときから営まれたことが知られる。

(46) 国分寺の修正会・安居会・吉祥悔過のみならず、奈良朝の諸法会と延喜治部省式・玄蕃寮式の規定との関係については、宮城栄昌『延喜式の研究』（論述篇・史料篇）参照。

(47) 日本霊異記、下の一九。

<第9表>　国分寺料稲と寄進

等級	国名	正税・公廨・雑稲の和	雑稲	国分寺料	国分寺料/雑稲	国分寺へ寄進		東・西大寺へ寄進	軍粮など貢献	金堂	塔	産物
						官	民間					
		束	束	束	%					尺	尺	
上	山城	424,069	124,069	15,000	12.0	(6)			(58)(59)		32.8	
大	大和	554,600	154,600	10,000	6.4							
大	河内	400,940	201,986	10,000	4.9			①				
下	和泉	227,500	67,500	5,000	7.4							
上	摂津	480,000	110,000	15,000	13.6				㉒			
下	伊賀	317,000	47,000	5,000	10.6							
大	伊勢	726,000	126,000	40,000	31.7				㉖			朱沙・硫黄・白鑞・水銀
下	志摩	2,200	—	—	—							
上	尾張	472,000	72,000	20,000	27.7		⑩㉑		(52)			
上	参河	477,000	77,000	20,000	25.9							
上	遠江	774,260	214,260	30,000	14.0						32.0	
上	駿河	642,534	162,534	20,000	12.3					100×56		金
下	伊豆	179,000	49,000	10,000	20.4						35.4	
上	甲斐	531,800	51,800	20,000	38.6				(52)	87×44	31.8	
上	相模	868,120	268,120	40,000	14.9				(52)	113×54.6	35.1	
大	武蔵	1,113,750	313,750	50,000	15.9			㉔		121.2×58	33.0	銅
中	安房	322,000	22,000	—	—							
大	上総	1,027,000	227,000	40,000	17.6						30.0	
大	下総	1,071,000	271,000	50,000	18.4				㊾(53)			
大	常陸	1,846,000	846,000	60,000	7.0				①㉕㊿			
大	近江	1,207,376	407,376	60,000	14.7	(6)		⑳	(52)(63)			朱沙白礬石・金青・鉄・慈石
上	美濃	880,000	280,000	40,000	14.2		㉕		㊴			青礬石
下	飛騨	106,000	26,000	5,000	19.2		⑫					礬石
上	信濃	895,000	195,000	40,000	20.5							
大	上野	886,935	286,935	50,000	17.4		⑨⑬			80.3×45.2	35.4	
上	下野	874,000	274,000	40,000	14.5				(54)		36.0	
大	陸奥	1,592,715	186,000	40,000	26.8				(55)(68)	81×44	33.0	金
上	出羽	823,392	133,392	—	—				㊼			
中	若狭	241,000	61,000	10,000	16.3							礬石
大	越前	1,028,000	228,000	30,000	13.1				㊽			
上	加賀	686,000	86,000	20,000	23.2							
中	能登	386,000	86,000	5,000	5.8							
上	越中	840,433	240,433	30,000	20.5			②⑰				
上	越後	833,455	173,455	20,000	11.5	幡			(52)			
中	佐渡	171,500	53,500	10,000	18.6					61×45	32.0	
上	丹波	664,000	384,000	40,000	10.4	幡					30.0	錫

中	丹後	431,800	91,800	20,000	21.7	幡						
上	但馬	740,000	60,000	20,000	33.3	幡			⑥⓪			
上	因幡	710,878	110,878	30,000	27.0	幡			㉓			銅
上	伯耆	655,000	155,000	30,000	19.3	幡						
上	出雲	695,000	135,000	40,000	29.6	幡				92×51	32.0	黄樊石
中	石見	391,000	81,000	20,000	24.6	幡						
下	隠岐	70,000	10,000	5,000	50.0							
大	播磨	881,000	441,000	40,000	9.0				㊿⑥⑦⑥⑨		31.5	
上	美作	764,000	164.000	40,000	24.3	幡			㊸			
上	備前	956,640	194,340	40,000	20.5	幡						朱沙
上	備中	743,000	143,000	30,000	20.9	幡				53.2×43.2		
上	備後	625,000	145,000	20,000	13.7	幡						
上	安芸	632,000	173,200	30,000	17.3	幡					29.4	金青・緑青
上	周防	560,000	140,000	20,000	14.2	幡			㊺			銅
中	長門	361,000	141,000	10,000	7.0	幡			㉗			金青・緑青
上	紀伊	470,816	120,816	20,000	16.5	幡	㉒		⑲⑳		30.5	
下	淡路	126,800	46,800	5,000	10.6							
上	阿波	506,500	106.500	14,000	13.1	幡						
上	讃岐	884,500	184,500	40,000	21.6	幡			⑱	93.1×47.04	34.0	
上	伊予	810,000	210,000	40,000	19.0	幡	⑪⑯		㉔㉘㉜		32.0	鑞・朱沙
中	土佐	528,688	128 688	10,000	7.7	幡		㉓				
上	筑前	790,063	390,063	32,293	8.2						30.0	
上	筑後	623,581	223,581	13,394	5.9	幡						
上	肥前	692,589	192,589	33,394	17.3	幡						
大	肥後	1579,117	77,927	47,887	61.4	幡						
上	豊前	609,828	209,828	14,274	6.7	幡						
上	豊後	743,842	343,842	20.000	5.8	幡					36.0	真朱
中	日向	373,101	73,101	10,000	13.6	幡						朱沙
中	大隅	242,040	71,000	20,000	28.1							
中	薩摩	242,500	70,000	20,000	28.5							
下	壱岐	90,000	25,000	—	—							
下	対馬	3,920	—	—	—							金
	多褹	—	—	—	—							

〔註〕〔1〕国分寺への寄進欄，官⑹は第五章第二節の項目番号。幡は⑿勝宝八歳施入。民間寄進の①②③以下は<第6表>での番号。東大寺・西大寺への寄進も同じ。軍粮など貢献の欄の番号は<第7表>での番号。〔2〕金堂は間口×奥行，塔は一辺の長さを示し，石田茂作・太田静六氏らの論著による。〔3〕産物は竹内理三氏『奈良朝時代に於ける寺院経済の研究』による。造寺盛況の一因として鉱産増加（続紀和銅1年まで）をあげられた。特産の有無は国分寺造営の地域差と無関係でなかろう。続紀和銅以後・正倉院文書・霊異記などによれば（書紀もあわせると）山城水精（晶），河内朱沙，伊賀雲母，駿河金，上野沙金，美作鉄，紀伊・伊予・対馬の銀……というようになおあげられる。

第六章　写経事業の展開

第一節　東大寺写経所の推移

一　写経所の活動

天平十九年九月二十九日から金鐘寺（金光明寺）で大仏鋳造が始まり、やがて東大寺の名称がこの年十二月十五日の「東大寺写経所解」にみえ（九632）、翌二十年七月から九月の間に造東大寺司が成立すると、東大寺写経所は造東大寺司の機構の一部にくみいれられた。[1]光明皇后による写経事業の創始からこの天平二十年までを写経所経営の第一期として区切ることができよう。第一期における大部の経典書写として、(a)天平八年九月二十九日から始められた光明皇后願経五月一日経の書写が筆頭であり[2]（勝宝八歳九月ないし十二月までかかった）、ほかに、(b)大官一切経（天平十五年四月一日→二十年）、(c)後一切経（更写一切経、天平十八年正月二十四日→勝宝元年）、(d)二十部六十華厳経（天平十九年十月六日→勝宝元年）、(e)千部法華経（天平二十年正月十一日→勝宝三年六月）や、千手経千巻（天平十五年十月八日）・最勝王経百部千巻（天平二十年四月二十日）の書写などがみられる。

福山敏男氏(3)は、五月一日経の書写開始の天平八年九月二十九日より十四年十一月三十日までを段階づけ、写経の場所と書写量の進行を提示し（前掲〈第5表〉）、これは五月一日経に関する研究に先鞭をつけたものである。

五月一日経の現存するものは約一千巻といわれ、その八割に近い七五〇巻が正倉院聖語蔵に伝わり、他は巷間に伝存する。堀池春峰(4)・皆川完一(5)・松本包夫氏(6)らは、これら現存経巻の実態と識語などを、この経の書写に関する正倉院文書と対照することにより、写経事業の具体的様相を克明に分析した。

堀池氏の研究は、五月一日経のうちの瑜伽師地論一部一〇〇巻の書写をめぐり、正倉院聖語蔵・東大寺図書館本識語を中心とし、正倉院文書を対照させて考察したものである。瑜伽師地論は、聖護蔵に伝わる八〇巻をはじめ、所在の知られるものが計八六巻にのぼり、巻末端裏に経師・校生の識語の存するもの二七巻がのこり、識語を正倉院文書における経師・校生の手実と対比すれば、書写の進行状況が知られる。経の巻末は楕円形に切断されているため、識語の全文をうかがえないが、経師は用紙数と自己の姓名を記し、校生は校合月日と姓名を書き、二校までおこない、誤字を抽出したこともみえ、これらは経師・校生の書写・校合の責任を明らかにするもので、布施算定の基礎とされた。右の諸点は五月一日経の全部に通じると推定される。

瑜伽師地論の(a)書写については、①天平十一年十月から十二年二月末までの間に写され、②一帙一〇巻ずつを経師の安曇広万呂ら一〇人に割当て、経師のうちには一〇巻を写すのに巻数の順序によらないものもいた、③書写は東院写一切経所でおこなわれ、進行中に経堂の拡張がなされた、④福寿寺のための大般若経六〇〇巻が並行して写され、⑤天平十一年十月の従事者は三九人（経師二〇、校生六、装潢四、供養所舎人三、女竪一、婢一、火頭四）であり、瑜伽師地論は経師全員の半数の一〇人で写され、⑥表紙をのぞき、本文書写の用紙は二一四五枚である。

(b)校正には、①校生の丹比道足ら八人が従事し、漢浄万呂・忍坂成麿は経師兼校生であり、②勘出誤字は、現存五月一日経では、往々にして界線上方の空間に白書で記される、③一校のさいよりも、二校のときに誤落が多く発見されている、④一帙書写ごとに校正したのでなく、一巻書写ごとにばらばらと校正しているのは、一巻の分量に多寡があり、写経師のスピード能力に遅速の差があるためで、また一切経書写という大事業の性質から、一帙書写をまって校正する余裕がなく、さらに校正は経師に比して経験が必要であるのに、人材がえられず、少人数で急がねばならなかったことなどによる、⑤天平十一年末か十二年正月ごろに、五月一日をもって発願期日と定められたらしいが、校正の労を少なくし、誤落を防ぐため、十二年二月十九日の宣で「自今以後、一字落、若三字落誤、割紙百枚」という指令が三月四日に出され、写経のスピードに比例し、誤落の多くなることが知られる、⑥天平十一年内に二校を完了した巻もあるが、全体の二校が終わったのは十二年三月五・六日ごろらしい。以上が堀池氏の論考の要点で、現存経の識語と正倉院文書を対照し、書写や校正の具体的様相を克明に分析されたところに意義の深いものがある。

皆川氏の研究は、(a)基礎作業として五月一日経書写に関する正倉院文書を整理し、籍帳類[7]がいかなる順序で利用されたかを究明したのをはじめ、断簡を正しく配列・接合させ、写経関係文書が写経所台帳記載のどれにあたるかを指摘し、切断部分の文字を注意深く読みとり、「紙背文書」と「裏文書」という語の乱用されているのをいましめ、大日本古文書編者による不手ぎわ（脱漏、誤写、題名の誤り、断簡の配列や接続の誤り、文書が実際には切断されている断簡を一紙のようにあつかっている誤りなど）を是正した。

(b)五月一日経の書写状況は、①天平八年九月二十八日に始められ、十二年四月上番でいちおう中断、②同年五月九日から七月二十七日までの間に願文が書かれた、③十三年閏三月十一日経の書写が再開され、願文の書写も続行された、④十四年十一月まで願文が書かれた、⑤同年十二月十三日までに経四五六一巻を写し終わり（開元釈教録による五〇四八巻の約九割）、一二一合の櫃にいれられたが、これ以上の写経の底本を求めることが困難となる、[8]⑥十五年五月一日釈教録にない章疏にまで範囲をひろげ、書写を始め、⑦底本の入手に苦しみながら、勝宝八歳九月ないし十二月まで続行し、総巻数は約七〇〇〇巻と推定される、という。

(c)願文の意味について、①五月一日経の書写が天平十二年四月下番から十三年閏三月十一日まで中断され（ただし願文の一回目書写は写経中断期間中の十二年五月九日から七月二十七日まで）、その事情として、天平十二年四月がせっぱつまった情勢であったとは、続日本紀によるかぎり考えられない、この辺に続日本紀に見えないかくれた事情が伏在するのかも知れないが、願文にはそれほど切実なひびきはないようであり、いまのところその理由は何とも不可解である、願文も、恐らくこの写経の停止にもとづいてつけられたと思われるから、したがってその日附の意味も不明ということになる、[9]②願文日付天平十二年五月一日に関し、通説では、母三千代七周忌供養のため発願とするが、右の日は三千代の薨日とくいちがい、当時、三周忌およびそれ以上の年回はおこなわれておらず、周忌がはてのわざであったから、通説は誤りである、と述べた。[10]最近における正倉院文書の研究では、裏文書（第一次文書）と表文書（第二次文書）との関係まで論ぜられ、皆川氏はさらにそれを深め、文書の整理・配列・接合・復原を徹底させ、その基礎作業のうえに立ち、大部な五月一日経の書写状況をうきぼりにし、その考察は写経所研究の雄篇である。

松本包夫氏の考察は、聖語蔵の五月一日経の識語や筆風と、正倉院文書（主として経生・校生の手実）の記録や筆跡を対照することによって、この一切経の各経巻別の筆者と書写年代や、校生と校合年代、および付随的事項を考究した。筆蹟の明らかとなった経生は四三人、筆者の明らかとなった経巻は四七項二七六巻で、書写年代が右の事項とあわせて明らかになったものは、天平九年またはそれ以前が三巻、天平十一年代が八三巻、天平十二年代が四三巻、天平十三年代が七一巻、天平十六年代が一五巻であり、ほかに天平十一、十二年にまたがるもの若干がある。これらの例では、古文書中に組織的報告や手実が整然と残る中間期のものが大部分を占めるが、注意されるのは、古文書中に記録を欠く天平九年代またはそれ以前らしい初期のもの（八四項）が見出されたことである。なお同一の一切経でありながら、後期にいたり造巻形式のちがうという珍しい例もある、といわれる。

堀池・皆川・松本氏らがおこなわれたような考察は、写経所研究の今後のあるべき方法を示すとともに、正倉院文書の研究にも新生面をひらいたものである。[11]

写経所の経営の第二期は、天平二十年造東大寺司の機構にくみいれられたときから、宝字八年藤原仲麻呂没落までとすることができる。東大寺写経所では前身の金光明寺写経所の官人や経師らがひきついで写経に従事した。福山敏男氏[12]が注意されたように、東大寺写経所は東大寺に所属したのでなく、造東大寺司に属し、写経所解などには造東大寺司の官人らの署名がみられ、写経所は正しくは造東大寺写経所（十三147）造東大寺司写経所（十四220）造東寺司写経所（十四280 408）と記される。

東大寺写経所は総称であり、その全体または一部が写経の種類などによってよばれることがあり、宝字二年に写千巻経所（十三242）、宝字四年に奉写忌日御斎会一切経所（十五63）・東寺写称讃浄土経所（十四411）、宝字六年に奉写灌頂経所（十六26）・奉写大般若経所（十六112）などがみられる。第二期における大部の経典書写で、しかもスピードのすみやかであったのは、奉写忌日御斎会一切経所による坤宮官御願一切経の書写で、宝字四年正月十一日光明皇太后の令旨により、藤原仲麻呂の宣で書写が令され、光明は同年六月乙丑七日に崩じたが、書写は続行され、その完成に努力を払ったのは、光明の権力と結びついていた仲麻呂である。写経所の第二期は、光明が写経事業の中心的存在であった点に第一期と共通性をもつが、写経所が造東大寺司の機構の一部となったこと、坤宮一切経のように大部の経典書写に仲麻呂が深く関与したことなどで第一期と区別できよう。

㈠　奉写忌日御斎会一切経所（宝字四年正月―五年六月）

坤宮官御願一切経は、最初一切経一部三四三三巻の書写を目標としたが（十四308 365 366）、光明の崩御により、周忌斎会に供することに変更された。それにともない書写巻数が改められ、この年七―八月ころのものと推定される奉写忌日御斎会一切経所解案は、右の一切経書写計画が更新拡張されたさいの見積書である。

一〇一五部五二七一巻四九九帙（甄経五一一六巻・注経一五五巻）

大乗経四八九部二二七七巻二〇帙

律二六部五四巻五帙

論九四部五七九巻五四帙

小乗経一八四部五六五巻四八帙

律五四部四四六巻四五帙

論三〇部七〇〇巻七七帙

賢聖集伝七五部四六九巻五四帙

別生経六三部一八一巻一六帙

これを写すのに用紙一一二五〇三張（うち正用経紙九九一二〇張、表紙二六三六張、破料五〇〇〇張）をあて、経師一四〇人・校生二〇人・装潢一〇人・雑使一二人・膳部四人・駈使丁三五人を動員し、総人員二二一人、期間一〇一日、単功一七九〇〇人をもって完了する計画で（十五63―69）、経師一人一日七張書写とすれば、一四〇人による一ヵ月書写量は二九四〇〇張に達する。

この書写の進行状況は、宝字四年十二月三十日までに五三七二巻（うち一〇一巻追加）のうち見写三八七三巻、未写一四九九巻であるが（四490―493）、予定が変更されたらしく(13)、二月九日までに五二五八巻のうち見写四七二八巻、未写五三〇巻と注され（十五11―14）、二月末ころに書写が完成に近づいたらしく、これまで写経所が他の官司から召していた舎人や仕丁らを返上している（十五30 31 36 37）。

ところが三月二十二日にいたり、一〇七巻の書写が追加され（大乗経二六巻・大乗論一巻・小乗経一巻・小乗論四七巻・賢聖集一〇巻・別生経九巻・目録外経一二巻）、この追加分は勝宝六年入唐廻使が将来し、内堂に献ぜられたもので「並是旧元来无本」と記され（十五42―46）、追加は一切経書写に完璧を期すためであった。

一〇七巻追加のほかに、少々の予定変更もあり、翌四月末のものと推定される奉写一切経所解案には、完成した一切経書写の布施を請求し、奉写五三三〇巻、題師三人、経師一三〇人、校生二二人（員内一四人、員外八人）装潢一〇人（員内八人、員外二人）で、全員の名前と布施額が知られ、見写紙九六三三三張（四八〇二張注、九一五三一張麁）、校紙一九二六六六張（校二度）、装潢九八九九八張（九六三三三張見写紙、二六六五張褾紙）題経五三三〇巻、布施総額布二九四一端三丈一尺と注される（十五103―119）。

この坤宮一切経の書写が急スピードでおこなわれたことを語るものは、(イ)宝字四年九月二十七日奉写一切経所経師等召文で、経師二四人と装潢二人を召し「事有期限」と記し、願経書写を翌五年六月の周忌まで間にあわさなければならないといっている。経師の(a)秦豊穂ら一二人は「帙了、請仮（暇、下同じ）並限日」、(b)安宿大広ら一〇人は「請仮過限」、(c)高市老人は「請得浄衣、偽病未参」、刑部真綱は「従今月廿一日无故不上」、装潢の能登忍人は「請得浄衣、久過限日」、石田嶋足は「請仮過限」であった。これらを召すのに坤宮官今良の上津嶋を遣わし「其都中人等、宜充食、其都外人等、宜充食馬、今以状、牒示」とみえ、召文にいう都中人には官人が多く、都外人には里人が多いと考えられ、都外人には食事のほか馬まで与えて召集している。召文の異筆書込みとして(b)念林老人には「辰時受」、飛鳥種万呂には「卯時」、(c)高市老人には「受巳時」と記されるのは、この三人が右のそれぞれの時刻に召集をうけたことを意味し、召集されたがわの老人らが召文に書いたか、召集して廻った上津嶋が書いたか、いずれかであるが、「受」とあるから、召集されたものが書いたのであろう（十四444 445）。

(ロ)宝字五年正月十二日（一通）と同十五日（二通）装束忌日御斎会司牒案は文部省あてに坤宮官舎人他田毛人、左大舎人物部塩浪、散位河内造浄成・城上連神徳・次田連広名・丸部毛人・大宅立足、左大舎人大隅忌寸公足、右大舎人田辺史岡万呂、文部書生若倭部国桙らが写経のため列見に参ることができない旨を牒し、期限つきで写経が急がれている（十五3、56）。

(ハ)宝字五年二月二十二日奉写一切経所解案は借米二〇斛を請い「右、得装束忌日　御斎会司今月廿日口宣偁、頃者用米繁多、上件米充用不足、宜便借用寺家米、其代者、後当報送者、今依宣状、所請如件、以解」といい、用米繁多は写経関係従事者の増加のためである（十五28）。

(ニ)経師の宿所などの増築も短期間に大量の経典を写すためである。東塔所解は、宝字四年四月二十九日経師等宿所・食宿板□遅葺料銭八貫一〇〇文（相榑三〇〇村・楉一〇〇荷・薫二〇〇囲料と車一五両賃）を請い（十四386）、閏四月五日大炊・厨・温屋葺遅料銭九六〇〇文（近江相榑四〇〇村・楉一〇〇荷・薫一〇〇囲料と車二〇両賃）を請い（十四389 390）、閏四月十二日経師らの宿所に敷く歩板料と車賃の七貫六〇文を請求している（十四390 391）。東塔所にまで経師宿所などがつくられているわけである。閏四月十三日写書所解案には、温室（風呂）をつくるため、梁四枝・桁六枝・柱一〇枝・古麻比木四□などを請い（十四391）、閏四月二十三日経所解案は、温船二隻に打つため釘七八隻を請い（十四391）、七月十六日写経所解案に経師らの厨と温屋とするため板屋一間（長一五間、広四間）をつくりたいこと（十四412）、同二十日経所解に湯屋の垂木に結ぶ黒葛五斤を請うている（十四413）。

坤宮一切経書写は光明皇太后の発願にかかるとはいえ、これには仲麻呂が采配をふるった形跡が濃厚である。(イ)仲麻呂がその書写を宣し、それは彼が従一位大師（宝字四年正月丙寅四日）にのぼった直後である。彼はすでに光明の権威を背景として紫微中台(14)の令となったころから天下の権を掌握し、中衛大将を兼ねて内外の兵事を握ってきた。のちやがて正一位にのぼるが（宝字六年二月辛亥）、最高の地位に立った者が望むのは、人の耳目をそばだてる事業をひきおこして名誉心を満足させることであり、彼のその種の事業として、これよりさき尊号をたてまつり、官号を改易したことがあげられる。しかも写経では、光明の大部な一切経書写としてまえに五月一日経や五月十一日経があり、さらに光明の晩年にこの坤宮一切経が発願されており、藤原不比等が大宝律令撰修を主宰することができなかったので、養老律令撰修をくわだてて主宰者となった例（しかもその施行は仲麻呂がとりおこなった）を参照すると(15)、坤宮一切経書写にも、事業を主宰しようとする仲麻呂の意欲が察せられよう。坤宮一切経の書写に仲麻呂の私財が用いられた徴証として、宝字五年九月美濃介上毛野真人の宣により、奉写一切経料紙の残り二一六一張（一〇八六枚打界、八一五枚荒、二六〇枚表紙）が大師宅に返上されていることが注意される（十五57 58）。

(ロ)光明皇太后の崩御によって、仲麻呂は地位の不安を感じ、その補強として祖先顕彰に意を用いた。宝字四年八月甲子、不比等に淡海公の称号、武智麻呂と房前に太政大臣を贈り、家伝を編集したのはそれである(16)。光明の写経事業を継承するだけでなく、よりいっそうそれを充実するのは、光明の権威を世に印象づけ、ひいては光明と関係の深かった仲麻呂の地位を補強することになる。坤宮一切経最初の目標三四三三巻の巻数をつぎつぎと変更増加したのは、充実への熱意のあらわれであり、また大部な五月一日経などに張り合う様子とみえる。しかも宝字五年二月に書写が一段落したにもかかわらず、入唐廻使（勝宝六年帰京）船載経の書写を追加したのは、追加の一〇七巻は玄昉船載の五千余巻におよぶ巻数でないが、船載経を底本とすることにおいて五月一日経にならおうとしたものであるとともに、五月一日経の底本以後に中国で新訳された経典を加えることによって内容で新しさを誇るためであろう。また勝宝六年帰朝使のうちに仲麻呂の子の薩雄（刷雄）がおり、仲麻呂と関係の深い僧延慶(17)が一行を薩摩から大宰府に案内し、入京にも訳語として随行していることに注目したい。薩雄は越前守・右虎賁率に任じ、仲麻呂の乱のさい重要な布石の一つとなった。処分のとき、修禅の行のあったことにより助命され、道鏡失脚後に本位に復した。延慶は仲麻呂から優遇され、仲麻呂による祖先顕彰事業である家伝（武智麻呂伝）を撰し、伝のなかで仲麻呂を絶賛している。これらの点に注意すると、勝宝六年船載経の追加書写は、仲麻呂とその関係者によって打ち出されたことが知られる。

(ハ)宝字五年四月二十四日の奉写一切経所解は、五三三〇巻の新写一切経を東大寺より法華寺嶋院に運ぶさいの雑物を請い、その解によると、経を納めた漆塗韓櫃二四合を四八人がかつぎ、香輿をかつぐ人夫二人、焼香舎人一人、香水を運ぶ人夫二人、香水をまく舎人一人、担夫長舎人八人とともに行進するという計画である(18)（十五52 53）。写経事業の創始者であり、紫微中台成立ごろから政治の実権を握ってきた皇太后への追善のためにこのような豪華なパレードが用意されたとはいえ、仲麻呂の諸事業に新奇をてらい、人の耳目をそばだてることの多いのをみると、右の豪華なパレードはいかにも仲麻呂らしい演出である。

このように坤宮一切経の書写完成には、光明の写経事業をよりいっそう荘厳化し、光明の権威を世に印象づけることによって地位を補強しようとする仲麻呂の意図がみられる。

宝字五年五月六日に縹揩衣五九領（四八領担経樻夫料・八領長料・二領担香水夫料・一領□人料）が宮から写経所に収納され（十四441）、四月二十四日解の六二人から三人減少しているのは、最初の計画が変更されたのであろうが、新写一切経が法華寺に運ばれたのは五月六日か、あるいはこれに近いころであろう。

こうして坤宮一切経は六月の周忌斎会にまに合い、六月庚申七日紀に、皇太后周忌の斎会を法華寺阿弥陀浄土院に設けたと記される。浄土院は、光明皇太后がその生前の宝字三年夏から造営したものであるが、造営の途中の宝字四年六月崩御した。その後も荘厳がつづけられ、周忌斎会が翌五年六月に浄土院でおこなわれた(19)。いっぽう、諸国の国分尼寺では、周忌にそなえて、これまでに阿弥陀丈六像一軀・脇侍菩薩像二軀をつくらせたと記される。国分寺の創建は、光明の主導するところであり、とくに国分尼寺の設置は光明の創意によるといわれ、そのような意味から周忌の斎会が尼寺で営まれた。

(二) 奉写称讃浄土経所（宝字四年六月―七月）

光明皇太后が宝字四年六月乙丑に崩じ、即日の宣で称讃浄土経一八〇〇巻の書写が令された（十四409 410）。称讃浄土経は阿弥陀経の異訳で、玄弉によって訳され、奈良時代には法相宗がさかんであった関係から、旧訳にかわりおこなわれていた。

これを書写するための本経は、造東大寺司が諸大寺からも借りている。すなわち六月九日大安寺に牒し、称讃浄土経のあるかぎりを早速分付されたいといい、二巻を借り、元興寺から三巻借り（四419・420）、同月二十七日興福寺から二〇巻（十四404）、月日不詳であるが薬師寺からも三巻借りた（四454）。

この写経をたすけるため、(a)六月八日信部史生二・義部史生一・礼部史生一・散位三・位子二・大学生一・武部史生二・左京職史生一、計一三人が写経所に送られ、その人名がみえる（十四346・347）。(b)六月十一日の東寺写経所移に、経師として諸司から遣わされてきた史生二六人の人名が記され、その所属は、乾政官一・糺政台一・信部省三・義部省一・礼部省一・武部省二・仁部省一・文部省五（留省一・位子三・書生二）・左京職一・右京職一・大学生七・蔭孫一・散位一であり、ほかに「自所々来」ものとして経師四〇人・装潢四人・校生一〇人がみえ、計八〇人となる（十四398）。(b)の人員は称讃浄土経書写の要員かどうか記されず、このころ坤宮一切経も書写されているが、移の日付が七日に近接しており、書写計画の称讃浄土経の巻数が一八〇〇巻にのぼる多量であること、などから推せば、称讃浄土経書写と無関係でなかろう。

称讃浄土経を校正するため、坤宮官舎人長葛木男足は、舎人の物部塩浪・県阿理比等・安宿長麿を経所に出向させ、雑使舎人として紀□（主）人・布師三田次も派遣すると記している（四459）。右の校生について送進文に別筆で「到宜浄衣給退去、但期参日明日」と記され意味は明らかでない。なおこの送進文の日付は宝字四年十日とあり、何月か不詳であるが、七月十一日までに書写が終わっているから、送進文は恐らく六月十日のものであろう。そうすると六月七日の宣で写経が始められたから、書写された経巻はすぐ校正に廻わされたと考えられる。つぎに年月日欠の写書所解に上日が記される紀主人・布師三田次・物部塩浪は（十四362・363）、称讃浄土経校正のため経所に遣わされたから（四459）、右の解は宝字四年六月か七月のものであるが、三国広山らのように上日三〇日と記されるものがあるから、解は六月のものでなく、あるいは七月のものかも知れない。このように考えてよいならば、写書所でも称讃浄土経が書写され、新たに大量の経典を写す場合は、これまで他の経を写してきた経所も新写の経をつくることに協力したことになる。なお右の写書所解に県阿理比等・安宿長麿が記されないのは、この二人は物部塩浪と別の経所で校正に従事したためであろう。

七月十一日経師らの布施が請求されており（十四409・410）、これまでに書写が終了した。同日節部省へ染布を返上し（十四408）、六月七日から七月十一日まで三四日を要したとすると、一日約五三巻を写したことになる。七月十四日東寺写称讃浄土経所請紙文案には、紙二四五〇張を請い（先請一二〇七〇張のうち六五〇張と後請加紙一八〇〇張）、内史局からの紙が未充のため、写経が停止していると述べているが（十四411）、七月十一日に布施が請求されているから（前述）、七月十四日の請紙文案にみえる用紙は称讃浄土経書写のためでなく、写称讃浄土経所は坤宮一切経書写に従事したのであろうか。

七月十二日造東寺司は七々御斎会の経軸をひくため、木工寮の轆轤工二人（造法花寺司に出向中）を造寺司に遣わされたい旨を請い、「件人等切要」といっており（十四408）、書写された経典を造巻するためである。

七月癸丑二十六日紀に、皇太后七々斎が東大寺と京内諸小寺でおこなわれたことが記される。写経所で造写された称讃浄土経は東大寺での斎会に読誦されたことはいうまでもない。

なお右の癸丑紀には、これよりさき諸国に令し、阿弥陀浄土図と称讃浄土経とを造写させ、七々斎に礼拝供養させたと記される。六月十七日の東大寺奉写経所牒によれば、称讃浄土経一〇巻が大和国写経所に送られており（十四399 400）、この写経所牒は続紀の諸国写経が実行されたことの例となる。いうまでもなく大和の国分寺は東大寺であり、大和の国で書写された称讃浄土経も、恐らく東大寺での七々斎の法会にあわせて読誦されたであろう。

第二期の写経所として、石山寺奉写大般若経所（宝字六年正月―十二月）と奈良の奉写大般若経所（宝字六年閏十二月―七年三月）をみておこう。宝字五年十月孝謙上皇は保良宮に行幸し、十二月石山寺の造営が始まり、宝字六年正月十六日の石山寺奉写大般若経所解には、内裏より給うべき用度として、波和良紙一二八〇〇張・凡紙八三八張・帙六〇枚・綺一〇二丈・軸六〇〇枚などが記され（五58 59）、保良宮に安置する大般若経の書写がくわだてられた。まえに紫香楽宮に大般若経が安置された例を参照すると、この経は宮殿の安泰を保証するものと信仰されていたのであろう。福山敏男氏[20]は、石山で大般若経書写と寺の造営が平行しておこなわれ、むしろ造寺が写経の附帯事業の観がある、といい、大般若経書写を重視されている。石山寺の造営と写経に関する福山氏の研究によれば、宝字六年二月十六日ころまでに石山寺の写経堂・経師房・温船がそなわったらしく、経堂一宇は長さ四丈・広さ一丈八尺・高さ一丈六尺、板敷をもち、掘立柱である。写経従事者は経師一四人・校生一人・装潢一人で、これらは東大寺写経所から遣わされてきた。これよりさき二月十一日経師らに本経があてられ、写経に着手した。一帙（一〇巻。一紙二九行として一八〇枚前後）は約二〇日を要して写され、四月二十日ごろいったん中止となり、おそらくは安居の期間ののち、八月五日（寺の造営が終った日）から再開された。九月十四日までに二八〇巻を写し、十二月五日全部の書写を終わり、本経を奈良に返送した。十二月二十四日の石山院大般若経所解は「事畢」によって仕丁らを返上するといい、この前後に写経従事者も奈良にもどった。同月末ごろの解によれば、大般理趣経二巻・観世音経一〇〇巻も写したことがわかる。

この宝字六年の四月ごろ、孝謙上皇が保良宮で病にふしたとき、道鏡[21]は宿曜秘法を修し（如意輪法を修したともいう）、寵愛をうけ、権力をもちはじめた。五月淳仁天皇が孝謙に諫言し、不和となり、奈良還幸がみられ、孝謙は法華寺に入り、剃髪し、淳仁は中宮院を御在所とした。六月孝謙は宣命を発し、みずから国家の大事と賞罰の二つの大権を行使するといい、淳仁にむかって、常の祭祀と小さい政事をおこなえ、と宣言し、淳仁は天皇の大権を奪われた。

石山寺写経所で写経に従事したものが奈良にもどった直後の宝字六年十二月十六日、少僧都慈訓の宣によって大般若経二部一二〇〇巻の書写がくわだてられた（十六382）。この日、写経用度の見積書が提出され、二十日までには節部（大蔵）省から調綿一六〇四〇屯・租布八〇段・辛櫃三五合が下附され、それらを売却して写経費用にあてられた[22]（十六72、376―382）。写経は閏十二月十一日から始まり、翌宝字七年三月中ごろまでには、予定のとおり約九〇日で完了したらしい（十六140 164）。慈訓の宣による大般若経書写はどういう意味のものか明らかでないが、彼は興福寺の僧で、仲麻呂派とみられる。宝字七年九月慈訓が少僧都を解任され、道鏡がかわりに任ぜられた。[23]この年正月に大幅な人事異動（造東大寺司をふくむ）がおこなわれ、三月か四月藤原良継の変がおき、[24]仲麻呂と道鏡の対立が尖鋭化するのもこの年である。[25]道鏡にたいする孝謙の寵愛に嫉妬をもやした仲麻呂は宝字八年九月壬子乱をおこして誅された。仲麻呂を討伐した将軍が凱旋した九月甲寅に孝謙は道鏡を大臣禅師に任じ、仲麻呂と道鏡とは天地そのところをかえたかっこうで、孝謙のはげしい性格があらわれている。十月壬申、孝謙は淳仁天皇を廃し、淡路に流し、重祚した（称徳天皇）。道鏡にたいする称徳天皇の異常な待遇はとどまることなく、天平神護元年閏十月庚寅に道鏡の生地の弓義

（由義）行幸のさい、彼を太政大臣禅師に任じた。

（1）岸俊男「東大寺造営をめぐる政治的情勢—藤原仲麻呂と造東大寺司を中心に—」（ヒストリア一五）

（2）光明皇后発願の大部な一切経には、(イ)五月一日経（天平十二年願文）、(ロ)五月十一日経（天平十五年願文）、(ハ)坤宮官御願一切経（宝字四年。願文があったかどうか不明）の三つがある。(イ)の願文には、藤原不比等と三千代の霊の菩提到達、聖武天皇の福寿、官僚の忠節などが祈られ、沈淪の弘済と覚路への会帰、障災の除去、法燈の無窮とその流布などを誓っており、(ロ)の願文では二親の霊の帰依浄域・遊戯覚林や、七世父母・六親眷族の登彼岸などが祈られ、私的な願望が濃い。(ハ)の願文は知りえない。書写状況を示す文書は、(イ)の場合は豊富で、(ロ)の場合は不明、(ハ)の場合は(ロ)ほどでないが(イ)にはおよばない。経巻の現存状況は、(イ)が約千巻、(ロ)は九巻で、(ハ)は存しない。

　光明皇后の願経には、このほか、たとえば零巻であるけれど、願文（天平十二年三月八日）をもつ大宝積経巻第四十六がある（田中塊堂『日本写経綜鑑』）。

（3）福山敏男「奈良朝に於ける写経所に関する研究」（史学雑誌四三の一二）

（4）堀池春峰「光明皇后御願瑜伽師地論の書写に就いて」（南都仏教一）

（5）皆川完一「光明皇后願経五月一日経の書写について」（日本古代史論集、上）

（6）松本包夫「聖語蔵五月一日経の筆者と書写年代その他」（書陵部紀要一五—一七）

（7）写経所における籍帳類の利用に注意されたのは岸俊男氏で（「籍帳備考二題」国史論集一）、籍帳類が利用された写経事業の主なものは、五月一日経、大官一切経（先一切経。天平十五年四月一日から二十年まで）、後一切経（更写一切経。十八年正月二十四日から勝宝元年まで）、二十部六十華厳経（天平十九年十月六日から勝宝元年まで）、千部法華経（天平二十年正月十二日から勝宝三年六月まで）などである（皆川完一、前掲論文）。

（8）天平十四年二月十三日写経司解に、これまで書写したものは四五六一巻と検定されている（二322 323）。五月一日経が目標としたのは開元釈教録による五〇四八巻で、主として玄昉将来経を底本とした。玄昉は続紀に「経論五千余巻」を舶載したと記され、その五千余巻は天平十四年検定の四五六一巻をこえるから、この十四年に底本入手が困難となっていたというのはおかしい。これに関し、皆川完一氏は、釈教録にもとづいた最初の書写方針が変化しつつあった、といわれ（前掲論文）、松本包夫氏は十四年の解に「七櫃　大乗経別生幷律三百六巻　帙卌四」とみえるのによって、釈教録以外の経らしいものが含まれているらしいからといわれる（前掲論文）。ここでつぎのような推測をいれる余地もあるのではあるまいか。すなわち、玄昉が実際に舶載した巻数は開元録どおりでなかったのを、続紀編者が開元録の巻数にあわせて五千余巻としたか（もしくは玄昉舶載経の内容に重複があったか）ということである。このように推測するのは、玄昉が写経所で私経を写させていることがかなりしばしばみえ、それらは舶載経に欠けていたためかと思われるからである。

それとは別のことであるが、玄昉舶載経の価値は多くの巻数だけにあるのでなく、内容が正確であったことも注意しなければならぬ。興福寺所蔵の経論に錯誤がないのは、玄昉が唐より舶載したものであるためと記される（興福寺流記、元亨釈書）。

（9）五月一日経の書写中断（天平十二年四月→翌十三年閏三月）事情に関し、皆川氏は、政界の動揺や社会の不安に結びつかず不明、とされた。その結論に異論はないが、論法に問題がのこるように思う。その一は、願文にそれほど切実なひびきはないようである、といい、願文をよりどころとされる点である。①願文の文章はふつう簡単なもので、政界や社会の様相をくわしく述べるとはかぎらない。たとえば藤原広嗣の乱後のことであるが、国分二寺建立勅の願文の場合に、政界の動揺などはわずかに「邪臣」という語であらわれ、邪臣は広嗣をさすと川崎庸之氏が指摘されるまで、注意する人はなかったくらいであることが参照される。それはともかく、書写中断の政治・社会的事情を論じるのに願文をよりどころとすることはいかがかと思う。

②書写中断始期の四月と願文書写開始の五月ごろの政情について、せっぱつまったものであったとは続紀によるかぎり考えられない、といわれるけれど、広嗣の乱や恭仁遷都は急におこされたものでなく、その原因となる政界の動揺などはまえから存したはずであり、天平七年の疱瘡と飢饉の猛威による政治・社会・経済の動揺に対する施策が九年から十二年にかけてつぎつぎと打たれたことはすでに注意されており（本書七八―七九頁）、天平六年から十二年にかけて対新羅関係の険悪さが国内情勢の動揺に拍車をかけたこともまえに強調しておいたところである（本書第二章第一節の一、第二節の一）。

③岸俊男氏が、籍帳類の利用が天平十五年から始まることは、写経所で新たに十五年四月一日から大官一切経の書写が始まることと符合する、といわれ（「籍帳備考二題」国史論集一）、皆川氏はそれを批判し、籍帳利用を大官一切経と結びつけるのは無理であるとし、恐らく遷都

という特殊な政治情勢から民部省あたりに、払い下げてもよい事情があり、一方、写経所の側にも帳簿類の用紙に不足しているという事情があって、利用され始めたものと簡単に考えた方が、穏当である、と述べられた。皆川氏の批判は正しい。ところで、遷都の影響がのちの天平十五年ころにおよんでいることはみとめておられるが、私は遷都以前の情勢も簡単に割りきるわけにいかないと思う。五月一日経書写停止期間中の続紀記事を開いてみると、たとえば停止の始まる十二年四月には戊午条に「遣新羅使等拝辞」とみえ、対新羅関係の問題が険悪であり、停止の終る十三年閏三月には己未条に「運二平城宮兵器於甕原宮一」とみえ、この期間の政界の平静でないことを示す記載は少なくない。

(10)　五月一日経の願文の日付を母三千代七周忌供養に結びつけるのは誤りとされた皆川氏の説に服しなければならないが、宣長や桃裕行氏の説によって周忌だけをみとめ、三周忌およびそれ以上のいわゆる年回がなかったと述べられた点について、続紀宝字五年六月庚申条（法華寺で光明皇太后周忌斎会）のつぎの日辛酉条に「於二山階寺一。毎年皇太后忌日。講二梵網経一。捨二京南田卌町一以供二其用一。又捨二田十町一。於二法華寺一。毎年始レ自二忌日一。一七日間請二僧十人一。礼二拝阿弥陀仏一」とみえ、周忌ののち、毎年の忌日法要を営む考えのあったことだけを注意するにとどめたい。

(11)　経巻の軸付墨書（識語）調査が重要な意味をもつ例として栗原治夫「高野山竜光院の紫紙金字金光明経」（大和文化研究七の四）がある。竜光院および尾道市西国寺所蔵の紫紙金泥最勝王経各一〇巻は国分寺塔安置勅旨経とされ（田中塊堂『日本古写経綜鑒』・文化財保護委員会『国宝辞典』）、同類のものとして芦屋市黒川古文化研究所蔵の巻三、鎌倉市今淵氏所蔵の巻二がある。栗原氏は、竜光院所蔵の巻九軸付墨書の経師丸部嶋守は写金字経所解案にみえるが（九297）、校生の檜前と若湯坐の名はみえず、これまでのように本経を国分寺経と断定するのに問題が残る、といわれる。

(12)　福山敏男、前掲論文。

(13)　坤宮一切経の書写予定巻数はしばしば変更され、年月日欠奉写一切経所解案には、予定を五二八二巻と記す（五8）。

(14)　滝川政次郎「紫微中台考」（法制史研究四）

(15)　坂本太郎「養老律令の施行に就いて」（史学雑誌四七の八）

(16)　横田健一「家伝、武智麻呂伝研究序説」（東西学術研究所論叢五六）

(17)　堀池春峰氏は、仲麻呂の子薩雄が勝宝四年遣唐大使藤原清河の一行に加わって留学し、鑑真の門下に入って延慶と称したといい、仲麻呂と鑑真との関係が深まる媒介者となった、とされる（「鑑真を廻る貴族の動向」大和文化研究一〇の九）。

延慶は、勝宝七年写経所から華厳経を借り（四86）、翌八歳図書寮経の摩登伽経を借り（十三177）、宝字二年形が俗に異なるので外従五位下を辞し、許されたが、勅により位禄・位田は収公されず、これは仲麻呂による優遇であろう。武智麻呂伝を撰し（宝字四年以後）、仲麻呂の大師・従一位を兄豊成の大宰員外帥左遷とくらべて称賛し「積善之後。余慶欝郁。冠蓋相尋。翼賛輦轂……」と記しており、延慶がこのように仲麻呂と深い関係をもったところから推測すれば、仲麻呂による坤宮官御願経の書写事に大きな役割をつとめたと考えられる。なお仲麻呂の官職と地位の上昇を「積善」の「余慶」といい、合理化し、絶賛しているが、光明皇后が積善余慶をモットーとしたことはまえに注意しておいたところである（第五章第一節の二）。

(18) 五月一日経の場合、書写がいちおう一段落した天平十四年十二月十三日の段階で、四五六一巻が一二合の櫃に納められていたが（二322・323）、坤宮一切経五三三〇巻を運ぶのに二四合の櫃にいれたのは、巻数の割に櫃の数が多い。これは運搬のためには一櫃の巻数を少なくする必要があったためかも知れないが、あるいは櫃数を多くして誇示するためか知れない。

(19) 宝字三―四年の法華寺阿弥陀浄土院の造営については、福山敏男「奈良時代に於ける法華寺の造営」（日本建築史の研究）参照。福山氏の研究は、史料を細大もらさず整理駆使し、造営の過程、従事者の活動、堂舎の規模と用度などを克明に浮彫りにしたもので、その論考「奈良時代における石山寺の造営」などとともに、奈良朝の造寺写経を考察する人によって、つねに参照引用される。

法華寺浄土院の建立思想に関し井上光貞氏はつぎのように説かれた。光明皇太后は、はじめ阿弥陀堂でない他の堂舎（可能な一つの場合として盧舎那仏を本尊とする）の建立を発願したが、工事進捗中に崩じ、そのため追善の阿弥陀堂とされた。皇太后は自己の往生のため阿弥陀院を計画したのでない。したがって、道長の法成寺や頼通の平等院のような念仏生活者のためのものでなく、追善的阿弥陀信仰を背景とするものであった、と（『日本浄土教成立史の研究』二九―三三頁）。

(20) 福山敏男「奈良時代に於ける石山寺の造営」（前掲註19）

(21) 横田健一『道鏡』（人物叢書）、拙稿「弓削道鏡」（井上光貞編『大和奈良朝』）

(22) 宝字六年の二部般若経書写の財政については、松平年一「官写経所の用度綿売却に関する一考察」（歴史地理六二の六)、伊東弥之助「奈良時代の商業及び商人について」(三田学会雑誌四一の五)、横田拓実「天平宝字六年における造東大寺司写経所の財政」(史学雑誌七二の四)、吉田孝「律令時代の交易」(日本経済史大系1古代)参照がある。

(23) 佐久間竜「慈訓について」(仏教史学六の四)

(24) 岸俊男「東大寺造営をめぐる政治的情勢」(前掲註1)、角田文衛『佐伯今毛人』(人物叢書)、宮田俊彦『吉備真備』(同上)

(25) 中川収「藤原良継の変」(続日本紀研究七の二・三)「藤原仲麻呂政権の崩壊過程」(日本歴史一五〇)

二　写経所の変遷

写経所の第三期(天平神護元年―宝亀七年)は、仲麻呂が没落し、道鏡が実権を握ったときから、奈良朝末期までである。この期の特色を中心に写経所をみていくことにする。

(一)　奉写御執経所(宝字六年―神護景雲元年)

宝字六年十二月二十一日奉写御執経所請経文に初見し(五308)、天平神護三年七月十三日奉写御執経所牒までみえる(五668)。福山敏男氏は、(1)この写経所が内裏におかれ、その期間に東大寺写経所で写経がおこなわれた形跡のないことを指摘された。

御執経の名称は、天皇が手にとる経を意味するらしく、天皇の真情をこめた願経ということであろう。奉写御執経所が書写しようとする称徳天皇願経は神護景雲二年五月十三日の願文(五700)をもつ一切経(景雲経)にあたると考えられ、この写経所と奉写一切経司との期間にわたって完成され、聖語蔵に七四二巻が伝わる。

御執経所の名は宝字六年十二月からみえるけれど、景雲一切経の書写がくわだてられたのは、宝字六年六月七日道鏡の牒によって東大寺一切経司所から一切経目録を借りているころからであろう（五238）。なお御執経所が造東大寺司から借りた目録として、一切経目録巻下（疏等目録者）（十六449）、開元釈教録（坤宮一切経内）（十六461 465 466 552 554 556 557）、一切経目録案（宝字四年奉写者）（五542）がみえ、これらも景雲一切経書写に参照されたと思われる。

御執経所が景雲一切経書写のため、宝字六年十二月から天平神護三年七月まで、本経を造東大寺司から借りるさいに出した移や牒（五308 331 433 434 441 442 446 451 453 456 459 462 468 542 659 668、十六171、434―473、552 553、十七23）のうち、その一例を示すと、

奉写　御執経所

奉請大孔雀咒王経

右、依為写本、奉請如件、事在限時、早附此使、

天平神護元年六月七日

図書少允日置「浄足」（自署）

「判行」（異筆）　判官美努連」「奥万呂」（自署）

「大孔雀咒王経三巻黄紙及表綺帯紫檀軸坤宮一切経内之（文異筆）

右、仕丁附宇治部若万呂、令奉請如件、

上馬養」

とみえる。造東大寺司あての御執経所移牒の書式は、文書によって細部に差があるけれど、基本的部分は右のとおりで、右の文書にあて名の造東大寺司が省略されていることは、経典奉請を許可し、執行した造寺司官人の美努奥万呂

と上馬養の自署があるので知られ、同種の経典奉請文書の他の例に「奉写　御執経所移造東大寺司」と記される（十七23）のが参照される。奉請の目的が「為本経」「為読勘証本」「為用本経」「為証本」「為用証本」「依今有可勘事」などと記されるのは、もちろん書写に用いることをいったものであり、目的を記さない場合も書写のための奉請が大部分と考えられる。(2)

御執経所が造東大寺司から本経を借りたさいの移牒で知られる一切経書写に関することをまとめると、造東大寺司から渡された本経は、五月一日経（宮一切経・先坤宮一切経）・坤宮一切経・中宮省御願経・天平二十年四月二十日御願最勝王経（百部）・嶋院図書寮経・東大寺内堂経・東寺可留寮経（図書寮経）・水主内親王経などである。

移・牒の宣者として名が記されるのは、道鏡の場合が最も多く、ほかに少律師、大僧都（円興か）、基完師、勝延（証演）尼師、(3)勝宝尼師、法教沙弥尼、定海尼師、尚書奈良女王、命婦吉備由利、(4)錦部命婦が記され、右大臣の藤原豊成もみえ、奉写御執経所を動かしていた者とみられる。道鏡の宣による請経は、宝字七年四月十二日の浴像功徳経一巻・灌洗仏形像経一巻・南海伝五巻をはじめ、天平神護二年三月二十日の金剛般若経二〇〇巻までしばしばみえる。(5)

移・牒に署名している承宣者は、日置浄足（内竪→信部史生→図書少允）・河内造浄成（内史員外大属）・因幡国造田作（乾政官史生）・三嶋県主崇（宗）麻呂（図書大允）・大隅公足（内竪→信部史生→図書少属）らで、経典借用使は竪子の丹比小家、内竪の八清水連城守・葛木眦登立人・岐連子松・六人部嶋継・林大梶・大隅公足・葛木黒山・掃守弟足・不被犬養・三嶋嶋道・葛木吉麻呂・伊福部高嶋・槻本久度万呂、舎人の建部人成・今木稲持・物部五百代・下浄野のほか、仕丁らである。

御執経所が造東大寺司から請経し、書写をつづけていることを示す文書として、さらにつぎの造東大寺司移牒（御執経所あて）があり、天平神護三年二月六日の御執経所牒に応じ、四回に分けて御執経所の廻使工石主に渡した経名・巻数・所属一切経名などを詳記している。すなわち、

（1）造東寺司移　天平神護三年二月八日（十七24―34）
大乗経六七八巻（坤宮一切経）を第三―第六櫃にいれて渡す、
（2）造東寺司移　天平神護三年二月二十二日（十七34―48）
大小乗経律論集伝など一八一七巻（坤宮一切経）を第七―第十五櫃にいれて渡す、
（3）造東大寺司移　天平神護三年四月十五日（十七72―74）
大乗経小乗経律論集など三九三巻（宮一切経）を櫃一合にいれて渡す、
（4）造東大寺司移案　天平神護三年六月十八日（十七74・75）
大小乗経論六一巻（宮一切経）を渡す、

とみえている。

御執経所の特色の一つは、内裏におかれたことである。これは称徳天皇と関係の深い道鏡の意図によると考えられるが、この写経所で書写に従事した経師らの名や、写経の進行状況を示す文書（充本帳、充紙帳、雑物請求解など）がみあたらないのは、内裏におかれたため、東大寺写経所関係の文書といっしょに残ることにならなかったのであろうか。その二は、承宣者や経典奉請使に内豎[6]や、内豎の経歴をもつ者が多いことである。内豎はもと豎子とよばれ、その存在は天平の初めごろまでさかのぼり、宝字七年正月―四月の間に内豎と改められ、豎子所も内豎所とよばれ、この名

称は唐の宦官の異称の内豎にならったものといわれる。豎子や内豎には、高姓者のほか卑姓者も任用され、天皇・皇后・皇太后に直属する官人集団で、高位者は天皇らの側近で政治上の補佐にあたり、勅命を宣伝・執行し、下級者は雑務に従事した。御執経所の承宣者や奉請使に内豎が多いことは、この写経所が内裏におかれたこととともに、天皇の私的な写経所である性格を濃厚にしている。

(二)　奉写一切経司（神護景雲元年―三年）

天平神護三年八月癸巳十六日に神護景雲元年と改元され、九月二十六日の造寺司牒のあて名に奉写一切経司が初見し（十七77）、これ以降における奉写一切経司別当として、以前の御執経所の官人大隅公足の名がみえ、福山敏男氏(7)は、神護景雲元年八月丙午二十九日紀に従五位下若江王と外従五位上秦忌寸智麻呂が写一切経次官に任ぜられたとあるのを参照し、このころを境として御執経所が奉写一切経司となった、と指摘された。なおこの写一切経司の任命は、称徳天皇の勅旨一切経（景雲経）を写すことにあり、聖武天皇の天平六年写経司とその勅旨一切経に対応するもので、造寺の面でも称徳は聖武天皇の東大寺に対して西大寺を建立したといわれてきた(8)。

景雲元年の写経司任命は、新例でなく、また正式の長官を欠くけれど、次官をおいたのは前例になく、この点からみてやはり写経所を写経司に格上げしたものと考えられ、それはもっぱら天皇の願経を書写する写経組織を強力にするためであり、またそれには道鏡が采配をふるったとみてよかろう。

ところで、景雲経の願文は神護景雲二年五月十三日の日附をもち、それは奉写一切経司の期間にふくまれるが、景雲経の書写は御執経所のときから始まり、奉写一切経司にひきつがれ、完成された。それは御執経所のあとをうけた奉写一切経司が本経を造東大寺司に請い、造東大寺司が本経を渡したことを記す造東大寺司移牒によって知られる。

（1）造東大寺司牒　神護景雲元年九月二十六日（十七77 78）

注維摩詰経など二部と、宮一切経のうち温室経一部一巻。

つぎの造東大寺司移牒は奉写一切経司移牒と継文になっており、奉写一切経司移牒で請われたものについて、造東大寺司が渡した経名・巻数・所属一切経などを記している。

（2）造東大寺司請疏文案　景雲二年二月三日（十七105―109）

華厳経疏など一五巻（宮一切経）摂大乗論義章など四七巻（図書寮経）大乗法界無差別論疏など一〇巻（水主内親王宮経）因明正理門論記など七九巻（審詳師経）

（3）造東大寺司移案　景雲二年二月十二日（十七103―104）

大智度論疏など四二巻（水主内親王経）大知論章門など五〇巻（審詳師経）

（4）造東大寺司移案　景雲二年三月二十七日（十七98―100）

智度論章門など大乗論疏七六巻（坤宮一切経）

（5）造東大寺司移案　景雲二年三月二十八日（十七96―97）

法花摂釈など大乗経疏八三巻（坤宮一切経）

（6）造東大寺司移案　景雲二年三月三十日（十七94―96）

華厳経疏など七一巻（坤宮一切経）

（7）造東大寺司牒　景雲二年六月四日（十七90―91）

衆経要集など九三巻（坤宮一切経）成唯識論枢要二巻（審詳師経）

（8）造東大寺司移案　景雲二年閏六月三日（十七88―90）

宝梁経など五部二一巻（先所請一切経＝坤宮）最勝王経六部（水主内親王経内二部、審詳師経・図書寮経・嶋院寮経・間写各一部）

（9）造東大寺司移　景雲二年八月二十一日（十七86―88）

大小乗経律等疏二〇部一一四巻（宮一切経）

（10）造東大寺司移案　景雲二年九月十九日（十七81―82）

大小乗経論等疏一〇九巻（宮一切経）

（11）造東大寺司移案　景雲二年九月二十一日（十七80―81）

論疏一三二巻（宮一切経）

（12）造東大寺司移案　景雲二年九月二十六日（十七78―80）

疏一四〇巻（宮一切経）

いまひとつの継文（十七117―142）があり、そのうちから造東大寺司移牒を年代順に整理しよう。

（13）造東大寺司牒案　景雲二年十一月二十五日（十七138）

金剛般若経疏など七部一七巻（水主内親王経）三論略章三巻（図書寮経）

（14）造東大寺司牒案　景雲二年十一月十二日（十七135―138）

仁王経讃述など疏集など一八七巻（審詳師経）

（15） 造東大寺司牒案　景雲二年十二月四日（十七129・130）
大智度論釈など二六部一六〇巻（審詳師経）
（16） 造東大寺司牒　景雲二年十二月二十日（十七125―128）
智度論など二三部四〇九巻（図書寮経）大乗広百論釈論など一二部五三巻（水主内親王経）
（17） 造東大寺司移　景雲三年四月三日（十七122・123）
大般若籍目など一二部二八巻（宮一切経）
（18） 造東寺司移　景雲三年七月一日（十七121）
无量寿経義疏など九部一五巻（水主内親王経）
（19） 造東大寺司移　景雲三年七月二十日（十七117・118）
文殊師利菩薩問菩提論など一四部二六巻（審詳師本）

称徳天皇景雲経の願文には、

維神護景雲二年歳在戊申五月十三日景申、弟子謹奉為先聖、敬写一切経一部、工夫之荘厳畢矣、法師之転読尽焉、伏願、橋山之鳳輅向蓮場而鳴鑾、汾水之竜驂、泛香海而留影、遂披不測之了義、永証弥高之法身、遠曁存亡、傍周動植、同茲景福、共沐禅流、或変桑田、敢作頌曰、非有能仁、誰明正法、惟朕仰止、給脩慧業、権門利広兮抜苦、知力用妙兮登岸、敢対不居之歳月、或垂罔極之頌翰、

とある。[9] しかし願文の景雲二年五月十三日までに一切経の書写が完了していなかったことは、右にみたように請経がなお景雲三年七月におこなわれているのによって知られ、すなわち、なお書写進行中に願文が書かれたことになる。光明皇后の五月一日経の願文の場合も、一切経書写完了をまって書かれたのでなかった。景雲経の場合、願文書写が景雲二年五月前後におこなわれたと仮定すると、なおそのころ未写の経典としては、右の（8）－（19）造東大寺司移牒にみえる計一四七四巻があったことになる。もっとも造東大寺司から請経したものがすべて一切経として書写されたかどうかはわからないし、またなかには（8）の最勝王経六部六〇巻のように、同一の経典もふくまれ、これも請経した巻数を写したとは考えられないから、未写巻数の厳密な数は明らかでなく、ともかく一切経書写が何らかの意味で一段落ついたときに願文が書かれたのであろう。

景雲経の書写予定巻数は明らかでなく、書写進行の状況を示す文書もみられない。ただ御執経所と造東大寺司の移牒に、別筆で書きいれられた返経年月日をひらうと、わずかであるが、神護二年十二月三十日（十六459）、景雲二年八月十一日（五660）・八月十二日（五459 660、十六454 472、十七89）・八月十三日（五456、十六465 467 469）、宝亀二年三月十二日（十七80）・閏三月十日（十七88）・閏三月十二日（十七81）・閏三月十三日（十七94）の日附がみられる。最初の神護はこのままならば天平神護のことであるが、天平神護は一例であり、景雲以後の例が多いところからみれば、神護はあるいは神護景雲のことかも知れない。それはともかく右の例の多い景雲二年八月ごろの返経は書写が一段落した時点を示し、それに近い願文の五月十三日も書写一段落の段階とみてよかろう。称徳天皇の景雲経は、聖武天皇の天平六年一切経・天平十五年大官一切経、光明皇（太）后の天平十二年五月一日経・天平十三年五月十一日経・宝字四年坤宮一切経などとならぶ奈良朝最後の勅旨一切経であった。

ここで百万塔陀羅尼経の作製にふれておく。(10) これは無垢浄光大陀羅尼経の説くところにもとづくもので、景雲四年四月戊午紀によれば、これよりさき仲麻呂の乱平定後に称徳天皇が発願し、三重小塔一〇〇万基、高さ四寸五分、基径三寸五分、露盤の下に根本・慈心・相輪・六度の陀羅尼をいれ、この景雲四年功を終え、諸寺に分置した、と記される。発願日について、東大寺要録は宝字八年九月十一日（乱勃発）とし、相違するが、勃発と平定はともに同じ九月である。無垢浄光陀羅尼経（天竺の三蔵弥陀山訳）は密部の経で、陀羅尼の書写と念誦により、災害兵乱の消滅や延命招福の功徳をえることを強調し、その根本に罪悪の懺悔を求めている。すでに奈良朝に密教の信仰がひろまり、悔過の法もおこなわれ、陀羅尼や陀羅尼をふくむ経典が写されており、これらを背景として百万塔陀羅尼経の摺写がみられた。経には陀羅尼の読誦書写の功徳を説き、摺写のことをいっていない。現に書写された陀羅尼三巻が法隆寺にみられ、これは本来は書写するのがたてまえであったことを語る。法隆寺の三巻のうち、(a)二巻は自心印陀羅尼、(b)一巻は相輪陀羅尼で、(a)の一、自心印の末尾にみえる大湯坐千国は経生で、その名は宝亀四年十月二十九日奉写一切経所解にみえ、(a)の二には「八月卅日　尖足」とみえ、(b)には「廿五日　吉万呂」と記される。

㈢　奉写東大寺一切経所（神護景雲四年—宝亀七年？）

神護景雲四年六月九日奉写一切経所雑物請帳に東大寺少鎮大法師実忠の検校のもとに、造寺司官人の味酒広成・上馬養のほか、別当大法師円智・法師奉栄の署名がみえ（六51）、同七月九日にはこの写経所が奉写東大寺一切経所と記され（十七487）、東大寺のための写経をおこなった。この写経は実忠廿九箇条に「一奉仕少鎮政幷検校造寺事　合七箇年自景雲元年至宝亀四年也　右任中、奏聞内裏、奉請一切経一部、安置如法堂」と記すものにあたるといわれ、(11) 実忠廿九箇条にいう神護景雲元年は少鎮政幷検校造寺の任期の上限であり、雑物請帳の神護景雲四年は奉写東大寺一切経所の初見であって、両者の時期が一致しないのは不審とすべきものでなく、この写経所の設置は神護景雲四年をさかのぼるが、どこまでさかのぼるかは明らかでない。ただ天平神護元年の初から神護景雲三年の初にいたる間に東大寺写経所で写経がおこなわれた形跡がないので、奉写東大寺一切経所の上限は神護景雲三年初めごろであろう。

神護景雲四年九月二十九日の奉写一切経所告朔解に勘経僧が経師や装潢とならんでみえてくる（六103）。これは僧侶で校正に従事したものをさし、従来の写経所の校生が官人や里人であったのと異なる点であり、写経が東大寺のためのものであることにもとづく。

東大寺のための一切経は、右の景雲四年（宝亀元年）の一部のほか、翌二年に二部一切経、三年に四部一切経の書写がおこなわれた。福山敏男氏(12)は、宝亀年間における東大寺写経所の書写能力が一ヵ月三〜四〇〇巻を示しており、五〇〇〇巻の一切経一部を一年数ヵ月で完成するのにじゅうぶんであり、奈良末期にいたるまで東大寺写経所は一つの活動的な存在であった、といわれる。東大寺写経所で写経がおこなわれた形跡は、宝亀七年十二月九日の金月足写論手実あたりが最後であるらしい（二十三618）。

写経所の第三期のうち、天平神護元年から神護景雲三年の間には、東大寺写経所で写経のおこなわれた形跡がなく、これまでの写経従事者は、内裏におかれた奉写御執経所と奉写一切経司に吸収され、かつ百万塔陀羅尼経の発願から完成までの期間（宝字八年—景雲四年）もほぼ右の期間とかさなる。これらは福山敏男氏によって指摘されたところで、第三期の特色の一つである。

特色の第二は第一と関連し、道鏡が采配をふるった傾向が強いことである。政治権力を握った者が写経所を動かすことは、第二期の仲麻呂による坤宮一切経書写の推進にみられたが、仏家の道鏡の場合は、しばしば彼の宣によって本経を造東大寺司から奉請しているように、写経事業の内部にまで指導権をふるった。仲麻呂の場合は、坤宮一切経のなかに新船載経を加え、内容にも新しさを誇ろうとしたが、その指導は巻数や書写速度にそそがれ、政治家としての指導は仏家の道鏡と同じでなかったであろう。権力を握った者として、写経事業でも人の目をひく意匠をこらした点は、仲麻呂と道鏡の両者に共通するものがみられ、ともに皇太后や天皇の願経書写の事業を指導したのはその一つであるが、道鏡の場合からみれば、政敵の仲麻呂に張り合った形跡がないとはいえず、写経事業を内裏に吸収し、そこで写経をおこなわせたのは、称徳天皇との密接な関係によるもので、天皇の権力のもとに写経事業を推進しようとしたのである。百万塔陀羅尼経の発願は、仲麻呂の乱後に兵乱や災害の除去を祈ったものであり、道鏡の指導によるとみてよいが、塔と経との多数を誇ろうとしたのは、道鏡の事業欲のほか、仲麻呂とちがう意匠を出そうとしたからであろう。

特色の第三は、御執経所から奉写一切経司への推移にみられる写経所の格上げである。所を司と改め、これはまえに天平六年の写経司の例があったから、新しい措置でないけれど、正式の長官を欠くとはいえ、次官をおいたのは前例にない。

写経所の第二・第三期の特色をあげるのに、仲麻呂と道鏡の存在に目をうばわれたかたむきがあるかも知れない。しかし、道鏡が没落しても、写経所がすぐに衰微したのでなく、東大寺写経所の活動はそれ以後も数度の一切経書写となってみられたのであり、写経所の存在やその活動力は、さらに多くの面から考えなければならぬことはいうまでもない。

（1）福山敏男「奈良朝に於ける写経所に関する研究」（史学雑誌四三の一二）。福山氏は、御執経所の名が天平神護三年六月十八日の造東大寺司移のあて名（十七74）を最後といわれたが、同三年七月十三日までみえる（五668）。

（2）御執経所が書写以外の目的で造東大寺司から経典を奉請した場合として、「為御覧」（五308）「為将御覧」（五331）「転読内裏」（五434、十六452 453）と記される例がある。

なお、御執経所がおこなったこととして、まえにあげたように（本書三〇六頁）、国分寺経施入を写経所に令していることも注意される。写経所で写したもののなかから最勝王経一部一〇巻・法華経一部八巻を選び、佐土（佐渡）国分寺へ施納することが宝字八年八月二十二日道鏡の宣で令され、それが宣旨で命ぜられ、造東大寺司判官弥努奥麻呂が判許している（十六468）。なお右の請経文にいう「彼寺」は東大寺写経所をさしており、「時々奉写経中択取者」と記すところに、写経所は、経典の需要に応ずるため、平素から書写しておくのがその任務であることが示されており、また寺が写経所をさすことによって、写経所が東大寺を構成する重要な存在であったことも知られる。ただし右の二経のうち法華経は翌八月二十三日に写経所に返還された（十六467）。佐渡の場合、国分尼寺址が不明で（今井浤二「佐渡国分寺」角田編『国分寺の研究』下）、右の法華経返還は尼寺を欠いたためであろう。

（3）勝延と証演は別人とされているが（竹内理三等編『日本古代人名辞典』四の九二二頁および九三八頁）、名前の音が通じ、最初は勝延とみえ、のち証演とあり、ともに御執経所の時期で、しかも衝突せず、造東大寺司の経を奉請することを宣しており、同一人とみてよいらしい。

（4）天平神護二年十月八日正四位下吉備由利発願の一切経は、大小経律論疏章集伝出経録外経等一〇二三部五二八二巻五一六帙に達し、西大寺四王堂に納められた（寧上406）。神護景雲四年八月称徳天皇不予に典蔵の由利だけが臥内に出入し、奏をおこなった。このように由利は称徳天皇に近侍し、父真備もまえに宝字八年造東大寺司長官に任じたから、由利は東大寺写経所と交渉をもったであろうが、由利の願経が写経所で写されたかどうかは明らかでない。西大寺の由利願経は天長五年二月庚子法隆寺に充てられ（日本紀略）、いま残るものに中野忠太郎氏所蔵の成唯識宝生論巻二（二十五352）と西大寺所蔵大毘盧遮那成仏経巻一があり、由利願経についてはなお田中塊堂『日本写経綜鑑』・宮田俊彦『吉備真備』（人物叢書）参照。

（5）ここで、道鏡の東大寺写経所に対する交渉をまとめておく。奉写御執経所移・牒にみえる道鏡の宣による請経は、宝字七年には四月十二日・十四日、五月十六日、六月二十四日、七月十二日、八月十二日、宝字八年には三月三日、四月十八日、五月三日、八月二十二日・二十三日、九月四日・十日・十六日、天平神護元年には三月十九日、二年には三月二十日にみえる。このうち大量の請経として、宝字七年四月十四日の仁王般若経五〇部は、夏安居転読用である。宝字八年三月三日の一切経一部(至于大小乗律等)は、請経文に「件経巻□及応用紙〻別行界、具検注并目録、附此使進送内裏者」とみえ(五478)、欠字があり、文意は明らかでないが、書写の本経として借りたのであろう。

最勝王経が同年八月二十三日に一部、九月四日に四〇部、九月十日に二〇部、九月十六日に二〇部、金剛般若経が同年九月十日に三〇〇巻、天平神護二年三月二十日に二〇〇巻奉請されており、同一経典を多数奉請するのは、景雲一切経のための書写でなく、別に書写して御執経所にそなえるためであろう。

右の請経のほか、道鏡が造東大寺司写経所に牒して書写させた例として、つぎのものがある。①宝字七年三月十日道鏡牒、最勝王経一部・宝星経一部・七仏所説神呪経三部・金剛般若経六〇〇巻の書写を造東大寺司に令した(五402)。これは七百巻経とよばれる(五413)。翌十一日造東寺司は用度を請い、経師二〇人・題師一人・校生四人・装潢二人・膳部一人・雑使二人・仕丁五人の単六五五人で写す計画を出している(五403―411)。②宝字七年六月三十日道鏡牒、十一面経三〇巻・孔雀王呪経一部を七月六日までに書写することを造東大寺司に令した(五447)。③宝字六年閏十二月七日道鏡宣、仁王経疏を写すことを令した(十六320―322)。④宝字八年七月二十八日御願大般若経の書写を造東大寺司に宣し(五500)、八月十六日から十二月二十一日までの間に写された(十七1―6)。

横田健一氏は、道鏡が宣して造東大寺司から求めた経名の表を正倉院文書によってかかげ(宝字六年六月七日↓天平神護元年四月十日および年代不明)、「かれが自分の修法に必要な経典を造東大寺所や写経所などにもとめている文書であって、その経典のえらびかたや性格によって、どの経典をよみ、修していたかがわかる」といわれたが(『道鏡』八五―八八頁)、本書本文と右にみたように、道鏡は御執経所に請経しているのが大部分で、景雲一切経を写すためである。請経の順などは彼の教学と無関係といえないけれど、修行や修法に真正面から結びつけて解するのはいかがであろう。造東大寺所や写経所といわれるのにも語弊があり、造東大寺司の管下の写経所から請経したのである。

(6)　山本信吉「内豎省考」(国史学七一)参照。勝宝九歳正月十八日、造東大寺司は大仏に塗る料として沙金二〇一六両を請い、豎子葛木戸主が光明皇太后にとりつぎ、下附された（四187）。この沙金奉請文にみえる高麗福信と葛木戸主の副署は、勅命執行にあたったことを示す。山本氏は、福信と戸主が紫微中台の官人でありながら、本官を称しないで、豎子と署しているのは、造寺造仏写経が皇太后の個人的意志にもとづく崇仏事業であり、福信と戸主は本官を称するよりも、豎子の身分をとる方がより実情に則する立場にあったことを示す、といわれる。

（7）　福山敏男「奈良朝に於ける写経所に関する研究」（前掲註1）

（8）　竹内理三編『寧楽遺文』下の四一頁（経典跋語、十誦律巻四二の解説）

（9）　景雲経のなかには、この願文をもつものと、そうでないものとがある（田中塊堂『日本写経綜鑒』）。

（10）　百万塔陀羅尼経の作製については大屋徳城『寧楽朝刊経史』参照。百万の数は無垢浄光大陀羅尼経に説くところで、陀羅尼九九本を写す功徳は九万九千の塔をつくるのに相当し、塔九万九千をつくり、九九のつぎの第百ごとに節塔一基をつくれば、節塔だけで一千基となり、総計一〇万基となる（七重と十三重の節塔が法隆寺に伝わる）。かつ十大寺に安置する必要から、これを一〇倍すれば百万の数がえられる。ともあれ、多数の陀羅尼経をつくるには摺写の便法によらざるをえなかったわけで、この陀羅尼経摺写の面が強調され、日本における印刷の初めといわれてきた（なお、霊異記の中の九にいう武蔵国多磨郡大領大伴赤麻呂の一族による懺悔文と、三国伝記にいう鑑真による律三大部は仏典開板とするわけにいかない）。

百万塔陀羅尼経の作製の基底に懺悔の思想が強いことは、東大寺要録巻第四諸院章に、東西小塔院は百万塔を納め、神護景雲元年丁未に実忠の建立するところで、小塔の摺本陀羅尼は「口伝云、恵美乱誅之間懺悔料云々」と記すところにもみられる。奈良朝末期に悔過法要がしばしばおこなわれ、知識が結ばれたことも懺悔と関係がある。

なお、備前国分僧寺塔址で天明年中に発見されたという銅製三重小塔について、岡山藩士松本亮『東備郡村志』は神護景雲四年紀の百万塔にあたるかといっているが（永山卯三郎「備前国分寺」角田文衛編『国分寺の研究』下）、基の裏に「宝亀元年春三月奉詔慈円了」という年月の書きかたが神護景雲四年十月改元以前のものとしてありえないこと、径の三寸一分は続紀の三寸五分と異なり、銅製も法隆寺蔵の木製と相違し、百万塔が分配された十大寺はおそらく京内の寺であろうから、右の銅製三重小塔と百万塔との関係は疑問である。

（11）　福山敏男、前掲論文（註1）

（12）　福山敏男、前掲論文（註1）

第二節　写経所の機構

一　写経所の構成

写経事業がはじまった初期には、写経所固有の経師らを設置することなく、もっぱら他の官司の下級官人(1)（P類とよぶことにする）を写経所にかりてきて従事させ（第三章第一節の一、〈第4表〉）、写経所を構成するおもなものは、経師（書生）・校生・装潢・瑩生・題師である。

◇経師　書生・経生とも記される。能筆者であることを要したのはいうまでもないところで、採用にあたって考試がおこなわれたさいの試字が残っている。(2)たとえば宝字六年史生土師名道の貢進啓案には、右大舎人土師文依と位子大伴大田名継を貢進し「右二人、堪写経、仍貢如件」といっている（十六112）。田中塊堂氏は、(3)麻紙一張が一七字詰二五行とすれば、一日七張を写す場合に約三千字となり、細楷三千字を写すのはよほどの熟練者でなければならないといわれる。日別書写量は人によって相違し、四張（七173）、七張（十四297）、八張（二十四115）などとみえる。養老職員令では、図書寮に写書手・装潢手・造紙手(4)・造筆手・造墨手があり、経師は右のうちの写書手にあたり、装潢は装潢手にあたるが、写書手は書史を校写することを職務とするから、写経所の経師と校生に相当する。(5)

初期の写経事業では、経師だけが文書にあらわれる。これは(a)経師が書写と校正の両作業をおこなったことによるか、(b)校正はおこなわれなかったことによるか、いずれかである。(b)の場合を仮りに想像するのは、経師に書写の厳密性をとくに堅持させるならば校生がなくとも、不自由しなかったと考えることができるからである。しかし右のように考えるのは、経師が校正作業をあわせおこなっていることになるから、結局(a)の場合と同じになる。もし(a)ならば、写書手が写と校とをおこなうことに対応する。写経事業の進展にともない、写と校とが分離され、校を別人の手でおこなわせるようになって、校生がおかれたことになる。

◇校生　写経事業の初期には、前述のように、校生はおかれなかったのかも知れない。天平四年までは経師だけがみえ、天平五年から校生や装潢が記される（七33 34）。校生がいない場合は、経師に対し、書写の厳密性が期待されたか、あるいは経師が校正もおこなったかも知れないらしく、校生をおいたのちにも、布施が経師と装潢とだけについて請求されている。すなわち天平六年写経所啓には、最勝王経書写に従事した経師一〇人と装潢一人のため「応給功布」が記されるが（一582 583）、校生の布施はみえない。布施を請求している天平七年九月経師写紙并給絁布案（七39―42）・同十二月写経所啓案（七43 44）・九年十月高屋赤麻呂（?）写紙并布施啓（七120 121）・同十二月高屋赤麻呂写紙并布施啓（七122 123）などにも、経師と装潢の布施だけが記され、校生のそれは記されていない。校生の布施の初見は天平十年二月経師等行事手実であり（七145）、ついで同八月六日経師等造物并給物案に校生の布施も計上されており（七185）、また十一年三月写経司啓には経師と装潢だけの布施が記され、校生のそれはみえないような場合もある（二159）。天平十一年類収写経司解にみえる人別一日分の食米支給では、経師と装潢が二升二合、校生が一升四合となっている(6)（七273）。これは経師や装潢の技術が校生のそれよりもおもくみられ、その仕事が肉体的にもきつい作業とみられたからであろう。なお初期の写経所関係文書で、経師と装潢がさきに記され、校生があとで記されるのも、経師と装潢がおもんぜられたことが知られる。

校生の一日の作業量の標準は四〇張（二十四115）ないし六〇張（十四298）である。校正は校経（二181）・勘経（二182）とも記され、二校までがふつうで、[7]一校と二校の人を別にしている。天平十五年写疏論集常校帳に、花厳論について檜前万呂が一校・二校と副校をおこなったと記され（八384）、副校は校正を補助することであろうか。天平十三年写一切経経師校生手実帳に「読田辺」「読呉」「読川原」などみえ（二十四131 132）、「読」は校正のさいに読むことを意味する。この類は同年写経勘紙解にもみえる（二286—295）。天平十四年二月写一切経経生校生等手実案帳にも「読川原」（八2）「読大伴」（八3）などと記される。

写経所の末期には、構成員に校生がみえないで、校経僧があらわれる。たとえば神護景雲四年七月四日の奉写一切経所食口帳に校生が記されず（十七329—486）、石田氏の校生人名表には宝亀の初めころ校生の名がみえない。これは東大寺のための写経で、僧が校正に参加したことと関係があり、宝亀二年正月十八日の奉写一切経所解案に校経僧がみえ（十八111）、同二年七月一日から経師や装潢と並んで僧がみえる（十七461）。

◇装潢　初期の写経事業で経師だけがあらわれ、校生と装潢は天平五年からみえることをまえに記したが、養老職員令によれば、図書寮に装潢手や造紙手がいたから、装潢の仕事だけは図書寮でおこなわれたかも知れない。装潢の仕事は、染紙、紙の端切り、紙継ぎ、紙打ち、堺引き、軸・緒つけ、表紙つけなどで、これらは経師と校生の仕事のまえとあとにわけておこなわれる。一日の仕事量の標準は、天平十年写経司解に、上手が継と堺五〇〇張、端切二五〇張、中手が継と堺四〇〇張、端切二〇〇張、下手が継と堺三五〇張とみえ（七169）、天平十三年装潢所解に、継紫紙二〇〇張、一磑打四巻八〇枚、堺引四巻八〇枚、経端切表附竟六巻一一〇枚とみえる（七514）。装潢丈部広嶋の場合、一カ月間の行事は、九一一五張（継紙六〇五〇張、奉装経一七七巻用紙三〇六五張）と宝亀三年の手実に記される（二十

317)。

装潢の仕事は経師の書写とともに校生の校正作業よりもおもんぜられた。坤宮一切経書写が猛スピードでおこなわれたとき、伊豆国史生の長江田越麻呂をよびよせて従事させており（前述）、彼は装潢の技術にすぐれていたことが知られる。

◇瑩生　金字経書写の場合に、筆のすべりをよくするために用紙や題紙を猪牙でみがくのが瑩生の仕事であり、普通経ではおこなわれない（後述の村山連首万呂は校生で瑩生を兼ねた）。経軸をみがくこともおこなったといわれるが、軸をみがくのは轆轤工であった。

◇題師　とくに能筆のものが選ばれた。題師の書写の技術がおもんぜられたことは、布施額の比率にだいたいあらわれている。題師の布施は一巻に二文がふつうで、経師が願文一張に二文であるのと同額であるが、二文を得るためには、校生ならば麁経註経とも一〇張を校正しなければならず、装潢ならば造紙四張で二文、瑩生ならば瑩紙二張で二文となり、題師が二文を得るに要する時間は、経師・校生・装潢・瑩生らが二文をもらうに要する時間よりも短い。経題の文字はその経の看板となるから、それを書く能筆者の技術が高く買われたのである。題師の参加をみない写経が多いが、その場合は、経師が題師の代りをしたと考えられる。

つぎの技術者も写経事業を営むために必要とされた。

◇画師　天平三年八月十日の写経目録によれば、同六年四月十九日に写された随求即得陀羅尼経二巻・大仏頂陀羅尼経二巻について「裏在仏像」と記され（七20）、この仏画は写経所の画師によって描かれたと思われる[8]。同目録にはまた右の二経について「中菩薩像画」と記される（七25）。勝宝九年四月三十日の写書所解によれば、画師四人の作業として国分最勝王経の櫃に絵を描くと記される（四229）。宝字四年正月安都雄足牒に「経仏像早速令奉写図」と記すのも経に仏像を描くことであろう（十四325）。

◇筆工　写経所の筆を修理した。たとえば勝宝二年五月一日の食口帳に筆工一人が記される（十一228）。

◇漆工　宝字五年四月二十二日、写経所は経籤に絵を描くための朱の漆をつくる漆工一人を要求している（十五61）。宝字六年十二月の貢進文によれば、右大舎人の少初位上私部得麻呂は、私部酒主（二〇歳、但馬国気多郡余部郷戸主私部意嶋戸口）を「知塗漆」として貢進している（十六58・59）。漆工は、経典を収める辛櫃などをつくるさいに必要な漆塗の技術者であるが、酒主はおそらく得麻呂の一族であろう。

◇轆轤工　天平二十年七月十日東大寺写経所解案で奉写大般若経一部料雑物所用が記されるなかにみえるのが初見のようである（十310）。光明皇太后七々御斎会経の経軸をひくために、造東大寺司は轆轤工を造法華寺司に対し求め「件人等切要、仍所請如件」といい、あて名に「造法花寺司木工寮」と記されるのは、木工寮から造法花寺司に出むいている轆轤工があったからであろう（十四408）。職員令の宮内省木工寮条によれば、工部二〇人が所属することになっており、轆轤工はこの工部にふくまれるのであろう。

右のほか、写経所に勤仕したものに仕丁[9]・衛士[10]・雇夫[11]・僧[12]・沙弥・沙弥尼[13]・優婆塞・優婆夷[14]・童子[15]・浄人[16]・奴婢[17]などがあり、その奴には技術をもったものもいるが、それをのぞくと右の者らは非技術者であり、写経所の雑使などをつとめた。

写経所を管理運営する役職として、別当・知事・領などがある。たとえば別当の安都雄足は、東大寺の北陸庄園の経営にあたっていたが、宝字二年の初めに奈良に帰り、造東大寺司主典となり、これより写経所や木工所関係の仕事に従事した。翌宝字三年から四年にかけて、光明皇太后の発願により、法華寺の阿弥陀浄土院金堂が建立されることになり、当時写経所の別当であった彼は起用されて造営工事の別当になり、写経所の方は、彼の指図をうけて案主上馬養が管理した。

勝宝七歳七月十二日の造東大寺司政所符は、写経所の領の呉原生人らにむかい玉軸七〇〇枚をあてつかわすことを伝え（四69）、宝字七年正月三十日の経所解案に上日が報告されているなかで、領の上馬養の上日が最初に記され、つぎに経師らの上日が記されており（十六327）、右は領の地位と職掌の一端を示している。

知事は経典の出納などを管理した者で、天平十三年閏三月二十一日経巻勘注解にみえてくるが（七501）、たとえば天平十四年七月十三日納櫃本経検定并出入帳に、大乗大集須弥蔵経二巻・大集経月蔵分一部十巻について「右、依良弁大徳天平廿年正月四日宣、奉請弘明師之所、使僧寂雲」といい、知事として伊福部男依・他田水主・荒田井鳥甘の名が記され、つづいて宝星陀羅尼経十巻について「已上、依長官宮宣、奉請内裏」とあり、「天平廿年九月廿二日知阿刀縄万呂」と記され（二十四164 165）、他の例からみて、知事と知には差がないらしく、ともに出納などの管理者・責任者である。

管理者でないが、文書を記録・保管・作成し、別当らをたすける役をうけもった案主がある。前掲勝宝三年四月五日の写書所解に、経師・校生・装潢・史生のつぎに案主が記され、案主のあとに舎人・優婆塞・仕丁が記され（三497—499）、宝字四年二月写経所別当の安都雄足は、大野内侍の宣による法華経・梵網経・阿弥陀経あわせて三部の書写（経師一人）に必要な用度と布施を子細に勘注し、内裏に申し送るように令しており（二十五265）、案主の地位と職務の内容の一端が知られる。

写経所（総称）の人員は、石田茂作氏がいわれたように、求めるのが困難である。それは、下部の経所で人数が異なり、しかも時間的にも異なるし、のみならず、各個経所の経師らは仕事の繁閑によってあるいは写疏所へ、あるいは写後経所へ融通されていたから、全体の人数を得ることはむずかしい。石田氏は、幾分参考となるものとして写書所だけの人数を示す食口帳（勝宝二年―宝字元年）の人数を表にかかげ、ここの員数を標準として他の各個経所の人数を推定するだけで満足しなければならないといい、写書所一カ月間の構成員（書師・装潢・校生、舎人その他）の最高として勝宝二年四月食口の三三九一人をあげ、一日平均一一三人が写書所で働いていたといわれる（〈第10表〉）。

＜第10表＞　写書所の人員表

年	月	単口	書生	装潢	校生	他
勝宝 2	4	3391	2557	187	189	468
	5	2668	1957	184	249	238
	6	2282	1693	156	272	266
	7	2359	1646	148	327	238
	8	1968	1337	161	224	246
	9	1448	896	131	229	192
	10	1614	1029	140	206	239
勝宝 3	1	1266	737	123	146	
	2	2049	2197	162	204	
	3	1385	843	102	124	
	4	1193	762	83	133	
	5	1188	741	73	153	
	6	650	355	60	60	
	7	692	229	53	55	
	8	378	133	53	13	
	9	171	71	31	13	
	10	407	121	84	19	
	11	309	123	35	26	
	12	208	101	16	1	

（石田茂作『写経より見たる奈良朝仏教の研究』）

文書にあらわれる写経従事者の構成は一様でなく、たとえば天平十一年四月写経司告朔帳解によれば、三月行事は経師七六人（写経四六八巻）・装潢五人（装潢経三二〇巻）・校生九人（校経四二〇巻）であるが（七 225・226）、宝亀三年二月一日奉写一切経所食口案帳は、同年十二月三十日までの食口を記すが、そのうち十一月十八日・十二月十四日・同十五日の七五人が構成員の最高であり、十一月十八日の場合の内訳は、経師四四、僧五、校生九、案主一、自進二、仕丁七、優婆夷三、舎人四人となっている（十九228）。

　写経所の勤務者の仕事の内容と従事者数が知られる例に勝宝三年四月五日の写書所解がある。正月行事（正月一日～二十九日）を記したもので「経師已下雑使已上」単惣一二四六人といい、内訳は、

経師七三三人　四七七人写千部法華経・一五一人写寿量品〔已上人別写七帳〕、五人写間経〔人別写疏七帳、余八帳御書写〕、二九人写常疏・一〇人写間疏〔已上人別六張〕、六一人供奉礼仏、

校生一四六人　八六人校千部法華経・四〇人校寿量品〔已上人別校六〇張〕、五人校間経幷常疏・二人校間疏〔已上人別校五〇張〕、一三人供奉礼仏、

装潢一二三人　七九人造千部法華経・二〇人造寿量品紙・四人造間経幷常疏紙・二人造間疏紙〔已上人別造紙五〇張〕、四人造政所公文紙、二人張大徳御室窓、一二人供奉礼仏、

史生一五人

案主五〇人

舎人一五〇人　七六人雑使、七四人供奉礼仏、

優婆塞四人　守堂、

仕丁単一七四人　二九人沸湯、五八人食所駈使、二九人雑使、五三人打紙所、五人病、

と記され（三497―499）、写経所要員の構成、勤務者の仕事の種類と人数が知られる。

官人が写経所に勤務するには、(a)造東大寺司や写経所から官人派遣を官司に求める場合、(b)官人・僧侶から貢進する場合、(c)官人みずから希望する場合、などがある。

宝字二年六月二十六日の造東大寺司移案は右大舎人寮に丈部造子虫を御願金剛般若経書生として遣わされんことを求めている（十三334）。

宝字二年十月三日東寺写経所は嶋院に牒し、経師の将軍水通ら八人の名をあげ、大保仲麻呂の八月二十一日宣による金剛般若経書写のため派遣を請うている（二十五244）。嶋院は、そこに写経所がおかれ、東大寺写経所は嶋院に援助を求めているわけである。

宝字四年二月造東大寺司は、坤宮一切経書写のため、散位寮の秦太萊、左大舎人寮の広田毛人の派遣を二寮に請うている（十四367）。

宝字四年閏四月二十六日東寺写経所は、四月十五日大師仲麻呂の宣により、坤宮一切経書写のため、左大舎人少初位下信濃虫万呂・右大舎人大初位下丈部造子虫の派遣を二寮に請うている（十四393）。

造東大寺司や写経所から、書写のため官人の派遣を請われた官司は、送進文をつくり、官人を派遣する。たとえば宝字四年（月欠）十日坤宮官舎人長葛木男足校生送進文に、称讃浄土経を校正するため物部塩浪ら三人の舎人をさしむける旨がみえる（四459）。

初期の写経所では、もっぱら他の官司の下級官人ら（P類とよぶ）を動員して写経に従事させたが、のち写経事業が繁忙になると、民間から写経所勤務を希望する者を貢進させ、これらは里人や白丁と記される[18]（Q類とよぶ）。写経所文書で、官人の所属官司や、その官人の位階が記され、また里人も多くみえる例として、宝字二年九月五日の東寺写経所解（四303―311）をとりあげ、写経所の構成員について考えてみよう（〈第11表〉）。

(1)官人の所属官司は、乾政官（太政官）・坤宮官（紫微中台）をはじめ、信部省（中務）・文部省（式部）・礼部省（治部）・仁部省（民部）・武部省（兵部）・義部省（刑部）・節部省（大蔵）の七省にわたり、糺政台（糺政）（弾正台）・左京職などにもおよび、多くの官司から官人を動員している。坤宮官（紫微中台）は、写経所創始者が光明皇后であった関係で、官人を出していることは当然であり、造東大寺司は、写経所の組織が発展したものであるという関係から、これがその所属員（未選は未選舎人の意であろう）を出すのも不思議でない。このように多くの官司から分散的に動員し、しかもそのさい四等官以外のものに限っているのは、官司の運営に支障をきたさないように考慮が払われたからである。

(2)官職と身分別にみると、第一位が白丁の三四人で、これにつぐのが散位二六人、史生一六人、舎人一五人（坤宮官未選・造寺司未選も舎人らしく、この四人を加えると舎人は一九人）書生一一人、その他は四人である。白丁が約三〇％以上を占め、これはP類に対するQ類の比率の一例を示している。

(3)散位の二六人は全体の約四分の一以上にあたり、舎人の一九人は約五分の一以上に相当し、これらも全体のなかで占める比率が大きいのは、令外の官司の写経所がいわばたくみに遊休人員を動員しているわけである。(19)

(4)舎人は書算にたくみなことが任用条件とされており、各官司の史生も書記役であるから、それらのものが、写字にたくみな技術者を必要とする写経所に動員されることは適材である。写経所では、題師と経師がもっとも写字に上手であることを必要とした。

(5)位階別にみると、最高は正六位下で、わずか二人にすぎない。無位の五三人（全体の約二分の一）がもっとも多い

<第11表>　宝字2年9月5日東寺写経所解

	無位	少初		大初		従八		正八		従七		正七		従六		正六下	計
		下	上	下	上	下	上	下	上	下	上	下	上	下	上		
乾政官史生											1						1
右弁官〃		1															1
坤宮官舎人	2		2			1											5
坤宮官未選	2																2
信部省内記																1	1
大舎人	2	1		6						1							10
内史局書生	1																1
内史局装潢	1																1
文部省史生							1										1
文部省蔭孫	1																1
文部省書生	5		1		1		2			1							10
文部省位子	1		2														3
文部省留省		1		1													2
散位		7	5	2	3	3	2	1			1	1				1	26
礼部省史生									1								1
仁部省〃									1								1
武部省〃	1																1
義部省中解部															1		1
義部省史生					1												1
節部省〃									2								2
糺政台〃						1											1
左京職〃	1																1
造寺司未選	2																2
白丁	34																34
計	53	10	10	9	5	5	5	1	4	2	2	1	0	0	1	2	110

(大日古 4—302～311)

のは、白丁三四人をふくむから当然としても、白丁をのぞくとしても残り二九人のP類は全体の約四分の一以上を占める。最高の正六位下二人から無位のあいだをみると、少初位の二〇人がもっとも多く、つまり写経所に動員されたP類は下級官人であることを示しており、これもまえに述べたようにその官司の運営に支障をきたさない方針がとられたのに照応する。

このような下級官人の動員のしかたは経師等上日帳にもあらわれ、位階の最高は、天平二十年八月の上日帳では従七位下、勝宝元年八月の帳では正七位下、同二年八月の帳では正七位上である。

(6)後期の写経所は造東大寺司の管轄下にあり、造東大寺司の四等官のうち、兼官の者はすべて兼官を称しているが、他の官司から写経所に出向する者は兼官を称していないことが山田英雄氏[20]によって指摘されている。これは、他の官司から写経所に勤務しても、その者にはそれが兼官とならないことを意味し、このことは写経所が令外の官で、しかも特殊な官司であったことを語っている。

P類の経師らは、中央の官司に仕える官人が大部分であるが、ときには地方の国衙からも召される。たとえば宝字五年五月九日の奉写一切経所解案に伊豆国史生少初位上の長江田越麻呂がみえ、四年八月八日より五年四月二十日まで上日一八七日と装潢紙三三三〇九張が記される（十五56 57）。

これよりさき宝字四年二月十日光明皇太后の令旨により坤宮官御願一切経として（五542）藤原仲麻呂の宣で一切経一部（三四三三巻・用紙六七九三五張）の書写がはじめられたが（十四308 365 366）、六月七日皇太后が崩じたので、この一切経は一周忌斎会に供することになり、翌五年二月九日に書写を終り、校生・装潢・題師の仕事も五月に完了した。いっぽう皇太后の崩じた日に即日の宣によって称讃浄土経一、八〇〇巻（用紙一八、〇〇〇張）の書写が企てられ、長江田越麻呂が伊豆から遣わされたのは前者の一切経の装潢にしたがうためで、この写経に従事した者は経師一三〇人、校生二二人、装潢一〇人、題師三人で、多数の従事者により、比類少ない書写速度をもって完成された。これと同じ写経にたずさわった京外のものとして河内国史生従七位上中臣丸連馬主がある。彼は宝字五年正月六日の奉写一切経所解案の召継人らのなかに記される（十五2）。ただ馬主は「右三人雑使」のうちの一人と記され、写経や校正にしたがったのではないが、彼の官職が史生で、ほかに左大舎人の山県久須麻呂・散位正八位下賀茂馬養らとともであるから、仕丁などがつとめる雑使ではなく、書記や使節をつとめたのである。このように地方の国衙から召されるのは特殊の場合であり、例は少ない。

写経従事者の官人の本司が大量に知られる例として経師上日帳がある。

◇天平二十年八月以来経師等上日帳　帳の途中と末尾欠のため、本司や身分の不明なものがあるが、ともかく知られる範囲の者を記載順にひろうと、皇后宮職舎人九人、東宮坊舎人七人、散位一四人、式部省書生五人、図書寮書生九人、位子六人、兵部省位子一人、弾正台史生一人、膳部（大膳職と内膳司の膳部のうちおそらく前者が本司であろう）二人、未選舎人二四人、里人二九人、図書寮未選四人、優婆塞六人、本司や身分不明（文書が切れているため）三七人（十336—374）。

◇勝宝元年八月以来経師上日帳　史生二人、本司と身分の不明が八九人（史生二人と帳に記されるが、つぎの八九人も史生らしい）、式部省蔭孫三人・位子四人、書生七人、散位一五人、兵部省一人、大膳職一人、図書寮五人、未判書生二人、自政所来舎人九人、本司不明五人（三280—311）。

◇勝宝二年八月経師上日帳　首部欠で紫微中台舎人八人、左大舎人一三人、右大舎人九人、図書寮書生五人、式部省散位一四人（このほか散位寮散位四九人が別に記される）、兵部省位子一人、大膳職膳部一人、年少舎人一九人、未選舎人一六人（三426—458）。

これらの従事者には校生や装潢もふくまれるが、本司や身分別にみると、舎人・散位・書生の多いことが注意されよう。

令制官司の定員のうちもっとも多いのは左右大舎人の各八〇〇人、つぎが東宮舎人の六〇〇人、中宮舎人の四〇〇人である（左右兵衛も舎人と同じで、各四〇〇人であるけれど、写経所に勤務したのは左右大舎人・東宮舎人・中宮舎人であって、兵衛は武官系に属するから、写経所につとめた形跡はない）。令外の官の舎人で写経所勤務者となったものに皇后宮職舎人があり、その定員は四〇〇人と推定される。人数の多いこれらの舎人が写経に従事することが多かった。

大舎人・坊舎人・宮舎人・職舎人ら（X類とよぶ）が写経に従事した以外に、写経所専属の舎人があり（Y類とよぶ）、その職掌は写経以外の仕事のようで、校紙、雑使、供奉礼仏、金字経曝（さら）し、経軸つけ、掘土など多様である。[21] 天平十一年二月二十八日写経司解に校生と雑使舎人が並記されており（七224）、校生のなかには大舎人・坊舎人・宮舎人・職舎人らがふくまれ、それ以外に雑使に従う舎人がいたわけである。

諸官司から官人が写経所に出向する場合に、式部省が出向を管理するらしいことは、宝字四年六月十一日の東寺写経所移案に、乾政官左弁局史生大県道継以下二六人の歴名について「右弁六人、自文部省来」と記し、ほかに歴名はみえないが、「又卅人」「又装潢四人」「又校生十人」について「右、自所々来」と記し、これらを文部省あてに通達しているのによって知られる（十四397 398）。また同年六月八日文部省経師歴名に、「文部省」という書き出しのつぎに「合十三人」と記し、つづいて信部史生正八位上秦忌寸真藤ら以下の官職・位階・人名が記されるのも（十四346 347）、式部省が官人出向を統轄していたことを示す。職員令に式部省卿の職掌について、内外文官の名帳・考課以下、功臣の家伝・田のことをつかさどると規定され、出向管理のことはみえないが、内外文官の名帳をつかさどるのが式部卿の任務であることを思えば、式部省が官人の出向を管理するのは不思議でない。

写経所に勤務したばかりのものは新参入者（館息人、三48 49）・新参入経師（山下咋万呂、二505）とよばれた。

経師が病にかかったとき、仕事を辞すことを願い出る。散位従七位下辛由首は「眼精迷矇、不堪取筆」といい、皇后宮職は彼の願いを散位寮に伝えている(二十四13)。

官人の経師らは写経所の作業が終れば本司に帰るわけで、宝字四年七月二十日の東寺写経所経師返向文案には史生大初位下土師広内について「右人、依事畢、返向如件」と記す(一四412)。また本司の都合によって写経のなかばで本司に召還されることもあり、宝字二年十月二十五日に散位寮は後家阿万呂ら三人に繍儀伏旗をつくらせるため東大寺写経所に対し、返向させられたい旨を牒した。これに対し東大寺写経所は「取帙未畢、不便交手、望請三箇日其事令了、即令参向、今具事状、以故牒」と答えている(十四208209)。

写経所に勤務した官人が得た特典は、第一、布施を与えられることである。第二は東大寺の落成や黄金の出現などの慶事のさいに位階が昇進することである。位階昇進の特例として、天平神護元年二月の御願大般若経師等上日并行事案帳がある(十七1―7)。五つの造東大寺司移案(A・B・C・D・E)からなるが、とくにEには左大舎人少初位下科野虫麻呂ら計一六人が恩勅による叙位の例にあずかるように請うている。すなわち、道鏡の宣により、宝字八年八月十六日から御願大般若経書写に従事していたが、九月十一日仲麻呂の乱がおきたので、造東大寺司の官人が科野虫麻呂らをひきいて内裏にはせつけたが、藤原縄万呂の宣によって司家(造東大寺司、ここでは写経所もふくむと考えられる)に帰り、そこを守るように命ぜられ、一六人はそのとおりに守った。翌九年正月七日に天平神護と改元する勅が出され、去る宝字八年九月十一日より十八日(仲麻呂誅)まで、職事および諸司の番上、六位以下の者で、乱鎮圧に参加した人に一階を加えるという宣命が出され、それにより六日のちの正月十三日に右の一六人について叙位が申請された。

写経所に勤務した者は、特典の第三として、写経を監督した者の場合は、監督したことが官人としての考中行事にかぞえられる。たとえば小治田年足の宝字三年八月一日から四年七月卅日までの考中行事として「令奉写雑経二千五百六十巻」「令装潢紙二万三千四百七十二張」が「催令作経師所板屋□（三）宇」「催令山作東如法院料材七百卅九物」「催令作如法院一区」「供奉礼仏三度」とともに記される（二十五270）。

写経所勤務者の過誤については、罰がおこなわれている。天平十一年八月十二日の写経司解には、舎人の安曇広麻呂と加良佐土麻呂について「右、二人任意不上、自今以後応駈使政所、仍録状申送」といい、史生の小野国堅と高屋赤麻呂が自署し、舎人市原生の名も記される（七390 391）。天平二十年八月十一日の写疏所解によれば、角勝万呂は七月二十八日の所為について過徴物として、八月十三日に宴を設けることを定められ、実行した（三110）。民豊川と文部新成は宝亀二年閏三月宮仕不参により布一端を進上しているが（六165）、宮仕は写経所勤務をさす。

写経所での勤務の様態について注意されることをまとめておこう。

〈上番と下番〉　写経所でおこなわれることのなかで、令制に規定のないものがかなりあり、布施の支給もその代表的なものであるが、勤務のしかたもそうである。たとえば散位は分番のなかに入るべきものであるが、散位の勝広埼の勝宝元年上日は二五二日で、一年の半分一八〇日をこえ（三304）、分番ならば一八〇日以下となるべきものである。これに関連することとして写経所の上番・下番の制が注意される。[22]月の前半勤務を上番といい、後半勤務を下番といっており、同人が上番と下番にも勤務している。たとえば天平十一年七月十二日写経校帳に、土師宅良は九月一日から十四日まで上番、十月十六日から二十一日まで下番と記され、広瀬伊賀は十月二十二日より二十八日まで下番、辛国人成は八月二日より十日まで上番、九月三日より六日まで上番、海（部）秋麻呂は八月二日より十五日まで上番、十六日より二十日まで下番と記され、そのほか鴨庭麻呂・凡国足の場合も同様に上番・下番と記される（七381―386）。これらは、月初より十五日までの勤務を上番、十五日以後のを下番とよんでいるに過ぎず、下番の期間にも校経に従事しているのであって、下番は写経所から帰宅することではない。上番と下番のことは、ほかの写経校帳の断簡にもみえるが（七386―390）、右のように考えて破綻を生じない。

令制で上番が政府に出仕することであり、宮衛令兵衛上番条に「謂自本国初上者」とみえ、下番が生家に帰ることであることは宮衛令上番条に「凡宿衛人。応二当上番一。而有レ故不レ得レ赴。及不番須二一日程以上行一者。皆於二本府一申牒。具注二所レ行之処一。若不レ満二一日程一者。聴二暫往還一。」とあり、その下番の行程について義解が「謂。其計レ程者。従二私家一計。不レ従二本府一。故云二下番一也」といっているところから知られる。したがって写経所での上番・下番は、令制の長上に対する分番とちがうものである。舎人も令制では分番であるべきであるが、写経所では、たとえば路虫麻呂の場合、天平十七年から勝宝元年まで各年の上日が一八〇日をこえている（二十五115・116）。

〈考唱不参〉　写経所における勤務形態として非令制的なものに考唱不参がある。[23]宝字二年九月二十八日の造東大寺司解に、史生尾張広足について、期限づきの勅旨金剛般若経の書写のため寺家にあり、考唱の庭に参向させえない旨を記す（四323）。同年十月十二日の東寺写経所移案（左右大舎人寮あて）には、左大舎人の田上嶋成・丸部人主、右大舎人の若宍人百村・丈部子虫らが寺家で勅旨経の書写にあずかっており、期限づきの書写であるため、考唱の庭に出向させることができない旨を記し（十四189）、なお同日の東寺写経所牒は右の田上嶋成ら四人について考唱不参を御書所に牒し、造寺司主典安都雄足が牒に自署している（十四190）。この宝字二年類収考唱不参歴名には、礼部省史生山田史

＜第12表＞　写経生等請暇・不参解

本人						家族		
理由	人数	%	理由	人数	%	理由	人数	%
病	67	35.8	田租	1	0.5	母病	3	1.6
帙了	39	20.8	私買田誤勘定	1	0.5	男死	3	1.6
洗衣	8	4.2	不堪身力	1	0.5	男病	2	1.0
斎食	8	4.2	身痩	1	0.5	姑死	2	1.0
盗難	3	1.6	疲	1	0.5	父死	2	1.0
急事	3	1.6	私祭礼	1	0.5	故	2	1.0
私神祀奉	3	1.6	祠祀	1	0.5	父病	1	0.5
為計帳奉	2	1.0	三宝供養	1	0.5	妻病	1	0.5
可奉御油	1	0.5	一切経籤	1	0.5	家内病	1	0.5
菩薩油奉	1	0.5	私経奉写	1	0.5	伯父病	1	0.5
為奉御燈	1	0.5	依法例	1	0.5	病人	1	0.5
依父衣具可進	1	0.5	為息起	1	0.5	私家重患	1	0.5
家修理	1	0.5	知識悔過	1	0.5	兄死	1	0.5
家破	1	0.5	従聖像	1	0.5	妹死	1	0.5
障	1	0.5	身沐浴	1	0.5	従母死	1	0.5
塩取	1	0.5	不明	7	3.5	家内人死	1	0.5

（史料は竹内理三編『寧楽遺文』下 573～609 頁による）

浄人、武部省史生土師宿禰弟主、中解部韓国連毛人、義部省史生韓国連千村、節部省史生広田連広浜・秦伊美吉豊穂・左京職史生和画師雄弓ら七人の考唱不参が記される（四344・345）。光明皇太后崩後における大量写経進行中の宝字五年五月十四日の装束忌日御斎会司牒は、内膳部膳部少初位下日下部衣嶋が経師らのための炊事で繁忙であるので、列見に参向できない旨を文部省（式部省）に通知しているが（四503）、御斎会司のように令外の、しかも臨時の役所が式部省に通知する文書形式は解でなく、牒であるのは、皇太后の斎会を営むこの司の地位を示すものであろう。

〈請暇解〉　いうまでもなく経師らは昼間写経所で書写などに従事し、夜間は経師息所に泊ったが、上日帳に記されているように多量の写経で、繁忙をきわめる場合は夜間も勤務し、一カ月中の昼夜ほとんどを写経所で過さなければならない場合もあった。しかし、病気にかかったときや、巻帙がいちだんらくついたときとか、自家で用事や事故がおきたときは、請暇解（〈第12表〉）を出して私宅に帰った。請暇の理由では、病気が最も多く、座業と食事のよくないことが原因らしい。「田租」「為計帳奉」とか「私買田誤勘定」などをはじめ、神仏の祭祀法要などのためと記され、社会生活や家庭生活の断面が知られる。

〈召文〉　巻帙が終了しないうちに帰宅した場合、あるいは請暇の日数を過ぎて帰参しないとき召文が出される。たとえば宝字二年八月十九日写経所召文に、経師五人（前部倉主・粟前咋万呂・高東人・王馬甘・子部多夜須）について「右人等、写始　御願経、未畢輙退、仍追喚如件、莫延遅」といい、造寺司主典安都雄足と使の額田部弟正の名がみえ、弟正は「依例充馬食」と記され（四290 291）、馬と食事を給する例として同四年九月二十七日奉写一切経所経師等召文（十四444 445）をまえにあげた。宝亀二年類収の奉写東大寺一切経所経師召文案には「召経師丸部豊成」という書き出しで、ほか八人の名を記して「右、依不仕奉　勅旨追喚、宜承知此状、不過今日参向、今故召」とみえる（十九132）。

宝字五年正月六日の奉写一切経所解には、豎子と召継舎人らの行事を報告し、経師・校生・雑使ら計一二人の交名を記し、うち経師手嶋広成・校生次田広名の二人を召継舎人といっている。これは正月六日以前から継続して写経に従事した者の意味であろう。

（1）官人という語が史生をふくまないことは、たとえば、延喜雅楽寮式仏会条に「官人史生各一人率楽人等供奉」とみえるのによって知られるが、本論では民間人に対し、官に仕えるものという広い意味でこの語を用いる。

（2）手跡を考試して出身させることは、式部省の場合、日本後紀弘仁三年十月乙巳条にみえる。

（3）田中塊堂『日本写経綜鑑』

（4）図書寮の装潢手・造紙手について平野邦雄氏は、某手とあり、借品部たる紙戸と関係がなく、古記によれば大宝令には某生とあったらしく、おそらく白丁をあてるたてまえであったが、実際では、それには秦氏出身者が多く（「秦氏の研究」史学雑誌七〇の四）、写書手や装潢手は、品部制と無関係な工人的属僚といわれる（「部に関する若干の修正的研究」九州工業大学報告、人文社会科学三）。

(5) 山田英雄「写経所の布施について」（日本歴史二〇八）

(6) 天平十一年類収写経司解にみえるほかの者の人別料米は、司人一升二合、供養所舎人八合、傭人二升である。

(7) 校生によって誤字や落字などが勘出されるが、経師の誤字として、変を恋とし、間を聞とし、令を今とし、火を大と写した例がみられる（七403）。

(8) 荘厳経の一種として、見返しに経典にちなんだ仏像・菩薩像を描いた例は石田茂作氏の『写経より見たる奈良朝仏教の研究』二四五―二四六頁参照。石田氏は、画師が勝宝五年以後の経所にみられるといわれるが（同書二〇九頁）、それよりまえにもみえるようである。

(9) 仕丁については弥永貞三「仕丁の研究」（史学雑誌六〇の四）に詳細な考察が展開されている。

(10) 衛士が軍役以外の労働に駆使された例として、天平十七年造宮省移の場合があり（拙著『日本古代の政治と宗教』所収「造宮省と造京司」）、写経所・造寺司の場合、天平十一年七月十二日皇后宮職移の火頭九人（二352）、天平十九年五月二十八日文部石床食物雑用注文の「衛士等給料」の例がある（二十五97）。なお火頭は、天平十一年六月三

日類収の写経司解に火頭一一六人の月料米二石三斗二升と記されるのが初見のようである（七271）。左勇士衛火頭藤原部安麻呂は駆使に従事した（十五6 7）。同じ左勇士衛火頭の園部（曾禰部）八月は宝字四年十一月より五年三月まで東大寺奉写一切経所に服仕し、左勇士衛に返上された（十五24 29 37 39）。

(11) 雇役に関し、青木和夫「雇役制の成立」（史学雑誌六七の三・四）の雄篇がある。

(12) 僧の徳豁は、勝宝三年二月三論宗の僧の求めで写経所から開元目録一九巻（黒帙二枚）を渡す使をつとめ（三549）、同年七月少僧都の牒による涅槃経疏一五巻（宮一切経）の奉請使をつとめた（三552）。神範は同年六月三論宗洞真師の状により目録（大小乗）を奉請する使者をつとめている（三550）。玄愷は、同年八月造寺次官今毛人の宣により、唯識論疏一部一〇巻・了義燈一部七巻を法性宗承教師のところへ運ぶ使となった（三553）。

(13) 沙弥が請経使をつとめた例に勝宝元年・二年の正戒（十628 629、十一227）、勝宝二年の勝香がある（十一370）。返経使をつとめた例に、勝宝二年に正澄（十一257）、勝宝七歳に正恵がある（十一262）。奉請使の例はこの期に朗慧・定宣・泰敏・勝覚ら、そのほかにも多い（三543―554）。奉請使をつとめた沙弥訓善は勝宝三年二月六日に沙弥とみえ（三543）、同二十五日と三月十日も沙弥と記されるが（三

544 545）、四月十三日には僧とみえる（三547）。沙弥尼の信法は宝字八年十一月内裏より大般若経料の銭と紙を写経所にあてる使者となった（十六517）。

（14） 正倉院文書に優婆塞・優婆夷貢進文が少なくないことは周知のとおりで、貢進された優婆塞は写経所などで経典の奉請や返送使をつとめた。優婆塞らはそこでの勤務をふみ台として僧となることを望み、出家人試所が設けられた（堀池春峰「優婆塞貢進と出家人試所」日本歴史一一四）。

写経所の優婆夷の例をひろうと、宝字四年七月二十九日経所解案に、勝部造酒主女について五月一日より七月三十日までの上日が記される（十四415 416）。官人以外の上日が報告されるのは、官司が次期の食料をもらいうける予定のためである。

赤染玉宮女は、宝亀元年十月奉写一切経所より被一領、温帳一条をうけ（六15）、宝亀三年四月白米二斗を賑給され（六280）、同十一月銭二〇〇文を借りた（二十312）。

（15） 勝宝二年七月の写書所食口のなかに堂童子一八人と記される（十一231）。宝字四年東大寺写経所布施奉請状に堂童子二人とみえ（四443）、抹消されているが、おそらくこれも経堂の雑用に従事したのであろう。宝字六年正月十四日造石山寺所食物用帳によれば、童子月足が黒米運搬をつとめたことがみえる（五24）。同年八月十二日の経所食物下帳に、童子宮守が白米運搬に従事したと記される（十五497）。

（16） 勝宝七歳八月十六日元興寺三綱牒の浄人小依（四72）、神護景雲二年九月九日越中国東大寺墾田野地図目録帳の浄人浄浜（五691）、宝亀七年六月八日奉写一切経所食口案帳の浄人（六100）、年欠（宝字八年以降？）の北倉代中間下帳の浄人千嶋（十六586）などは、諸寺の僧侶の支配下にあり、主として寺の清掃や、物品・文書の送達などの雑用に服したもので、身分は仕丁より低く、自進に並ぶものである（直木孝次郎「浄人について」続日本紀研究五の三）。

（17） 天平二年七月四日写書雑用帳に奴北理について「給衣一、袴一」と記され（一394）、写経所の奴の初見のようである。天平十二年二月二十九日の写経司解に三月分の食料を請い、経師二四人・装潢三人・校生六人・舎人二人・女豎一人・火頭三人・奴一人・婢一人とみえ（七275）、写経司構成員の種類と人数が知られる。奴の乗爪万呂は勝宝三年維摩経疏一部六巻を写経所から寺主平栄のところへ運ぶ使となった（三556）。奴の真塩は天平十一年小僧頭永弁のところから大品般若経四〇巻を写経所に送る使となった（七176、八336）。勝宝九歳四月三十日の写書所解では、婢六人が一切経厨子の覆紐をつけることに使役されている（四230）。奴婢については直木孝次郎「寺奴の職掌と地位について」（南都仏教三）にまとめられている。

（18）　白丁の定義については虎尾俊哉「律令用語としての白丁」（日本歴史四八）参照。
（19）　写経所勤務者のなかに多い散位に関し、山田英雄氏は、白丁から官人となることを望んだものも、せいぜい史生・書生までであって、たいてい舎人どまりで散位に入れられ、あるいは里人（白丁）・位子から直接に散位となっていることを指摘し、下級散位が増加している状況も指摘された（「散位の研究」日本古代史論集、下）。山田氏の論考は散位について起源・定義・成立要因・待遇・贖労銭制および散位と下級官人との関係のほか、地方における散位の存在に関し考察をひらかれた。

（20）　山田英雄「写経所の布施について」（前掲註5）
（21）　写経所の舎人については、拙著『日本古代の政治と宗教』所収「トネリ制度の一考察」参照。
（22）　山田英雄「写経所の布施について」（前掲）
（23）　神亀三年二月己巳紀によれば太政官奏で「諸選人於官引唱不到者」の場合、考をくだし、労年を減ずることに定められ、選叙令応叙条集解にも弘仁式の規定が引用されており、これらにもとづいて延喜式部省式選人引唱条が成立した（宮城栄昌『延喜式の研究』史料篇三七四―三七五頁）。

二　里人とその貢進

宝字二年九月五日の東寺写経所解（〈第11表〉）の人員一一〇人のうち、最も多いのは白丁三四人であったように（前述）、初期の写経所に諸司官人だけが動員されていたのとくらべていちじるしいこの相異は、写経事業が拡大されたことや、経師や校生として適当な者が民間からも貢進されたことによる。写経所文書のなかから経師等貢進解（文）を年代順に整理すれば〈第13表〉のとおりである。貢進解には、被貢進者、その国郡郷・年齢・戸主や、貢進者、あて名、判許者の異筆書込みなどを記す場合と、そのほかに貢進の事情や採用希望を求める文も記す場合とがあり、後者に属するものの解文の要点をつぎに記した。すなわち、これは、〈第13表〉に示した事項以外に注意される記載をふくむ場合だけを記したものである[1]。

(1)宝字二年七月十七日長背広足経師貢進解には、少初位上秦勝常陸を五百瀬尊あてに貢進し、池原禾守が「奉遣経師如前」と書きそえ、許可している（四275・276）。広足と五百瀬とは知人の関係にあるとみられる。

(2)宝字二年六月二十二日僧平仁経師進上解の被貢進者益国は散位寮散位少初位下である（十三331）。

(3)・(4)宝字二年九月十二日坤宮後坐三尾隅足書生貢進啓の被貢進者の土師五百国は左大舎人大初位上、丸部人主は大初位上である（四314）。

(6)宝字四年十一月十九日池原禾守牒には、被貢進者大隅公足について「右、元是校生、転為赤染広庭之替、然公足元（无カ）熟経事[2]、仍□遺彼所、宜察此趣、充紙并本経、於此令写耳」といい、津守宿禰長川について「是文部省額外位子、□才堪為校生、仍進大隅公足之替」と述べている。公足は赤染広庭のかわりとされ、公足のかわりに長川が貢進されている（四453）。

(7)（宝字四？年）二十七日僧脩浄啓（書写務所あて）に舎人大網清人を校生に貢進し「右、于太郡人、自私庄近乞云、今写経欲任交（校）生者、不得停止、伏請処分、若開其所、垂鴻恩沢、幸甚々々」といい（十四376・377）、脩浄にとって清人は近隣の知人という関係とみえる。

(8)宝字六年四月十六日大工益田縄手経師貢進啓は、勝部小黒あてに、左大舎人秦男公を経師の例に加えられたいことを請い「伏乞未嘗有好止母、主尊蒙恩光、必欲預于彼経師例、勿返却」といい（十五461）、採用をつよく願っている。小黒は勝部小黒ならば経師で、宝字二年散位寮散位である[3]。

(9)・(10)宝字六年閏十二月二十三日土師名道は右大舎人無位土師文依と位子無位大伴大田名継の二人を「堪写経」の

年齢	戸主	貢進者	あて名	大日古
		長背広足	五百瀬尊	4-275
		僧平仁	伊予次官殿門	13-331
		三尾隅足	東大寺第四殿門	4-314
		池原禾守		4-407
		池原禾守		4-453
		僧脩浄		14-377
		大工益田縄手	勝部小黒	15-461
		土師名道		16-112
		本人		5-332
		土師名道		15-307
		秦家主	道守	25-344
	矢作広麻呂	大僧都法進		17-174
		念林老人		17-198
	志貴県主忍勝	凡海連豊成		6-129
	飽波男成	上馬養		
	大田部直乎多麻呂	沙弥慈窓		6-126
		上馬養		20- 63
		——		20- 63
		僧興弁	(寺主玄愷)	22- 40
38		藤原朝臣種嗣	(次官佐伯真守)	22-371
		葛直継	東大寺判官	6-583
		広田清足	道守尊者	22- 39
31	本人	——		22- 40
28	本人	——		22- 40
		川村副物	経所諸尊	22-372
		田辺真人	勝部小黒卿	22-373

と一致しない場合もあろうが，また一致する場合がないとはいえない。

＜第13表＞　経師校生の貢進

	年	被貢進者	国郡郷
1	宝字 2	秦勝常陸	
2	2	若倭部益国	
3	2	土師五百国	
4	2	丸部人主	
5	4	上毛野名形麻呂	
6	4	津守宿禰長川	
7	4 ?	大網清人	
8	6	秦男公	
9	6	土師文依	
10		大伴大田名継	
11	6	和雄弓	
12	?	十市正月	
13		他田豊足	
14	?	尾張足人	
15	景雲 4	矢作広嶋	上総国武射郡畔代郷
16	4	念林宅成	
17	宝亀 2	県犬甘宿禰真熊	河内国志紀郡大路郷
18		飽波飯成	近江国犬上郡野波郷
19	2	矢作部広益	相模国高座郡土甘郷
20	3	紀山村臣足公	
21	3	山部臣諸人	
22	4	刑部稲麻呂	上総国市原郡江田郷
23	4	坂本朝臣松麻呂	左京一条二坊
24	6	従者相知	
25	——	八千万呂	
26	——	田上史嶋成	右京八条二坊
27	——	陽胡史乙益	左京九条一坊
28	——	若桜部臣梶取	
29	——	田辺岡麻呂	

〔註〕あて名のうちカッコをつけたものは判許者である。判許者はあて名

者といい、貢進している（十六112）。

(11) 宝字六年閏十二月九日和雄弓啓には、主奴[4]左京下生和雄弓という書き出しで「願供奉経所事」といい「右雄弓、頃者聊有私願、数旬之間、可為斎食、伏願幸垂殊恩、預書者例、則生活得便、私願亦果、但恐曾無犬馬之仕、頻蒙庇

蔭、不勝仰望之至、軽驚竜門、死罪死罪頓首頓首、謹啓」と述べている（五332）。これによれば、写経所勤務を願う理由は、斎食をすること、および布施をうけて生活をらくにすることにあった。

(12)・(13)（年欠）正月二十日土師名道書生貢進啓に、十市正月と他田豊成は「堪写経」にかかわらず「未預撰定之例」なので「欲願書生、無任仰望之至、軽奉不次、死罪頓首」といい（十五307）、採用を願望している。

(15)景雲四年六月十四日大僧都法進は、経師として、矢作広嶋（上総国武射郡畔代郷戸主矢作広麻呂戸口）を貢進し（十七174）、法進は貢上文に自署している。

(16)景雲四年六月二十七日一切経司主典念林老人は、経師として念林宅成を貢進しており（十七198）、老人と宅成は同族であろう。

(17)・(18)凡海連豊成・上馬養経師貢進文には異筆で判入と書かれ、別当法師奉栄の名がみえる（六129）。判入は貢進許可を意味することはいうまでもない。

(22)宝亀四年六月八日僧興弁は、刑部稲麻呂（三八歳、上総国市原郡江田郷戸主刑部荒人）を経師として貢進しており、異筆で「勘知寺主玄愷」と記される（二十二39）。興弁が東大寺の寺主に依頼したのであろう。

(23)宝亀四年十二月十四日近衛員外少将藤原朝臣種嗣（継）は、坂本朝臣松麻呂（左京一条二坊人）を校生に貢進し「右人、東大寺造奉一切経欲預校生」といい、自署し、これに対し次官佐伯宿禰真守は「判収」と書き、自署している（二十二371・372）。

(24)宝亀六年二月二十八日式部葛直継は、従者の相知（名欠）を校生に貢進し「願預一切経校生、一二月間、欲得活也、不任仰憑、濫申嘱請、幸垂恕恵、恐々謹啓」とのべ、東大寺判官に依頼している（六583）。

(25)（年欠）正月二十二日広田清足経師貢進啓には、経師として八千万呂を貢進し、「冀察此状、垂恩処分、謹状」と述べ、堅魚麻呂に付して、道守尊者に願い出ている（二十二40）。

(26)・(27)田上嶋成・陽胡乙益を貢進した者の氏名は欠けているが、嶋成と乙益が自薦したのでないことは、解に「申貢舎人事」とあるのによって知られる。なお嶋成と乙益については「能写書」と記される。

(28)（年欠）七月二十六日川村福物校生貢進啓に、式部蔭孫若桜部朝臣梶取を貢進したが「但未申官司、乞照此趣、且任用之、後日申於官司、可在之状申上」と経所諸尊あてにいっている（二十二372）。これは、式部省にことわらずにしばらく校生として用い、あとで式部省に事情を申し、承諾をとる予定である、との意味であろうか。このように解してよいならば、当時の省が官人を統轄することにおいてルーズであったとか、写経のためには思いきったことがおこなわれ、官司の綱紀も弛緩したことなどが推測されてくる。

(29)（年欠）九月十日田辺真人校生貢進状には、大舎人田辺岡麻呂について「親族之道、不得黙遁」なので、なお校生の例に加えられることを小黒卿につよく願っている（二十二373）。

＜第13表＞の被貢進者には、(2)若倭部益国の散位、(3)土師五百国の左大舎人、(6)津守長川の文部省位子、(7)大網清人の舎人、(8)秦男公の左大舎人、(9)土師文依の右大舎人、(28)若桜部梶取の式部蔭孫、(29)田辺岡麻呂の大舎人のように、里人でない者がふくまれ、位階をもつ者として(1)秦勝常陸・(2)若倭部益国・(3)土師五百国・(4)丸部人主の例があるけれど、里人も多い。本貫が記される(15)矢作広嶋・(17)県犬甘真熊・(18)飽波飯成・(22)刑部稲麻呂・(23)坂本松麻呂は里人であり、本貫の記されない(12)十市正月・(13)他田豊足・(14)尾張足人・(16)念林宅成・(20)紀山村足公・(21)山部臣諸人・(24)従者の相知らは無位で、里人のなかにいれてよい。

里人が能書などの技術によって写経所に勤務し、それを踏台として位階を与えられ、官人機構にむすびつき、地位と生活の向上をはかった点が注意されるのであって、官人の被貢進者よりも、里人の被貢進者の場合を重視したい。〈第13表〉の被貢進者には官人もふくまれるが、右に述べた観点から貢進について考えられるところを左に整理しよう。

(イ)貢進者には造東大寺司（写経所）に勤務する者や、僧侶が多く、これらは貢進に最も多くの便宜をもつ者であるからにほかならない。

(ロ)採用希望の理由として、(11)「生活得便」、(24)「欲得活」とあり、布施を得て、生活の向上に資すためで、このような言葉がない場合でも、(7)「垂鴻恩沢」(8)「必欲預于彼経師例、勿返却」(11)「不勝仰望之至」(12)・(13)「無任仰望之至」といっているところは、儀礼的な語であると簡単に片づけるわけにいかず、採用をつよく熱望している点に注意したい。つぎに(11)「可為斎食」というのは、写経所で精進の生活をおこないたいことをいったもので、採用希望の理由として注意されよう。

(ハ)貢進者と被貢進者との関係では、(a)貢進者が本人であるものに(11)和雄弓の例がある。(b)同族関係(5)として、(9)土師名道と土師文依、(16)念林老人と念林宅成、(29)田辺真人と田辺岡麻呂があり、とくに(29)では親族関係が強調されている。(c)知人関係が多いことはいうまでもなく、上記の(a)と(b)とを除くすべてが知人関係であるといえる。(d)主従関係の例として(24)葛直継と従者の相知がある。

(ニ)あて名で多いのは東大寺関係者で、これも貢進を申込まれる機会の多い地位にいるから当然である。そのうち勝部小黒が(8)と(29)との二回にみえ、彼は経師で、宝字二年八月散位寮散位、正八位下であり（四295）、地位はそう高くない。このように地位が高くなくとも、写経所につとめている官人という関係から貢進の申込みをうけたのであり、貢進するがわの者は、すこしでも写経所などに関係をもつ者を通じて貢進したことを語るのではあるまいか。

宝字五年のものかと推定される奉写一切経所（?）上日帳（＜第14表＞）にみえる左の一八名はすべて本貫が記されているので（十五132—134）、すべてが里人でなくとも、そのなかには里人が多いと思われる。

(イ)出身地は京九人が最高で、河内五人、大和二人、飛騨一人、周防一人の順で（大和は京をいれると一一人）、畿内出身者が大部分であり、この傾向は、出身地の知られる場合のほかの統計とも一致する。そのうちで河内の出身者についてつぎのことが注意される。本貫の大県・高安・石川・安宿郡がいずれも東部の地域で、大和に近く、大和川を利用して大和にいくにはもっとも便利なところであり、大化前代より帰化人が多く住み、彼らは政治や文化面で頭角をあらわした。

(ロ)年齢をみると、六七歳が最高であり、最低は三〇歳とみえ、＜第15表＞天平二十年四月二十五日写書所解にみえる写経所勤務者の年齢分布にくらべると、年長者が多い。これは写経所が創始されたときよりあとになるほど勤務者の年齢が増してくる理にもよるけれど、写経所創始の当初は若い年齢のものも採用されたが、のちには希望者が多くなり、かなりの年齢に達したものが採用されるようになったことと関係があろう。

(ハ)全員が位階をもっており、＜第15表＞天平二十年の写書所解では、三一人のうち位階所有者がわずか二人であったのとくらべて、いちじるしいちがいである。もっともこの宝字五年の解には位階所有者だけの上日が記されたために、そうなっているのかも知れないが、年長者が多いところからみると、写経所にかなり長いあいだ勤務しなければ

〈第14表〉　写経所勤務者の出身地と年齢

勤務者	位階	年齢	出身地	上日
村主道主	従7下	39	河内国大県郡	302
高橋益占	正8上	52	右京	301
鳥取連国麻呂	正8下	48	河内国高安郡	285
山代忌寸百曳	〃	46	河内国石川郡	291
粟田臣小浪麻呂	〃	38	左京	238
唐人石角麻呂	従8上	62	左京	266
佐自努公美豆太	〃	58	右京	262
秦忌寸秋主	〃	53	右京	344
勾部猪麻呂	〃	53	飛驒国荒城郡	327
調日佐足麻呂	〃	51	河内国石川郡	271
若桜部朝臣梶取	〃	50	右京	268
針間直斐太麻呂	〃	41	左京	327
大石能歌阿古麻呂	〃	30	左京	289
内蔵忌寸豊前	従8下	67	大和国広瀬郡	306
草良部広麻呂	〃	67	周防国玖河郡	314
竹原連国吉	〃	65	河内国安宿郡	354
伊香連田次麻呂	〃	57	右京	307
山下部毗登国勝	〃	57	大和国山辺郡	267

（宝字 5？年奉写一切経所上日帳，大日古 15—132～134）

位階を得ることが容易でないことを示している。

農村の白丁出身者として口分田耕作に生活の基盤をおきながら、図書寮番上装潢をつとめ、のち写経所に勤務した秦秋庭の場合が野村忠夫氏[6]によって明らかにされている。秋庭が名をあらわすのは神亀五年の長屋王願経の奥書に装潢図書寮番上人無位秦常忌寸秋庭とみえるのがそれで、ついで天平五年の右京計帳に戸口二八人（正丁四、中男一）の標準的郷戸の戸主（三四歳）として記載され、白丁出身の図書寮番上装潢の彼はのち天平十七年末から写経所の装潢となり、勝宝三年八、九月ごろ散位従七位上を極位として、以後の写経所文書にあらわれなくなる。野村氏の考察は、外五位にも達しなかった装潢に関するとぼしい史料を拾綴検討することによって、その出自と官歴コースなどを中心に律令制官人機構と写経所の構成を照射した貴重な業績である。写経所の実態に関する考察の一つの方法として、勤務者の出自、作業内容、位階昇進などを種々の場合について分析を積みかさねていくことが必要であるといわねばならない。秦秋庭が写経所に勤めたのは、もと彼が図書寮番上装潢であったことが重要な下地となっている。そのような官司との関係をもたないで、写経所に貢進され、出仕した里人（白丁）もいたわけである。この種の白丁の官人化の一例として村山連首万呂[7]の場合をとりあげてみよう。

里人で写経所に勤務した者ら（Q類）が得た特典として、第一、布施をうけ「生活得便」ること（五332）、第二、位階を与えられ律令制官人機構に加わること、第三、特権階級の一部をなす僧侶となること、などがあげられる。第二の特典についていえば、里人で写経所に勤務した者のなかには、白丁のままで終わる者があるが、また写経所勤務を手がかりとして官人化する者があり、村山首万呂は後者の例となるし、第三の特典を得ようとした例でもある（出家の願いはかなえられなかったが）。

天平二十年四月二十五日の写書所解・写書所解案によれば、彼は河内国丹比郡狭山郷戸主少初位上村山連浜足の戸口で、年二五と記され（三81、十266）、神亀元年の生れである。彼の名は天平十八年正月に更写一切経の書写が始められ、その経所は写後一切経所または後経所とよばれ、その校正に参加したことから文書に初見する[8]（三95 100）。彼は、写経所の機構が拡大されたときからその写後経所に出仕しはじめた（野村氏が考察された装潢秦秋庭の出仕も写後経所分設の時期からである）。彼の氏姓は中臣村山連（三286）、名は首麻呂（二673）とも記される。彼は写後経所でどのような作業に従事したか、またどのような過程をふんで位階をもらい、官人化したか、年を追ってみていこう。

(イ)校生と瑩生　◇天平十八年（首万呂、二三歳）　(1)天平十八年正月十日より二十年五月二十九日まで写後経所で一切経の一部四七八巻が写され（用紙九七六六張、校紙四四四二張）、布施総額として布三六七端二丈九尺四寸が請求され、うち首万呂の校紙は五〇〇〇張、布施五端であった（三91―97）。

(2)天平十八年には、なお首万呂が校正の結果を報告した（A）年月日欠の解があり（二十四393）、これは（B）同年六月二十九日経師の余馬養の解（九235）と関係があり、Aの首万呂による涅槃義疏・倶舎論疏の校正はBの六月二十九日以後と考えられ、首万呂がほかにも校正したものがあることはAに参巻と記される。Aの末尾は欠け、かつ欠字が多く、詳細不明であるが、涅槃義疏の校正で落字二五、誤字二二、余字四七を検出した。天平十六年七月二十二日の写経所符(9)によれば、経師が一字おとせば銭一文、五字誤れば同じく一文とられる規定である（二353）。落字二五で二五文、誤字二二検出で五文余、余字の罰金規定はみえないので、誤字と同じあつかいとすれば余字四七で約一一文、合計四一文余を馬養は出したことになる。

(3)天平十八年七月一日より閏九月三十日まで写疏所で疏六一巻が書写され（用紙三六二五張、校紙七二五〇張）、これは光明皇后五月一日経に属するもので、十月一日に布施二八貫二〇二文が請求され、首万呂は再校を担当し、校紙二〇五五張、布施四一一文（二539―542）である(10)（以下、五月一日経に関する作業の場合には＊印をつけて示した）。

(4)天平十八年十月十七日、写金字経所で金字の国分最勝王経一七九巻の書写が終わり（用紙三〇二九張、校紙五七六〇張）、布施四二貫八五二文が請求され、首万呂は校生（校紙一七三〇張）と瑩生（瑩紙一九四校）を勤め、布施は七三四（校紙三四六文、瑩紙三八八文）文である(11)（二547―551）。国分は天平十三年二月十四日の勅で発願された国分寺をさし、経は紫紙に書かれ、塔に安置された。瑩生は、写経用紙や経題紙の筆走りをよくするため猪牙で紙をみがく職員で、金字経の場合に紙がみがかれる。この写経に従ったのは、校生首万呂の他に経師一八人、校生・瑩生一一人、装潢三人、題師四人である。

右の(1)・(2)・(3)・(4)のように写後経所・写疏所・写金字経所では平行して写経がおこなわれ、校生・瑩生の首万呂は各所に移動して作業に従ったらしい。

◇天平十九年（二四歳）　(1)*天平十九年正月一日より八月三十日まで写疏所で唯識述記・金字明経疏・法花玄論・肇論・観所縁々論などが校正され、七月二十八日に校紙三四九〇張の料物（布施など）が顕注報告され、彼の校紙は七一五張である[12]（二675―677）。

(2)天平十九年二月一日から八月十八日まで写疏所ではたらいた校生三人・装潢二人の布施が請求され、首万呂の分は校紙七五九張、布施一五二文である[13]（二679・680）。この写疏所解の前部・後部が欠け、写疏の名称と布施の総額は不明であるが、校生の布施は五張一文であるから、彼の七五九張は一五一・八文で、四捨五入され、一五二文と記される。

(3)天平十九年四月十六日瑜伽記第十一巻（用紙七五張）が丸部村君（一校）と首万呂（二校）にあてられ、四月二十日瑜伽論疏第十巻（七三張）花厳経疏第四巻（六二張）花厳経第六巻（六五張）花厳経疏第二十巻（三五張）が首万呂（一校）と刑部金綱（二校）にあてられた[14]（二十四410・411）。

(4)天平十九年七月二十三日、首万呂は倶舎論記・新倶舎論記・倶舎抄・最勝王疏・成唯識義灯・成唯識論義記・釈瑜伽記・瑜伽論疏・瑜伽抄・最勝王経疏・肇論・倶舎論疏など四一巻（用紙二三三〇張）を校正したことを報告し（二673・674）、翌二十四日には、右の校正での勘出は落字十四、誤字十八、余件一行であることを報告した（二674・675）。

◇天平二十年（二五歳）　(1)天平二十年正月十一日から写書所で法花経千部書写がはじまり、勝宝三年六月ころまでかかって一〇〇〇部（八〇〇〇巻）が写され（用紙一六〇〇〇張、校紙五一〇〇〇張）、首万呂の校紙は五〇〇〇張、布施五端である[15]（十二22―29）。

(2)*天平二十年四月一日より勝宝元年八月三十日までに東大寺写一切経所で因明論疏など一〇〇巻が写され（用紙二九八二張、校紙五九六四張）、布施二四貫七三二文が請求され、首万呂の校紙は二五四〇張、布施は五〇八文である[16]（三

312―318）。

(3)天平二十年七月一日から勝宝二年十二月十五日までのあいだに救護身命経などの経典九〇五巻が写され（用紙一八六五張、校紙三七三〇張）、布施五六端三丈五尺二寸が造東大寺司から請求されたが、首万呂の校紙は一〇〇〇張、布施は一端である。この書写は救護身命経などが佐伯今毛人、仏説灌頂梵天神策経が故尼公、理趣経などが良弁、十一面経が山口人麻呂の宣によっておこなわれた（三471―475）。天平二十年七月ごろ造東大寺司が設置され、今毛人は次官となり、良弁も東大寺造営の推進者で、まえに述べたように写経所は造東大寺司の機構にくみいれられたので、造寺司が布施を請求した。

(4)天平二十年九月十四日から十二月二十日までに新花厳経疏三五巻が写され（用紙一五八三張、校紙三一六六張）、布施一二貫一九七文が請求され、首万呂の校紙は一五六六張、布施三一三文である[17]（十453―456）。

(5)天平二十年十月二十五日に写経所で金字最勝王経十巻書写が終わったらしく（紫紙一六〇張、校紙三二〇張）、布施は二貫二〇九文で、首万呂の校紙は一六〇張、瑩紙九七張、布施二二六文（校紙三二文、瑩紙一六〇文）である（三127―128）。まえに写した国分寺用の最勝王経七一部のうちに誤りがあったので、この一部が写された。作業従事者は首万呂のほか忍海広次が経師（布施一貫六〇〇文）題師（六〇文）、下道主が校生（三二文）瑩生（一二六文）、次田石万呂が装潢（造紙一六五張、一六五文）であった。首万呂が国分寺の金字最勝王経の製作にあずかったのは二回目である。

(6)天平二十年十二月二十日から翌感宝元年四月二十八日までに写疏所で花厳経疏七七巻が写され（用紙三四〇七張、校紙六八一四張）、布施二七貫六二四文が請求され、首万呂の校紙は四〇〇〇張、布施八〇〇文である[18]（十631―635）。

なお、これより先首万呂は出家を願ったことが天平二十年四月二十五日の写書所解案（十264―266）写書所解（三78―

81）によって知られ、出家希望者二九人のうち、首万呂をふくむ若干の者は希望がかなえられなかったらしく、この後も写経所ではたらいている。写経所勤務は官人となって昇進する踏み台とされていたほかに、特権的な僧侶になる糸口とされていた。

(ロ)経典の送使と出納　◇勝宝元年（二六歳）(1)感宝元年四月二十二日の東大寺牒によれば、寺が写経司政所から辛櫃二合を受領したことを廻使・舎人の首万呂に付して政所に通知している（十626）。

(2)感宝元年五月二十一日、造東大寺長官市原王の宣によって対法論疏一三巻が写経所から新薬師寺に奉請送付されたとき、首万呂はその使者を勤めた（三221 222）。首万呂はこの後も校正の作業をするけれど、この年から経典の貸借の使者や、保管出納の職務にもたずさわる。写経所に勤めて三年以上たち、責任の地位にのぼったからであろう。

(3)感宝元年六月七日の写経検定帳（首部欠）には書写経典の名は記されないが、校生一九人の校紙と布施が記されたなかに「村山首万呂　校紙八百十九張　布一端二丈六尺七寸九分六」とみえ[19]（三255）、六はすぐ右の粟田船守にみえる記載から余六のこととわかるが、意味は不明である。校生の布施は一〇〇〇帳につき一端であるから、首万呂の布施は多すぎる。経典名が欠け、事情は明らかでないが、註経か疏のためかも知れない。

(4)納櫃本経検定并出入帳によれば、勝宝元年八月二十八日新訳花厳経（一部八〇巻、皇后宮一切経のうち）が良弁のところへ奉請され、のち良弁より返されたとき「知村山首万呂」と記され（二十四167）、首万呂が受領責任者である。また九月九日経師の爪土家万呂が涅槃経を借りたときも首万呂が出納責任者である。

(5)勝宝元年七月一日より八月三十日まで法華経五六部が写され（写紙八九六〇張、校紙一八〇〇〇張）、布施二八六端が請求されたが、校生のうち「村山首万呂木積万呂　校紙二〇〇〇張　布二端」と記されるのは（三274―280）、木積万呂と協力したという意味であろうか。

(6)勝宝元年八月三十日の常疏并間疏等用緒軸帳によれば、首万呂は用度品の出納責任者にもなっている。この日、常世秋万呂の宣によって紫綺緒（二丈九尺五寸、法基師の疏一〇巻につける）が綵軸一〇枚とともに経師春日虫万呂に、白紙一〇〇張が経師久米家足にあてられ、九月六日田辺真人の宣によって皇后宮一切経の目録をつくるため白荒紙一〇〇張が用いられ、同月八日阿刀史生の千部法華経書写のため、漆塗軸二五〇枚が下官（名は記されない）に進送され、翌九日紫綺緒（一九丈、常疏九一巻につける）が装潢少治田人君・秦東人にあてられた。これらの出納に首万呂と史生阿刀酒主が責任者となった(20)（十一68 69）。

(7)勝宝元年九月一日より十二月まで写書所で千部法華経一四五部（一一六〇巻）が写され（紙用二三二〇〇張、校紙三七〇〇〇張）、十二月十四日に布施六八七端が請求され、首万呂の校紙は四〇〇〇張、布施四端で、校正は九月十日よりはじまり、布施は十二月十九日支給された(21)（三336—343）。

(8)勝宝元年九月八日、唯識論疏を写すため写経所が黄紙四〇〇張を政所から受け、首万呂は収納責任者で、紙は丈部曾禰万呂にあてられた(22)（十一157）。

(ハ)大仏鋳造に参加　勝宝元年八月以来の経師上日帳に首万呂が「共奉礼仏上日二百十八」と記されるのは、写経に従事しながら写経所安置の仏に礼拝した日数を示すものであるが、「大仏二」は鋳造に二日間奉仕したことの意味で、「礼仏六」は大仏へ礼拝供養を六日間つとめたという意味に解される（三286）。彼は鋳造技術者でないが、写経所勤務者がこのように大仏鋳造に参加し、大仏へ礼拝供養することをつとめるのは、大仏造営詔にすべての人を造営にむすびつけ、参加させたいと述べている趣旨によるものであり、写経は大仏造営事業の一環をなすと考えられていたことが知られる。じっさい写経所の機構が発展して造東大寺司となった関係からみても、写経と大仏造営とは密接なつながりをもつものであった。

しかも首万呂らのような写経所勤務者は、東大寺造営従事者として官位をえているが、それには写経にあずかったことと、大仏鋳造に参加したことが条件となっている。すなわち、首万呂の経歴をたどると、天平二十年八月以来の経師等上日帳に無位の未選舎人と記され（十352）、勝宝元年八月以来の経師上日帳でも無位であるが（三286）、勝宝二年八月以来の経師等上日帳に左大舎人少初位上とみえる（三430）。勝宝元年十月二十七日、宇佐八幡神が入京して大仏を拝し、孝謙天皇・聖武太上天皇・光明皇太后が東大寺に行幸し、八幡宮の禰宜の大神杜女と主神の大神田麻呂にそれぞれ従四位下、外従五位下をさずけたほか、造東大寺にあずかる人には労にしたがって位を叙し（P）、ついで翌勝宝二年正月二十七日、造東大寺司の官人以下優婆塞以上について一等三三人に三階、二等二〇四人に二階、三等四三四人に一階が進められた（Q）。首万呂が叙位されたのはこの二つのさいで、Pに一階、Qに一階のぼったか、またQに二階進んだか、いずれかであるが、おそらくP・Qに一階ずつ進んだのであろう。

大舎人の任用資格は、内六位以下、八位以上の人の嫡子（位子）で、二一歳に達しているのを原則とし、庶子はこれに准ずる（軍防令内六位条）。首万呂の父の浜足は少初位上であったから、このままでは子の首万呂に大舎人任用資格はない。そうすると、首万呂の少初位上昇進と大舎人任用には、写経所勤務と大仏鋳造参加が槓桿となっている。彼はこれ以後、宝字四年まで文書にみえる。

㈡大舎人　◇勝宝二年（二七歳）　(1)勝宝二年二月二日の法華経校紙検定帳は、天平二十年からはじめられた法華経千部書写（前述）の進行中の校正に関するもので、期間のはじめは記されないが、首万呂の校生は勝宝二年二月二日に二九六張、同月七日までに一四三枚（張）、十八日までに四七七張、二十三日までに二六八枚である[23]（十一140—142）。

(2)勝宝二年四月三日から仁王経疏の充紙がはじめられ、首万呂について「十日廿十三日廿廿一日十七十五日十九反上告」と記され[24]（三388）、首万呂は下巻を校正したが、右は四月十日・十三日・二十一日、五月十五日のそれぞれの日の校紙が二〇張・同二〇張・一七張、一九張であったの意味であろう。

(3)勝宝二年六月十七日写経所が教輪師のところから楞伽経疏一部八巻を奉請したとき、首万呂は使者を勤めた[25]（二十四511）。

◇勝宝三年（二八歳）　(1)勝宝三年二月六日市原王の宣により沙弥朗慧が維摩経疏を僧平栄のところに求めたが、五月二十一日写経所に返されたとき首万呂はその使者となった[26]（三543）。

(2)勝宝三年二月二十八日三論宗の僧らの求めで開元目録一九巻が使者の僧徳髫によって（三論宗所へ）奉請されたとき、首万呂は出納責任者で「知村山首万呂」と記される[27]（三549）。

(3)勝宝三年八月十日、首万呂は一乗教分記三巻（法蔵撰）を智憬（四月には羂索堂にいた）へ返す使者を勤め、翌十一日には智憬のところへ経（名称不明）を求める使者となった[28]（二十四515 516）。

(4)勝宝三年八月十二日写書所で法華経寿量品二〇五九巻の書写が終り（用紙九八五〇張、校紙一三〇〇〇張）、布施二五三端三丈五尺が請求され、首万呂の校紙は二四〇〇張、布施は二端である（三515—521）。

(5)勝宝三年十一月二十八日、首万呂は勅旨写一切経所に花厳経疏三巻を返送する使者をつとめた（十一257）。

◇勝宝六年（三一歳）　首万呂は、六月十一日八十華厳経一部（用紙一三七六張）を受け（十二324）、九月二日に法華

経三八巻（用紙七五七張）と同一二巻（用紙二三七張）同一〇巻（用紙一七七張）をあてられ、校正に従った[29]（十二328）。
◇勝宝七年（三二歳）　八月十六日薬師寺の三綱所（上座理鏡、都維那修智）ならびに勘経所（僧善耀）が、僧綱の牒により、一切経二〇五巻を求めたいことを左大舎人の首万呂に付して写経所に牒している（四70）。
◇宝字四年（三七歳）　六月五日首万呂手実に「瑩合三帙、用紙五百廿九張」とみえ、（その内訳は一帙用紙一六九張、二帙一七六張、七帙一八四張）「校紙四百六十九張」とみえ（十四314・315）、瑩紙と校正に従事している。

これは、文書に首万呂の名がみえる最後のもののようである。里人が写経所勤務によって官人化したこと、天平文化の中心をなした写経事業の経営、国分寺の建立（塔に安置された金字最勝王経は写経所で写された）、東大寺大仏の造営も、こうした首万呂のような多くの地方出身者の参加によってささえられたこと、などが知られる。

写経所勤務者の里人（Q類）がえた特典の第三として、特権階級の一部をなす僧侶になる道がひらかれていたことを示す例として、天平二十年四月二十五日の写書所解（三78―81）がある[30]（＜第15表＞）。冒頭に「申願出家人事」「合廿七《八》人と記され、ついで三一人の名が年齢・労年・出身地・戸主名とともに列挙されるが、日置造蓑万呂・倭史人足・久米直熊鷹の頭部に「无」、安宿戸造黒万呂の頭部に「无身」と注され、文書作成ののちにいなくなった日置造蓑万呂ら四人をひき去れば二七人となるから、解の冒頭は「合廿七人」のままが正しく、七の右側の八は計算に迷ったときの思惑から書かれたものである。右の出家希望者がすべて望みどおりに出家得度を許されたとはかぎらない。たとえば右のうちの村山連首万呂のように、こののちもひきつづいて写経所につとめている例がある。しかしいちおう希望者三一人について考えてみる。

＜第15表＞ 天平20年4月25日写書所解（出家希望者）

出家希望者	年齢	労年	出身地	戸主	
六人部臣身万呂	44	3	美濃国方県郡志淡思郷	——	六人部臣山村
春日部曾万呂	18	1	摂津国西成郡美努郷	——	春日部荒熊
海犬甘連広足	38	3	左京六条二坊	——	海犬甘連万呂
大伴連蓑万呂	29	3	紀伊国那賀郡那珂郷	——	大伴連伯万呂
子部連乙万呂	30	3	大倭国宇陀郡笠間郷	——	忍坂忌寸乙万呂
治田連石万呂	37	10	尾張国海部郡三宅郷	——	私部男足
伊福部厚万呂	37	3	美濃国山県郡片野郷	——	伊福部五百江
大弓削若万呂	29	3	下総国海上郡城内郷	——	大弓削刀良
丈部臣曾禰万呂	49	2	上総国山辺郡岡山郷	——	丈部臣古万呂
日置造蓑万呂	36	3	左京三条三坊	——	日置造男成
次田連麻佐毗	25	2	右京七条二坊	正八上	次田連東万呂
大友日佐広国	37	3	近江国蒲生郡桐原郷	——	大友日佐千嶋
山下造咋万呂	23	3	右京九条二坊	少初上	山下老
羽栗臣国足	26	3	近江国犬上郡尼子郷	——	羽栗臣伊賀万呂
岡屋君石足	27	4	右京五条三坊	——	岡屋君大津万呂
茨田連兄万呂	23	3	山背国紀伊郡堅井郷	——	布施君家万呂
山部宿禰針間万呂	25	1	左京八条一坊	正六下	山部宿禰安万呂
荒田井直族鳥甘	33	3	尾張国愛知郡鳴海郷	少初下	荒田井海見
荒田井直族牛甘	29	3	同上	少初上	荒田井益万呂
倭史人足	22	3	左京一条二坊	——	倭史真首名
土師連東人	18	1	山背国愛宕郡大野郷	——	土師連万呂
呉金万呂	18	2	左京六条三坊	——	国百嶋
君子嶋守	22	3	常陸国久慈郡久慈郷	——	君子浄成
鴨県主道長	18	4	山背国愛宕郡	——	——
鴨禰宜白髪部防人	18	4	同上	——	——
久米直熊鷹	50	1	伊予国久米郡天山郷	——	——
安宿戸造黒万呂	35	1	河内国安宿郡奈加郷	正七下	安宿造直
石村乙熊鷹	25	7	左京一条三坊	——	新田部真床
私部部万呂	36	1	信濃国更級郡神郷	——	私部知万呂
秦家主	22	—	伊勢国朝明郡葦田郷	——	船木臣東君
村山連首万呂	25	—	河内国丹比郡狭山郷	少初上	村山連浜足

（大日古 3—78～81）

(イ)出家希望者の出身地を国別にみると、京九人(二九%)がもっとも多く、山背四人、尾張三人、河内・近江・美濃各二人がこれにつぎ、他は一人で(大和は一人であるが、京の九人を加えると一〇人となる)、道別では畿内一六人、東海七人、東山五人、南海二人となっており、畿内とその周辺の出身者が中央政府の機構と結びつきやすい便宜をもっていたこと、またその地域の文化も他の地域にくらべて進んでいることが察せられる。

(ロ)これら里人を貢進した戸主の官位は、正六位下が最高で、わずか一人、つぎは正七位下一人、正八位上一人、少初位上三人、少初位下一人で、ほかの二四人は位階をもたない。出家を希望する本人をみると、治田石万呂は少初位上、伊福部厚万呂は少初位下、石村熊鷹は坊舎人无位であり、ほかの二八人は官職・位階をもたない。このように、官職・位階所有者がきわめて少ないことは戸主の有位者が少ないことに照応し、貢進者は戸口を中央機構に結びつけようとし、被貢進者も同じ希望をいだいて出家を望んだのである。

(ハ)出家希望者の年齢の分布では、一七歳以下がみえないが、一七歳よりまえから写経所に勤めるものもいたことはいうまでもない。年齢別でもっとも多いのは一八歳の五人(一六%)で、これは中男(一七―二〇歳)から、調庸をもっとも多く負担しなければならない正丁(二一―六〇歳)に達するさいに、負担から逃れるため出家を希望するものが多いことを物語る。統計のデーターがわずか三一人に関するものであるけれど、優婆塞貢進解でも、一七歳前後に年齢分布の密度が濃いことはまえに指摘したとおりで(〈第8表〉)、偶然とするわけにいかない。なお出家希望者の年齢の最高は五〇歳であり、二二歳から五〇歳まで年齢が分散しているのは、僧職ではきつい肉体労働がさしあたって必要でなく、年齢に制限されるものでなく、老年では不可とするものでもないことを示すものであろう。

(ニ)出家希望者の写経所における労年は、一年が六人、二年が三人、三年が一五人、四年が三人、七年が一人、一〇年が一人（計二九人、ほかに労年の記載のないもの二人）となっており、写経所に一年勤務するだけで出家を希望することができたことや、一〇年勤務してもなお僧職に転ずる希望者がいたことなどを示している。

(ホ)写書所解にみえる出家希望者に関し、出身地（国・郡・郷）が記されるところから、彼らがそれぞれの国分寺の僧となることを望んだと解する説があるが、彼らは中央の写経所に勤務した関係から、むしろ都の諸大寺の僧となることを望むものが多かったと推測される。彼らがすべて出家を許されたとはいえないことは前述したが、もし許された場合に、そのなかには、とくに地方の国分寺僧を希望するものがなかったとはいえないが、地方よりも都にあこがれるのが人情であり、地方国分寺僧でも都にあこがれ、同様の傾向をもったことはまえに記した。

写経所勤務の沙弥で、そののち地位が上昇した例も多い。たとえば、正恵は勝宝七歳に写経所の返経使をつとめたが（十一262）、神護元年には殖槻寺上座僧として、同寺鎮三綱牒に署名している（五520）。これは一例であるけれど、写経所勤務者がそこでのつとめを踏台として上昇していった一つの形がこの例にみられるのである。

写経所勤務者のうち、Q類の民間出身者が農村生活から遊離していなかったことは、たとえば宝字五年八月二十七日の賀茂馬養啓に、「合二町之中（南牧田一町殖稲依子、北牧田六段殖越特子）四段荒」といい「右、今明日間尓越特子可苅、故功銭付東人給下、依注以申上」と記している例に示されており、馬養は稲刈のため写経所を休み、布施は東人に代受してもらっている（十五124 125）。

請暇解によれば、宝字五年万昆公麻呂は「為上田租」、同六年己智帯成は、「為計帳奉」、宝亀二年大坂広川は「為奉計帳」と述べており、農業が繁忙なときや田租納入・計帳作成の際に経師らは郷里に帰ったのである。

経師となったQ類の者は農村でどのような階層に属するか。これに関連するものとして、吉田晶氏(31)は勘籍を分析し新しい見解を出された。村君安麻呂・大伴若宮大淵・上道人数・飽田石足・佐伯諸上らは写経所勤務下級官人であり、船連石立・山代伊美吉大村・嶋吉事・草原乙麻呂（吉田氏はこれらも恐らく写経所の下級官人と推定）ら九人の勘籍をみると、五比三〇年の間に本貫の移動がなかったのは二人（石立・諸上）で、他の七名は郷内の郷戸を移るか、あるいは郡内の郷を移動し、その特性は、移動範囲が郡内に限られ（郡外・国外にわたらぬ）移動は個人を単位とせず、房戸的ないし郷戸的結合をもった家族を単位としておこなわれ、この流動性は逃亡でなく「中間層としての不安定のうちに或程度の安定—中間層は常にそうしたものだが—を得つつ、農村での再生産を営んでいた」ものである。以上が考察の要点で、吉田氏がいわれる上層農民は肥君猪手のように奴婢をもち、異姓寄口を擁し、家族の成員が一〇〇人以上をこえる者であり、下層農民は逃亡者を出すような階層である。いうまでもなく当時の農村で文字を習得するだけの教養をもつものは必ずしも多くなく、またそのような教養をもつためにはある程度安定した再生産を営み得た階層を考えねばならず、写経所に勤務した村君安麻呂らの家は当時の農村の中間層と考えてよい。本貫の移動を郷戸の流動性とよぶ吉田氏はその流動性が生ずる事情を農耕地の不安定性と口分田班給のありかたに求められる。すなわち、農時の農業技術の段階で、農耕地は常に可耕地として安定していなかった。三世一身法が、かつての耕地で、今は荒廃田となっている土地について、溝などを修理した場合に一身の間の用益をみとめていること、越前の桑原庄でみられるように古い溝が不完全であったため耕地の荒廃を招いたこと、口分田の班給が本貫の所在地付近でおこなわれた例は山背久世郡の場合（弘福寺田数帳）ぐらいしかないこと、などを指摘された。

（1）　貢進の事情や採用の希望を記す文書で、ここに掲げなかったものとして、たとえば宝字八年八月二十六日のものとされる大隅公足状がある。道守尊執事あてに「先日中経生、以今日令向寺、幸垂厚恩、校生経生二色所給任用、以是属請、可示兄弟親愛」といい（十六554）、貢進者の心情が知られる。ただし、大隅公足状には被貢進者が記されないので、本文に掲げなかった。

なお、里人で貢進解の残っていない場合の方が多く、また官人で写経所に勤務した者のなかには、貢進解のない者の方が残っている官人よりもはるかに多く、このような里人も官人にも写経所勤務をつよく希望した者がいたであろうが、そういう事情をふくんだ上で、残存貢進解を整理し、貢進事情について考えていくわけである。

（2）池原禾守牒の「然公足元熟経事」の元について、大日本古文書の編者は元を无の誤りとし、傍註をほどこしているが、①註を考慮外においてその意味を考えると、経典のことについてまえから熟しているから、校生をやめさせて経師としたい、ということになる。元を无の誤りとすると、②経のことに熟していないから、校生をやめさせて経師とした、という意味か。公足のかわりとして校生となった長川が「才堪為校生」と記されるのを参照すると、公足はいっそう経に熟していなかったという意味になる。あるいは③謙遜していった語で、勝手がわからない、というくらいの意味かも知れない。

（3）益田縄手貢進啓のあて名の小黒について、大日本古文

書編者は勝部と傍註をつけている。竹内理三氏等編『日本古代人名辞典』では、勝部小黒の項に、益田縄手の啓をうけたことを記していない（二の五〇八―五〇九頁）。これはここでは仮りに同人とみておく。

（4）(1)和雄弓の啓にみえる主奴を奴隷制や賤民制と関係があるように解されたことがあるが、それは主稲や主神などの主に似た意味で奴婢の管理統率に関する職名でなく、手紙の差出人（筆者）が自分をいう場合の謙譲・卑称の語であることが直木孝次郎氏によって注意された（「主奴について」続日本紀研究五の五）。

（5）写経所勤務者に同族が多いことは、氏名を同じくする者のグループがかなりみられることによっても推知される。たとえば、安曇の広浜・広万呂・高額・国依、阿刀の息人・足島・酒主・兄島・月足・弟人・宅足・乙万呂、安宿の広成・主万呂・大広、一難の善得・宝郎……というたぐいである。田中塊堂氏は、一難の善得・宝郎は高句麗系帰化人で、父子関係にあったろうといい、宝郎は神亀五年長屋王願経に筆蹟をとどめる、といわれる（『日本写経綜鑑』）。写経所勤務者のグループわけを考える場合に、能筆家の多い帰化人のグループも重視される。ただ宝郎が書写したのは宝字三年九月の中阿含経巻第九（椿堂熊吉氏所蔵）であり（寧下六二一六頁）、神亀五年長屋王の願経に筆蹟をとどめるのは張上福であり、これ

はおそらく写経所勤務の張兄万呂と同族であろう。

同族関係者は写経所だけにかぎらない。兄弟で造東大寺司に勤務したものに、経師辛広浜は写経所に（十四376）、弟の広成は漆工として造法華寺作金堂所に属した例（十六311 312）がある。このほか、造東大寺司関係者が同族の漆工を貢進している例をまえにあげたが（第六章第二節の一）、ほかに同族の女性を優婆夷として貢進した例などもある。

（6）野村忠夫「律令制官人の構成についての序章」（書陵部紀要四）。写経所の実態の考察のためには、勤務者の一人ごとについて、その作業内容や昇進経過を調査することが一つの重要な方法である。そのさい勤務期間の長期にわたる者に関し、史料が概して豊富である。写経所勤務期間の最も長いのは山辺花万呂・鬼室石次の三六年（天平十―宝亀四）が筆頭のようであり、三〇年以上勤務者としては念林老人・淡海金弓（三四年）・安子石勝（三三年）・山辺諸公（三二年）がある（石田茂作『写経より見たる奈良朝仏教の研究』経師人名年表参照）。石田氏の経師・校生・装潢人名年表は後学を裨益し、ありがたい。ただ細部については再検討を要する箇所がかなり出てきている。文字の誤りとして、たとえば、経師の一難美得は一難善得である。人名初出年代では、たとえば、校生村山首万呂を天平十五年初出とされるが、彼は、十八年正月より二十年五月二十九日までかかって写後経所で写された一切経一部四七八巻の校正に参加したことからみえる（後述）。
里人で写経所に校生として出仕し、造東大寺司主典にまでいたった上村主馬養は、天平十九年花厳経複校帳に初見し（九622）、宝亀七年（案主カ）までみえ（二十三311）、二九年ないし三六年の間、写経所できわめて多彩の活動をおこなった（竹内理三氏等編『日本古代人名辞典』二の五二八―五三五頁参照）。辞典には、天平十一年経師上日帳にみえる□馬甘も上馬養ならば（七419）初見はさらにさかのぼるとあるが、上馬養が確実にみえる十九年校帳では校生とあり（石田茂作氏の校生人名年表も校生の欄で十九年からみえるとする）、天平十一年の上日帳は経師のそれであり、十一年の前後には経師上馬養がみえず、みえるのは経師伊吉馬甘であるから、十一年経師上日帳の□馬甘は伊吉馬甘であろう。

造東大寺司の場合も同様で、造東大寺司の官人となった者を種々の例について当時の政治・経済・社会情勢とむすびつけながら考究することは造寺司の機構を知る上に重要な一つの方法であり、たとえば舎人として天平二十年に正倉院文書にあらわれ、写経所や大仏殿造営などの事務に従事し、越前国史生として東大寺の北陸庄園を営み、造東大寺司の主典として写経所・（東塔所？）・造金堂所（法華寺阿弥陀浄土院）・造石山寺所などの別当を勤めた安都雄足の経歴や活動は岸俊男氏により追究された（「東大寺造営をめぐる政治的情勢」ヒストリア一五、「越前国東大寺領庄園をめぐる政治的動向」古代学一の四）。大庭脩「佐伯宿禰今毛人伝略考――奈良時代官人昇進の一例――」竜谷史壇四）や角田文衛『佐伯今毛人』（人物叢書）・宮田俊彦『吉備真備』（同叢書）なども造東大寺司や写経所の機構などの考察として基本的な論著である。

（7）　村山連は記・紀・続紀・姓氏録にあらわれないが、大神宮諸雑記によれば、天平三年従七位下村山連豊家が伊勢神宮の宮司に任ぜられている。豊家は前の宮司の千上と異父弟で、兄の病気のため宮司の職をゆずりうけたといい、村山連は神事に関与する氏族であったことが知られる。中臣村山連とも記され、中臣氏の系統に属する複姓は二九種かぞえられている（直木孝次郎『日本古代国家の構造』所収「複姓の研究」）。

村山連首万呂が写経所に出仕したいきさつは明らかでない。二・三の推測をあげてみると、(a)村山連は中臣氏と何らかの隷属関係に入っていたと考えられ、藤原氏（もと中臣氏）出身の光明皇后が写経所を創始し、首万呂は中臣・藤原氏との縁故関係から出仕したか。(b)行基が天平三年に狭山池院を建てたとき、首万呂は八歳で、ものごころもつかないときであるが、行基が池院建立や伝道をおこなった狭山での仏教的雰囲気が、やがて成長した首万呂を奈良の写経所や東大寺と結ぶ機縁となってはたらいたか。行基が写経生を貢進したことはみられないが、丹比連大蔵を優婆塞として貢進している（二十四302）。大蔵の本貫は大養徳国城下郡鏡作郷で、戸主は立野首斐太麻呂である。この貢進解の年代は欠けているが天平十一年末・十二年初から十七年正月以前と考えられる（拙著『行基』参照）。大仏に対する最初の寄進者は河内の河俣人麻呂であるが、行基は河俣氏一族の女性を信者にもっており、人麻呂の寄進も行基の斡旋であるまいかということをまえに記したが、行基は河内の豪族とこのように密接な関係をもっていた。狭山池を修理し、池院を建てた行基が、狭山の豪族村山連と交渉をもったかも知れない。(c)霊異記に丹比の経師と野中寺での写経の話がみえ（下の一八）、狭山は丹比郡に属し、狭山から古市に出れば、大和川を利用して平城京に達するのは容易であり、民間の写経師が丹比郡に発生するほどに、平城京の都市文化は丹比郡に受容されていたことも参照されよう。

（8）　村上は村山の誤り。

（9）　写経所符（二353）

（10）　天平十八年十月『写疏所解』（二539―542）。ほかに首万呂関係で閏九月二十六日付文書が三つある。(a)首麻呂解には、既母白麻呂ら一六人が五三巻（経名不詳、一〇〇二張）を校正したことを記し（九239 240）、(b)首麻呂解には、一六巻（経名不詳、一三〇七張）を校正したことを報告し（九241）、(c)写疏校案には彼が丸部村公らと解深密経疏などを校正したことが記される（九279 280）。(a)・(b)の年は欠けているが、閏とあるので天平十八年で、校正したものは(c)の疏と同じであろうか。なお四日後の閏九月三十日「校生手実に首万呂の校紙三四巻と記されるが（二532）、どの写経の中間報告であるか不詳。

(11)　天平十八年十月十七日写金字経所解（二547—551）。この解には装潢二人と記しながら、三人の名がみえ、布施額は記されず、題師三人と記しながら、四人みえる。

(12)　天平十九年七月二十八日写疏所解（二675—677）

(13)　天平十九年八月十八日写疏所解（二679 680）

(14)　天平十九年四月十六日充装潢疏注文（二十四410）

(15)　勝宝三年六月写書所解案（十二22—29）

(16)　石田茂作氏の写経所一覧表では東大寺写一切経所は天平十九年十二月十五日から史料にみえ（東大寺の名称の初見）、写経作業としては同二十年六月二十一日から救護身命経などの書写がおこなわれたことになっているが、すでに四月一日からおこなわれたこの因明論疏などの書写が脱落している。

(17)　村山道麻呂は村山首麻呂の誤り。

(18)　感宝元年四月二十九日写疏所解案（十631—635）

(19)　感宝元年六月七日写経校定帳（三255）

(20)　勝宝元年八月三十日常疏并間疏等用緒軸帳（十一68 69）

(21)　この校正における首呂万の作業は九月十日の法華経校帳に記される（十一81—83）。

(22)　勝宝二年二月二十八日装潢受紙墨軸等帳（十一157）

(23)　勝宝二年二月二日法華経校紙検定帳（十一140—142）。年欠六月二日下道校紙散分注文も右の検定帳と関係があるらしく、首万呂の校紙三五〇張と記され（十一143）、校紙は二年六月二日までのものか。

(24)　勝宝二年四月三日仁王経疏充紙帳（三388）

(25)　天平二十年七月九日経疏本出入帳（二十四511）

(26)　勝宝三年経疏出納帳（三543）

(27)　同右（三549）

(28)　天平二十年七月九日経疏本出入帳案（二十四515 516）

(29)　勝宝四年七月二日間経并疏文造充装潢帳（十二324—328）

(30)　天平二十年四月二十五日写書所解の出家希望者三一人の人数は、データーとして全体の人数が少ないというらみがあるかも知れないので、全体の人数がこれよりも多い例として、年欠歴名にふれておくと（寧下538 539）、京一一、大倭五、河内三、摂津三、山背五、伊勢二、尾張一〇、参河一、遠江一、伊豆一、相模七、上総二、下総二、近江三、美濃八、武蔵一、陸奥三、越前三、越中

三、丹波一、但馬二、因幡一、出雲二、播磨二五、備中一、周防二、阿波三、讃岐四、土佐一、筑前四、筑後一、豊前一、肥前一、肥後一人と記され、ついで、国ごとに氏名・年齢・国・郡・郷・所主および戸主の位階勲等が記される。ただ文書の末尾が切れ、参河出身者までしかみえない。この歴名は勘籍か出家希望者歴名か明らかでないが、仮りに写経所に関するとみて、出身地の分布は、天平二十年写所書解の場合とほぼ同じ傾向を示し、ただ播磨の二五人がとくに目だつ。しかしこれも畿内に近いところである。年齢の知られるものは二六人で、一〇歳三人、一二歳一人、一三歳一人、一四歳四人、一六歳一人、一七歳一人、一八歳二人、一九歳三人、二二歳四人、二四歳一人、二七歳一人、二八歳二人、四〇歳一人、四四歳一人である。全体の人数は天平二十年の写書所解の三一人よりも少ないから、豊富なデータとはいえないけれど、やはり一六—一九歳あたりに分布がみられ、一九歳は三人で、多い部に属し、天平二十年写書所解の傾向を否定するものではない。なお一〇歳が三人もみえるのは、天平二十年写書所解の場合に年齢の最低が一八歳であったのにくらべて注目をひく。

(31)　吉田晶「八世紀の家族構成に関する一考察—特に天平勝宝三年の勘籍史料にみられる流動性について—」(研究論集・人文・社会科学編二)

第三節　写経所の経営

一　写経所の機能

写経所の機能は種々の角度から分類することができよう。㈠書写した経典を役立てるのに、(a)施写する場合（いわば出版的機能）と、(b)貸与する場合（図書館的機能）とがある。㈡書写に奉仕（写貢）したさきの願主には(a)宮廷、(b)寺院と僧侶、(c)貴族と官人などがある。㈢願主に奉仕した形式では、(a)写経所で経師らに書写させる場合と、(b)経師らを願主のもとに派遣し、そこの写経に従事させる場合とがあり、この(b)の場合には、正倉院文書に、願主が一時的に写経をおこなったように記されるときと、写経所をひらいて、かなり継続的、かつ大規模に写経をおこなったように記されるときとがある。これと関連することであるが、㈣願主に奉仕するのに提供したものは、(a)経師と(b)本経とに分かれ、㈤写経所から貸した経典は、(a)書写の本経として用いられ、(b)学僧による研究や講説のテキストとされ、(c)宮廷や寺院の法会で読誦され、(d)僧侶・貴族・官人によって読まれた。また㈥写経所で書写したものの内容には、(a)経典（内典）のほか、(b)外典があったことも注意されねばならない。以下、写経所の機能について代表的な文書（写経目録・納櫃帳・出納帳など）を中心にみていくことにする。

(1)天平三年八月十日写経目録（七5―32）

首尾が欠け、残存部分では天平三年から九年までに写されたものについて、経名・帙数・部数・巻数・用紙量・荘厳・願主（または施与さき）・書写年月日などを書きあげている。欠字があり、不分明なところもあるが、願主や施与さきを中心に左に整理しよう。

◇天平三年

○為西宅大刀自（仏頂経など）

○為僧等施写（涅槃経八四巻など三部）

◇天平五年

○内進[1]（円弘章など二部）

○内進（法華経・最勝王経各一部）

○内堂進納（薬師経七巻など四部）

○専所御願写訖（大方等大集経六帙など三〇部）〔厩坂寺僧四百口、講説、斎会[2]〕

○宮（法花経方便品・如来寿量品・観世音品から大仏頂陀羅尼まで六種）

◇天平六年

○宮（最勝王経一〇巻・法華経八巻・最勝王経一〇部・随求即得陀羅尼・大仏頂経陀羅尼二巻）

○宮（最勝王経一〇部・法華経一五部）〔七年六月七日飛鳥寺斎会〕

○宮院進御所（無垢称経六巻など三部）〔七年三月大進〕

◇天平七年

○大宮写貢（海竜王経四巻など四部）〔四月大進〕

○宮院（最勝王経一部）

○内親王（最勝王経一部）

○后（唯識論一〇巻）

○尼等房進（法華経疏二〇巻）

○安宿家佐弥等所給[3]（法華経疏二〇巻）

○内進（御法花疏一〇巻・無垢称経疏六巻）

○沙弥御進（無垢称経疏抄一巻・円弘章四巻）

○為宮院御進（法花疏一〇巻）

○安宿宅佐弥等写給（千手千眼経一巻など六部）

◇天平八年

○沙弥御所進（法華疏一〇巻）〔僧等施給〕

○安宿殿沙弥等所進（円弘章四巻など三部）

○内進（唯識疏二〇巻）〔人給料〕

○宮御所写進納（金剛般若一巻）

○親王御写（金剛般若経一巻）

○親王御所写宣（薬師経一巻など二部）〔井上王施〕

○宮一切経内写（大宝積経一二帙一二〇巻）

○親王御書（法花疏一〇巻）〔自内施霊智師〕

○奉為大上（元正）天皇御敬写（新翻薬師経四巻・本願薬師経三巻）(5)

○自内仰（随求即得陀羅尼経・大仏頂経）

○内親王御写（最勝王経一〇巻など一〇部）

○内親王御所写（基法師唯識疏一〇巻・測法師唯識疏一〇巻・弁中辺論三巻）

◇天平九年

○為安宿宅沙弥等写給（唯識論一〇巻・摂論一〇巻）

○為人給写進納（測法師唯識疏一〇巻）(6)

右によれば、願主に太上天皇・天皇（内）・皇后（宮）・内親王（阿倍）があり、写された経のなかに光明皇后の五月一日経（宮一切経）がみえ、経典が奉請されたさきとして内堂が記され（内堂進納、内進）、書写された経典を与えられた者に僧や安宿家の沙弥がみえ、書写経典が興福寺での斎会に講説されたことも知られ、写経所の機能の一班が示されている。

写経の願主や宣者がみえる写経目録の一例をあげておこう。

(2)天平十五年十一月十七日間写経疏目録（八370・371）

冒頭に「間奉写経并疏未奉請」と記し、書写経典の名称部数・巻数を掲げており、一部未写了のものや、一部未奉請の旨が記される。

(イ)最勝王経二部〔一部既了、一部未写了、依春宮坊政所天平十六年九月十日宣所奉写、使高屋赤万呂〕
(ロ)多心経七六八巻〔複三〇巻、為一巻、右計取天平十八年暦日別充二巻奉写〕
(ハ)千手千眼経二一巻〔依県犬甘命婦天平十九年七月二十六日宣所奉写〕
(ニ)最勝王経一〇〇部〔一千巻、右依大倭少掾佐伯宿禰天平廿年六月宣〕
(ホ)多心経七六八巻〔複三〇巻、為一巻、天平廿一年料所奉写〕
(ヘ)海竜王経一〇部〔卌巻、右依天平勝宝二年三月一日玄蕃頭王宣所奉写〕
(ト)大般若経一部〔六百巻、依天平廿一年二月十九日右大臣宣所奉写〕
(チ)花厳経一部〔八〇巻〕
(リ)金光明経疏一部〔八巻、元暁師撰、依令旨所奉写、式部卿天平十六年九月廿七日宣〕

(ヌ)十一面経疏一巻〔依令旨奉写天平十六年八月十日長官王宣〕

(ル)唯識論枢要一部〔四巻、依長官王十五年十一月十七日宣所奉写〕

(ヲ)尊勝珠琳序一巻〔宣者不知、天平十八年三月所奉写〕

(ワ)成唯識論疏一部十六巻〔円測師撰八巻、以天平廿一年二月廿五日奉請、内裏使玄蕃頭王、八巻未請、依天平十九年十一月十九日因幡中村宣所奉写〕

願主の知られるものは、(イ)が阿倍内親王、(ヌ)が光明皇后である。たいていの場合に宣者が記されるところからみて、写経所で書写を執行するのに宣を待たねばならなかったことが知られる。勅や令旨をうけた者が写経の執行を命ずるのが宣であるから、勅や令旨のことがみえないで、宣だけ記されている場合も、その宣者がじっさいには勅や令旨をうけていることもあろうし、あるいは写経計画に参加して命令を出していると考えられる。したがって某が宣したことによって写経がおこなわれる場合に、その写経は宣者の私経でない。それは、たとえば(ニ)の場合、最勝王経の巻数は一千巻にのぼり、宣者の今毛人がこれだけ多くの巻数を私経として必要としたとは思われないし、またそれだけ多くの巻数の私経を写経所で写すことを許されたとも考えられない。地位の高い者や、写経所に関係している者が私経を写す場合は文書にその旨が記される。(7)

(3)天平十年経巻納櫃帳〔七197―221〕

甲櫃から壬櫃までと、沈厨子の納経を書きあげたつぎに、各櫃ごとに散経とその貸出しさきが記される。

◇甲　宮中〔華厳経一部八〇巻〕大僧都良敏〔大方等大集経六〇巻〕

◇乙　大尼公〔瓔珞経一部一六巻〕東宮〔十輪経一部一〇巻〕教勝〔解深密経一部五巻〕

◇丙　宮中（華厳経六〇巻、又五〇巻）玄昉僧正（注涅槃経七一巻）教勝（法華経八巻）
◇丁　安宿王（最勝王経一〇巻）詮教（十悪経一巻）東宮（梵網経二巻）延教・光因二尼公（維摩経第一巻）大蔵家主（中陰経一巻）教勝（法華経八巻・最勝王経一〇巻・楞伽経四巻・維摩経三巻・薬師経一巻）
◇戊　宮中（法華経三部二四巻・最勝王経一部一〇巻・金光明経三部二〇巻）宮（法華経一部八巻）東宮（新翻薬師経一部二巻）為本経請写経師付辛国人成（仏頂経一巻）金光明寺（最勝王経一〇帙一〇〇巻）教勝（金剛般若経一巻）
◇己　為本経請高屋赤万呂（弥勒経一部三巻）中宅大道・藤原大夫万呂（請観世音経一巻）宮中（大乗造像功徳経二巻）延教尼（無垢称経第一巻）東宮（観普賢菩薩行法経一巻・法華経一部八巻）奉出（金剛般若経一巻）教勝（無垢称経一部六巻・勝鬘経一巻・弥勒経一部三巻）
◇庚　内（無垢称経疏五巻・衆経要集四巻・小乗経略集一二巻）為本請辛国国人成（智度論一部一〇〇巻）
◇辛　全教（一切経要集一二巻、又一帙一〇巻）内（摩登伽経説星図品一巻・維摩経宗要一巻）為本請辛国人成（顕宗論四帙三七巻・顕正理論八巻帙七九巻）

これによれば、写経所の書写経典は宮中・東宮・寺院・僧侶・尼僧・貴族・官人に利用され（それは披覧のためであることが多かったであろうが、研究・読誦・書写のために借請されたこともあったであろう）、そのほかに経堂での書写に本経として利用されていたことも知られる。

出納帳も写経所の経典がどのような方面の人や所に奉請され、利用されたかを示すもので、奉請年月日・奉請使・返納年月日・受領者が記され、経典の出納が厳格におこなわれた様子がわかる。左に一例を示そう（記載順に貸出しさきと経名だけを掲げる）。

(4)勝宝三年経疏出納帳（三542―558）

長官宮（十一面経一巻・一切経要集一部）平栄（維摩経疏六巻・開元録第八第九）紫微中台（目録二巻、大小乗、後一切経之録）教輪・智憬（十住毗婆沙論一部一四巻）玄蕃頭市原王（楞伽経料簡一巻・八会章一巻）教輪（華厳論二〇巻）智憬（*瑜伽抄記二五巻・*顕揚論抄一巻・*瑜伽抄記二五巻・*梵網経疏二巻・*毗尼心一巻・*結道場文一巻・顕揚聖教論一部二〇巻）仙寂（吉蔵撰*勝鬘経疏一部三巻・上宮王撰*勝鬘経疏一部一巻）教輪（*倶舎論疏一部一五巻）大納言藤原仲麻呂宅（目録二巻大小乗）倶舎宗大学頭所（大毗婆沙論二〇〇巻・順正理論八〇巻）玄蕃頭市原王（大小乗目録二巻）東大寺三綱所（目録二巻、大乗）智憬（法花玄賛四巻）三論宗僧等（開元目録一九巻）平栄（故目録一巻）三論宗洞真（目録両巻、大小乗）新薬師寺三綱（宮故録大小乗経目録・宮新目録二巻）智憬（開元録一九巻・王法公理門論一部・*肇論疏一部三巻）小僧頭（*涅槃経疏、吉蔵・遠・法宝撰各五巻）玄蕃頭市原王（高僧伝第六巻・高僧伝一帙一〇巻）法性宗承泰（唯識論疏一部一〇巻・了義燈一部七巻）厳智（*能断金剛般若経、玄奘・義浄訳各一巻）講師元興寺某（*倶舎論二九巻、うち欠第二十六巻。疏一部一五巻、法宝撰。順正論疏一九巻、うち欠第十八巻）法花寺宝浄尼（華厳注恵苑師疏一部二四巻）平栄（維摩経疏一部六巻）某（成実論一六巻・義章二三巻・成実論疏）善貴（温室経一巻・温室経疏一巻・□女経一巻）寺□（不空羂索神心呪経一巻）某（盂蘭盆経一巻）小尼公（七倶胝仏母心准提陀羅尼経一巻）不知奉請所（金剛三昧本性清浄不壊不滅経□巻）御室（弥勒経一部三巻）

右の出納帳の首尾は欠け、欠字も若干みられ、したがって貸出しさきはさらにほかにもあったが、右の範囲から知られるところは、貸出しさきとして学僧・諸寺三綱所・六宗所がみえるのは当然ながら、ほかに藤原仲麻呂や市原王らもみえる。市原王はこの出納帳だけでも四回みえ、彼がしばしば写経所で私経を写させたり、経典を借りたりしていることは、ほかの文書にもたくさん記されている。それは、彼がまえに写経司の長官から発展的に玄蕃頭の職につき、さらに東大寺造営をつかさどる最高の官となったことから、写経所を利用することが最も容易であったからである。なお前掲の経名のうち＊印をつけたものは、出納帳に「宮」と記されることを示すもので、宮一切経（五月一日経）は光明皇后が私蔵するための経でなく、ひろく利用されるべきものであったことを語っている。いうまでもないことながら、光明皇后の主導によって写経事業が営まれ、写経所で写された経典のなかに皇后のまったくの私経もあったが、すべてが皇后の私経となったのでなく、写経所にそなえられ、宮廷をはじめ、学僧や寺院、貴族や官人に利用されたのである。それであればこそ、紫微中台が写経所からものを借りることが右の出納帳などにみえるのである。

〈写経所と他の寺院・貴族の写経所との関係〉

東大寺以外の寺院や、貴族の家で長期にわたり経典書写のための写経所がひらかれ、あるいは一時的に写経のおこなわれた場合がある。僧侶は経典の研究・講説や、教義の伝道を任務とするから、寺院が写経によって多くの経典をそなえるべくつとめるのは当然のことであるが、僧ならぬ貴族が写経所をひらき、あるいは写経をおこなったことは、奈良朝仏教の弘通を考える場合に注目されなければならない。ところで、中央の官営写経所は、東大寺以外のこれら寺や貴族に経師や本経を貸し、または料紙や帙を提供し、写経を助成したことが、写経所の機能や役割としてあげられる。寺院や貴族の写経所のうち、(8)中央写経所と最も深い交渉をもち、多量の経典を写していたのは藤原仲麻呂の写経所である。

(1)藤原仲麻呂家の写経所（勝宝元年―宝字八年）

(a) 勝宝元年八月八日の大納言仲麻呂家牒（東大寺司務所あて）には、家裏で写すため論（本経）を借りるが、奉請使に資人猪名部造常人を定めておき、常人が造東大寺司に発向した場合は、請うところの論を貸してもらいたい、写し終わるごとに即座に返却する、返却使も常人に定めておく、という旨を述べ、書吏徳廉進と家令田辺史が署し、判許されている（三273）。仲麻呂家では継続的に写経が計画されたことが知られる。仲麻呂が紫微令を兼ねて権力を掌握したのはこの直後の八月辛未十日である。多数の経典を所蔵すること、とくに私的写経所をひらくことは、権力者の権威を増すと考えられていたと思われる。

(b) 勝宝四年七月十八日の大納言藤原家牒（東大寺務所あて）には、一切経目録および大毗婆娑論など三部の論疏を借りたいと述べ（三584585）、一切経を写す計画がみられるのは、権勢者の写経として注目される。

(c) 経疏出納帳によれば、勝宝五年二月二日造東大寺司次官佐伯今毛人らの宣により、菩提資粮論六巻など一一部五二巻帙などが仲麻呂家に貸出され、その論疏が「並一切経内」と記されるのは宮一切経（五月一日経）と考えられ、(b)の目録も宮一切経のそれであろう。右の論疏一一部は同年十一月二十三日に返納された（四9293）。つぎの(d)・(e)も同じ経疏出納帳による。

(d) 勝宝五年六月二十一日の造東大寺司次官佐伯今毛人らの宣により、六字神咒王経一巻を仲麻呂家へ請渡すため、三綱所に請わしめた。これは同年十二月二十二日返納された（四95）。

(e) 勝宝五年八月十日仲麻呂家は造東大寺司務所に牒し、大毗婆娑論・起信論・世親仏性論各一部を写すために請い、資人紀東人を使にあてる旨をいい、大書吏徳廉進・家令古頼比得万呂・家従調使首難波万呂らが署している。起信論は宮一切経内のもので、勝宝七歳五月六日、世親仏性論は同年八月二十七日返納された（四97）。

(f)　別の経疏出納帳によれば、仲麻呂家は造東大寺司務所に牒し、対法論一部一三巻を家中で写すために請い、大書吏徳廉進・家令古頼比得万呂が署し、これは勝宝七歳五月六日に返納された（三643）。

(g)　勝宝五年十二月十二日仲麻呂家牒（造東大寺司務所あて）には、出曜論一部をはじめ、あわせて一二部の論疏を写すために借用を請い、大書吏徳廉進・家従調使首難波万呂の名で牒が出され、造東大寺司次官今毛人らの判許があり、右の論疏は翌六年七月二十七日に返納された（三644 645）。

(h)　宝字七年四月十六日大師仲麻呂家は東大寺三綱務所に牒し、花厳経疏四一巻・涅槃経疏四三巻を写すために請い、知家事播磨国介外村国連武志万呂が自署している。造東大寺司次官国中連公麻呂らの判許がみられるが、右の牒によって造東大寺司が仲麻呂家へ渡したものは三八巻で、造東大寺司写経所に欠けているものがあったためであろう。なお右の三八巻は元年（天平神護）五月九日に返納された（十六373—375）。

(i)　宝字七年七月一日大師家牒（東大寺三綱務所あて）に大般若経疏など一〇三部三八二巻を写すために請い、大従猪名部造常人が自署し、造東大寺司主典志斐連麻呂が判許自署している（十六400—405）。右の三八二巻は仲麻呂家へ奉請された例のうちで最も多量であり、これを写すのに多数の写経従事者がいたにちがいない。仲麻呂の権勢といい、彼と光明皇太后との関係からみて、東大寺写経所の経師らを動員するのはむずかしいわけでなかったと思われるが、東大寺写経所から要員を借りた形跡はみあたらない。仲麻呂の地位からは、正一位の位分資人一〇〇人、大師（太政大臣）の職分資人三〇〇人を擁しているから、これらが写経に従事したのであろうか。なお家令職員令によれば、職事一位には、家令・扶・大従・少従・大書吏・少書吏各一人が与えられ、仲麻呂家の家令らが経典奉請にあたっていることは右の諸例にみえ、彼らが写経を推進したのであろう。

(j) 年月日欠の大師家牒(造東大寺務所あて)には「合疏弐伯漆拾弐巻」という書き出しで、四分律疏など五六部まで記されるが、牒は途中で切れ、あとの疏名は明らかでないが(十六405―407)、大日本古文書編者がいうように、内容と書式からみて、(h)と関係があり、造東大寺司に疏の借用を請うたものである。この場合も二七二巻という多量を借りており、(h)とともに仲麻呂の権勢の一班や、写経事業の旺盛を示している。

(k) 宝字八年八月十七日恵美太家(恵美大師家)は東大寺務所に牒し、金剛仙論一部一〇巻(先日、本経として借る)を返却することが記され、牒は大従猪名部常人の名で発せられている(五493)。

仲麻呂家の写経所は、これ以後、京職尹宅写経所としてあらわれる。

(2) 京職尹宅写経所(宝字八年)

(a) 宝字八年八月二十八日造東大寺司は京職尹宅写経所に牒し、開元釈教録第十七巻を火急に内裏に返進すべきことをいい、右は道鏡の宣によるもので、かつ天皇御覧のためとある(十六557)。当時の京尹は藤原久須麻呂(仲麻呂の男)で、福山敏男氏はつぎの(b)の署名者猪名部常人が恵美太家の大従であるところから、京職尹宅写経所は仲麻呂家のそれと同所といわれ、従うべきである。牒の日付八月二十八日は仲麻呂の乱(九月十一日)(十七6)の直前で、右の造東大寺司牒は仲麻呂の政敵道鏡の宣によって出されている。なお右の開元釈教録は奉写御執経所における勅旨一切経(景雲経)書写に必要とされたのであろう。

(b) 宝字八年八月二十九日京職宅写経所牒(東大寺務所あて)は、寺家の牒にしたがい、右の釈教録を返却すること、ただし未写のため余本を往使に附されたいことを述べ、内蔵吉麻呂と別当猪名部常人の名がみえる(十六

558）。京職宅写経所が造東大寺司から請求の牒をうけながら、寺家（東大寺）の牒によって返却するといっているのは、造東大寺司と寺家とが混同されているというよりも、造東大寺司と寺家とが密接な関係にあったからで、東大寺の語が寺家と造東大寺司および写経所を意味して用いられる例は珍しくない。

仲麻呂は乱をおこして誅され、久須麻呂も誅に伏した。検仲麻呂田村家物使が派遣される[9]ことになった。すなわち、乱の翌天平神護元年五月六日、まえに仲麻呂が東大寺写経所から借りていた経論三五〇余巻をとりかえすようにとの勅をうけた大尼延証の宣により、道鏡はそれをうけてさらに造東大寺司に牒しており、牒に大隅公足の名もみえる（五528）。公足は御執経所の官人である。即日、造東大寺司請論疏文には、仲麻呂家を探求したところ、五門実相論など三部七巻をのぞく三五八巻を発見し、使の上村主馬養をして仲麻呂家からとりもどさせることをいい、造寺司主典雄橘石正・判官美努奥麻呂が自署している（十七10 11）。ついで五月九日の検仲麻呂田村家物使請経文には、三五八巻を上馬養に付して東大寺（写経所）へひき渡しており、内竪葦屋倉人嶋麿の名がみえる（五528 529）。

つぎにそのほかに写経所・勘経所としてその名をあらわすものをみることにしよう。

(3) 西宅写経所（天平三―十二年）

(a) 五月一日経に関する写経請本帳（天平八年九月二十九日）に、天平九年三月三十日、四月二日・三日・四日・九日・十日・十一日・十二日にかけて「自西宅写経所請和上所」「自西宅請和上所」「自西宅請来和上所本経」として経名が記される（七76―80）。

(b) 天平十二年七月八日写経所啓に「自常目録写加経論疏」として注勝鬘経一巻など三〇部が「西宅本」と記される（七488 489）。

(c) 天平三年写経目録に、中央写経所が西宅大刀自のために仏頂経を写したと記されるが（七5）、西宅および大刀自については明らかでない。

(4) 北大臣家写経所[10]（天平十一年―勝宝八歳）

(a) 天平十一年四月三十日北大家写経所には、大般若経五六帙と辛櫃二合を中央写経所から受領し、自署に「小宗」とみえる（七255）。

(b) 天平十一年五月二日写経司は北殿に紫紙二三〇張を賜わりたいといい、舎人市原王らが署し（七177）、北殿の名と、紫紙（つぎの(d)にみえる）から、北殿は北大臣家をさすとみられる。

(c) 天平十一年五月十八日北大家写経所啓に大般若経の帙を中央写経所から請うたことがみえ、資人石村布勢麻呂が署している（二170）。

(d) 天平十一年十二月九日大田広人請紙注文に「請紫紙一百五張　加五張」とみえ、広人が署し（七422）、広人はのち家令としてあらわれる。

(e) 天平十二年七月八日写経所啓に「自常目録写加経論疏□」として八一五巻の経名が古僧頭本・大官寺本・西宅本・審詳師本・海隆師本・角寺本・観世音寺本・忠義師本・泰習師本・玄印師本・玄曹師本・玄鏡師本・岡寺本・道済師本・願教師本・厳智師本に分けて記され、石村布勢麻呂・大田広人が署している（七486―491）。この啓も、署名者からみて北大家のものである。

(f) 勝宝二年八月十七日造東大寺司は北大臣家衙頭に牒し、法華経一〇部（天平十九年に造東大寺司から北大臣家へ貸したもの）を藤原仲麻呂家に渡すように通達している（三414―415）。これは、仲麻呂家で贈左大臣（房前）のため読誦するのに用いる。藤原房前は天平九年四月辛酉十七日薨じ、同十月丁未に正一位左大臣を贈られた。

(g) 勝宝六年二月三十日北家牒（東大寺政所あて）に「合返請経論」として一四三巻の内訳が記され、家令大田広人の名がみえる（三647 648）。

(h) 勝宝八歳五月四日北家牒（造東大寺政所あて）に経一九〇巻と帙一二枚を返すことが記され、家令大田広人の名がみえる（四103 104）。

(5) 造宮輔宅写経所(11)（天平二十年）

天平二十年十月二十一日の造宮省輔藤原宅牒（造東大寺司あて）には、宅の目録を校するため一切経目録を請い、丹比部大庭に付して牒すといい、知宅事田辺史立万里が自署し（二十四525）、それを校し終わり、十月二十七日の啓をもって、目録二巻につき「右、随校勘畢、請還如件」といい、使に付して返送する旨を記し、丹比部大庭が署している（十441）。

(6) 薬師寺の写経司・勘経所(12)（天平二十年―勝宝七歳）

(a) 大日本古文書編者が天平二十年八月四日にかける経律奉請帳に摩鄧女経一巻について「在薬師寺写経司、便可請、治部判了」という割註が記される（十322）。

(b) 勝宝七歳三月奉写宝積経所は宝積経の誤りを正すため无量清浄平等覚経など一五部の奉請を薬師寺勘経所に牒した（十三133 134）。

(c) 同七歳八月薬師寺三綱と勘経所は僧綱の牒により一切経を（法華寺中島院あてらしい）返している（四70）。勘経は校正を意味する例からみて、勘経所は校正だけをおこなうところで、東大寺写経所が繁忙な場合に、校正の援助を薬師寺に乞うたのであろう。勝宝七歳に元興寺勘経所が校正を援助している例がある（四73）。したがって勘経所はひろい意味で写経所に入るが、完全な写経所でないらしい。

(7)大安寺の写経と勘経所（感宝元年—勝宝七歳）

(a) 感宝元年閏五月十日の東大寺装潢所紙送帳・進送大安寺華厳紙注文、二十四日の大安寺華厳紙装潢充帳、二十六日の装潢手実帳、二十八日の写経所牒（大安寺華厳院あて）によれば、大安寺よりうけた紙（華厳経や千部法華経用）を東大寺写経所（装潢所）で界し、あるいは継ぎ、これを大安寺華厳院に送っており（十652—662）、そこで書写された。このように東大寺写経所は大安寺のため装潢の仕事を援助している。

(b) 勝宝七歳五月二十七日の勘経使写経奉請文によれば、虚空蔵菩薩経など四八部一五五巻（紫微中台一切経内）を大安寺で勘正するために請うている（十三144—146）。

(8)香山写経所[13]（勝宝五年）

勝宝五年五月二十八日造東大寺司次官佐伯今毛人の宣により、入楞伽経一〇巻（宮一切経）を香山写経所に渡し、この経は六月十六日東大寺写経所に返された（四94、十二390）。石田茂作氏は勝宝八歳東大寺山堺図の香山堂に関係をもつ写経所といわれる。

香山写経所と香山寺は正倉院文書につぎのようにみえる。

(a) 経疏検定帳によれば、天平二十年五月一日良弁の宣により法花摂釈四巻を香山寺へ渡した（九382）。

(b) 造東大寺司解によれば、勝宝五年四月二十一日から二十七日まで香山寺で悔過がおこなわれた（三626 627）。

(c) 経疏出納帳によれば、勝宝五年五月二十八日入楞伽経を香山写経所に渡した（前述）。

(d)宝字二年九月二十八日東寺写経所解によれば、これよりさき薬師経が香山寺に渡された（十四179）。

(e)宝字二年九月二十九日の東寺写経所牒は香山寺三綱務所に対し、薬師経八〇巻を返却されたいと記す（四325）。

(f)宝字二年十一月十四日類収の請島院等本経目録によれば、薬師経一二巻を香山へ渡している（十四254）。

(g)宝字六年十一月五日類収の造石山寺（？）用度返上并収納注文には、十一月五日浄衣七具を香山寺へ充て遣わしている（十六13）。

福山敏男氏は、右の(a)から(g)までのうちに香山薬師寺（新薬師寺の別称）がふくまれているかも知れないこと、勝宝八歳山堺図の香山堂は延暦僧録光明皇后伝の香山寺金堂と同一としてもよく、また宝字六年三月と四月の造東大寺司告朔解に二月と三月中に単功九八人をもって金堂の葺瓦を修理したと記されるのは（五130 194）、延暦僧録の香山寺金堂であるかも知れないこと、などを説かれた。

(9)西大寺一切経所（景雲四年）

景雲四年奉写一切経所食口帳の七月十三日条に、四八人の料米八斗二升の内訳について、経師以下自進まで各人別の量を記したつぎに「又間用米壱升陸合」と記し、その割註に「西大寺一切経所別当僧一人一升二合、沙弥一人四合」とみえる（十七332）。

(10)春宮坊写経所（宝亀七年）

宝亀七年三月二十五日春宮坊写経所送文に、法花経一部と机二前が用ずみとなったので返却する旨を記し、別当主兵署正の大原魚次が署している（二十三617）。春宮は山部皇太子（宝亀四年立太子）である。

中央写経所が経師を貸した寺院・貴族らの写経の例として、つぎのものがあげられる（別に分類したけれども、これらの例では写経所と記されないだけのことである）。

(1)小野備宅の写経（天平九年）

天平九年四月四日の小野備宅啓に「合応経写奉人三人」として、小野朝臣古麻呂（宮舎人）・上主村稲豊（大蔵省蔵部）・高忍熊が記され（二28）、私経を自宅で写すために経師を借りている。

(2)中臣寺の写経（天平十九年）

天平十九年正月中臣寺僧慈蔵舎人等上日申送注文によれば、丈部石床ら二五人の舎人の上日が報告されており（九325 326）、おそらく中臣寺で写経に従事したのであろう。中臣寺は法光寺ともいい、大和国添下郡中庄にあった寺で、藤原寺とは別のものである。(14)

(3)南藤原夫人家の写経（天平十九年）

天平十九年二月二十三日の解をもって神門臣諸上をしばらく経師に請じたいことを請い「右、有私可写書、要切件人、望請被給卅箇日許、欲令少書写、今具録事情、以解」といい、主船佑兼書吏大友村主広名が署している（二662）。

(4)文部少丞紀堅魚の写経（宝字六年？）

私願の法華経を写すため、堅魚は能経師の淡海直金弓を借りたいと請うている（十五349）。ただし、許されなかったらしく、あるいは予定変更のためか「不用」という朱書がみえる。

(5)故大鎮家の写経（宝亀元年）

宝亀元年十一月二十日故大鎮（文室浄三）家は解をもって東大寺写経所に書手中臣鷹取を借りたいといい「依有応行願、十箇日間、所請如件」とあり、書吏神直石手・家令直豊丘・知家事文室真人真老が署している（六109）。

中央写経所が本経を貸し、書写に供したことがみえる例としてつぎのものがある。

(1)岡本宅の写経（天平八年）

天平八年三月十二日から五月二十九日まで五回にわたり、本経を中央写経所から借り、また返送しており、朝戸諸公らが署しているが（七51―53）、岡本宅については不詳である。

(2)佐保宅の写経[15]（天平十九年）

天平十九年二月二十三日佐保宅は中央写経所に牒し、十一面経を写すため、本経を借り、船木孫足・斐太国勝が署名している（九340）。

(3)春宮大夫石川年足宅の写経（天平二十年）

経本奉請帳によれば、天平二十年十月七日に、造寺次官佐伯今毛人の宣により、仏地経一巻など八部が写経所の第六櫃から、本事経七巻など三部が第七櫃から、解深密経五巻など八部が第八櫃から出され、春宮大夫石川年足宅に渡され、のち返納された（十381―383）。

(4)左大臣橘諸兄家の写経（勝宝三年）

勝宝三年十月十一日造東大寺三綱所に牒し（造は衍字であろう）、書写のため南海伝第一巻を借りたい旨をいい、大従平群首国方が署し（十二164）、翌十一月十一日造東大寺司務所に南海伝一部四巻を借りたいと牒し、国方のほかに家令海犬養宿禰五百依が署し（三527）、ともに造東大寺司官人から判許されている。

〈外典の書写〉

最後に、写経所では外典（漢籍）も書写されたことを記しておこう。天平初期の皇后宮職移と写書雑用帳にみえるものとして、漢書・白虎通・三礼儀宗・新儀・晋書をまえにあげたが(16)（第三章第一節の一）、ほかに(a)天平五年皇后宮職移に文選音義・太宗実録がみえる（一476）。(b)天平十六年に足万呂の私書として文選（第一・二・三・四・六・七・八・九・四十五・五十巻）が写されている（二358）。(c)天平十年経巻納櫃帳に神符経一巻が記される（七211）。(d)天平十八年、市原王のため陰陽書を写す紙が装潢にあてられている（二526）。(e)天平十八年穂積三立写疏手実に「日本帝記一巻十九牧(枚)注」と記される（二十四378）。(f)天平二十年写章疏目録に「更可請章疏等」という書き出しで、内典・外典が列挙され「自平摂師手而転撰写取」と記されるのは（三84―90）、平摂の蔵書の目録を写しとった意味に解され、その内典・外典が実際に写経所で写されたかどうか明らかでないが、外典のなかに「帝紀二巻日本書」とみえる。(e)帝記と(f)帝紀とはその分量から推測すれば別種のもので、ともに記紀の材料になった帝紀かどうか明らかでないが、天平ごろじっさいに用いられていたことを示すといわれる。(17)(g)天平二十年市原王が写経所で写させたものに家蒙書一巻がみえる（二十四473）。(h)天平二十年写経充紙帳に、維城典訓下帙一〇巻を写すために用紙を土師東人ら一〇人にあてたことがみえ（三193）、維城典訓は則天武后の撰で二〇巻あり、宝字三年六月丙辰の勅は、官人に維城典訓と律令格式を読むことを令し、これらの書を読まないものは史生以上に任用しないと述べている。延喜式部式の試補史生条に「諸司番上有下読二律令格式一。維城典訓一。并工二書算一者。省召二其身一試之……」という規定の成立には右の宝字三年勅が関係をもつ。[18] (i)勝宝三年写書充本帳に医方一巻とみえ（二十五25）、これは市原王の私書として写された。

（1） 内進は内堂進納の意と解されるが、写経所の書写奉仕さきが写経目録にあらわれるままにしたがって示していくことにした。

（2） この斎会は光明皇后の母橘三千代（天平五年正月十一日薨）のための一周忌法要であり、専所御願は光明皇后発願の意である。右の周忌法要にそなえるため、興福寺では天平五年正月から西金堂の造営がおこなわれた。福山敏男氏は、このときの造仏作物帳の断簡を復原整理し、西金堂造営の経過・作物・用度などについて詳細な分析を展開されている（『日本建築史の研究』所収「奈良時代に於ける興福寺西金堂の造営」）。

天平三年の写経目録では、この「斎会」（七8）のつぎに、五蓋疑結失行経一巻から無垢称経六巻（唐麻紙）まで、小乗経と大乗経とをあげるが（七8―19）、誰のための書写かは記されない（写経所にそなえるための書写と解しておく）。なおこの写経目録の記載に不分明なところがある。「天平六年三月、最勝王経十巻」から「随求即得陀羅尼、大仏頂経陀羅尼二巻」までと「五年九月法花経」から「大仏頂陀羅尼」までとは（七20）、年月は前後し、誰のための書写が明らかでなく、誰のためか記されない場合は前例にしたがって、写経所でたくわえるための書写かも知れず、あるいはつぎの「六年六月」最勝王経一〇部・法華経一五部が宮（皇后）のために写されたとある（七20 21）のにかけて解すべきかも知れない。

（3） 安宿家は長屋王の子安宿王の宅をさすと考えられる。安宿王宅での写経については佐保宅の写経（後述）参照。

（4） 沙弥御進はあとにみえる沙弥御所進の略で、沙弥と安宿王との関係は明らかでない。

（5） 新翻薬師経・本願薬師経について「右、奉為・大上天皇御敬写」「八月十三日大進宣」のつぎにみえる註記の「山房（寺）」は金鐘山房と考えられている。

（6） 天平三年写経目録の「右、為人給写進納………」のつぎになお経名と巻数などが記されるが、この目録の末尾は切れている。

（7） 写経所は公的機関で、そこで書写される経典は、宮廷や寺院のためのものであることをたてまえとするが、地位の高い者や、宮廷や写経所に深い関係をもつ者が私経を写させている。そのいちじるしい者は市原王・玄昉・佐伯今毛人・良弁らである。たとえば玄昉は、天平十五年に法華経五〇部（八217）・法華摂釈一部四巻、十六年弥勒経三〇〇巻（八451）を写させている。佐伯今毛人の場合は、私経を写経所で写すため、荒紙五〇張と継紙小二巻をあてられたのをはじめ（九193）、勝宝元年梵網経二巻・観無量寿経一巻の料紫紙六七張（十一365 505）、黄麻紙一〇張を私書の表紙としてうけ（十一8）、今毛人が造東大寺司長官の期間に、衣枳広浪は今毛人の御書を写すため古兎毛筆一二と好墨を請うている（二十五209）。延暦僧録には、今毛人は官祿の半分を写経に用い、国恩にむくい、品類をうるおしたと記される。天平十五年一月九日の写一切経所解には、雑用に使った紙八八〇枚の内訳の一つに「五十枚、為進写兵部卿尊御所一切経目録」とみえ（八163 164）、藤原豊成のために書写がなされており、天平十八年十月一日の写一切経所解によれば良弁のために華厳経八〇巻が写され（用紙一九六〇張）、その布施の布五九端三丈九尺二寸が顕注されている（二533—535）。勝宝三年二月五日の写私雑書帳によれば上毛野真人が弥勒経三巻・理趣分疏三巻・起信論一巻・起信論疏二巻を写経所で写させており（十一472 473）、彼はこのとき造東大寺司の判官であったから、その地位を利用して私経を写させたのであろう。なおこの写私雑書帳には、造東大寺司主典の葛井根道が梵網経疏二巻を、玄蕃頭市原王が般若咒法一巻などを私経として写させている（十一474 475）。天平十六年十月八日私写雑経疏充本帳によれば高屋赤万呂の法花経一部八巻・薬師経一〇巻・阿弥陀経五巻と、安寛の四分律羯磨三巻が記される（二十四274 275）。

（8）　中央の官営写経所以外の私的写経所として、石田茂作氏は北大家写経所をあげられたが（『写経より見たる奈良朝仏教の研究』）、福山敏男氏は「小写経所」として①岡本宅の写経②西宅写経所③*北大家写経所④*甲加宮における写経⑤佐保宅の写経⑥南藤原夫人家の写経⑦春宮大夫の石川年足宅の写経⑧造宮輔宅写経所⑨*宮（皇后宮職）薬師経所⑩*大安寺の華厳院における写経と勘経所⑪大納言藤原仲麻呂家の写経所⑫左大臣（橘諸兄）家の写経⑬香山写経所⑭外嶋花厳経所（外島写経所）⑮薬師寺勘経所（薬師寺写経司）⑯中島写経所（勘経所）（島院勘経所と同じものであろう＝福山）⑰大和国写経所⑱*石山院奉写大般若経所（石山寺写経所・奉写勅旨大般若経所）⑲西大寺一切経所⑳*故大鎮家（文室浄三）家の写経㉑春宮坊写経所をあげるとともに、関係正倉院文書（大日本古文書）のページを示し、とくに写経所から経師を借りた小写経所（＊印＝福山氏）に注意された（「奈良朝に於ける写経所に関する研究」史学雑誌四三の一二）。福山氏があげられたもののなかにはいわば官営と私営の写経所がふくまれているが、ただ①岡本宅の写経⑤佐保宅の写経⑦石川年足宅の写経⑫橘諸兄家の写経⑰大和国写経所⑳文室浄三家の写経は、中央写経所から本経を借りたことがみえる程度である。この程度ならば、私経を写すために本経を借りた例はほかにもあり（註6参照）、それらもあげなければならないことになる。思うに、中央の写経所以外における私的写経については、㈠文書に某写経所と記されるもの、㈡中央写経所から経師を借りたもの、㈢中央写経所から本経を借りたもの、といういちおうの段階が考えられる。もっとも、某写経所と記されなくとも、経師や本経を借りた場合は、そこには一時的にせよ、小規模ながら写経所がひらかれたことになるし、また本経だけを借りた場合でも、その貴族が高位高官ならば、資人や家令らの手を動員して写経させ、そこにも私的写経所がひらかれていたことになる。したがって右の㈠・㈡・㈢の等級も絶対的のものでないことはもちろんである。本文であげた私的写経として大規模な藤原仲麻呂家の場合はかえって「写経所」とよばれた名がみえない。しかし仲麻呂家の写経は大規模で、かつ、のち京職尹宅写経所としてみえるから、仲麻呂家写経所とよんでもふさわしい。なお、経師を借りた場合を㈡、本経を借りた場合を㈢としたが、㈢は、書写能力をもつ要員をかかえていた例もあるかも知れない。そうすると㈡の経師を借りなければならない場合にくらべて、写経のためのしくみはととのっていたともいえるから、右の㈡・㈢は写経の設備がととのっている程度の段階づけにならないけれども、中央

写経所との関係の深さからみれば、㈡の経師を派遣する場合の方が、㈢の本経を貸す場合よりも関係が密接であったことになる。

佐久間竜氏は官営の傍系写経所として、中島院・嶋院・外島院での写経所の活動期間を考証し、三者の位置を法華寺内とし、そこに勤務した別当や官人らの動きや仲麻呂政権との関係、三写経所の占めた地位などを分析された（「傍系写経所の一考察」続日本紀研究五の四）。

筆者は、中央写経所の機能として、私的写経所に本経を貸した場合を重視し、つぎに写経所という名称はもたないが、ともかく私的な写経をおこなうのにさいし、中央写経所が経師を貸した場合と、本経を貸した場合とに分類した。それには、福山氏が示された小写経所例を参照させてもらったが、私見を加え、かつ分類しなおした。なお(6)薬師寺の写経司と勘経所は東大寺写経所を援助した例となるらしいが、あわせてならべた。

(9)　仲麻呂の田村第は左京四条二坊十一坪より以北、三条大路以南、東は佐保川、南は菰川にかこまれた地域にあった（岸俊男「藤原仲麻呂の田村第」続日本紀研究三の六）。

被追放者の家へ検物使を派遣するのは玄昉の場合にもみられる。玄昉の追放は天平十七年十一月乙卯紀にみえるが、納櫃本経検定并出入帳には、如意輪陀羅尼経について「以天平十七年十月十日、玄昉師物検使所」と記さ

れ（二十四173）、抹消点がつけられているけれど、玄昉師物検使所がおかれたことはあったのであるまいか。こう解してよいならば、追放は十一月以前にきまっていたことになる。

（10）北大家写経所で光明皇后の五月一日経が写されたという説があったが、福山敏男氏が指摘されたように、五月一日経は皇后宮職の写経所で写し始められ、金光明寺写経所の時期までひきつがれ、完成されたもので（「奈良朝に於ける写経所に関する研究」史学雑誌四三の一二）、皆川氏もそのことを注意されている（「光明皇后願経五月一日経の書写について」日本古代史論集、上）。

（11）大日本古文書編者は造宮輔を藤原乙麿にあてているが、乙麿（武智麻呂の子）は続紀に天平十七年九月兵部少輔、十八年九月兵部大輔、勝宝二年三月大宰少弐などに任じたことがみえるけれど、天平二十年十月当時に造宮省輔であったかどうか明らかでない。

（12）経典書写には能筆者が必要となるが、校正（勘経）ならば経典に通じる僧侶のいる寺ならばひきうけることができる。そういう点から薬師寺などに勘経所がひらかれたのであろう。しかし薬師寺の写経司の内容は不詳である。勘経所がおかれ、ともかく写経作業の一部がおこなわれたところから、勘経所の意味を拡大して写経司といったのであろうか。

（13）福山敏男『奈良朝の東大寺』香山堂の項。延暦僧録によると、香山寺と香山薬師寺はともに光明皇后の御願になるが、記載順からみると、香山寺がさきのようで、天平十七年聖武天皇不予にさいし、名山浄処の一つとして香山寺が建てられ、そののち、十九年三月香山寺の西方に新薬師寺が建てられた。それは香山寺との由緒のつながりによって香山薬師寺とよばれた、と福山氏は説かれた。これよりさき板橋倫行氏は、香薬寺は新薬師寺であるが、香山薬師寺は新薬師寺でなく、また香山薬師寺は香薬寺でない、と説かれた（「香山薬師寺に就いて」史学雑誌三九の一一）。

（14）福山敏男『奈良朝寺院の研究』（中臣寺の項）

（15）長屋王の住居は作宝楼（宝宅）とよばれて懐風藻にみえ、王には和銅五年と神亀五年の願経（大般若経）があり、子の安宿王がつぎに記すように、かなりの量の経典をもち、中央写経所と交渉をもったところからみて、写経所文書にみえる佐保宅は安宿王の住居で、父のそれを継承したものであるまいか。安宿王は天平十年閏七月玄蕃頭に任ぜられ、十八年四月に治部卿となり、仏教と関係の深い職についたことからも、写経所と深い関係をもったのであろう。天平十年の経巻納櫃帳によれば、写経所の丁櫃の最勝王経一〇巻は安宿王から借りたものである（七218）。写経所は天平二十年十一月千手経一巻を王に貸し（二十四176）、同十二月王のための法華経奉写料として真弓紙二〇張を支出しており（十121）、勝宝元年十一月王の宣によって写経所は華厳脩慈分一巻・不増不減経一巻を中山寺に奉請した（二十四168 183 607）。寺に奉請されたことからみて、講説か法要での読誦に必要とされたのであろう。この寺は読紀の勝宝二年五月辛亥条に「震二中山寺一。塔幷歩廊尽焼」と記され、王はこの寺と何らかの関係をもっていたらしい。なお王は、勝宝六年鑑真を迎える使となり、勝宝八歳十二月山階寺への使となり、この日は諸寺で梵網経が講ぜられた。

（16）　唐初の学問では「三礼漢書文選之学」が重んぜられ（趙翼『廿二史剳記』巻二十）、訓詁が主流で、音義が多い。入唐した吉備真備が四門助教趙玄黙について学んだ内容は明らかでないが、玄黙は玄宗の詔をうけて秘書省の典籍を分部撰次した学者であり、真備は帰朝後に阿倍皇太子に礼記と漢書を教えたことが注意されており（宮田俊彦『吉備真備』）、真備帰朝以前の写経所で三礼・漢書・文選が写され、すでに唐初の学界の風潮を敏感に反映している。なお天平二年の写書雑用帳に白虎通・離騒・方言（楊雄方言）が記されるが、抹消の点がつけられている。

（17）　坂本太郎氏はつぎのようにいわれる。(b)の帝記は天皇の系譜中心の帝紀か、または法王帝説のような歴史風の帝紀かと考えられ、一巻一九枚という量が多くないから、系譜風のものであるまいか。(c)の帝紀は二巻とみえるから(b)帝記より大きい異本の一つであるらしく、古事記の帝皇日継か、または持統紀の帝皇祖等之騰極之次第と同じようなものか、と（「古事記の成立」古事記大成四）。

写章疏目録には「更可請章疏等」と記され、請うことが予定されたが、そこに記された書籍が実際に写経所で写されたかどうかは別問題であるけれど、目録にみえる書籍を石田茂作氏の分類（『写経より見たる奈良朝仏教の研究』巻末「奈良朝現在一切経疏目録」漢籍）によって示すと、〔礼楽類〕鈞天之楽一巻・古今冠冕図一巻、〔小学類〕文軌一巻、〔史伝官職類〕職官要録三十巻・帝暦幷史記目録一巻、〔儒家雑家兵家類〕安国兵法一巻・軍論斗中記・要覧一巻・黄帝太一天目経、〔天文暦数五行類〕天文要集一〇巻・玉歴二巻・天文要集歳星占一巻・慧孛占一巻・天官目録中外官薄分一巻・内官上古一巻・石氏星官薄讃一巻・太一決口第一巻・伝讃星経一巻・薄讃一巻・推九宮法一巻、〔医術類〕新修本草二帙二〇巻・治癰疽方一巻・黄帝針経一巻・薬方三巻、〔集録類〕大宗文皇帝集四〇巻・群英集二一巻・許敬宗集一〇巻・庚信集二〇巻・瑞表録一巻・帝徳録一巻、〔雑録〕政論六巻・明皇論一巻・君臣機要抄七巻・慶瑞表一巻・帝徳頌一巻・譲官表一巻・聖賢六巻・十二戒一巻・上金海表一巻・石論三巻・冬林一巻などである。

なお天文や兵学に関する書物を私有・私習することに対しては職制律に罰則がみえ、僧尼令にも兵書習読を禁じている。僧平摂がそれらの禁書をもっていた事情は明らかでないが、当時の知識階級の蔵書の一例を示すものであるまいか。なお禁書に関する論考として滝川政次郎「律令禁物考」（政経論叢一一の一・二）がある。

(18) 宮城栄昌『延喜式の研究』論述篇一五頁、八八頁。維城典訓は為政上の準拠で、また修身上の法式および規律を示す書である。

二　写経所の経営

まず写経所の布施からみていこう。経師らに与えられた報酬は、最初、功・料と記されている。すなわち報酬の初見である天平六年七月十一日写経所啓に、最勝王経一〇部一〇〇巻（用紙一六〇〇張）を写した報酬総額として、布二二端と絁一一匹をあげ、ついで経師安曇広麿ら一〇人の名と写紙（各一六〇張）と各絁一匹・各布二端、装潢一人倉椅部小滓の造紙一六〇〇張、絁一匹・布二端と記し、「右十一人、応給功布如件」とみえる（一582 583）。布施の基準は、経師の場合、四〇張につき布一端で、各人の布施額四端を折半し、その二端に絁一匹をあてており、装潢の場合は啓に四〇〇紙（張）につき布一端の割合であると註記している。功・料はついで天平七年に経生功・経師功・装潢功とみえ（七39 43）、天平九・十年にも経師功・装潢功と記されるが（七120 169）、経師料・装潢料ともみえる（七167、二十四68 69）。校生が独立しておかれたのは遅れたらしく（前述）、校生は天平五年からみえ（七34）、校生料の初見は天平十年二月八日経師等行事手実にみえるのがそれである（七130）。

初期の写経所では、種々の官司の官人が動員され、写経に従事することによってうけた報酬が功とよばれたのは、まず令制の官人給与体系で下級官人に与えられる季禄などと性格がちがうことを示している。すなわち山田英雄氏[1]がいわれたように、経師らの多くは下級官人・史生・舎人らとして官人組織のなかにあり、彼らが本務についてうける季祿は位階や地位によるものであり、その地位において職務を果たした場合に与えられ、半年間の上日数が一二〇日以上に達することが必要とされたけれども、仕事量によって与えられるものでない。功は画師や雇夫らに臨時に与えられる報酬であり、写経所の報酬が功とよばれたのは、しいていえば支給の根拠が仕事にあり、臨時の賃銀的なものである点で、共通性をもつと考えられる。ただし写経所の報酬の基礎が仕事量に存する点は、画師や雇夫らの功が日数によって与えられるのと異なるところである。

経師らに支給される報酬が布施と記される初見は天平十一年九月三十日写経司解の経師布施料である（七237）。もと功とよばれていた報酬が布施と名づけられるようになったのは、仏教思想にもとづくと考える。(2) というのは、報酬がとくに布施とよばれたのは、その名称からみて僧に対し布施を与えるのと同じ意味をもって、経師・校生・装潢らの経典造写の労にむくいたと考えなければなるまい。すなわち経典造写を宗教的行為とみとめ、それに謝する思想から、報酬を布施と名づけた。経師らの食料は単に料とよばれることもあるが（十四352―356）、ときに供養料とよばれ（六201、七275）、経師らの食事をつくる炊事場が供養所とよばれた例（六101）などを参照すると、経師らに対する報酬が仏教思想から布施とよばれた事情が理解できよう。なお当時における写経の功徳に対する信仰も、報酬が布施とよばれた事情と無関係であるまい。(3)

布施にあてられた品目として、布が最も普通であり、これも布施の名称が示すように、布をほどこすのが本来のたてまえであったといってよいであろう。布のほかに、銭や絁も与えられており、ほかに綿（十四376）も支給され、このうち一種類を支給するのが普通であるが、二種類・三種類の場合もある。初期におけるそれらの支給の実例をあげ、布施額の基準や、支給品目の割合などを見ておくことにする。

(イ)布と絁　この例として、①天平六年七月十一日写経所啓があり（一582 583）、すでにあげたが、②天平七年九月十八日経師写紙并給絁布案では、観仏三昧経一〇巻など計三部（用紙二〇六六張）に対する布施総額として「応給布」五七端とあり、布本位の計算であることが知られ、布施額の基準は、経師の写紙四〇張に布一端、装潢の潢紙四〇〇張に布一端といい、かつ布施総額のうち布三六端を「相折」して絁一八匹をあて、残りに見布二一端をあてると記している。布絁額の多いものからならべると、つぎのようになる（七39 40）。

達者牛甘	写二三四張	絁二匹	布一端三丈四尺
三島宗麻呂	写二三〇張	絁二匹	布一端三丈
大鳥千足	写二二八張	絁二匹	布一端二丈八尺
凡河内土持	写二二一張	絁二匹	布一端一丈一尺
安曇広麻呂	写二一〇張	絁二匹	布一端一丈
大鳥高人	写二一〇張	絁二匹	布一端一丈
高屋赤麻呂	写二〇五張	絁二匹	布一端五尺
呉原登美麻呂	写二〇〇張	絁二匹	布一端
飛鳥刀良	写一七八張	絁一匹	布二端八尺
安曇高額	写一五〇張	絁一匹	布一端三丈
倉橋部小滓	潢一〇六六張		布二端三丈五尺

壬生部又麻呂　潢一〇〇〇張　布二端二丈

凡河内土持の布一端一丈一尺は一端二丈一尺が正しく、飛鳥刀良の布二端八尺は二端一丈八尺が正しい。達者牛甘以下の布施を合計すると、五七端一尺となり、したがって「応給布」も五七端一尺としなければならない。呉原登美麻呂らの写二〇〇張以上の者に絁二匹をあて、各人の大部分の写紙量一六〇張に絁を支給する方針がとられている。しかし、この方針が一貫しているかどうかは他の場合も検討しなければならない。飛鳥刀良の一七八張のうち、一六〇張に絁二匹をあてることもできるが、それでは残り一八張に布一丈八尺を支給することになり、布が端をなさないので、八〇張に絁一匹、九八張に布二端一丈八尺を与えたのであろう。

③天平七年十二月十七日写経所啓案はA断簡（冒頭から飛鳥刀良まで）とC断簡（達者牛養から壬生又麿まで）からなるが（七43 44）、総計二一人に合うためには、B断簡（薗部広足から大石毛人まで）（七41 42）の頭部はAと同じ内容であるので、Aの内容をBとかえなければならない。これは山田英雄氏が指摘されたところである。布施総額「応給布」は九七端三丈で、経師（四〇紙につき布一端）装潢（四〇〇紙につき布一端）の基準額は②と同じである。布施総額のうち布四四端に絁二二匹をあて、残りの布は五三端三丈である。絁と布との割合では、呉原登麻呂の写一六〇張に絁二匹を支給することができるのに、そうなっていないで、絁一匹と布二端としている。また②では写二〇〇張以上の者には一六〇張分に絁二匹をあてたが、この③では二〇四張以上の薗部広足、二〇九張の忍坂成麻呂、二一六張の大鳥千足には絁一匹を支給し、二五一張以上の安曇広万呂・土師田次・間人東人・茨田麻呂・大石毛人にいたって絁二匹と布とを与えている。そうすると、②ではできるだけ多く絁を与える方針がとられたらしいことが③で一貫していないといわねばならない。

(ロ)布・絁・綿　天平九年十二月二十日の高屋赤麻呂写紙并布施啓には、写唯識論疏一五巻（用紙七九三張）の布施総額として、布九端・絁五匹・綿二八屯が記され、

物部足人	写二九四張	絁二匹	布三端	綿二屯
阿刀息人	写二三七張	絁二匹	布二端	綿六屯半
茨田麻呂	写六九張		布一端	綿七屯
蜷川真足	写一九三張	絁一匹	布二端	綿五屯半
秦犬	造七九三張		布一端	綿七屯

とみえる（七122 123）。これ（P）は、すぐあとにみえる断簡（Q）を清書したものであること、また綿の数量に誤りがあるらしく、計算があわないことは山田英雄氏がいわれたとおりである。

(ハ)布・絁・銭　天平十年二月八日経師等行事手実に、私部石島について「外給絁二匹、布二端、銭三百五十五文」と記される（七142）。

(ニ)布　布施に布だけが与えられた例は、①天平九年二月二十五日写経校紙并筆墨直銭注文に、校生小野広麻呂らに布が支給されたことがみえるが（七100 101）、仕事量に対する布の割合が明記されていない。

②天平九年十月十八日高屋赤麻呂（？）写紙并布施啓に唯識論疏一六巻（用紙八四二張）を写したのに対する布施総額として布二二端三丈八尺が記され、写経四〇張につき布一端、装潢紙四〇〇張につき布一端の割で、経師忍坂成麻呂ら七人、装潢三野乙麻呂に与える布の額が記される（七120 121）。山田英雄氏はこの②について、最終的に布で与えられたと断ずべきでない、といわれる。理由は、そのすぐあとの(P)天平九年十二月二十日高屋赤麻呂写紙并布施啓（七

122/123）と(Q)欠名（おそらく高屋赤麻呂）啓断簡（七123/124）とが同一内容の文書であり、(Q)ではじめ功料を布で計算し、その下に異筆で絁と綿を附書き加え、(P)はこれを清書したことになり、②はこうした過程の最初のものと考えられるからである、と。(P)と(Q)との関係は山田説のとおりであり、②も(P)・(Q)とともに唯識論疏を写したのに対する布施であるから、山田説のように(P)・(Q)と同じ支給法がとられたことは推定できよう（ただ(P)・(Q)は十二月に請求されており、②は九月であるから、ときがちがえば支給法を同一と断ずるわけにいかないかもしれないが）。

③天平十年二月八日経師等行事手実に「応給布六十五端七尺八寸」について、五五端一丈の経師料は一張別布一尺、五端二丈一尺の装潢料は一張別布一寸、四端一丈六尺八寸の校生料は一張別布四分と記される（七130）。ただこれについてもすぐつづいて「若絁卌二疋三丈五尺八寸五分」とあり、絁一匹を布一端にあてる註記がみえ、一部は絁で支給されたかも知れない。

④天平十年七月六日写経司解（断簡）に装潢道守味当の造紙一六八張に布一丈六尺八寸と記される（二十四63）。

⑤天平十一年三月六日の写経司啓には、注写大仏頂経一一巻（用紙四四張、准麁経用紙一二一張）に対し、布施総額として布三端五尺四寸と記され、経師の写四〇張につき布一端、装潢の潢紙一〇張につき布一尺は前例と同じで、変化はない（二159）。末尾に異筆で鍬三口給と記されるが、布の額だけで布施基準額に合うから、鍬が布施として与えられたとは考えられず、写紙と布施額を記すところに書かれているわけでもないから、鍬は布施と関係をもたないと思われる。なお鍬は天平十一年四月十五日写経司啓にも記され（二166）、この鍬も同じ理由で布施と無関係である。なお鍬が布施関係文書にみえるのは右の二例だけである。

(ホ)銭　銭だけが支給された例は、①天平十一年四月十五日写経司啓によれば、法華経七九二巻（用紙一五七七六張）

に対する布施総額布四六五端一丈五寸を給するのに、布一端を二〇〇文にかえ、合計九三貫五三文を支給している（二161―165）。

②天平十一年四月二十五日の写経司啓では、法華経八巻（用紙一六四張）を写した経師らに張別布四尺、装潢に張別布二寸の割で支給するといい、かつ銭に換算し、経師鼻仁□□の写紙三六張に対し銭三六〇文と記され（二166）、張別一〇文となる。これを天平十年二月八日経師等行事手実に、経師は張別布一尺、装潢は張別一寸と（七130）とあるのとくらべると、経師は四倍、装潢は二倍となり、高率である。しかし右の十一年写経司啓の末尾に異筆で「自今以後、写紫紙経施料一倍給処□」とみえ、右の経師料が四倍では異筆の一倍が意味をなさない。これは、経師料が銭に換算されていて、張別一〇文となっているのが普通の張別五文（七131）の二倍にあたるという意味に解されよう。

③天平十一年九月三十日写経司解（九月告朔）では、一切経一二二巻を写した経師布施料として銭一四貫六〇九文が記され（七237）、この場合は最初から銭で記される。

(ヘ)絁　絁だけの例として、①天平十年二月八日経師等行事手実帳に、装潢登美加是に「五月料施五匹」、道守味当に「五月料施一匹半」、秦犬に「五月料施一匹半」などと記される（七141 142）。

②天平十七年十二月二十五日写経所解によれば、大般若経一部六〇〇巻（用紙一〇一二一張）を写したのに対し、布施総額は施一五四匹二丈一尺二寸一分で、経師には張別七寸五分、校生には張別三分、装潢には張別七分半、題師には巻別四寸五分の割合であると記す（二482）。

③天平二十年七月十日東大寺写経所解案でも同様の基準であり、経師は八〇張につき一匹、校生は二〇〇〇張につき一匹、装潢は八〇〇張につき一匹とある（十306）。したがって絁一匹は六丈となる。(b)について山田英雄氏はつぎの

ように注意されている。絁一〇〇疋のうち九〇疋を疋別九三〇文、一〇疋を疋別九六五文で売り、銭一五三貫二〇〇文を得ており、布一端を三四〇文で買っている。売値と買値で直接比較することはできないが、絁と布との銭価の比率は三対一である。経師の立場からは同じ写経量について布で支給されるよりも、絁を支給される方が有利であり、逆に写経所がわとしては布で支給した方が有利となる。この大般若経料として支給されたのは絁と綿であるが、じっさいに必要とするよりもはるかに多額の量を支給している点で、他に例がなく、これを一般の写経所経済の例とすることはできない、と。

右にみた布施の品目のごとにそのおこなわれた時期は山田英雄氏によって示され、なお、初期における多種類の支給が天平十一年に単純化すること、布が最も一般的な基準であり、銭がそれにつぎ、布と銭による区別は明らかでないが、基礎的計算は布でおこなって銭に換算しており、銭で計算して布に換算した例はないことなども指摘された。なお、註経と願文の場合は経師の布施額算出の基準が麁経の場合と異なることはいうまでもなく、たとえば天平十四年六月三日福寿寺写一切経所解に注経料は一紙七銭、結願料は一紙二銭とみえる（八61）。願文の字数は少ないのが普通で、一張の紙面に満たない。皆川完一氏[4]は、五月一日経の願文の場合に一四五字で、布施が一枚二文であるのは、麁経律論一枚約四〇〇字の五文と対比し、字数の割合から算出したと推定された。なお金字経の場合は、天平十八年十月十七日写金字経所解に、経師は一張一〇文、校生は五張一文、瑩生は、一張二文、装潢は一張一文、題師は一巻六文と記される（二547 548）。

経師らの布施額の基準を右の例や他にみえるところからまとめると、石田茂作氏[5]が示されたように、つぎのとおりになる。

○経師
◇麁経論　四〇張＝布一端、八〇張＝絁一匹、一張＝五文、
◇註経疏　三〇張＝布一端、六〇張＝絁一匹、一張＝七文、
◇結願文　一張＝二文、
○校生　麁註とも一〇〇〇張＝布一端、二〇〇〇張＝絁一匹、五張＝一文、
○装潢　造紙四〇〇張＝布一端、八〇〇張＝絁一匹、二張＝一文、
○題師　一〇〇巻＝布一端、一巻＝二文、
○瑩生　一張＝二文、

写経所文書にみえる布施法をみておくと、天平十六年七月二十二日の写疏所符とされるものに「取書生書誤料与正人法」として「毎一字堕取銭一文、毎一行堕取銭廿文、毎五字誤取銭一文」と定められた（二353）。一例を示すと、天平十六年類収校正勘出注文は華厳経疏を校正した檜前（一校）・紀（二校）・王広麿（正了）の注文で、経師大鳥祖足分は落字九、字別充銭一文、誤字十、以五字充銭一文、刑(忍)坂成麿分は落字七、字別充銭一文、替一張、充銭二〇文、誤字五、以五字充銭一文、漢浄麿分は替一張、充銭二〇文と記される（二十四289 290）。装潢の場合は、天平十年八月十六日写経司解に、造紙四〇〇張につき布一端が常例であると記し、ほかに、継堺打八〇〇張、継打一六〇〇張、堺打一六〇〇張、端切ならびに緒軸つけかえをそれぞれ布一端と記している（七169）。

写経従事者の中心となる経師・装潢・校生に対する待遇は、(イ)一日の標準作業量に対する布施によって知られ、経師七張三五文、装潢五〇張二五文、校生六〇張一二文の場合に、経師は校生の約三倍、装潢は校生の二倍以上である。校生の作業はいわば機械的であるから最も低く、装潢は一定の技術を必要とする関係から校生の二倍以上となっており、経師は写字の技術者であるほか、写経の宗教性を重視した関係から手当がよかったと考えられる。

(ロ)日別食料の品目と量にあらわれた待遇の差をみることにする。山田英雄氏は、経師・装潢は二升二合ないし二升、校生は一升四合ないし一升六合であり、中央官司における食料は不明であるが、国司巡行中の食料では、官人四把（二升）、従人三把（一升五合）であり、諸国の食料が中央官司と同一である証はないが、経師・装潢と校生との食料の区別は、諸国のと類似し、その区別は地位の差を示すと考えられる、といわれる。

下級官人が写経所に勤務してうけた布施はどれくらいの収入の増加になるであろうか。まず経師・校生・装潢らの能力の例をみておくと、天平十年の写経司解に「一人日写紙四張」とあり（七173）、天平十一年（?）写経司解案では人別写八枚（二十四117）、同じく天平十一年（?）写経司請浄衣解案帳には、経師人別日写八張、校生人別日二校四〇張とみえ（二十四115）、経師の場合は一日四ないし八張である。装潢については、天平十年八月十六日写経司解に上手人の継・堺は各五〇〇張、端切は二五〇張。中手人の継・堺は各四〇〇張、端切は二〇〇張。下手人の継・堺は各三五〇張とみえる（七169）。経師の場合をとりあげると、右の人別日写八張は最高の例のようである。官人で経師らになった位階の最高は、管見の範囲では正六位下である。官人の給与体系では、六位以下は季祿だけしかもらえない。(6) その季祿の品目は絁・綿・布・鍬であるが、これと比較できる例が布施にないので、仮りに前掲(ロ)の天平九年十二月二十日高屋赤麻呂写紙并布施啓を比較に用いよう。啓のなかで布施の最も多いのは物部足人の絁二疋・綿二屯・布三端である。仮りに季祿のなかの鍬を考慮外におくと、足人の布施は従七位の季祿の絁二疋・綿二屯・布四端より布一端だけ少なく、正八位の季祿の絁一疋・綿一屯・布三端よりは絁一疋・綿一屯だけ多い。足人の写紙能力を一日八帳と仮定すると、二九四帳を写すのに約三七日を要する。季祿の方には、それをもらうのに半年ごとの上日一二〇日以上という条件がある。写経所で三七日写経に従事すれば、従七位の季祿よりは少ないが、正八位の季祿よりも多い量の布施をうける。鍬を除いた計算であるから、厳密な比較にならないが、写経所の布施が下級官人の収入にかなりの増加をもたらしたといえよう。(7) したがって、経師らの貢進のところで述べたように、「生活得便」のために写経所勤務が望まれたわけで、それは官人にかぎらず、里人の場合も同じである。布施の支給のすみやかなことを求めた例として、天平十八年五月二十七日写疏所解には、経師武丘広立の死(五月二十四日)を報じ、広立の布施五八七文について「死去已訖、不耐資給、家内哭患、仍注急状、以解」といっている(二512)。

写経所勤務者がわの要求を示すものとして、天平十一年のころのものとされる周知の写経司解案がある。すなわち経師召集の暫停を求め「遺紙四千張　廿五箇日単功五百　見経師廿人　応写紙四千張　人別写八枚、右、紙少人多、計必断手、請且留停、其間設紙、来八月中旬、擬更召加」といっており、これは布施の多いことを望んだものであることはいうまでもない。この解案にはなお、浄衣の取かえ、一カ月五日の休暇、三日に一度の酒、毎日の給麦、装潢と校生の黒飯を中品精食に改められたいこと、などが望まれている(二十四116―118)。

のち布施額の基準を示す布施法が若干改正された。勝宝三年二月八日写経布施校生勘出装潢作物法例がそれである。布施法という書出しがあり、内容を整理すると、つぎのとおりである。

◇経師

○麁経論　四〇張＝布一端、一張＝布一尺五分、

○注経　　三〇張＝布一端、一張＝布一尺四寸

○律論及以経喫法写書類皆用経布施法之、

◇校生

○麁注とも　二校紙五〇〇張＝布一端、一張＝布八分と十分之四

◇装潢

○四〇〇張＝布一端、一張＝布一寸分半

○謂継打端切喫引了矣、

◇題師

○一〇〇巻＝布一端、一巻＝布四寸五分

◇正経人充布施

○毎一行堕折紙四張〔余（字脱カ）同此法〕

○毎五字堕折紙一張〔余字同此法〕

○毎二〇字誤折紙一張

○凡奉写経者、可正所誤、若不正畢、経十日以上、折写人料、与将正人、如上法之、自今以後恒為例之、

◇校生勘出事

○不顕一行堕折〔余行同此〕一〇〇張、
○堕一字〔余字同此〕折二〇張、
○誤一字、折五張、
○右、不顕誤字、折校人紙与勘出人、如上法之、又為例之、

右の布施法において経師の麁経一張につき布一尺五寸というのは、一端が四丈二尺であることを示し、山田英雄氏は、この布施法の成立について、四丈布から四丈二尺布への転換を確認するためといわれる。なお右の布施法のつぎにすぐつづいて装潢一日の作業量の標準が「装潢作物法」として記され、継紙六〇〇張、界三〇〇張、打二〇〇張、染一〇〇〇張、端切四〇〇張、竹削表紙着六六巻、軸緒着八〇巻、以黄蘗一斤染紙三五張とみえる。（三487—489）

写経従事者の衣・食・住をみておこう。日別食料についてまえに待遇のところでふれたが、もう少し考えるために天平十一年七月七日写経司月食帳案から同年八年二十九日の解（七288—290）をえらび〈第16表〉にかかげた。中心的従事者のあいだで経師と装潢が校生よりもおもんぜられている待遇差はここでもみられ、(8)それは食米の量に差があり、また品目のうち、凝海菜と芥子が経師と装潢とに支給されるが、校生に支給されないことによって知られる。中心的従事者（経師・装潢・校生）が補助的従事者（舎人・女豎・火頭）よりも優遇されていることは、食米と塩の量に差があり、また醤から芥子までの品目が補助的勤務者に支給されないのによって知られる。ただ火頭の食米二升が校生の一合四夕よりも多いのは、火頭の職務が重い肉体労働に属するからであろう。右の天平十一年七月七日帳案につながっ

＜第16表＞　天平11年8月29日写経司解（日別食料）

	経師	装潢	校生	舎人	女豎	火頭
食　米（合）	22	22	14	8	8	20
塩　（夕）	6	6	6	2	2	3
醤　（夕）	15	5	10	—	—	—
酢　（夕）	5	3	3	—	—	—
末　醤（夕）	5	5	5	—	—	—
滓　醤（夕）	10	10	10	—	—	—
海　藻（把）	1	1	1	—	—	—
滑海藻（把）	1	1	1	—	—	—
凝海菜（夕）	5	5	—	—	—	—
芥　子（夕）	1	1	—	—	—	—

〔註〕舎人は供養所舎人（大日古 7—288～290）

＜第17表＞　天平 12？年某月写経司解（日別食料）

	経師	装潢	校生	司人	舎人	駈使
食　米（合）	22	22	14	12	8	20
塩　（夕）	6	6	6	6	2	3
生　菜（文）	4	2	2	—	—	—

〔註〕駈使は駈使丁（大日別 7—298～300）

ている九月三十日写経司解では、婢の食米日別一升二合・塩一升とみえ（七285）、この食米が舎人・女豎よりも多いのも職掌が肉体的労働に属するからであろうか。婢の塩一升が中心的従事者より多いのもまた特異である。

天平十二？年某月写経司解（七298—300）を＜第17表＞にかかげた。勤務者では経師・装潢・校生・司人・供養所舎人・駈使丁までみえ、あとが欠け、食料の品目では食米・塩・醤・酢・末醤・滓醤・海藻・凝海菜のほか生菜が記され、生菜は蘘茄と漬菜をさすらしい。司人の内容はよくわからないが、おそらく写経司プロパーの官人のことであり、経師・装潢・校生らが他の官司から動員されてきた者であるのとちがう意味の者と思われる。このように考えてよいならば、経師・装潢・校生らの食米量が司人のそれよりも多いのは、経師らが写経の中心的従事者であるために優遇されたのであろう。駈使丁の食米二升が校生・司人・舎人らよりも多いのは、＜第16表＞に関し、火頭について記したのと同じ理由によると考えられる。

野菜などの生鮮を必要とする食料が東西市[9]などから買われたことはいうまでもなく、副食物などの購入を記す最も古い文書は天平十一年八月十一日写経司解で、「買物合十六種」として薪・藁・水葱・青菜・あざみ・瓜・熟瓜・茄子・末滑海藻・末醤・蘭・佐々気・不乃利・心太・売我などがみえる（二179 180）。これらの品目すべてがつねに購入されるとはかぎらないことは、宝字四年八月三日後一切経料雑物収納帳に坤宮一切経書写に要したものが書きあげられたなかに、醤・末醤は大膳職よりうけたと記す例で知られる（十四425）。

写経所で必要な物資は難波の市(10)からも購入された。難波の市は大阪市南区上汐町一丁目と二丁目付近にあったといわれる。ここで重要商品は海産物と薬品である。万葉集の乞食者の歌（一六―三八八六）は、飛鳥・奈良の都に住む人にとって、塩といえばすぐ難波があげられたことを語っている。塩は瀬戸内海沿岸で生産され、租税や商品として難波に集荷され、古大和川の舟運によって都へ運ばれたのは大化前代からのことであろう。宝字六年閏十二月一日二部般若公文案によれば、造東大寺司の主典安都雄足が難波使の杜下月足と弓削伯万呂らに対し、米（黒一五石、白若干）・海藻（三〇〇連）・塩（二〇〇果）・大豆・小豆・麦・折薦・細縄・綿などの購入を令し、平城京と難波とを往復する船に乗り、翌七年正月十日以前に帰京するように述べている（十六109）。宝亀二年三月二十七日の姓名欠請暇解には、東大寺の用務で難波の三宅の塩を運京するため遣わされるので、写経所を三日のあいだ休ませてもらいたいといっている（十七593）。難波の三宅は天満橋の北詰にあり、倉庫と事務所をそなえ、西国に散在する寺の封戸から物資を徴したほか、難波の市から必要品を購入したであろう。難波における東大寺領として新羅江庄が勝宝二年に成立し、新羅江は難波の御津、大伴の御津と同じで、今の難波・湊町・四ツ橋をむすぶ海岸をさしたといわれ、東大寺は安曇江庄（安堂寺橋付近）も所有していた。難波使は難波の三宅や、新羅江庄・安曇江庄の事務所などで物資の徴収と売買に従事した。

写経従事者は浄衣をまとい、衫をつけ、袴をはき、冠を用いた。写経所の衣服の初見は、天平二年七月四日写書雑用帳で、浄衣・袴・冠布のほか白麻・巾・麻被・湯帳などが記される（一394）。天平九年布施受物帳に浄袍二九領・襖子二一領・袴一八腰・褌二二腰・水褌二二腰・襪二二両・冠二一条・被二二領・湯帳二二条・綿袍一領（以上、装潢料）、布袴六腰（校生料）、手巾六条・辛櫃一合・練帯九条・木履五〇足・経蔵辛櫃九（三染・六白）・帳六条（二各九幅・四各四幅）がみえ（二30）、この帳を布施受物帳と名づけるのは適当でなく、別の同日の帳のように経師等受物帳と名づける方が適当であることというまでもない。

これら官給の衣服について、角山幸洋氏が(11)、写経所文書にみえる被服史料を整理分析し、正倉院被服資料（大仏開眼会使用楽服や写経所の浄衣）とくらべ、規格や支給状況を解明するとともに、織物生産との関連から律令経済機構の一面に論及された。(イ)写経所勤務者の衣料は時服制により、階層別に支給された。写経の中心的従事者たる経師・校生・装潢・別当僧・校経僧・主典・案主・舎人・膳部・雑使らは、絁と布を品目区分して衣服材料とするグループであり、補助的労働者たる自進・仕丁・駈使丁・厮使丁・奴・雇夫・山作木工・桴工・優婆夷・夷従・厮女らは布だけを衣服材料とした。布では、望陀布・細布・調布は経師から雑使までの中心的従事者と、自進との特定品目に使われ、また全品目にわたって使われた。庸布と租布は、補助的労働者の仕丁から雑工らまでの品目に使われ、そのうち仕丁の袍袴は庸布か租布であるが、商布も支給されたのは自進と同時支給によるものであり、早袖・前裳・冠は優婆夷・厮女と同時支給のため調布となっており、ほかの者と同時支給のために適用外品が支給されている。

(ロ)天平二十年ころまでの支給品目に統一がなく、たとえばこの期だけに支給された水褌や単袍があるけれど、冠がみえない。これは初期写経所で支給体制が確立していないためであった。勝宝年間の衣料支給に関する史料が少なく、明らかでないが、宝字年間に支給体制が完備する。冬期の上衣には袷袍・襖子、下衣に袷袴・褌があり（いずれも絁）、夏の上衣に単袍（細布）汗衫（絁）、下衣に単袴（細布）褌（絁）が用いられ、附属品に湯帳（調布）被（絁か細布）冠（望陀布・細布）襪（調布）がみえ、これらが一般的支給品目である。被服材料も単袍・単袴・被・冠に細布か望陀布をあて、湯帳・襪に調布をあて、このように用途による織物区分をしている。写経所における支給品目は、一般諸司官人にくらべ、経師・校生・装潢に全く完備した支給をしており、これは優遇策とみられる。こうした支給整備も、宝亀年間に調庸制度が崩壊し、それが支給面にもあらわになる。

(ハ)写経従事者の衣服の用布量を正倉院被服の実物に対比すると、規格統一的要素がつよく、等量支給が確認される。たとえば黄布袍（角山氏第一図6）には細布が用いられ、用布量の一丈六尺九寸なることは単袍と合致し、また黄染であるのは、経師・校生・装潢および同等の階層に限定して使用されたものであり、仕丁・駈使丁などが同一用布量の庸布を材料とするのにくらべて良質である。つぎに装潢久米の浄衣とされるもの（第一図5）には、単袍一丈七尺ないし八尺の用布があてられているが、被服材料として装潢のものには細布を用いるのが一般であるので、本品の幅二尺四寸は細布以外の特殊用例となる。年代では、もし本品が装潢久米直家足の着用に比定されるならば、支給体制の確立しない勝宝年間以前のものと推定される。

(ニ)織物の規格寸法は、原則的に被服用布量を基準として決定され、織物の生産と関係をもつ。たとえば布の規格寸法は、原則的に単袍一丈九尺と単袴七尺の用布量を単袍単袴料とする布の最終用途を基準としてきめられた。養老賦役令は大宝令とほぼ同文であったといわれており、庸布一段（二丈六尺）は単袍単袴料で調布正丁貢納量二丈六尺と同量にきめられ、調布が二丁合成の五丈二尺を一端としたことは、袷袍袷袴料か単絁二領単袴二腰料にあてるためであった。

以上は角山氏の論点と例証のおもなものであって、写経従事者の衣料の規格や、支給の整備過程、織物の規定と生産との関係などがきわめて具体的に、精細に分析されている。

写経所の建築施設については、史料が多くなく、断片的で、よくわからないが、写経をおこなう写経殿（経堂）と、経師らの宿所（曹司・息所）とからなり、事務所は経師所政所（十六563）といった。天平二年七月四日写書雑用帳に輔設物として、釜一口・小刀八・長畳二枚・短畳五枚・立薦二枚・苫二帙・簀四枚・長席一枚・短机九枚・辛櫃七合そのほかを受領したと記されるのが施設関係の初見である（一394 395）。天平九年二月以前には角寺などで写経がおこなわれたが、天平十一年には東院写一切経所でも写経がおこなわれ、正月二十八日写経司解は、写経殿一間（柱一六枚、簀子四〇枚。久礼七〇枚＝庇料）（歩枚五〇枚＝経師等床敷料）をつくるため銭三貫七九二文と塗廝壁料（運車一七両の庸銭六八〇文と藁三〇囲の直銭九〇文）と計四貫五六二文を請い（二154 155）、天平十一年四月一日写経司告朔帳解に六月行事として、経堂南北庇二間（長各七丈）、竈屋一間（長四丈・広二丈）、厠一間（長四丈・広一丈）が報告されている（七227 228）。

福山敏男氏[12]は、天平十五年四月一日から始まった大官一切経書写をおこなったのが写官一切経所（先経所）で、十八年正月に別に始まった一切経書写をおこなったのが写後一切経所（後経所）であり、先後の一切経は金光明寺写経所で経堂を異にして写されたらしいこと、天平十五年七月二十九日写官一切経所告朔解案に四月から七月までの行事を記すなかに、堂（経堂）・写疏所・経師息所がならびみえること（八223）などを注意して、天平十八年の南堂（九74）と南房（九200）、北堂（九289）と北房（九201）は同じであるといわれる。南校・北校（九241）は南堂と北堂における校正を意味するのであろう。天平十九年には東堂（九563）西堂（九549）もみえる。これらの経堂ではそれぞれ一定の案主のもとに一定の経師らによって写経が分担されたが、福山敏男氏がいわれたように、その区別は厳密でなく、経師らは同じ堂に固定されていなかったと考えられる。勝宝八歳六月九日の東大寺山堺四至図には、大仏殿の東北に経房と記される。

宝字四年四月二十九日の東塔所解は、前述のように、一切経一部を写すために経師らの宿所と食宿（食堂）をつくる費用として、八貫一〇〇文を請い、内訳は相榑三〇〇村四貫八〇〇文（近江。田上山産のものであろう）、椙一〇〇荷一貫三〇〇文、運送料一貫二〇〇文、藁二〇〇囲八〇〇文である（十四386）。これは従来の写経所では狭隘のため、写経の施設を増加したものと思われ、宝字四年二月十日光明皇太后の令旨により、坤宮御願一切経として三四三三巻（用紙六六七九三五張）の書写が計画されたことによるものである（五542、十四308、365 366）。

神護景雲四年九月二十九日の奉写一切経所告朔解には、写経関係の建物として、経堂・勘経所・経師等曹司・料理供養所・湯沸所・湯屋などがみえる（六101—103）。宝亀三年三月三十日奉写一切経所告朔解には、経堂北片庇敷料として歩板三五枚を用い、経師らの宿所敷料として歩板二五枚と簀子二枚を用いたことなどがみえ（六303—305）、宝亀三年十一月の高向小祖等連署解に「諸房内飯人事」として高向小祖ら一四人の名をあげ「右十四人之食器、為漏失者、依彼数将進」と記している（二十329）。一房に少なくとも一四人が住んでいたこと、食事は房でとったことなどが知られる。宝亀三年八月十一日のものと推定される奉写一切経所解案によれば、辛櫃一〇六合のうち二二合、折櫃一一七合のうち一〇七合、長折櫃二六口のうち六口を正倉に収め、残部は経所に収めたと記し（二十225）、宝亀二年十二月二十四日の正倉紙収帳にも、紙・軸・辛櫃などが経所と正倉にわけて収められたと記し、さしあたって必要な量だけを経所におき、余分は正倉においたらしく、すなわち黄紙は経所請二〇四三二六帳、正倉在九九八八〇帳、軸は経所請一六八四枚、正倉在一七〇四〇枚、辛櫃は経所請四二合、正倉在二二合とみえる（十九130 131）。

宝亀三年十月二十四日類収の奉写一切経所雑物納并下帳によれば、某月四日奉写一切経司より請うた調綿・庸綿二五八屯（内一屯欠）を東殿内の第二・三辛櫃にうつし収め、白木軸四六枚を東殿内にうつし、同五日凡紙七〇〇帳を端継料として請い、東殿第三辛櫃に収めたと記す（二十324）。これらの調綿・庸綿は売却され、写経の用度雑物を購入する費用を得るわけで、初期の写経所では、副食物などが購入されただけで、写経に必要な物資は現物で大蔵省などからうけたのにくらべ、写経所の財政が交易に大きく依存するようになったため、経所で調綿・庸綿などもとりあつかわれたのである。

写経にもっとも多量に必要とした紙は、(イ)図書寮でつくられたもの、(ロ)諸国から貢進させた調紙、(ハ)京の東西市で買上げたもの、などが用いられた(13)。

令制では、図書寮に伴部の造紙手四人がいて、雑紙をつくり紙戸五〇戸が山背国におかれ、十月より三月まで毎戸一丁が図書寮に召されて製紙に従事し、この紙戸は借品部とされ、調雑徭免除であり、この紙戸の実例が神亀三年山背国計帳に「紙戸主出雲臣冠」とみえ（一333）、造紙手はこの紙戸出身の品部を指揮して製紙にあたった。弘仁三年二月二十八日の官符によれば、造紙長上秦部乙足の死去のかわりに図書寮造紙手少初位下秦公室成を補すといい、造紙手には秦氏の技術者が任ぜられており(14)、西宮記(15)に「紙屋院図書別所在㆓野宮西㆒大同年始置㆓此院㆒」と記され、図書寮に属する製紙工房は平安初期にも紙屋とよばれている。

写経所に紙を供給した製紙工房の紙屋は、神亀五年に写経料紙帳にみえるのをはじめ（一382）、勝宝元年（十658）・二年（十一371）・宝字二年（十三269 316 332）・五年（十五58 59）・六年（十五336）・神護景雲四年（六24、十七413）・宝亀三年（二十321）・四年（二十一489）などにみえ、宝字五年には駈使夫五人（十五58）がはたらき、六人が嶋院へ作業に出ており（十五59）、神護景雲四年米二升が紙屋の仕丁らに間食用として与えられているから（十七413）、宝字五年の駈使夫は仕丁である。

宝字六年閏十二月十九日の奉写大般若経所符は、造寺司主典安都雄足の名をもって、紙打殿（製紙工房）の屋根をふく材料として、丹波の杉四六本（四車輌分）と波多板一四枚を買い求めて送るよう泉木屋所[16]に命じ、その費用は木屋で消費する米の購入費をもってあて、残額を杜下月足に渡して返納するように令し、二十二日にその波多板一〇枚が、二十七日に杉（四六？）が造寺司に収納されている（十六112 113 126 127）。

紙屋でつくられた紙は、直接写経所に送られたほか、内裏や東大寺にも送られ、そこで貯蔵されたことは、写経所がしばしば内裏や寺の正倉から紙屋作の紙をうけているので知られる。たとえば、宝字七年三月十八日の奉写七百巻経料雑物収納帳によれば、この月十八日に内裏から紙屋作の穀紙五〇〇張をうけ、六月九日に東大寺の正倉から紙屋作の紙四五〇張をうけたと記される（十六353 355）。

宝字四年七月十四日東寺写称讃浄土経所請文案に、内史局より紙が未充のため経師の書写が停止していると述べ、紙を請うている（十四411）。当時は称讃浄土経と坤宮一切経の書写が並行しておこなわれていた。図書寮は紙屋でつくる経紙と、諸国より貢進の調紙[17]を写経所に供給しなければならなかったが、一時に大量の紙が必要とされる場合は、供給が需要に追いつかなかった。

写経用紙が買い求められた早い例として、天平二十年七月十日東大寺写経所解案には、大般若経六〇〇巻を写すためうけた紙一三〇二〇張のうち、図書寮からうけたのは一二六二〇張で、買白紙は四〇〇張と記される（十305）。宝字六年閏十二月二部般若経書写の場合は、用紙二四八〇八張のうち一〇九〇〇張は購入によるもので（十六94―103）、購入紙の比率が大きくなっている。

写経の計画と実施、すなわち予算（見積）とその執行について、山田英雄氏(18)による東院写一切経所の場合に関する考察が出され、この面からの写経所研究が最近あいついで出された。写経の予算に関する文書として大部の経典の例では、(P)天平二十年七月十日東大寺写経所解案（十304―311）、(Q)勝宝二年十月十二日造東大寺司解（三463―468）、(R)宝字六年十二月十六日奉写二部大般若経用解案（十六59―68）などがみえ、(P)・(Q)も大般若経書写の用度を記し、(R)は慈訓の宣による書写に関するものである。一切経の例では、(S)奉写忌日御斎会一切経所解案（十五63―69）などがあり、(S)は宝字四年二月十日藤原仲麻呂の宣による一切経一部三四三三巻（用紙六七九三五張）の書写計画が光明皇太后の崩御（六月七日）のため、一周忌斎会に供養すべく、五二七一巻書写に拡張変更されたさいのものであるが、末尾が欠けている。予算案は、吉田孝氏(19)がいわれたように、写経巻数、発願者と写経所との関係、写経のおこなわれる季節などによって差があり、時代がくだるにしたがって詳細となるが、記載がととのった(R)の場合は、(1)経名と巻数、(2)写紙量、（経紙・凡紙）、(3)布施、(4)浄衣、(5)筆墨、(6)装幀用品、(7)銭、(8)必要とする経師らの単功、(9)食料、(10)食器・雑貨、(11)仕丁の人数と使途などが記される。(7)銭は兎毛筆、筆墨、鹿毛筆、狸毛筆、木履、菲、明櫃、薪、炭、松、生菜を買うのにあてられ、これらの物品だけがわざわざ銭で計上され、しかも筆墨のように重複してまで銭の項目をたてて記されることについて、横田拓実氏[20]は、当時の官司財政が現物給与の原則（紙筆墨は図書寮から、布絁綿などは大蔵省から、米は民部省から、塩醤などは大膳職から、それぞれ現物で支給される）をとっていたからで、銭で支給するのは特定の場合に限定するという原則があったからである、と注意し、吉田孝氏も、二部般若経の財政で、予算に銭で計上されたのは、当時の物価で換算した総予算額の約四％にすぎず、九六％は現物で計上されており、財政の原則が現物給与であったことは動かないが、たとえ交易に依存する部分（銭の数量）が少額であっても、予算が現物と銭との二本建てで計上されているのは、見逃しえない重要な事実である、といわれる。

二部般若経書写費用として、宝字六年十二月十九日に節部省から調綿一〇九九七屯（五300）、十二月三十日に調綿五〇四三屯・租布二五段がくだされた（五305）。調綿売却方法を分析した吉田孝氏[21]は、写経事業の財政についてつぎのように述べられた。(イ)写経事業の財政形態はそのときどきの事情によって変りやすく、たとえば(a)宝字四年坤宮御願一切経書写の財源と、(b)宝字六年二部般若経書写の財源とをくらべると、(a)の施入物は多様で、大膳職から醤・末醤をうけたように、中央官司財政的な面を多様にのこしているのに対し、(b)は調綿売却ですべてを賄うという、いちじるしい対照を示し、(b)がより深く交易経済に依存するのは財源の性格による。(ロ)しかしこのような偏差はあっても、造東大寺司自体が封戸物を主要財源とする財政で、封戸物が限定されている以上は、収納品売却によって必要物資を購入せざるを得なかったわけで、(b)二部般若経書写の財政や(c)法華寺阿弥陀院金堂造営の財政と、本質的差異はなかった。(c)の財政が(d)石山寺造営財政よりも深く交易に依存したようにみえるのは、(c)の財政が造東大寺司財政機構外にあったのに対し、(d)の財政が造東大寺司財政機構内にあったために生じた差異にすぎない、と。

横田拓実氏は、(22)(R)二部大般若経書写費用として支給された調綿などの売却と、得価銭による物資購入の状況をさらにこまかくたどり、写経所の財政機構や、当時の流通経済との関係を分析された。(イ)用度解案には、写紙・筆・墨のほか、写経従事者の浄衣料（絁・綿）布施料（絁）食料（米・副食物）などの現物が請求されているのに、調綿をもって支給されたのは、調綿を売却して銭貨を獲得し、それをもって用度品を購入することが、写経所と節部省とのあいだで了解されていたわけである。

(ロ)銭用帳はこの写経の全期間にわたる記載をもたないが、十二月二十一日から閏十二月二十九日までの銭用を記している（十六90―104）。この期間の支出五七〇貫は、決算報告の全支出一〇三〇貫文余（十六377）の約五割にあたる。用度物の購入は平城京の東西市（左右京、八条三坊）でなされた。写経所が、一日で購入したもののうち、量的に多いのは絁一二〇四、同七二四、紙七六〇〇張、調布二五端などであり、支出の多いのは閏十二月六日の一四六貫文余で、銭用帳の五七〇貫文余の二割五分強に達する。写経所が多量の需要をみたすことができたのは東西市の盛況さによる。

(ハ)宝字六年以前における写経所財政の運用を天平二十年七月十日の東大寺写経所解案についてみると、天平十七年九年一日勅による大般若経七〇〇巻の書写に必要な紙一二六二〇張、絁一〇〇〇四、綿一〇〇〇屯、米四九斛一斗二升、塩一斛五斗五升八合八夕が支給され、そのうち絁一〇〇疋、綿六三〇屯は売却され、銭一五三貫二〇〇文がえられ、用度物の購入にあてられた（十304―311）。天平二十年と宝字六年の両者に共通するのは、用度物が現物給与でなく、綿や絁が支給され、それを売却して銭にかえていることである。相違としては、天平二十年には物品貨幣的な綿・絁のほかに、紙・米・塩が支給されたのに対し、宝字六年には綿以外は支給されなかった点をあげうる。これは宝字六年のさいの財政運用の方が整理されていることを示すが、ただそれは国家財政がわの整理か、東西市の発展によるのか、明らかではない。

(ニ)宝字六年の場合、収納した調綿一六〇四〇屯や租布・唐櫃は十二月二十日から官人に付して売却されはじめ、杜下月足・上馬養・土師名道ら二〇人は二〇〇〇屯(最高)から一六屯までを分担し、売却につとめ、みずから購入した場合や、他に交易の場をみつけて売却した場合とが考えられる。「即日納価銭」とか「即進直銭」と記されるのは、京の近くで、しかも東西市で売却されたことを示し(十六73—78)、ほかに飯島息足のように地方で売却した者もあった(十六340・341)。息足は、命ぜられた屯別六五文で売却できず、そのため、屯別六〇文にしてほしいと請うたが、みとめられず、彼は宝字七年二月三十日に一四貫文、三月三十日に四貫九〇〇文を納めており、このように販路に苦しむ者はほかにもあった。綿一屯の売却値段は最低六〇文から七二文まで段階がみられ、これは節部省から支給された綿の品質が一様でなかったこと、および交易した場所での値の相違による。写経所は用度物を購入するための目標額を達成するために、屯別の最低価を定めたが、その一例が息足に示された屯別六五文であった。租布や唐櫃は、綿を収納したときの付随品であり、最初から売却を目的とするのでなかったが、写経所は収入をよくするために、租布・唐櫃も売却したのであって、節部省々掌らが買いとっている(十六76)。

(ホ)綿や租布の売却状況を大般若経雑物納帳によってみると、閏十二月六日までに綿は一三〇四六屯が売却され、銭八五五貫五六〇文が獲得され、租布三八段も売却されており、これは十二月二十日から約半月ほどのあいだに目標額の八割余にも達していたわけで、それを可能ならしめたのは東西市を中心とする交易圏の発達であった。

(ヘ)写経所が節部省からうけた綿や租布は難波でも売却され、必要な物資の米や雑物も難波で買得された。買得には別に五〇貫文が与えられていたが、難波がえらばれたのは、京の東西市にくらべて物資が低廉であったからであろう。綿や租布は、その売却の必要から京以外の市へ販路を求めたのである。宝字六年閏十二月一日の写経所符は、難波滞在中の杜下月足らにつぎのことを命じている。五〇貫文で米と雑物を購入せよ、綿は屯別六五文以上で売却せよ、と。結果をみると、難波使は綿二五三屯を屯別六五文で売却し、一六貫四四五文を得たにすぎなかった（十六75）。物資購入では、五〇貫文をもって米・海藻・塩などを購入し、難波より米などを運ぶ川船一隻の雇賃に二貫一〇四文を払った（十六381）。難波での交易は成功といえないもので、残りの綿七四七屯と租布一段は写経所へ返上された（十六75）。

(ト)米・海藻・塩など以外の物資の購入をみると、綿・租布・唐櫃などの売却と、その得価銭による物資購入は平行しておこなわれたことは奉写二部大般若経料雑物帳や売料綿并用度銭下帳（十六78—87）によって知られる。東西市庄領あての造東寺司符案によれば、薦・折櫃・埦・麻笥・大豆・小豆・胡麻油・小麦などを東西市で買って写経所へ進上するように命じている（十六107）。東西市領は十二月三日に雑物料の二〇貫文をうけ（十六92）、閏十二月六日に雑物を進上した（十六121—123）。

(チ)写経紙の購入を奉写二部大般若経銭用帳でみると、閏十二月六日の一三貫五〇文買紙七六〇〇張直（十六94）、十三日の四貫四〇〇文買経紙二二〇〇張直（十六98）、二十八日の一貫買経紙五〇〇張直（十六101）、二十九日の一貫三八〇文買経紙六九〇張直（十六103）とあり、これらは東西市から購入され、計一〇九〇〇張は全写経紙の半分に達する。

(リ)閏十二月十一日から写経がはじめられ、写経所領と経師四二名らが従事し、書写はほぼ三ヵ月間で完成した（十六140）。費用の報告書である宝字七年四月二十三日の東大寺奉写大般若経所解案によれば、総費用一〇二八貫二一三文である。綿と租布とは全部を売却して銭貨と交換したが、唐櫃三五合のうち一九合は売却、六合は写経所で使用し、一〇合は残すことになった。全得価銭は一〇三五貫七一三文で、用度解案の要求を満足させた（十六376—382）。

以上みてきたように、横田拓実氏は丹念に史料を読みほぐし、二部般若経書写用度がととのえられた過程と実況を明らかにし、写経所の財政機構を当時の流通経済のなかに位置づけられた。年代・巻数・発願者のちがう写経ごとにその費用の支出や、用度のととのえかたが異なるから、今後も、この種のすぐれた分析がほかの写経の場合にもおこなわれることによって、写経所の財政と経営が明らかにされていくであろう。

（1） 山田英雄「写経所の布施について」（日本歴史二〇八）。写経所の布施の額、種類、変遷などに関し、いろいろの角度から論じた論考で、教えられるところが多かった。本項引用の山田論文はとくにことわらないかぎり右の論文をさす。

（2） 山田英雄氏は、写経従事者に布施が与えられた事情について、つぎのように説かれた。(イ)布施の名称が初見するのは天平十一年九月三十日写経司解であり、それ以前は功布とよばれたが、功布ならば延喜図書寮式の写経功傭とほぼ同じ表現であって、祿とはまったく関係のないものである。(2)図書寮と写経所における写経は、実質的に同じであるにかかわらず、図書寮での写経には、その書生に報酬がない。したがって同一の官人が同じ写経に従事するにも、図書寮でする場合と、写経所でおこなう場合とでは、収入に大きな差が生じる。(ハ)この差は、単に従事する場所の性質が異なることに帰せられるべきでない。(a)官司における官人の勤務は午前中であるのに対して、経師らの勤務は日（午前）と夕（午後）にわたっている。(b)また写経の速度は、写経司解案（天平十一年?）によれば一日八紙（二十四115—117）、天平十九年十月十三日の写疏所解案では一日六紙であるが（九486）、僧尼が苦使を犯したときに、苦使の一項目として写経があり、僧尼令集解所引の道僧格によるとそれは一日五紙である。「従って経師の一日の写経量は罰としての写経より量が多い。従って経師らの労働量は普通の官人よりはるかに多いのであるために、特別に出来高に応じて布施を与へたものと考えられる」と。

山田説の(イ)と(ロ)とについて異論はないが、(ハ)には疑問がある。(ハ)の(b)についていえば、写経司での写経一日八紙は苦使の一日五紙よりもはるかに多いけれど、六紙ならばはるかに多いといえない。それはしばらくおくとして、八紙が五紙よりはるかに多いために、布施を支えたという論法をとるならば、五紙をこえる分量すなわち三紙だけの出来高に対して布施が与えられてしかるべきであるまいか。つぎに(ハ)の(a)についていうと、もし写経所での布施が午前中の仕事量に対して支えられないで、午後の仕事量に対してだけ支えられているならば、山田氏の説明も成りたつであろうが、じっさいをみると、午前と午後の仕事量の区別はおこなわれていないで、午前と午後にわたってなされた仕事量の合計について布施が計算されている。この二点において山田氏の説明はすっきりしない。

（3）　写経の功徳をたたえ、写経成仏の思想を鼓吹する経として、道行般若経・法華経法師品・放光般若経・首楞厳経・賢劫経・不退転法輪経・方便大荘厳経・大方等大集経・金光明経などがあげられている（田中塊堂『日本写経綜鑒』）

（4）　皆川完一「光明皇后願経五月一日経の書写について」（日本古代史論集、上）

（5）　石田茂作『写経より見たる奈良朝仏教の研究』二一五—二一六頁。

（6）　官人の給与の基幹となるものに、位田（正一位—従五位）位封（正一位—従三位）位祿（正四位—従五位）季祿（正一位—少初位）資人（正一位—従五位）や、職田（太政大臣—大納言、および在外諸司として大宰帥—史生、国守—史生、大領—主帳）職封（太政大臣—大納言）などがあるが、正六位から以下少初位までの者がうけるのは季祿だけであり、とくに在京の下級官人の待遇が薄い（薗田香融「奈良時代における律令官人給与制度の変遷」ヒストリア五）。

（7）　図書寮における写経と、写経所における写経とは、実質が同じであるにかかわらず、図書寮における書生は写経に従っても報酬をうけないことは、山田英雄氏が述べられたとおりである。それでは写経所での写経にとくに布施を支給したのはなぜか。それは、写経所での報酬が布施とよばれた事情のところで述べたが、そのほかにつぎの試論を出しておこう。写経所に動員されたのは諸司の下級官人であり、彼らが令制の給与体系でうけるものは季祿だけであったから、下級官人をうるおすため、写経所に動員し、布施を与えたのであるまいか。これは結果からみた試論であるけれども、写経所の創始者光明皇后が施薬院を皇后宮職に設置したのが天平二年で、写経所創始の時期と接近し、また下級官人への布施支給は施薬院創始の慈恵思想と無縁のものでないことから、右の試論のように考えられるのである。竹内理三氏も、布施による下級官吏の生計のうるおいを重視されている（『日本上代寺院経済史の研究』二〇—二一頁）。もっとも施薬院創始には、押しきって立后をおこなったことに対する貴族の非難から藤原氏をカバーする政治的意図もふくまれていた(前述)。なお、写経所に動員した下級官人に布施を支給したことは、下級官人の歓心をあつめ、光明皇后の権威がそれによって高まったことも否定できないと思う。

(8) 天平十九年五月七日写疏所解に経師・装潢・校生がすべて日別二升五合であるのは特例で(二670・671)、解に河内先生願経とあるから、私経のため、官の方式によらなかったと考えられる。経師らの日別食料の量は写経所末期に減少する。宝亀四年三月三十日奉写一切経所告朔解では、経師は一升六合をうける者と八合の者とがあり、装潢も同じで、校生・案主は一升二合、雑使は八合、自進・優婆夷は一升、雇女は一升二合と八合の者とがあり、仕丁は雇女と同じである(六506・507)。

(9) 平城京の東西市に関しては、福山敏男「平城京東西市の設置に就いて」(『日本建築史の研究』)が基礎的論考であり、足立康「平城京東西両市の設置年代」(歴史地理六七の六)、大井重二郎「平城京の東西市」(続日本紀研究六の五・六)なども参照される。この市にふれた論考は、沢田吾一「京の東西市」(『奈良時代朝民政経済の数的研究』)、喜田新六「奈良朝に於ける銭貨の価値と流通とに就いて」(史学雑誌四四の一)などほかにも多いが、造東大寺司や写経所の財政との関連から東西市をあつかったものとして松平年一「官写経所の用度綿売却に関する一考察」(歴史地理六二の六)、伊東弥之助「奈良時代の商業及び商人について」(三田学会雑誌四一の五)、横田拓実「天平宝字六年における造東大寺司写経所の財政」(史学雑誌七二の九)、吉田孝「奈良時代の官人と交易」(日本史の研究四五)・「律令時代の交易」(日本経済史大系1、古代)などが注目される。

(10) 難波の市の所在地と商品については滝川政次郎「難波の市」(社会経済史学二六の四・五)を参照した。難波交易については前掲(註9)松平年一・伊東弥之助・横田拓実・吉田孝氏らの論考が造東大寺司や写経所の財政との関連から論を展開している。

(11) 角山幸洋「写経事業従事者の衣料について」(南都仏教一五)

(12) 福山敏男「奈良朝に於ける写経所に関する研究」(史学雑誌四三の一二)

(13) なお、経紙の節約に関することでないが、写経所が籍帳類の公文などを民部省あたりからもらいうけ、その裏面を利用して写経所の解文や帳としたことも、紙の不足をおぎなうものとして注意されるとともに、これはまた当時における紙の貴重性を物語るものである。

(14) 類従三代格、国史大系一六七頁。秦氏の技術者が造紙

手に任ぜられていることについて、植松考穆氏は、伴部の造紙手には秦氏およびその部民系のものを採用したらしく、したがって紙戸ももと秦氏の部民であったものを品部に編したかも知れず、借品部と称するのはこのためか、といわれる（国史辞典二の七〇二―七〇三頁）。

(15) 西宮記、臨時五、諸院の条。

(16) 泉木屋所は、村尾次郎『律令財政史の研究』八三―八頁参照。

(17) 奈良時代の地方における紙生産の発達については、すでに石田茂作氏が注意され（『写経より見たる奈良朝仏教の研究』一三六頁）、岸俊男氏も、延喜主計式に中男作物として一人四〇張の紙を貢納することになっている四二国や、延喜民部式に年料別貢雑物として紙を出すことになっている下野と大宰府のみえることをあげ、平安時代の紙生産の発達にも論及された（『越前岡本村史』三〇―三一

頁）。

(18) 山田英雄「東院写一切経所について」（続日本紀研究八の二・三）。東院写一切経所受物帳（天平十一年六月三日―十三年閏三月十六日）の内容（七263―270）をこれと関係をもつ写経所文書と対比検討し、写経の経営機構、当時の物価と運賃、律令国家予算と事業執行との関係などを明らかにされた。なお当写経所は写経司と別個で、平城京北端付近にあったこと（当写経所への物資運賃から）を指摘された。

(19) 吉田孝「律令時代の交易」（前掲註9）

(20) 横田拓実「天平宝字六年における造東大寺司写経所の財政」（前掲註9）

(21) 吉田孝「奈良時代の官人と交易」（前掲註9）

(22) 横田拓実「天平宝字六年における造東大寺司写経所の財政」（前掲註9）

第七章　東大寺の造営

第一節　東大寺大仏の造顕思想

一　東大寺大仏と唐の大仏造立

唐における大仏造立は高宗と武后のときの二回みられる。高宗の勅により、洛陽竜門の岩壁を開鑿して仏龕がつくられ、像高三五尺の石像盧舎那仏は高さ一〇尺の台座に坐し、光背もあわせると全高八五尺の巨像であり、咸亨三年（六七二）から上元二年（六七五）にいたる四カ年をついやして成り、工費に武后の脂粉銭二万貫を加えて助成した。これと別に武后は久視元年（七〇〇）洛陽の白司馬坂に大銅仏の造営を発願し、その造立に六カ年を要した。ただし、この大銅仏はいま存しない。関野貞氏が、(1)天平十五年の大仏造顕が竜門の石仏に模したものである、と述べられたのに対し、木宮泰彦氏は、(2)関野説を不可とするのでないが、むしろ白司馬坂の大仏が範となった、といわれる。白司馬坂の大仏は盧舎那仏であったかどうか明らかでないけれど、武后は万歳元年（六九六）に賢首大師法蔵に詔して華厳宗をひらかせ、聖暦二年（六九九）実叉難陀をして仏授記寺で新訳華厳経八〇巻の翻訳を完成させ、長安元年（七〇一）法蔵を長生殿に召し、新訳華厳経を講義させているから、華厳宗の大成期につくられた大仏は盧舎那仏であったと推測される。竜門の大仏が石像であったのに対し、白司馬坂の大仏は張廷珪の疏などから銅仏であったことが知られ、大仏殿や堂塔も造営されたらしいから、東大寺の造営と趣が似る。以上は木宮説の要点である。

養老二年十月庚午の太政官告によれば当時すでに五宗がそなわっており、六宗の組織がととのったのは勝宝三年から四年にかけてのころといわれるが、(3) 天平十五年に大仏造顕が発願されたときとくに盧舎那仏が選ばれた事情について、武后の盧舎那仏造顕にならった面が強いことが注目される。大仏造顕の先蹤となったものとして木宮氏は関野説の竜門石仏を否定せず、しかも白司馬坂の銅仏を重視されたが、竜門石仏が盧舎那仏で、武后が造営に脂粉銭を投じたことは、光明が施薬院の経営に藤原不比等の封戸の庸をあて、国分寺丈六仏像の造立に不比等の封戸を施入したのと一脈通ずるものがあり、この点から推測すれば竜門の盧舎那仏造立も白司馬坂のそれに劣らず先蹤となった可能性をもっている。

唐仏教の移植が日本からの入唐留学僧や、大陸・半島からの外来僧らによっておこなわれたことはいうまでもなく、前者として道昭・道慈・玄昉、後者として審詳・道璿・菩提らが注目される。

唐の大雲寺に範をとった面が濃厚な国分寺の建立事業では、道慈や玄昉、とくに道慈が有力な建策者であったことはすでに述べたが、(4) 大安寺伽藍縁起流記資財帳には天平十四年彼が十代の天皇らのために寺主の教義らとつくった繡帳の大般若四処十六会図像と華厳七処九会図像とが記され（二627）、彼の教学が華厳経とも関係があることが知られる。華厳七処九会図像は新訳華厳経によるもので、この経が写経関係文書にあらわれるのは天平三年の写経目録に同五年書写されたとみえるのがもっとも古いけれど（七7）、(5) 続紀によれば養老六年十一月丙戌元明太上天皇の冥福を念ずるため華厳経八〇巻など多数の経典の書写を令した詔が出されている。新訳華厳経の書写が実際これ以前になかったかどうか明らかでないが、いちおう文献にあらわれたところでは、この経の日本への船載は文武三年(聖暦二年、六九九、実叉難陀訳)より養老六年までの間となり、その間の遣唐使の日本帰国は慶雲元年七月(執節使粟田真人ら)と養老二年十二月(押使多治比県守ら)の二回であるが、これら遣唐使とともに経典を船載して帰った有力な仏家としては道慈(養老二年帰国)があげられ、彼が七処九会図像などをつくったことなどを考えあわせると、新訳華厳経は彼によってもたらされた可能性が濃い。

なお実叉難陀の新訳華厳経翻訳のさいに、武后がみずから筆削したと伝えられ、まえに記したように光明の写経事業創始の動機の一つは武后の筆削のむこうを張ったところにあると思われ(第五章第一節の二)、華厳経の信仰が天平期の朝廷で高まった一因は、この経が武后によって筆削されたことが留学僧や外来僧によって伝えられたからであろう。

唐の道璿や天竺の菩提が天平八年八月渡来し、唐の仏教事情を伝えたことも聖武や光明を刺激したのはいうまでもない。大仏造顕の先蹤となった武后の盧舎那仏造立は留学僧や遣唐使によっても伝えられたであろうが、道璿や菩提らが最も熟知していたはずであり、彼らが大仏造営発願に無関係であったとは考えられず、のち大仏開眼会に菩提が導師、道璿が咒願の役をつとめたのも発願に関係をもったことを示しており、開眼会の役をつとめさせたのは、儀式を国際色ゆたかなものとし、唐に対しむこうを張るというためばかりではなかったと思う。

まえに勝宝感神聖武皇帝・天平応真仁正皇太后・上台宝字称徳孝謙皇帝などの称号にあらわれた転輪聖王の思想が唐からうけつがれたことについて記したが、皇帝菩薩の思想の移植も注意される。これは、皇帝が菩薩の応現で、仏陀の予言にしたがいこの世に出現し、治者の位にいて菩薩行を実践すると考える信仰であり、中国で地持経（北涼、曇無讖訳）・菩薩善戒経（劉宋、求那跋摩訳）・梵網経（姚秦、羅什訳）・瓔珞本業経（姚秦の竺念仏訳と伝える）などが現われると、隋の文帝のころから王族で菩薩戒をうける者がつづき、[6]菩薩戒弟子某と称することがおこなわれた。仏祖統記[7]によれば、隋の文帝以後の受菩薩戒は左のように記される。

○隋・文帝（開皇五年）詔二法経法師一。於二大興殿一授二菩薩戒一。
（同十一年）晋王広（文帝次子）総管揚州迎二顗禅師一。至レ鎮設二千僧会一受二菩薩戒一。上師号曰二智者一。
○煬帝（大業三年）詔二天下州郡一七日行道。総度二千僧一。上親製二願文一曰。菩薩戒弟子皇帝楊総持。稽首和南十方諸仏……
○唐・太宗（貞観五年）為二皇太子承範一建二普光寺一。勅二沙門法常一居レ之。為二太子一授二菩薩戒一。
（同十六年）上幸二弘福寺一為二穆太后追福一。自製レ疏称二皇帝菩薩戒弟子一。
○睿宗（景雲元年）普度二僧道三万人一。帝初受二内禅一。請二法蔵法師一従受二菩薩戒一。

こうした皇帝菩薩の思想と受菩薩戒は、たとえば梵網経の四十八軽戒の冒頭に「仏の言わく、若し、仏子、国王の位を受けんと欲する時、転輪王の位を受けん時、百官の位を受けんと欲する時、応に先ず菩薩戒を受くべし。一切の鬼身は王の身、百官の身を救護し、諸仏は歓喜したまう。既に戒を得已んぬれば、孝順心、恭敬心を生ずべし………」と説かれ、[8]統治者らは菩薩戒をうけ、大乗の利他的精神で政治をおこなうことを理想とする信仰にもとづく。

聖武の場合は、唐大和上東征伝に、勝宝六年四月東大寺大仏殿前で鑑真から初めて菩薩戒をうけたと記される。これ以前の勝宝五年正月のものと称する聖武天皇詔書銅板に「菩薩戒弟子皇帝沙弥勝満」と記され、延暦僧録にはさらにさかのぼったこととして「以二天平十三年歳次辛巳春二月十四日一。菩薩戒弟子沙弥勝満稽二首十方三世諸仏法僧一発願」とみえるけれど、銅板の文の内容については疑問がいだかれており、延暦僧録の文は銅板から引用されたものらしい。

光明も聖武とともに鑑真から受戒したと記される。永正七年（一五一〇）法華寺の土中より発掘された金銅板に「維天平宝字三年歳次己亥十二月廿三日乙卯、菩薩戒弟子皇太后藤原氏光明子道名則真、稽二首和南常住三宝一」と記され、この金銅板について、福山敏男氏[9]は、まさしく光明皇后の御願文である、とし、宝字三年十二月法華寺金堂峻工のさいに金堂に納められたものであろう、といわれる。

唐大和上東征伝に鑑真が聖武や光明に菩薩戒をさずけたという記載について、福山敏男氏[10]はその文献批判から鑑真を美化する造作であるとし、授戒を否定されたが、戒律思想の流布と授戒の儀礼は鑑真渡来以前からみられ、梵網経は天平五年写経所で写されており（七19）、この年、栄叡や普照が伝戒師招請[11]のため唐に遣わされ、その求めに応じ、鑑真にさきだって道璿は天平八年渡来し、彼が梵網経を初めて伝えたのでないが、その行業は内証仏法相承血脈譜[12]に「毎誦二梵網経之文一」と伝えられ、光定の伝述一心戒文[13]には道璿の註梵網経を引用しているから、道璿は梵網経の註釈書を著わしたことが知られる。また写経所関係文書における菩薩善戒経の書写が天平九年に初見し（七80）、彼の著の註菩薩戒経はこの註釈と考えられ、したがってこの経は恐らく彼によって舶載されたと思われる（次項参照）。かつ鑑真よりさきに渡来した道璿によって天平十五年授戒の儀礼のおこなわれたことが細川公正氏[14]により指摘されている。菩薩戒について詳記するのが菩薩善戒経であり、梵網経も菩薩戒をうけることを強調する律典であるのは、勝宝八歳十二月己酉孝謙が聖武太上天皇の冥福を念ずるため東大・大安・薬師・元興・山階などの諸寺に梵網経を講ぜしめたときの言葉に「有二菩薩戒一。本二梵網経一。功徳巍々。能資二逝者一」と述べているのによっても知られる。もっとも右の言葉は家永三郎氏(15)がいわれるように、鑑真渡来による律の勢力の反映を示す語と解することもできるから、大仏造顕発願当初の思想を示す語とはいえないが、天平十五年十月の発願詔の冒頭に「発二菩薩大願一奉レ造二盧舎那仏金銅像一躯一」と述べ、同年正月癸丑像法の中興を期した詞に「乗二菩薩之乗一並坐二如来座一」といったなかの菩薩の語は、梵網経や菩薩善戒経などに説く菩薩戒と関連する語であるまいか。片々たる語をとらえ、しかも推測をかさねることは、もとより効果がうすいけれど、唐仏教の様相が聖武・光明の造寺造仏に影響を与えていることを思えば、中国の支配者の菩薩戒による受戒の儀や皇帝菩薩の思想が道璿らによって伝えられ、これも大仏造顕発願の動機の一つになったと考えられるのである。

(1) 関野貞・常盤大定共著『支那文化史蹟解説』第二巻「奉先寺盧舎那仏大像」の項。この盧舎那仏に関し、別に関野氏は「西遊雑信」(建築雑誌三八四)に記述され、また昭和三年天平文化記念会の臨地講演「寧楽時代の彫刻」で論及された(朝日新聞社編『天平乃文化』に収録)。なお松本文三郎氏も論考「竜門奉先寺の造像に就いて」で造顕事情や仏像の規模を詳述されたが(同氏『仏教史論』所収)、日本の大仏造営の先蹤となった関係にふれられなかった。

(2) 木宮泰彦『日支交通史』二八三—二九一頁。武后の光明皇后に与えた影響に関し、紫微中台を中心に考察した論考として滝川政次郎「紫微中台考」(法制史研究四)がある。もっとも滝川氏よりもまえに大屋徳城氏は竜門の大石仏造顕(咸亨三—上元二年、六七二—六七五)落成より六八年後に聖武天皇が大仏造営の詔を出したことについて、勝宝元年皇后宮職を改め、紫微中台とするほどに大陸文化礼賛者たる光明皇后がこの事業をたすけたのは当然である、と述べ、紫微中台設置に注意し、大仏造顕における皇后の関与が深いことに論及されている(同氏『日本仏教史の研究』一の一〇五頁)。

(3) 石田茂作『写経より見たる奈良朝仏教の研究』六八頁

(4) 拙著『日本古代の政治と宗教』所収「道慈」および本書第五章第一節の一参照。

(5) 写経所関係文書にあらわれた経典ごとの書写の初見について、石田茂作氏の「奈良朝現在一切経目録」(同氏前掲書所収)があり、貴重である。が新訳華厳経書写の初見を天平十一年とされるけれど、写経目録記載の前後の関係から天平五年書写と考えられる。

(6) 横超慧日「支那仏教に於ける国家意識」(東方学報、東京一一の一〇六頁および一一三頁)

(7) 大正大蔵経、四九の三五九―三七二頁。

(8) 国訳一切経本、二六頁。

(9) 福山敏男「大和法華寺」(同氏『日本建築史の研究』一八六―一八七頁)。藤谷俊雄氏もこの金銅板に論及された(「大和法華寺の沿革」角田文衛編『国分寺の研究』上)。

(10) 福山敏男「唐招提寺の建立」(歴史地理六〇の四)

(11) 延暦僧録栄叡伝、および唐大和上東征伝。

(12) 伝教大師全集一の一四頁。

(13) 伝教大師全集一の六頁、六一八頁。道璿の註梵網経の逸文は凝然の日珠鈔に引用される(三国仏法伝通縁起、巻下)。磁慈弘氏の論考「大安寺道璿の註梵網経に就て」にその逸文が集められている(寧楽四)。

(14) 細川公正「鑑真の一考察」(歴史地理七六の四)。天平十五年三月廿九日興福寺北倉院において行表が大安寺道璿から受戒したことは内証仏法相承血脈譜(伝教大師全集一の一三―一七頁)にみえ、扶桑略記(国史大系本、八三頁)・元亨釈書道璿伝(国史大系本、二三二頁)は道璿の授戒を梵網経によるものと考えている。なお、鑑真渡来以前の授戒の例として細川氏は続紀天平十九年正月癸卯条をあげられた。

(15) 家永三郎「東大寺大仏の仏身をめぐる諸問題」(史学雑誌四九の二。のち同氏『上代仏教思想史研究』に収録、昭和一七年)。東大寺大仏の仏身についてさらに家永氏は論考「東大寺大仏銅座華蔵世界図の問題」を書かれた(村上昭房編『東大寺法華堂の研究』所収、昭和二三年)。

二　東大寺大仏造顕思想の問題

東大寺大仏は華厳経の本尊でなく、梵網経の教主・律の本尊であるという新説を唱えた小野玄妙氏(1)のおもな論拠は、大仏蓮弁の刻画にみえる図相が華厳経華蔵世界品所説の華蔵世界でなく、梵網経所説の三千大千世界百億須弥の図である、というところにあった。この小野説に反対した人々は、感宝元年五月癸丑、聖武天皇が東大寺などへ下した墾田などの施入願文に「以二華厳経一為レ本」とあり（続紀。平田寺文書）、大仏開眼会に華厳経が講説されたこと（東大寺要録）などの証拠を提出したにとどまったが、家永三郎氏(2)はさらに華厳経本尊説を裏書きするに足る多くの証拠をあげ、精緻な論述を展開された。その要点はつぎのように整理できよう。

(1)造営中の（大仏殿碑文）大仏の仏前に感宝元年六月八日、造寺次官の宣により新旧両部の華厳経が奉請されたことは、大仏と華厳経との関係を雄弁に物語る（十663）。

(2)東大寺では華厳会の行事が奈良朝の早くより始まっていたことも大仏造立事業と密接な関係がある。すなわち天平十二年金鍾山寺に審詳を請じて華厳経の講義がおこなわれ、同十六年水田二百余町を施入して御知識華厳別供とされ（華厳宗一乗開心論）、同年金光明寺が新旧両部の華厳経を奉請しており（二388）、同二十年東大寺に華厳供所が確在し（十82）、華厳会そのものの存在は宝字七年楽具出納帳をはじめとして（十六325）以下段々とみえる。

(3)東大寺大仏開眼会当日の供養舎那仏歌辞に「有二一蓮花香水海一分二十世界一」とあり（東大寺要録）、大仏が「香水海中種種蓮華蔵世界盧舎那仏」とよばれ（延暦僧録）、これらの語は華厳経華蔵世界品に説かれているところであって、梵網経にはまったくみえない。

(4)天平六年書写の勅願経奥書に「仰憑二三宝一帰二依一乗一」とあり（根津嘉一郎氏所蔵観世音菩薩経）、一乗は華厳一乗と解し得る可能性が多く、聖武天皇の信仰は早くより華厳一乗を以て一貫しており、天皇一代の大事業として造立した大仏が華厳経教主であることはきわめて自然である。

(5)大仏造立の精神の直接の表現である天平十五年の発願大詔にも、また感宝元年の封戸施入勅願文にも戒律思想に関する文字は一字も現われない。

(6)仏銅座の図相は梵網経の所説にもとづくことは事実であるけれども、この図相が刻入されたのは大仏造立と同時でない。最初、土座の上に大仏の仏体が作られ（大仏殿碑文）、つぎに銅座が鋳られ、その銅座の完成は開眼会に遅れること四年の天平勝宝八歳七月であり（七大寺巡礼私記）、図相の刻入はそれ以後であって、勝宝九歳三月二十九日の写書所解に、

画師弐拾五人

三人界二大仏御座(原作産)花一　二人界二銀花盤一　廿人押二金薄木花盤一

とある記載は図相刻入の年代に対して有力な示唆を与える（十三215）。華厳の本尊として造られた大仏の銅座に、のちになって梵網の図相が刻入されたのは、勝宝六年に来朝した鑑真がもたらした律の思想進出の反映であり、それは大仏造立当初の精神の忠実な継承と考えられない。以後、朝廷の教判は一路梵網経中心へと遷移するのである。

家永氏の論説は広範囲にわたる史料をあげ、それらを綿密に読解して固められた説であり、もはや議論を入れる余地がないようにみえる。ただしかし、聖武の信仰の内容には華厳経以外の教学も含まれていたこと、大仏の造顕には、聖武の信仰や教学以外に、その造立に関与した仏家の教学が関係をもっていること、華厳経と梵網経との関係をめぐる当時の教界の解釈も大仏造顕に関連していたこと、などを考慮に入れると、なおちがった見かたを立てる余地が残されているように思われる。以下、問題を整理しよう。

まず(5)についていえば、その施入勅願文には封戸のことはみえないで、施入されたのは絁・綿・布・稲・墾田であるから、墾田等施入勅願文とよぶ方がふさわしい。この勅願文に戒律思想が一字も現われない、といわれるけれど、

そこに「以二華厳経一為レ本」という句のつぎにすぐつづけて「一切大乗小乗。経律論抄疏章等。必為転読講説。悉令二尽竟一」と述べており、律の典籍などの講読も令されているから、戒律思想が一字もないというのはいいすぎである。(4)天平六年の勅願経奥書は華厳経に関するものでなく、観世音菩薩経について述べたものであり、聖武の詔勅などで信奉が強調された経典が華厳経だけに限らないことが注意される。

つぎに大仏の造顕が聖武の信仰だけでとりおこなわれたと割切ることはできないと考えられる。たとえば国分寺や東大寺の建立は、聖武が中心となって発願した事業であるけれども、その建立をすすめたのが光明であったと続紀の伝記に記され、また建立計画に関与した仏家もいたわけであるから、それらの宗教思想なども考慮に入れる余地がある。すなわち造顕事業に関与した仏家の教学は表面に現われないけれど、それを考えてみなければならないと思う。

勝宝四年三月廿一日に菩提僧正・隆尊律師・道璿律師・景静禅師らに対し開眼会の招請状が発せられたが、彼らは単に開眼会当日の儀式だけに招かれたのでなく、大仏造顕に少なからぬ関係をもっていたことは、竜門石仏や白司馬坂銅仏造営に関する詳細な事情が彼らによって日本に伝えられたと考えられるところからいえよう。その隆尊・道璿・景静らに対する招請状には、皇帝が華厳経の深い意味について理解するのは困難であることを述べ、(3)

以二四月八日一設二斎東大寺一欲レ講二華厳経一。其理甚深。彼旨難レ究。自レ非二大徳博聞多識一誰能開二示方広妙門一。乞勿レ辞扮受。敬白。(4)

と記される。

招請状に開眼会の予定を四月八日と記すのに、続紀によれば開眼会が四月九日におこなわれたのは何らかの事情があったからであろう。招請状の書き出しに「皇帝敬請す」と記される皇帝は当時に在位した孝謙天皇であろうが、とくに大仏造顕事業と深い関係をもつのは聖武天皇であったから、招請状の文章には聖武の考えが含まれているとみてさしつかえあるまい。この招請状に華厳経について「其理甚深。彼旨難レ究」という文は天皇の謙遜であると一蹴し去ってしまえば、それまでのことになるけれども、しかしまた華厳経に対する天皇の理解は、専門家の仏家の理解に及ばない点があったであろうことが想像され、そこには以前から天皇の仏教信仰に影響を与えていた仏家があったことが考えられてくる。

ところで前掲開眼会の招請状をうけた四人の仏家のうち、その教学が知られるのは道璿である。彼は「依二華厳浄行品一々依行」したと伝えられており（延暦僧録）、華厳章疏などの舶載者とも考えられている（三国仏法伝通縁起）。家永氏によれば、感宝元年には東大寺大仏の造営と並んで大安寺でも盧舎那仏が造られており、大安寺華厳院はそれを安置すべき場所であり、またそこで華厳経の書写も進められていた。大安寺は東大寺建立以前に官寺の筆頭の地位にあったが、道璿が来朝して大安寺に居住し、そこでおもきをなしたことから考えると、彼は大安寺の盧舎那仏造顕事業と無関係でなかったと思われる。家永氏は、大安寺盧舎那仏も華厳教主であり、都の両角にそびえる両大寺で時を同じく並び造られた二つの盧舎那仏の背後に同一の思想的基礎を求めるのは当然の結論である、といわれる。ところで道璿は東大寺大仏開眼会に呪願の役をつとめたこと、すぐまえの勝宝三年四月に律師に任ぜられており（続紀。このとき菩提は僧正、良弁は少僧都、道璿・隆尊は律師に任ぜられた）、金鐘山房以来、寺の草創に深く関係した良弁とともに僧綱とされたこと、これらは彼らが大仏造顕に深く関与した事情を物語るようである。

つぎに、道璿は華厳経によって修行していただけでなく、彼の教学は梵網経の戒律思想と深い関係があった。奈良時代にもっとも代表的な律典として信仰されたものが梵網経であったことは、正倉院文書の写経関係の史料や、続紀に現われる律典の名称などから推測される。梵網経が正倉院文書にはじめてみえるのは天平三年八月十日の写経目録で、それによれば天平五年に書写されている（七19）。道璿の来朝は天平八年であるから、梵網経は彼によって船載されたのではないが、もともと彼の来朝は舎人親王の命により栄叡・普照らが入唐し伝戒師を招請した求めに応じたものであり、天平九年写経所における律典四四部の初写は道璿の律典船載と関係があるといわれる（律部の初写は天平八年と十年はともに各三部）(5)。のち勝宝六年来朝した鑑真による将来経典は四八部で、同じ経典が数部船載されたものがあり、重複を除くと三五部、そのうち初伝は一八部あり、さらにこのなかで律関係は一三部みられる(6)。そうすると鑑真船載よりも多くの律典が道璿らによってもたらされたわけであり、かつ律宗の組織は鑑真の渡来をまつことなく、勝宝三年から四年の間に成立していたことが考えられており、道璿の来朝の動機や船載の律典、および教界で占めた地位からみて、彼は戒律伝来の上で注目されなければならないと思われる。

　道璿は常に梵網経を読誦していたと伝えられる。すなわち最澄の内証仏法相承血脈譜に、

　天平宝字年中。正四位下大宰大弐吉備真備纂云。大唐道璿和上。天平八歳至レ自二大唐一。戒行絶倫。教誘不レ怠。至二天平勝宝三歳一。聖朝請為二律宗一。俄而以レ疾退居二比蘇山寺一。〇中略毎誦二梵網経之文一。其読誦之声零々可レ聴。如レ玉如レ金。発二人善心一〇中略遂集二註菩薩戒経三巻一。

と記され(7)、菩薩戒経は大乗律に属する菩薩善戒経（劉宋の求那跋摩訳）のことであると考えられる。というのは写経所における菩薩善戒経の初写は天平九年四月であり（七80）、まえに記したように天平九年の律典四四部の初写は道璿の律典船載と関係があるからである(8)。内証仏法相承血脈譜には道璿が梵網経を註したことはみえないが、光定の伝述一心戒文には道璿の註梵網経を引用しており、左の伝述一心戒文所引(9)の註梵網経の一節は道璿の戒律思想を知る手がか

りとなる。

今案二道璿和上註梵網文一。彼梵網経説。我已百劫。修二行是心地一。号レ吾為二盧舎那一。彼注文云。修行者天台師説。修二行一切之法一。不生不滅。不常不断。不一不異。不来不去。常住一相。猶如二虚空一。言語道断自性清浄。是名二修行一。如レ是行人。於二自性清浄心中一。不レ犯二一切戒一。是即虚空不動戒。又於二自性清浄心中一。安住不レ動。如二須弥山一。是則虚空不動定。又於二自性清浄心中一通二達一切法。無碍自在。即是虚空不動慧。如レ是等戒定慧。名二盧舎那仏一。亦知。如下天平勝宝年中。共二鑒真和上一来。法進僧都註梵網経文上。亦同二璿和上戒文一。亦同二国清百録文一。智者普二礼自性三学一。延暦年中。比叡大師将来録文。有智之人。留二目古書一耳。

これによると、自性清浄の三学を実践した者が盧舎那仏すなわち完全なる人格者であるというのである。自性清浄の三学は虚空不動の三学であり、人間の本性を完全に発達させて大自然の法則に従い、無碍自在の活動を行ずる姿を意味し、この註梵網経の説は光定が伝述一心戒文に述べたように、天台大師の門人章安灌頂の編といわれる国清百録(10)の第一普礼法第三にみえるものである（後述の東大寺脇侍菩薩の問題を論ずるとき国清百録が関係をもつので注意されなければならぬ）。

このように道璿の戒律思想は天台的教理に立つものであり(11)、天台的教理によれば梵網経は「此戒経結二華厳経一」と説かれ(12)、梵網経と華厳経とは同一思想に立つと考えられている。これを道璿の行業に徴すると、彼は「依二華厳浄行品一一々依行」し、彼の行儀は「与二華厳浄行品一理相扶会」したと伝えられ（延暦僧録）、華厳経浄行品に、一切の仏を信じ恭敬することがそのまま浄戒を保つことであり、信仏即持戒が仏教実践の要諦であるという教説(13)がみられることにもとづくと思われる。

梵網経は華厳経の大本を継承せるもので、梵網戒の本質は華厳経のなかに存在することが経典の成立事情から説かれている。[14] 一例をあげると、華厳宗における第三祖とされる賢首大師法蔵の伝に、[15]

総章初蔵(法蔵)猶為二居士一。就二婆羅門一長年請レ授二菩薩戒一。或謂西僧曰。是行者誦二華厳一兼善二梵網一。叟愕且喈曰。但持二華厳功用一難レ測、矧解レ義耶。若有人、誦二百四十願一已。為レ得二大士具足戒一。無レ煩別授二号天授師一。

右のなかの西僧は西域三蔵（一に釈迦密多羅）[16]であり、百四十願は旧訳華厳経の浄行品であるが、三蔵の言は華厳経浄行品を誦せば受戒するに及ばないことを述べたもの、と解される。

華厳経の本尊である大仏の銅座に梵網経所説の図相が刻入されていることを「此戒経(梵網経)結二華厳経一」という天台的教理で説明することについて、家永氏は華厳の立場が天台的教理からする説明を否定しているといわれるが、華厳宗の立場とは別に、華厳経と梵網経との関係について大陸や日本の仏家の間でどういう解釈がおこなわれていたか、また造営関係者の思想はどうであったかということを問題にしてもよく、まえに述べたように大仏造顕事業の中心者の聖武天皇の教学が華厳経だけの信仰で一貫しているわけでなく、大仏造顕思想には造顕に関与した仏家の教学も考慮しなければならず、このような考えかたをいれる余地があることは、つぎに述べる大仏本尊と脇侍菩薩との関係をめぐる問題が、道璿の戒律思想を導入することによって説明がつくところからもいえるのであるまいか。

大仏の像の左に観世音菩薩、右に虚空蔵菩薩が脇侍として立っているが、両菩薩の造立着手は勝宝元年四月（東大寺要録巻十雑事章之余）、その完成は勝宝三年九月であり（七大寺巡礼私記）、脇侍は開眼会以前につくり終えられているから、脇侍の造立思想は勝宝六年渡来した鑑真の戒律思想などと関係があるのでなく、鑑真渡来以前の仏家の教学にかかわりをもつとみられる。

ところで虚空蔵菩薩と観音菩薩とを並列して安置することは観虚空蔵菩薩経に説かれていて問題はないが、[17]盧舎那仏と虚空蔵菩薩とを並列させる根拠が不明であるといわれる。すなわち小野玄妙氏は「盧舎那仏の脇侍に観音、虚空蔵の二菩薩を安んずる縁由に就きては、経典中に未だ明拠を得ず。若し夫れ唐招提寺金堂の盧舎那仏は、左脇に薬師仏、右脇に千手観音菩薩を安んじ、又高山寺金堂の盧舎那仏は、左脇に十一面観音菩薩、右脇に弥勒菩薩を安んずるに徴するに、斯くて盧舎那仏の脇侍は、夫の阿弥陀仏が観音、勢至の二菩薩を脇侍とし（観無量寿経等に依る）薬師仏が日光、月光の二菩薩を脇侍とし（薬師如来本願経等に依る）釈迦仏が薬王、薬上の二菩薩（観薬王薬上二菩薩経に依る）又は文殊、普賢の二菩薩を脇侍とする如く（陀羅尼集経に依る）各明確なる典拠ありて然るにあらざるが如し」[18]と述べ、東大寺の本尊盧舎那仏と脇侍虚空蔵・観音菩薩との組合せについて「恐らくは造像願主の意楽に依るならざるか。或は他に所由あるか。聊か疑を存する所なり」[19]という疑問を提出されている。

虚空蔵菩薩と観音菩薩とを並列させる根拠となる観虚空蔵菩薩経は密教の経典で、戒律を犯した場合の懺悔の方法を説き、虚空蔵菩薩は一切の悪不善を除去し、諸悪律儀を治す律教の本尊であり、この菩薩に対しては知恵や福徳を希求するよりもむしろ懺悔滅罪を願うべきものとされており、小野玄妙氏は東大寺の虚空蔵菩薩について「其が決定毘尼の菩薩として、梵網教主の盧舎那仏の脇侍たるに付、頗る其の処を得たるものなり」[20]と述べられた。これは大仏造立思想を考える場合に注意してよいのであるまいか。

ところで小野氏は本尊の盧舎那仏に虚空蔵菩薩を配する根拠が不明であるとされているが、盧舎那仏に虚空蔵菩薩を配する因由として章安灌頂が編したといわれる国清百録（前述）の文をあげることができる。この書には虚空不動の三学による行法懺法を説き、

普礼十方三世諸仏七処九会円満頓教盧舎那仏
普礼十方三世諸仏虚空不動戒蔵盧舎那仏
普礼十方三世諸仏虚空不動定蔵盧舎那仏
普礼十方三世諸仏虚空不動慧蔵盧舎那仏

と述べ(21)、右の七処九会は八十巻本華厳経にみえ、仏が華厳経を説いた場所と会座をさし、この文によれば華厳経盧舎那仏と虚空蔵菩薩が組合せられている関係の因由が説明できるのであり、ところがこの国清百録は、道璿が梵網経を註釈するに当って用いた仏書である。このようにみてくれば、東大寺大仏の造顕思想に道璿の教学が深い関係をもっていることが考えられ、道璿はまえに記したように、華厳経によって修行していただけでなく、梵網経を常に誦し、註釈書をつくるのに天台の教理によっていた。したがって大仏の仏身論を単一に華厳教主で割切ることも、また一方的に梵網教主ときめることもできないと思われるのである。

家永氏は(6)で、華厳の本尊としてつくられた大仏の銅座に、のち梵網の図相が刻入されたのは鑑真渡来後の戒律思想進出の反映であり、大仏造立当初の精神の忠実な継承と考えられない、と述べられたが、鑑真渡来以前に大仏造立と関係ふかい道璿の教学に梵網経の戒律思想がみられるのである。

大仏の鋳造過程について、関野貞・塚本靖氏らは、銅座が鋳られたのち仏体がその上につくられた、と解されたが、家永氏は、それを常識的推定にもとづく誤解とし、まず土座がつくられて仏体を安置し、のち銅座が鋳られた、と解し、土座の築造開始を天平十七年八月二十三日（大仏殿碑文）、銅座鋳造開始を勝宝四年二月十六日（七大寺巡礼私記）、銅座完成を同八歳七月二十九日（同上）、したがって蓮弁刻入はそれ以後で、勝宝九歳三月二十九日の写書所食口帳に「三人界ニ大仏御産花ニ」という記載が陰刻刻入年代に関し有力な示唆を与える、と述べられた。

写書所食口帳の「大仏御座花」について福山敏男氏[22]は、これを銅座のことと解すべきか、石座のことと解すべきかは問題であるが、その単功が僅かに画師三人なる点よりみて、あの精細な銅座の図様に関するものとは考えがたく、おそらく石座の彩色文様（信貴山縁起参照）の輪廓の様を描いたと思われ、北倉代中間下帳の神護景雲二年閏六月十三日条に瓷鉢三六口を「三界図像」を供養し奉るために下用したとあるのは（十六578）、この銅座の図像と関係があるのかも知れぬ、といわれた。

これに対し家永氏[23]は、いわゆる大仏御座花とは必らずしも銅座をさすと限定し難く、僅か三人の単功をもってあの複雑な図を界する筈がないから、むしろ石座に比定すべきではないかという見解も出たのであるが、石座の成立年代は全然不明であり、また「三人界大仏御座花」をもって陰刻図全体の下絵を描いたものと解する必要もなく、銅座完成の年月と密接に符号する事実より推すも、やはり銅座陰刻に関する予備作業の一部と解するのがもっとも順当ではなかろうか、と述べ、前説訂正の必要がない、とされた。

蓮弁刻入が銅座完成の勝宝八歳七月以後であることは動かしえないけれど、食口帳の記載を蓮弁刻入に関する作業と解するのに不安が残る。大日本古文書編者は産を座の誤りかとし「大仏御産（座）花」とするのに家永・福山氏はしたがっておられるわけであるが、絶対にそう考えるよりほかないのであろうか。また蓮弁の図相に花だけが刻入されているのでなく、須弥山・日月・家屋・菩提樹・釈迦・菩薩・供養天などが描かれて残存し、菩薩や天は手に香炉をもち、蓮花の上に坐しており、図相で花といえば菩薩や天が坐している蓮花だけであり、したがって蓮花以外の図をなお二、三でも界したことが記されていてほしい気がする。食口帳の記載が勝宝九歳正月から三月まで終っているのは遺憾であるが、画師の作業は正月について「画師漆人並絵花盤」二月について「画師肆拾肆人（卅九人綵色木花盤、五人界大仏殿木後金）」と記され、問題の三月は「画師弐拾伍人（三人界大仏御産花、二人界銀花盤、廿人押金薄木花盤）」となっており（カッコ内は内訳人数）、花盤作成の作業に多くの人手と日数がかけられているのに「界大仏御産花」の作業にたずさわった人手と日数が少なく、あの複雑な図相を界するには、さらに多くの画師が数カ月にまたがって作業したように記されていなければ、陰刻刻入関係の仕事というには今一歩の感がする。

東大寺大仏の仏身論という甚だ困難な問題について、整理したところは以上のとおりである。書きあげたのち仏身論に関し狭川宗玄氏(24)の論考があるのに気づいた。それまで気づかなかった非礼をおわびしなければならない。つぎに論点を要約して掲げさせていただく。

(1)蓮華蔵世界について説く代表的経典は梵網経（蓮華台蔵世界の名を用いる）と華厳経（蓮華蔵世界の語を用いる）である。

(2)大仏蓮弁の構図は梵網経によって描かれたほか華厳経に説くところのものも描いているのではあるまいか。須弥山の下の線の下方にある蓮弁のごときものは華厳経で香憧光明荘厳と名づける大蓮華で、蓮弁の左右の下のすみに大海中の金剛山（？）がほられているのは華厳経の金剛山かと考えられる。したがって単に梵網経にのみよって描かれたといいきれない。

(3)鑑真来朝ごろまでの梵網経研究として道璿に註梵網経、法進に梵網経註釈があるが、石田茂作氏によると、当時の梵網経研究者は元暁の梵網経疏（梵網経菩薩戒本私記）を最も多く用いており、しかもその所蔵する所（人）は華厳宗と関係深い法華寺・法進・智憬・栄峻・西宮・菅《(藤)》原豊成であって、当時、華厳経と梵網経との関係が深いものであったことを示す。ところで元暁の疏は華厳経の蓮華蔵世界を説く文を引用して梵網経の蓮華台蔵世界を説明しており、両経の説く世界を区別していない。法蔵の探玄記と梵網経菩薩戒本疏は純粋華厳経学の立場から両経所説の世界を区別し、審祥は天平十二年良弁の請により金鐘寺で華厳経を講じたとき探玄記を用いたが、写経所関係文書にあらわれたところでは、法蔵の華厳教学的立場よりも元暁の説の方が教界に支配的であったと思われる。

(4)大屋徳城氏が「上代人の意識は必ずしも脈絡の整然たるを要求しなかった……華厳は重々無尽の十蓮華蔵世界の相を説くに反し、梵網は一相の蓮華蔵世界を説くに止る。然るに、彫刻に依って、十蓮華蔵世界を表現することは困難であるから、梵網経の意に依り、一相の蓮華蔵世界を彫刻したのである」といわれたように、毛彫蓮華蔵世界は梵網・華厳両経の説によって描かれ、何の矛盾も感ずることなく（元暁の梵網経菩薩戒本私記におけるごとく）作製されたのである。

以上が狭川説の要点で、大仏蓮弁の蓮華蔵世界は、華厳経で説く蓮華蔵世界と、梵網経所説の蓮華台蔵世界の両説をあわせたものである、と結論されている。私見と論法がちがうが、大仏造顕当時の教界でおこなわれていた華厳経と梵網経との関係についての解釈から、仏身について論じたもので、華厳経だけで割切る以外に、なおほかの見方ができることが示されている。

（1）小野玄妙「東大寺大仏蓮瓣の刻画に見ゆる仏教の世界説」（『仏教之美術及歴史』第八篇第一章）

（2）家永三郎「東大寺大仏の仏身をめぐる諸問題」（『上代仏教思想史研究』）。なお第七章第一節の一註15参照。

（3）景静が行基の弟子であることは大僧正舎利瓶記にみえ、行基が勧進をつとめて大仏造営に大きな役割を果たした関係で、その弟子の景静が開眼会に招かれたのであると考えられる。

（4）東大寺要録巻第二、供養章第二、続々群書類従、一一の四一頁。
（5）石田茂作『写経より見たる奈良朝仏教の研究』四四頁。
（6）同右、三二―三六頁。
（7）内証仏法相承血脈譜（伝教大師全集一の一四頁）
（8）常盤大定氏も道璿の註菩薩戒経が求那跋摩訳菩薩善戒経に関する註釈であるらしいことを別の面から推定されている（「伝教大師の法祖道璿の日本仏教史上に於ける位置を闡明す」寧楽一〇）。道璿の解悟について常盤氏は、(1)定賓より相部宗四分律をうけた、禅河和上より善戒経をうけ(?)これに註した、また何人かより南山宗行事鈔を伝えた、(2)梵網経を常に口誦し、三巻の註を加えた、(3)北禅第八祖華厳尊者普寂より如来禅を伝えた、(4)華厳の浄行品を実修した、(5)梵網経を註するのに天台の説によった、と総括し、律のほか華厳・天台にも相当の解悟があった、と述べられた。
（9）伝述一心戒文（伝教大師全集一の六一八頁）
（10）国清百録は大正新修大蔵経第四十六巻に収録。小野玄妙氏の仏書解説大辞典によれば、灌頂（天嘉二―貞観六年、五六一―六四二）が天台大師の口述を記し、天台三大部を初め、大師の教学に関する事項を編纂結集したもので、大業元年（六〇五）ころ成ったとされる（三の四〇九頁）。が、国清百録は灌頂の編とすることはできないという久野芳隆氏の見解もある（「円頓戒源流論」宗教研究新九の一）。編者について説がわかれるが、天台関係の書であることに変りはない。
（11）道璿が梵網経を註するのに多く天台の教理によったことは凝然の三国仏法伝通縁起所引天台付法縁起（最澄の作といわれる）によって知られ（「伝教大師作二天台付法縁起三巻一其中列二道璿鑒真幷其門人法進等一為下弘二天台一之匠上故、彼文云……大安唐律註二戒経於比蘇一、東大僧統注二梵網於唐院一、両聖用心弘二天台義一群生同欽二天上甘露……」三国仏法伝通縁起巻下、大日本仏教全書一〇一の一二六―一二七頁）、また別に凝然は三国仏法伝通縁起に「道璿律師註二梵網経一全依二撲揚弘之遐邇一」といい（大日本仏教全書本二八頁）、古迹記述迹鈔に「全依二智周疏一」と記す（磁慈弘「大安寺道璿の註梵網経に就て」所引）。島地大等氏は天台付法縁起が最澄の作ならば道璿は天台の遠祖となすことができる、とし「況んや師（道璿）はその北宋禅を以て大安寺行表に授け、更に一転して伝教大師に伝へたるをや……既に梵網を解するに当って間接に天台の教籍を指南としたるのみにあらず（戒経を註するに撲揚によったこと、井上註）、その説く所また明かに一心戒、即ち大乗戒の根本思想を天台に得て虚空不動の三学をその中心としたるに於てをや」と述べられた（『天台教学史』二三九―二四〇頁）。
（12）天台菩薩戒疏、上、大正大蔵経本五八一頁。

(13) 覚賢訳、大方広仏華厳経、第六、大正大蔵経一〇の四三三頁。
(14) 常盤大定『仏典の解説』一三六頁。
(15) 唐大薦福寺故寺主翻経大徳法蔵和尚伝、大正大蔵経五〇の二八三頁。
(16) 望月信亨編『仏教大辞典』法蔵の項。
(17) 観虚空蔵菩薩経に「虚空蔵菩薩身長二十由旬。若現二大身一与二観音一等」とある（大正大蔵経一三の六七七頁）。この二菩薩の安置が観虚空蔵菩薩経によったことは小野玄妙前掲書（註1）九〇八—九〇九頁参照。
(18) 小野玄妙、前掲書八九五頁。
(19) 同右、同書八九五—八九六頁。
(20) 同右、同書九〇八頁。
(21) 大正大蔵経四六の七九五頁。
(22) 福山敏男「東大寺の規模」（角田文衛編『国分寺の研究』上、三六五—三六六頁註8）、香取秀真「東大寺大仏に関する二つの問題」（歴史日本一の三）
(23) 家永三郎「東大寺大仏銅座華蔵世界図の問題」（村上昭房編『東大寺法華堂の研究』所収）
(24) 狭川宗玄「寧楽仏教の一断面——東大寺大仏蓮瓣毛彫蓮華蔵世界私考——」（南都仏教一、昭和二九年一一月三日発行）。東大寺大仏の仏身論に関する私見は、まえに聖徳太子奉讃会へ提出した報告「国分寺と東大寺の研究」のなかで書き（昭和一七年五月）、その後、発表したが（昭和三〇年一月一四日稿、同二月一〇日発行の続日本紀研究二の一に掲載）、本書に収めるにあたり前稿を簡潔にした。狭川氏の論考に気づいたのはその後であった。私の不敏を謝し、御寛恕を乞う。狭川氏の論法は私のとちがうが、大仏の仏身論に関し、従来の説以外になおほかの見方があることを示している。

〔再追補④〕 大仏蓮弁毛彫図の所依の経典をめぐる研究として、橋本聖圓「大仏蓮弁毛彫図と華厳経」（京大美術史学研究会『芸術的世界の論理』昭和四七、創文社）、松本伸之「東大寺大仏蓮弁線刻画の図様について」（『南都仏教』五五、昭和六一）などが発表され、松本氏は須弥山図様に注目し、『大智度論』の所説を中心として成った三千大千世界図に『梵網経』の説を加えて成立したのであるまいかとする。

第二節　造東大寺司の経営

一　造東大寺司の機構

天平二十年七月から九月までの間に造東大寺司が成立し、この九月七日の造東大寺司解案に次官・判官・主典各一人の署名がそろってみえてくるが（十377）、正式の長官を欠き、(1) 勝宝六年の末か七年の初め佐伯今毛人が初代の長官に任ぜられた（前述）。その後、四等官の員数が最も整備された場合をみると、長官と次官は各一人であるが、判官と主典は各四人であり、判官がはじめて四人となるのは勝宝三年の経疏出納帳で（このとき石川豊麻呂の判官が初見）（三557）、主典がはじめて四人となるのは宝字三年十一月左大臣家牒であるらしく（このとき阿刀酒主の主典が初見）（三527）、この勝宝三年の後半ころ四等官の規模がととのったといえよう。四等官の位階は、長官が従二位―正五位上（知事市原王の場合を除く）、次官は従四位下―従七位上、判官は正五位下―正八位上、主典は正六位上―従八位上のようである。長官の位階では四位の場合が最も多く、七省の卿は四位相当官であるから、造東大寺司は省に準ずる官司に相当するといわれる。

造東大寺司の構成員の人数を知る手がかりとなるものは、勝宝二年正月丙辰紀に、造東大寺官人已下、優婆塞已上、一等三三人に位三階を叙し、二等二〇四人に二階、三等四三四人に一階、という記載であり、これによれば上は長官から、下は優婆塞までで六七一人以上をかぞえること、また優婆塞よりなお下位の者が所属していたことがわかる。長官から優婆塞までの間にふくまれるのはどの地位の者かは、写経所とそれ以外の造寺造仏の「所」とで異なる。

写経所の行事や食口を記す勝宝三年四月五日の写書所解では、経師・校生・装潢・史生・案主・舎人・食領・優婆塞・仕丁の順であり（三497―499）、同六月一日の写書所解では、経師・題師・装潢・瑩生・校生・史生・案主・舎人・仕丁であり（十一517―520）、勝宝四年四月二十九日写書所解では、書生・装潢・校生・画師・案主・舎人・優婆塞・縫女であり（三570―572）、これらによれば優婆塞より上には経師・校生・装潢・題師・瑩生・画師・史生・案主・舎人・食領がふくまれ、写経所の場合は、仕丁は入らないとみられる。勝宝二年正月の叙位が造東大寺司の写経所勤務者におよぼされたらしいことの一例として、校生・瑩生をつとめた村山首万呂（里人）の場合を推定しておいた（第六章第二節の二）。

造寺造仏関係の「所」の構成員は、たとえば宝字六年三月一日造東大寺司告朔解によれば、木工所では別当（判官・主典）・将領・雑工・仕丁・調丁・雇夫であり、造瓦所では別当（判官・散位）・将領・瓦工・仕丁、造香山薬師寺所では別当（判官・主典）・将領・雑工・仕丁・自進・雇夫がみられる（五126―130）。ここに優婆塞はみえないが、写経所の場合を参照すれば、造寺造仏の「所」で優婆塞以上にあたるのは、別当・将領・雑工などとみられる。

法華寺阿弥陀浄土院の造営は造東大寺司によっておこなわれ、そのとき賞にあずかった雑色人が宝字四年十月二十日の作金堂所解および同案にみえ、雑工では殊等に鋳工・木工、一等に鉄工・鋳工・丹工・木工・石工・瓦工、二等に鉄工・木工・鋳工・轆轤工・石工・漆工・画師・仏工、三等に木工・鋳工・画師・漆工、四等に鉄工があり、雑工以外では、一等に案主・領・優婆夷、二等に領・雑使が記され（十六308―315）、堂舎の完成（法華寺）と一段落（東大寺）、賞賜（法華寺）と叙位（東大寺）との相違があるけれども、ともに堂舎のなったことの祝賀の意味のもので、等級を設けた点などが両者に共通し、勝宝二年正月の造東大寺司関係者の叙位で、優婆塞以上という範囲にふくまれる者を推定するのに参考となり、叙位された者には、だいたい雑工・画師のほか案主・領・優婆夷もいたらしいといえよう。

　ところで同じ勝宝二年には、五月二十六日の造東大寺司移があり（〈第18表〉）、衛士の位記二九三紙について、見給正身一五一紙、未給一四二紙のうち、未給衛士の出身国別人数を兵部省に報告し、現在いる衛士には位記を給し終わったが、交替で帰国してしまった者には給していないので、未給位記は便に朝集使に付して当該国にくだしたい、と記している（三403 404）。これらの衛士が造東大寺司のもとで造営に従事していたこと、この造東大寺司移の日付が勝宝二年正月丙辰紀の叙位記載と接近していること、このような衛士の一括大量の叙位は勝宝二年正月紀のさいのものとしてふさわしいこと、などから推測して、造東大寺司移にみえる二九三人の衛士に対する叙位は勝宝二年正月紀の叙位範囲の一部分にふくまれると考えられる。

なお叙位者全体の数が六七一人であり、衛士の二九三人はそのわく内の数で、矛盾はない。

仕丁の叙位の例は、弥永貞三氏(2)によって①書紀持統六年六月甲申条、続紀の②霊亀元年四月庚午条・③宝字元年四

<第18表>勝宝2年5月26日造東大寺司移

	左衛士	右衛士	衛門士		左衛士	右衛士	衛門士
三河		1	2	丹波	12	5	
遠江	6	2	6	因幡	9		
駿河			1	伯耆	4	1	
甲斐			1	出雲	9	8	2
相模	6	3	3	播磨			6
上総		11		備前		1	2
下総		1	6	備中		8	
信濃			1	備後	1	9	
上野			2	安芸			4
下野	1		2	紀伊	1		
越中			2	伊予			3

〔註〕数は位記未給者を示す。ほかに位記見給者151があったが，見給者の国名は記されない。見給と未給計293人で，じっさいの衛士の出身国名はこの表よりもさらに多いわけである(大日古 3—403～404)。

月辛巳条・④宝亀元年三月壬午条などがあげられている。①は大内陵造営の功による、②は二〇年以上勤務者の労をあわれみ、考選の例にあずからしめ、④は狭畳をつくるにたくみで内掃部司に四〇年仕えた員外令史秦刀良を正六位上から外従五位下に叙したものである。③は聖武太上天皇の崩御の翌年で、道祖王の廃太子、大炊王の立太子の日である。叙位の等級と範囲は、内供奉竪子・授刀舎人、周忌斎会の作物にあずかった諸司の男女の労勤者に位二階（仕官疎ならば一階）、自余の内外諸司の主典以上・天下高年八〇歳以上・中衛兵衛の舎人・門部・主帥・雑工・衛士・仕丁で歴仕三〇年以上に一階である。斎会準備に労した者を賞するためのほかに、強引に大炊王を立太子させた仲麻呂が打った機嫌とりの政策のために叙位の範囲がひろく、仕丁もその末端に加えられているが、範囲の最後にかぞえられており、しかも歴仕三〇年以上であるから、仕丁で叙位された者は決して多くなかろう。勝宝二年正月の叙位は、宝字元年の場合ほど広汎でなく、仕丁で叙位された者があったとしても、まれな数であったと考えられる。

造東大寺司の構成員で、写経所を除く造寺造仏関係の「所」に多いのは、技術者の雑工らと、非技術者の雇夫と仕丁であり、奴婢のなかには技術をもつ者が少数みられる。雑工から順にみていくことにする。

前掲の法華寺造営に関する作金堂所の解と案の雑工は、賞された者だけであるから、ほかにも雑工の種類があることはいうまでもない。ひろく奈良時代の造寺造仏に従事した雑工の種類を竹内理三氏(3)の分類によって示すと、(イ)土木工には土工・木工・削作工・様工・葺工・築垣工・石工・砥磨工・陶工・瓦工・檟工・筆工・竹工・造軸工・轆轤工・筏工、(ロ)金属工には鋳工・鉄工・銅工・金工・押金薄工・金泥工・細工・吹皮作工、(ハ)技芸工には仏工・画工・漆工・繝纈工・印工・丹工などがあり、造寺司の事業の性格から木工・鋳工・鉄工・画工が最も多い。

雑工の下働きをする非技術労働者について、青木和夫氏は、[4]天平十七年十月十七日木工寮解（二476）から宝字七年正月三日伊賀山作所解（五377）までの主として造東大寺司造寺関係の「所」と写経所の事務報告文書とにみえる人数、現場労働者数、非技術労働者（総数・仕丁・雇夫・その他）、仕丁の率、雇夫の率を表示し、非技術労働者の五割四分が雇夫・雇女・雇人などの雇傭労働者であり、仕丁は三割一分で、自進・優婆夷その他はかぞえるに足りず、無報酬のいわゆる徭役労働者としては、きわめて少数の調丁のほかみることができないといわれる。

養老賦役令歳役条によれば、庸について、正丁は歳役一〇日の実役に服さない場合に、代償として布二丈六尺を輸さなければならないが、大宝賦役令の歳役条に関し、青木氏は実役徴収の規定がなく、庸布を納めさせることを本体としたといい、庸役が徴発された形跡がみあたらない、といわれ、[5]青木説に従うと、東大寺造営などに動員された役民らは雇役の形で召されたものであった。青木氏が奈良朝後期の造寺役について述べたところを整理しよう。(イ)造東大寺司は省に匹敵する大官庁であるが、残存史料は東大寺本寺の造営のように大事業中のものが少なく、工事が一段落し、廻廊や小建築をおぎなったり、石山寺を造営しているころのものが大部分で、右の統計は労働力の経常費を示しており、これが大きな造都造寺の最中ならば雇夫や仕丁の占める割合は減じてくるかも知れない。

(ロ)賃銀支払について、宝字五年十二月二十四日より七年正月三十日までの石山寺関係の造寺料銭用帳と、同六年四月九日より二十日までの銭用帳案文を対照すると、日雇夫には上日終了後まもなく賃銀が支払われ、定雇夫には、請求に応じて一部を内払いしつつ、残額は各季末か事業終了または退職後に一括清算されている。

(ハ)上日数は、定雇夫の場合は、最初の月と最後の月とを除く中間の月にほとんど三〇日に近く、日雇夫のたまたま数カ月にわたる場合とも相違するのは、契約期間の差によるだけでなく、定雇夫は契約ののち寺司に住居を与えられたのであるまいか。そうすれば寺司も信頼して使役できた。

(ニ)定雇夫もたいてい和雇されたが（労働期間・就役日が人によって異なる。難波宮雇民のごとき強制労働ならば交替日・就役日数に整一性がみられるはずで、五〇日をこえることもあるまい）、すべての定雇夫が和雇されたのでない。宝字六年造石山院所銭用帳によれば経所仕丁が雇夫となっており（五364・365）、宝字六年閏十二月二十九日雇人功給歴名帳の久須原部広嶋と矢作真足（十六180）とは造石山院所の仕丁である（十五181）。これらは仕丁の任期終了後に雇夫としたのでない。なぜ仕丁として使役しないで、雇夫としたかというに、仕丁の所属官庁がきまると、官庁相互間で勝手に流用しえず、他官庁から借りるとき諒承を得て、雇夫として借りてくるのであるまいか。借りられた方では、その仕丁の不在の期間だけ上日数を減じ、養物や食料も減らす。借りた方では、これを他の定雇夫なみに扱い、働いた日数だけの賃銀と食料とを給する。仕丁ならば、夏の人手の足りないとき、すなわち和雇では所要労働力を満足しえないときでも、じゅうぶん使えるし、逃亡は別として、勝手に働くのを止めることができないから、便利であり、そこで「仕丁為雇夫功」という予算が組まれたのであろう。

(ホ)定雇夫と日雇夫のいずれも天平初期の雇民のごとき強制的な雇役でなく、日雇夫は和雇によって日々集散し、定雇夫は寺司との長期契約で常備労働力となる。仕丁を定雇夫としたのは、和雇にたよるとじゅうぶんな労働力を集めることができず、雇民のように強制して役民を集めることもできなかったからではあるまいか、と。以上が青木氏の論述でとくに注目される点である。

造東大寺司に動員された非技術労働者として、雇夫についで多いのは仕丁である。宝字三年六月二十八日の造東大寺司木工所解は翌七月分の米と塩を請い「五十長三使屎万呂烈卌七人 立丁卌三 于十四」「五十長物部万呂烈卌三人 立丁廿八 于十五」「五十長笠男富烈廿八人立丁廿二 于六」「五十長私部荒石烈卅九人立丁廿二 于十六」と記し、四人の五十長が四つの烈（一つの烈は五〇人の団体をさすのが原則）をひきいて造営に従っていることが知られる（四369 370）。立丁に対する于は廝丁であり、廝丁は天平十七年十一月庚辰、諸国の公廨稲額が定められた日に廃止されたことがある。弥永貞三氏(6)は、廝丁廃止は、還都による宮廷経済の浪費や社会の動揺のためであり、また力役に従事しない廝丁の無駄をはぶくためなどの事情によるほか、翌十八年五月丙子ふたたび旧に復して貢進せしめたのは、仕丁の労働力半減を防ぐためであり、大仏造営再開とも無関係でなかろう、といわれる。

仕丁が写経所で経典の請経使や返送使をつとめた例は多かった。装潢所で民部省仕丁が紙を大安寺に進送する使をつとめた例もある（十654）、天平九年九月二十八日経師等受物帳に、斧と鋤とが仕丁物部忍万呂にあてられているのは（七115）、簡単な造作に従事させることもあった様子を示している。造東大寺司管下における非技術労働者のなかで、雇夫がつねに仕丁よりも多いとはかぎらない。青木和夫氏の雇夫五割四分、仕丁三割一分という比率は、造作関係文書の平均である。たとえば宝字六年四月中の作物幷散役を記す造東大寺司解には、単口五二五人将領、三八八六人雑工、一三一二人仕丁、一二六二人雇夫と記される（五195）。この解には、四月中における造仏所・鋳所・木工所の各将領・雑工・仕丁・雇夫の単口と作物が記される（五195—201）。断簡のため、造東大寺司管下の「所」のすべてについて単口や作物を知ることができないのは遺憾であるが、造仏所・鋳所・木工所は重要な作業をしたところであり、また非技術労働者の雇夫や仕丁が雑工のどのような仕事をたすけたかを示す解である。大日本古文書には、この造東大寺司解のすぐまえに三月中の鋳所・木工所・造瓦所・造香山薬師寺所の単口（将領・雑工・仕丁・雇夫）と作物を記す造東大寺司解がかかげられ（五188—195）これも首部が大きく欠け、ほかの「所」は知られないが、雑工の作物と、その協力者の仕丁・雇夫の仕事内容が知られる。

仕丁の差点地域は、少数の例外をのぞき、ほとんど全国におよんだ。京畿の場合は、庸役免除であるが、仕丁は兵士と同じく差点されたとみられる。仕丁役は、二一歳以上、六〇歳以下の正丁男子と同年齢の女子に課せられ、役を免ぜられる人の範囲は兵士役と同じで、五位以上の子孫と、内八位以上の嫡子が免ぜられ、中男以下と老丁以上に課されず、雑戸・陵戸・品部らは仕丁をつとめる資格をもたなかった。兵士役とくらべて、女丁差点が仕丁役の特色である。仕丁役がきびしいもので、下層農民に重くかかったことを弥永貞三氏の論考からうかがってみよう。仕丁・衛士・火頭で名前の判明する一二五名について、部民系の氏を冠するものが多く、姓をもつ有力な戸からの仕丁の差出しが少なく、本貫の知られる一三名（国名だけわかるものを加えると二一名）について、郷戸主は一名にすぎず、ほかはすべて戸口であり、この戸口のなかで戸主と氏を異にするもの二名、戸主との続柄のわかるものが少ない。労働にさいし、令制官人の労働時間や休暇規定は適用されなかった。食料は日別二升であるが若干は折留され、病人は減給、不仕は無給である。郷から送られる日別一升の養物があるが、とだえがちである。郷の資養負担は五〇戸→房戸→副丁に変化していった。(7)

つぎに東大寺への奴婢の貢進（施入と買得）と職掌についてみておこう。まとまった貢進として、(イ)勝宝元年大宅朝臣可是麻呂によるもの、(ロ)天平十八年・勝宝元年藤原仲麻呂の宣によるもの、(ハ)勝宝元年勅によるもの、がかぞえられる。(8)

(イ)に関し①・②勝宝元年十一月三日大宅朝臣可是麻呂解に、奴三六人・婢二五人を東大寺に貢することが記される（三322—327）。この寄進は、奴婢の従良の訴えや、地方に分散する奴婢の管理などに窮し、東大寺の強大な権力にゆだねたもの、といわれる。施入後の奴婢のなかには逃亡をくりかえす者があり、送還文書がそれを示している。
(ロ)に関する③天平十八年七月十一日の近江国司解に、藤原仲麻呂の宣によって、奴婢五人を五〇〇〇束で買い、進上することが記され（二522・523）、あてさきは金光明寺（東大寺）である。奴持麻呂（三九歳、車匠）の価一四〇〇束が最も高いのは、(9) 車匠の技術をもつためで、金光明寺ではすでに天平十七年大仏造営が再開されており、必要資材の運搬がとくに重要視され、車をつくる工匠の技術が高く評価されたことはいうまでもない。奈良時代の運搬技術未発達のために、必要物資の価の割合に輸送費が高くかかったことを示すものが造東大寺司や写経所に関する文書に多い。物資の輸送能力が重視されたことは、たとえば穀の運搬に叙位で褒賞されたのによって知られる。天平神護二年二月丙午紀に、勅して、近江国近郡の稲穀五万斛を松原の倉にたくわえるため、白丁で五〇〇斛を運べば一階を叙し、三五〇斛を加えるごとに一階を進め、位をもつ者には三〇〇斛ごとに一階を加叙せよ、ならびに正六位上を過ぎることなかれ、といっているのはいちじるしい例である。〈第7表〉続紀にみえる献物叙位のなかにも軍粮などの運搬で叙位された例をあげておいたし、〈第6表〉東大寺・国分寺・西大寺に対する寄進に車がみえるのは（3、8）輸送がたいせつであったことを示し、牛の寄進（3、23、26）も農耕用であるよりは、輸送用であると考えられる。

④勝宝元年十二月十九日丹後国司解に、藤原仲麻呂の宣で九月十七日の太政官符により、三〇歳以下一五歳以上の容貌端正な奴婢を正税で和買貢進することが令されたので、奴二人・婢二人を四〇〇〇束で三郡から買得貢進する旨が記され、異筆で造東大寺司判官田辺真人・主典葛井根道が二年正月十日に検取したことがみえる（三344・345）。

同じ年の仲麻呂の宣によって、⑤勝宝二年正月八日但馬国司解に、奴三人・婢二人を二郡から四五〇〇束で和買得貢進する旨が記され、異筆で「送東大寺」と書かれる（三356）。

⑥勝宝二年四月二十二日美濃国司解に、奴三人・婢三人を六郡から九九〇〇束で交易進上するとみえる（三389・390）。仲麻呂の宣で買得進上を令された国はどの範囲か知らないが、天平十八年ころから勝宝元年にかけ大仏造営が進捗していったことにともなう処置であり、ほかに仲麻呂が東大寺に対する熱意をみせ、手柄の一つにしようという意図から貢進させたのであるまいか。

(ハ)勝宝元年十二月丁亥紀に、宇佐八幡の禰宜尼大神杜女が大仏を拝し、孝謙天皇・聖武太上天皇・光明皇太后の東大寺行幸啓があり、封四〇〇〇戸と奴婢各一〇〇人が東大寺に施入された。奴婢は⑦翌勝宝二年二月二十四日官奴司解にいう司の選定（三359―366）を経て、⑧同二十六日官符により官奴婢一一七人（奴六六、婢五一）嶋宮奴婢八三人（奴三四、婢四九）をもって施入され、官符に、六六歳以上に達するか、廃疾となった場合は官奴婢に准じること、高年にならなくとも、立性恪勤などのため、衆僧があわれみ、放賤従良を願う場合は放賤すること、寺に施入した奴婢は「以指毛指犯佐奴毛乃止」といわれることなどが記され（三367）、特別のあつかいをうけ、嶋宮奴伊麻呂らは放賤従良により五十戸政とされ（三375）、そののちも放賤従良がおこなわれた。

東大寺（金光明寺）への奴婢貢進には、なおつぎの例がある。⑨天平十八年三月十六日皇后宮職牒に、金光明寺へ奴黒麻呂を施入し、寺家での駈使に従わせることがみえる（九139）。

⑩天平十九年十二月二十二日坂田郡司解に、上丹郷の息長真人真野から婢二人を一二〇〇束で東大寺に売与すると記され、寺がわの署名者は三綱都維那僧法正と知事僧平栄、寺使春宮舎人息長真人刀祢麻呂である（九643・644）。③と同じく近江であるけれど、寺使が売人と同姓であるところからみて、寺使刀祢麻呂の斡旋と考えられる。

⑪天平二十年十月二十一日一条令解に、京の三坊の大原真人櫛上から奴一人・婢三人を三〇貫で東大寺に売還する

と記される（三126 127）。櫛上の郷戸主大原真人今城が兵部少丞で、証人であるところからみて、官人今城が売遷に深い関係をもつと考えられる。

⑫感宝元年六月十日左京職移に、六条一坊戸主犬上朝臣都可比女から婢二人を去る三月東大寺へ売納した価がまだ支払われていないので、早く処理されたい、と記される（三259）。

⑬勝宝元年十月一日文伊美吉広河貢賤解に、右京九条三坊戸主の彼が婢一人を一〇貫で進めることがみえる（三321）。売与さきを記さないが、広河が中宮省（藤原宮子）舎人であるところからみて、東大寺に売られたと思われる。

右の貢進例から知られる奴婢の職掌には、③の車匠、⑨の駈使がみられるが、ほかに⑭天平十三年写経行事給銭注文に奴乙万呂の造紙と布施が記され（七512）、⑮天平十九年十二月六日間写経本納返帳に奴東人の経典運搬がみえ（九614）、⑯勝宝九歳正月二十九日写書所食口帳に、正月一日より二十九日までの食口単一七二人の内訳に婢六七人と記され、婢の仕事は、六人が打厨子覆料綵帛、一三人が染縹纈、四八人が縫厨子覆である（十三213）。

寺奴婢の職掌を例示するのにさいし、東大寺と（金光明寺）と写経所にかぎったが、ひろく一般の寺奴の職掌として直木孝次郎氏(10)は右のほかに銅鉄漆工（七36）、建築（三535）、音楽（神護景雲元年二月戊子紀）、重量物運搬（五154）、封租米徴収（五442）、寺内清掃（二614）、兵役（天武元年七月紀）をあげ、寺奴の職掌は(イ)東大寺要録に勝宝二年二月二十二日施入奴婢二〇〇人に関し記すように、主として造寺・法会など寺内の雑役にあたることであった、(ロ)寺田や荘園で農業労働に従事したことを証する史料はなく(11)、ただ、寺の周辺の小規模な寺田や奴婢口分田・菜園などを耕作したであろうことは想像でき、遠隔地の寺田や荘園に派遣され、農耕に従った場合もなかったとはいえない、(ハ)銅鉄漆工・造紙・車匠・建築・音楽・封租米徴収・裁縫染色・兵役などは高度の技術を要し、とくにそれが可能であった大寺の奴婢はいっそう能力を高め、信任され、官や寺の権威を背景に畏敬され、こうして地位を高め、封租米徴発などにも活動した、と注意されている。

東大寺の造営や写経所の経営に必要な技術や物資は、どのようなものが政府によってとりいれられたか、そのひとつずつをこまかく考えなければならぬことはいうまでもない。東大寺や写経所に貢進されたもの以外にも注意しなければならない。たとえば、天平十五年九月己酉紀に、官奴の斐太は「以大坂沙、治玉石之人也」といわれ、放賤のうえ大友史の姓をさずけられた。大坂沙は金剛沙のことで[12]、写経所で玉や経軸などをみがくのに用い、色彩の原料にも使った。天平十五年九月といえば、この四月に大官一切経の書写が始められた。官奴の斐太の場合は放賤されたのちも、彼は技術をもって官の仕事をおこなったにちがいない。貢進された奴婢以外に、放賤されたものの技術が用いられたことも注意されるのである。

論を造東大寺司の機構にかえし、官司としての造東大寺司の地位と、構成員の特色をみておこう。造東大寺司は治部省の被官と考えられたこともあるが[13]、それは、僧尼や寺院が治部省被官の玄蕃寮に管轄されるためであるらしい。しかし山田英雄氏は[14]、造東大寺司より治部省にあてられた文書がないけれども、たとえば「東寺写経所移礼部省」と記されるところから(十四221)、東寺写経所の上級官司の造東大寺司も治部省の被官でないことを注意し、また造東大寺司から発せられた解がいずれも太政官あてに出されたもので、それ以外のあてさきがなく、これは、政治上における造東大寺司の地位が太政官の直轄の司であり、この系統における最高の官司であって、造東大寺司を管轄する省や司はなかったことを物語る、と述べ、首部欠の文書などに造東大寺司解とないもので、大日本古文書編者が造東大寺司解とみとめたもののなかに、そうでないものがふくまれていること、なども指摘された。

造東大寺司と太政官との関係について、滝川政次郎氏は[15]、最初は太政官の支配をうけたけれど、紫微中台が勝宝元年に成立し、太政官から権力を奪うと、中台は造東大寺司に対する監督権をにぎり、たとえば勝宝八歳の東大寺献物帳には、中台令の藤原仲麻呂以下少弼までと、中務卿・侍従の藤原永手らの署名がみられ、太政官が政務からシャットアウトされている、といわれる。もっともな指摘であるが、滝川氏が例とされることの内容が重要なものであるけれど、一面では特殊であるし、紫微中台時代に造東大寺司がすべてにわたり中台の支配をうけたかどうかは検討しなければならない。たとえば、造東大寺司は勝宝八歳八月十四日の牒で大仏殿歩廊用の瓦の製作を興福寺三綱務所に依頼しているが（四180）、四天王寺と梶原寺[16]に依頼する場合に直接に牒を発しないで、太政官から四天王寺などに令してもらっている。すなわち勝宝八歳十一月二日の太政官符で摂津職に命じ、摂津職から四天王寺などに依頼するという方法がとられており（四224）、これは、紫微中台時代に、造東大寺司は、ことがらと相手によっては太政官に依頼し、太政官の力によらねばならなかったことを示すものであり、また、造東大寺司の地位が高くとも、簡単にどこに対しても命令したり、依頼したりするのでなかったことを示している。

造東大寺司の機構における特色として、造東大寺司管下の「所」のうち、とくに写経所にいちじるしいことがある。それは、経師・校生・装潢などとして、写経の中心的従事者となったのが、諸官司から動員された官人であったことである。彼らは造東大寺司専属の官人になりきるのでなく、一定の作業が終われば本司に帰るのがたてまえであり、したがって本司と造東大寺司との兼官を称さないことが山田英雄氏[17]によって注意されている。かつ写経所に勤務する期間の上日は本司における上日と同じものとしてあつかわれ、考にあずかることができ、写経所で食のほかに布施を支給された。

造東大寺司・写経所・東大寺の三者のあいだの関係や、これらと官との関係をみるために、東大寺という称呼をめぐり、二、三の問題を整理しておく。勝宝九歳正月十八日の造東寺司沙金奉請文に、

沙金弐仟壱拾陸両有東大寺

右、造寺司所請如件、

天平勝宝九歳正月十八日

巨万朝臣（自署、下同ジ）「福信」

長官佐伯宿禰「今毛人」　判官紀朝臣「池主」

竪子巨万朝臣「福信」　葛木連「戸主」　」

（勅筆）「宜」

（異筆）「以同月廿一日依数下

とある（十三207）。右の沙金二〇一六両の下充執行は勝宝八歳の雙倉北雑物出用帳にも「右、依 御製、奉塗大仏像料、下充造寺司、天平勝宝九歳正月廿一日」と記され、造寺司長官佐伯宿禰、判官紀朝臣、主典美努連、竪子巨万朝臣・葛木宿祢戸主の名がみえ（四187188）、東大寺に施入された貴重な物資の支配権が造東大寺司と官家（天皇・皇室・政府）とに分有され、造東大寺司はかえって寺（狭義の東大寺）の許可をうけていない。これは、東大寺に施入された物資のすべてが寺家の資財となるわけでないこと、[18]物資の種類によっては、東大寺（狭義。寺家）の支配権の弱い場合が

あること、などを示している。また造東大寺司・官家・寺家や政権担当者の力関係の大小が東大寺（広義）の財政を左右することはつぎの例で知られる。

東大寺の財政の根幹は、勝宝元年七月乙巳制による墾田四千町と、勝宝二年二月二十二日封四千戸増加による封五千戸である（濫觴は天平十九年九月二十六日勅による一千戸）。宝字四年七月二十三日勅は、勝宝二年の封五千戸について「右平城宮御宇後　太上天皇、皇帝、皇太后、以去天平勝宝二年二月廿二日、専自参向於東大寺、永用件封、入寺家訖、而造寺了後、種々用事、未宣分明、今追議定如左」といい、①営造修理塔寺精舎分一千戸、②供養三宝幷常住僧分二千戸、③官家修行諸仏事分二千戸と定め、勅の末尾に太師従一位藤原恵美朝臣が署している（四426）。右の議定について、東大寺要録所引「或書」に、本願聖武天皇は一千戸を修理料とし、四千戸を供養三宝料として施入したのに、仲麻呂は供養三宝料のうち二千戸を減じ、それを官家功徳分とし、これは功徳分とはいえ、本願の旨趣にそむくもので、仲麻呂が誅されたのは東大寺の封戸を分割したからである、といっている(19)。

天平十九年の一千戸について、勅書は寄進さきを金光明寺と記すだけで、目的・用途を記さないが、東大寺草創期であるから主として造営料としたにちがいなく、したがって「或書」のいうとおりであろう。勝宝二年の四千戸に関し勅書は寄進さきの東大寺を寺家（狭義の東大寺）といっているところからみて、これも「或書」にいうとおり供養三宝料であり、したがって宝字四年勅の①供養三宝幷常住僧分二千戸と③官家修行諸仏事分二千戸とは、もと四千戸であった供養三宝料を分割したものであるという「或書」の記事にまちがいはない。東大寺の創建者光明皇太后が崩御（宝字四年六月乙丑七日）すれば、寺の経済に変化がおきるのは当然であり、仲麻呂ははばかるところなく、思うとおりのことをおこなったであろうから、宝字四年の勅書で彼は単なる署名者でなく、「或書」のいうとおり、供養三宝料四千戸の分割は彼が采配をふるったもので、東大寺の勢力を抑制する意味をもっていた。封戸分割が、彼の誅された原因であるというのは、突飛なようであるけれど、分割が東大寺（狭義）にとって大きな影響を与えたことを思えばもっともな語であり、結局、封戸分割は彼の独裁の一つの例で、東大寺がわの反目を買ったことも注意してよい。

東大寺という称呼のふくむ範囲如何のことに論をかえしておくと、宝字四年までの東大寺封戸が、①東大寺造営費一千戸（これは造東大寺司に最も関係が深いもの）と、②東大寺の三宝と常住僧の供養費とからなっているのは、広義の東大寺は造東大寺司と東大寺（狭義。寺家）とをふくむもので、封戸の支配権も二者に分有されるものであったことを示し、宝字四年仲麻呂の采配によって、三宝供養料の支配権に官家の力関係が割りこんできたということになる。

翌宝字五年にはつぎの一件がある。東大寺が品遅部君広耳の献墾田の散在を一円化したいと希望したが、仲麻呂によって聴許されなかった。岸俊男氏(20)はこれについて、仲麻呂と寺がわとの対立が深まっていたかも知れない、といわれる。

東大寺という称呼が造東大寺司や、その機構の一部をなす写経所をさして用いられる例が写経関係文書にみられ、これは東大寺の称呼に広義の場合があることを語っている。たとえば、奉写御執経所が書写のため本経借用を造東大寺司あてに請うている文書(21)の書式をみると、(a)首部の奉写御執経所という発信がわのつぎにあて名がなく、奉請目的の経名をあげ、本文を記し、そのなかで「奉請於東大寺」「従東大寺、奉請内裏」と記す場合（五308など）、(b)首部に「奉写　御執経所移造東大寺司」と記す場合で、移が牒と記されることもあり（五542など）、(c)首部に「奉写　御執経所移造東大寺司并三綱所」と記す場合（五659など）にわかれる。(a)は造東大寺司にうけとられ、造寺司官人の判許が異筆で記されており、経の貸出が執行されたことを示すが、本文に「奉請於東大寺」「従東大寺」というのは造東大寺司（および写経所）をさしていることになり、(a)の書式は(b)とちがうが、発信がわとあてさきとの関係は(b)と同じになる。

移や牒の本文で単に東大寺と記す場合は、それが造東大寺司をさすので、寺家[22]（三綱以下衆僧まで）に対しても借経を依頼するときに書かれるのが(c)「奉写　御執経所移造東大寺司并三綱所」という場合である。この形式に属するうちの天平神護三年七月十三日の奉写御執経所牒では、華厳経疏など六六巻を請うことを記したあとに、追記で「更請弥勒経十部卅巻内宣者若无寺家者、衆僧中之」と述べている（五668）。これでは、寺家の語が三綱クラスまでをさしている。しかし衆僧が寺家にふくまれることは改めていうまでもないことで、寺家の語も広狭ふたつの意義をもつ。

東大寺の称呼がさすものをまとめると、①寺の三綱クラスまで、②寺の衆僧まで、③造東大寺司（写経所をふくむ）ということになる。

なお造東大寺司が、堂舎の建設だけを任務とするものでなかったことは、写経所を管下にふくみ、経典の造写や貸経などをおこなっているので知られるが、御執経所に貸した五月一日経・坤宮一切経・中宮省御願経なども造東大寺司が管理していること、また嶋院図書寮経・東大寺内堂経などの貸出しをおこなうような立場にあったことも知られる。宝字七年五月二十五日の奉写御執経所請経文では、長阿含経など四部について「従東大寺、奉請内裏者」といい、経を請うたのにたいし、造東大寺司に右の経がなかったらしく、東大寺内堂経のもの四部八二巻を貸出したが、その執行に造東大寺司主典志斐連麻呂があたったが、この場合は東大寺内堂経である関係から、大僧都法師（良弁）と麻呂との名も別筆で記される（五442 443）。

造東大寺司は官人（俗人）によって組織されるので、東大寺（三綱や衆僧）の僧とは別の機構であるのはいうまでもない。ただ寺司と寺家とのあいだがまったく無関係でないことは、三綱や寺僧が造寺司官人とともに同一事業にたずさわっているのによってわかる。東大寺僧が造東大寺司官人とともに寺の経済的基礎設定に活動した例として、法師平栄が知られている。大仏鋳造のほぼ完成に近づいた勝宝元年閏五月癸丑、東大寺をはじめ、諸大寺に墾田が施入され、東大寺のそれは一〇〇町であるが、この五月寺家野占使平栄は造東大寺司史生生江臣東人とともに越前にいたり、越前国使医師六人部東人・足羽郡擬主帳槻本老らとともに足羽郡内（のちの栗川庄付近）に寺家の野地を占定した（五543）。これらの一行は、越中にもおもむき、五月五日越中守大伴家持は一行を迎えて饗宴を張り、占墾地使平栄に酒をすすめた歌が万葉集にのこる（一八—四〇八五）。この年七月乙巳紀によれば、大倭国分金光明寺（東大寺）の墾田所有額は四〇〇〇町と規定され、これと越前・越中における野地占定とは照応するものであった。

（1）岸俊男「東大寺造営をめぐる政治的情勢——藤原仲麻呂と造東大寺司を中心に——」（ヒストリア一五）参照。
勝宝七年佐伯今毛人の長官任命まで正式の長官を欠き、造寺司としての官制整備が意外におくれたことについては、竹内理三氏は、天平十八・九年ころ別に造仏司がおかれ、造大仏にのみあずかった国中連公麻呂がそこでの長官として専当していたために、造寺は玄蕃頭（市原王）の兼任をもって管せしめるを便とし、外蕃・緇徒のことをつかさどる玄蕃頭をして長官たらしめたことは、大仏殿造営を玄蕃寮の任とせしめたもので、国力集中のためにもその方が便利であったのであるまいか、と述べられた（『日本上代寺院経済史の研究』所収「造寺司の社会経済史的考察」）。
（2）弥永貞三「仕丁の研究」（史学雑誌六〇の四）
（3）竹内理三、前掲論文。
（4）青木和夫「雇役制の成立」（史学雑誌六七の三・四）
（5）大宝賦役令と養老賦役令との歳役条の異同について、平野邦雄氏はほぼ同文と考える説をとり（「大宝・養老両令の歳役について」九州工業大学研究報告五）、長山泰孝氏は平野説を支持した（「歳役制の一考察」ヒストリア二七）。いずれにせよ、長山氏も、歳役条は大宝令制定時から実役徴収の意味をまったくもたず、庸徴収のためにだけ存在し、庸も調とほぼ同様の性格をもつ物納租税として考える、と述べる（「租庸調研究の成果と問題点」歴史教育一一の五）。

（6）弥永貞三「仕丁の研究」（史学雑誌六〇の四）。天平十七年京官諸司請粮文書にみえる立丁について、弥永氏は、いくらかの混同はあるけれど、(イ)立丁は原則として厮丁に対立する、(ロ)直丁は仕丁の一種で、さらに(a)立丁と厮丁とに細分されている場合と、(b)立丁の一種と考えられている場合とがあり、立丁と直丁とは区別されている、といわれ、それは、直丁の語源を唐制に追求しても知られる、と述べられた。なお前掲請粮文書によれば、立丁には官粮として米・塩が給され厮丁には布か綿が給され、待遇の差異は、当時まで、観念的には立丁が厮丁を私に点じた事実が尾をひいているところからくる、といわれる。弥永氏の論考には立丁と厮丁との関係をはじめ、仕丁の出自、在京仕丁の待遇（差点と交替、労働時間、労働の種類、労働組織、給粮、養物、賃銀、被服、住居）、郷土の負担、労働組織の中に占める仕丁の地位、仕丁の変質などの項目などについて論究されており、仕丁に関する基本的文献となった。

（7）仕丁に関する問題点として、平野邦雄氏は、厮丁が「于」と記されることについて、それは何故であろうかと問題を出し、弥永氏の論文で、仕丁役が固有法によるとしながら、唐の白直と比照された点に関し、中国制との関連に考究の余地がある、と述べ、なお曾我部静雄氏が仕丁役にあたる中国制を唐以前に遡及されたのは問題を発展させたものである、といわれる（論文評「弥永貞三『仕丁の研究』」法制史研究2）。なお、平野氏は、仕丁が純然たる徭役でなかったとすれば、待遇のことが問題になる、といい、仕丁公粮について、親王以下官人月料に准ずべきものであり、月俸であり、日々の常食と区別されるべきか、といい、天平に立丁と于に月粮銭が支給されている、と述べ、仕丁の資養負担に関し、国養とともに月養も房戸負担であったであろうか、と問題を出されている。

（8）東大寺への奴婢貢進に関する整理には竹内理三編『寧楽遺文』（旧版下、解説）五一―五二頁参照。関係文書も竹内氏の解説のところにかかげられている。

（9）奴婢の価格について、天平中期の場合、稲・銭・銀の三種であらわされているのを換算平均すると、奴一口稲八〇〇束、婢一口稲六〇〇束といわれる（滝川政次郎「奴隷賤民論」新日本史講座、中央公論社）。

（10）直木孝次郎「寺奴の職掌と地位について」（南都仏教三）。寺奴の職掌に建築をあげるのに直木氏がよられた史料は、勝宝三年十二月十八日奴婢見来帳に、奴忍人について「捉得於甲賀宮国分寺大工家」とみえるものである（三535）。忍人が大工の某の家に身をよせていただけで、忍人自身が建築の技術をもっていたかどうかはわからない。帳にはほかに、奴宇波刀が内匠寮番上工川輪床足の家でとらえられており、宇波刀の場合は勝宝二年官奴司解に内匠寮今奴と記され（三361）、工匠の技術をもっていたと考えられるが、忍人は官奴司解に広瀬村常奴と記されるだけである（三362）。ただ宇波刀が内匠寮番上工の家に身をよせたことを参照すると、忍人が甲賀宮国分寺大工の家に身を托したのは、忍人が何らか建築関係の技術を不十分ながらももっていたからであろうかと推測できよう。つぎに、二人が身をよせたくわしい事情はこの簡単な史料からは不明である。(a)忍人や宇波刀が自己の意志でそこに身をよせたか、あるいは(b)国分寺大工や内匠寮番上工がひきいれたか、この二つの場合が考えられるが、(a)ならば逃亡先が無計画にきめられるのでなかったことになり、(b)ならば、官と関係をもつ技術者が官の保有する技術者を奪った例となる。

(11) 寺奴の職掌について、寺田や荘園の耕作に駆使されたことを藤間生大氏（『日本庄園史』）や石母田正氏（『中世的世界の形成』所収「古代における奴隷の一考察」）らが主張され、これに対し、舟越康寿氏（「初期庄園の労働力について」横浜大学論叢一の一・二・三）・竹内理三氏（「荘園不輸性の根源」日本歴史四六）・岸俊男氏（「越前国東大寺領荘園の経営」史林三五の二）らは批判を加え、寺奴による寺田・庄園の経営を否定された。直木氏もいわれるように、藤間・石母田氏らのよられた史料は、寺奴の農業労働を証するものでない。なお最近、神野精一氏は「東大寺の奴婢の用途について」を書かれた（日本歴史二〇九）。

(12) 天平五、六年におこなわれた興福寺西金堂造営のさい堂の幡と経蔵の幡とにつける玉が玉作所でつくられ、赤玉をつくる着色料として朱沙小八両と丹一一五八斤とが用いられた（福山敏男『日本建築史の研究』所収「奈良時代に於ける興福寺西金堂の造営」）。金剛沙の産地について大和志には、葛下郡土産の項に「金剛鑽、逢坂村上方及穴蒸村出」といい、その地はのち北葛城郡下田村の大字となり、その西に関屋（二上村の大字）があって、これから河内へこえるところを大坂・穴虫越とよび、いまも金剛沙の採取がおこなわれている。最近における松田寿男氏の論考によれば、朱沙（砂）は水銀の原鉱で、ともに染料・塗料・顔料ともされ、鍍金や薬用に供され、産地は丹生とよび、この鉱産物が神格化されて丹生都比売とよばれたもので、松田氏は古代における水銀と朱沙の効用や生産地などについて論を展開され（「丹生考」古代学六の一、および「古代東北日本の開発と水銀鉱床の役割」古代学八の一・

二)、興味深い。

(13) 滝川政次郎「紫微中台考」(法制史研究四)

(14) 山田英雄「奈良時代における上日と祿」(新潟大学人文科学研究二二)

(15) 滝川政次郎、前掲論文。

(16) 梶原寺の址は摂津国嶋上郡五領村字山本前の畠山神社付近(いま高槻市)に求められている。なお後述(第七章第二節の二、註4)。

(17) 山田英雄「写経所の布施について」(日本歴史二〇八)

(18) たとえばすでに角田文衞氏も沙金の奉請と下充についてつぎのようにいわれる。この雙倉は、勝宝八歳七月一日から勅封となり、造東大寺司の所管となっていたのである。当時の文献には「東大寺に施入す」といった記事が散見している。誤解してならぬのは、これらの金銭・品物・不動産などは、ひとまず造東大寺司の所管となり、適当な機会に東大寺に移されたのである。『東大寺献物帳』に記載された聖武天皇の遺愛品をはじめとする、いわゆる「正倉院御物」は、ついに東大寺に移管されることなく、今日にいたっているのである、と(『佐伯今毛人』一三四—一三七頁)。

(19) 東大寺要録、巻第六。宝字四年七月二十三日の勅書によって、これまでの三宝供養料四千戸が②供養三宝幷常住僧分二千戸と③官家修行諸仏事分二千戸とに分割されたことについて、すでに竹内理三氏は、東大寺要録所引「或書」にいうところが勅書の意味を語っている、と注意されている(『寧楽遺文』下。解説五頁)。

なお②の三宝は仏法僧を意味し、したがって「供養三宝幷常住僧分二千戸」という語で僧が重複することはいうまでもないが、これでは僧が三宝からはみ出しており、当時の僧侶のありかたや、世俗の僧に対する見方が変ってきているわけで、それは別の問題として考えなければならない。

(20) 岸俊男、前掲論文(註1)

(21) この奉写御執経所移(牒)は、本書三六五頁にあげた宝字六年十二月から天平神護三年七月までのものをさす。

(22) 勝宝三年経疏出納帳に、造寺司が市原王へ貸した十一面経は写経所のものでなく、狭義の東大寺のものであることを記すのに「寺家経者」と書かれている(三542)。これは、狭義の東大寺をさすとき「寺家」とことわる方がはっきりすること、しかし造東大寺司は東大寺(寺家)の経の貸出をとりおこなうほど、司と寺家との関係の密なことを示す。

二　東大寺の成立

東大寺の伽藍の外郭をなす寺地は、勝宝八歳六月九日勅で定められ、山堺四至図がつくられた。(1)天保七年の模写によれば、北は佐保川から、南は新薬師寺あたりまでをふくみ、西は京街道をかぎり、東は春日山にいたり、約三〇〇町歩を占める。寺地の西部に寺院地があり、南・西・北は築城垣に囲まれ、平城京の条坊の大きさで計ると南北六町余、東西七町（すなわち四四町余）で、京外でありながら、条里に制約されず、京内条坊の線に準じてその形が与えられた。西面の門のうち最南の西大門は五間で最も大きく、四至図のこの門のところに東大寺と記されるのはその重要さが知られ、国分寺としての役割を示す「金光明四天王護国之寺」と題する額は平安初期から天正十一年三月の顚倒のときまで掲げられていたことが七大寺巡礼私記や多聞院日記によって知られる。山堺四至図の右下の端書に「奉勅、依此図定山堺、但三笠山不入此堺、」「東大寺図」とあり、大僧都良弁・左少弁従五位下小野朝臣田守・治部少輔正五位下市原王・造寺司長官正五位上佐伯今毛人・大倭国介従五位下播美奥人らの署名がみえる（四116）。この時期に四至図がつくられたのは、本願聖武太上天皇崩御と関係があると考えられる。それは宝字四年光明皇太后崩御の直後、七月二十三日勅で東大寺の封五千戸の分割がおこなわれ、寺の擁護者の死が寺の財政に大きな関係をもつところから推測される。四至図作成のくわしい事情は明らかでないが、寺家がわとしては寺地の将来をたしかなものにしておくことを望んだであろう。宝字四年勅の場合は、光明皇太后がすでになく、藤原仲麻呂が専権にまかして封戸分割に采配をふるったことは、勅の署名に彼だけがみえるのによっても知られ、これとくらべると、勝宝八歳山堺四至図の場合は、聖武崩後とはいえ、なお光明皇太后の在世中で、にわかに寺家に暗影をなげかけるものではなかったと思われ、署名者も数人である。良弁は政府＝僧綱を代表するとともに寺家がわの立場を代表する意味もになったであろう。田守は太政官を代表し、市原王は、寺院を監督する玄蕃寮が属する治部省を代表しているのであろう。造寺司長官の今毛人と大倭介奥人の署名についてくだくだしくいう必要はない。つぎに主要な堂舎について担当「所」による造営状況をみておこう(2)。

(1)大仏殿　正倉院文書に造寺司が造仏司と別にあらわれる天平二十年から大仏殿の造作は準備されたと思われるが、大仏鋳造終了の勝宝元年十月までは大仏殿をつくることができなかった。したがって勝宝元年四月甲午朔と丁未紀に、天皇が盧舎那仏の前殿に御したと記される。大仏殿の造営で中心となったのは造大殿所である。勝宝元年（推定）の坂本人上の行事に大仏殿の大柱五〇本をつくるのを監督したと記され、柱は播磨で伐採されたらしい（二十五77）。勝宝二年に大仏殿礎石をつくろうとしているらしいことがこの八月の作礎功食奉請注文に「可作礎人功并食」として単二二〇〇人分が記される（十一366）。勝宝三年正月戊戌紀の行幸のさい、木工寮長上神礎部国麻呂が外従五下をさずけられたのは、大仏殿上棟がおこなわれたことを語るらしく、東大寺要録に勝宝三年大仏殿をつくり終わると記され、勝宝四年四月九日紀では大仏開眼会のようすを述べるのに、天皇が盧舎那仏の前殿に御したというごとき書きかたがみられない。

しかしなお工事が終わったのでなく、勝宝八歳二月二十七日造大殿所解に、史生阿刀与佐美・大工益田縄手・少工小田広麻呂の二月中の上日が記される（二十五147）。この年五月乙卯聖武太上天皇が崩じた。やがて東大寺の整備がおこなわれ、六月九日寺地が定められたさいの山堺四至図に重層の大仏殿が描かれている。周忌斎会にそなえる造作も進められ、七月に画師らが大仏殿図を描いているのは（十三169）、室内荘飾の金物の図様かといわれる（六月壬辰詔は、地方国分寺の仏像・仏殿・塔を周忌までにつくり終わるように令している)。

勝宝九歳正月二十四日絵花盤所解によれば、画師は大仏殿図を描き、大仏殿垂木にも彩色している(四222)。いっぽう、二月三十日写書所解案に画師「五人界大仏殿木後金」とみえ(十三214)、画師(工)は画工司人・造東大寺司人・里人からなり、絵花盤所と写書所の画師が大仏殿の装飾に従事したのであろう。三月二十九日写書所解に画師三人が「界大仏御産花」とみえ(十三215)、家永三郎氏は御産花を御座花とし、銅座の図様に解し、福山敏男氏は御座花を石座の彩色文様(信貴山縁起絵巻)の輪郭の様(ためし)を描いたと解された(前述)。

四月辛巳紀に、大炊王立太子と、広汎な人に対する叙位・賜物・賜姓・免租が記され、免租のなかに東大寺の匠丁が造山陵司の役夫・兵士らとともにみえ、匠丁が寺の造営以外に動員されたことがわかる。優恤の事情は周忌の造作や築陵の労をねぎらうほかに、反仲麻呂的気運をかわすためでもあった。五月己酉、太上天皇の周忌斎会が東大寺でひらかれ、僧一五〇〇余人を請じた。五月丁卯上毛野真人(判官)や益田縄手が外従五位下に叙せられたのは、周忌のための造作の労による。縄手のすぐれた木工の技術は、石山寺造営のさい、安都雄足が彼を招き、工事に関する意見を求めようとしたことでも知られ(十五201 202)、彼はその技術で官界に特異な進出をした。縄手は越前国足羽郡出身で、造営に起用された事情として、造東大寺司と交渉をもった足羽郡大領の生江臣東人や、越前国史生・造東大寺司主典の安都雄足との関係が推察されており、縄手の挙用後に造東大寺司と越前との関係がさらに緊密になったであろうといわれる。縄手は一族の者を優婆夷として貢進している。宝字元年外従五位下、同八年従五位下に叙せられ、天平神護元年益田連の姓をたまわり、西大寺造営にもたずさわり、神護景雲二年六月遠江員外介、同三年従五位上にのぼった。

大仏殿の荘厳の方をみると、宝字二年二・三月に天井や須理（支輪）を彩色しようとしており（四260・263・265―268、十三234―236）、これらの造作は周忌にまにあわなかった。大仏殿は重層入母屋造、高一五丈、一一間四面で、南面の七間に扉をつけた。

大仏の鋳造は天平十九年九月―勝宝元年十月、螺髪は勝宝元年十二月―勝宝三年六月、大仏台座にとりつける蓮弁の鋳造は勝宝四年二月十六日―勝宝八歳七月までかかったといわれる。仏体の塗金は勝宝四年三月十四日に始められ、これは仏体前面の塗金で、背面塗金や光背製作はのちである。勝宝九歳正月二十一日東大寺にある沙金二〇一六両が造東大寺司に下充されたのは（十三207、四187）、周忌をまえに塗金を完全にするためであろう。

大仏殿の地鎮具がいつ埋められたか明らかでないが、明治四十年大仏殿修理中に、須弥壇の下などから金鈿荘大刀・狩猟文銀壺・玉類などが掘り出され、(3) とくに大刀の柄は瑪瑙製で、鞘に金平脱で模様をあらわすなどの技法をこらし、正倉院御物の金銀鈿荘唐大刀をしのぐといわれる。技術の極致の工芸品が選ばれたところからみて、地鎮具は魔よけや宝物の意味のほか、聖武が自分の分身として埋めたもので、天皇がこめた悲願の一面を語っている。

(2)歩廊　勝宝八歳六月甲辰の勅で、聖武太上天皇の周忌（翌年五月）までにつくり終わるように令しており、その完成を急がせたことは延暦僧録の光明皇后伝にもみえる。八月十四日造東大寺司は興福寺や四天王寺・(4) 梶原寺に期限つきで大量の瓦の製作を依頼した（四180・224・225）。

勝宝九歳三月九日造東大寺司定文によれば、大仏殿歩廊（一一六間、間別一五斤）に用いる緑青一、七四〇斤のうち一一九八斤一一両が用意され（造東大寺司と巨万朝臣＝背奈公福信および大納言藤原仲麻呂より支出）、五四一斤五両不足とみえる（四223）。歩廊一一六間は、大仏殿の四面歩廊と軒廊のうち、南面歩廊三〇間をのぞく部分にあたり、中門と南面歩廊だけの功は終わっていたかも知れない、といわれる。

(3)西塔　丹裏古文書に某職員の勝宝元年（推定）行事を記すなかに「塔本歩廊一間長廿九丈広九尺　構造瓦葺」とみえ（二十五67）、東大寺堂舎のなかで西塔が最も早く功を終わったのは、東大寺の前身の金鐘寺が大和の国分寺の役割をにない（天平十四年金鐘寺を金光明寺に指定）、天平十九年十一月詔で、石川年足らを諸道に派遣し、国分寺地の検定と作状の検察にあたらせるとともに、塔・金堂・僧房を三年以内につくり終えよと督励したことと関係がある、とみられる。ただ大仏殿は大仏鋳造終了（勝宝元年十月）後でなければつくれなかった関係で、塔よりも完成が遅れたこと（勝宝三年）を考慮しなければならない。歩廊の長さ二九丈は、天沼俊一氏による東西塔院廻廊に関する実測による東・西面の南北実長二八丈八尺二寸五分（奈良尺）と一致する。

勝宝四年十一月に装潢三人が「継塔基様紙」と記される塔の様（ためし）は、塔初重内部荘厳（打出仏像の類や、装飾文様）の下絵と推定され（十二309）、西塔の完成の近いことも知られる。正倉院御物勅願銅板銘に勝宝五年正月十五日「荘厳已畢、仍置塔中」と記されるのは、金字最勝王経と銅板を安置することをさし、銅板銘作製が勝宝よりすこしくだるとしても、塔荘厳が勝宝五年に終ったことを否定する史料はないようであり、正倉院文書には、これ以後、宝字八年まで西塔造営関係の記事があらわれない。銅板銘の「天地神祇共相和順、恒将福慶、永護国家……同解憂網、共出塾籠」という文は、天平十三年国分寺建立勅の願文にみえるところである。金字最勝王経を安置する塔は、国分寺堂舎のなかで重い意義をになっていた。

(4)東塔　西塔完成の勝宝五年以後に塔の造営が文書にみえるのは東塔に関するものである。[5] 国分寺では七重塔一基をたてまえとしたが、東大寺に二基つくられたのは、東大寺の役割が単に国分寺だけでなかったからである。宝字三年四月十六日坂田池主請銭所用注文によれば、宝字二年十一月から翌三年三月中の行事として、塔の呉床（初重内部須弥壇の類）の白石を切り出し、真作（仕上げ）し、敷いたこと、歩廊の礎石を切り出し、歩廊の地に土を掘り、運んだことが記され（四360—362）、池主は宝字四年東塔所領とみえる（十四386）。東塔木部の工作は少なくとも宝字二年末までにはだいたい終了し、同じころ歩廊の造立に着手されつつある。宝字四年四月十五日経所現物注文案に、銭四八九〇文・米七石五斗・調布八端・租布一段のほか、金青一両・同黄三口・阿膠七両や食料などを東塔所に収納したと記され（十四383 384）、阿膠について「用称讃経軸継料」という書入れがみられる。宝字四年のものとされる桴領調足万呂解に「漕下於葛野井津」一八物として塔心柱二根などがみえるのは（二十五302 303）、東塔の資材であろう。

宝字六年七月下旬、造石山寺所は残材を木津（造東大寺司の木屋所在地）に廻漕するため、宇治司所の宇治連麻呂へ桴工の派遣をたのみ、麻呂が造石山寺所へ派遣した桴工は、榑一〇〇〇材を勢多橋から宇治橋まで運び、漕功一九俵（五斗俵別二八〇文で換算）が支払われることになった。廻送材には東塔所材がふくまれ、その柱二〇根・椙榑六〇〇材のうち後者は木津で売却された。沽直一四貫四〇〇文から漕功四貫八〇〇文をひいた残額九貫六〇〇文のうち、六貫文は東塔歩廊をつくる様工らの功食料として東塔所領の案主池主に渡された（五278）。この年の文書に東塔所の名が散見し（十四381 384 386 389 390 431 437）、宝字六年三月一日と四月一日の造東大寺司告朔解には、東塔について露盤とその付属金物（五125 126 188 189 198 199）歩廊と門（五126 190 200 377 378）塔基打出仏像（五188 198）垂木端銅（五198）などをつくったと記される。実忠二十九箇条には、宝字八年露盤一具（高八丈三尺、第一盤径一丈二尺）を上げ、ナリヒサコ形（流星）の内に金字最勝王経一部と仏舎利一〇粒を納めたと記される。西塔における金字経納入の位置は記されないが、東塔に準じて考えられよう。

東西両塔について大仏殿碑文に「七重、東塔高卅《サイ》三丈八寸、西塔高卅《サイ》三丈六尺七寸、露盤高各八丈八尺二寸、用熟銅七万五千五百二斤五両、白鑞四百九斤十両、錬金一千五百十両二分」と記される。

(5)講堂　勝宝五年正月二十二日の造講堂院甲可山作所解は、材木をつくるための墨縄を請い（三617）、講堂造営に着手した。勝宝七歳の造講堂院所解はこの年の考中行事を記し、見考一二人・不考五人とみえるが、首部のみであとは欠け、構成人員一七人以上のうち木工中宮舎人弟訓部市麻呂の行事だけが知られる（十三157）。勝宝八歳二月の造講堂所解も断簡で、史生一人の上日だけみえる（二十五147 148）。講堂用の瓦は瓦坂瓦窯で焼かれた（前述）。

講堂安置の虚空蔵菩薩・地蔵菩薩は皇后御願で天平十九年二月十五日につくり始め、千手観音は孝謙天皇御願で勝宝七歳十一月二十一日につくり始められた。

(6)僧房　一部は宝字六年にできていたことは、宝字六年の造東大寺司告朔解に、二月中に単口九一人で僧房の瓦と壁を修理しているので知られ（五127）、三月中に単口二三人で僧房の経蔵を、単六三人で僧房の間度と桟をつくり（五190）、四月中に単五五八人で僧房の略壁木をつくり、壁を塗ったと記される（五200）。完成は延暦三年で、同年新検記帳に三面僧房の四宇について、一宇は長二七七尺・広四六尺、一宇は長二七六尺・広四六尺、二宇は各長一二七尺・広四六尺とみえる。実忠は宝亀十一年より延暦元年まで寺家造瓦別当に奉仕し、その間僧房建造にたずさわったが、注意されるのは実忠二十九箇条に「右被親王（早良）禅師（6）教偁、頃年造寺固（司カ）作瓦甚悪、当用破損巨多、覓吉土可造能固者、試所々土、山城国相楽郡福最村立山厳（土カ）上也、瓦十九万枚、運上寺家、宛用僧房、此瓦甚固、至于今時、允无破損、寺家大衆所共知也」とみえることで、宝亀末年に造東大寺司のつくる瓦が粗悪となり、そこで実忠は諸所の土をさがし、彼がつくった瓦は固く、破損しなかった。これは東大寺造営に対する造寺司の熱意の低下を語っており、主要堂舎の造営が奈良末期にいちおう形をととのえたこともあるけれど、堂舎の造営を継続し、寺を維持していくのに寺家がわから実忠のような活動家が出なければならなかったのは、造東大寺司の活動の後退のためで、東大寺の造営や維持は造寺司から三綱や寺僧に移行していった。

東大寺の成立を考える場合に、なおふれなければならない重要な堂舎があり、堂舎や仏像のみならず器物の造作にあたった造東大寺司の「所」も多いが、ここでどの堂舎にも最も多量に必要とした瓦をつくった造瓦所(7)についてまとめておこう。勝宝八歳の東大寺山堺四至図に瓦屋の一画が記され、その位置は、東京極路の東、山階寺東松林の南西、道をへだてて東西に流れる川に接しており、この瓦屋に付属した荒池瓦窯址から大仏殿（勝宝三年成る）の軒丸瓦が出土したことは、勝宝八歳以前から瓦が焼かれたことを物語る。

瓦屋は右のほかに、奈良市川上町の瓦坂にもあり、佐保川の上流、飯盛山の北西にあたる丘陵地帯で、かつて東大寺講堂付近出土の軒丸瓦と同形式のものが発見され、最近も斜面で瓦窯址が見つかり、縁釉瓦の破片が堀池春峰氏によって採集された。これらの瓦窯の設置には、良土が得られ、登窯をつくるに適し、瓦の運搬に便利なところが選ばれている。造瓦所は、文書の上では宝字三年造東大寺司造瓦所解に初見し、領二人・瓦工八人の名がみえる（四372）。宝字六年三月造東大寺司告朔解によれば、造瓦所は、別当二人を頭として、将領・瓦工・仕丁らで構成され、二月中の単口七九三人（将領五七人、瓦工二二五人、仕丁五一一人）による作物は、焼瓦一五八八〇枚（功一五六人）採瓦焼料薪九一八荷（功四九五人）採火棹三〇枚（功五人）修理瓦屋一宇・長四五丈（功三三人）開埴穴幷堀埴（功一五人）請仕丁等養物参向大津宮（功八人）料理瓦工等食物（功三〇人）運瓦寺家（功三〇人）と記される（五127 128）。翌四月告朔解にみえる作業は作瓦・打埴・開埴穴幷堀埴・修理瓦屋三宇（別長八丈）・掃浄瓦屋四宇（一宇長四五丈・三宇別長八丈）・奉請弥勒観世音菩薩像二軀珍努宮・雑工等厮などであるが(五192)、同解に木工所の仕事として「作埴穴屋幷塗壁　功六十七人」とみえ(五191)、埴穴での作業が雨天でも可能なようにするため、壁ぬりの屋が設けられている。

宝字六年四月告朔解の瓦屋四宇は、荒池瓦窯か瓦坂瓦窯に設けられたものであろう。造東大寺司の造瓦関係の記載には、瓦工の種類があらわれないが、宝字五年の造法華寺金堂所解には生瓦作工・瓦焼工・玉瓦作工などに分類されており(十六293)、東大寺の瓦坂瓦窯でも緑釉瓦をつくる玉瓦作工がいたかも知れない。

造東大寺司における諸仏像製作の指導者、造像技術者の機構と系統などに関し、小林剛氏(8)の説をきくことにする。

(イ)天平彫刻を作る仏師仏工を指導したのは、仏像の形相などに通じている特殊な僧で、特別な注文をふくむ直接的指示をした。たとえば宝字四年二月二十五日造東大寺司造仏注文によれば、八軀の仏・菩薩像が別当大僧都良弁の宣によってつくられたのは、像の形相その他について特別な注文をふくむものであったことを意味する。これは様式とも関係をもち、良弁は唐留学の経験はなく、師義淵のあとをつぎ、仏教界の旧派に属し、したがって東大寺の天平彫刻が伝統的な旧派の様式をもっている。

(ロ)造像機構は組織だった分業制である。すなわち一作品を一作家がつくらず、主任の仏工と助手の仏工がいたのでもない。石山寺に関することであるが、宝字六年八月二十七日造石山院所労劇帳・同年閏十二月二十九日の造石山院所解などによれば(五275 276 341 342)、仏像の顔をつくるのにたくみな者が頭部を、手足をつくるのに得意な者が四肢をつくり、のちにそれらを一つにまとめたのではないかと思われる。

(ハ)造東大寺司所属の仏工はほとんど古い帰化人系の国人であり、唐人がみられないのは、天平彫刻のうち東大寺派製作の像が、唐の直接の影響をうけないで、奈良初期伝来の初唐様式を日本人の感覚に合うようまとめあげたものであることと関係がある。

東大寺の学団の組織だけでなく、奈良時代諸大寺の教学研究団体や、いわゆる南都六宗に関する先駆的な論考を出されたのは石田茂作氏である。(9) (イ)天平十九年法隆寺資財帳の律衆・三論衆・唯識衆・別三論衆、同年大安寺資財帳の修多羅衆・三論衆・律衆・摂論衆・別三論衆は特定の目的をもつ団体で、予算計上の権利を有していた。(ほかに同年の元興寺資財帳に三論衆・摂論衆・成実衆の名がみえる)。衆とされ、宗となっていないのは組織がまだ進んでいなかったのであろう。

(ロ)正倉院文書における六宗の初見は、倶舎宗・法性宗・律宗が勝宝三年、三論宗・花厳宗・成実宗は勝宝四年で、宗は天平十九年から勝宝三年までの間に成立し、少なくとも勝宝四年には六宗が成立していた。ほかに修多羅宗と薩婆多宗がみえるが、修多羅宗は法性宗と同じく、薩婆多宗は倶舎宗と同じであるから都合六宗となり、古来、南都六宗といわれた。宝字四年七月庚戌紀の僧綱奏文にも三学六宗の語がみえる。

(ハ)各宗には大学頭・小学頭(各一人)、維那(一人または二人)の三役があり、維那の二人は法性宗の場合だけである(十三36)。各宗は研究所をもち(例、華厳宗所・法性宗所)、宗派に関し研究に必要な経律論疏抄などがそなえられていた。

(ニ)各宗所には厨子が一つずつおかれ、厨子絵像幷画師目録によると、各厨子の一六の扉にはその宗と関係の深い菩薩・仏弟子・祖師などが描かれ、扉絵では梵釈四天が共通し、各像の番号とあわせ考えると、扉絵の配列が知られ、(10) 扉絵によって各宗の教学と伝統も知られる。厨子がつくられた勝宝四年には、大仏開眼会がおこなわれ、東大寺の落成は地方国分寺の完成とあいまって、全国的に仏教の大組織をつくった。その組織と宗派組織の出現とに何らかの関係があるのではないだろうか。

(ホ)東大寺の良弁・平栄・性泰は華厳の学者であるのに、法正・安寛は律の学匠である。山階寺の玄昉・善利は法相で、善修・栄俊は華厳、慈訓は華厳・法相兼学である。元興寺・大安寺・法隆寺・薬師寺も同様で、一寺一宗でなかった。大安寺や法隆寺の法性衆・倶舎衆などは宗の成立後も分立していたようで、勝宝三年ごろの正倉院文書に東寺律衆・東寺大修多羅衆などの名がみえ、勝宝以前には各寺内の倶舎衆・三論衆などの衆だけがあったが、勝宝以後の各寺には衆がもとどおりあるとともに、各寺の衆を教学的に統一して宗ができたとみてよい。

石田氏の論考によって東大寺など諸大寺の学団組織の研究が大きく開拓され、以後の研究者を導くことになった。それとともに石田説の細部に検討が加えられ、残された問題にもしだいに考察が進められていった。

宗の成立時期について、家永三郎氏(11)は大仏の仏身を論じたなかで(イ)六宗の語は勝宝三年五月三日経疏出納帳に初見し(三548)、六宗はこれ以前に成立していた、(ロ)養老二年十月庚午の太政官符に「五宗之学」とみえ、六宗のうち五宗まではこのときすでに出そろっていた、(ハ)養老二年の五宗が勝宝三年の六宗のうち、何を欠いたか知ることはできないが、養老六年十一月丙戌条に華厳経八〇巻がみえるのをはじめ、華厳経が流布していた事実は、華厳宗が五宗の中にかぞえられるべき有力な支柱を供する、ことなどを説かれた。

六宗厨子は、石田氏がいわれたように、六宗の教学や、大仏造顕と六宗との関係などを示すものとして重要であるが、扉絵諸尊と教義との関係に深い説明がなく、厨子の製作目的と安置場所についても問題が残った。

この点について、野間清六氏(12)はさらに考察をすすめ、(a)厨子の扉の絵像と宗の教義との関係、(b)画師の分業と製

＜第19表＞　厨子絵像幷画師目録（勝宝4年）

画師／扉	第一厨子 花厳宗	第二厨子 法性宗	第三厨子 三論宗	第四厨子 律宗	第五厨子 薩婆多宗	第六厨子 成実宗
	判大稲村	簀秦麻呂	秦　堅魚	息長豊穂	赤染沙弥万呂	勝　老足
①	梵天	梵天	梵天	梵天	梵天	梵天
2	普荘厳童子	勝義生菩薩	琉璃光菩薩	阿難中老	提婆設摩壮	舎利弗老
3	普賢菩薩	観自在菩薩	文殊師利菩薩	迦葉大老	尊者世友老	師子鎧菩薩
4	文殊師利菩薩	无尽意菩薩	維摩詰居士形	優婆離老	尊者世親大老比丘	達摩陀羅
5	善財童子	无着菩薩僧	師子吼菩薩	末田地壮	尊者妙音壮	羅睺羅
⑥	帝釈	帝釈	帝釈	帝釈	帝釈	帝釈
⑦	増長天王	増長天王	増長天王	増長天王	増長天王	増長天王
⑧	広目天王	広目天王	広目天王	広目天王	広目天王	広目天王
9	主夜神	羅刹	清弁菩薩僧劣	弥沙塞老	法護論師老	阿説耆老
10	海童比丘	雪山童子	分別明菩薩僧壮	薩婆多	衆賢論師壮比丘	放牛難陀劣
11	賢慧菩薩僧	世親菩薩僧大老	提婆菩薩僧老	曇無徳老	迦多延尼子老	難陀壮
12	馬鳴菩薩僧	護法菩薩僧劣	竜樹菩薩僧大老	優婆毱多大老	大目犍連壮	阿難中老
13	海雲比丘	釈迦菩薩王形	須菩提僧壮	迦葉遺老	舎利子老	和加利
14	主昼神	阿神仙老人	常啼菩薩僧中	摩訶僧祇	冨楼那老	弗加沙王中老
⑮	多聞天王	多聞天王	多聞天王	多聞天王	多聞天王	多聞天王
⑯	持国天王	持国天王	持国天王	持国天王	持国天王	持国天王

〔註〕 目録には，第六厨子の9について，阿説耆を抹消し，力士と傍書し，14 について弗加沙王を抹消し，金剛と傍書しているが，目録案を参照し，9 と 14 を阿説耆，弗加沙王としておく。
(大日古 12—247～249)

作、(c)写経所への雑物支給と施工進行状態、(d)顔料とその出納、(e)製作目的、(f)大仏造顕と六宗との関係など、単に絵画の面だけでなく、教学の面についても厨子を重視された。

(a)第一厨子（花厳宗）では、釈迦とともに華厳の三聖とされる普賢・文殊とを前面中央に配し、宗祖で大乗の論師たる馬鳴菩薩と賢慧菩薩とを後面中央におき、これに五三知識の諸尊を配している。第二厨子は、法性宗の教学が複雑のため、諸尊の関係は明らかでない。第三厨子（三論宗）で前面中央に維摩と文殊をおくのは、宗が般若・法華・維摩に関する経典を重視するからである。後面の竜樹と提婆は宗祖である。第四厨子（律宗）では、釈迦から律を継承した迦葉・阿難・末田地・優婆毱多と、五部主中の弥沙塞・薩婆多・曇無徳・迦葉遺と、大衆部僧祇律の部主摩訶僧祇と、結集時に律を読んだ優婆離らを前後に配している。第五厨子の薩婆多宗は倶舎衆のことで、宗の開拓者の舎利子・目犍連・提婆設摩・迦多延尼子と、大毘婆沙講説の四大論師中の世友・妙音と、倶舎論の大成者の世親と、この世親に対立した衆賢論師らを配しているが、その順位の所依は明らかでない。第六厨子（成実宗）で成実論師の訶梨跋摩（師子鎧菩薩）が前面中央におかれているのは当然であるが、余尊の所縁はつまび

〔第１図〕　六宗厨子の扉絵

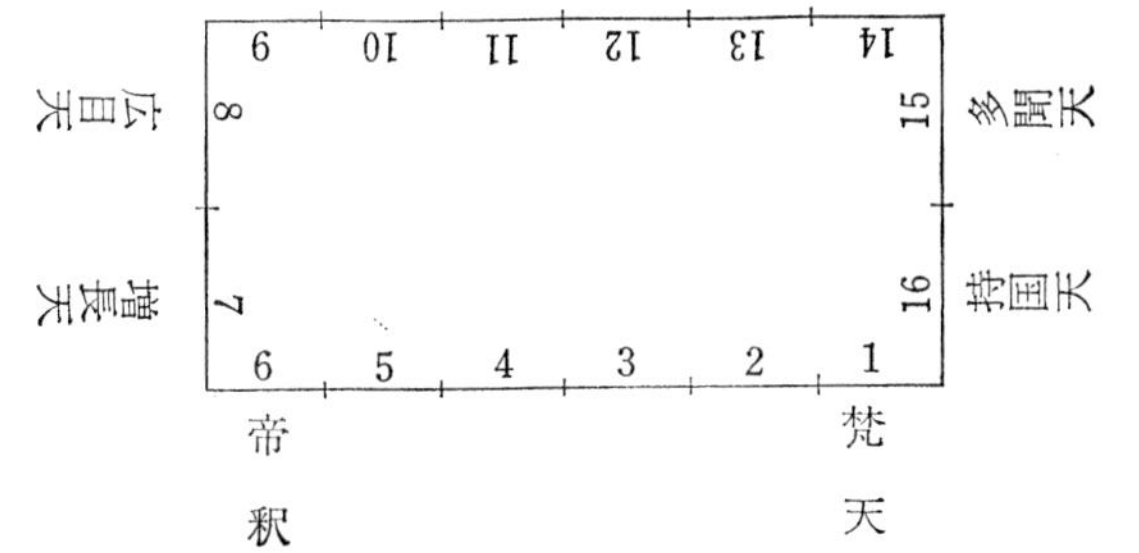

（石田茂作『写経より見たる奈良朝仏教の研究』）

〔第２図〕　薩多婆宗厨子の扉絵

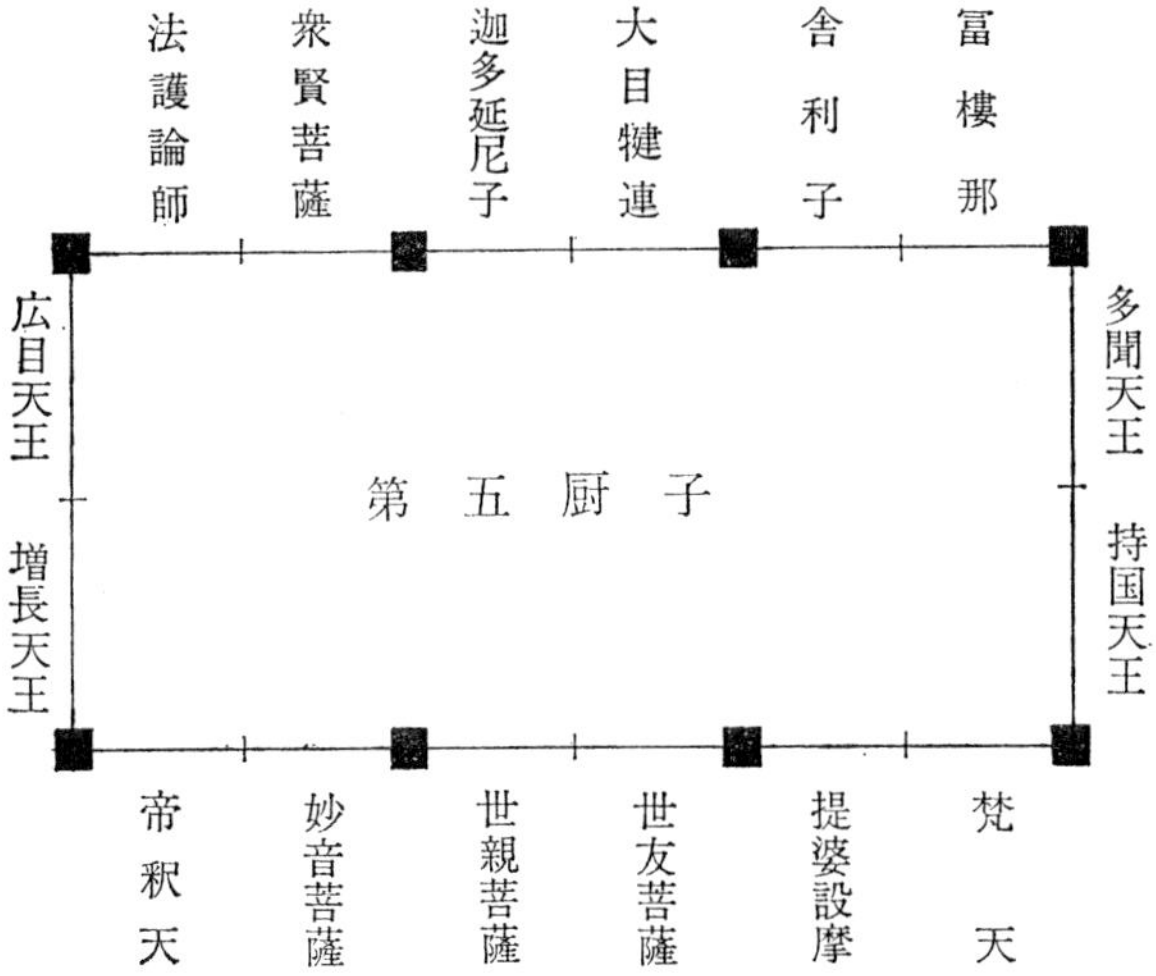

（野間清六「正倉院文書に見ゆる六宗厨子の彩色」）

らかでない。

(b)厨子を彩色した画師は厨子絵像并画師目録に、第一の判大稲村をはじめ、第二以下もそれぞれ主任が記され、別の充厨子彩色帳にはじっさい従事した画師群と、仕事始めの日が記される（十二242―246）。画様の高善君万呂は全体の下図雛形をつくっただけでなく、最初には第四厨子の主任に擬せられ、かつ第一厨子の画師に加わり、秦稲村も第一厨子で主任をつとめながら、第二と第五の画師中に記され、このように同一画師が種々の分野に用いられるのは奈良朝の分業的製作の一つの特色で、有能画師がきわめて融通性に富む活動をしていたことが知られる。しかし大仏殿四天王像の作者の仏工相季田次万呂が第三の画師中に参加し、画位の高い牛鹿足嶋が第五に参加しているのは、融通性に富む活用とみるには、やや過ぎる感があり、この六宗厨子が尋常一様のものでなく、特別に多くの工人が協力したことを考えさせる。

(c)書写所雑物請納帳に、写経所が六宗厨子彩色に要する雑物請納が記され（十二238―242）、勝宝四年閏三月十七日から始まり、四月五日に終わっており、大仏開眼の直前に厨子彩色が多くの画師の手で短期間に進められた。雑物に衣服料・食備料・彩色料とがあり、浄衣が下図製作の段階で支給されないで、彩色に従事する段階で与えられており、信仰的画図の製作における下図と本図との関係を示している。

(d)写経所が官から受けとった雑物を画所に支給した状況は充厨子画所雑物帳にみえ（三592 593）、写経所は大量に請納しながら厨子画所へ必要量だけを支給しており、支給を慎重にした物資は金薄・烟子・金青・白青・同黄・朱沙などの高価なものである。支出に厳重をきわめたが、決算書の写書所解の請額・用額（三573 574）を書写所雑物請納帳（十二238）・充厨子画所雑物帳（三592）とくらべると残額がいちじるしく相違し、これは画所に対して厳重を期したが、自所で一部を転用したか、中間搾取をなしたものとみなければならない。

(e)大江親通の七大寺巡礼私記によれば、保延六年ころ厨子が大仏殿にあり、六脚で、内がわに棚があり、経論などをおく、と記され、六宗厨子は各宗の経論を納め、大仏殿に安置するためにつくられたことが知られる。厨子製作と平行して六宗経論が写書所で写され、六宗経論全体の内容や、書写着手時期は知りえないが、勝宝三年十二月から翌四年四月にかけての写書所解によれば、書生は逐次増加し、関係人員は四年四月に俄然増加しており（三560—566、568—572）、厨子彩色に従事した画師も食口中にみられる。

(f)東大寺は華厳経をもって宗とし、大仏はその教主での盧舎那仏であったが、その華厳的立場は六宗の一つとして余宗に対立するものでなく、六宗を統合した上に存在した。これは天平十五年の盧舎那仏造顕詔にもうかがわれる。六宗厨子はその教学的な事実を具表し、このような教義観をみれば、大仏造顕は宗派を超越しておこなわれた所以も理解され、厨子扉絵像の特異な形式に対する疑念のごときも氷解する。厨子絵像が整然すぎる布置をとりながら、本尊的なものを欠くようにみえるのも、厨子の主体が経論であっただけでなく、すべてが大仏を中心とした造顕であったことによる。

野間氏の右の論考は、六宗厨子の製作をめぐって、六宗の教義の考察を前進させ、写経所の経営を分析し、厨子の製作目的は経論安置にあり、しかも大仏開眼のさい大仏殿に安置するのが目的であったことなどを説き、大仏造顕と六宗との関係についても深い示唆を与える。ただ第二法性宗厨子・第六成実宗厨子の扉絵と教義との関係に問題が残り、厨子製作と平行して六宗経論が書写された史料としてあげられた写書所解に花厳経や瑜伽論がみられるけれど、六宗にわたる経論の書写進行とするには内容不足のようで、これらの点は今後の課題となる。

井上光貞氏は、(13)東域伝燈目録にもとづき、奈良時代僧侶の学問の発生年代とその淵由、学問の傾向における六宗の研学と護国経典・護国密教経典の研究、学問の衰微契機と最澄・空海の出現、最澄・空海の学問と六宗成立における護国密教経典研究との血脈などを論じ、六宗成立に関し三国仏法伝通縁起などの古典的な説にいうところはオリジナルな史料に立脚するものでなく、考えなおす必要のあること、養老二年十月太政官符をはじめとする養老—天平期の仏教学奨励政策によって南都六宗が成立してくることなどを説かれた。さらにその見通しを新稿(14)で補強し、奈良時代の新制以前に元興寺・大安寺・法隆寺などで、特殊な形の学団組織があり、奈良時代の新制によって再編成され、東大寺のように新制以後に建てられた寺では政府＝僧綱による宗派組織の画一化の理念は典型的に具現され、元興・法隆・大安・弘福・興福・東大の六寺における別三論宗・三論宗・成実宗（修多羅宗）・摂論宗・法相宗（法性宗・唯識宗）・倶舎宗（薩婆多宗）・律宗・華厳宗などの一二種のうち、修多羅宗と成実宗、法性宗・唯識宗と法相宗、薩婆多宗と倶舎宗というように同一内容のものは八種となり、別三論宗と三論宗、摂論宗と法相宗の同居が整理されて六宗となった、といわれる。

これまで南都六宗は自然のままに成立していったようにとりあつかわれてきたが、井上光貞氏の説は、政府＝僧綱による統合政策とのからみあいのなかで六宗が成立した過程を詳論されたのが特色で、また各大寺の衆の沿革を教理史の上に整理し、たとえば大安寺における三論衆と別三論衆の区別を、吉蔵の三論と清弁系の三論にあてられた。なお、石田茂作氏は正倉院文書の衆と宗とが階層的に異なるものとし、衆は各寺にあり、宗は各寺の衆を横に統一したもので、東大寺のものでなく、その上に立つ統合機関とされたが、これは無理に系統づけようとした傾向のもので、井上光貞氏は文書の性質から宗は東大寺の宗とみるほかないとし、衆から宗への改称は天平の末年、勝宝のころとされ、六宗のありかたが石田説よりも明確になった。ただ井上説のうち、大安寺の修多羅宗を成実宗とされた点と、勝宝三年僧智憬章疏本等奉請啓の内容について、智憬が東大寺諸宗の蔵書を整理するため目録作成をおこなったことを示すとされた点などは問題で、大野達之助氏・田村円澄氏・皆川完一氏[15]らから意見が出された[16]。

奈良朝仏教には、華厳・法性・三論・律・薩婆多・成実の六宗のほかに、修多羅宗（衆）があり、修多羅宗の内容と六宗との関係について解釈がわかれていた。大野達之助氏[17]は、石田茂作氏・井上光貞氏の説に検討を加え、修多羅宗が、瑜伽論を主にして、成唯識論や倶舎論を研究する学団であったと述べ、田村円澄氏[18]は、旧説を検討批判し、六宗以外に求めなければならないといい、中国における修多羅の用例を手がかりとし、大般若経の読誦考究を目的とするのが修多羅宗で、道慈によって大安寺に設けられ、修多羅宗に托された鎮護国家の構想が東大寺の華厳宗によって代位されていったことなどを説かれた。田村説をつぎに整理しよう。

(イ)藤原京の四大寺（大官・薬師・法興・弘福）のうち筆頭であった大官大寺（大安寺）は、平城京移建ののち、東大寺建立前に律令国家の第一位の大寺として、仏法興隆と仏教統制が天皇に帰することを具現することを任務とした。

(ロ)大安寺の大般若経会の始期は明らかでないが（初例抄は天平二年とする）、攘災のための護国法会として天平九年に公認され、その背景には、大般若経を所依の経典とする修多羅宗が存在した。修多羅宗設置年代をかりに天平二年とすると、六宗中の唯一の経宗である華厳宗成立（勝宝三年）より二〇年前にあたり、修多羅宗は最初の経宗であった。

(ハ)修多羅宗は隋・唐・新羅・百済に先蹤がなく、日本独自の宗であり、大般若経を所依とし、修多羅宗と称したのは、道慈の独創によるもので、彼の在唐中に中国の天台宗や華厳宗に示唆されたと考えられる。

(ニ)修多羅宗はのち弘福寺・東大寺にもおかれたが（年代不明）、大安寺の修多羅衆が、莫大な資財を擁し、その存在を明確にしていたのは、ほぼ八世紀かぎりであり、大安寺をはじめ、東大寺・弘福寺の修多羅衆の衰微は急速であったのであろう。それは法相衆・成実衆など南都諸大寺の学衆の消長とも関連するが、道慈が修多羅衆（宗）に托した鎮護国家の構想は、やがて東大寺の華厳宗によって代位されるのではなかろうか。華厳経は大般若経にかわって、国家仏教の最高の主導的経典としての地位を占めるからである、と。

ここで造東大寺司の活動や官人構成の推移・変動と政治情勢との関係について、最近の研究成果にふれておこう。すでに、造東大寺司の成立以前の天平十六年、越前国足羽郡野田郷戸主額田国依の申状（天平神護二年九月）（五545）によれば、天平十六年東大寺田使は国依が開掘した溝口を、寺家田のためにさらにひろげた。右の東大寺の名は追称であるが、天平十五年盧舎那仏造営発願の翌年に、すでに越前に田使が遣わされて経営に従事したことが知られる。天平十九年九月乙亥紀に越中国の礪波臣志留志は大仏に米三千碩を献じ、外従五位下をさずけられたと記され、これについて、米沢康氏[19]はつぎのように説かれた。彼は天平末年に在地で大きな勢力をもっており、そのため、当時の国司大伴家持を通して布石されつつあった橘奈良麻呂の勢力伸張と利害が反し、志留志と家持との関係が緊密でなかった。こうした状態を背景として大仏への寄進をおこない、中央政府と結びついて律令的権威を獲得しようとしたのであった。八、九世紀における越中国司と礪波郡司との関係や郡司の変遷は、中央政治情勢の枠を出るものでなく、変遷の過程は、国司をとおして知られる中央政治の動向と密接に結びついていた。志留志はのち神護景雲元年三月越中員外介となり、従五位上をさずけられ、宝亀十年二月には伊賀守となっている。

造東大寺司の成立と機構の拡充にともない、経済的基礎も強化されていった。天平二十年伊賀国阿拝郡で墾田七町が買得され、感宝元年閏五月癸丑、東大寺に墾田一〇〇町が施入された。これよりさき五月、寺家野占使法師平栄・造寺司史生大初位上生江臣東人・国使医師外従八位下六人部東人・郡司擬主張槻本老らが、越前国足羽郡に東大寺田を占定した(五543)。この地は栗川庄付近といわれる。前述のように野占使は越中にもおもむき、五月五日越中守大伴家持が彼らを迎えて宴を張り、占墾地使僧平栄に酒をおくる歌をつくっている(万葉集一八―四〇八五)。この年七月大倭国国分金光明寺田の墾田が四〇〇〇町と規定された。野占使の活動は右の墾田施入の情勢を反映していた。造寺司史生の東人はのち勝宝六年初めごろ足羽郡に帰り、大領となり、桑原庄の経営に田使曾禰連乙麻呂らとともに参画する。岸俊男氏[20]は、桑原庄の経営が官司的なもので、律令的支配が中核をなし、東大寺領庄園に対する仲麻呂の支配力が顕著で、当地域が彼の重要な政治・経済的拠点であったことを説かれた。

宝字元年越前国坂井郡大領品遅部公広耳が墾田百町を東大寺に施入し、その検校のため造東大寺司主典葛井根道がその検校に赴いている。宝字二年安都雄足は越前国史生から造東大寺司主典に抜擢されて帰京し、のち造東大寺司の造金堂所や造石山寺所別当となり、仲麻呂と関係深い法華寺阿弥陀浄土院や近江石山寺の造営にあたっている。同年越前国足羽郡の出身の大工益田縄手が外従五位下をさずけられている。宝字三年北陸東大寺領庄園の勘注がおこなわれ、寺家僧の平栄・承天らが造東大寺司判官上毛野真人・算師小橋公石正(天平神護元年任造東大寺司主典)が派遣され、正倉院所蔵越前越中東大寺領庄園の絵図の一群はこのときつくられた。同じ宝字三年仲麻呂の子薩雄が越前守となり、仲麻呂一族の関国国守専任が始められており、のち仲麻呂が乱をおこしたとき、越前へ逃入する事態が生ずる前提となる。

造東大寺司の官人構成で、変動のいちじるしいのは、(イ)宝字元年橘奈良麻呂の変前後と、(ロ)宝字八年藤原仲麻呂の変前後とである。

(イ)橘奈良麻呂の変前後　勝宝六年末か七年初めごろに、次官佐伯今毛人ははじめて長官となり、時を同じくして判官大蔵麻呂が次官に、主典紀池主が判官となっている。しかし変動のはなはだしいのはそれ以後の、勝宝八歳から翌宝字元年にかけてであり、岸俊男氏[21]の論考によって経過をたどるとつぎのとおりである。判官池主は宝字元年正月を最後に造東大寺司関係から姿を消すが、彼の名は続紀にみえず、変との関係は明らかでない。文書に長官今毛人[22]は宝字元年三月まで、次官麻呂は勝宝八歳正月までみえるが、変直後の七月二十日付造東大寺司牒に彼らの名はなく、長官・次官を欠き、新しい長官・次官の名は八月ころからみえるから、今毛人と麻呂は他に転出したことが知られる。紀に今毛人は三年十一月任摂津大夫とみえ、麻呂は二年十一月丹波守としてみえるが、ともに前任終期との間に若干の空白があって疑問がのこり、異動が変にさきだっておこなわれたか、あるいは変の結果によるものかはきめられない。ただ今毛人は藤原氏に対抗すべき旧族佐伯氏の一員であり、のち仲麻呂が乱の計画をたて、乱をおこす直前に造東大寺司が注目すべき動きを示すさいの宝字七年に今毛人は再び長官に任ぜられている。麻呂も玄蕃頭になり、乱後の紀伊行幸に御後騎兵副将軍に任ぜられた。このように二人は道鏡派に立った人物であるから、反仲麻呂的色彩が濃厚であり、したがって勝宝八歳から宝字元年において今毛人と麻呂が造東大寺司から転出したのは、仲麻呂の命によるものであろう。なお紀池主を加えると、まえに同時に昇任した今毛人・麻呂・池主が勝宝八年正月から宝字元年三月までそろって造東大寺司を離れているわけである。

いっぽう造東大寺司から転出した石川豊麻呂は今毛人らと反対のあゆみをたどっている。豊麻呂は勝宝七歳八月ころまで文書にみえるが、奈良麻呂の変後に従五位下にのぼり、のち宝字七年に鋳銭長官となっており、仲麻呂の乱後に官位を奪われたらしく、宝亀四年に復位されている。かつ奈良麻呂の変前後の変動期に造東大寺司官人の地位を維持した上毛野真人・葛井根道・阿刀酒主らは、宝字期の仲麻呂専権時代に造東大寺司で活動するが、宝字七年ころから造東大寺司を去っている。このような事情から推察すると、勝宝末年の造東大寺司は仲麻呂の権勢下に属していた。勝宝八歳仲麻呂が東大寺に米千石と雑菜を献じており、東大寺に対する積極的援助には良弁との提携があったと考えられ、このころの造東大寺司解に良弁の連署がみられることにもそうした情勢があらわれている。奈良麻呂が乱後に勅使から喚問されたとき、仲麻呂の行政に無道の多いことを指摘し「造二東大寺一。人民苦辛。氏々人等。亦是為レ憂」といったのは、仲麻呂の造東大寺司支配を物語る（ただし、勅使から「造レ寺元起レ自二汝父時一」と逆襲され、奈良麻呂がだまってしまったのは、東大寺創建事業で橘諸兄が事業を主導したことを語る）。

仲麻呂の采配によって造東大寺司に配置された者として長官坂上忌寸犬養がある。彼は聖武の崩後に山陵を守ったほど、聖武と関係が深く、聖武勅願の東大寺をつくる長官に任ぜられたのはふさわしい。彼は天平十八年ごろ左衛士佐兼近江員外介であり、員外官とはいえ、当時近江守であった仲麻呂との関係がそこに考えられないことはない。かつ彼は武才をもって称せられ、軍事的才能をもつ者が長官に任命されるのは造東大寺司の管下の労働人員を駆使するために文官ではじゅうぶんでなかったからである。またその結果は、造東大寺司という官司は緊急のさい軍事に動員される可能性に富むことになり、政争のさいにそなえて権勢者が造東大寺司をだきこむことに目をつけていた。次官の高麗臣大山は遣唐使判官の経歴をもち、唐風文化に傾倒し、新奇をてらった政策をうち出した仲麻呂が、高麗大山のごとき人物を次官に配したのは不思議でない。

なお、岸俊男氏[23]は、仲麻呂とその一族が造東大寺司官人などを通じて勢力を越前に滲透させていった様相を論じておられる。勝宝七歳十一月祇承人越前介佐味宮守による橘諸兄反状密告一件、聖武太上天皇崩御から諸兄の死までの間にみられた越前国守佐伯美濃麻呂による佐伯全成詰問一件などはこうである。勝宝末年越前では、仲麻呂の勢力が東大寺僧や造東大寺司官人、および在地の国司・郡司らを通じて滲透し、宮守が、諸兄から仲麻呂への権勢の推移を察知し、仲麻呂の勢力に圧迫され、保身の策として諸兄の反状を密告した。また美濃麻呂が全成への詰問を勤め、奈良麻呂陰謀を暴露する方向に事態を動かしたのも、彼が有利な立場を得ようとし、仲麻呂がわに廻ったのである、と。

勝宝八歳から宝字元年にかけてみられる造東大寺司の官人の変動は東大寺領越前庄園の経営方法にも一つの転機を生ぜしめたことが亀田隆之氏(24)によって指摘されており、すなわち仲麻呂政権下で、寺領経営を確実化するために、経営の現状報告書の進上が出され、さかのぼって既往の庄券を提出させたらしく、二つの庄券が同年内に進上された背後には、当時の中央政界に大きな動きがあったのである。

(ロ)藤原仲麻呂の乱前後　前述のように宝字七年正月壬子九日従四位下佐伯今毛人が再び長官に任ぜられた(25)。すこしまえの同月三日の造東大寺司告朔解に長官正四位上兼左勇士督坂上忌寸犬養（病）、次官正五位下国中連公万呂（未進解由）、判官外従五位下上毛野公真人・正六位上葛井連根道、主典正六位上弥努連奥麻呂・正六位上志斐連麻呂・従六位上阿刀連酒主（暇）・正八位上安都宿祢雄足と記される（五382・383）。九日の異動によって、長官坂上犬養は大和守に、判官上野真人は美作介に転出した。

藤原良継の伝によれば、宝字七年三・四月ごろ藤原良継・大伴家持・石上宅嗣・今毛人らによって仲麻呂暗殺計画があった(26)。計画は弓削宿祢男広の密告によって未然に告発され、良継だけ官位と姓を奪われたが、のち宝字八年正月家持は薩摩守に、石上宅嗣は大宰少弐、今毛人（造東大寺司長官）は営城監にしりぞけられ、宝字七年四月市原王がかわって長官についた。市原王の政界における位置は明らかでないが、仲麻呂乱後に続紀などにもあらわれないところからみて、仲麻呂派であろう。宝字八年正月大宰大弐吉備真備が召還され、長官となった。

吉備真備(27)は春宮大夫兼皇太子学士として阿倍内親王の教育にあたっていた。勝宝元年七月甲午内親王の即位（孝謙天皇）と改元にともなう叙位で従四位上にのぼったが、翌二年正月筑前守に左遷され、ついで肥前守に移った。藤原仲麻呂にうとまれたのであろう、といわれる。勝宝三年十一月丙戌に入唐副使に追加任命され（これよりさき勝宝二年九月己酉従四位下藤原清河を大使、従五位下大伴古麻呂を副使に任命）、真備は二回目の入唐であり、官位は大使清河より高く、異常な人事は仲麻呂による真備敬遠策かも知れない。勝宝六年二月帰国入京し、四月庚午大宰大弐に任ぜられ、再び西下し（同月壬申正四位上）、以後、九州にあって怡土城築造（勝宝八歳）、「且耕且戦」「五十日教習而十日役于築城」の奏上（宝字三年）、諸葛亮八陣などの教授（宝字四年）などをおこなったが、宝字八年正月己未二十一日造東大寺長官に任ぜられ、帰京した。このときの人事異動は、仲麻呂にかわって道鏡の進出がいちじるしくなる境目でおこなわれた。

長官の真備以外をみると、国中連公麻呂は真備就任のまえから次官であったが、景雲元年までそれはつづく。判官上毛野真人は宝字七年正月美作守に転出させられており、彼は勝宝初年から造東大寺司にあり、仲麻呂専権下に北陸東大寺領庄園の検田にあたった。乱後に神護景雲二年判官に返り咲くが、一時位を奪われていた。阿刀酒主は東宮舎人から身をおこし、天平二十年ころから主典であったが、宝字八年三月を最後として文書から姿を消す。安都雄足も同年四月同じ足どりである。彼らはいずれも親仲麻呂派である。葛井根道は坊舎人出身で、勝宝元年から主典となり、宝字五年十二月に近いころ判官に進み、造東大寺司に長く勤めたが、宝字七年十二月忌諱にふれ、隠岐に流された（前述）。

真備の長官就任にともなう造東大寺司の官人の異動をみると、七月に美努奥麻呂と佐伯真守が判官となって記される（四193）。真備らのような反仲麻呂的人物が出てきたのは、仲麻呂の勢力を造東大寺司から除去しようとするもので、その計画は道鏡と反仲麻呂的な貴族や僧侶らによるものであった。

仲麻呂が乱をおこすと、吉備真備はその軍略で仲麻呂軍を破った。この乱のさい、東大寺がわの動きとして安寛の宣で正倉院の武器・武具の出蔵されたことが注目される。(29)雙倉北雑物出用継文に御大刀四〇口・黒作大刀四〇口・御弓一〇三枚・甲一〇〇領などが安寛に付して内裏に献じられた。出蔵には造東大寺司判官佐伯真守と主典志斐麻呂、僧綱として大僧都良弁、および東大寺がわの三綱・可信が立合い、内裏へ献上され、使も安寛がつとめた。

（1）　勝宝八歳の東大寺山堺四至図以前、すなわち金光明寺時代ごろの寺地と、興福寺の寺地との関係については、福山敏男『奈良朝の東大寺』一一頁参照。

東大寺創建当初の地形について実測的研究をおこなった森蘊氏は、大仏殿や、鐘楼・戒壇院・正倉院・西塔などが、嫩草山から西にのびた尾根をけずりとった堅固な地盤の上に建てられ、すなわち大仏殿の地がもと小山をなし、高さが大仏の背丈とひとしく、大仏を小山のなかにすっぽりいれることができ、大仏をつくるのに、鋳造を外がわから押えたり、胸部から上方を鋳造するのに、自然の地形を利用した、といわれる（森蘊・牛川喜幸「東大寺造営当時の自然地形について」大和文化研究五の四）。森氏の説は説得力をもち、角田文衛氏もこれに従っておられる（『佐伯今毛人』）。ただ、桶谷繁雄氏は大仏鋳造方法について荒木宏氏の説（『技術者のみた奈良の大仏と鎌倉の大仏』）に否定的で、桶谷氏の意見からすれば、東大寺創建当時の寺地に関する森説にも批判的ということになる。この辺の問題については今後の研究に待つべきであろう。なお山田多計治氏は森説に賛意を表すとともに、鋳造のために竪穴・横穴・大屋根がつくられたこと、唐での大仏も白司馬坂や長楽坡でつくられ、こういう地形でなければ大像を鋳造できないこと、などを説かれた。なお天平十五年紫香楽での大仏発願詔に「削大山構堂」というのは、紫香楽にまったく当らないもので、また紫香楽は鋳造と関係のない虚妄の史跡であり、大仏原型の骨柱をつくっただけであって、「削大山構堂」は平城東山における造仏の計画を述べたものである、といわれる（「東大寺大仏と鋳造技術」仏教史学一〇の一）。しかし東大寺の寺地がもと小山のようであったことは森氏の研究で明らかにされたとはいえ、それをもって紫香楽の地が「削大山構堂」にふさわしくないとはいえないであろう。紫香楽宮址が大仏造立地であると考えられるが、一段と高いところで、天平十五年発願詔で述べられた「削大山構堂」は紫香楽の地に関するものであり、このとき平城東山での大仏造立を予定していたとは考えられないからである。

（2）東大寺の堂舎については福山敏男『奈良朝の東大寺』があり、要をつくしており、以下、主要堂舎の成立に関する記述に福山氏の著書を参照・引用したところが多い。

技術の面からの考察によれば、塗金のさい、工人のなかには水銀中毒で病気になったり、死亡したりする者が多かったであろう、と推定されている（桶谷繁雄「奈良の大仏はいかにしてつくられたか」金属、昭和四〇年六月一五日発行）。

（3）文化財保護委員会『国宝事典』（解説、二五五頁）

（4）四天王寺の瓦窯址は、大阪市天王寺区瓦釜（天王寺村誌・東成郡誌）や玉造岸の西方（四天王寺御手印縁起）にあり、梶原寺址は摂津国嶋上郡五領村字山本前の畠山神社付近、その瓦窯址は同村大字萩庄字丸山の成就寺付近（いずれもいまの高槻市）とされる（天坊幸彦『上代難波の歴史地理的研究』）。四天王寺が製作した瓦については滝川政次郎「摂津四天王寺における造瓦」（日本上古史研究二の一二）にくわしい。なお梶原寺は類聚国史延暦十一年四月丙戌条にみえる（国史大系後篇二七六頁）。

（5）東塔が東大寺要録に勝宝五年建立と記されるのは誤りであり、勝宝八歳図の東塔は工事中のものである（福山敏男『奈良朝の東大寺』）。

（6）親王禅師早良親王については山田英雄氏の論考があり（早良親王と東大寺」南都仏教一二）、奈良時代末期の造東大寺司の様相と政治状勢との関係について注目すべき論点が多い。

（7）堀池春峰「造東大寺司瓦屋と興福寺瓦窯址」（日本歴史一九七）。本稿の記述は堀池氏の論考に負うところが多い。

（8）小林剛「東大寺の天平彫刻雑考」（南都仏教二一）

(9) 石田茂作「奈良時代の宗派組織概観」(大崎学報七二、昭和二年)。この論旨は同氏『写経より見たる奈良朝仏教の研究』第二編第一章に収められ(昭和五年)、ついで同氏『奈良時代文化雑攷』にも収録された。

(10) 六宗厨子の扉絵の配列は、石田茂作『写経より見たる奈良朝仏教の研究』七二頁の図参照。

(11) 家永三郎「東大寺大仏の仏身をめぐる諸問題」(史学誌四九の二。のち『上代仏教思想史研究』に収録)。なお法性宗が法相宗に相当するけれども、奈良時代に法相宗と書かれていないで、しかも法性と法相とは相反する仏教思想の系統の名であることについて、法相宗が古代にホフシヤウシユウと発音されていた単純な事実にとどまり、教理上から考えられるべきものでない、と家永氏は述べられた(「法相宗の名義について」前掲書所収)。華厳宗の成立については、井上光貞氏は養老二年でなく「天平勝宝年間、東大寺に華厳宗が成立した時にはじめて一枚加わった」とされる(「南都六宗の成立」日本歴史一五六)。

(12) 野間清六「正倉院文書に見ゆる六宗厨子の彩色」(建築史三の五)。正倉院文書にみえる(イ)六宗厨子扉と、正倉院御物のなかの(ロ)厨子扉とは別であることを説かれたのも注目される。(イ)一厨子に四八張の絵様料紙が支給され、扉は一六であるから、一扉の料紙は三張で足りた。写経料紙の大きの平均は、縦八寸ないし九寸、横一尺八寸ないし一尺九寸であり、三紙の大きさでは、横につぐと扉の形をなさないので、縦についだことが明らかであり、一扉の縦は五尺四寸ないし五尺六寸で、横八寸ないし九寸となる。(ロ)の厨子の扉の縦は三尺六寸で、横が八寸であるから、いちじるしく相違する。七大寺巡礼私記に高さ六尺ばかりと記す厨子にふさわしいのは(イ)である、と。

(13) 井上光貞「東域伝統目録より観たる奈良時代僧侶の学問(史学雑誌五七の三・四)・『日本浄土教成立史の研究』

(14) 井上光貞「南都六宗の成立」(日本歴史一五六)

(15) 皆川完一「光明皇后願経五月一日経の書写について」(日本古代史論集、上)

(16) 井上光貞氏は六宗厨子について「宗機関は宗所とよばれたのであって、それぞれに宗厨子をおき」といい「石田茂作氏の説明で尽きている」といわれ、野間清六氏の論考に気づかれなかったようであるが、正倉院文書にみえる六宗厨子は経論を納め、大仏殿に安置するためにつくられた(宗所の図書は厨子などに納められたであろうが、正倉院文書の六宗厨子はそれと別である。大仏殿に安置された六宗厨子が保延六年までその位置におかれていたと考えられる)。

(17) 大野達之助「奈良仏教の修多羅宗の教学系統」(日本歴史一七四)

(18) 田村円澄「修多羅宗考」(史学雑誌七二の六)

(19) 米沢康「礪波臣志留志とその一族」(南都仏教一二)

(20) 岸俊男「越前国東大寺領庄園をめぐる政治的動向」(古代学一の四)。越前国東大寺領庄園については、すでに竹内理三『奈良朝時代に於ける寺院経済の研究』・『日本上代寺院経済史の研究』・「荘園不輸性の根源」(日本歴史四六)、舟越康寿「初期庄園の労働力について」(横浜大学論叢一の一・二・三合併)などがあり、初期庄園の経営が奴隷制的労働力を基底とするものでなく、班田農民の賃租的労力によるところが多いことが説かれ(前述)、岸氏はさらに進んで、越前諸庄園をめぐる政治的動向に視角をむけ、庄園の経営形態を解明することに努められた。

いま一つ岸氏の論考では正倉院文書の新しいあつかいかたが提示され、それは、正倉院文書のなかにみえる越前国東大寺領庄園文書の紙背と本文書との関係の処理である。宝字二年七月十五日越前国田使(秦忌寸広人)解(四275)など、越前庄園関係文書のほとんどの紙背が、造石山寺所関係の宝字六年正月十六日造石山寺所雑物用帳(十五290)などの帳に利用されている。表文書の年代は、安都雄足が越前から造東大寺司主典に転任した直後の宝字二年七月以後である。雄足の奈良召喚は、造東大寺司の経済的基礎としての越前との関係を、彼によってさらに緊密化することにあり、奈良移住以後も、越前庄園経営に関係をつづけ、越前庄園関係文書も彼のもとで処理されることが多かったのであろう。彼が石山寺造営の責任者となったとき、それらの文書がほかの文書とともに造石山寺所にもち出され、造石山寺所関係の諸種の記録を書くために紙背が利用された。同様の史料としてほかに勝宝六年検米使解(四29)などがある。

なお岸氏はこの論考「越前国東大寺領庄園をめぐる政治的動向」の前半をうけて後稿「越前国東大寺領庄園の経営」(史林三五の二)を書かれた。後稿では、①桑原庄の賃租経営は公田賃租と似たものであり、耕作民と領主との結合も比較的自由で、またそれだけに弱い、②鯖田国富庄や道守庄は、地方豪族の寄進墾田によって成立し、その経営にみられる賃租形式は、地方豪族を媒介としたもので、豪族と支配下の農民との結合からくる強制的耕作である、③右の経営の相異は、桑原庄が造東大寺司の消長と律令体制の衰退により早くおとろえたのに対し、国富庄や道守庄が平安中期まで存続した事情となった、と説かれた。

(21) 岸俊男「東大寺造営をめぐる政治的情勢」(ヒストリア一五)。本稿の造東大寺司官人構成の推移については岸氏の論考を多く参照した。

(22) 大庭脩「佐伯宿祢今毛人伝略考―奈良時代官人昇進の一例―」(竜谷史壇四)・角田文衛『佐伯今毛人』(人物叢書)参照。

(23) 岸俊男「越前国東大寺領庄園をめぐる政治的動向」(註20)
(24) 亀田隆之「天平宝字元年の『越前国使解』について」(南都仏教一六)
(25) 竹内理三氏の「寺司補任表」(『日本上代寺院経済史の研究』)では、宝字七年の欄に、長官の坂上犬養と吉備真備をかかげておられるが、真備の長官任命は宝字八年正月己未二十一日紀に記される。なお、宝字七年正月九日佐伯今毛人の長官任命のことは寺司補任表にのせられていない。竹内氏のこの欄は正倉院文書だけによって長官坂上犬養以下をかかげられたのであろうが、続紀にみえる四等官補任も参照しなければならないことはいうまでもない。岸俊男氏は竹内氏の表によられたので、宝字七年の佐伯今毛人長官就任にふれられなかった(越前国東大寺領庄園をめぐる政治的動向」古代学一の四。三二三頁註2)。
宝字七年正月美作守に転じた上毛野真人について角田文衛氏は、仲麻呂にとりいり、出世街道を進んでいた者といわれる。
(26) 中川収「藤原仲麻呂政権の崩壊過程」(日本歴史一五〇)
(27) 宮田俊彦『吉備真備』(人物叢書)参照。
(28) 安寛が良弁の弟子として勝宝二年ごろまでには東大寺の上座となり、戒律に造詣深く、鑑真渡来前に東大寺律宗大学頭となり、内道場に入って看病禅師をつとめ、大律師大禅師となって道鏡政権の一翼をになった経歴や行業については佐久間竜「東大寺僧安寛について」(続日本紀研究五の一一)参照。
(29) 仲麻呂の乱のさいにおける正倉院御物武器の出蔵については、松平年一「正倉院御物武器の動きについて」(歴史学研究九の四)参照。松平氏は、御刀大四八口と黒作大刀四〇口とは計算の誤りで、じっさいは荘大刀四七口・黒作大刀四一口である、といわれる。

〔追補五〕 国清百録に虚空不動と盧舎那仏が並記されているのを参照すると、東大寺で盧舎那仏と虚空蔵菩薩が組合されているわけが了解できると述べた(四九五頁一五行目―四九六頁六行目)。これについて薗田香融氏は、国清百録の虚空不動は塵ひとつ動かないようすを表わす形容詞で、虚空蔵菩薩と無関係である、と批評された(前掲、仏教史学一三の二)。

第八章　奈良朝仏教の終焉

第一節　奈良朝仏教の終末

国分寺・写経所・東大寺の三者の間における三位一体的な関係に注意し、それらの創立事情・機構・経営などの問題を中心に奈良朝仏教について考察してきたが、東大寺写経所が機能を持続したのは、史料的に宝亀七年ごろまで知られ、造東大寺司は延暦八年三月戊午紀に廃止が記される。その間、延暦元年四月癸亥紀に造宮・勅旨二省と法花・鋳銭二司との廃止、延暦三年十一月戊申紀に長岡への遷都が記され、こうした政治情勢の変遷にともない、これまで国家権力に支持をうけて展開してきた奈良仏教に大きな転換をみるのは必然のなりゆきである。

写経所の衰微は、まず布施支給基準額の引下げにみられる。土田直鎮氏は、(1)引下げが天平神護・神護景雲年間からおこなわれ、このころ諸国から上進する調庸が不足したらしく、中央財政も窮乏し、たとえば、これ以前の宝字七年三月十一日造東大寺司解で、写紙四〇張につき布一端が支給されたが（五405）、宝亀元年十二月二十六日奉写一切経所解（六57）宝亀三年五月十五日奉写一切経所告朔解（六318）によれば、写紙八〇張ないし一〇〇張につき調布一端と改められており、このような財政窮乏は続紀道鏡伝に「擅ㇾ権、軽興二力役一、務繕二伽藍一」という造寺造仏の拡大からくるもので、その結果は「公私彫喪、国用不足」と記されることなどを論じられた。山田英雄氏(2)は天平十七年十二月十七日写経所解啓案から宝亀三年七月十一日の奉写一切経所解にいたるまでの間の、布一端に対する経師・校生・装潢・題師の仕事量の変化を表にかかげ、布施基準額の引下げの推移を明らかにされた。初期の基準額（布一端に対する仕事量は、経師四〇張、校生一〇〇〇張、装潢四〇〇張、題師一〇〇巻）に照らせば、山田氏の表ですでに勝宝三年八月十二日写書所解に変化があらわれ、経師五〇張、校生一二〇〇張、装潢五〇〇張であり（三516）、これは一時的であるらしいが、宝亀二年三月三十日奉写一切経所解の経師の麁経一〇〇張・麁注七〇張・広注六五張、装潢一〇〇〇張（六139）以後には引下げ額でみえ、ときに多少ちがった計算がみられ、支給基準額の動揺はすなわち写経所財政の不振を語るもので、引下げの最もはなはだしいのは経師については麁紙一〇〇張、麁注七〇、広注六五、校生は三〇〇〇張、装潢は一〇〇〇張、題師は二〇〇巻である。

写経従事者に支給された衣服の変化は角山幸洋氏(3)の考察で明らかにされた。品目は不完全支給となり、被服材料の品質は低下し、組合せ的な支給が個別的支給となった。品質面では、冠の細布が調布となり、袍の細布も調布・庸布へ転化され、一般的に庸布があらたに追加された。雑使の単袍単袴は細布・調布を原則としたのに対し、宝亀三年には庸布となり（六381 451）、自進に対する支給は調布が一般的であるのに、宝亀四年には商布が支給されている（六478）。

写経従事者に支給される日別食米量も変化している（〈第20表〉）。人別食米が知られる最後の文書は宝亀四年三月三十日奉写一切経所告朔解で、三月中の「請用雑物幷残等及食口」を報告しており、一日の人別は、案主一升二合、経師のうち一二〇二人は一升六合、七人は八合、装潢のうち一〇〇人は一升六合、一人は八合、校生一升二合、雑使八合、自進一升、優婆夷一升、仕丁のうち二三三人は一升二合、四人は八合である（六506 507）。宝亀三年二月二十九日の奉写一切経所解では、経師に二升・一升六合・一升二合、装潢に二升・一升二合・八合、仕丁に一升二合・八合、自進に一升六合・一升二合、厮女に一升二合・一升、雇夫に一升六合・一升二合の段階がある（六282—284）。段階の基準は年齢・勤務年数・能力などのうちどれによったか明らかでないが、段階づける方法は、同種従事者に一律同量を支給するよりも支出を節約できる。なお初期の支給料と比較すると、天平十一年写経司解では、経師と装潢は二升二合、校生は一升四合であり（七174 175）、経師ら以外を同年東院写一切経所受物帳でみると、司人は一升二合、供養所舎人八合、傭人二升であり（七273 274）、経師・装潢の二升二合は中期にすこし減じ、勝宝三年の食法では、経師・装潢二升、校生一升六合、史生・雑使・膳部一升二合であった（十一486 487）。

＜第20表＞　奉写一切経所の日別食米

	宝亀 2	宝亀 3	宝亀 4
校経僧	2.4升	2.4升	—升
沙弥	—	1.2	—
別当大判官	1.0	1.0	—
案主	1.2	1.2	1.2
経師	2.0～0.8	2.0～0.4	2.0～0.8
題師	2.0	2.0	—
装潢	2.0～0.8	2.0～0.8	2.0～0.8
校生	—	1.6～0.8	1.6～0.6
舎人	1.2	1.2～1.0	1.0～0.8
自進	1.6～1.0	1.4～0.6	1.2～1.0
仕丁	1.2～0.8	1.2～0.8	1.2～0.8
優婆夷	1.2	1.2	1.0
厮女	1.2～1.0	1.2～1.0	—
雇女	1.2～1·0	1.2	1.0
雇夫	—	1.6～1.2	—
雇工	2.0	—	—
雇人	1.6～1.2	—	—
雑使	—	—	0.8

（大日古 6—114～507）

写経従事者の構成の変化について一言しておくと、奉写一切経所食口帳の神護景雲四年六月七日条に僧がみえはじめ（十七452）、ほかに大判官（十七467）沙弥（十七472）がみえてくる。これらはのちずっとみえるのでなく、僧は宝亀二年九月十四日（十九84）、沙弥は同月二十日（十九86）あたりが最後らしい。僧は校経僧と記され、校正に従事し、沙弥の仕事も校正らしく、僧や沙弥が記される文書では校生がみえないようである。僧の写経所勤務は、官人で写経所に勤める者が少なくなっ

<第21表>　宝亀5年図書寮解にみえる調紙などの未進

	紙（張）	（斤）	筆		紙（張）	（斤）	筆
伊賀	2000	穀皮 30		越後	1000		
参河		穀皮 1		佐渡	800		40
甲斐		紙麻 2		丹後	100	斐穀 40	100
武蔵	430		50	因幡			80
上総	1800			伯耆		鹿皮 1	
近江		紙麻 60		播磨		斐麻 5	
信濃	1380			備前		斐麻 10	
上野	310		100	周防			50
下野	4140		100	長門	400		40
越前	420	斐穀 60	100	紀伊	1000		50
越中	400			阿波		紙麻 40	

〔註〕越前と丹後の斐穀は斐皮・穀皮　（大日古 6—580～581）

たのに対するおぎないか、東大寺僧がわからの希望によるのか、明らかでないが、日別食米が校経僧は二升四合で、写経所勤務者のうち最高であり、僧に対する待遇が知られる。

写経所で最も多量に必要とされる紙とその原料および筆などは、中央の紙屋でつくられ、東西市から購入され、諸国からも貢進させたが(4)、貢進の停頓を語るものに宝亀五年図書寮解があり（六580–581）、未進量は紙一五六五〇張・紙麻二四八斤・筆九七五管と記される（<第21表>）。解の首尾が欠け、ほかに未進の国もあったであろうが知りえないし、記される国についても貢進責任量が知られないから(5)、この解について多くのことをいえないが、仮りに計算をこころみると、解に記される国は二二、紙未進が一三である。全国の国数を六四とすると、右の割合から推せば半数の三〇国ぐらいが未進であろうか。解にいう未進量は一五六五〇張で、全国ならばその三倍の約四五〇〇〇張ぐらいが未進と仮定すると、写経所の事業にどれくらいの影響を与えるかというに（調紙が写経本紙に使われると仮定）、天平十年写経用紙注文に大般若経六〇〇巻一〇三三一張・華厳経八〇巻一三二七張・大方等大集経六〇巻一一五〇張・最勝王経一〇巻一四九張・妙法蓮華経八巻一六〇張、合七五八巻一三一一七張と記され（七183）、これらは奈良朝に最も信仰を集めた経であり、一切経書写の場合では、坤宮一切経のさい一一二五〇三張を要しており、四五〇〇〇張の未進の影響を推察する一つの目安となるかも知れない。宝亀五年解の紙麻未進国は、記載二二国のうち一〇国で二四八斤とあるから、これも仮りに六四国のうち未進約三〇国七〇〇斤と推定してみよう。紙麻未進は紙屋の原料に影響を与えるが、簡単にその度合を数字で示すわけにいかない。

奈良朝末期の物価騰貴による写経所勤務者の生活困窮と解されてきた借銭解では、勝宝二年の四通が最も古く、つぎは宝字五年の一通であり、宝亀三年以後の六四通が最も多い。相田二郎氏(6)によれば、借銭額の最高は五貫文、最低は五〇文である。利息は、勝宝二年・宝字五年には半倍、宝亀三年以後には令制の規定をこえ、だいたい毎月一〇〇文別一三文が一般であったが、のち利率が高くなり、年利一五割六分から一八割にのぼった。返済期限には、秋時、八ヵ月内、三ヵ月内、二ヵ月内、一ヵ月内、二〇日以内、今月以内、布施支給時、明記なし、などの場合があり、質物には田地、家・屋敷、奴婢、衣服、布などがみられ、とくに布と家・屋敷の場合が多く、布の質のときは、布施支給時を返済期限とするものが多く、布施の布が質にあてられている。写経所における借銭の利息ははなはだ高利で、相田二郎氏もいわれるように、当時の社会における一般の高利の悪弊につながるものであり、借銭にみられる経師らの苦痛は、写経所に対しても写経事業不振の一因となったと考えられる。

宝字末年以降の物価騰貴は、宝字五年からの連年の凶作と飢疫のところへ八年に仲麻呂の乱が勃発したことによるが、その間、宝字四年仲麻呂による貨幣改鋳(万年通宝)も最大の原因であった。米価は宝字八年十二月紀に「是年兵旱相仍、米石千銭」と記され、天平神護元年二月庚寅紀に、左右京の糒各二〇〇〇斛を東西市で売り「糒斗百銭」、この月、西海道諸国の私米を運漕させ、同七月甲辰紀に、左右京の糒三三〇〇余石を諸司の官人に売る、と記される。和銅四年五月己未紀に「以穀六升、当銭一文」とみえ、穀六升を米三升と換算すれば、一石三三文となり、米価は宝字八年三〇倍、天平神護元年六〇倍に達した。宝字四年の改鋳は唐の乾元元年（七五八）における新一当旧十の乾元重宝の発行を模したもので、万年通宝一をもって和同開珎十に相当させ、東大寺造営などによる政府財政の窮乏たてなおしと、新羅征討計画をまえに財源設定のためとされる。道鏡政権は天平神護元年さらに西大寺の造営をくわだて、神功開宝を鋳造したから、物価騰貴はとどまることなく、宝亀元年に最高となったことは糯米一石六〇〇〇文などの例に示され、天平四年糯米一石約一三〇文（推定）にくらべ約四六倍である。(7) 神功開宝は万年通宝と同一価格とされ、ともに和同開珎に対し一〇倍の価値をもたせられたが、やがて両新銭は価値をおとし、その一貫文は和同銭一〇貫文と相当しなくなり、貸借関係に紛乱が生じた。宝亀三年八月両新銭を同一価格として混用させたが、百姓は優良な古銭をたくわえ、古銭は姿を消し、新旧三種は円滑に流通しなくなった。

道鏡は、西大寺建立にみられるように、造寺造仏事業をおこすとともに、いっぽうでは財政欠乏打開策をとり、それはたとえば兼官・兼国にいちじるしく、土田直鎮氏(8)は、兼官・兼国の傾向が天平神護を経て神護景雲年間に一般化し、兼官が朝臣の栄誉を増すためとか、兼国が京官の俸祿を増すとかのためでなく、中央財政の欠乏をしのぐための策であり、京官を兼ねさせると季祿が節約でき、さらに国司を兼ねさせると位季祿が節約でき、京官を兼ね、さらに国司を兼ねさせると、最も多量に位季祿を節約することができる、と注意された。

仲麻呂政権と道鏡政権との政策の差違について重要な提言をされたのは野村忠夫氏(9)であった。東大寺造営期の献物叙位者のうち地方士豪層では、道鏡の西大寺造営以前に中央的官職をえた者はなかったのにくらべ、西大寺造営期には飛驒国造高市麻呂が造西大寺大判官に任用された。高市麻呂の任用事情は、西大寺への献墾田と、西大寺造営に従わせる飛驒匠を高市麻呂の旧族長的郡司のもつ権威で統率させる目的とによるものである。道鏡による地方士豪層の献物誘致と中央的官職登用政策に対応した地方土豪層のありかたが高市麻呂にみられる。なお吉備真備は対馬島の墾田三町一段・陸田五町二段・雑穀二万束などを献じ、真備の女由利は西大寺に一切経を献じており、これには、真備の地方豪族的性格が、道鏡の対貴族態度・畿内土豪的出自・政策（地方土豪層をして西大寺に献物させる誘致政策、寺院以外の加墾禁止令）などと結合しているようすがみられる。以上が野村氏の論述で、何ら付加すべきものをもたないので、別の面から東大寺をめぐる仲麻呂と道鏡との立場について一言すると、仲麻呂は東大寺造営に熱意をもったのでなく、それを支配しようとしたのにくらべると、道鏡は僧出身者として東大寺造営に協力し、これを保護しようとした。しかし道鏡の出自は畿内の土豪で、政界でのキャリアの日が浅く、すでに伝統をもつ東大寺という存在を支配するのは困難であった。そこで東大寺と別個の西大寺をつくり、その造営で事業欲を満足させ、この寺を活動の拠点としようと考えたのであろう。

政治の頽廃と財政の破綻は、奈良末期に調庸の未進・粗悪化・違期などが急激に増大するのと密接な表裏関係にあり、租税の負担過重による農民の階級分化の進行、殷富・富豪の輩による手工業製品の蓄積と粗悪品の貢納、王臣家と富豪の輩の結託による窮乏農民吸収使役、国郡司による不正と怠慢などが調庸未進などの原因にかぞえられる(10)。律令制の再建を課題とする光仁朝は、たとえば宝亀元年六月二十七日の官符で調庸の濫悪と送納稽違をたつため、貢調庸使を専当国司の目以上とし、宝亀五年八月甲申勅で、本居で死亡した官人らの賻物には、当国の正税を用いさせ、中央財政の負担を地方財政からの支出に転嫁した。律令政治の再建と転換にはどのような政策が打たれ、奈良末期の政治を転換させたものは何か、ということはきわめて重大な問題であり、すぐれた分析と考察がなされつつある(11)。最近の説に例をとれば、平野邦雄氏(12)は土豪的官僚に注目し、和気清麻呂が独自に行動した基礎は、王権に直属することによって貴族間の政争を抑制する土属的官僚―第三勢力―たるところにあり、このよう新官僚が桓武朝に結集されていき、時代を転換させた、とし、和気氏の氏族構造から清麻呂の立場をつかんでいる。長岡遷都は、奈良仏教との関係をたつためであったことは古くからいわれており、それは否定できないことであるが、滝川政次郎氏は、(13)平城京の官人の食料米を運んでいた大和川の水運が擁塞して物資運京が困難になったことを重視し、舂米運京は重大な問題であった、といわれる。大和川は飛鳥・奈良時代を通じて、官人の往来や物資運京の幹線である。物資運京―とくに大和川―の問題も、調庸未進や粗悪化の問題とともに考えていかなければならない。

（1）　土田直鎮「兼官と位季祿」（日本歴史三四）

（2）　山田英雄「写経所の布施について」（日本歴史二〇八）。なお山田氏は銭による布施額も表示されている。布支給量の変化とくらべ、銭支給の場合の基準は安定しているが、これには布に対する銭の変化を考える必要があると注意されている。銭の場合は経師の一紙五文が普通であるが、布一端の価格は天平十一年二〇〇文で、宝亀三年四〇〇文であり、物価が上昇しているのに布施は一紙五文ですえおかれている。

（3）　角山幸洋「写経事業従事者の衣料について」（南都仏教一五）

（4）　年欠写経勘紙解の美作経紙・越経紙・出雲□・播磨経紙・美濃経紙について、大日本古文書編者は諸国写経と頭註に記しているが（二―26）、誤りであり、調紙を出す国の名を冠しているのである。

（5）　延喜式当時の諸国年料の紙量は民部式にみえる。

（6）　相田二郎「金銭の融通から見た奈良朝の経師等の生活」（歴史地理四一の二・三）

（7）　喜田新六「奈良朝に於ける銭貨の価値と流通とに就いて」（史学雑誌四四の一）

（8）　土田直鎮「兼官と位季祿」（前掲註1）

（9）　野村忠夫「飛騨国造氏と西大寺」（岐阜史学一五）

（10）　長山泰孝「租庸調研究の成果と問題点」（歴史教育一一の五）

（11）　たとえば村尾次郎『桓武天皇』（人物叢書）・直木孝次郎「桓武朝における政治権力の基盤」（歴史学研究二二八）・山田英雄「桓武朝の行政改革について」（古代学一〇の二・三・四合併）。山田氏の論考は、造東大寺司の廃止とその前後の政治過程との関係について多くの卓見をふくむ。

(12) 平野邦雄『和気清麻呂』(人物叢書)

(13) 滝川政次郎「律令研究史」(法制史研究一五)

第二節　奈良朝仏教の意義と今後の課題

奈良仏教が期待された鎮護国家の役割について、かつて日本仏教の精華のようにいわれたけれども、家永三郎氏[1]が道破されたように、個人が正道を修め、成仏することを教義の根本とする仏教にとって、護国的奉仕はまったく縁のない、権力への迎合以外の何ものでもないことを知らねばならない。権力によって仏教の思想が無視されている例を奴婢寄進についてあげてみよう。東大寺や法隆寺・大安寺などの奴婢所有に関し、彼らの作業内容や境遇が明らかにされてきたが、奴婢を所有し、その逃亡者を捕えるのは、慈悲をむねとする仏寺にふさわしくないことはいうまでもない。僧尼令布施斎会の条に、仏寺の斎会に奴婢が牛馬や兵器とともに布施にあてることを得ざれ、その僧尼もかろがろしく受けることを得ざれ、という規定には仏教の慈悲の思想が根底にある。すなわち、慈悲をかけるべきものは奴婢や牛馬であり、慈悲をむねとする仏教にとって兵器はきわめて縁の遠いものである、という思想にもとづく。右の条文は、直接には寺院への奴婢寄進を禁じたものでないけれども、僧尼が布施としてうけとることを禁じるのは、寺院への寄進をみとめないのと異ならない。ところで東大寺に対する大量の奴婢の貢進と寄進が大宅可是麻呂・藤原仲麻呂・聖武太上天皇によっておこなわれ、写経所にも奴婢が寄進されていた。これらは僧尼令の規定に照らせば令違反の行為であり、それは支配階級の勝手主義からきており、奈良朝仏教の大きな矛盾といわねばならない。

奈良朝仏教の限界や矛盾はほかにもなお指摘できるが、それはそれなりに、日本の仏教史や文化史の上に果たした歴史的役割を無視するわけにいかないことはいうまでもない。以下東大寺・国分寺・写経所の歴史的意義について述べる。東大寺を中心とする南都諸大寺の学僧によって仏教学の研究がおこなわれ、大仏の造営が建築・彫刻・絵画の発達をひきおこす原動力となり、当時の芸術や文化を世界的水準にまで高めた。仏教が伝来するまでは、単純素朴な芸術しかもたなかった日本人をして、半島や大陸の芸術を学びとらせただけでなく、仏教芸術のすぐれた作品は国家の権力や財政が背景となって生み出された。ただ、すぐれた作品は単に国家の財力だけによって産み出されるのでなく、家永三郎氏もいわれたように、仏教の教える真理のために粉骨砕身して仏像や堂舎をつくり上げようとする信仰の情熱によって可能であった。

仏教が日本に根をおろし、民間仏教が形成され、地方に仏教が普及するためには、それをたすける槓杆を必要としたが、大仏造営は事業の大きさからいって日本仏教が噴出する拠点をつくった意味をもち、民間仏教・地方仏教の形成などにも影響を及ぼさないではおかなかったと考えられる。

国分寺は鎮護国家を祈る寺として創建された。それは民間伝道のための寺ではなかったが、これによって中央仏教の地方に通じるルートがつくられた。天平九年三月丁丑詔・同十三年二月十四日勅・宝字五年六月庚申紀にみられるように、諸国の国分寺にそなえる仏像や経典の造写が令され、あるいは延暦二年四月二十八日の官符のように、当土の僧のなかから国分寺僧を選ぶことが令されたことは、地方の仏教・芸術・学問・文化がそだつ力となった。筑紫の大国師戒明（もと大安寺の僧）は、肥前国佐賀郡大領佐賀君児公の安居会に招かれ、八十華厳を講じ[2]、仏教の地方普及・民間滲透はこのような形で口をひろげていった。平安仏教をひらいた最澄は近江の国分寺において得度した（六

604）。奈良時代に地方でおこなわれた民間の写経のかなり多いことには、中央写経所における写経のほか、地方国分寺での写経も影響を与えたものと思われる。

写経は、造寺の前提となり、あるいは造寺の中心事業の意義をもつこともあった。たとえば、日本霊異記に[3]、信濃の人、大伴連忍勝が氏寺を建てるにあたり、まず大般若経を書写しようとした、と記される。石山寺造営のさい、大般若経書写と寺の造営は平行しておこなわれたが、福山敏男氏[4]は、むしろ造寺は写経の附帯事業の観がある、といわれる。皇后宮職によって創始された写経所の官人機構が発展して造東大寺司となった推移にも、写経から造寺への発展という路線を考えることができよう。

日本における仏教流布の過程を論じるさい、造寺造仏を中心にみていくのが普通であるけれども、経典をそなえることも仏教流布に欠くべからざるもので、写経による経典の増大が注意されなければならない。

仏教伝来以前の固有宗教は、自然崇拝や祖先崇拝を中軸とし、動物崇拝などを加えたものであった。この固有宗教すなわち神道は多神教的で、倫理的な原始宗教であり、神は人類の救済者として存在しなかった。儒教は仏教よりさきに伝来した一種の実践倫理であり、政治思想のなかに重い比重をもち、貴族の思想や生活にとけこんだが、宗教的情熱を人に与えるものでなかった。これらの点で個人的な信仰を受容する間隙がのこされていた。仏教が伝来して、強烈に人の魂をとらえたのは、固有宗教が個人的な救済に欠け、仏像や経典に相当するものを欠き、信仰のために必要な施設も素朴であったことなどによる。

中央の写経所で写された経典は、寺院における僧侶による仏教学の研究や講義のテキストとして用いられ、宮廷で講義・読誦され、貴族や官人のあいだで披覧され、仏教の維持と普及に役割を果たした。光明皇后の五月一日経願文に「妙窮諸法、早契菩提、乃至伝燈無窮、流布天下、聞名持巻、獲福消災、一切迷方、会帰覚路」と記され（二255）、その書写の目的は、個人的な読誦や披覧だけにあるのでなく、一切経がひろく利用され、伝燈無窮に役立てることにあった。それが実行されたことは、宮廷・寺院・僧侶・貴族らの求めに応じ、造東大寺司（写経所）が貸出しているのによって知られ、ほかの坤宮一切経なども本経として利用されている。写経は単に天皇や皇后らの宮廷的趣味だけからなされたのでなく、書写経典は研修や読誦に利用され、仏教の教学や思想が実質的に流布することに貢献したといえる。

写経所の活動をみて考えられるのは、仏教に関する当時の知識のレベルが高まっていることである。というのは、写経所を運営したのは官人（俗人）であるが、(5)彼らはたとえば、未写の経典が何であり、それは大乗経か小乗経か、あるいは論か疏か、集か伝か、という分類などもわかっていたわけで、これらのことが理解されていなかったら底本をさがしたり、借りたりする活動はできなかったであろう。官人は写経所運営に僧侶から指導をうけなかったというのでないけれども、ほとんど彼ら官人の知識によって写経事業が展開された。

官人や貴族で写経所に勤務した者や、そうでない者でも、私経を写経所で写し、または写させた例がかなり存した。この種の官人や貴族の増加によって、当時の仏教理解者の層は厚くなったといえよう。

写経所勤務者は単に機械的に写経や校正をおこなっていたのでなく、浄衣をまとい、五辛をさけて従事し、勤務者のうち幾人かをさいて供奉礼仏にあたらせていたことが石田茂作氏(6)によって注意されている。勝宝二年ごろのものと推定される装潢充紙并造上帳の書き込みに、

受食　当願衆生具足常満一切善法
為食　当願衆生《禅》悦為食法器充満
了　当願諸《所》作皆弁求証仏法

と記される（二十五16 17）。これは装潢らが食事の前後に唱える偈文をメモしたものであるが、このような儀礼を身につけた写経所勤務者が郷里に帰れば、仏教は彼らを通じて民間に流布することになるであろう。寺院における僧侶の養成や、これらの僧侶による伝道によって、仏教は民間に伝播するが、写経所勤務者が、仏教の民間伝播の媒介者となったことが注意される。東大寺や国分寺の成立は、多くの要素の積みかさねられた結果のものであり、官人や里人の仏教理解もその要素の一つといえよう。

写経所の活動は、地方における官と民間との写経に刺激を与えたと考えられる。地方に存在した一切経の例として、天平十九年十一月岡寺三綱牒によれば武蔵国に一切経が存在した（九512）。書写の場所は中央写経所か武蔵の国衙・国分寺か、詳細はわからないが、武蔵の国分寺か国衙におかれたのであろうか。

つぎに地方民間における写経として、跋語に記される例をみておこう。(7)

◇左右京　①大般若波羅蜜多経（寧下611 612）天平二年三月上旬に書写され、巻五一一に「右、平群郷都菩臣足嶋」「檀越解信」、巻五二一に「右京七条二坊黄君満侶奉」、巻五二五に「右京七条二坊黄君万侶写奉」とみえ、詳細はわからないが、願主は巻五一一の場合だけ解信であることが知られ、足嶋と満（万）侶は写師であろう。

②大般若波羅蜜多経巻五八一（寧下617）天平十三年三月八日願主左京八条二坊高史千嶋・高史橘の発願で写された。

③灌頂梵天神策経（寧下622）　勝宝四年左京八条一坊民伊美吉若麻呂と財首三気女の二人が願主となり、父母の願いのために写した。

④大唐内典録巻一〇（寧下625）　勝宝七歳七月二十三日越前国の医師従八位上六人部東人が知識をひきい、一切経律論を写した。目録として大唐内典録（道宣撰）を用いたのかも知れない。感宝元年東大寺僧平栄らが越前足羽郡に寺地を占定したとき、六人部東人は立会ったことがある。内典録の奥書に、用紙三九張、写師左京八条二坊三尾浄麿、一校丹生郡（越前）秦嶋主、二校国大寺僧聞光、装潢左京八条四坊直代東人とみえ、国家の荘厳、孝謙天皇の聖寿、背世尊霊の享福、眷属と知識の早成仏果を祈っている。浄麿・嶋主・東人らの経師・校生・装潢は中央写経所文書にみえないようで、一具の経は伝わらないから断言できないが、内典録の奥書にみえる範囲では、中央写経所勤務者の手を借りて造写されたものでないと思われる。

◇河内　①大智度論巻五四（寧下618）　天平十四年高安郡の春日戸村主広田の故父母のため往生十方浄土・倶成覚道を祈り、大智度論一部一〇〇巻が写され、願主は広田であろう。

②大般若波羅蜜多経巻五九一（寧下619）　天平十六年願主春日戸比良が聖朝の体固、知識のうちの存亡父母六親らの生安楽国土、眷属の繁栄と倶登覚道を祈り、大般若経六〇〇巻と大智度論一〇〇巻を写した。春日戸は、岸俊男氏(8)が、日本における「戸」の源流、すなわち令の造籍編戸制の先駆をなすものとして論じた「――戸」の事例にとりあげられ、帰化系で、春日部とは別である。道鏡時代の天平神護二年銭百万と因幡の国稲一万束を献じ叙位された春日戸村主人足と父大田（〈第7表〉）、延暦四年瑜伽師地論巻六〇奥書（大徳寺所蔵）にみえる春日戸刀自売も、岸氏は、高安郡出身と考証されている。高安郡は応神陵を中心とする古市古墳群や安宿郡・大県郡の北にあり、大和川が河内

に流れ出る要衝の地域に属し、早くから帰化人が住み、彼らは仏教を受容しやすい条件にあった。(9) 古市郡には帰化人の氏寺として西琳寺（西文氏）や野中寺（船氏）が建てられた。古市郡の南西の丹治比郡に丹治比の経師とよばれる者があり、宝亀二年六月野中寺で法華経書写が発願されたときに召された。

◇和泉　○瑜伽師地論巻二六（寧下612）「大檀越優婆塞練信、従七位下大領勲十二等日下部首麻呂、総知識七百九人（男二百七十六人 女四百三十三人）」と記され、写経が信仰団体の形成されるきずなになっていること、優婆塞―郡司―知識という結合の仕方や、郡司が宗教の面でリーダーとなり、統率する団体の大きさなどが知られる。写師は石津連大足である。

◇美濃　○説一切有部発智大毗婆沙論巻一三八等（寧下621）巻一三八奥書に武義郡三川戸赤万呂、巻一三六奥書に写武義郡身人部真国と記されるだけで、詳細は明らかでないが、赤万呂は願主の一人であろう。

◇越前　○生江臣家道女本願経貢進文（四231、十二292 293）勝宝九歳五月二日願主の足羽郡江下郷生江臣家道女と母生江臣大田女は法華経一〇〇部八〇〇巻と瑜伽論一部一〇〇巻とを献じ、御門の不動と天下の平安を祈ると述べ、翌六月二十一日灌頂経一部一二巻を献じた。家道女は、生江臣東人の一族と考えられ、東人は勝宝元年五月造東大寺司史生・大初位上として寺の野占使となったのをはじめとして東大寺と関係をもち（五543）、勝宝七年五月寺家の田使曾禰乙麻呂とともに越前国桑原庄の経営にあたり（四58）、このときすでに足羽郡大領としてみえ、稲・墾田などをしばしば寄進している。有力な郡司の一族でなければ、このように多量の経典を貢進できないわけで、貢献物は稲・布・銭・墾田などが普通であった当時に、経典貢進は特殊な例で、宮廷の歓心をえようとする地方豪族の思慮工夫を示している。

◇出雲　①観弥勒菩薩上生兜率天経（寧下615）石川朝臣年足が天平十年六月二十九日出雲守在任中に弥勒菩薩像一

鋪をつくり、観弥勒菩薩上生兜率天経一〇部を写し「昇遊正覚、菩提樹下、聞妙法之円音、兜率天中、得上真之勝業、通該有頂、普被無辺、並泛慈航、同離愛網」を祈った。

②大般若波羅蜜多経巻二三二（寧下616）　天平十一年七月十日出雲国守在任中の石川年足が大般若経一部六〇〇巻を写して浄土寺の寺宝とし、延寿や、内外眷属七代父母無辺無境の含識の正覚の路に登ることを祈った。年足はこれよりさき天平二年父石足のため弥勒成仏経一〇部を写し（寧下612）、のち天平十九年国分寺地検定使をつとめた。

◇播磨　〇大智度論巻三三等（寧下613 614）　天平六年十一月二十三日播磨賀茂郡既多寺で写され、願主は巻三三佐伯直漢古優婆夷、巻五二針間国造国守、巻六三針間国造荒熊、巻六六針間直姪売、巻八七山直上麻呂で、巻によって異なり、願主の間の関係は明らかでないが、既多寺における写経によって知識がつくられていたようすが知られる。

◇長門　〇報恩経巻七（寧下622）　勝宝四年長門国司日置山守家刀自三首那が父母のために報恩経一部を写した。写師は法師恵行である。

◇紀伊　〇大般若波羅蜜多経（寧下623 624）　勝宝六年九月二十九日那珂郡家原里の男女長幼が大般若経二帙二〇巻を写し「人頼三益之友、家保百年之期、広者小善余祐、普及親疎、自他相携、共遊覚橋」せんことを願望した。奉仕知識として巻四二一に伯太造畳売、巻四二五に牧田忌寸玉足売、巻四二六に私若子刀自、巻四二九に牟（マヽ）文史広人らが記される。

◇讃岐　〇瑜伽師地論巻七〇（寧下619）　天平十六年三月十五日讃岐国山田郡舎人国足が願主であるが、奥書ではこれ以外のことは知りえない。

◇肥後　①大般若波羅蜜多経巻四〇一（寧下619）　天平十五年八月二十九日山田方見が肥後国史生在任中に合志郡の

井出原禅房で母のために写し、写師は建部君足国である。

②瑜伽師地論巻三八（寧下622・623）　勝宝六年八月十九日の奥書をもち、奥書が簡単で、建部君虫麻呂が願主か写師か明らかでないが、民間写経の例である。

跋文の残存するもので、写経の場所が知られるものはほかにもあるかも知れない。また右にあげたなかで、越前の生江臣家道女らの貢進経は、生江臣東人のように東大寺と関係が深い者が一族にいる関係などから、あるいは東大寺写経所か平城京内で写されたかも知れない。後者のうち平城京内を推定するのは、同じ越前に関係をもった六人部東人の内典録が京人の手で写され、装潢されているのが参照されるからである。

跋文が残っている割合に、書写の場所の知られるものは少ない方である。それにしても、左右京・大和・河内・和泉が入っているのは、やはり左右京・大和は中央写経所の膝もとであり、河内や和泉も都の文化を受容するのに便宜に富んでいたことや、文化が帰化人によって早くひらかれたことにもとづく。生江臣家道女の貢進経が越前で写されたのであるならば、地方での写経のうち、これは東大寺との関係の深さから写経がなされたわけである。出雲の場合は中央文化を身につけた官人（石川年足）の赴任によってみられたものであるが、ともあれそのような契機から地方に文化が移植されることを示している。美濃・播磨・長門・紀伊・讃岐・肥後の例のように東大寺との関係がみられない地域に写経がおこなわれたのも、写経文化がそれだけひろまっていたことを語っている。

最後に、奈良朝仏教史の研究の意義と、今後に残されている研究の課題について述べよう。国分寺・写経所・東大寺に関する研究で問題点となるものはきわめて多いが、写経所の場合を例にとると、写経所が用度をうけた他の官司との関係や、官司が保有した物資をめぐる律令国家の財政機構は重要な研究課題の一つである。実例として(イ)天平二十年正月十一日の千部法華経料納物帳（三1―9）の場合をみると、写経所が正月十日から翌天平二十一年正月二十七日までに受領した品目と、写経所にそれを供給した官司とが記され、それを整理するとつぎのとおりである。

(a)内裏　紙・鹿毛筆・墨・画軸・緑班綺緒、
(b)宮　緑班綺緒・竹帙・経軸・筆、
(c)政所　朱頂軸・凡紙・兎毛筆・紙・砥・辛櫃・折櫃・小櫃、
(d)図書寮　紙・凡紙、
(e)市より購入　朱軸、

つぎに(ロ)宝字四年八月三日後一切経（坤宮）料雑物収納帳（十四422―442）には翌宝字五年五月六日までの間に諸所より収納した雑物と、受領さきが左のように記される。

①坤宮官　黄絁・橡絁・細布・調布・綿・浄衣・銭・陶盤・陶垸・塩坏・薦・播磨簀・米・葛野薦・醤・酢・醤糟・塩坏・黄蘗・橡・糟交醤・末醤、
②御斎会遺物（寺家）　海藻・滑海藻・小凝菜・大凝菜・小麦・糯米・大豆・小豆・布乃利・木綿・塩・芥子・片垸・片盤・饗物坏・水垸・土垸・升・炭・松・薪・銭・折櫃・明櫃・前薦・瓮・堝・叩戸・大盤・由加・片垸・籮・箕・辛竈・箒・鹿角菜・海藻根・心太・角俣・柏、
③御斎会装束司　銭・米・刀子・海松・茂浜菜、
④内裏　調布、
⑤宮　醤・末醤・酢・米・仕丁月粮料・縹揩衣・常食料、

⑥大膳職　醤・末醤、
⑦奈良没官所　折櫃・大笥、
⑧嶋政所　米・滑海藻・海藻・小豆・塩・米・銭・小凝菜・大豆・古毛・糯米・赤紫丸組軸・標料紙、
⑨南松原　甕・由加・甕坏・塩・瓮・前薦・明櫃・水上、
⑩造寺司　海藻・末滑藻・陶垸・折櫃・大麻笥・輿籠・甕・米、
⑪東塔所　銭、
⑫政所　銭・絁・黄絁・越綿・米・海藻・黒米・滑海藻・末海藻・醤・末醤・小豆・角俣・心太・伊支須・小麦・糯米・大豆・塩、
⑭木工所　鎹・目塞、
⑮工院　銭・庸綿、
⑯市より購入　油・墨・胡麻油、

崩御した光明皇太后が(ロ)の写経の願主であるから、①坤宮官・②御斎会遺物（寺家）・③御斎会装束司から物資が写経所にまわされるのはふさわしいけれども、(イ)の(a)内裏と(ロ)の④内裏からの支給品目は皇室財政のどのような面を物語るか。莫大な紙や、つくるのに技術を要する綺や、貴重な鉱産物が内裏から支給されているのが目だつが、それらをめぐる皇室財政や律令財政も明らかにしていかねばならない。造東大寺司の財政は、基本的には封戸物を根幹とし、写経所財政では、図書寮から紙・筆・墨、大蔵省から布・絁・綿など、民部省から米など、大膳職から塩などが支給されているが、この原則で簡単に割切れない。写経所が用度として受領した物資を交易し、費用にあてた宝字六年二部般若経書写の場合が吉田孝(10)・横田拓実氏(11)によってみごとに分析されているが、写経所が物資を受領する以前の段階において、大蔵省・民部省が収納した物資はどのように他の官司に配分する機構であったか、というような点も知りたいものである。

宝字四年六月二十五日の奉造丈六観世音菩薩料雑物請用帳に用度として受けたと記される三一種類を整理すると、左の官司から支出されている（四420―422）。

(イ)節部省　絁（讃岐調・甲斐調）・調布（武蔵）・鉄・伊予砥・檗・木賊・綿・細布・糸・庸布・租布・漆、
(ロ)左平準署　銭、
(ハ)大炊司　白米・糯米・小麦、
(ニ)大膳職　塩・海藻・滑海藻、
(ホ)醤司　未醤・醤・酢、
(ヘ)内史局　紙・本古紙・掃墨、
(ト)油司　油、
(チ)内裏　麻紙・朱沙・胡粉・薫陸・雌黄、

節部省は役所がらとはいえ、三一種類のうち一二種類のものを支出しており、内裏からは高価な鉱産物が支出されている。

下級官人が写経所で受けた布施がどれくらい彼らの生活にプラスしたかについて、季祿の額と比較するにとどまったが、布施収入が生活にプラスした具体相をさらに明らかにする必要があろう。それから、布施収入と借銭との関係についても、布施収入は経師らの収入を増したが、宝字年間の物価騰貴のため借銭せざるをえなくなったと割切ってしまえるかどうか、この点も考えるべきである。経師の借銭解については、実は商業活動の資金として借りた場合もあるという解釈も出されており、(12) その解釈までふみこめないという意見もあるが、(13) 仮りに資金として借りたのであるならばその場合の、借銭解は経師らの生活困窮の史料ではなくなってくる。

教学の面では、写経所での写経計画はどのように立てられたかも今後の研究課題である。五月一日経や大官一切経、坤宮一切経や景雲経の場合は、ともかく一切経を写すという目的がはっきり知られるけれど、一切経以外の写経も、その場その場で無方針に写されたのでなく、一定の方針や、必要性によって写されたはずである。

造東大寺司や写経所は令外の官であり、残存する関係文書の種類や内容に限界があるけれど、山田英雄氏(14)もいわれるように、たとえば、律令財政との関係がみられるので、造東大寺司や写経所に関する考察は律令国家の実態をつかむ一つの鍵として重要である。また官人の実態が露出している場が造東大寺司や写経所であるから、こうした点で深い興味をおぼえるのであって、本書で国分寺・写経所・東大寺に関する研究を試みた目的の一つもそこにある。

（1） 家永三郎『日本文化史』(『岩波新書』)
（2） 日本霊異記、下の一九。
（3） 日本霊異記、下の二三。
（4） 福山敏男「奈良時代に於ける石山寺の造営」(『日本建築史の研究』)
（5） 五月一日経書写のさい底本をさがすことについて、僧智憬が諸所を紹介する労をとったことは皆川完一氏によって注意されている(「光明皇后願経五月一日経の書写について」日本古代史論集、上)。玄昉は写経所に経を貸しただけでなく、指導したことも考えられ、道鏡は奉写御執経所での書写を指揮したといえる。写経所が写経事業を運営するのに僧侶の援助をうけることはほかにもあったであろう。しかし写経作業のみならず、書写計画の大部分は官人出身の造東大寺司官人によっておこなわれたと考えられる。

（6）石田茂作『写経より見たる奈良朝仏教の研究』

（7）竹内理三編『寧楽遺文』(下) 所収の跋語による。

（8）岸俊男「日本における『戸』の源流」(日本歴史一九七)

（9）奈良時代以前のものであるが、河内の志貴評では、天武十四年教化僧宝林を中心に知識が七世父母・一切衆生の往生浄土・終成正覚のため金剛場陀羅尼経を写している(二十四1)。志貴評はのちの志紀郡の地域とするならば、大和川が河内に出たところにあたり、帰化人によって早くひらけたところで、右の写経は帰化人の知識による書写かどうかは知りえないが、仏教が早くから帰化人に受容されていたことと関係がある。

（10）吉田孝「律令時代の交易」(日本経済史大系一)

（11）横田拓実「天平宝字六年における造東大寺司写経所の財政」(史学雑誌七二の九)

（12）伊東弥之助「奈良時代の商業及び商人について」(三田学会雑誌四一の五)

（13）吉田孝、前掲論文。

（14）山田英雄「写経所の布施について」(日本歴史二〇八)

補　論

第一　和泉監正税帳断簡の整理

一　諸国正税帳年代の呼称

和泉監正税帳は、奈良時代における正倉の寸法と委穀の量とを明記する文書であるという特色などから、律令国家地方財政史の面で注目されているが、その八紙の断簡のなかには記載の所属郡が明らかでないものが存するという問題があり、仏教史の面では、例年正月十四日の金光明経・最勝王経の読誦が「弐寺」でおこなわれたと記されるのは、ほかの国の正税帳にみられない記載として注目をひき、この弐寺が和泉監の政庁とどのような関係があったかという点について問題がある。

ところでこの正税帳は、内容が天平九年度正税の収納高と支出用途を記したものであり[1]、作成年月日は翌十年四月五日であるので、大日本古文書（二）には天平十年四月五日の文書として並べられている。竹内理三氏は『寧楽遺文』の正税帳の解説でこの和泉帳について「天平十年に作成された前年度の正税帳である」と述べ（上巻、解説四四頁）、また正倉院文書のなかに残存する正税帳を列挙したところで「和泉監正税帳（天平十年）」と記されたが（上巻、解説四三頁）、その『寧楽遺文』（上巻）の目次では「和泉監正税帳 天平九年」と示された。この目次での和泉帳の年代のよびかたは、帳の内容年度によられたわけである。しかし、それならば目次で諸国の正税帳の年代をよぶのに内容年度によるという原則が一貫しているかとみると、天平二年度の越前帳が三年と記され、四年度の隠岐帳が五年、九年度の但馬帳が十年と記されており、右の原則が一貫していない。かつ但馬帳の場合、内容年度は天平九年であるが、『寧楽遺文』の目次では天平十年と記し、解説でも天平十年とされるが（四五頁）、一方、同じ解説のほかのところでは「但馬国正税帳（天平八年）」と記される（四三頁）。但馬帳の内容年月日の最下限は「依民部省天平九年十二月八日符、割充年料読経布施料糸弐拾肆絇、直稲弐伯肆拾束、絇別十束」という記事であり（二58）、内容年度が天平九年である。諸国の正税帳の内容年度と作成年度との関係は、内容年度と同じ年末に作成されたものと、内容年度の翌年初期に作成されたものとがあり(2)（〈第1表参照〉）、これから推せば、但馬帳の作成は天平九年末か翌十年初期と考えられる。したがって『寧楽遺文』の天平八年という年代は但馬帳の内容年度や作成年度と無関係であるから誤りである。しかし、これは全く僅かの誤りであって、竹内氏をはじめ、正税帳をあつかう多くの先学にとって、但馬帳の内容年度が天平九年であることぐらいは自明のものであろうから、その小過をぎょうぎょうしくとりたてていうことは控えなければならない。ただ、正税帳の年代のよびかたをみると（〈第1表参照〉）、なかには同じ人によるよびかたに一貫した原則がなく、また人がちがえば年代のよびかたがまちまちであるため、まごつかざるを得ない。

まごつかせる例はすでに大日本古文書にある。すなわち大日本古文書（二）の目次をみると、天平十年のところに二つの駿河国正税帳が示されている。一国の正税帳は某年度について一回作成される性質のものであるという基礎的なことに照らせば(3)右の大日本古文書の目次では同じ国の正税帳が二回作られたかのように思われ、異様な感じをうける。駿河帳の一つは内容年度が天平九年で、成立が翌十年二月十八日である。他の一つは内容年度が十年であるけれど、成立年月日の記載の部分が欠けている。但馬帳の場合、内容年度と作成年度との間に一年の差があることから推すと、年月日欠の駿河帳の作成は十一年初期と考えられる。大日本古文書編者の正税帳の並べかたをみると、帳に記されるいっさいの年月日のうちの最下限のものをとりあげ、それによって整理するという方針である。この方針は一つの原理で貫かれているわけであるが、しかし、帳が完存する場合は当然その作成年月日をもって帳の年代をよぶことになるけれども、帳が完存しない場合は内容年度によって帳を並べざるを得ない。その結果、右に指摘した駿河帳の場合のように同年に二つの帳を掲げなければならず、同じ国から同年に二つの正税帳が提出されたかのような異様な感じを与える事態が生ずるわけである。また帳が完存しないで作成年月日の記載が欠ける場合、大日本古文書編者は正税帳を内容年度によって並べているが、大日本古文書で天平八年のところに並べられた摂津・薩摩の帳があるいは翌年に作られたかも知れず、同様に天平九年のところに並べられた長門・豊後・但馬の帳も翌十年に作られたかも知れないことはいうまでもない。

なお佐渡国正税帳(三断簡)について大日本古文書編者は「コノ帳ハ、年月闕ケタレドモ、天平七年検校ノ文アルヲ以テ、姑クコ丶ニ収ム」と註記し(二21)、この帳を天平八年のところに並べているが、帳の提出年月日が欠けている場合は、残存する内容記載年月日の最下限をとって並べるという編者の方針からいえば、天平七年のところに並べるべきはずであるから、大日本古文書編者の配列方法に一貫性がないといえよう。しかも早川庄八氏によれば、佐渡帳の第一・第二断簡は天平七年以降のもので、第三断簡は天平四年度のものと考定されている(4)。

正税帳が律令国家地方財政の実態の研究に貴重な史料を提供するものであることはいうまでもないが、いずれも完存するものでないために(5)、その欠けた部分の記載の復原に努力が払われており、またその利用にあたって内容年度や成立年度の考察も必要になってくるわけで、和泉帳の弐寺の性格を論ずる場合、これに関する記載だけは天平九年正月十四日当時のものであり、天平九年三月三日の国分寺創建詔発布以前に、和泉では弐寺において金光明経と最勝王経の読誦がおこなわれていたことが注意される。

そこで正税帳を利用する場合のメモとしてまず年代一覧表を作ってみた(〈第1表〉)。それには大日本古文書編者

＜第１表＞　正税帳一覧

	大日古（編年度）		竹内氏 目次	竹内氏 解説	村尾氏	田中氏	薗田氏	岸氏	早川氏	内容年度	作成年月日	備考
1	隠岐	天平１年	—	1年	a	a	a	a	a	a	——	a
2	大倭	2	2年	2	2年度	2年度	2年度	2年	2年度	2	2・12・20	
3	尾張	2	—	2	2	2	2	2	2	2	2・12・—	
4	紀伊	2	—	2	2	2	2	2	2	2	——	
5	伊賀	3	—	2	2	2	2	2	2	2	3・2・7	
6	越前	3	3	2	2	2	2	2	2	2	3・2・26	
7	隠岐	5	5	5	4	4	4	4	4	4	5・2・19	
8	尾張	6	6	6	5	6	6	6	6	6	6・12・24	
9	周防	7	—	7	7	6	6	6	6	6	7・7・3	
10	伊予	8	—	8	7	7	8	7	7	8	8・8・6	b
11	摂津	8	—	8	8	8	8	8	8	8	——	
12	薩摩	8	8	8	8	8	8	8	8	8	——	
13	佐渡	8	—	8	?	8?	8?	8	{4 7以降	{4 7以降	——	c
14	長門	9	9	8	9	9	8	9	9	9	——	
15	豊後	9	9	8	9	9	9	9	9	9	——	
16	但馬	9	10	8	9	9	9	9	9	9	——	
17	駿河	10	—	9	9	9	9	9	9	9	10・2・18	
18	和泉	10	9	10	9	9	9	9	9	9	10・4・5	
19	淡路	10	—	10	10	10	10	10	10	10	10・12・27	
20	左京	10	—	10	10	10	10	10	10	10	——	
21	駿河	10	10	10	10	10	10	10	10	10	11・——	d
22	周防	10	10	10	10	10	10	10	10	10	——	
23	筑後	10	10	10	10	10	10	10	10	10	——	e
24	播磨	10	—	10	10	4以前	4以前	4以前	4以前	4以前	4以前	f
25	伊豆	11	11	11	11	11	11	11	11	11	——	

が正税帳と名づけたものをその配列の順序にしたがってまず最初にかかげ、つぎに竹内理三氏(6)・村尾次郎氏(7)・田中卓氏(8)・薗田香融氏(9)・岸俊男氏(10)・早川庄八氏(11)の研究を参照した。

この正税帳の年代一覧表をみると、同じ人による帳の年代のよびかたに一貫した原理がなく、また人がちがえば同じ帳の年代のよびかたがまちまちであることが知られる。そのような混乱を統一するには、村尾・田中・薗田・早川氏らのように内容年度でよぶのが最も妥当であると思う。

二　和泉監正税帳断簡の整理

和泉帳の八断簡（〔一〕・〔二〕・〔三〕……〔八〕とよぶ）がおのおのどの郡に関する記載かという問題に移ろう。和泉監は大島郡・和泉郡・日根郡の三からなり、延喜民部式における郡の記載順は大島・和泉・日根の順である。大日本古文書編者は〔一〕・〔二〕・〔三〕について「穂井田忠友、考定シテ大島郡トナセリ」、〔四〕・〔五〕についても「穂井田忠友、考定シテ和泉郡トナセリ」と註記しているが、〔六〕・〔七〕・〔八〕に関して何ら註記しない。それは〔六〕・〔七〕・〔八〕が日根郡関係の記載のつもりであろう。六には「日根郡」と記され（二88）、〔八〕には郡司の名が「擬主帳外従八位下日根造」と記されるから（二97）、〔六〕・〔八〕は日根郡関係のものであることが知られる。なお〔八〕には作成年月日が「天平十年四月五日」と記され（二97）、延喜民部式の郡名順序が大島・和泉・日根であることからも末尾の〔八〕が日根郡関係のものであることがわかる。しかし〔七〕が日根郡関係かどうかは一応検討を経なければならない。

沢田吾一氏が和泉帳について「税帳残簡の局部的断片を綜合するときは、初表示竝に末表示とも振入及び振定量を記せるを以て、此の税帳は其他の諸国と同様に複記式なるは疑ふべくもあらず」と述べられたように、[12]〔一〕（沢田氏のいう初表示）は首部であるから、忠友の考定には誤りがふくまれている。しかし沢田氏はその著でしばしば和泉帳に言及されているが、〔一〕・〔六〕・〔八〕以外の断簡がそれぞれどこに所属するかということについて明記がない。

竹内理三氏は和泉帳の解説で「一国総計の首部と、日根郡の部分が明かのみで、他は和泉郡の一部と思われるものと、郡名不明の部分と成っている」と述べられており、[13]〔一〕が首部であることはいうまでもないところで、竹内氏は

〔六〕・〔八〕が日根郡のものといわれるのであろうが、この解説だけでは首部記載にあたるものが〔一〕だけであるのか明らかでなく、また〔七〕を日根郡のものと断定しておられるのかも不明で、もしそのように断定するならば理由を挙げる必要がある。さらに〔二〕・〔三〕・〔四〕・〔五〕のどれが和泉郡関係なのか、郡名不明のはどの断簡か、その不明の郡名は明らかにできないのか、というような疑問や問題が残る。

和泉帳の正倉の用途・規模・納穀量を整理された村尾次郎氏は「和泉帳は断簡文書で、正倉の所属郡が正確にわからないから、倉庫注記の一群ごとに区切っておいた」といわれる[14]。

それでは和泉帳断簡の順序にしたがってその所属を考えてゆくことにしよう。

〔一〕　これが首部にあたることは前引沢田氏・竹内氏の著に指摘ずみであるが、ほかの断簡の所属をきめることに関連するので一、二の理由を挙げてみよう。

(イ)

〔一〕「依（天平九年）五月十九日恩　勅、賑給高年鰥寡惸独等人」　六九四・四斛（二76）
〔三〕「依天平九年五月十九日恩　勅、賑給高年僧并鰥寡惸独等人」一九二・四斛（二82）
〔五〕「依天平九年五月十九日恩　勅、賑給高年鰥寡惸独等」　三一〇・四斛（二85）
〔六〕「依（天平九年）五月十九日恩　勅、賑給僧并高年鰥寡惸独等」一五一・六斛（二89）

右の〔一〕の六九四・四斛は〔三〕〔五〕〔六〕の合計に相当する。

(ロ)

〔一〕「依（天平九年）九月廿八日恩　勅、賑給」　一五二斛（二76）
〔三〕「依天平九年九月廿八日恩　勅、賑給」　六九斛（二83）
〔五〕「依天平九年九月廿八日恩　勅、賑給」　五六斛（二85）

〔六〕「依天平九年九月廿八日恩　勅……賑給」　二七斛（二89、96）

同様に〔一〕の一五二斛は〔三〕〔五〕〔六〕の合計に相当する。したがって〔一〕が首部であることはまちがいない。

なお和泉監は三郡で構成され、〔六〕が「日根郡」と明記されているから、〔三〕と〔五〕とは大鳥郡と和泉郡関係の記載であることも同時に知られる。

〔二〕　これは短い断簡であり（二78、79）、一見したところ所属不明とされるものであるが、よく考えるならば首部にあたることがいえる。左に〔二〕と関係する記載を〔三〕と〔七〕とのなかから求めて対照させてみる。

(A)伝馬価直充　食稲

〔二〕　三・九束　〔三〕　一・三束　〔七〕　一・三束

(B)巡行部内教導伯姓　食稲

〔二〕　二五・四束　〔三〕　七・四束　〔七〕　一二・〇束

(C)監月料充　食稲

〔二〕　二六・六束　〔三〕　六・〇束　〔七〕　一二・〇束

(D)徴納正税　食稲

〔二〕　四一・六束　〔三〕　一五・六束　〔七〕　一三・〇束

(E)封正倉　倉稲

〔二〕　一六・九束　〔三〕　三・九束　〔七〕　六・五束

右の(A)……(E)までの各項についてそれぞれ〔二〕から〔三〕と〔七〕の和を差引いても差が(A)一・三束、(B)六束、(C)八・六束、

(D)一三束、(E)六・五束として残る。これは〔二〕が首部記載で、〔三〕と〔七〕が郡関係の記載であり、差引の残余がほかの一つの郡に関するものであることを示す。

〔三〕　これはどの郡に所属する記載であるか。まえに〔一〕が首部にあたることを考察した最後のところで〔三〕と〔五〕とは大鳥郡と和泉郡関係の記載であることだけを記しておいたが、〔三〕に郡司の名が主政土師宿禰広浜（二80）主政外従七位上土師宿禰広浜（二82 83）とみえる。ところで大鳥郡には土師郷があり、土器製作と凶礼に従事した土師氏の本拠が土師郷であったところから推せば、土師広浜が大鳥郡の主政であったことは疑いなく、〔三〕は大鳥郡関係の記載と考えてよく、したがって〔五〕は和泉郡のものであることが同時に知られる。

〔四〕　これはどの郡に所属する記載であるかというに、郡司として「少領外従七位下珍県主倭麻呂」の名がみえる（二85）。この倭麻呂は霊異記に和泉国（和）泉郡大領血沼県主倭麻呂と記される（中ノ二）のと同一人物であるに相違ない。霊異記は、倭麻呂が聖武朝のときの人で、自家の大樹に巣を作る鳥の邪淫をみて世をいとい、妻子や官位をすてて出家し、行基に従って修道した末に禅師信厳といわれるようになり、行基よりも先に死んだと記している。倭麻呂は右の天平十年和泉帳に少領外従七位下と記されており、霊異記に大領と記されるのと相違する。霊異記は説話集であるが、そこに記す大領に誤りがないならば、天平十年に少領であったが、のち大領に昇級したと考えれば矛盾とならない。[15] 行基の死は天平二十一年であり（続紀）、倭麻呂の歿年は霊異記に行基よりも先であったと記すだけで明らかでないが、仮りに二十一年をさけると、十年から二十年まで十年間のひらきがあるから、倭麻呂の死が天平十年以後で、その死までに大領に昇進した可能性がある。

〔五〕　これが和泉郡のものである理由は〔三〕の大鳥郡のものを考えたところですでに記したが、そのほかここにも「少領外従七位下珍県主倭麻呂」の名が五回みえる（二85—88）。したがって〔四〕と同様に〔五〕も和泉郡関係の記載ときめてよい。

〔六〕 冒頭に「日根郡」と記されるから（二88）、文句はない。

〔七〕 これは一応所属不明である。しかし〔七〕が首部でなく、一つの郡関係の記載であることは、まえの〔二〕の所属を考察したときに記した。ところでこの七が日根郡関係の記載であることは、〔七〕の頭部と〔六〕の末尾とがすぐ連続するもので、その間に記事がなかった点からいえると思う。〔六〕の末尾と〔七〕の頭部を示せばつぎの通りである。

〔六〕

(1)合定稲穀伍仟漆伯弐拾捌斛陸升捌勺未振

(2)穎稲壱万弐仟漆伯伍拾玖束壱把玖分

(3)雑用参仟陸伯捌拾漆束壱把肆分 穀二百六十八斛四斗 穎稲一千三束一把四分

(4)依民部省天平九年四月廿一日符〇中略 賑給〇中略 捌拾玖斛捌斗

(5)依五月十九日恩 勅、賑給〇中略 壱伯伍拾壱斛陸斗

(6)依九月廿八日恩 勅、〇中略 賑給〇中略 弐拾漆斛

〔七〕

(7)納民部省年料交易麦肆斛〇中略

(8)難波宮雇民粮米陸斛料〇中略

(9)伝馬壱匹〇中略

(11)依民部省天平九年十二月廿三日符進上県醸酒壱斛漆斗伍升〇中略

(12) 依民部省天平九年十一月十三日符官奴婢食料進上米伍斛玖斗陸升伍合○中略

(10) 依民部省天平九年十一月九日符、給大鳥連大麻呂地黄煎料米弐斛○中略

この記載内容の順序をつぎに掲げる首部〔一〕の記載内容の順序と対照してみよう。

(Ⅰ) 合定稲穀肆万参仟陸伯壱拾弐斛壱升漆合壱夕参撮 未振

(Ⅱ) 穎稲陸万壱仟玖伯参拾捌束肆把捌分

(Ⅲ) 雑用壱万肆仟参伯壱拾肆束参把陸分ゝ之伍

(い) 穀捌伯玖拾陸斛弐斗

(ろ) 穎伍仟参伯伍拾弐束参把陸分ゝ之伍

(Ⅳ) 依民部省天平九年四月廿一日符○中略 捌拾玖斛捌斗

(Ⅴ) 依五月十九日恩　勅、賑給○中略 陸伯伍拾肆斛○中略

(Ⅵ) 依九月廿八日恩　勅、賑給○中略 壱伯伍拾弐束○中略

(Ⅶ) 納民部省年料交易麦壱拾肆斛○中略

(Ⅷ) 難波宮雇民粮米弐拾弐斛○中略

(Ⅸ) 伝馬肆匹○中略

(は) 依例正月十四日弐寺○中略 供養料稲伍拾束壱把陸分○中略

(Ⅹ) 依民部省天平九年十一月九日符、給大鳥連大麻呂造地黄煎所米漆斛料○中略

(Ⅺ) 依民部省天平九年十二月廿三日符、進上県醸酒陸斛漆斗伍升料○中略

(XII)　依民部省天平九年十一月十二日符、官奴婢食料米壱拾玖斛玖斗陸升五合〈○中略〉

首部〔一〕の記載のうち(い)(ろ)に対応する記載は〔六〕の(3)の割註にみえる。〔一〕の(は)に対応する記載が〔七〕のなかにみられないけれども、これを除けば、(1)—(Ⅰ)、(2)—(Ⅱ)、(3)—(Ⅲ)……(12)—(XII)というようにそれぞれ対応する。しかも〔六〕の最後の行の(6)と〔七〕の最初の行の(7)とに対応するのは、〔一〕の(VI)と(VII)とであり、〔一〕の(VI)と(VII)とはすぐ連続しているから、それに対応する〔六〕の(6)と〔七〕の(7)との間に記事はなく、(6)から(7)へすぐ連続することが知られる。したがって〔七〕は〔六〕と同様に日根郡関係の記載であるといえる。なお〔一〕の(は)に対応する記載が〔七〕にみえないが、このことは〔六〕と〔七〕とが連続することに対して何ら影響を与えない。

〔八〕　これが日根郡のものであることは和泉帳記載の所属を考察する冒頭ですでに述べたからくりかえさない。

以上、〔一〕から〔八〕までの断簡で所属不明のものを中心に考察した結果を大日本古文書編者（穂井田忠友の説に依拠する）の比定と比較してみよう（〈第2表〉）。

まえに記したように、〔一〕が首部であることはすでに沢田氏・竹内氏によっていわれたところであり、〔六〕と〔八〕が日根郡のものであることも自明のことであるが、沢田氏は〔一〕以外の所属の比定について記されるところがなく、竹内氏の解説は〔一〕・〔六〕・〔八〕以外について詳細でなかったが、〔二〕・〔三〕・〔四〕・〔五〕・〔七〕の所属は右の考察によって〔二〕首部・〔三〕大島郡・〔四〕・〔五〕和泉郡・〔七〕日根郡であることが確認できると思う。

<第2表>　和泉帳断簡所属の比定

断簡	大日古	筆者
〔一〕	大島郡	首部
〔二〕	大島郡	首部
〔三〕	大島郡	大島郡
〔四〕	和泉郡	和泉郡
〔五〕	和泉郡	和泉郡
〔六〕	日根郡	日根郡
〔七〕	日根郡？	日根郡
〔八〕	日根郡	日根部

（1）　和泉帳の〔三〕大島郡の部に「動用東第弐板倉〈○中略〉天平八年〈天平六年佑従八位上土師宿禰比良夫収納者〉天平十年二月廿日量計応定稲穀捌斛玖斗肆升未振税帳定稲穀漆伯弐拾捌斛壱斗弐升漆合弐夕捌撮欠弐拾漆斛玖斗肆升」とみえ、記載内容が天平十年に

わたっているが、この部分は帳作成の十年四月五日にできるだけ近い当時の報告をおこなうためのものであり、和泉帳は基本的には九年度の報告書である。

(2) 伊予帳だけはこの点について特殊である。備考 (b) 薗田氏論文参照。

(3) 正税帳は毎年三通作られ、二通は中央(民部省と主税寮)に進上され、一通は前年度と次年度とを対比するため国に留めおかれたことが早川庄八氏によって考えられている(「正税帳覚書」続日本紀研究五の三)。伊予帳が天平八年度に関する中間報告書的なものであることが薗田氏によって指摘されているが(備考b)、この種のものがほかの国の場合にみられないし、正式の帳が一回だけ提出されたことに変りはない。

(4) 早川庄八「公廨稲制度の成立」(史学雑誌六九の三)

(5) 戸籍・計帳・正税帳の類は、紙を貴重なものとした奈良時代の写経所で、反古利用としてその紙背が諸種の筆録に用いられたとき必要に応じ切断されたのである。籍帳類が写経所に流入した径路、その紙背が写経所で用いられた時期と利用の方法などを籍帳類断簡と紙背文書との関係から考察された岸俊男氏の「籍帳備考二題」(読史会創立五十年記念『国史論集』所収)は正倉院文書の基礎的研究として貴重である。先に岸氏が発表された論考「越前国東大寺領庄園をめぐる政治的動向」(古代学、一の四)でも、越前庄園関係文書の紙背が宝字六年ごろの造石山院所において利用されたことを指摘注意された。

(6) 竹内理三編『寧楽遺文』上巻、解説。

(7) 村尾次郎「律令時代の財政に関する研究」(史学雑誌五六の一〇―一二)

(8) 田中卓「播磨国正税帳の成立と意義」(社会問題研究二の二)

(9) 薗田香融「隠岐国正税帳をめぐる諸問題」(関西大学文学論集六の三・四)・「倉下考」(史泉六)・「伊予国正税帳について」(古代文化五)

(10) 岸俊男「籍帳備考二題」(読史会『国史論集』)

(11) 早川庄八、前掲論文(註4)

(12) 沢田吾一『奈良朝時代民政経済の数的研究』

(13) 竹内理三編『寧楽遺文』上、解説四四頁。

(14) 村尾次郎『律令財政史の研究』一六八頁。

(15) 少領から大領に進むことは、令に明文がないが、類聚三代格所収延暦十六年十一月二十七日太政官符所引の神亀五年四月二十三日の格にそれが公認されており、奈良・平安時代に右の昇級の実例はかなり存することが直木孝次郎氏によって指摘されている(「郡司の昇級について」続日本紀研究五の七)。

〔備考〕

(a) 大日本古文書と『寧楽遺文』はこれを天平元年に編年

し、隠岐国正税帳とするが、実は郡稲帳であることが村尾次郎氏によって指摘された（前掲論文）。また田中卓氏はこの帳に「周吉郡天平元年見定稲穀云々」とみえるのは前年度繰越高を示すもので、天平二年の帳としなければならぬこと、従来の通説が、ややもすれば天平元年の帳として疑わないのは不当であることを注意するとともに、大日本古文書の収録法の誤解がそのまま『寧楽遺文』などにうけつがれていることを警告し、正税帳の一覧表を掲げられた（前掲論文）。

（b）　この⑽伊予帳は天平八年度に関する中間報告書的なもので、ほかの国の正税帳にはこの種のものがみられず、この点が伊予帳の特色である（薗田氏「伊予国正税帳について」）。早川氏が薗田説を引用しながらこれを天平七年度のものとして一覧表に掲げられたのは誤りである（前掲註4論文四三頁）。

（c）　まえに本文で記したように⒀佐渡国正税帳の第三断簡は天平四年度のもので、第一・第二断簡は天平七年以降のものである（早川氏前掲註4論文）。

（d）　この㉑駿河帳の作成年月日記載の部分は欠けているが、本文で記したように、他の⒄駿河帳の作成が天平十年二月十八日であることから推せば、㉑の作成は十一年初めごろと考えられる。

（e）　早川氏の正税帳などの一覧表にこの㉓筑後帳を筑前のものとして掲げられたのは誤り（註4論文四三頁）。

（f）　大日本古文書編者はこれを播磨国正税帳として掲げ、註記に「コノ帳ハ、年月未ダ詳ナラズ、姑ク類ヲ以テコヽニ収ム」といい、天平十年のところに類聚したが（二150―151）、田中卓氏はこれについて、天平四年、もしくはそれ以前のもので、恐らく天平初年より同四年の間に成立し、かつ内容は郡稲帳であるかも知れないと考定し、しかし広義に解し、郡稲帳もふくめて正税帳と称しておくといわれる（前掲論文）。右の表では、大日本古文書に正税帳として掲げられているものをまずいちおう示す方針をとったのは、正税帳の研究史を記述するためであり、⑴隠岐帳は郡稲帳であること、⑵播磨帳も郡稲帳であるかも知れないことに注意しなければならない。なお大日本古文書に但馬国義倉帳として収められる二断簡（三468―470）のうち最初の断簡は正税帳であることが早川氏によって指摘されている（前掲註4論文四五頁）。

第二　和泉監正税帳の復原をめぐって

一　和泉帳の欠失記載の推定と復原

大日本古文書（二）所収の天平九年度和泉監正税帳は八紙の断簡より成るが、㈠・㈡は首部、㈢は大鳥郡、㈣・㈤は和泉郡、㈥・㈦・㈧は日根郡に関する記載であって、(1)まず切断部の欠失記載の有無を検討すると、㈤和泉郡の末尾に「郡司少領外□(従)七位下珍県主倭麻呂」の名が記され（大日古88）(2)、これを以て和泉郡の記載が完結していることは完存する㈧日根郡の末尾が「郡司擬主帳外従八位下日根造(五百足)」と記されるのを参照すれば知られ（97）、㈤と㈥の間の切断部に記載はなく、両紙はすぐ連続する。　つぎに㈥日根郡の最後の行には、

⒆依九月廿八日恩　勅、高年八十年已上二十四人、賑給稲穀二十七斛九十年三人別二斛八十年已上廿一人別一斛（89）

と記され(3)（史料頭部の算用数字は残存する郡ごとの記載の項目番号を示す）、㈦日根郡の最初の行には、

⒇納民部省年料交易麦四斛大麦二斛小麦一斛直稲八十束斛別廿束（90）

とみえるが、これに対応する首部の記載では、

(23)依九月廿八日恩　勅、賑給高年八十年已上一百二十五人、稲穀一百五十二斛〇註略

(24)納民部省年料交易麦一十四斛大麦四斛小麦十斛　直稲二百八十束麦一斛別廿束（76）

となっており、首部と郡部における記載の順序は大体対応するから（某郡だけから支出された費目などがある場合は、その郡と他の郡の記載の順序は必ずしも対応しないが）、㈥⒆賑給稲穀と㈦⒇交易麦料稲記載との間には欠失記載はなく、㈥と㈦とはすぐ連続することが知られる。　切断部に欠失記載がなく、断簡の内容がすぐ連続するのは右の二つの場合だけ

であって、したがって和泉帳は八紙から成るけれど、実は六紙といってもよいわけである。しかし問題整理の便宜のため、断簡はもとのまま㈠……㈧とよぶことにする。

さて日根郡の記載は㈦と㈧との間に僅かな欠失があるだけで、ほぼ完存に近いことが知られるので、その切断部記載の推定から始めよう。

（一）日根郡　この郡に関する記載で欠けている㈦と㈧との間の切断部は、

(41)　徴納正税　正　将従三人　二度　経一十箇日　食稲一十三束　酒一斗

(42)　封正倉　正　将従三人　経五箇日　食稲六束五把　酒五升

(43)　合酒糟七斗二合　修理池人夫単二百三十四人人別三合

㈧　○紙面ニ「和泉監印」六十三アリ、

少領別君豊麻呂十一斛七斗四升四合三夕
主帳日根造五百足九斛七斗
大領日根造玉纒□斛九斗

欠酒三十九斛三升八合前佑丹比宿禰足熊可償未進

合遺定稲穀五千四百五十九斛六斗六升八夕未振

となっており（92 93）、右の切断部の欠失記載が微量であることは、この欠失部前後に対応する左の㈢大鳥郡の記載（79 80）を対照すればわかる。

（㈢大鳥郡）

徴納正税　正　将従三人　二度　経十二箇日　食稲一十五束六把　酒一斗二升

封正倉　正　将従三人　経三箇日　食稲三束九把　酒三升

合酒糟八斗七升五合、修理池人夫二百九十二人〻別三合　給尽

(a)　天平五年未納一千九百二十九束八把穀一百卌六斛四斗 頴五百六十五束八把

(b)　天平四年未納五千七百五十六束七把

(c)　天平二年未納五百七十束

(d)　右三箇年未納、依天平九年八月十三日恩　勅免訖

(e)　天平四年前監所給借貸未納五百六十六束五把故田辺史首名二百廿束五把 主政土師宿禰広浜三百卌六束

欠酒二十五斛七斗六升旧佑丹比宿禰足熊可償未進

すなわち㈦日根郡の末尾には酒糟支給額が記され、㈧の第一行の本文は欠け、割註だけしかみえないが、つづいて欠酒額が記されるのを、㈢大島郡の酒糟額と欠酒額の記載に対照させると、㈢の(a)―(d)（天平九年以前の出挙未納額）と(e)の本文（天平九年以前の借貸額）に相当する記載が㈦と㈧との間に存したに相違なく、それを補いさえすれば日根郡の記載は完全なものとなるわけである（**A**）。もっとも㈢の出挙未納額の年度が天平五・四・二年、借貸未納額の年度が天平四年であるのと全く同様に日根郡の欠失部が記されていないで、年度がちがって記されていたかも知れないが、しかしその日根郡の未納額は大島郡の場合と同様に、帳の年度（天平九年）以前のものであり、しかも元来、国司借貸は支出し放しで、支出年度以後の正税計算に影響を与えないから、日根郡の郡倉に関する主要事項、すなわち天平八年度よりの繰越（初表示）・九年度の収支（中間表示）・残高（末表示）は右の欠失記載の影響をうけることなく判

<第1表>和泉監正税帳の収支・残高の復原

		項目	首部(第1・2断簡)	大鳥郡(第3断簡)	和泉郡(第4・5断簡)	日根郡(第6・7・8断簡)
稲穀	繰越	天平8年定正税	[1] (斛) 43612.01662	[21] (斛) 15653.45857	[41] (斛) 22230.49725	(61) (斛) 5728.06080
		同　振定量	[2] 39647.28784	[22] 14230.41688	[42] 20209.54296	(62) 5207.32800
		不動	[3] 29503.53456	[23] 12527.77000	[43] 14629.76456	(63) 2346.00000
		動用	[4] 10143.75328	[24] 1702.64688	[44] 5579.77840	(64) 2861.32800
	収入	天平9年収納租	(5) 免	(25) 免	(45) 免	(65) 免
	支出	雑用（賑給）	(6) 896.20000	(26) 261.40000	[46] 366.40000	(66) 268.40000
		検官物日所欠	[7] 89.82000	(27) 27.94000	(47) 61.88000	(67) 0.00000
	残高	天平9年定正税	[8] 42625.99662	[28] 15364.11857	[48] 21802.21725	(68) 5459.66080
		同　振定量	[9] 38750.90602	[29] 13967.38052	(49) 19820.19750	(69) 4963.32800
		不動	[10] 29503.53456	(30) 12527.77000	(50) 14629.76456	(70) 2346.00000
		動用	[11] 9247.37146	[31] 1439.61052	(51) 5190.43294	(71) 2617.32800
穎稲	繰越	天平8年定正税	(12) (束) 69506.48000	[32]+[52]	(束) 55573.29000	(72) (束) 13933.19000
	収入	死伝馬皮価	(13) 40.00000	[33] (束) 10.00000	(53) 20.00000	(73) 10.00000
		天平9年出挙利	(14) 7464.00000	[34]＋	[54] 5192.00000	(74) 2272.00000
	支出	雑用(賑給以外)	(15) 5352.36500	[35] 2206.13000	[55] 2143.09500	(75) 1003.14000
		出挙償死免	(16) 13060.00000	[36]＋	[56] 11250.00000	(76) 1810.00000
		出挙未納	(17) 2012.00000	[37]＋	[57] 366.00000	(77) 1646.00000
		借貸	(18) 3534.00000	[38] 0.00000	[58] 3534.00000	(78) 0.00000
	残高	天平9年定正税	[19] 53052.11500	[39] 21028.48000	(59) 20267.58500	(79) 11756.05000
		出挙本稲	(20) 30000.00000	[40] 11000.00000	[60] 11000.00000	(80) 8000.00000

(番号に○印をつけた額は帳自身に記されるもの，□印は周囲の計算から得られたもの。ただし[1][28][29][31][61]は，帳記載の額に矛盾があるので計算しなおしたものである)

明し、それらの額を〈第**1**表〉の日根郡の欄に示した。

ただ帳自身の記載では、稲穀の㉑繰越天平八年定正税が五七二八斛〇六〇八六（88）、㉘残高天平九年定正税は五四五九斛六六〇八〇（93）となっているけれど、㉘の末尾は〇と記されるから㉑の末尾も八でなく〇とあるべきで、この方が周囲の額との計算も合致するので〈第**1**表〉の㉑には末尾を〇と記した。額の辻妻を無理に合わせるため恣意的に数をおきかえるのはもとよりさけるべきであるが、あとの大鳥郡の稲穀残高（㉘天平九年定正税、㉙同振定量、㉛動用）のように、帳の記載額そのままに従うと計算が合わない例がある。正税帳に欠失項目が存する場合は、〈第**1**表〉で某郡・首部の内部の他の額から求める縦の計算と、首部の額から他の郡の額を差引く横の計算などで欠失額を得ることができるが、また検算についても縦と横の計算が合致しなければならぬことはいうまでもない。右にあげた帳記載の大鳥郡の額のままではどこかに差が生ずる。このような例があるので、以下の復原計算では、帳自身が記載する額を尊重することは勿論であるが、明らかな矛盾や誤りが存する場合は、縦と横からいろいろ試みた計算の結果を検討して、帳の記載をなるべく少なく訂正することですませ得る額を採用するよりほかはない（以下、和泉帳記載額の計算で番号に〇をつけた額は帳自身に記載があるもの、□印は周囲の計算から得られたものであることを示す）

日根郡の記載がほぼ完存し、内容が詳細であることは、和泉監の他の郡（大鳥・和泉）および首部の欠失記載を推定・復原するのにたすけとなる。残存記載量が日根郡につづいて多いのは大鳥郡四〇項目で、つぎは和泉郡三七、首部三四項目であるが、帳の大鳥郡記載に誤りがあると考えられるので、さきに和泉郡の欠失記載の推定と復原から始めよう。

㈡　**和泉郡**　この郡に所属する記載は、㈣・㈤・㈥であるが、㈤の末尾は完結しているから、推定と復原を要するのは(Ⅰ)、㈣の頭部の欠失と、(Ⅱ)、㈣と㈤との間における切断部の欠失ということになる。まず(Ⅰ)の問題について述べる。日根郡の㈥・㈦・㈧と対照すると、㈣の頭部に欠けているのは、八年度からの繰越、九年度の収支であり、残存するのは差引残高の部分、すなわち九年度振定量から倉庫関係の記載の一部までにあたることが知られる。問題の(Ⅱ)については、㈣と㈤との間の切断部欠失は七箇の不動倉に関する記載であることが判明し、欠失記載が多くの種類の倉庫にわたらないで、不動倉以外の種類の倉庫に関する記載がまとまって残っていることは、厄介な復原の計算がそれだけ少くてすむから幸いである。七箇の不動倉関係の記載だけがちょうど欠失しているというのは左の理由による。㈣の残高のつぎに正倉は二〇間（不動一〇・動用二・頴三・空四・借納義倉一）、屋は三宇（頴稲二・空一）という総計(84)が記されるが（〈第**2**表〉）、まず内訳の動用二間のうちの一つが動用南院北第一法倉であり(84)、他の一つが㈤の第一項の天平九年五月十九日賑給と、第二項の同九月廿八日賑給を支出した倉に相違なく、それは、

動用□第□倉長若干広若干高若干　塞長若干広若干　積高若干　天平八年帳定稲穀一千一百五十七斛九升二合一夕　天平八年正正六位上勲十二等御使連乙麻呂収納者

と記されていたと推定される（**B**）。一一五七斛〇九二一は、五月十九日の三一〇斛四、九月廿八日の五六斛、遺七九〇斛六九二一の和である。右の動用倉二間を除く倉庫の内訳の正倉（頴）三間・屋二宇（頴稲）・借納義倉一間にあたるのは、西第二板倉(85)・西一屋(86)・南院北屋・東第一丸木倉・東第三板倉・西屋であり(87)、空四間は東第一丸木倉・東第二丸木倉・東第三丸木倉・東第四丸木倉に相当し（いずれの倉も「空」と記される86）、屋一宇（空）は西第二屋（空87）のことである。したがって和泉郡の倉は不動倉以外がほぼ完全に記載されているわけである（動用倉二間

のうち一間の納穀量などを知るにはBの復原を要した)。しかし不動倉一〇間すべてに関する記載が欠けているのではなく、西第一板倉・南第一板倉・南第三板倉の三つに関する寸法・納穀量・収納責任者は記されており(85 86)、結局、問題(Ⅱ)の㈣と㈤の間の切断部には、不動倉七間の寸法・納穀量・収納責任者などの記載が欠けていることになる。

さきにあげた問題(Ⅰ)の㈣頭部欠失(八年度からの繰越、九年度の収支)記載の復原の結果を＜第1表＞の和泉郡の欄に記した。まず稲穀の部からその計算を示そう。

＜第2表＞和泉帳の倉庫数

倉＼郡	大鳥	和泉	日根
不動	8	10	3
動用	2	2	1
頴稲	5	3	6
借納放生稲	1	0	0
借納義倉	0	1	0
空	11	4	4
計	27	20	14

41繰越天平八年定正税(未振)　二三三三〇・四九七二五斛

48残高天平九年定正税　二一八〇二・二一七二五

46支出＝雑用(賑給)
- 五月十九日勅　三一〇・四〇〇〇〇(85)
- 九月廿八日勅　五六・〇〇〇〇〇(85)

47所欠　六一・四八〇〇〇(84)

だから41は48・46・47の総計に相当する。48残高天平九年定正税は欠けているが、49残高天平九年定正税振定量が記載されているので、48は49の十分の十一にあたる。

また46賑給額総計も欠けているが、まえに述べたように、動用倉二間の記載が残っているので、復原Bで得た動用倉から支出された五月十九日と九月廿八日の賑給額がすなわち46賑給額総計である。

右の㊼所欠六一斛八八については大日本古文書に「所欠陸拾壹斛肆斗捌升」とあるけれど、沢田吾一氏(4)は「所欠陸拾壹斛捌斗捌升」の誤りであることを指摘された。正倉院文書の和泉帳をマイクロで検すると、「肆」が「捌」と記されており、沢田氏の指摘された通りである。

42繰越天平八年定正税振定量　二〇二〇九斛・五四二九六

これは41繰越天平八年定正税（未振）二二二三〇斛四九七二五の十一分の十にあたる。ただ実際の計算では二〇二〇九斛五四二九五斛となるが、後述するように和泉帳では不動穀の量に変化がなかったと考えられるので（43繰越天平八年不動穀の計算参照）、帳自身が記す㊿残高不動穀一四六二斛七六四五六の数量を尊重し、その関係から42の斛位以下五位（最末尾）の五を六とし、二〇二〇九斛五四二九六とした。

44繰越天平八年動用穀　五五七九斛・七七八四〇

- 動用南院北第一法倉　四四二二・六八六三〇（84）
- 動用□第[ ]倉　一一五七・〇九二一〇（B）

和泉郡の動用倉の総数は二であるから（前述）、その納穀量が44に相当する。

43繰越天平八年不動穀　一四六二九斛・七六四五六

- 42繰越天平八年定正税振定量　二〇二〇九・五四二九六
- 44繰越天平八年動用穀　五五七九・七七八四〇

したがって43は42から44を引いた差である。実は42から44を引き去れば一四六二九斛七六四五五となる。そうすると帳自身が記す⑸残高不動穀一四六二九斛七六四五六にくらべて、わずか〇斛〇〇〇〇一の差が生ずるが、その差は微少であり、日根郡の場合に⑹繰越天平八年不動穀と⑺残高不動穀がともに二三四六斛で変化がなく、他国の正税帳で不動穀の量に変化がみられるのは天平六年尾張帳だけであり、これ以外の国では変化がないことなどを参照すれば、和泉監の不動穀の量も変化がない部類に入ると考えてよいから、43を一四六二九斛七六四五六としておく。恣意的に数をおきかえるのはもとよりなすべきことでないけれども、帳自身が記す残高不動穀一四六二九斛七六四五六という数を尊重するためである。

48残高天平九年定正税（未振）二一八〇二斛二一七二五

これは⑷残高天平九年定正税振定量の十分の十一にあたる。

つぎに穎稲の部について述べよう。52繰越天平八年定正税、54収入天平九年出挙利、支出の56出挙債死免と57出挙未納の各額は、それを導き出す帳の記載がなく、それぞれの大鳥郡の額との合計額ならば首部から日根郡の額を引き去って知られる。

58支出＝借貸　三五三四・〇〇〇〇〇束

西第二板倉（M）	二五〇〇・〇〇〇〇〇
西一屋　借貸（N）	一〇三四・〇〇〇〇〇（86）

右の二項のうちNは帳に明記されるが、Mの西第二板倉から二五〇〇束が借貸に出されたと考える理由について述べなければならない。Mに関する記載は㈣に属し、大日本古文書では、

西第貳板倉長一丈九尺　広一丈七尺　高九尺　収納天平八年頴稲貳仟漆伯□

となっており(85)、右の行の末尾は消えかかっている。ところで㈠首部に借貸三五三四束(75)とみえ、その内訳の一つはNで、㈤の西一屋の割註に借貸一〇三四束と記されるが、内訳の残額二五〇〇束がなおほかの箇所に記されていた筈である。しかし日根郡の㈥の支出と㈧の倉庫関係の記載、㈢大鳥郡の動用倉二間に関する記載は完存し、それに借貸が記されないから、残額二五〇〇束は和泉郡から出されたことになる。和泉郡に欠けているのは不動倉七間に関する記載であるから、欠失した記載は借貸と無関係であり、しかも前掲西一屋を除く倉庫関係の記載は完存するから、残額二五〇〇束は西一屋から支出されたといわねばならない。

この考察と、まえの復原**B**によれば、㈣と㈤との間の切断部はつぎのように推定できよう(**C**)。

西第二板倉長一丈九尺　広一丈七尺　高九尺　収納天平八年頴稲二千七百□［束］
借貸二千五百束　遺二百若干束　収納天平九年頴稲若
千束正税　合定頴稲若干束正従六位上勲十二等黄文連伊加麻呂少領外従七位下珍県主倭麻呂

○コノ間ニ不動倉七間ノ寸法・納穀量・収納責任者ナドノ記載アリ、

動用□第□倉長若干　広若干　高若干　塞長若干　広若干　積高　天平八年帳定稲穀一千一百五十七斛九升二合一夕天平八年正正六位上勲十二等御使連乙麻呂収納者

西第二板倉に天平九年正税すなわち出挙の本利稲を徴収した若干束が収納されたと考えるのはつぎの理由による。

和泉郡の⑸⑼残高天平九年定正税二〇二六七束五八五（83）の内訳にあたる穎稲を列挙すると、

a穴師神戸税遺定

東第一丸木倉		一二三八束・一六〇
東第三板倉		一二七二・〇〇〇
西屋一宇		一四二七・四七〇

b不動西第一板倉底敷	二一八・〇〇〇
c不動南第一板倉底敷	二八三・〇〇〇
d不動南第三板倉底敷	二一二・〇〇〇
e西一屋遺	四三七・五八五
f南院北屋天平九年正税	八二九八・〇〇〇
合計	一三三七六・二一五

となり、合計の一三三七六束二一五は⑸⑼残高二〇二六七束五八五に対し六八九一束三七だけ不足する。この六八九一束三七は記載欠失の不動倉（三個）の底敷稲と、出挙本利稲を徴収した正税とに相当する。不動倉三個は空と記されないから底敷稲をもっていた筈であり、しかし六八九一束三七がすべて三個の不動倉の底敷におかれていたとは考えられらない。和泉監の底敷稲の例は七個あり、最高二八三束、最低一二〇束、平均一七五束となり、三不動倉の底敷稲の合計は五〇〇束ないし九〇〇束くらいであったと推定されるからである。したがって六八九一束三七の内訳には、底敷稲があったといわねばならず、天平九年の収入といえば、前年度からの繰越を除くと、死伝馬皮価（二〇束）田

租（勅免、〇束）のほかでは徴収した出挙本利稲しかない。六八九一束三七の内訳を底敷稲と徴収出挙本利稲とに分割する手がかりが見あたらないので、徴収出挙本利稲の全額は不明とするほかない。しかしその一部分は知られる。すなわち穴師神戸税に加納された「依民部省天平九年十月五日符割充正税」二七五束六五（84）、南院北屋の「天平九年正税」八二七八束（87）がそれである（小計八五五三束六五）。さきに考えた六八九一束三七のうち、徴収出挙本利稲を仮りに六〇〇〇束とみるならば、和泉郡の徴収出挙本利稲の概略は一四五〇〇束前後であろう。その中から54和泉郡収入天平九年出挙利を抽出するのも推測の積みかさねになるが、和泉監全体の出挙本稲が三〇〇〇〇束、徴収出挙利が七四六四束（75）、日根郡の出挙本稲が八〇〇〇束、徴収出挙利が二二七二束（88）であるから、徴収出挙利を出挙本稲の約四分の一とみれば、和泉郡の出挙本稲一一〇〇〇束に対し、徴収出挙利は約三五〇〇束前後であろうか。和泉郡の60出挙本稲はつぎの計算によって得られる。

60出挙本稲	一一〇〇〇・〇〇〇〇束
西一屋収納頴稲（出挙下）	二八六七・三二〇〇（86）
西第二屋収納頴稲（出挙下尽）	一二五九・六八〇〇（87）
南院北屋収納頴稲（出挙下尽）	六八七三・〇〇〇〇（87）

前述のように和泉郡の(四)と(五)との間の欠失記載は不動倉（三）に関する部分であるから、右の三つの記載が出挙本稲のすべてである。[5]

つぎに和泉郡本文欠失記載の推定と復原を試みる。

（イ）和泉郡の㈣は、冒頭の繰越から天平九年残高の途中まで欠け、欠失が甚だしい。この欠失部分に対応する日根郡の㈥・㈦と、首部の㈠・㈡を参照して欠失項目を推定し、〈第**1**表〉で得た和泉郡各項の額をあてはめてみた。なお、雑用内訳のうち、(38)伝馬価直充・(39)巡行部内教導伯姓・(40)監月料充・(41)徴納正税・(42)封正倉の費用は、首部と大鳥郡・日根郡の各額が帳に記されるので、その差引から知られる。

〔和泉郡㈣冒頭から残高の一部までの推定と復原〕

(1) 和泉郡天平八年税帳遺定稲穀二万二千二百三十斛四斗九升七合二夕五撮

(2) 　簸振量収所入二千二十斛九斗五升四合二夕九撮

(3) 　振定二万二百九斛五斗四升二合九夕六撮

(4) 　　不動一万四千六百二十九斛七斗六升四合五夕六撮

(5) 　　動用五千五百七十九斛七斗七升八合四夕

(6) 穎稲若干束

(7) 　出挙一万一千束

(8) 　　負死伯姓若干人　免税若干束

(9) 　　未納若干束　負伯姓若干人

(10) 　　定納若干束本若干束 利若干束

(11) 　　当年応輸租穀、依天平九年八月十三日恩　勅免訖

(12) 　遺穎稲若干束

(13) 死伝馬皮二張　直稲二十束

(14) 合定稲穀二万二千二百三十斛四斗九升七合二夕五撮未振

(15) 頴稲若干束

(16) 雑用五千八百七束九分之五 穀三百六十六斛四斗 頴稲二千一百四十三斛九升五合

(17) 依天平九年五月十九日恩　勅、賑給高年鰥寡惸独等若干人、稲穀三百一十斛四斗○受給者種別人数不詳

(18) 依九月廿八日恩　勅、賑給高年八十年已上若干人、稲穀五十六斛○受給者種別人数不詳

(19) 納民部省年料交易麦若干斛 大麦若干斛 小麦若干斛 直稲若干束

(20) 難波宮雇民粮米若干斛、料稲若干束

(21) 伝馬二疋 上一疋 中一疋 直稲三百八十束 上馬二百束 中馬一百八十束

(22) 依例正月十四日貳寺読金光明経八巻、最勝王経十巻、合一十八巻、日仏聖僧四軀、并読僧一十八口、合二十二軀、惣供養料稲五十束一把六分

(23) 依民部省天平九年十二月廿三日符、進上県醸酒若干斛、料稲若干束

(24) 依民部省天平九年十一月十二日符、官奴婢食料進上米若干斛、料稲若干束

(25) 依民部省天平九年十一月九日符、給大鳥連大麻呂造地黄煎所米若干斛、料稲若干束

(26) 依民部省天平九年十月五日符、神戸調銭五百六十七文、料割充稲七十束八把五分

神戸田租料割充稲二百七十五束六把五分

(27) 監月料稲若干束

(28)　朝使単若干人 官人若干人 従人若干人 食稲若干束 若干人別四把 若干人別三把 酒若干升 若干人 別一升

(29)　監巡行部内単若干人 官人若干人 従人若干人 食稲若干束 若干人別四把 若干人別三把 酒若干升 若干人別一升 若干人別八合 料稲若干束

(30)　祭幣帛并大税使従七位下村国連広田　将従二人　従監史生若干人　将従若干人　経若干日　食稲若干束　酒若干升

(31)　祭幣帛使位子无位丸連群麻呂　将従一人　従監正　将従若干人　経若干日　食稲若干束　酒若干升

(32)　修理池　史生若干人　将従若干人　経若干日　食稲若干束　酒若干升

(33)　出挙正税　正　令史　史生若干人　将従若干人　経若干日　食稲若干束　酒若干升

(34)　難波宮雇民粮充　正　令史　史生若干人　将従若干人　経若干日　食稲若干束　酒若干升

(35)　催伯姓産業　令史　将従若干人　二度　経若干日　食稲若干束　酒若干升

(36)　責計帳手実　正　将従若干人　経若干日　食稲若干束　酒若干升

(37)　検校栗子　正　将従若干人　経若干日　食稲若干束　酒若干升

(38)　伝馬価充　正　将従三人　経一箇日　食稲一束三把　酒一升

(39)　巡行部内教導伯姓　正　令史　史生一人　将従六人　経二箇日　食稲六束　酒五升六合

(40)　監月料充　正　令史　史生一人　将従六人　二度経二箇日　食稲八束六把　酒七升六合

(41)　和泉宮御田苅収納　正　将従三人　経二箇日　食稲二束六把　酒二升

(42)　徴納正税　正　将従三人　二度　経一十箇日　食稲一十二束　酒一斗

(43)　封正倉　正　将従三人　経五箇日　食稲六束五把　酒五升

(44)　合酒糟若干升　修理池人夫単若干人〻別三合　給尽
(45)　天平五年未納若干束穀若干升 頴若干束
(46)　天平四年未納若干束
(47)　天平二年未納若干束
(48)　　右三箇年未納、依天平九年八月十三日恩　勅免訖
(49)　天平四年前監所給借貸未納若干束某若干束
(50)　欠酒若干升某可償未進
(51)　合遺定稲穀二万一千八百六十四斛九升七合二夕五撮
(52)　検官物日量計所欠六十一斛八斗八升動用
(53)　定二万一千八百二斛二斗一升七合二夕五撮
(54)　　簸振量計収所入一千九百八十二斛一升九合七夕五撮

右のうち(21)の伝馬で、上馬一匹（二〇〇束）中馬一匹（一八〇束）を和泉郡が購入したと推定したのはつぎの理由による。(一)首部にみえる購入伝馬は四匹（上一匹、中三匹）であるが(77)、これは死んだ伝馬四を補充するためであり、死伝馬は大鳥郡と日根郡が各一匹、和泉郡が二匹であった（〈第**1**表〉）。したがって購入伝馬も大鳥郡と日根郡に各一匹、和泉郡に二匹があてられたと考えられる。和泉郡は監衙所在地であった関係で馬の利用も多かったであろうから上馬があてられたと思われるので、馬の配分は和泉郡に上馬一・中馬二、大鳥郡と日根郡に中馬各一と推定した。(22)と(41)は和泉郡だけから支出されたと考えられるので（欠失のない日根郡の雑用項目に供養料の内訳にあたる額と、和泉宮

御田苅の食料を支出したことが記されないこと、和泉郡は監衙と和泉宮の所在地であること、これをあわせ考えると、惣供養料と御田苅食料は和泉郡だけが支出したと思われる）、首部の惣供養料（77）と田刈の食料（78）を和泉郡の㉒と㊶に記入した。

(26)穴師神社の神戸調銭と田租料稲も、首部記載の惣料稲（77）を記入した。穴師神社は和泉郡にあり、帳の㈣と㈤の和泉郡の記載によれば和泉郡の三倉がこの神社の神税収納にあてられているので[6]（84 87）、調銭・田租料稲は和泉郡だけから支出されたと考えられるからである。㈠首部にみえる穴師神社の調銭料稲と田租料稲（77）のうち、田租料稲の二七五束六五は㈣和泉郡の穴師神戸税の加納穎稲二七五束六五（84）に相当し、六束が祭神料に消費され（84）、残り二六九束六五は穴師神税収納用の西屋一宇に納められたことがみえる（87）。調銭料稲七〇束八五が㈣にあらわれないのは、和泉郡の稲を調銭料稲として割取し、すぐに穴師神社にあてられたからであると考えられる。

(30)祭幣帛并大税使と(31)祭幣帛使の食料は、㈦日根郡にそれがみえ（91）、この使は何か特別の任務を帯びて派遣されたのか事情は明らかでないが[7]、日根郡だけ巡行したと特に考える必要もないと思われるので、和泉郡にも巡行し、その食料が和泉郡からも支出されたであろうと推定して右の(30)と(31)とに掲げた。

(44)・(45)・(48)は、㈢大鳥郡の対応記載（80）から推して和泉郡にも記されていたであろうと推定したのであるが、出挙と借貸未納の年代などは大鳥郡と和泉郡でちがっていたかも知れない。(49)の欠酒については、㈢大鳥郡に「欠酒貳拾伍斛漆斗漆升旧佑丹比宿禰足熊可償未進」（80）、㈧日根郡に「欠酒参拾玖斛参升捌合 前佑丹比宿禰足熊可償未進」（93）とみえ、丹比足熊はかなりの酒豪であったらしく、したがって㈣和泉郡にも(49)「欠酒若干升 旧佑丹比宿禰足熊可償未進」の項目が記されていたと推定してよかろう。

（ロ）〔和泉郡の㈣と㈤の間の切断部復原〕

この復原はすでにCに示した。

(三)　**大鳥郡**　この郡に関する記載は(三)だけで、残存するのは雑用内訳の後半部と、残高、倉庫関係記載の一部など四〇項目にとどまる。これを、欠失記載が微少で、ほぼ全容が知られる日根郡の(六)・(七)・(八)と対照すると、大鳥郡の記載で欠けているのは、八年度からの繰越、九年度収支、雑用内訳の前半部、倉庫関係記載の一部であることがわかる。倉庫の総数二七間の内訳は〈第**2**表〉に示した通りで、記載が残っているのは不動倉一、動用倉二、空一であるから、欠失は不動倉七、頴稲五、借納放生稲一、空一〇間に関する記載となり、その欠失は甚だしいが、動用倉だけは二間が全部記載されており、復原の困難が僅か軽減される。復原の結果は〈第**1**表〉の大鳥郡の欄に記入した。

稲穀の部の復原から述べるまえに、帳の大鳥郡の残高記載に矛盾があることについて述べなければならない。すなわち、帳では、

a 天平九年定正税　一五三六四・一一八八一斛
b 同　振定量　一三九六七・三八〇七〇
c 不動　一二五二七・七七〇〇〇
d 動用　一四三九・六一〇七〇

と記されるが(81)、p動用東第二板倉の振定七〇二斛七二七二(82)と、q動用東第三板倉の振定七三六斛八八三七(83)との合計は一四三九斛六一〇九〇であって、d動用一四三九斛六一〇七〇と合わない。これはpとqの数に誤りがあるか、dの数が誤っているか、いずれかであるが、dの内訳にあたるpとqを検討すると、東第二と東第三の板

倉の納穀に関する量計・損耗・返納振入の記載の通りならば、pは七〇二斛七二七二八が正しく、qも七三六斛八八三二四が正しいことを知る。したがってpとqとの和は一四三九斛六一〇五二となければならず、d動用の一四三九斛六一〇七〇も誤りで、正しくは一四三九斛六一〇五二と記されるべきであった。

[31]残高動用　一四三九斛・六一〇五二

これは右に考察したpとqとの和である。帳が[31]を一四三九斛六一〇七と記すのは誤りである。

[29]残高天平九年定正税振定量　一三九六七斛・三八〇五二

⎧㉚残高不動　一二五二七・七七〇〇〇
⎩[31]残高動用　一四三九・六一〇五二

[29]は㉚と[31]の和である。帳が[29]を一三九六七斛三八〇七〇(81)と記すのは誤っている。

[28]残高天平九年定正税（未振）　一五三六四斛・一一八五七

[21]繰越天平八年定正税（未振）　一五六五三斛・四五八五七

これは[29]の十分の十一に相当するからである。帳が[28]を一五三六四斛一一八八一(81)と記すのは誤りである。

⎧[28]残高天平九年定正税　一五三六四・一一八五七
⎨[26]支出‖雑用（賑給）
　　⎧五月十九日勅　一九二・四〇〇〇〇(82)
　　⎩九月廿八日勅　六九・〇〇〇〇〇(83)
⎩㉗欠　二七・九四〇〇〇(82)

[21]は[28]・[26]・㉗の合計にあたる。[26]賑給の合計が記されるべき雑用記載の部分が欠けているが、動用倉二間に関する記載が完存するから（82 83）、五月十九日と九月廿八日に東第三板倉から支出された穀の和二六一斛四が賑給額のすべてにあたることが知られる。

[22]繰越天平八年定正税振定量　一四二三〇斛・四一六八八

これは[21]の十一分の十に相当する。

[24]繰越天平八年動用穀　一七〇二斛・六四六八八

（動用東第二板倉　七二八・一二七二八（82）

（動用東第三板倉　九七四・五一九六〇（82）

これも右の動用倉二間の記載が完存するから、その納穀量が動用穀の全部であることがわかる。

[23]繰越天平八年不動穀　一二五二七斛・七七〇〇〇

（[22]繰越天平八年定正税振定量　一四二三〇・四一六八八

（[24]繰越天平八年動用穀　一七〇二・六四六八八

だから[23]は、[22]から[24]を引いた残りにあたり、㉚残高不動穀の量と一致し、まえにみた日根郡でも不動穀は天平八年と九年とが同量であった。したがってさきに和泉郡の[43]繰越天平八年不動穀の算出の際、㊿残高天平九年不動穀一四六二九斛七六四五六とわずかに〇斛〇〇〇〇一の食いちがいが生じたけれど、八年と九年に変化がなかったとみて[43]も一四六二九斛七六四五六として扱った事情が承認されると思う。

つぎに頴稲に移る。[32]繰越天平八年定正税、[34]収入天平九年出挙利、支出の[36]出挙債死免と[37]出挙未納の各額は、和泉郡のそれぞれとの合計額が知られるにとどまり、大鳥郡の各額を分離する手がかりはない。

[33]収入死伝馬皮価　一〇・〇〇〇〇〇束

⑬首　部　死伝馬皮価　四〇・〇〇〇〇〇（75）
(53)和泉郡　〃　二〇・〇〇〇〇〇（87）
(73)日根郡　〃　一〇・〇〇〇〇〇（89）

だから[33]は、⑬から(53)と(73)との和を引いた残りであることはいうまでもない。

[35]支出＝雑用（賑給以外）　二二〇六・一三〇〇〇束

⑮首　部　雑用（賑給以外）　五三五二・三六五〇〇（76）
[55]和泉郡　〃　二一四三・〇九五〇〇（86）
(75)日根郡　〃　一〇〇三・一四〇〇〇（89）

したがって[35]も⑮から[55]と(75)との和を引いた残額にあたる。

[38]支出＝借貸　〇束

大鳥郡から借貸の稲が支出されていないことは、⑱首部の借貸三五三四束（75）が和泉郡の倉だけから出されている（理由は和泉郡の[58]の計算のところで述べた）のによって知られる。

[39]残高天平九年定正税　二一〇二八・四八〇〇〇束

[19]首　部　残高（天平九年定正税）　五三〇五二・一一五〇〇
(59)和泉郡　〃　二〇二六七・五八五〇〇（83）

一⑲日根郡　〃　一一七五六・〇五〇〇（93）

したがって㊴は、⑲から㊾と⑲との和を引いた残りにあたる。⑲の額は、〈第1表〉をみればわかるように首部顕稲欄の他の項目の額がすべて記載されているから導き出せる。

㊵出挙本稲　一一〇〇・〇〇〇〇東

｛⑳首　部　出挙本稲　三〇〇〇・〇〇〇〇（75）
㊿和泉郡　〃　一一〇〇・〇〇〇〇
⑳日根郡　〃　八〇〇〇・〇〇〇〇（88）｝

和泉郡の㊿出挙本稲が一一〇〇〇束であることはまえに記した。だから㊵は、⑳から㊿と⑳の和を引いたものにあたる。

つぎに大鳥郡本文欠失記載の推定と復原を試みる。この郡に所属するのは㈢だけであって、冒頭の繰越から雑用内訳項目の途中まで欠け、また末尾の倉庫記載も完全でない。

（イ）　まず頭部の欠失から述べると、この欠失部に対応する日根郡の㈥・㈦と、首部の㈠・㈡を参照すれば大鳥郡の欠失項目が推定され、〈第**1**表〉で得た大鳥郡の各項の額をあてはめてみた。

〔大鳥郡㈢冒頭から雑用の一部までの推定と復原〕

(1)　大鳥郡天平八年税帳遺定稲穀一万五千六百五十三斛四斗五升八合五夕七撮

(2)　籔振量収所入一千四百二十三斛四升一合八夕九撮

(3) 振定一万四千二百三十斛四斗一升六合八夕八撮

(4) 不動一万二千五百二十七斛七斗七升

(5) 動用一千七百二斛六斗四升六合八夕八撮

(6) 頴稲若干束

(7) 出挙一万一千束

(8) 負死伯姓若干人　免税若干束

(9) 未納若干束　負伯姓若干人

(10) 定納若干束本若干束 利若干束

(11) 当年応輸租穀、依天平九年八月十三日恩　勅免訖、

(12) 遺頴稲若干束

(13) 死伝馬皮一張　直稲一十束

(14) 合定稲穀一万五千六百五十三斛四斗五升八合五夕七撮

(15) 頴稲若干束

(16) 雑用四千八百二十束一把三分穀二百六十一斛四斗四升 頴稲二千一百四十三束九分之五

(17) 依天平九年五月十九日恩　勅、賑給高年鰥寡惸独等若干人、稲穀一百九十二斛四斗○受給者種別人数不詳

(18) 依九月廿八日恩　勅、賑給高年八十年已上若干人、稲穀六十九斛○受給者種別人数不詳

(19) 納民部省年料交易麦若干斛大麦若干斛 小麦若干斛直稲若干束

(20)　難波宮雇民粮米若干斛、料稲若干束
(21)　伝馬一疋中直稲一百八十束
(22)　依民部省天平九年十二月廿三日符、進上県醸酒若干斛、料稲若干束
(23)　依民部省天平九年十一月十二日符、官奴婢食料進上米若干斛、料稲若干束
(24)　依民部省天平九年十一月九日符、大鳥連大麻呂造地黄煎所米若干斛、料稲若干束
(25)　依民部省天平九年九月廿二日符、交易進上陶器若干、料稲若干束
(26)　監月料稲若干束
(27)　朝使単若干人官人若干人 従人若干人食稲若干束若干人別四把 若干人別三把酒若干升若干人 別一升
(28)　監巡行部内単若干人官人若干人 従人若干人食稲若干束若干人別四把 若干人別三把酒若干升若干人別一升 若干人別八合料稲若干束
(29)　祭幣帛幷大祓使従七位下村国連広田　将従二人　従監史生若干人　将従若干人　経若干日　食稲若干束　酒若干升
(30)　祭幣帛使位子无位丸連群麻呂　将従一人　従監正　将従若干人　経若干日　食稲若干束　酒若干升
(31)　修理池　史生若干人　将従若干人　経若干日　食稲若干束　酒若干升
(32)　出挙正税　正　令史　史生若干人　将従若干人　経若干日　食稲若干束　酒若干升
(33)　難波宮雇民粮充　正　令史　史生若干人　将従若干人　経若干日　食稲若干束　酒若干升

(25)の陶器は、大鳥郡の陶邑がその特産地であり[8]（今の地名は堺市陶器）、日根郡の欠失がない雑用項目に陶器の交易料稲が記されないのは、その料稲が大鳥郡だけから支出されたことを示すものであり、㈠首部にみえる陶器の交易料稲

（稲の類の記載部分は欠失しているが）の支出を右のように大鳥郡の(25)に掲げたのである。

大鳥郡関係の記載として残存する左の(三)内容は、右に復原した第(33)項のあとにつづくもので、第(34)項から第(73)項に相当する。

(三)大鳥郡

(34)　　傕伯姓産業　令史　将従二人　二度　経一十箇日　食稲一十束　酒一斗

○中略

(73)　　東第肆板倉長一丈七尺　広一丈二尺一寸　高九尺三寸　空

(ロ)〔大鳥郡(三)の末尾切断部欠失記載〕　まえに記したように、大鳥郡の倉の総数は、正倉二七間（不動八、動用二、頴稲五、借納放生稲一、空一一）屋二宇（並びに頴稲）となっており（〈第**2**表〉）、残存する記載には、不動東第一板倉・動用東第二板倉・動用東第三板倉・東第四板倉（空）がみえ、したがって(三)の末尾切断部に記されていたのは、不動七間・頴稲五間・借納放生稲一間・空一〇間・屋二宇（並頴稲）の寸法、収納する稲穀と頴稲の量、収納責任者の氏名などであったと考えられる。

(四)　首部　首部に所属する(一)に記されるのは、稲穀については繰越のうちの天平八年定正税、収入の天平九年租免と支出の賑給だけであるが、頴稲関係は繰越・収入・支出と雑用の内訳であり、(二)に記されるのは雑用内訳の一部である。㈠に欠けている稲穀の繰越、支出の検官物日所欠、㈡に欠けている稲穀頴稲の残高が各項について三郡の額の和を求めると知られることはいうまでもなく、それらを〈第1表〉首部の欄に記入した。別段説明を要しないから、問題になる点だけについて記すと、稲穀の1繰越天平八年定正税は帳自身が掲げる「合定稲穀肆万参仟陸伯壹拾貳斛壹升漆合壹夕参撮」の額が誤っていると考えざるを得ないので、繰越天平八年定正税の㉛日根郡と、まえの計算の結果から得られた21大鳥郡・41和泉郡との額の和四三六一二斛〇一六六二を記入した。㉛日根郡は帳に五七二八斛〇六〇八六と記されているが(88)、帳の㊽日根郡残高天平九年定正税の五四五九斛六六〇八〇(93)との関係から、㉛を五七二八斛〇六〇八〇とするのが妥当であることは前述した(和泉郡の43に関する記述参照)。

つぎに首部本文欠失記載の推定と復原をおこなう。

(イ)　㈠の冒頭の欠失が六項目であることは、㈥日根郡の冒頭(88)、および帳の冒頭記載が完存する天平二年度紀伊帳(一418)・四年度隠岐帳(一451)・六年度尾張帳(一607)を参照すれば知られ、〈第1表〉の額を記入すれば左のごとくである。

〔首部㈠冒頭の復原〕

(1)和泉監正解　申収納天平九年正税并神税事
(2)合三郡天平八年税帳遺定稲穀四万三千六百一十二斛一升六合六夕二撮
(3)　簸振量収所入三千九百六十四斛七斗二升八合七夕八撮
(4)　振定三万九千六百四十七斛二斗八升七合八夕四撮

(5)　不動二万九千五百三斛五斗三升四合五夕六撮

(6)　動用一万一百四十三斛七斗五升三合二夕八撮

したがって残存する㈠の左の記載は、右につづく第(7)—(33)項に相当する。

㈠(7)頴稲六万九千五百六束四把八分

○中略

(33)　依民部省天平九年九月廿二日符、交易進上調陶器

（ロ）　㈠と㈡との間の切断部に記されていた項目は、ほぼ完全な日根郡記載のうち左の㈦の第(26)—(37)項に相当するものであったと推定される。

（㈦日根郡）

(26)　依民部省天平九年十一月十三日符、交易進上真莒一十合、

直稲一百二十束合別十二束

○中略

(37)　検校栗子　正　将従三人　経一箇日　食稲一束三把　酒一升

もっとも首部には、三郡から支出された合計額が記される場合と、特定郡だけから支出された額が掲げられる場合とがある。特定郡だけから出された例をあげると、首部㈠(27)にみえる恒例正月十四日金光明経・最勝王経読誦の惣供

養料は監衙が所在する和泉郡だけから支出されたと考えられ（理由は和泉郡の㈣欠失記載復原の(41)のところで述べた）また日根郡の㈦(26)進上真莒（筥）の費用は日根郡だけから支出されたと推定され、その額は㈠と㈡との間に日根郡支出額のまま記されていたであろう。日根郡に属した箱作という地名が大阪府泉南郡南海町に残っており、真筥はこの地の特産であったと考えられるからである。

〔首部㈠と㈡との間の切断部記載の推定と復原〕

(34)　依民部省天平九年十一月十三日符、交易進上真筥一十合、直稲一百二十束合別十二束

(35)　監月料稲若干束

(36)　朝使単若干人官人若干人 従人若干人食稲若干束若干人別四把 若干人別三把酒若干斗若干人 別一升料稲若干束

(37)　監巡行部内単若干人官人若干人 従若干人食稲若干束若干人別四把 若干人別三把酒若干斗若干人別一升 若干人別八合料稲若干束

(38)　祭幣帛并大祓使従七位下村国連広田　将従二人　従監史生一人　将従一人　経一箇日　食稲一束七把

酒一升八合

(39)　祭幣帛使位子无位丸連群麻呂　将従一人　従監正　将従三人　経一箇日　食稲二束　酒二升

(40)　修理池史生若干人　将従若干人　経若干日　食稲若干束　酒若干斗

(41)　出挙正税正令史　史生若干人　将従若干人　二度　経若干日　食稲若干束　酒若干斗

(42)　難波宮雇民粮充　正令史　史生若干人　将従若干人　経若干日　食稲若干束　酒若干斗

(43)　催伯姓産業　令史　将従若干人　二度　経若干日　食稲若干束　酒若干斗

(44)　責計帳手実　正　将従若干人　経若干日　食稲若干束　酒若干斗

(45)　検校栗子　正　将従若干人　経若干日　食稲若干束

首部(一)の最後(45)食稲額の末尾と酒の額は(二)の冒頭に、

(二)　把　酒三升

とみえる。右の(34)から(45)までの復原は日根郡の(七)を参照しておぎなったが、もし大鳥郡あるいは和泉郡だけから支出された額があるならば、その額を記す項目を右の首部復原に加えなければならない。残存する大鳥郡の(三)にみえる雑用項目は「催伯姓産業」に従事した官人の食稲・酒から「封正倉」の官人の食稲と酒まで八項目にすぎず（79 80）、それらにあたる項目は日根郡の(七)にすべてみえ、和泉郡の(四)と(五)には雑用項目がすべて欠けているので、大鳥郡か和泉郡だけから支出された項目を知り得ない。したがって、今のところ(一)と(二)との間の切断部には少くとも右の(34)から(45)までの十二項目の記載があったことがいえる程度にとどまるが、特定の郡だけから支出される項目はそう多くないと思われる。たとえば日根郡だけから支出されたものは交易進上真笥の額ぐらいである（前述）。首部の(一)(33)に交易進上調陶器とみえ、恐らくこの交易料稲は大鳥郡から支出されたであろう。和泉郡だけから支出されたものは、正月十四日の二寺の供養料[9]、和泉宮の御田の稲を収納する費用などが考えられるが（前述）、和泉郡は監衙の所在地であるという関係から、支出項目はもう少しあったかも知れない。

（八）　(二)の末尾の欠失記載について考えよう。残存する(二)の左の記載は第(46)―(51)項にあたる。

把　酒三升

(二)(46)　伝馬価充　正　将従三人　経三箇日　食稲三束九把　酒三升

○中略

(51)　封正倉　正　将従三人　経一十三箇日　食稲一十六束九把　酒一斗三升

この(二)の末尾の欠失部の内容を推定するのに参照されるのは(三)大鳥郡の記載であり、(三)には「封正倉」の費用のつぎに左のごとく二一項目が記される(80 81)。

(三)大鳥郡)

合酒糟八斗七升五合、修理池人夫二百九十二人〻別三合　給尽

天平五年未納一千九百二十九束八把穀一百卅六斛四斗　頴五百六十五束八把

○十四項目略

定頴稲二万四千五百六十二束四把八分

酒六十五斛

盛瓱一十三口〻別受五斛

正倉二十七間不動八間　動用二間　頴稲五間　借納放生稲一間　空十一間

屋二宇並頴稲

右の㈢大鳥郡の記載で中略した十四項目は天平四年と二年の出挙未納額、天平四年の国司借貸未納額、欠酒額、天平九年の稲穀残高（定正税・検官物日量計所欠額・簸振量・振定量）などであり、右の最後の「屋二宇」のつぎは倉庫の寸法と委穀の額となっており、不動東第一板倉・動用東第二板倉・動用東第三板倉が記され、あとはまた切断されている。首部㈡に記された倉庫関係の記載は倉の数の合計だけであり、倉の寸法と委穀の額は各郡の部分だけに記されていたと考えられる。したがって首部㈡の末尾の欠失部には恐らく左のごとき項目が記されていたと思われる。

〔首部㈡の末尾切断部記載の推定と復原〕

(52) 合酒糟若干、修理池人夫若干人、〻別三合 給尽
(53) 天平五年未納若干束穀若干斛 穎若干束
(54) 天平四年未納若干束
(55) 天平二年未納若干束
(56) 右三箇年未納、依天平九年八月十三日恩 勅免訖
(57) 天平四年前監所給借貸未納若干束某若干束
(58) 欠酒若干升
(59) 合遺定稲穀四万二千七百十五斛八斗一升六合六夕二撮
(60) 検官物日量計所欠八十九斛八斗二升動用
(61) 依令経五年已上、一斛聴耗二升、料除一十六斛

(62)　仝所欠七十三斛八斗二升
(63)　定四万二千六百二十五斛九斗九升六合六夕二撮
(64)　籾振量三千八百七十五斛九升六夕
(65)　振定三万八千七百五十斛九斗六合二撮
(66)　不動二万九千五百三斛五斗三升四合五夕六撮
(67)　動用九千二百四十七斛三斗七升一合四夕六撮
(68)　定穎稲五万三千五十二束一把一分之五
(69)　酒一百七十石
(70)　盛䍐三十四口〻別受五斛
(71)　正倉六十一間不動二十一間　動用五間　穎稲十四間　借納放生稲一間　借納義倉一間　空四間
(72)　屋七間穎稲五宇　空二宇

右の(53)・(54)・(55)・(57)の出挙・借貸未納の年代は、実際と相違があるかも知れないが、一応(三)大鳥郡にみえるのにならった。

二　和泉帳記載の特色と二、三の問題

正倉院文書のなかに天平二年度から十一年度までの二五通の正税帳が伝えられ、いずれにも欠脱があり、全体の完

全なものはないが、首部だけ完全なのは二年度の紀伊帳（一418－421）で、郡単位に完全なものとして二年度大倭の平群・十市・城下・山辺・添上郡（一397－399、402－413）、越前の丹生・江沼郡（一430－432、435－437）、四年度隠岐の周吉郡（一456－458）、九年度豊後の球珠郡（二40－46）があり、部分的に完全なのは一〇例であった。

右のうち隠岐帳の周吉郡は二四項目であるが、沢田吾一氏(10)は卓抜な方法で隠岐帳の首部二五項目、知夫・海部・役道三郡の各二四項目を復原され、隠岐帳全体が一項もあますところなく完璧な姿をととのえ、沢田氏の正税帳の復原と分析によって律令国家財政史研究の道が大きくひらかれ、多くのすぐれた業績が積みかさねられた。帳の復原をめぐる国衙財政の分析として最近注目されるものに八年度伊予帳に関する薗田香融氏(11)の考察がある。伊予帳では第一断簡（五行、帳の最末尾の部分にあたる）・第二断簡（三行）・第四断簡（三行）は零細であるが、薗田氏は、第三断簡の第二行から第十三行までが某郡記載に相当することに着目し、この記載における古損一〇カ所のうち四カ所を復原するとともに、伊予帳が八年度に関する中間報告書的なもので、他国の正税帳にこの種のものがみられず、この点が伊予帳の特色であることなどを指摘された。

残存する正税帳二五通の記載様式を通観して知られる大きな変化は、天平六年を境としてこれ以後の帳では雑用の内訳を詳記するものが多くなることであり、六年度尾張、八年度薩摩、九年度豊後・但馬・駿河・和泉、十年度淡路・駿河・周防・筑後、十一年度伊豆の帳がそれである。

以上で見た帳の残存状態に和泉帳を対照させると、第一、郡の雑用内訳の完存するのは豊後球珠郡と和泉日根郡だけで、球珠郡の雑用内訳が一三項目であるのに対し、日根郡のは二五項目におよぶ。第二、日根郡倉庫関係記載も完全で、各倉庫ごとに長さ・広さ・高さの寸法、収納する稲穀と穎稲の量、収納責任者たる監の正、郡司の氏名を記し、このように倉庫ごとの記載が詳細なのは他に例がない。第三、首部の完全な唯一の例の二年度紀伊帳は雑用の内訳を記さず、雑用の内訳を記す六年度尾張、八年度薩摩、九年度豊後*・但馬・駿河、十年度淡路・駿河・周防・筑後、十一年度伊豆の帳（*は郡記載、ほかは首部記載）はいずれも切断による欠失があり、欠失記載を推定することが困難であるが、和泉帳の首部は三四項目が残存し、冒頭に六項目を復原することが可能であり、ほかに(一)と(二)との間の一二項目（(34)—(45)）の名目だけは推定でき（額は不明）、(二)の末尾には七項目（(52)—(58)）の名目の推定と、一四項目（(59)—(72)）の名目・額の復原が可能であって、欠失のありかたも筋のよい部類に属する。

第四に和泉帳で注意されるのは借貸である。和泉帳の作成年月日は天平十年四月五日で、これよりさき一カ月足らずまえの三月九日の官符で国司借貸が停止せられた。地方財政の強化のためであるが、これまで借貸は国司の借り放しでよかったのであるから、借貸停止は国司にとって大きな痛手である。和泉帳の首部に借貸三五三四束が記されるのは、停止よりもすでに一年度まえに借貸としてうけ出したものは致しかたあるまいという考えに立って正の黄文連伊加万呂が書いたであろう。正税帳に借貸を記すのは和泉帳が最後で、和泉帳よりのちのものとして残る十年度淡路・駿河・周防、十一年度伊豆の帳にはさすがに借貸が記されない。十年度の左京・筑後帳は欠失が甚だしいが、欠失部分にも記されていなかったとみてよかろう。しかし、国司は新手を考え出したにちがいない。十年十二月廿七日作成の淡路帳には「安曇宿禰虫麻呂与広道交替欠穀一千四百五十四斛六斗八升七合五夕八撮」「安曇宿禰虫麻呂与広道交替欠二万一千三百五十四束三把二分」「安曇宿禰虫麻呂与広道交替欠（糯）一斛六斗七升」とあらわれる。十年度の駿河・周防、十一年度の伊豆帳に欠穀はみえないから、借貸停止以後の帳のどれにも莫大な欠損があらわれるわけでないが、淡路の欠損は甚だ大きく、不自然と考えざるを得ない。

天平九年三月九日の官符は借貸停止のほかに、天平六年正月廿一日を以て太政官が諸国に下した借貸の正符を便使に附して進上することを命じているが、岸俊男氏(12)は、正月廿一日の正符が続紀同月丁丑（十五日）条に「聴三諸国司毎年貸二官稲一」とみえ、その数を大国一四万束以下、上国一二万束以下、中国一〇万束以下、下国八万束以下と制限したそれをさすものであること、和泉帳の㈢大鳥郡に「天平四年前監所給借貸未納伍伯陸拾陸束伍把（故正田辺史首名二百廿束五把主政土師宿禰広浜三百卌六束）」とみえるから国司借貸は天平六年以前から存しており、六年紀はその制限を示したのであろうこと、束数の大きいのは不思議でなく、九年度豊後帳では球珠郡に四五〇〇束、直入郡に四〇〇〇束、某郡に七五〇〇束が記され、豊後八郡（上国）の総計額はかなりの数に上ること、六年に国司借貸が政府で問題化して制限され、八年に負官稲死亡国司の処置、十年に借貸停止令がとられたこと、などを注意された。また薗田氏(13)は、前掲和泉帳㈢大鳥郡の借貸について主政にも借貸されていることを注意するとともに、和銅五年五月辛巳（十三日）詔にみえる非合法の地方官借貸（無利息の官稲を国郡司里長らが独占し、農民に有利で出挙していた）と、天平六年制との中間的なものが㈢の借貸であることを述べられた。

和泉帳で借貸が問題になるのは㈠首部と、岸・薗田氏が論及された㈢大鳥郡のほかに、（一）日根郡のところで考えた㈧の冒頭記事があり、これに対応する㈢大鳥郡記載と対照すれば、㈧の欠酒のまえに記される大領日根造玉纆の□九斗、少領別君豊麻呂の一一斛七斗四升四合三夕、主帳日根造五百足の九斛七斗も恐らく借貸であると思われる。ただ右は二行の割註で記される部分で、本文が欠けているから借貸をうけた年度は不明である。㈢大鳥郡の借貸の単位が束であるのに対し、㈧日根郡の右の割註では斛が単位となっていること、日根玉纆のうけた額の斛位は欠けているが、判明する額の一三斛五斗一升四合三夕は一三五束一四三に当り、借貸の額として少ないことなどから割註は穀借貸以外のものともいえようが、㈢大鳥郡の対応記載からみて穀借貸と思われる。もしこの推測が当っているならば、借貸が郡司にもおこなわれたこと、穎稲のほかに穀で借貸する場合もあったことがいえることになる。

第五、和泉宮のことが注意される。和泉地域は大化改新後もながく河内国に含まれ、霊亀二年四月大鳥・和泉・日根三郡をさいて和泉監がおかれ、天平十二年八月に廃されたが、のち宝字元年五月に再び独立して和泉国となった。霊亀二年の監設置は、芳野監の場合と同様に離宮がおかれたためであることはいうまでもない。

(イ)霊亀　二・　三・癸卯　割河内国和泉日根両郡、令供珍努宮、
(ロ)同　　二・　四・甲子　割大鳥和泉日根三郡、始置和泉監、
(ハ)養老　元・　二・丙戌　自難波至和泉宮、
(ニ)同　　元・　二・己丑　和泉監正七位上堅部使主石前、進位一階、工匠役夫、賜物有差、
(ホ)同　　元・十一・丁巳　車駕幸和泉離宮、
(ヘ)同　　三・　二・庚午　行幸和泉宮、
(ト)天平十六・　二・甲辰　幸和泉宮、
(チ)同　十六・　二・丁未　車駕自和泉宮至、
(リ)同　十六・　七・癸亥　太上天皇(元正)幸智努離宮、
(ヌ)同　十六・　十・庚子　太上天皇(同)幸珍努及竹原井離宮、
(ル)同　十六・　十・辛丑　賜郡司十四人爵一級、高年一人六級、三人九級、行所経大鳥和泉日根三郡百姓年八十以上男女穀人有差、

〈第3表〉和泉帳の官人と郡司

官職	年代	位階	人名
正	養老六	正六位上	奈貴首百足
	天平四	―	田辺史首名
	〃 八	正六位上勲十二等	御使連乙麻呂
	〃 九―十	従六位上勲十二等	黄文連伊加麻呂
佑	〃 六	従八位上	土師宿禰比良夫
	〃 九以前	―	丹比宿禰足熊
令史	〃 五	従八位下	椎田連嶋麻呂
大領	〃 八	外正七位上勲十二等	日根造玉纒（日）
少領	〃 九―十	外従七位下	珍県主倭麻呂（和）
	〃 九以前	―	別君豊麻呂（日）
主政	〃 四―九	外従七位上	土師宿禰広浜（大）
主帳	〃 五	无位	珍県主深麻呂（和）
	〃 九―十	外従八位下	日根造五百足（日）

和泉帳に収納責任者・借貸受領者としてみえる監の官人と郡司の名、および位階をもっていたときの年代を〈第3表〉に掲げた。[14] 史生の名はみえないが、正（長官）・佑（判官）・令史（主典）とともに活動する史生の人数が帳にみえ、続紀霊亀二年六月丁卯条に史生三人をおくと記される。㈣和泉郡の動用南院北第一法倉振定額の割註にみえる「天平九年正従六位上勲十二等黄文連伊加麻呂」（85）について、沢田吾一氏は、[15] 天平九年度の正税を検査する（即ち検税の）正使なることを示すもので、職名もしくはその略記とされたが、的確でなく、正は監の長官である。藤間生大氏は、[16] 霊亀二年珍努宮をつくるための編成で和泉監が正・佑・令史・史生の機構をそなえたのは、省の直轄下の司と同じくしたものであることを注意され、滝川政次郎博士は、[17] 大宝律令編者の一人である田辺史首名が、前掲㈢大鳥郡に、天平四年稲若千束を借貸として用い、二二〇束五把未済のまま死んだとみえることに注意して、首名の伝記を増補するとともに、帳に従六位上守正勲十二等黄文連伊加麻呂の名がみえるところから正の相当官位が正六位下以上で、位は高くないが、元正・聖武天皇は珍努の冬の離宮にしばしば行幸し、監司は祿をたまわり、諸郡は租を免ぜられ、和泉監の正は顕官の一つであった、と述べられた。

允恭八年紀に、衣通郎姫のため日根野に茅渟宮をつくり、九・十・十一年紀に、行幸があった、と記す。こまかい年代まで信用することはできないし、続紀の珍努宮が同じ位置につくられたかどうか明らかでないが、続紀の珍努宮址は日根郡上之郷（泉南郡泉南町上之郷）に、和泉（離）宮址は和泉郡府中（和泉市府中）にあてるのが和泉志以来の説である。宮址のこまかい地点はともかく、珍努宮が日根郡にあったことは続紀(イ)と(ル)によって知られ、和泉宮が和泉郡に位置したことは、和泉帳で和泉宮御田苅の食稲が(七)日根郡から支出されていない（この食稲は(二)首部にみえるが、(四)和泉郡に欠失している頭部の雑用内訳に記されていたと推定する）ことによってわかり、両宮は区別すべきものであり、続紀にも書きわけられている。井上正雄氏は、(18)和泉宮は珍努宮とも称し、元正天皇が和泉・日根二郡を供して行幸し、聖武天皇も行幸した、と述べ、滝川博士も、(19)元正天皇は珍努の離宮を好まれ、太上天皇になられた後も、屢々行幸せられた、聖武天皇も元正太上天皇と駕を並べて珍努宮に行幸せられた、といわれるが、これらは和泉宮を珍努宮と同一とするわけで、前述の理由から誤りであることが知られよう。元正天皇の行幸(ハ)・(ホ)・(ヘ)は和泉（離宮）であって、聖武天皇の行幸(ト)・(チ)も和泉宮、元正太上天皇の行幸(リ)・(ヌ)は珍（智）努宮である。

ただ(ロ)霊亀二年四月の監設置は、(イ)同年三月和泉・日根二郡を珍努宮に供したことに関係があるのか（供するとは、二郡から造営の人夫を出させることか、二郡を珍努宮に所属させることか、明らかでないが、供の字から推すと前者であろう）、(ハ)翌養老元年二月和泉宮行幸のことが初めてみえ、造営従事者に授位と賜物がおこなわれているところから推せば、和泉宮造営と関係があるのか、解釈にまよう。吉田東伍博士の大日本地名辞書にも、(20)茅渟宮址の解説で続紀(イ)霊亀二年三月、(ロ)同四月の記事を掲げて参考史料とし、また和泉宮址の項でも、(ロ)によって、霊亀二年始めて和泉宮を興し、宮監を置かれたる歟、と述べており、監設置がいずれの宮の造営と関係するのか、きめかねている。(イ)は珍努宮造営の記載とするには史料的に弱い感がしないでもなく、珍努宮行幸が(リ)天平十六年までみえないことも不審であるが、まえに述べたように、供すとあるのは、人夫を造営に出させることかと考えられ、かつまた珍努宮と和泉宮と区別しなければならないことからみて、今のところ、霊亀二年三月珍努宮の造営がおこなわれ、さらに同年四月ごろ和泉宮の造営も始められた関係で監が設置されたと考えておきたい。三月に和泉・日根二郡が珍努宮に供されたのに対し、四月の監設置では右の二郡のほか大鳥郡も加えられているのは、新たに和泉宮が四月ごろ造営され始めたことと関係があるかも知れない。

第六、月料が記されることも注意される。阿部猛氏(21)は、月料・要劇料・官田などを中心に律令財政機構の崩壊を論じた論考で、月料の初見として類聚三代格所収天平三年六月廿四日勅(a)により戸座に給した「月料人別三斗六升」とみえるのをあげ、ついで続紀の天平十六年正月戊午条(b)に、

太政官奏。鎮西府将軍准二従五位官一。判官准二従六位官一。主典准二従七位官一。倍二給二季祿及月料一。並留二応レ入レ京調庸物一相折。通融随二時便一。又特賜二公廨田一。将軍十町。副将軍八町。判官六町。主典四町。奏可之。

天平宝字五年二月丙辰朔条(c)に、

勅。朕以二余閑一歴二覧前史一。皆降二親王之礼一。並在二三公之下一。是以別預二議政一者。月料馬料。春秋季祿。夏冬衣服等。其一品二品准二御史大夫一。三品四品准二中納言一。

天平神護二年十月乙巳条(d)に、

詔。法王月料准二供御一。法臣大僧都第一修行進守大禅師円興准二大納言一。法参議大律師修行進守大禅師正四位上基真准二参議一。

類聚三代格所収、延暦十二年三月九日太政官符(e)に、

応㆘停㆓摂津職㆒為㆗国司㆖事

右被㆓右大臣宣㆒偁。奉㆑勅。難波大宮既停。宜㆘改㆓職名㆒為㆖国。其二季禄及月料並従㆓停止㆒。

とみえるものなどから延喜式に至る多くの史料を掲げ、官人給与制度の変遷を説かれたが、月料は和泉帳㈦日根郡(f)に、

監月料稲一百八十一束故令史将従二人、起天平九年正月一日迄七月四日、合一百八十一日、〻別一束

同じく㈦(g)に、

監月料充　正　令史　史生一人将従六人　二度　経四箇日　食稲一十二束　酒一斗一升二合

㈡首部(h)に、

監月料充　正　令史　史生一人　将従六人　二度　経八箇日　食稲二十六束六把　酒二斗四升四合

㈢大鳥郡(i)に、

監月料充　正　令史　史生一人　将従六人　二度　経二箇日　食稲六束　酒五升六合

と記され、hからgとiとの和を引けば、㈣和泉郡から支出されたもの(j)は、

監月料充　正　令史　史生一人　将従六人　二度　経二箇日　食稲八束六把　酒七升六合

と知られたのである。

月料は、大宝・養老令に規定がみえず、官人の給与としての基本的な内容が明らかでないが、西岡虎之助氏[22]はつぎのように解説されている。律令制の官職において、皇族から下級官人などの実生活に必要な米・副食物・調味料を、毎月支給することで、月俸ともいった。天皇の供御料も本質的に同じで、衣服料として官人らに支給する季禄も同様

である。月料の財源として、初めは一般的な課税のほかに、月料田として特別に課税を賦課し、それを内外官一律に階層に応じて支給していたが、奈良時代末期ないし平安初期から、内官または京都在住の者に限って支給するようになり、支給物も特別の課税によらず、京庫の物をあてることとなった。ただし畿内以外諸国の物をあてる場合も絶無でなく、典薬寮・主殿寮・平野社の職員、および後宮の宮主・戸座などには畿内諸国の官田の地子をもってあてた、と。つづいて西岡氏は、支給物と支給方法に及び、受給者には一定の限界があって、受給は一つの特典であったが、内官や京住者だけが、この特典をうけるのは、外官などにくらべて、生活難であったからである、といい、月料制度の崩壊に触れられる。

前掲和泉帳の月料関係の記載は簡単であり、しかも記載のうち明らかでない点もあるので、月料の内容を解明するのにいくばくも寄与しないが、fによれば、月料は和泉監の官人にも与えられた手当で、郡の頴稲を以てあてられたこと、g・h・i・jの「監月料充」は月料を監の官人に分配して廻ること、支給は年二回に分けておこなわれること、などが知られる。なお、西岡氏は、月料が最初、内外官一律に階層に応じて与えられた、といわれるが、それならば和泉帳だけにあらわれないで、雑用内訳を記す天平六年度尾張、八年度薩摩、九年度豊後・但馬・駿河、十年度淡路・駿河・周防・筑後、十一年度伊豆帳のどれかにもみえてくる筈ではあるまいか。阿部氏があげられたdによれば、鎮西府の将軍以下に与えられ、eによれば、摂津職が国と改められたために停止されていることが知られ、そうすると、月料は内官と、特別な地方官衙の官人に支給されるのがたてまえであったと思われる。このような考えに誤りがないならば、珍努宮と和泉宮が所在する関係で、和泉監がおかれ、藤間氏が指摘されたように[23]、監の組織を中央の司と同じ機構としたほかに、監の官人を内官なみにあつかったということができ、滝川博士[24]が和泉監の官は一つの顕官であったと述べられたことに具体性を増すのではあるまいか。といっても和泉帳の首部㈠と㈡との間に「監月料稲」に関する記載が欠失しているため、月料の内容を掘りさげることができず、また前掲fの割註をどう解すべきであるかということなど、月料については多くの問題が残る。

第七、他国の正税帳にみえる項目で、和泉帳にみえないものをあげると、往来使に食稲を支給したことがあらわれない。延喜兵部式諸国駅伝馬の和泉国駅の条に「日部。嚝唹各七疋」とみえ、国史大系本の頭註に「嚝唹、原作呼捕唹、今従林本貞本、九本作袁於」と記す（林本は雲州家校本所引林本、貞本は雲州家校本所引貞享本、九本は九条公爵家所蔵本）。和泉を通る官道については、摂津から南下し、和泉に入ると塩穴（堺市）や石津（同）を通り、大鳥（同）に達し、日部駅（泉大津市草部）を経て和泉の国（監）府（和泉市府中）・嚝唹駅（呼唹駅、泉南郡泉南町男里）を過ぎ、紀伊に通じていた(25)。このように官道が和泉を通っていたのに、中央と南海道（紀伊・淡路・阿波・讃岐・伊予・土佐）との間を往来する使が和泉を通ったらしくないのは、平城京から南海道にゆくには、高市郡を経て、紀伊川に沿うて和歌浦に出るコースをとったからで、天平神護元年十月、称徳天皇が高市郡小治田宮→大原→長岡→宇智郡→紀伊国伊都郡→那賀郡鎌垣行宮→玉津島に行幸したのは、この道によったのである(26)。また紀貫之は土佐から平安京へ帰るのに、淡路から和泉の海岸を通り摂津に達したと土佐日記に記しており、平城・平安京と四国との連絡は大阪湾を通るコースもとられたであろう。

往来使に使給した食稲が和泉帳にあらわれないのは、以上で説明がつくが、他国の正税帳には、中央などに進上する年料や臨時の貢納品を運ぶ運脚に対する食料が正税から支出されたと記すのに、和泉帳は、納民部省年料交易麦・官奴婢食料米・交易進上調陶器・交易進上真菖などの料稲を記すだけで、運脚に対する食料を支出したことをのせない。これは、畿内が庸を免除されていたかわりに、京進の物資を運搬した運脚は食を自弁したからであろう。和泉帳には、なお難波宮雇民粮米・進上県醸酒料が記され、前者はいうまでもなく難波離宮造営に従事した和泉監出身の雇民に与える食料で、難波に運ばれたが、後者のあてさきについては問題がある。

和泉帳の記載内容を検討すると、問題はなお多い。ここでは和泉帳の欠失記載について復原を試み、和泉帳記載の特色や、若干の問題に関し私見を述べた。

（後記） 正税帳に関する種々の疑問について薗田香融氏から御教示をいただいた。厚くお礼申し上げる。

（1） 和泉帳八断簡の所属をこう考える理由は補論第一「和泉監正税帳断簡の整理」で述べた。

（2） 大日本古文書二の八八頁の意。和泉帳の場合は以下これにならい頁のみ記す。

（3） 帳記載の壱・弐・参……は一・二・三と記し、伯は百、仟は千としてあつかう。

（4） 沢田吾一『奈良朝時代民政経済の数的研究』三六八頁。

（5） 早川庄八氏は諸国の正税帳の記載額を丹念に整理計算し、問題ごとに詳細な表を作成され、教えられるところが多い。ただ和泉の場合、出挙本稲は和泉監全体が三万束、日根郡が八千束で、残額二万二千束が大鳥・和泉二郡の合計としておられる（「公廨稲制度の成立」史学雑誌、六九の三）。しかし和泉郡が一万一千束と知られるので、大鳥郡も同じく一万一千束となる。

（6） 神税は、和泉の場合、郡倉に保管されているが、他の国では現物の稲が神家に保有されていたことを薗田香融氏が指摘されている（「出挙―天平より延喜まで―」大阪歴史学会編『律令国家の基礎構造』四〇六頁）

（7） 続紀天平九年十一月癸酉条に、使を畿内および七道に遣わして諸神社を造らしむ、とみえ、類聚三代格・政事要略所収天平十三年二月十四日国分寺建立勅に、前年駅を馳せて天下の神宮を増飾し……と述べているのは九年十一月の遣使をさし、天平九年度長門帳にみえる造神宮駅使はその使にあたるが（二―38）、和泉帳の祭幣帛使と大秡使はその名称からみて右の使とは別であろう。しかし天平七年から筑紫に流行し始めた疫瘡と、それにともなった飢饉の災害を除去するために祭幣帛使や大秡使が派遣されたのであると考えられ、右の造神宮駅使派遣も疫瘡と飢饉の災害除去を祈るためであったと考えられる。

(8) 島田暁「須恵器」（河出書房発行『日本考古学講座』五の二〇五頁）

(9) 補論第一「和泉監正税帳断簡の整理」

(10) 沢田吾一、前掲書、三一一—三一九頁。

(11) 薗田香融「伊予国正税帳について」（古代文化、五）

(12) 岸俊男「郷里制廃止の前後」上（日本歴史、一〇六）

(13) 薗田香融「出挙—天平より延喜まで—」（前掲『律令国家の基礎構造』四一三—四一四頁）

(14) 御使乙麻呂は六回みえ(82 84 94—96)、日根郡西第一丸木倉収納責任者のところだけ「天平九年」と記されるけれど(94)、すぐ上の本文に「収納天平八年」とあり、他の箇所でもすべて天平八年とみえるから、九は八の誤りと考える。日根玉纏は三回みえ(94 95 96)、一回だけ天平九年と記されるが(94)、同様に帳の記載を検討すればこれも八年の誤りと考えざるを得ない。日根五百足は天平九年擬主帳と三回記され(94 95 96)、帳作成の十年四月五日にも同様である(97)。したがって(ハ)日根郡冒頭に彼が主帳と記されるのは(93)、擬主帳の擬を省略したものと思われる。この(ハ)冒頭に彼とともに記される大領日根玉纏・少領別豊麻呂らは、天平九年度以前に穀の借貸をうけたと考えられ（本文、第二節和泉帳の特色と二、三の問題の(4)で述べた）そうすると、帳記載のままならば、天平九年以前に主帳であった彼が、のち九年から十年にかけて擬主帳となったことになりおかしい。何らかの事情で主帳から擬主帳になることもあり得ようが、普通は擬主帳↓主帳のコースをふむと考えられるからである。

(15) 沢田吾一、前掲書、三六八頁。

(16) 藤間生大「古代豪族の一考察——和泉における紀氏・茅渟県主・大鳥氏の対立を例として—」（歴史評論八六）。正税帳は律令国家財政史の研究にとって基本的史料であるこというまでもないが、藤間氏のこの論考は大化前後の和泉における豪族の消長をあとづける政治史の分析に和泉帳を駆使しており、豪族研究のすぐれた業績として教えられるところが多い。

(17) 滝川政次郎「田辺史首名について」（日本上古史研究五の一一）参照。珍努宮と和泉宮に関する前掲続紀の記載をみれば、行幸は二月が四回、十月が一回で、滝川氏が、夏の離宮としての芳野に対して、珍努宮が冬の離宮であったことを指摘されたのは興味深い（ただし、珍努宮は別称和泉宮とよばれたのではなく、両者は別の宮である。本文参照）。七月の行幸も一回みえるが、和泉の海岸は涼を入れるにも適したからであろう。

(18) 井上正雄『大阪府全志』巻五の五五〇頁。

(19) 滝川政次郎、前掲論文（註17）

(20) 吉田東伍『大日本地名辞書』一の三五八頁、三五一頁。
(21) 阿部猛「律令財政機構の崩壊過程—月料・要劇料・官田—」(史林四二の四)
(22) 西岡虎之助「月料」(河出書房発行『日本歴史大辞典』七の一三八頁)
(23) 藤間生大、前掲論文(註16)
(24) 滝川政次郎、前掲論文(註17)
(25) 芦田伊人「和泉国」(富山房発行『国史辞典』一の三七〇—三七一頁)
(26) 竹島寛「歴史上より観たる国道変遷の原因」(同氏『王朝時代皇室史の研究』所収)

〔補註〕

補論第二「和泉監正税帳の復原をめぐって」は坂本太郎博士還暦記念会編『日本古代史論集』下巻に発表したもので、拙論について岸俊男氏から批評をうけた(「批評と紹介『日本古代史論集』下巻」史学雑誌七二の一〇)。岸氏は「内容上(六)と(七)が直接するとされたが、私(岸氏)がマイクロフィルムによって紙幅・国印の状態を検するに、どうもその間になお欠行があるように思われる。原本を検しないと判らないが、もしそうとすれば氏(井上)の復原の基本的原則にも影響する」といわれる。とくに岸氏が、戸籍・計帳などの研究や復原のためには大日本古文書はもはやテキストとしてすこぶる不便であって、正倉院文書原本についてのより正確な徹底的調査が必要であり、マイクロフィルムでも知り得ない点も多く、したがって原本についてできる限り精細な調査をおこなった上で、その結果が公表されることが一つの解決策でなかろうか」と述べられたことは、籍帳研究のさい忘れてはならない基礎条件である。

なお亀田隆之氏から、和泉帳でなお復原できる三箇所について御教示をうけた。すなわち、欠損部のうち、和泉郡の(37)「検校栗子」の項は大鳥・日根両郡と同様に「検校栗子　正　将従参人　経壱箇日　食稲壱束参把　酒壱升」とあるべきこと、首部のその項(45)は三郡の合計額を勘案し「検校栗子　正　将従参人　経参箇日　食稲参束玖把　酒三升」と復原でき、同様の操作で和泉郡の(40)「監月料充」の項は大鳥郡のそれと同じく「監月料充　正　令史　史生壱人　将従陸人　弐度　経弐箇日　食稲陸束　酒伍升陸合」、また和泉郡の(42)「徴納正税」の項は日根郡のそれと同じく「徴納正税　正　令史　史生壱人　将従陸人　弐度　経肆箇日　食稲壱拾参束　酒壱斗壱升弐合」と復原できることなどを指摘された(「正税帳欠損部分の二三の復原について」史学会第六十三回大会記事、史学雑誌七三の一二。のち日本経済史大系1古代、第二章「古代の勧農政策とその性格」に収録)。

索　　　引

(1) 索引は，(A)人名 (B)地名 (C)寺社名 (D)事項名 (E)書名（広義に使用）に分類した。
(2) 表現の相違が微細な項目は，これを一括した場合がある。
(3) 項目のうち，それが章・節などの名称中にふくまれ，あるいは章・節などの名称と密接な関連をもつときは，その間のページを示すことを省略した場合もある。

（A）人　　名

あ

か

さ

た

索　　引

（B） 地　　名

あ

か

さ

た

な

は

ま

や

索　　引

(C) 寺社名

さ

た

な

は

や

ら

索　　引

（D）事　項　名

あ

か

な

は

（E）書　名

た

引 用 文 献 目 録

（1） 本文や註で，論文題名とその掲載誌名・収録書名をあげたもののうち，執筆者の著書に収められたものは，この目録でその著書に一括した。
（2） 論文題名のうち，その執筆者と異なる編者によって単行本に収録されたものは，この目録において編書に一括することをさけた。

あ

相川　竜雄　「上野国分寺」（角田文衛編『国分寺の研究』上）
相田　二郎　「金銭の融通から見た奈良朝時代の経師等の生活」（歴史地理，41—2，3）
青木　和夫　「雇役制の成立」（史学雑誌，67—3，4）
秋山　謙蔵　「奈良朝に於ける国分寺創設の問題」（史学雑誌，43—4）
浅香　年木　「国中連公麻呂に関する一考察」（続日本紀研究，4—1）
足立　康　「平城京東西市の設置年代」（歴史地理，67—6）
阿部　猛　「律令財政機構の崩壊過程」（史林，42—4）
阿部　武彦　「古代族長継承の問題について」（北大史学，2）
新井喜久夫　「雑戸籍をめぐって」（続日本紀研究，5—8）
荒木　宏　『技術者の見た奈良と鎌倉の大仏』（昭 34）
安藤　更生　『三月堂』（昭 2）
家永　三郎　『上代仏教思想史研究』（昭 17）
『日本思想史の諸問題』（昭 23）
『日本文化史』（昭 34）
「飛鳥朝における摂政政治の本質」（社会経済史学，8—6）
「飛鳥寧楽時代の神仏関係」（神道研究，3—4）
「東大寺大仏銅座華蔵世界図の問題」（村上昭房編『東大寺法華堂の研究』昭 23）
「聖徳太子の摂政」（同氏編『図説日本文化史大系』2）
「再び国分寺の創建について」（続日本研究，4—5）
石井　信一　「河内国分寺」「和泉国分寺」（角田編『国分寺の研究』上）
石田　茂作　『写経より見たる奈良朝仏教の研究』（昭 5）
『奈良時代文化雑考』（昭 19）
『東大寺と国分寺』（昭 34）
「甲州寺本廃寺の発掘」（考古学雑誌，36—3）
「出雲国分寺の発掘」（考古学雑誌，41—3）
石村　亮司（喜英）『武蔵国分寺の研究』（昭 35）
「天武紀の『毎家作仏舎』について」（日本歴史，58）
「国分寺創建の年時にについて」（日本歴史，82）
石母田　正　『中世的世界の形成』（昭 25）
板橋　倫行　「香山薬師寺に就いて」（史学雑誌，39—11）
伊藤　兄人　「紀伊国分寺」（角田編『国分寺の研究』下）
伊東　信雄　「陸奥国小田郡の黄金」（古代文

化,5)
「陸奥国分寺址の発掘」(日本考古学協会第 20 回総会発表)
伊東弥之助 「奈良時代の商業及び商人について」(三田学会雑誌,41—5)
井上 薫 『行基』(昭 34)
『日本古代の政治と宗教』(昭 36)
「仏教(奈良時代)」(『図説日本文化史大系』3)
「金鐘寺の位置と沿革」(日本歴史,91)
「東大寺大仏造顕思想に関する試論」(続日本紀研究,2—1)
「天平初期の写経所」(日本歴史,192)
「日本書紀三題」(日本歴史,194)
「日本書紀仏教伝来記載の思想」(続日本紀研究,127)
「弓削道鏡」(井上光貞編『大和奈良朝』)
井上 通泰 『豊後風土記新考』(昭 10)
井上 正雄 『大阪府全志』1～5(大 11)
井上 光貞 『日本浄土教成立史の研究』(昭 31)
「律令国家の展開」(同氏編『新日本史大系』2)
「東域伝燈目録より観たる奈良時代僧侶の学問」(史学雑誌,57—3,4)
「大化改新論」(中央公論社,新日本史講座,12)
「南都六宗の成立」(日本歴史,156)
「古代の女帝」(日本歴史学会編『歴史と人物』)
伊野部重一郎 「国分寺創建の詔について」(続日本紀研究,4—1)
国分寺創建の詔についての補遺」(続日本紀研究,4—12)
「『辛亥の変』に関する林屋・関・藤間三氏の所論を読みて」(続日本紀研究,7—4)
今井 啓一 「四天王寺草創考」(樟蔭文学,25)
今井 浤 「佐渡国分寺」(角田編『国分寺の研究』下)
弥永 貞三 『奈良時代の貴族と農民』(昭 31)
「仕丁の研究」(史学雑誌,60—4)
岩城 隆利 「越後国分寺」(角田編『国分寺の研究』下)
岩橋小弥太 「仁正皇太后と藤原仲麿」(歴史教育,2—5)
鵜久森経峯 「伊予国分寺」(角田編『国分寺の研究』下)
遠藤 元男 「飛騨工について」(日本歴史,134)
横超 慧日 「支那仏教に於ける国家意識」(東方学報,東京 11)
大井重二郎 「平城京の東西市」(続日本紀研究,6—5,6)
大内田貞郎 「正倉神火をめぐる一考察」(続日本紀研究,7—5)
大川 清 『武蔵国分寺古瓦磚文考』(昭 33)
太田 静六 「国分寺塔婆の一考察」(考古学雑誌,25—9,10)
「甲斐国分寺伽藍の研究」(考古学雑誌,33—8)
大野達之助 「奈良仏教の修多羅宗の教学系統」(日本歴史,174)
大場 磐雄 「伊豆国分寺」「飛騨国分寺」(角田編『国分寺の研究』上)
大庭 脩 「佐伯宿禰今毛人伝略考」(竜谷史壇,4)
大屋 徳城 『寧楽朝刊経史』(大 12)
『日本仏教史の研究』(1～3,昭 3～4)
小倉 豊文 「三経義疏上宮王撰に関する疑義」(史学研究,52)
桶谷 繁雄 「奈良の大仏はいかにして造られたか」(金属,昭 40·6·15)
小野 玄妙 『仏教之美術及歴史』(大 5)
「法隆寺堂塔造建私考」(寧楽,6)
「奈良時代の仏教文化と芸術」(寧楽,10)
沢潟 久孝 『万葉の作品と時代』(昭 16)

か

鏡山 猛 「肥前国分寺」「豊後国分寺」(角田編『国分寺の研究』下)

香取　秀真　「東大寺大仏に関する二つの問題」（歴史日本，1—3）
金子　武雄　『続日本紀宣命考』（昭 16）
兼子　俊一　「淡路国分寺」（角田編『国分寺の研究』下）
亀田　隆之　「広野河事件」（人文論究，12—2）
「天平宝字元年の『越前国使解』について」（南都仏教，16）
榧本　杜人　「東京都北多摩郡武蔵国分寺址第一次調査」（昭 36）
川岸　宏教　「今井啓一『四天王寺草創考』を読む」（日本上古史研究，5—5）
川崎　庸之　『記紀万葉の世界』（昭 27）
「大仏開眼の問題をめぐって」（上原専祿編『世界の歴史』6）
岸　俊男　「古代村落と郷里制」（藤直幹編『古代社会と宗教』）
「越前国東大寺領庄園をめぐる政治的動向」（古代学，1—4）
「越前国東大寺領荘園の経営」（史林，35—2）
「東大寺造営をめぐる政治的情勢」（ヒストリア，15）
「古代」（『越前岡本村史』）
「防人」（万葉集大成，11）
「光明立后の史的意義」（ヒストリア，20）
「藤原仲麻呂の田村第」（続日本紀研究，3—6）
「籍帳備考二題」（読史会創立五十年記念『国史論集』昭 31）
「批評と紹介『日本古代史論集』下巻」（史学雑誌，72—10）
「日本における『戸』の源流」（日本歴史，197）
木城　宏　「尾張国分寺」（角田編『国分寺の研究』上）
北川　鉄三　「備後国分寺」「安芸国分寺」（角田編『国分寺の研究』下）
喜田　新六　「奈良朝に於ける銭貨の価値と流通とに就いて」（史学雑誌，44—1）
喜田　貞吉　「石城石背両国建置沿革考」（歴史地理，20—5，6）
「継体天皇以下三天皇皇位継承に関する疑問」（歴史地理，52—1）
「東大寺と大和の国分寺附金鐘寺の疑問」（芸文，6—11，7—1，3，6）
「国分寺の創設と東大寺の草創」（角田編『国分寺の研究』上）
北山　茂夫　『万葉の世紀』（昭 28）
『万葉の時代』（昭 31）
『日本古代政治史研究』（昭 34）
木宮　泰彦　『日支交通史』（大 15）
木山　竹治　「因幡国分寺」（角田編『国分寺の研究』下）
清原　貞雄　『奈良時代史』（昭 18）
久野　芳隆　「円頓戒源流論」（宗教研究，新9—1）
久米　邦武　『聖徳太子実録』（明 36）
後藤蔵四郎　『出雲国風土記考証』（大 15）
小林　剛　『日本の彫刻』（昭 38）
『東大寺の彫刻』（昭 38）
「国中連公麻呂」（奈良国立文化財研究所学報，3）

さ

斎藤　忠　「国分寺実測調査報告」（越佐研究，5，6）
斎藤　優　「越前国分寺」（角田編『国分寺の研究』下）
佐伯　有義　『校訂標注・増補六国史』（1～10，昭 15～16）
境野　黄洋　『日本仏教史講話』1（昭 6）
坂本　太郎　『大化改新の研究』（昭 13）
『日本全史』2（昭 35）
『日本古代史の基礎的研究』上・下（昭 39）
「正倉院文書出雲国計会帳に見えたる節度使と四度使」（寧楽 15）
坂本　経堯　「肥後国分寺」（角田編『国分寺の研究』下）
狭川　宗玄　「寧楽仏教の一断面」（南都仏教，1）
佐久間　竜　「慈訓について」（仏教史学，6—4）

「官僧について」(続日本紀研究,3—3)
「傍系写経所の一考察」(続日本紀研究,5—4)
「国師について」(続日本紀研究,123)
笹山　晴生　「聖武天皇と光明皇后」(井上光貞編『大和奈良朝』)
佐藤　小吉　「大和国分寺」(角田編『国分寺の研究』上)
佐藤　虎雄　「伊勢国分寺」(角田編『国分寺の研究』上)
沢田　吾一　『奈良朝時代民政経済の数的研究』(昭 2)
塩沢　君夫　「八世紀における土豪と農民」(『古代専制国家の構造』昭 33)
柴 田　実　「近江国分寺」(角田編『国分寺の研究』上)
島地　大等　『天台教学史』(昭 4)
島 田　暁　「須恵器」(日本考古学講座,5)
世界歴史事典編集部　『世界歴史事典』(1～24,昭 26～30)
関　晃　「林屋辰三郎『継体・欽明朝内乱』の史的分析」(歴史学研究,162)
関 野　貞　「奉先寺盧舎那仏大像」(関野・常盤大定共著『支那文化史蹟解説』2)
「西遊雑信」(建築雑誌,384)
「寧楽時代の彫刻」(朝日新聞社編『天平乃文化』)
薗田　香融　「奈良時代における律令官人給与制度の変遷」(ヒストリア,5)
「出挙」(大阪歴史学会編『律令国家の基礎構造』昭 35)
「隠岐国正税帳をめぐる諸問題」(関西大学文学論集,6—3・4)
「伊予国正税帳について」(古代文化,5)
「倉下考」(史泉,6)
「藤原仲麻呂」(井上光貞編『大和奈良朝』)

た

高橋　富雄　「品部雑戸の基礎構造」(史学雑誌,66—10)
高橋万次郎　「喜田博士の『石城・石背両国建置沿革考』を読む」(史学雑誌,24—1)
滝川政次郎　「十七条憲法と大化改新」(史学雑誌,45—8)
「奴隷賤民論」(中央公論社，新日本史講座,3)
「紫微中台考」(法制史研究,4)
「保良京考」(史学雑誌,64—4)
「律令禁物考」(政経論叢,11—1,2)
「難波の市」(社会経済史学,26—4,5)
「摂津四天王寺における造瓦」(日本上古史研究,2—12)
「聖武天皇の大葬に使用せられた櫃覆町形帯について」(南都仏教,14)
「田辺史首名について」(日本上古史研究,5—11)
「冠位十二階の制定とその意義」(聖徳太子研究,1)
竹内　理三　『奈良朝時代に於ける寺院経済の研究』(昭 7)
『日本上代寺院経済史の研究』(昭 9)
『日本古代人名辞典』(共編,1—5,昭 33～40)
『寧楽遺文』(上・下,昭 18,19,改訂,上・中・下,昭 37)
『律令制と貴族政権』第Ⅰ・Ⅱ部(昭 32,33)
竹 島　寛　「歴史上より観たる国道変遷の原因」(『王朝時代皇室史の研究』昭 11)
武田　祐吉　『風土記』(岩波文庫)
田中　塊堂　『日本写経綜鑑』(昭 28)
田 中　卓　「防人考」(続日本紀研究,3—10)
「郡司制の成立」(社会問題研究,2—4)
「校訂出雲国風土記」(平泉澄監修『出雲国風土記の研究』昭 28)
田村　円澄　『聖徳太子』(昭 40)
「末法思想の形成」(史淵,63)
「飛鳥仏教の歴史的評価」(歴史学研究,231)

「修多羅宗考」(史学雑誌,72—6)
「国家仏教の成立過程」(史淵,90)
「欽明十三年仏教渡来説と末法思想」(日本歴史,178)
「末法思想と道慈」(続日本紀研究,124)
「聖徳太子の苦悩」(読史会五十周年記念『国史論集』昭 31)
「聖徳太子の『摂政』の意義」(日本史研究,70)
田村 吉永 「高市大寺と大官大寺と大安寺の寺名について」(続日本紀研究,6—9)
塚本 善隆 『日支仏教交渉史研究』(昭 19)
辻 善之助 『日本仏教史之研究』(大 8)
津田左右吉 『日本上代史研究』(昭 5)
土田 杏村 「東大寺大仏と宇佐八幡神との関係に就ての一仮説」(現代仏教,54)
土田 直鎮 「兼官と位季祿」(日本歴史,34)
角田 文衛 『国分寺の研究』上・下(昭 13編)
「国分寺の設置」(同氏編『国分寺の研究』上)
「山背国分寺」「丹後国分寺」(同氏編『国分寺の研究』上・下)
『佐伯今毛人』(昭 38)
角山 幸洋 「写経従事者の衣料について」(南都仏教,15)
天坊 幸彦 『上代浪華の歴史地理的研究』(昭 22)
藤間 生大 『日本庄園史』(昭 22)
「古代豪族の一考察」(歴史評論,86)
「いわゆる『継体・欽明朝の内乱』の政治的基盤」(歴史学研究,238)
「大和国家の機構」(歴史学研究,214)
鴇田 忠正 「遠江国分寺」(角田編『国分寺の研究』上)
常盤 大定 「伝教大師の法祖道璿の日本仏教史上に於ける位置を闡明す」(寧楽,10)
徳永 春夫 「奈良時代における班田制の実施について」(史学雑誌,56—4,5)
友田吉之助 「続日本紀の年代学的研究」(島根大学論集人文科学,10)
虎尾 俊哉 「国分寺関係史料の検討」(続日本紀研究,1—3)
「律令用語としての白丁」(日本歴史,48)

な

内藤 政恒 『信濃国分寺跡』(共著,昭 40)
「天平産金地私考」(南都仏教,2)
「飛騨石場石廃寺の戯画瓦と飛騨国伽藍について」(歴史考古,4)
内藤 康夫 「奈良時代の国の等級と国司制度」(続日本紀研究,5—2)
直木孝次郎 『日本古代国家の構造』(昭 33)
『伊勢神宮』(共著,昭 37)
「天平十七年における宇佐八幡と東大寺との関係」(続日本紀研究,2—10)
「長屋王の変について」(続日本紀研究,3—6)
「東国の政治的地位と防人」(国文学解釈と鑑賞,245)
「防人と東国」(続日本紀研究,4—2)
「浄人について」(続日本紀研究,5—3)
「寺奴の職掌と地位について」(南都仏教,3)
「主奴について」(続日本紀研究,5—5)
「郡司の昇級について」(続日本紀研究,5—7)
「桓武朝における政治権力の基盤」(歴史学研究,228)
中川 収 「雑戸復活に関する一考察」(続日本紀研究,6—7)
「藤原仲麻呂政権の崩壊過程」(日本歴史,150)
「藤原良継の変」(続日本紀研究,7—2,3)
中野 幡能 「八幡宮創祀の位置について」(大分県立芸術短大紀要,2)
「原始神道と仏教の融合」(宗教研究,175)
中村 直勝 「天平建築用材の運漕」(寧楽,8)
永山卯三郎 「美作国分寺」「備前国分寺」「備中国分寺」(角田編『国分寺の研究』下)

長山　泰孝　「歳役制の一考察」（ヒストリア 27）
「租庸調研究の成果と問題点」（歴史教育，11—5）
新野　直吉　「八世紀における土豪と農民の抵抗についての二・三の要点」（歴史学研究，189）
「正倉神火事件における監主之司と虚納者について」（続日本紀研究，7—12）
仁科義比古・大場磐雄　「甲斐国分寺」（角田編『国分寺の研究』上）
野津左馬之助　「出雲国分寺」（角田編『国分寺の研究』下）
「石見国分寺」（角田編『国分寺の研究』下）
野村　忠夫　「飛驒国造氏と西大寺」（岐阜史学，15）
「律令制官人の構成についての序章」（書陵部紀要，4）

は

萩野　由之　「国分寺建立発願の詔勅について」（史学雑誌，33—6）
磯　慈弘　「大安寺道璿の註梵網経に就いて」（寧楽，4）
橋川　正　『綜合日本仏教史』（昭 7）
長谷川輝雄　「四天王寺建築論」（建築雑誌，477）
花山　信勝　『法華義疏の研究』（昭 8）
『勝鬘経義疏上宮王撰に関する研究』（昭 19）
早川　庄八　「公廨稲制度の成立」（史学雑誌，69—3）
林　魁一　「美濃国分寺」（角田編『国分寺の研究』上）
林屋辰三郎　『古代国家の解体』（昭 30）
林　陸朗　『光明皇后』（昭 36）
檜垣　元吉　「肥前国分寺」（角田編『国分寺の研究』下）
肥後　和男　『紫香楽宮阯の研究』（滋賀県史蹟調査報告，4，昭 6）
『日本神話研究』（昭 13）
平泉　澄　「出雲国風土記概説」（同氏監修『出雲国風土記の研究』）
平岡　定海　『東大寺の歴史』（昭 36）
「聖武天皇宸翰雑集について」（南都仏教，2）
平野　邦雄　『和気清麻呂』（昭 39）
「部に関する若干の修正的研究」（九州工業大学研究報告，人文社会科学，3）
「豊前の条里と国府」（九州工業大学研究報告，人文社会科学，6）
「秦氏の研究」（史学雑誌，70—4）
福井　康順　「聖徳太子の維摩経義疏についての疑」（『東洋思想史研究』昭 35）
福山　敏男　『日本建築史の研究』（昭 18）
『奈良朝の東大寺』（昭 22）
『奈良朝の寺院』（昭 23）
「四天王の建立年代に関する研究」（東洋美術 21）
「平城法華寺・東大寺大仏殿・法隆寺伝法堂について」（日本美術史，寧楽時代，下）
「奈良朝に於ける写経所に関する研究」（史学雑誌，43—12）
「唐招提寺の建立」（歴史地理，60—4）
「東大寺法華堂の建立に関する問題」（村上編『東大寺法華堂の研究』）
「東大寺創立に関する問題」（同上書）
冨山房国史辞典編集部　『国史辞典』（1～4，昭 15～18）
藤沢　一夫　「河内東条廃寺即河内国分寺に就いて」（大阪府教育委員会社会教育課，昭 30）
藤谷　俊雄　「大和法華寺の沿革」（角田編『国分寺の研究』上）
二葉　憲香　「天武朝仏教の一側面」（竜谷史壇，54）
舟越　康寿　「初期庄園の労働力について」（横浜大学論叢，1—1，2，3）
北条　文彦　「日本仏教公伝年代の問題」（書陵部紀要，9）
細川　公正　「鑑真の一考察」（歴史地理，76—4）

引用文献目録

堀池　春峰　「光明皇后御願瑜伽師地論の書写に就いて」(南都仏教,1)
「金鐘寺私考」(南都仏教,2)
「東大寺の占地と大和国法華寺に就いての一試論」(続日本紀研究,4—2,3)
「優婆塞貢進と出家人試所」(日本歴史,114)
「鑑真を廻る貴族の動向」(大和文化研究,10—9)
堀井　三友　「越中国分寺」(角田編『国分寺の研究』下)
堀　一郎　『日本上代仏教文化史』(昭 16)

ま

真島　進　「伯耆国分寺」(角田編『国分寺の研究』下)
益田　宗　「欽明天皇十三年仏教渡来説の成立」(坂本太郎博士還暦記念会編『日本古代史論集』上,昭 37)
松平　年一　「官写経所の用度綿売却に関する一考察」(歴史地理,62—6)
「福山氏の『奈良朝に於ける写経所に関する研究』に就いて」(史学雑誌,44—4)
松田　寿男　「丹生考」(古代学,6—1)
「古代東北日本の開発と水銀鉱床の役割」(古代学,8—1,2)
松本　包夫　「聖語蔵五月一日経の筆者と書写年代その他」(書陵部紀要,15,16,17)
松本文三郎　「竜門奉先寺の造像に就いて」(『仏教史論』昭 4)
黛　弘道　「冠位十二階考」(東京大学教養学部人文科学科紀要,17)
「推古朝の意義」(岩波講座日本歴史,古代 2)
水野柳太郎　「大安寺の食封と出挙稲」(続日本紀研究,2—2,7,12)
「続日本紀編纂の材料について」(ヒストリア,28)
道端　良秀　『唐代仏教史の研究』(昭 32)
皆川　完一　「光明皇后願経五月一日経の書写について」(日本古代史論集,上)
源　豊宗　「佐渡国分寺薬師像に就いて」(角田編『国分寺の研究』下)
宮城　栄昌　『延喜式の研究』(史料篇・論述篇,昭 30,32)
宮崎　糺　「武蔵国分寺」(角田編『国分寺の研究』上)
宮地　直一　「東大寺八幡宮の鎮座について」(『八幡宮の研究』)
宮田　俊彦　『吉備真備』(昭 36)
宮本　救　「班田制施行年次について」(続日本紀研究,3—8)
村尾　次郎　『律令財政史の研究』(昭 36)
望月　信亨　『仏教大辞典』(昭 7～38)
森蘊・牛川喜幸　「東大寺造営当時の自然地形について」(大和文化研究,5—4)
森　浩一　「大野寺の土塔と人名瓦について」(文化史学,13)

や

八木　茂美　「丹波国分寺」(角田編『国分寺の研究』下)
柳田　国男　「炭焼五郎が事」(『海南小記』)
矢吹　慶輝　『三階教の研究』(昭 2)
「大雲経寺と国分寺」(宗教研究,新 4—2)
藪田嘉一郎　「四天王寺の創立に関する研究」大谷史学,1)
「聖僧と非時薬」(叢考,第 1 集)
「光明皇后の性格」(史迹と美術,311,314,315,320)
「三月堂創立に関する諸問題に就いて」(村上編『東大寺法華堂の研究』)
山田多計治　「東大寺大仏と鋳造技術」(仏教史学,10—1)
山田　英雄　「続紀の重複記事」(続日本紀研究,1—5)
「国の等級についての内藤氏の論をよんで」(続日本紀研究,5—4)
「散位の研究」(日本古代史論集,下)
「奈良時代における上日と祿」(新潟大学人文科学研究,22)
「東院写一切経所について」(続日本紀研

究,8—2,3)
「写経所の布施について」(日本歴史,208)
山本　信吉　「内豎省考」(国史学,71)
横田　健一　『道鏡』(昭 34)
「家伝・武智麻呂伝研究序説」(東西学術研究所論叢,56)
「安積親王の死とその前後」(南都仏教,6)
横田　拓実　「天平宝字六年における造東大寺司写経所の財政」(史学雑誌,72—9)
吉田　晶　「八世紀の家族構成に関する一考察」(研究論集,人文社会科学編,2)
吉田　孝　「律令時代の交易」(日本経済史大系,1 古代)
「奈良時代の官人と交易」(日本史の研究,45)
米沢　康　『越中古代史の研究』(昭 40)

わ

和歌森太郎　『国史における協同体の研究』上 (昭 22)
和田　軍一　「国分寺の詔の発出の時期」(歴史教育,5—5)
「正倉院の聖武帝遺品」(南都仏教,2)

〔再追補⑤〕

井上　薫　「国家珍宝帳と大唐西域記の関係」(田村圓澄先生古稀記念会編『東アジアと日本』美術考古編, 昭 62)
「東大寺大仏の造営」(角田文衞編『新修国分寺の研究』1 東大寺と法華寺, 昭 63)
「流沙を渉り来唐・来日した菩提僊那」(堀池春峰編『霊山寺と菩提僧正記念論集』昭 63)
勝浦　令子　「法華滅罪之寺と洛陽安国寺法華道場」(『史論』46)
久野　健　「バーミヤーン東大仏と鍮石」(『国華』1002, 昭 52)
角田　文衞　『新修国分寺の研究』(1〜5上・下, 昭 61〜平 3 編)
橋本　聖圓　「大仏蓮弁毛彫図と華厳経」(京大美術史学研究会編『芸術的世界の論理』昭 47)
樋口　隆康　『バーミヤーンの石窟』(昭 55)
松本　伸之　「東大寺大仏蓮弁線刻画の図様について」(『南都仏教』55, 昭 61)

造東大寺司四等官年表

(1) この年表は，(イ) 造東大寺司四等官の組織が整備され，変遷していく過程を示すこと，(ロ) 四等官の官人の署名や，その人名が正倉院文書・続紀などにみえる年月日によって，かれらの活動や位階昇進を概観すること，などを目的とする。

(2) 年月の欄で，○印の月は閏月を示す。

(3) 四等官の欄の人名は，ほぼ史料にみえるままにしたがったが（例，田辺真人と上毛野真人，巨万大山と高麗大山は同一人物であるが，書きわけた），細部の異字を統一した場合がある（例，美努と弥努は美努，麻呂と万里は麻呂とした）。史料に氏と姓だけが記され，名前が略されている場合や，位階が略されている場合のうち，前後の関係から推定できるさいは，名前や位階をおぎなった。

(4) 判官の欄で，位階のまえの大・少は大判官・少判官を示す。

(5) 日（大日本古文書・続日本紀）の欄における①・②・③・④………の番号は，四等官の欄の人名をさし，左から順に右へ対応させてある。(イ) たとえば，長官・次官・判官・主典が各1人の場合は，①は長官，④は主典をさし，主典が1人だけみえる場合は，①が主典をさす。(ロ) 次官以下が複数で，たとえば長官1人，次官2人，判官4人，主典4人がみられる場合は，①が長官，②・③が次官（その欄の上から下へ)，④・⑤・⑥・⑦が判官（上から下へ)，⑧・⑨・⑩・⑪が主典（上から下へ）をさす。

(6) 日（大日本古文書・続日本紀）の欄における日のつぎの（カッコ）内の数字は大日本古文書の巻を示し，(続) は続日本紀，「叙」は叙位，「任」は補任の意である。たとえば，13日（4，19）は大日本古文書の4巻と19巻において，その人名（署名）がその年月の13日にみえることを示し，28日叙（任）(続）は続日本紀の28日条に叙位（任官）が記されることを示す。続日本紀の日の干支が何日にあたるかという換算は国史大系本にしたがった。

(7) 同じ月において，人名（署名）が2回以上みえる場合は，たとえば9～26日(15) とした。

(8) 文書の年月日が欠けているさいは，文書の内容や，前後の文書との関係などから年月日が推定できる場合だけ史料として用いた。

(9) 日（大日本古文書）の欄で，たとえば4日（17―248）は4日（大日本古文書17の248ページ）を示す。また（平安1―250）は平安遺文1の250ページをさす。

(10) 造東大寺司の名称は，天平20年7月24日東大寺写経所解案に初見するが（10―317)，次官佐伯今毛人の名は，これよりさき，たとえば天平20年写経充紙帳の6月29日条にみえる（3―193)。しかし，本文で述べたように，造東大寺司の組織がととのうのは天平20年7月から9月のあいだごろであり，本年表の記載はこの7月から始めることにした。

年　月	長　官	次　官	判　官	主　典
天平20・7	従5下市原王	従7上佐伯今毛人	正8上田辺真人	
8	従5下市原王	従7上佐伯今毛人		
9	従5下市原王	従7上佐伯今毛人	正8上田辺真人	従8下山口佐美万呂
10		従7上佐伯今毛人		
11	従5下市原王			
12		従7上佐伯今毛人	安倍真道 田辺真人	従8下山口佐美万呂
勝宝1・2	従5下市原王	従7上佐伯今毛人	田辺真人 従8上安倍真道	
3	従5下市原王		田辺真人	
4	従5上市原王	正6上佐伯今毛人	正8上安倍真道	正8下山口佐美万呂
5	従5上市原王	正6上佐伯今毛人	田辺真人	
⑤	従5上市原王			
6	従5上市原王	正6上佐伯今毛人	田辺真人	
7		正6上佐伯今毛人	田辺真人	葛井根道
8			正8上安倍真道 田辺真人	
9	従5上市原王	正6上佐伯今毛人	正7上田辺真人	従8上葛井根道
11		正6上佐伯今毛人		
12	従5上市原王	従5下佐伯今毛人	田辺真人	
勝宝2・1	従5上市原王		田辺真人	葛井根道
2	従5上市原王		田辺真人	正8下葛井根道
3	従5上市原王	従5下佐伯今毛人	田辺真人	従8下美努奥万呂
4	従5上市原王			葛井根道
5		従5下佐伯今毛人	正6下上毛野真人	従7上葛井根道
6	従5上市原王	従5下佐伯今毛人	正6下上毛野真人	
8	従5上市原王		従6下安倍真道 巨万大山 正6下上毛野真人	正8下紀池主
9			安倍真道	正8下紀池主
11	従5上市原王		正6下上毛野真人	
12	正5下市原王	正5上佐伯今毛人		
勝宝3・1	正5下市原王	正5上佐伯今毛人	正6下上毛野真人	葛井根道
2	正5下市原王	正5上佐伯今毛人	正6下上毛野真人	正8下紀池主
3	正5下市原王		正6下上毛野真人	正8下紀池主 葛井根道
4	正5下市原王	正5上佐伯今毛人	正6下上毛野真人	葛井根道
5	正5下市原王	正5上佐伯今毛人	正6下上毛野真人	葛井根道
6	正5下市原王	正5上佐伯今毛人		従7下紀池主

日（大日本古文書・続日本紀など）
①6日（24）10～29日（10），②24～29日（10），③24～29日（10）
①28～29日（24），②2日（10）
①7～9日（10）17，22日（24），②7日（10）21日（11，24）22日（10，11，24）30日（10），③7～9日（10），④7日（10）22日（10，11，24）30日（10）
①3日（3，10）6日（11）7日（10，24）
①3日（24）
①4日（11，12）18日（13），②18日（10，11，12），③18日（10），④4日（12，13）18日（13）
①8日（10，11，12，13）9日（24）15日（10）25日（24）26日（10），②15日（10），③15～26日（10），④15日（10）
①17日（11），②6日（10）
①14日叙（続），17日（10）19～20日（24），②1日叙（25）10日（3），③10日（3），④10日（3）
①21日（3，24），②26日（11）27日（10，11，12，13，24），30日（3，10，11），③24日（11）
①11日（3）12日（24）
①25日（3，11），②8日（10），③15日（3，11—358，24）24日（11）〔以上，田辺真人〕，15日（11—357）〔上毛野真人〕
①23日（13，24）28日（24），②16日（10，11），③23日（11，12，13）
①4日（24）8日（3），②30日（9）
①8日（3，11）9～13日（3），②9日（3），③6日（11）9日（3，10）13日（3）14日（11），④8～13日（3）8日（8，11）
①19日（10）某日（3）
①19日（3），②27日叙（続），③19日（3）
①28日（11—139正5下は誤り），②10日（3），③10日（3）24日（11，12，13）
①27日（11），②14日（24），③20日（11）
①1日（8，11），②29日（3），③3日（11—177正7下は誤り。恐らく正7上であろう），④3日（11）
①12日（11）22日（3），②21日（11）
①20日（11）25～26日（3），②24日（3），③15日（25）20日（11）24～26日（3）某日（25）
①16～26日（11），②14日（11），③21日（11）
①1日（11）9日（3，11）23日（11），②15～21日（11），③28日（25）30日（11），④30日（11），⑤17日（3）某日（11）
①13日（11），②13日（11）
①5日（11），②5日（11）
①9日叙（続），②9日叙（続）24日（11）
①6日（11）18日（25）25～27日（3），②4～29日（11），③27日（11），④18日（25）
①6～25日（3），②7日（11），③5～28日（11），④7日（11）
①25日（3，11）26日（3），②14日（11，田辺真人）25日（3，11），③25日（3，11），④17日（11）
①16日（3）21日（11），②4～21日（11）17日（9），③14日（11）16日（3），④13日（11）
①11日（9）24日（3）25日（9），②22日（11），③14日（11），④18日（11）
①3日（11）14～15日（3），②8～9日（12），③8日（12）14日（3—511，従7下初見）15日（3）

年　月	長　　官	次　　官	判　　官	主　　典
7	正５下市原王	正５上佐伯今毛人		従７下美努奥万呂 従７下阿刀酒主
8	正５下市原王	正５上佐伯今毛人	正６下上毛野真人	美努奥万呂
9		正５上佐伯今毛人	正６下上毛野真人 石川豊麻呂	
10		正５上佐伯今毛人	正６下上毛野真人 石川豊麻呂	従７下阿刀酒主
11		正５上佐伯今毛人	正６上大蔵麻呂 正６下上毛野真人	従７下阿刀酒主
勝宝 4・1		正５上佐伯今毛人	石川豊麻呂	阿刀酒主
2		正５上佐伯今毛人	正６上大蔵麻呂	従７上阿刀酒主
3			正６上大蔵麻呂	従７上阿刀酒主
③		正５上佐伯今毛人	正６下上毛野真人	
4		正５上佐伯今毛人	正６上大蔵麻呂 正６上石川豊麻呂 正６下上毛野真人 従６下安倍真道	正７下美努連 従７上阿刀酒主 従７下美努奥万呂 従７下紀池主
5		正５上佐伯今毛人	正６上大蔵麻呂 従６下安倍真道	従７上阿刀酒主 従７下美努奥万呂 従７下紀池主
6		正５上佐伯今毛人	正６下上毛野真人	従７上阿刀酒主
7		正５上佐伯今毛人	正６上大蔵麻呂 正６上石川豊麻呂 正６下上毛野真人 従６下安倍真道	正７下美努連 従７上阿刀酒主 従７下美努奥万呂 従７下紀池主
8		正５上佐伯今毛人	正６上大蔵麻呂 正６上石川豊麻呂 正６下上毛野真人 従６下安倍真道	正７下美努連 従７上阿刀酒主 従７下美努奥万呂 従７下紀池主
9			正６上大蔵麻呂	
10		正５上佐伯今毛人	正６上大蔵麻呂 正６上石川豊麻呂 正６下上毛野真人 従６下安倍真道	従７上阿刀酒主 従７下美努奥万呂 従７下紀池主
11		正５上佐伯今毛人	正６上大蔵麻呂 上毛野真人	阿刀酒主
12			正６上大蔵麻呂	
勝宝 5・1		正５上佐伯今毛人	上毛野真人	阿刀酒主
2		正５上佐伯今毛人	大蔵麻呂 正６上石川豊麻呂 上毛野真人	阿刀酒主
3		正５上佐伯今毛人	内蔵縄万呂	葛井犬養

日（大日本古文書・続日本紀など）
① 11～29日 (11), 15～21日 (3), 21日 (25), ② 11日 (11], ③ 11日 (11), ④ 26日 (12)
① 3日 (12), ② 1日 (12) 14～16日 (3) 17日 (11) 某日 (3), ③ 1日 (12) 14～16日 (3), ④ 1日 (12)
① 1日 (3, 12) 10日 (11) 18日 (3) 25日 (11), ② 1日 (12) 2日 (3, 12) 10日 (11, 12) 18日 (3) ③ 2日 (3, 12)
① 11～19日 (12) 19日 (25), ② 19日 (25) 26日 (12), ③ 8日 (3, 12), ④ 11日 (12)
① 11～25日 (12), ② 11～28日 (12), ③ 11日 (3) 12～25日 (12), ④ 11日 (3, 12)
① 22日 (13) 28日 (12), ② 28日 (12), ③ 23～28日 (12)
① 26日 (12), ② 26日 (12), ③ 26日 (12)
① 16日 (3), ② 16日 (3)
① 2日 (11) 28日 (3, 12), ② 28日 (3)
① 2日 (3, 12) 17日 (4) 25日 (9) 28日 (12), ② 28日 (12), ③ 28日 (12), ④ 17日 (4) 28日 (12), ⑤ 28日 (12), ⑥ 28日 (12), ⑦ 2日 (3) 28日 (12), ⑧ 28日 (12), ⑨ 28日 (12)
① 5日 (4) 16日 (3, 12) 23日 (4, 12), ② 16日 (3, 12), ③ 16日 (3, 12), ④ 16日 (3, 12) 23日 (3, 4, 12), ⑤ 16日 (3, 12), ⑥ 16日 (3, 12)
① 1日 (12) 12日 (3), ② 12日 (3), ③ 1日 (12)
① 2日 (9) 16日 (4) 17日 (3), ② 17～22日 (3) 27日 (9), ③ 17日 (3), ④ 16日 (4) 17日 (3), ⑤ 17日 (3), ⑥ 16日 (4), 17日 (3), ⑦ 17日 (3), ⑧ 17日 (3), ⑨ 17日 (3), 〔16日 (4―89) の美努連は正7下の美努連か従7下の美努連か明らかでない〕,
① 7日 (12), ② 7日 (12) 13日 (4) 19～24日 (12), 24日 (10, 13) 30日 (12), ③ 7日 (12) 24日 (12), 25日 (4), 30日 (12), ④ 7日 (12) 24日 (11, 12) 25日 (4), ⑤ 7日 (12), ⑥ 7日 (12), ⑦ 7日 (12), ⑧ 7～30日 (12), ⑨ 7日 (12)
① 19日 (3)
① 25日 (3), ② 22日 (12) 25日 (3), ③ 25日 (3), ④ 22日 (12) 25日 (3) ⑤ 25日 (3), ⑥ 25日 (3), ⑦ 25日 (3), ⑧ 25日 (3)
① 9日 (4, 10, 25), ② 9日 (4, 10, 25), ③ 19日 (3, 12), ④ 9日 (25) 19日 (3, 12)
① 2日 (9) 26日 (12)
① 26日 (12), ② 28日 (4), ③ 26日 (12)
① 1～2日 (4) 13日 (4, 12) 20日 (3) 20～26日 (12), ② 2日 (4), ③ 1日 (4), ④ 19日 (4), ⑤ 19日 (4)
① 9～25日 (12) 27日 (3), ② 25日 (12) 〔勝宝3年6月正6上, 平安1―312〕, ③ 9日

年　月	長　官	次　官	判　官	主　典
			大蔵麻呂	
			上毛野真人	
4		正5上佐伯今毛人	大蔵麻呂	阿刀酒主
			正6上石川豊麻呂	
			上毛野真人	
5		正5上佐伯今毛人	大蔵麻呂	阿刀酒主
			上毛野真人	
6		正5上佐伯今毛人	大蔵麻呂	阿刀酒主
			上毛野真人	
8		正5上佐伯今毛人	正6上石川豊麻呂	阿刀酒主
			上毛野真人	紀池主
9		正5上佐伯今毛人	正6上石川豊麻呂	阿刀酒主
10		正5上佐伯今毛人	上毛野真人	
11		正5上佐伯今毛人	大蔵麻呂	阿刀酒主
			正6上石川豊麻呂	
12		正5上佐伯今毛人	上毛野真人	阿刀酒主
勝宝 6・1		正5上佐伯今毛人	大蔵麻呂	
2		正5上佐伯今毛人	大蔵麻呂	美努奥万呂
3		正5上佐伯今毛人	大蔵麻呂	
4		正5上佐伯今毛人	上毛野真人	
6			正6上石川豊麻呂	
7			正6上石川豊麻呂	
			上毛野真人	
8			正6上石川豊麻呂	
			上毛野真人	
9		正5上佐伯今毛人	外従5下大蔵麻呂	
			上毛野真人	
10		正5上佐伯今毛人	外従5下大蔵麻呂	葛井根道
⑩		正5上佐伯今毛人	外従5下大蔵麻呂	
			正6上石川豊麻呂	
			上毛野真人	
11		正5上佐伯今毛人	正6上石川豊麻呂	
12		正5上佐伯今毛人	上毛野真人	
勝宝 7・1	正5上佐伯今毛人		正6上石川豊麻呂	美努奥万呂
			上毛野真人	
2	正5上佐伯今毛人		正6上石川豊麻呂	美努奥万呂
			上毛野真人	
3	正5上佐伯今毛人	外従5下大蔵麻呂	正6上石川豊麻呂	美努奥万呂
			正6上上毛野真人	
			正6上河内祖足	
4	正5上佐伯今毛人	外従5下大蔵麻呂		美努奥万呂
				葛井根道
5		外従5下大蔵麻呂	正6上石川豊麻呂	正7上葛井根道

日（大日本古文書・続日本紀など）
(12), ④25日 (12), ⑤25日 (12)
①2～20日 (12), ②27日 (3, 12), ③2日 (12), ④1日 (12) 13日 (3), ⑤20日 (12)
①6日 (4, 12) 11日 (12) 13日 (12) 24日 (12) 28日 (4, 12), ②24日 (12), ③6日 (4, 12) 13日 (12) 25日 (13), ④13日 (12) 24日 (12) 25日 (13)
①4日 (4, 12) 9日 (13) 21日 (4) 22日(13), ②21日(4), ③22日(13), ④9～22日(13)
①5～10日 (4) 17日 (13) 22日 (4) 28日 (13), ②10日 (4), ③5日 (4), ④10日(4), ⑤22日 (4)
①2～3日 (13) 3日 (3) 22日 (12), ②2日 (13) 3日 (3), ③3～9日 (3)
①4日 (13), ②4日 (13)
①10日 (3, 13) 22日 (13), ②28日 (12), ③10日 (3, 13), ④10日 (13)
①5日 (3) 8日 (13) 12～21日 (3), ②8日 (13) 12～21日 (3), ③8日 (13) 12日 (3)
①6～29日 (13), ②6～29日 (13)
①1～2日 (10) 20～23日 (3) 23～26日 (13) 30日 (25), ②20日 (3) 30日 (25), ③30日(25)
①18～26日 (13), ②16日 (3)
①1～5日 (3) 5日 (10) 22日 (13), ②1日 (3, 10), 15日 (4)
①1日 (4) 18日 (13)
①25日 (13), ②25日 (13)
①7日 (13) 21日 (3), 22日 (3, 10), ②12日 (3)
①9日 (13), ②7日 (13), ③9日 (13)
①23日 (3) 30日 (13), ②29日 (3), ③30日 (13)
①20日 (13), ②11日 (13), ③19日 (13), ④19日 (13)
①16日 (3), ②10日 (13)
①24～30日 (13), ②24～30日 (13)
①25日 (13), ②25日 (13), ③30日 (25), ④29日 (25)
①19日 (3, 10), ②9～10日 (13), ③26日 (13), ④10日 (13)
①12～26日 (13) 27日 (4), ②27日 (4), ③26日 (13), ④1～27日 (4), ⑤27日 (4), ⑥12～26日 (13) 27日 (4)
①5～21日 (25) 19日 (4, 10), ②9日 (13) 27日 (4, 25), ③9日 (13) 21日 (25), ④27日 (4, 25)
①2日 (4), ②1日 (25) 2日 (4), ③12日 (13) 27日 (4, 13), ④1日 (25) 10日 (4)

年　月	長　　官	次　　官	判　　官	主　　典
			正6上上毛野真人	
6	正5上佐伯今毛人		正6上石川豊麻呂	正7上葛井根道
7			正6上石川豊麻呂	
			正6上上毛野真人	
8			正6上石川豊麻呂	
			正6上上毛野真人	
			河内祖足	
			紀池主	
9	正5上佐伯今毛人	外従5下大蔵麻呂	正6上上毛野真人	阿刀酒主
10	正5上佐伯今毛人			
12			紀池主	
勝宝 8・1		外従5下大蔵麻呂		
2	正5上佐伯今毛人		正6上上毛野真人	正7上葛井根道
			紀池主	
4	正5上佐伯今毛人		正6上上毛野真人	阿刀酒主
5			正6上上毛野真人	正7上葛井根道
6	正5上佐伯今毛人			
7	正5上佐伯今毛人			正7上葛井根道
8	正5上佐伯今毛人		正6上上毛野真人	正7上葛井根道
9			正7下紀池主	阿刀酒主
10	正5上佐伯今毛人			葛井根道
11			正6上上毛野真人	
宝字 1・1	正5上佐伯今毛人		正7下紀池主	美努奥万呂
3	正5上佐伯今毛人			
5			外従5下上毛野真人	
6			河内祖足	
7			外従5下河内祖足	従6上美努奥万呂
8			従5下石川豊麻呂	正6上葛井根道
⑧	正4上坂上犬養			従6上阿刀酒主
			外従5下河内祖足	正6上葛井根道
10				従6上阿刀酒主
12		従5下高麗大山	外従5下河内祖足	従6上阿刀酒主
				従6上美努奥万呂
宝字 2・1		従5下高麗大山	外従5下河内祖足	正6上葛井根道
			外従5下上毛野真人	
2		従5下高麗大山	外従5下河内祖足	
3		従5下高麗大山	外従5下河内祖足	正6上葛井根道
				従6上美努奥万呂
				安都雄足
6		従5下高麗大山		正8上安都雄足
7	正4上坂上犬養	従5下高麗大山	正6下下曰佐若麻呂	正6上葛井根道
			外従5下河内祖足	従6上美努奥万呂
			外従5下上毛野真人	従6上阿刀酒主

日（大日本古文書・続日本紀など）
27日（4, 13）
①26日（10），②1～19日（4），③19日（4）20日（13）
①2日（10, 13）12日（4），②12日（4）17日（13）
①13日（25），②28日（13）29日（4），③29日（4, 13），④29日（4）
①1日（4, 25），②4日（10, 13）6日（13），③20日（10, 13），④1日（4, 25）13日（13）
①7日（12）
①12日（13）
①14日（13）
①6日（4），②26日（13），③27日（25），④6日（4）
①5日（4, 25）11日（10）28日（13），②11日（10），③18日（4, 25）
①20日（12），②8日（10）20日（12）
①4日（10）9日（4, 25）
①2～8日（13），②8日（13）
①14日（4），②14日（4）20日（12），③14日（4）20日（12）
①19～22日（13）23日（4），②1日（4）
①3日（4），②3日（4）
①5日（4）
①21日（4, 13），②21日（4, 13），③21日（4）
①12日（13）
①20日叙（続）
①21日（12）
①20日（13），②20日（13）
①2日叙（続），19日（25）
①22日（25），②10日（13）24日（4），③10日（13）24日（4），④22日（25）
①14日（4）
①23日（4），②8～23日（4），③23日（4），④8日（4）
①29日（4），②29日（4），③29日（4），④29日（4）
①20某日（4），②20某日（4）
①2～3日（4），②3日（4），③2日（4），④3日（4），⑤3日（4）
①19～26日（13），②19～30日（13）21～25日（11）
①6日（13），②5～25日（13），③6日（13），④6日（13），⑤6日（13），⑥6日（13），⑦6日（13），⑧5～6日（13），⑨1～29日（13）4～24日（4）15日（25）

年　月	長　官	次　官	判　官	主　典
				正8上安都雄足
8	正4上坂上犬養	従5下高麗大山	正6下下曰佐若麻呂	正6上葛井根道
			外従5下河内祖足	従6上美努奥万呂
			外従5下上毛野真人	従6上阿刀酒主
				正8上安都雄足
9		従5下高麗大山	正6下下曰佐若麻呂	正8上安都雄足
			外従5下上毛野真人	志斐麻呂
10		従5下高麗大山	外従5下河内祖足	正8上安都雄足
11		従5下高麗大山	外従5下河内祖足	従6上阿刀酒主
				従6上美努奥万呂
				正8上安都雄足
12		従5下高麗大山	外従5下上毛野真人	
宝字 3・3		従5下高麗大山	外従5下河内祖足	従6上阿刀酒主
4		従5下高麗大山		従6上阿刀酒主
				正8上安都雄足
6			外従5下上毛野真人	正6上葛井根道
			外従5下河内祖足	従6上美努奥万呂
7				正8上安都雄足
10				正8上安都雄足
11			外従5下御杖祖足	
			外従5下上毛野真人	
12	正4上坂上犬養	従5下高麗大山	外従5下上毛野真人	従6上阿刀酒主
宝字 4・1		従5下高麗大山		正8上安都雄足
2	正4上坂上犬養			正8上安都雄足
3		従5下高麗大山		正8上安都雄足
4				正8上安都雄足
④				正8上安都雄足
5				正8上安都雄足
6			正6下下曰佐若麻呂	正8上安都雄足
7		従5下高麗大山	外従5下御杖祖足	正8上安都雄足
8				正8上安都雄足
9		従5下高麗大山	羅弥連	従6上美努奥万呂
				正8上安都雄足
10		従5下高麗大山		正8上安都雄足
11				正8上安都雄足
12				正8上安都雄足
宝字 5・1				正8上安都雄足
2				正8上安都雄足
3		従5下高麗大山	外従5下上毛野真人	正8上安都雄足
4				正8上安都雄足
5				正8上安都雄足
8				正8上安都雄足

日（大日本古文書・続日本紀）など
① 28 日 (4), ② 17～18 日 (13) 18～28 日 (4), ③ 28 日 (4), ④ 28 日 (4), ⑤ 28 日 (4), ⑥ 28 日 (4), ⑦ 28 日 (4),〔9 日の文書に大判官美努連奥万呂とあるのは疑問, 13—482〕, ⑧ 28 日 (4), ⑨ 1～30 日 (13) 11～28 日 (4) 23 日 (25)
① 5～28 日 (4), ② 28 日 (4, 14)〔4—324, 14—181 に従 6 上とあるは誤りであろう〕, ③ 27 日 (14), ④ 1～8 日 (13) 5～30 日 (4) 23 日 (14), ⑤ 21 日 (14)
① 3～10 日 (4), ② 6 日 (4), ③ 1～12 日 (4) 2～3 日 (13) 3 日 (25) 20～29 日 (14)
① 3～14 日 (14) 14 日 (4), ② 6 日 (4), ③ 1 日 (14), ④ 21 日 (14), ⑤ 1～29 日 (14) 14～18 日 (4)
① 16 日 (4), ② 16 日 (4)
① 25 日 (4), ② 25 日 (4), ③ 25 日 (4)
① 29 日 (4), ② 29 日 (4), ③ 29 日 (14)
① 30 日 (4), ② 28 日 (4), ③ 29 日 (4, 14), ④ 28 日 (4)
① 10 日 (14)
① 3 日 (25)
① 13 日賜姓（続, 河内画師→御杖連), ② 14 日 (4)
① 26 日 (4), ② 26 日 (4), ③ 3 日 (4), ④ 26 日 (4)
① 15 日 (4, 14), ② 7～15 日 (14) 15 日 (4)
① 25 日 (4), ② 10～29 日 (14) 20 日 (25) 25 日 (4)
① 20 日 (14), ② 1 日 (4) 14～25 日 (14)
① 1～29 日 (14)
① 2～29 日 (14)
① 14～29 日 (14)
① 17～19 日 (14), ② 9 日 (4), 17～29 日 (14)
① 3～14 日 (14), ② 11～20 日 (14) 26 日 (4), ③ 3～30 日 (14) 26 日 (4) 30 日 (25)
① 1～28 日 (14) 14～30 日 (25)
① 4 日 (15) 28 日 (14), ② 28 日 (14), ③ 28 日 (14), ④ 2～28 日 (25) 3～27 日 (14)
① 19 日 (4), ② 1～30 日 (25) 1～29 日 (14) 19～22 日 (4)
① 1～23 日 (14) 1～30 日 (25) 19 日 (4)
① 1～30 日 (14) 1～30 日 (25) 3～13 日 (4)
① 4～28 日 (25) 5 日 (14) 15～25 日 (4) 15～25 日 (15)
① 2～29 日 (25) 3～26 日 (15)
① 29 日 (4)〔続, 10 月 1 日転武蔵介〕, ② 29 日 (4), ③ 1～22 日 (15) 3～26 日 (25) 22 日 (4) 29 日 (14)
① 1～26 日 (15) 1～29 日 (25) 4～24 日 (14) 14 日 (4)
① 2～10 日 (15) 2～10 日 (25) 6 日 (14)
① 23 日 (15)

年　月	長　　官	次　　官	判　　官	主　　典
9		外従5下高麗大山		正8上安都雄足
10		正5下国中公麻呂		正8上安都雄足
12			正6上葛井根道	正8上安都雄足
				志斐麻呂
宝字 6・1			正6上葛井根道	美努奥万呂
			外従5下上毛野真人	従6上阿刀酒主
				正8上安都雄足
2			正6上葛井根道	正8上安都雄足
			外従5下上毛野真人	志斐麻呂
3	正4上坂上犬養	正5下国中公麻呂	正6上葛井根道	正6上美努奥万呂
			外従5下上毛野真人	正6上志斐麻呂
				従6上阿刀酒主
				正8上安都雄足
4	正4上坂上犬養	正5下国中公麻呂	正6上葛井根道	正6上美努奥万呂
			外従5下上毛野真人	正6上志斐麻呂
				従6上阿刀酒主
				正8上安都雄足
5				正8上安都雄足
6			正6上葛井根道	従6上阿刀酒主
				正8上安都雄足
7			正6上葛井根道	従6上阿刀酒主
				正8上安都雄足
8			正6上葛井根道	従6上阿刀酒主
				正8上安都雄足
9				正8上安都雄足
10				正8上安都雄足
11		正5下国中公麻呂		正8上安都雄足
12		正5下国中公麻呂	正6上葛井根道	正6上美努奥万呂
			外従5下上毛野真人	従6上阿刀酒主
				正8上安都雄足
⑫				正8上安都雄足
宝字 7・1	正5上坂上犬養	正5下国中公麻呂	正6上葛井根道	正6上美努奥万呂
	正5上佐伯今毛人		外従5下上毛野真人	正6上志斐麻呂
				従6上阿刀酒主
				正8上安都雄足
2			正6上葛井根道	正8上安都酒主
3			正6上葛井根道	美努奥万呂
				正8上安都雄足
4	正5下市原王	正5下国中公麻呂	正6上葛井根道	従6上阿刀酒主
				正8上安都雄足
5	正5下市原王			正6上志斐麻呂
				正8上安都雄足
6			正6上葛井根道	正6上志斐麻呂

日（大日本古文書・続日本紀など）
①4日（15），②4日（15）
①1日任（続），②8日（15）
①23日（4），②24～28日（4）26日（15），③23日（4）
①7～29日（5），②14～30日（5），③7～29日（5），④14～23日（5），⑤1～26日（4）13～30日（15）
①2日（5），②9日（5），③1～26日（4）1～30日（15）1～30日（5），④2日（5）
①1日（5），②1日（5），③1～16日（5），④1～17日（5），⑤1～16日（5），⑥1～17日（5），⑦1日（5），⑧1～30日（5）1～30日（15）
①1日（5），②1日（5），③1日（5），④1～5日（5）〔続，宝字7年1月転美作介〕，⑤1日（5），⑥1日（5），⑦1日（5），⑧1～28日（5）1～29日（15）
①1～29日（15）2～22日（5）
①7～24日（5），②7～24日（5），③1～30日（15）3～27日（5）
①9日（5），②9日（5），③1～27日（15）9～25日（5）
①20日（5），②20日（5），③1～28日（5）4～29日（15）
①1～30日（15）1～2日（16）5～19日（17）5～24日（5）
①1～29日（15）
①5日（16），②1～30日（15）14～22日（16）
①30日（16），②27日（16），③14日（4），④20日（16），⑤14日（4），⑥1～24日（15）1～30日（16）19～30日（5）
①1～29日（5）1～29日（16）
①3日（5）9日転大和守（続），②9日任（続），③3日（5），④3日（5），⑤3日（5）9日転美作介（続），⑥3日（5），⑦3日（5）24日（16），⑧3日（5），⑨3～26日（5）11～30日（16），30日（15）
①26日（16），②18～30日（5）26～27日（16）
①17日（5），②17日（5），③3日（5）29日（16）
①14日任（続），②16～17日（16），③13～14日（5）16～18日（16），④13～14日（5），⑤23～29日（16）
①16日（5），②16～25日（5），③6～21日（5）13～24日（16）27日（15）
①3日（16），②3～16日（16），③2～27日（15）9～15日（5）

年　月	長　官	次　官	判　官	主　典
				正8上安都雄足
7			正6上葛井根道	正6上志斐麻呂
				正8上安都雄足
8			正6上葛井根道	正6上志斐麻呂
9			正6上葛井根道	正8上安都雄足
10				正6上志斐麻呂
11			正6上葛井根道	正6上志斐麻呂
12			正6上葛井根道	
宝字 8・1	正4上吉備真備	正5下国中公麻呂		美努奥万呂
				正8上安都雄足
2				正6上志斐麻呂
3			佐伯真守	従6上阿刀酒主
			美努奥万呂	
4			美努奥万呂	正6上志斐麻呂
5			美努奥万呂	正6上志斐麻呂
7			佐伯真守	
			美努奥万呂	正6上志斐麻呂
8			美努奥万呂	正6上志斐麻呂
9	従3位吉備真備		佐伯真守	正6上志斐麻呂
			美努奥万呂	
10			従5下佐伯真守	正6上志斐麻呂
			外従5下美努奥万呂	
11		正5下国中公麻呂	外従5下美努奥万呂	
12		正5下国中公麻呂		他田水主
				葛井荒海
神護 1・1		正5下国中公麻呂	外従5下美努奥万呂	他田水主
				葛井荒海
3			外従5下美努奥万呂	雄橋石正
				葛井荒海
4			外従5下美努奥万呂	従7下雄橋石正
				葛井荒海
5		正5下国中公麻呂	外従5下美努奥万呂	従7下雄橋石正
				他田水主
				建部広足
				阿刀与佐弥
6		正5下国中公麻呂	外従5下美努奥万呂	他田水主
8			外従5下美努奥万呂	従7下雄橋石正
9		正5下国中公麻呂		他田水主
11				雄橋石正
12				阿刀与佐弥
				葛井荒海
神護 2・1	従3位吉備真備		外従5下美努奥万呂	葛井荒海
3				雄橋石正

日（大日本古文書・続日本紀など）
① 3～22 日（5） 13 日（16），② 1 日（16） 1～30 日（15） 12～20 日（5），③ 1～30 日（15）
① 28 日（16），② 12 日（5）
① 5 日（16），② 1～15 日（16）
① 5 日（5）
① 6 日（16），② 24 日（5）
① 8～22 日（5） 25 日（16） 29 日隠岐配流（続）
① 21 日任（続），② 16 日（5），③ 16 日（5），④ 3 日（16） 4 日（5）
① 2 日（16）
① 13 日（16），② 4～30 日（16），③ 4～30 日（16）
① 18 日（16） 25 日（5），② 11 日（5） 18 日（16）
① 3 日（16），② 3 日（16）
① 24～27 日（16） 27 日（4），② 27 日（4，16），③ 18 日（5）
① 4～28 日（16） 10～28 日（5），② 24 日（5）
① 11 日叙（続），② 11 日（4） 16 日（16），③ 1～28 日（16） 3 日（5） 11 日（4）
① 7 日叙（続，正 6 上→従 5 下），② 1～30 日（16） 3～14 日（5） 13 日（4），③ 3～14 日（5） 13 日（4） 17 日（16）
① 21 日（5），② 2～24 日（16） 21～28 日（5）
① 1～14 日（16），② 1～14 日（16），③ 4 日（16）
① 29 日（16），② 13 日（5，17），③ 13 日（5，17），④ 29 日（16）
① 10 日（16） 24 日（17），② 19 日（16） 24 日（17），③ 10 日（16）
① 9～10 日（5），② 9～10 日（5），③ 16 日（5）
① 23～25 日（16），② 6 日（17），③ 6 日（17），④ 24～25 日（16），⑤ 24 日（16），⑥ 23～24 日（16）
① 8 日（16），② 7～8 日（16），③ 24 日（5）
① 4 日（16），② 4 日（16）
① 28 日（16），② 28 日（16）
①某日（16）
① 9 日（16），② 27 日（16）
① 8 日転中納言（続），② 14 日（16），③ 14 日（16）
① 20 日（16）

年　月	長　　官	次　　官	判　　官	主　　典
4				他田水主
5				阿刀与佐弥
6			外従5下美努奥万呂	
7				雄橋石正
				阿刀与佐弥
8				建部広足
9				土師名道
10			従5下佐伯真守	土師名道
			外従5下美努奥万呂	
12			外従5下美努奥万呂	
景雲 1・1			外従5下美努奥万呂	建部広足
2		従4下国中公麻呂	従5上佐伯真守	正6下土師名道
			外従5上美努奥万呂	阿刀与佐弥
4			外従5上美努奥万呂	正7上阿刀与佐弥
				建部広足
				志斐麻呂
5			外従5上美努奥万呂	建部広足
6			外従5上美努奥万呂	阿刀与佐弥
7		従4下国中公麻呂		建部広足
8		従4下阿倍毛人	従5上佐伯真守	
9			外従5上美努奥万呂	正6上志斐麻呂
				建部広足
				雄橋石正
景雲 2・1			外従5上美努奥万呂	建部広足
2			外従5上美努奥万呂	正6上建部広足
			大外従5下上毛野真人	
3			外従5上美努奥万呂	正6上建部広足
				葛井荒海
4			大外従5上美努奥万呂	葛井荒海
5			少正6上志斐麻呂	雄橋石正
6			少正6上志斐麻呂	雄橋石正
⑥			少正6上志斐麻呂	阿刀与佐弥
8			大外従5下上毛野真人	正6上建部広足
9			少正6上志斐麻呂	正6上建部広足
				雄橋石正
10			少正6上志斐麻呂	正6上建部広足
11			大外従5下上毛野真人	正6上建部広足
12			大外従5上美努奥万呂	正6上建部広足
			少正6上志斐麻呂	
景雲 3・3			少正6上志斐麻呂	葛井荒海
4			少正6上志斐麻呂	葛井荒海
6			大外従5下上毛野真人	葛井荒海

日（大日本古文書・続日本紀など）
① 6 日 (16)
① 30 日 (16)
① 3 日 (17)
① 14 日 (5), ② 14 日 (5)
① 22 日 (16)
① 17 日 (16)
① 4 日 (16), ② 21 日 (5), ③ 4 日 (16)
① 5 日 (5)
① 25～27 日 (16), ② 25～27 日 (16)
① 4 日叙（続）6 日 (17), ② 4 日叙（続）6 日 (17), ③ 4 日叙（続）6～22 日 (17), ④ 8～22 日 (17), ⑤ 6 日 (17)
① 15 日 (17) 24 日 (5), ② 24 日 (5), ③ 15 日 (17), ④ 6 日 (5)
① 20 日 (5), ② 20 日 (5)
① 18 日 (17), ② 18 日 (17)
① 13 日 (5), ② 13 日 (5)
① 29 日任（続）, ② 11 日転常陸介（続）
① 26 日 (17), ② 19 日 (17), ③ 19～26 日 (17), ④ 21～26 日 (17)
① 30 日 (17), ② 30 日 (17)
① 3～26 日 (17) 20 日 (5), ② 18 日再任〔続, 景雲 1 年 1 月 22 日無位より外従 5 下に復す〕, ③ 3～20 日 (17)〔17—102 の 20 日文書に正 6 とあるは正 6 上の上脱か〕, 20 日 (5)
① 27～30 日 (17), ② 26～30 日 (17), ③ 28 日 (17)
① 29 日 (5), ② 29 日 (5)
① 29 日 (17), ② 29 日 (17)
① 4 日 (5, 17) 9 日 (5), ② 4 日 (5, 17) 9 日 (5)
① 3 日 (5, 17), ② 3 日 (5, 17)
① 21 日 (5, 17), ② 21 日 (5, 17)
① 9 日 (5) 18～19 日 (17), ② 2～9 日 (5) 18～26 日 (17), ③ 21～26 日 (17)
① 9 日 (17), ② 9 日 (17)
① 10 日 (17—141, 自署に真清とあるが, 真人と同人であろう), 12～25 日 (17), ② 10～25 日 (17)
① 2～4 日 (17), ② 20 日 (17), ③ 2～20 日 (17)
① 30 日 (17), ② 30 日 (17)
① 3 日 (17), ② 3 日 (17)
① 28 日 (17), ② 28 日 (17)

年　月	長　官	次　官	判　官	主　典
7			大外従5下上毛野真人	正6上葛井荒海
宝亀 1・5			大外従5上美努奥万呂	正6上建部広
			少正6上志斐麻呂	正6上葛井荒海
				阿刀与佐弥
7			大外従5上美努奥万呂	
8			大外従5上美努奥万呂	
9			大外従5上美努奥万呂	
10			大外従5上美努奥万呂	
11			大外従5上美努奥万呂	
12			大外従5上美努奥万呂	
宝亀 2・1			大外従5上美努奥万呂	
2			大外従5上美努奥万呂	
3			大外従5上美努奥万呂	正6上葛井荒海
			少判官志斐万呂	
③			大外従5上美努奥万呂	
4			大外従5上美努奥万呂	正6上葛中荒海
				阿刀与佐弥
5			大外従5上美努奥万呂	
6			大外従5上美努奥万呂	
7			大外従5上美努奥万呂	
8			大外従5上美努奥万呂	
9			大外従5上美努奥万呂	正6上葛井荒海
			少判官志斐麻呂	
10			大外従5上美努奥万呂	
11			大外従5上美努奥万呂	
12			大外従5上美努奥万呂	正6上葛井荒海
			少判官志斐麻呂	阿刀与佐弥
宝亀 3・1			大外従5上美努奥万呂	正6上葛井荒海
			少判官志斐麻呂	阿刀与佐弥
2			大外従5上美努奥万呂	正6上葛井荒海
			少判官志斐麻呂	
3			大外従5上美努奥万呂	正6上葛井荒海
4			大外従5上美努奥万呂	正6上葛井荒海
5				正6上葛井荒海
6				正6上葛井荒海
7				正6上葛井荒海
8			大外従5上美努奥万呂	正6上葛井荒海
				正6上阿刀与佐弥
9				正6上葛井荒海
				正6上阿刀与佐弥
10			少判官志斐麻呂	正6上葛井荒海

日（大日本古文書・続日本紀など）
①1日（17），②1日（17）
①9日（4）12～13日（6），②9日（4）12日（6），③12日（6），④12日（6），⑤12日(6)
①28日（17）29日（6）〔28日(17—248)に美努宿禰とみえるのは奥万呂と同人か。以下にも美努宿禰とみえる。〕
①4～11日（17）7～11日（6）〔4日（17—248）9日（17—249）11日（17—250）12日（17—246）に美努宿禰とみえる。〕
①17～29日（6）20～27日（17）29日（18）〔3日（6—44）22日(6—12）23日(6—44)に美努宿禰とみえる。〕
①2～22日（6）2～23日（17）〔5日（6—13）に美努宿禰とみえる。〕
①2～30日（17）8～29日（6）16日（18）
①1～30日（17）26～28日（6）
①6～25日（17）7～27日（6）8日（18）
①2～29日（17）10～30日（6）
①1～30日（17）2～30日（6），②9日（6，17），③9日（6，17）
①4～29日（17）12～22日（6）
①1～29日（17）3～4日（18）3～25日（6），②4日（18），③4日（18）
①3～29日（17）10～29日（6）17～28日（18）
①3～28日（17）11～22日（6）12日（18）
①1～28日（17）18日（6）
①2～27日（17）21～22日（6）
①2～7日（17）10日（18），②5日（6），③5日（6）
①5～16日（17）8～14日（6）9～20日（19）
①9～30日（6）10日（17）
①5～29日（6）5～29日（19）18日（18），②26～29日（19），③5日（6）5～29日（19），④25～27日（19）
①5～25日（19）21～25日（6）30日（20），②5～21日（19），③5～21日（19），④5～14日（19）
①2～30日（6）4～26日（19）20日（19），②4日（19），③4～23日（19）6日（6）
①8～30日（6）10～18日（19），②10～26日（19）21日（6）
①5日（6），②5～26日（6）18日（19）
①3～29日（6）6日（19）
①7～27日（6）25～26日（19）28日（20）
①5～29日（6）9日（20）12～13日（19）
①1～29日（6）28日（4），②3～27日（19）11～30日（6）28日（4），③18日（4）
①8～29日（6）13～19日（20）16～21日（19），②16日（19）
①8日（6），②3～19日（19）8～29日（6）

年　月	長　官	次　官	判　官	主　典
11		正5下佐伯真守	大判官美努奥万呂	正6上葛井荒海
			少判官志斐麻呂	正6上阿刀与佐弥
12			大判官美努奥万呂	正6上葛井荒海
宝亀 4・1				正6上葛井荒海
2			大判官美努奥万呂	正6上葛井荒海
3				正6上葛井荒海
				下道蔭麻呂
4				正6上葛井荒海
5				正6上葛井荒海
6				正6上葛井荒海
7				正6上葛井荒海
8				正6上葛井荒海
9				正6上葛井荒海
10				正6上葛井荒海
12		正5下佐伯真守	少正6上葛井荒海	
宝亀 5・9			少正6上葛井荒海	
10			少正6上葛井荒海	正6上上馬養
11			少正6上葛井荒海	
			少正6上阿刀与佐弥	
宝亀 6・3			少判官葛井荒海	
6			葛井荒海	
宝亀 7・3	従4下石上息嗣	正5下佐伯真守		
宝亀 8・10	従4下石川名足			
宝亀 9・2	従4下吉備泉			
5			大正6上山口嶋足	従6下大和虫麻呂
			少正6上柿本猪養	
			少正6上高松内弓	
宝亀10・9		正5下佐伯真守		
11		従5下紀白麻呂		
12		従5下紀白麻呂	少正6上高松内弓	従6下大和虫麻呂
天応 1・5		従5上桑原足床		
8		従5上桑原足床	大判官佐伯福都理	多鷹養
			大判官葛井犬養	
			少判官林稲麻呂	
			少判官大伴水通	
延暦 1・2	従4下吉備泉	外従5下林稲麻呂	大判官槻本蓑麿	広井嶋人
			少判官大伴夫子	多鷹養
延暦 2・3		従5下文室忍坂麻呂		
5	従4下石上家成			
延暦 3・3			少正6上下道蔭麻呂	正6上大野我孫公足
6		従5上大中臣諸魚		
延暦 4・1	従4下佐伯真守	外従5下林稲麻呂		

日（大日本古文書・続日本紀など）
①1日任（続，為兵部大輔兼造東大寺次官）24日（6，20），②3日（20）13～28日（19）24日（6，20），③24日（6，20），④13～28日（19）13～30日（6）24日（6，20），⑤24日（6，20）
①23日（19），②5～30日（6）15日（19）
①25～29日（6）29日（19）
①2日（6，21），②2～30日（6）2日（22）13～23日（19）
①7～30日（6）18日（19），②8日（21）
①5～23日（6）29～30日（21）
①12日（22）30日（21）
①1日（22）25日（6）29日（21）
①30日（21）
①29日（21）
①10日（22）30日（21）
①29日（6）
①14日（22），②25日（6）
①5日（23）
①27日（6，23），②27日（6，23）
①6日（23），②12日（23）
①29日（23）
①13日（23）〔但し判官の肩書はみえない〕
①6日任（続），②9日（23）
①3日任（続）
①23日任（続）
①18日（4），②18日（4），③18日（4），④18日（4）
①28日転河内守（続）
①28日任（続）
①6日（4），②6日（4），③6日（4）
①25日任（続）
①12～18日（4），②12～18日（4），③18日（4），④12～18日（4），⑤12日（4），⑥12～18日（4）
①7日再任（続）22日（4），②7日任（続）〔14日 任東宮学士，造東大寺次官如元〕，③22日（4），④22日（4），⑤22日（4），⑥22日（4）
①12日任（続）
①15日任（続）
①29日（25—付10），②29日（25—付10）
①10日任（続）
①15日任（続），②15日任（続）

年　月	長　官	次　官	判　官	主　典
9	従4下石上家成			
10		従5上弓削塩麻呂		
延暦 5・6	従2位藤原継縄			
延暦 6・6	従2位藤原継縄	従5上弓削塩麻呂	大正6上荒田井紀巨理 大正6上佐伯福都理 少正6上下道主 少正6上賀茂梶万呂	正6上広井嶋人 正6上柿本弟足 正6上葛井連
11	従2位藤原継縄			

日（大日本古文書・続日本紀など）
①27日（続，造東大寺長官内蔵頭石上家成を兼衛門権守となすとあり，この年1月15日より9月27日までの間に佐伯真守にかわって石上家成が造東大寺司長官に任ぜられたことがあるのか，しばらく続日本紀のまま掲げる。）
①12日任（続）
①9日兼（続，大納言藤原継縄為兼造東大長官）
①26日（25―付33），②26日（25―付33），③26日（25―付33），④26日（25―付33），⑤26日（25―付33），⑥26日（25―付33），⑦26日（25―付33），⑧26日（25―付33），⑨26日（25―付33）
①5日（続）

著者略歴

大正六年、大阪府に生れる
昭和十五年、東京大学文学部国史学科卒業、浪速高等学校教授、大阪大学教養部教授、奈良大学教授、堺市博物館長などを経て、現在、大阪大学名誉教授、文学博士

〔主要著書〕
『行基』（吉川弘文館、昭和三十四年）『日本古代の政治と宗教』（同、昭和三十六年）『アジア仏教史』日本編Ⅰ（佼成出版社、昭和四十七年）〈共著〉『大阪の歴史』（創元社、昭和五十四年）〈編著〉『古代史の群像』（同、昭和五十五年）『近世の摂河泉』（同、同年）

奈良朝仏教史の研究

昭和四十一年七月二十五日　第一刷発行
平成　五　年　七　月　一　日　第四刷発行

著者　井《いの》上《うえ》薫《かおる》
発行者　吉川圭三
発行所　株式会社　吉川弘文館
郵便番号一一三
東京都文京区本郷七丁目二番八号
電話〇三-三八一三-九一五一〈代〉
振替口座東京〇-二四四番

（印刷＝精興社・製本＝誠製本）

© Kaoru Inoue 1966. Printed in Japan

日本史学研究叢書

『日本史学研究叢書』刊行の辞

戦後、日本史の研究は急速に進展し、各分野にわたって、すぐれた成果があげられています。けれども、その成果を刊行して学界の共有財産とすることは、なかなか容易ではありません。学者の苦心の労作が、空しく筐底に蔵されて、日の目を見ないでいることは、まことに残念のことと申さねばなりません。

吉川弘文館は、古くより日本史関係の出版を業としており、今日においてもそれに全力を傾注しておりますが、このたび万難を排して、それらの研究成果のうち、とくに優秀なものをえらんで刊行し、不朽に伝える書物としたいと存じます。この叢書は、あらかじめ冊数を定めてもいず、刊行の期日を急いでもおりません。成るにしたがって、つぎつぎと出版し、やがて大きな叢書にする抱負をもっております。

かくは申すものの、この出版にはきわめて多くの困難が予想されます。ひとえに日本の歴史を愛し、学術を解する大方の御支援を得なければ、事業は達成できまいと思います。なにとぞ、小社の微意をおくみとり下され、御援助のほどをお願い申します。

昭和三十四年一月

〈日本史学研究叢書〉

奈良朝仏教史の研究（オンデマンド版）

Digital Publishing

2018年10月1日　発行

著　者　井《いの》上《うえ》　薫《かおる》

発行者　吉川道郎

発行所　株式会社 吉川弘文館
〒113-0033 東京都文京区本郷7丁目2番8号
TEL 03(3813)9151(代表)
URL http://www.yoshikawa-k.co.jp/

印刷・製本　株式会社 デジタルパブリッシングサービス
URL http://www.d-pub.co.jp/

井上 薫（1917～2009）
ISBN978-4-642-72078-6

© Ryōko Inoue 2018
Printed in Japan

JCOPY 〈(社)出版者著作権管理機構　委託出版物〉
本書の無断複写は著作権法上での例外を除き禁じられています．複写される場合は，そのつど事前に，(社)出版者著作権管理機構（電話 03-3513-6969，FAX 03-3513-6979，e-mail: info@jcopy.or.jp）の許諾を得てください．